D0666986

Zur Benutzung des Buches

Dieses Buch wurde für die Praxis geschaffen: für alle Menschen, die zu schreiben und meist eilig zu schreiben haben. Geschäftsleute, Korrespondenten, Werbetexter, Journalisten müssen täglich formulieren und diktieren, und nur selten haben sie Ruhe dazu. So laufen sie denn Gefahr, sich zu wiederholen und jene abgenützten Wendungen zu setzen, die schon zum Sprachklischee geworden sind und darum auf den Leser nicht mehr wirken.

Wenn Sie sich einmal Briefe berühmter Briefschreiber oder Aufsätze bedeutender Publizisten genau ansehen, erkennen Sie sogleich *ein* Geheimnis des guten Stils. Gute Stilisten — ob sie nun von Ereignissen berichten, Landschaften oder Gegenstände beschreiben, Meinungen oder Gefühle äußern — verwenden immer das *treffende* und damit *anschauliche* Wort. Und wenn auch der dichterische Stil zu den angeborenen Begabungen gehört: *dieses* Stilmittel, statt des allgemeinen Wortes das genaue und für den jeweiligen Fall richtige zu setzen — ist erlernbar. Für dieses Bemühen ist unser Buch bestimmt. Wir haben etwa 25 000 Wörter unserer Umgangssprache alphabetisch in ein Register geordnet, und zu jedem finden Sie unter der angegebenen Ziffer eine Reihe sinnverwandter Begriffe.

Um den Band trotz der großen Fülle, die er enthält, handlich und preiswert zu halten, sind die Wörter auf größere Begriffe gebracht. Das hat den Vorteil, daß die verschiedenen Bedeutungen oder Nuancen eines Begriffes die Auswahl im einzelnen Fall beträchtlich erweitern. Zudem regen die Nebenbedeutungen — durch 1, 2, 3... gekennzeichnet — unter Umständen an, den Satz anders zu formulieren. Sie können jedes Wort mit einem Griff finden, wenn Sie die Ziffer aufschlagen, die im Register neben dem von Ihnen gesuchten Wort oder einer seiner Bedeutungen steht. Sollten Sie irgendein Hauptwort nicht finden, so schlagen Sie das entsprechende Tätigkeits- oder Eigenschaftswort nach: z. B. statt Überschreitung — überschreiten.

Unser Schatz an Wörtern, die wir *kennen*, ist weit größer als der, den wir *benutzen*. Alle Wörter der Umgangssprache, die unser Buch enthält, sind Ihnen geläufig, aber sie fallen Ihnen, wenn Sie eilig arbeiten müssen, im richtigen Augenblick nicht ein. Das Buch soll Ihnen helfen, Ihren Wortschatz gleichsam zu aktivieren und das, was Sie ausdrücken wollen, genauer, besser und damit wirksamer zu sagen.

Unter den synonymen Begriffen befinden sich auch Redewendungen, die in sich ein Komma erfordern würden. Da nun die einzelnen Begriffe stets durch Kommata getrennt sind, haben wir sie innerhalb der Redensarten weggelassen, um Fehldeutungen zu vermeiden.

Der Verfasser

A. M. Textor

Sag es treffender

Ein Handbuch mit 25 000 sinnverwandten Wörtern und Ausdrücken für den täglichen Gebrauch in Büro, Schule und Haus

Mit einem Geleitwort von Dr. Gerhard Storz Ehrenpräsident der Deutschen Akademie für Sprache und Dichtung

ro
ro
ro

Rowohlt

612.–631. Tausend Mai 1989

Veröffentlicht im Rowohlt Taschenbuch Verlag GmbH,
Reinbek bei Hamburg, März 1968

Ungekürzte Ausgabe der 11. überarbeiteten
und erweiterten Auflage Januar 1984
Umschlagentwurf Werner Rebhuhn
(Foto: A. Schneider/ZEFA)
Gesamtherstellung Clausen & Bosse, Leck
Printed in Germany
980-ISBN 3 499 16031 5

Einführung

Das vorliegende Buch will dem Benützer zum möglichst treffenden Ausdruck verhelfen. Ferner will es ihn dazu führen, das soeben gebrauchte (und hoffentlich passende) Wort nicht alsbald zu wiederholen, sondern es durch ein anderes, ebenfalls taugliches zu ersetzen.

Beides — das Verlangen nach dem gerade jetzt richtigen Wort, der Wunsch nach wechselndem Ausdruck — macht das Kernstück der Kunst des Schreibens oder des guten Stils aus. So darf man füglich die Benützer dieses Buches von vornherein beglückwünschen: sie sind, und blätterten sie auch anfangs noch langsam, auf dem rechten Weg — schon dadurch, daß sie überhaupt blättern.

Wiewohl die Sprache zum Menschen gehört, Fähigkeit und Ausdruck seines Geistes ist, so gehört sie ihm doch anders zu, als die von ihm erdachten Geräte seiner Hand. Diese sind Werkzeuge, die Sprache ist jedoch mehr als nur Instrument des Menschen, nämlich zugleich das Element, in dem sein Geist lebt und von dem er sogar weithin bestimmt wird. Die Sprache, mir gegeben, daß ich in ihr mich darstelle, mich „äußere" — wie es so sehr richtig, aber für uns nicht mehr recht vernehmlich heißt —, hemmt mich ebenso oft, wie sie mir dient. Es steckt nämlich in der Sprache, in ihren Satz- und Wortformen, ein eigener Wille, der dem meinigen oft genug entgegensteht.

Aller Mißbrauch gegenüber der Sprache geht schließlich auf den einen Irrtum zurück, die Sprache sei nicht mehr als das Werkzeug des jeweiligen Sprechers, und deshalb sei allein der Wille des Benützers ihr gegenüber maßgeblich. Solch falsche Meinung führt dazu, die Sprache zu vergewaltigen, und das heißt, Fehler zu machen. Umgekehrt liegt die Kunst des richtigen und dazu noch leichten Ausdruckes darin, daß der Sprechende oder Schreibende seinen Willen, ohne ihn aufzugeben, dem der Sprache anzupassen versteht. Denn sie ist ja etwas Lebendiges und eben deshalb auch etwas Ganzes — das, was man Organismus nennt. Wer ihr Gewalt antut, dem versagt sie ihren Dienst: sie wird nicht nur starr, sondern auch dürftig. Und dies wird sie auch dort, wo der Schreiber bald aus Trägheit, bald aus Unrast behauptet, zu einem sauberen Sprachgebrauch die Zeit nicht zu haben. Lässigkeiten im Sprechen — Verschlucken, Murmeln, Nuscheln und dergleichen — gelten als ungesittet. Und Lässigkeiten beim schriftlichen Gebrauch der Sprache? Wer zu diesem Buche greift, der tut es, weil ihn das Klappern der Silbenmühle, die

Monotonie des „im Zuge von“, „zur Durchführung bringen“, „auf höherer Ebene“, „wesentlicher Faktor“, ach, und noch vieles, vieles andere abstößt.

Wir sprachen von der Suche nach dem treffenden Wort und von dem Bedürfnis nach wechselndem Ausdruck. Beides ist notwendig; denn die Bedeutung des einen und selben Wortes wechselt bald mehr, bald weniger nach dem Zusammenhang, in dem es jeweils erscheint. Nicht oder nur wenig erfahren die Wörter, die eigentlich Namen sind (Pferd, Haus und dergleichen), genaue Bestimmung durch den Zusammenhang. Diese erhalten sie entweder durch das beigesetzte Eigenschaftswort (altes Pferd) oder durch den Wechsel des Namens (Füllen, Gaul, Mähre). Hingegen das Wort „Gesicht“ — um nur ein einziges Beispiel vorzuführen — meint bald die Vorderseite des Kopfes (Antlitz), bald das Sehvermögen, bald das Aussehen und den Sachverhalt überhaupt („jetzt hat der Plan ein anderes Gesicht“), bald einen Traum. Selbst so eindeutige Wörter wie etwa „rufen“ gewinnen je nach dem Zusammenhang leicht verschiedenen Sinn: „den Arzt rufen“, „wer ruft mir?“, „diese Tat ruft nach Sühne“.

Gewiß sind in den einzelnen Wörtern, vor allem in den Haupt- und Eigenschaftswörtern, aber auch in den Zeitwörtern ganz bestimmte Vorstellungen festgehalten: „Haus“ meint etwas anderes als „Hütte“, „gehen“ bezeichnet eine andere Bewegung als „schreiten“. Häufig erhält ein und dasselbe Wort durch eine Vorsilbe oder durch Zusammenfügung einen völlig anderen Sinn: verstören und zerstören, beschweren und sich beschweren. Die Ansicht, gleichbedeutende Wörter (Synonyme) gebe es, genaugenommen, überhaupt nicht (z. B. Schmerz und Kummer meinen nicht dasselbe) — diese Ansicht ist richtig. Aber sie muß sofort durch den folgenden Zusatz ergänzt werden, wenn sie nicht falsche Folgerungen verursachen soll: es gibt in der Sprache die eine und immer gleiche Bedeutung nicht. Die Beziehung zwischen Lautgebilde und Sinn ist nicht starr. Die Sprache ist wie der menschliche Geist und seine Einbildungskraft immer in Bewegung und in Wandlung. Und ferner: Sprache erscheint immer als Zusammenhang, Wörter begegnen, solange gesprochen und nicht geschrien oder gestammelt wird, immer als Glieder eines Ganzen, eines Satzes. Vom Zusammenhang her erhalten sie ihren genauen und jeweiligen Sinn. Wechselt der Zusammenhang, so wechselt auch, manchmal in kaum mehr faßbarer, aber noch spürbarer Weise, die Reichweite, die Richtung, das Gewicht, die Farbe einzelner Wörter: hieraus, als aus dem letzten und eigentlichen Grund, erwächst die Aufgabe für den, der nach dem treffenden Wort sucht. Denn was eben noch traf, trifft im neuen, anderen Zusammenhang nicht mehr genau, was vorhin angemessen war, ist jetzt zu gewichtig oder zu dünn, zu grell oder zu blaß.

Den Spielraum eines solchen Wechsels — in seinen weitesten und allgemeinsten Grenzen — will dieses Wörterbuch abstecken, indem es sowohl die Möglichkeiten eines einzigen Wortes sichtbar macht als auch Übergänge und Nachbarschaften dieses einen Wortes vorlegt: es ist nach dem Gesichtspunkt der Sinnverwandtschaft geordnet. Die bestimmende Kraft des Zusammenhanges ist es, die es verbot, stets nur Wort für Wort zu verzeichnen, sondern dazu zwang, meist, wenn auch in sparsamster Andeutung, die Verbindung mit gewissen Zusammenhängen sichtbar zu machen. Denn kein Wort einer Sprache, noch einmal sei es gesagt, steht und lebt für sich, jedes liegt innerhalb eines Feldes von kreuz und quer laufenden Beziehungen. So lagern sich etwa um die allgemeine Vorstellung: „das Licht“ oder „die Helligkeit“ die Ableitungen, die stamm- und sinnverwandten Worte: Tag, Helle, Strahl, Funke, Glut, Beleuchtung, Leuchte, Leuchter, Lampe, Funzel. Je genauer das Wort abgegrenzt ist, desto fester ist es an einen bestimmten Zusammenhang gebunden: „Leuchte“ kann nur in einem dichterischen Gebilde erscheinen und nicht, wie manche Techniker meinen, als Fachwort. „Funzel“ darf nur gebraucht werden, wenn scherzhaft und in alltäglichster Umgangssprache geredet wird. „Leuchter“ gehört zur Kerze, deshalb wirkt das Wort altertümlich und kann nur eine erlesene, feierliche Form des mit einer Glühbirne versehenen Beleuchtungsgerätes bezeichnen. „Lampe“ bleibt ziemlich unbestimmt, sie wird also in ebenso vielen Erscheinungsformen wie Sprachzusammenhängen auftreten. Aber diese Wörter liegen nicht getrennt und nebeneinandergestellt bereit, sondern sie sind eingefügt, wie wir sehen, in Zusammenhänge, in Sinn- und Situationsbeziehungen. Erst in ihnen erlangen sie ihre letzte Eindeutigkeit, und deshalb bedeutet die Suche nach dem treffenden Wort soviel wie Klärung des jeweiligen Zusammenhanges von Sache und Wort, Situation und Sinn.

Was die Sprache darbietet, ist nicht nur eine Vielzahl von Wörtern, sondern auch eine Vielfalt von Möglichkeiten, sie zu gebrauchen. Aber dies geschieht nicht, wenn sich der Mensch, wie es heute so viele Zeitgenossen halten, vom Reichtum der Sprache ausschließt und sich im engen Zirkel einiger, wieder und wieder gebrauchter Redensarten, Wortmechanismen, Modewörter einsperrt. Sie scheinen überall zu passen, und deshalb treffen sie nie und nichts genau. Wenn der Schreiber dies spürt, wenn er meint, jetzt sei etwas Wichtiges und Besonderes zu sagen, dann macht er sich in seiner Unkenntnis der Fülle, die ihm die Sprache bietet, daran, neue Wörter zu bilden. Das eine Mittel, das er hierfür hat, ist die Gewaltsamkeit. Sie brachte Wort-Gebilde zustande wie: beinhalten, anschreiben, beeindrucken usw. Mit der gleichen Gewalttätigkeit drängt der Mangel an Sprachsinn alte, geläufige Wörter in eine unsinnig verengerte Bedeutung: „Ich wollte damit die Bedenklichkeit des vorgetragenen Planes angesprochen haben“, als ob „ansprechen“ soviel bedeuten könnte wie „anspielen“, „hinzielen“, „sich beziehen auf“. — Wer also nach dem treffenden Wort sucht, muß derlei Neubildungen mißtrauisch prüfen. Am besten enthält er sich ihrer ganz und gar. Denn der Verzicht auf so billige wie fragwürdige Aushilfen ist ein sehr wirksames Mittel, sich der Gewaltsamkeit im Umgang mit der Sprache zu begeben. Solche Enthaltsamkeit macht beweglich, und der Beweglichkeit bedarf es, will man mit und in der Sprache denken, nicht ohne, erst recht nicht gegen sie. Der Wählerische, weil Zielende, geht in der Sprache umher, nicht mehr an ihr vorbei. Wer sucht, lernt die Sprache kennen: er blättert in ihr, wenn er in diesem Wörterbuch aufmerksam blättert.

Den Verfassern von Geschäftsbriefen und von amtlichen Schreiben drängen sich beim Abfassen und vor allem beim Diktat zuvörderst Haupt- und Eigenschaftswörter auf. Das liegt gewiß auch am Inhalt solcher Schriftsätze, mehr aber an der Perspektive, unter der sie entworfen werden. Im Bewußtsein der Schreibenden steht in diesem Falle weniger der Partner (der künftige Leser) als eine ganz bestimmte Sache: sie ist den Urhebern jener Schriftstücke in ihrer gedrängtesten Fassung, als „Betreff“ am Kopf des Blattes, gegenwärtig, und diese Abkürzung besteht in einem Hauptwort. Sodann will man sich kurz und — im amtlichen Verkehr — so unpersönlich wie möglich fassen: auch diese Absicht drängt auf den Gebrauch von Hauptwörtern hin. Schwierigen, komplizierten Sachverhalten wird allein der klar gegliederte Satz gerecht.

Das Abzielen auf Hauptwörter läßt indessen den Schreibenden zu dem Versuch, das Gedachte genauer zu gliedern, gar nicht erst kommen: er klebt am Hauptwort, hängt eines an das andere und behilft sich mit einem Ersatz des Zeitwortes: nämlich mit solchen Zeitwörtern, die wenig Farbe haben: ist, stellt dar, bedeutet usw. Je länger die Entscheidung für ein echtes Zeitwort hinausgeschoben wird, je mehr Hauptwörter aufgeboten werden, desto völliger ergibt sich eine Stauung des Sprachflusses: ein sonderbarer Zwang und Krampf wird spürbar, und was der gedrängten Kürze dienlich schien, erweist sich gar bald als Sperre. In solcher Not glaubt mancher Schreibende — wie es dem Kranken nicht selten geschieht —, das Übel wenden zu können, indem er es in Wahrheit mehrt: er wählt andere Hauptwörter und jetzt zumeist die umlaufenden Neubildungen, oder er drängt, was dasteht, ineinander (z. B. „die den dem Sohn der Beklagten zustehenden Eigentumsrechten innewohnende Geltung“).

Es hilft aber nur eines: man muß ganz neu ansetzen. Sobald man vom Zeitwort her beginnt, teilt sich nicht nur die entstandene Häufung, sondern wie von selbst ergibt sich ein Gefüge: Vom Hauptsatz setzt sich ein Nebensatz ab, etwa eine Fügung mit „weil“, „obgleich“ usw. bereitet den Hauptgedanken vor und entlastet den Hauptsatz. Der Entwurf bekommt Luft und Beweglichkeit zugleich und mit ihnen Gestalt. Der Leser aber erfaßt beim ersten, flüchtigen Lesen endgültig und genau, was der Schreibende sagen wollte. Das will heißen, daß sich die längere Zeit für die Abfassung des ersten Schreibens nachher als Abkürzung des folgenden Schriftwechsels herausstellt — vorausgesetzt, daß der Empfänger Briefe wirklich liest. Denn mit dem schlechten Schreiben hängt das schlechte Lesen zusammen: niemand glaubt, zur ordentlichen und vernünftigen Erledigung dieser Tätigkeiten, und das heißt zum wirklichen Denken, die Zeit zu haben, weshalb das Hin und Her heute nicht selten viel länger dauert, als dem hätte sein müssen.

Die wirksamste Hilfe zu einem klaren und leichten Stil liegt also darin, daß man sich der gliedernden Kraft des Zeitwortes bedienen lernt. Das gilt auch für den nutzbringenden Gebrauch dieses Wörterbuches. Wie vorher angedeutet, ist nicht allen Zeitwörtern solches Vermögen zu eigen: nur die echten Zeitwörter sind dazu imstande, diejenigen nämlich, die an und für sich schon etwas sagen, wie z. B. hören, sehen, bauen, geben, reisen usw. Von ihnen sind andere zu unterscheiden, durch welche die Hauptwörter lediglich miteinander verbunden werden: „Der Vater ist arbeitslos", „Hamburg ist ein (gilt als) Bundesland", „Diese Frage erscheint sinnlos", „Die Gerechtigkeit stellt eine grundlegende Tugend dar".

Der entscheidende Beitrag des Zeitwortes für den Satzbau liegt aber darin, daß es den ganzen Satz führt und zur Abzweigung von Nebensätzen anregt. Man vergleiche: „Infolge übermäßiger geschäftlicher Beanspruchung bei schlechten Gesundheitsverhältnissen war es ihm in der entstandenen Zwangslage nicht mehr möglich, seiner Aufgabe voll gerecht zu werden" mit „Weil seine schwache Gesundheit den allzu großen Anforderungen des Berufes auf die Dauer nicht standzuhalten vermochte, verlor er die Kraft für den Überblick, die von seiner Aufgabe gefordert wurde." Oder „Durch eine schwache Gesundheit gehemmt, vom Beruf je länger desto mehr überfordert, verlor er..." Was durch die Häufung der Hauptwörter hätte erreicht werden sollen, nämlich Kürze, wird auf freiere, leichte und deshalb elegante Weise durch den Gebrauch der Mittelwörter „gehemmt", „überfordert" geleistet. Dazu wird der noch Ungeübte jedoch nur über die Zwischenstufe des Nebensatzes mit „weil" gelangen.

Nicht zu den echten Zeitwörtern zu rechnen sind die sonderbaren Erweiterungen und Auspolsterungen, die heute von den Kanzleien und Büros leidigerweise bevorzugt werden: „in Erfahrung bringen" (statt erfahren), „zu Gehör bringen" (statt „hören lassen") und andere mehr. Die Favoriten dieser Gruppe sind die längst unerträglichen: „zur Durchführung bringen", „unter Beweis stellen". Freilich wird auch „durchführen" übermäßig strapaziert, ob es sich nun um Konzerte, Reisen, Lehrgänge oder was alles noch handelt. Wem es der eigene Sprachschatz nicht sagt, daß es im Deutschen auch noch „machen“, „veranstalten“, „ausführen“, „unternehmen“, „vollziehen“ und zur Aushilfe noch „stattfinden“, „vor sich gehen“ gibt, der hole aus diesem Wörterbuch dann und wann etwas anderes als „durchführen“. Und auch „beweisen“, obwohl es schon angenehmer ist als das unausstehliche und dazu noch falsch gebrauchte „unter Beweis stellen“, braucht nicht immerzu verwendet zu werden: da ist z. B. noch „zeigen“, „äußern“, „bekunden“, „sehen lassen“.

Noch eines: die Fähigkeit, Sprache zu hören, ist für die Kunst des Schreibens eine unerläßliche Voraussetzung. Das Schreiben als Kunst — dieser Hinweis ist vielleicht manchem Leser dienlich — ist ausführlich in einem Lehrbuch von Broder Christiansen dargestellt worden. Weniger auf Kunst als auf Richtigkeit zielt der von mir entworfene Abriß, das kleine Buch „Umgang mit der Sprache“. Es vervollständigt die eben gegebenen Winke zu einem kleinen Praktikum des Schreibens.

Der Gebrauch eines Synonymenlexikons fördert unseren Sprachsinn und unser Sprachvermögen. Denn, wie am Anfang schon gesagt: in der Wahl des richtigen Wortes und im wechselnden Ausdruck liegt der Schlüssel zum Geheimnis der lebendigen Sprache.

Gerhard Storz
Ehrenpräsident der Deutschen Akademie
für Sprache und Dichtung

1 **abbilden** 1. wiedergeben, darstellen, zeigen, 2. zeichnen, malen, abmalen, abzeichnen, nachzeichnen, porträtieren, konterfeien, photographieren, knipsen, Bild machen, Aufnahme machen, filmen; abformen, nachformen, nachbilden, Plastik anfertigen, in Stein hauen, 3. übertragen, projizieren, reproduzieren.

2 **Abenteurer** Spekulant, Glücksritter, Spieler, Hasardeur, dunkle (fragwürdige) Existenz, dunkler Ehrenmann, Mitgiftjäger, Hochstapler, Betrüger, Bohèmien.

3 **aber** indessen, hingegen, doch, jedoch, gleichwohl, trotzdem, dennoch, dagegen, wogegen, wohingegen, immerhin, zwar, allein, allerdings, freilich, nur, vielmehr, im Gegenteil, richtiger, besser.

4 **Abfall** 1. Überbleibsel, Rückstand, Bodensatz, Rest; Schnitzel, Fetzen, Lappen, Lumpen, Kram, Krempel, Zeug, Bettel; Trümmer, Schutt, Bauschutt, Scherben, Abhub, Abschaum, Hefe, Kehricht, Dreck; Müll, Sperrmüll, Gerümpel, Kruscht, 2. Ramsch, Ausschuß, Makulatur, Altpapier, Altmaterial, Alteisen, Schrott, Trödel, Plunder, Klamotten, Gerümpel, wertloses Zeug, Strandgut; Schleuderware, Batzenware, Ladenhüter, Altkleider, Getragenes, Gebrauchtes, Unverkäufliches, Krimskrams, 3. Schutthaufen, Abfallhaufen, Müllhalde, Müllkippe; Abwasser, Abgas, 4. Senkung, Neigung, Schräge, Abdachung, schiefe Ebene, Hang, Abhang, Berghang, Bergseite, Berglehne, Steilhang, Lehne, Leite, Rain, Böschung, Halde; Gefälle, Abschüssigkeit, Steile.

5 **abfallen** 1. sich senken, neigen, abdachen, abflachen, fallen, absinken, 2. übrigbleiben, verbleiben, erhaltenbleiben, zuviel sein, übrig sein, restieren, liegenbleiben, überzählig sein, überflüssig sein; fortfallen, entfallen, wegfallen, 3. herunterfallen, zu Boden fallen, herabplumpsen, sich lösen, herabfallen, 4. abfallen gegen, schlechter sein, im Nachteil sein, den Vergleich nicht aushalten, darunterliegen, nicht nachkommen, nicht gleichziehen.

6 **abhängen von** 1. abhängig sein von, angewiesen sein auf, nicht leben können ohne, in jem. Hand sein, in jem. Macht sein, jem. Brot essen, von jem. versorgt werden, 3. sich abhängig machen, sich jem. in die Hand geben, sich ausliefern, sich aussetzen, Rechenschaft schulden.

7 **ablaufen** 1. abfließen, abrinnen, verrinnen, verfließen, sich verlaufen, versickern, 2. verlaufen, sich entwickeln, weitergehen, ausgehen, auslaufen, zu Ende gehen, enden.

8 **ableiten** 1. umleiten, wegführen, verlegen, 2. Ablauf schaffen, ablassen, herauslassen, Ventil öffnen, ablaufen lassen.

9 **ableiten von** zurückführen auf, erklären mit, herleiten von, wurzeln in, seine Wurzel haben, seinen Ursprung haben.

10 **abnehmen** 1. Gewicht verlieren, abmagern, abfallen, einfallen, mager werden, dünner werden, kränkeln, hinschwinden, verfallen, 2. abmachen, herunternehmen, abhängen, ablösen, wegnehmen, abweichen, losmachen, 3. abnehmend, nachlassend, schwindend, zurückgehend, im Abnehmen, vermindert, weniger, minder, geringer; rückläufig, in umgekehrter Richtung, rückwärts, entgegengesetzt, gegenläufig; ermäßigt, zurückgesetzt, herabgesetzt, reduziert, nachgelassen; verlustbringend, negativ, ungünstig; herbstlich, alternd, vergehend, auslaufend.

11 **Abneigung** 1. Ablehnung, Antipathie, Aversion, Abwehr, Haß, feindliche Gefühle, Animosität, Feindseligkeit, Feindschaft, Groll, 2. Abscheu, Widerwille, Ekel, Übelkeit, Überdruß, Unlust, Übersättigung, Mißfallen, Schauder.

12 **abraten** widerraten, abbringen von, warnen, ausreden, einwenden, zu bedenken geben, vor Augen stellen, vermiesen, verleiden, abmahnen.

13 **absichtlich** mit Bedacht, mit Vorbedacht, willentlich, gewollt, beabsichtigt, mit Absicht, mit Willen, grundsätzlich, vorsätzlich, geflissentlich,

wohlweislich, bewußt, eigens, bezweckt, extra, ausdrücklich, mit Fleiß, zum Trotz, zum Possen, ostentativ, nun gerade, mutwillig, wissentlich.

14 **absondern (sich)** 1. abscheiden, ausscheiden, ausdünsten, ausschwitzen, abstoßen, ausstoßen, auswerfen, ausströmen, ausschleudern, ausspucken; spucken, brechen, speien, sich übergeben, seekrank werden, sich erbrechen, von sich geben, Notdurft verrichten, 2. husten, hüsteln, räuspern, die Kehle befreien; aufstoßen, rülpsen, 3. sabbern, seibern, sabbeln, trielen, speicheln, beschlabbern, 4. eitern, nässen, feuchten, bluten, 5. aussondern, aussortieren, verlesen, auslesen, sichten, Spreu vom Weizen trennen, ausscheiden, verwerfen, nicht verwenden, ausmerzen, eliminieren; abtrennen, beiseite legen, herauslösen, gesondert behandeln, ausklammern, beiseite lassen, absehen von, abstrahieren von, 6. sondern, isolieren, in Quarantäne halten, abtrennen, internieren, gefangenhalten, absperren, ausschließen, abseitsstellen, 7. sich absondern, sich zurückhalten, abseits stehen, sich abseits halten, sich im Hintergrund halten, sich verborgen halten, sich verkriechen, die Menschen scheuen, sich verkapseln, sich abkapseln, sich verschließen, sich entziehen, ausflippen; im Schneckenhaus, im Elfenbeinturm, außerhalb der Gesellschaft leben, einsam, ungesellig leben, sich einspinnen, nicht aus dem Bau gehen.

15 **Absonderung** 1. Ausscheidung, Ausdünstung, Auswurf, Verdauung, Kot, Losung, Schlacke, Schweiß, Sekret, Sekretion, Speichel, Spucke, Geifer, Eiter, Exkrement, 2. Dung, Dünger, Mist, Kompost, Düngemittel, Jauche, Pfuhl, Pudel, Gülle, Addel; Abgas, 3. Quarantäne, Isolierung, Internierung, Schutzhaft.

16 **abspenstig machen** ausspannen, abjagen, wegengagieren, ablisten, wegverpflichten, kapern, abwenden, zum Abfall bewegen, bereden, zum Treubruch verleiten, abwendig machen, den Rang ablaufen, konkurrieren, wegschnappen, entfremden, wegholen.

abspringen 1. abschwenken, weglaufen, abwandern, zur Konkurrenz gehen, sich verlaufen, sich verziehen, sich verflüchtigen, ausscheren, übergehen zu, abschnappen, wandern, aussteigen, sich distanzieren, 2. springen, herabspringen, hinunterspringen, sich in die Tiefe stürzen. 17

Abstammung 1. Abkunft, Herkunft, Herkommen, Abkommen, Ursprung, Deszendenz, Familie, Heimat, Nest, Elternhaus, Kinderstube, Hintergrund, „Stall", 2. Nationalität, Volkszugehörigkeit, Staatsangehörigkeit, Landsmannschaft. 18

absteigen heruntersteigen, herabklettern, zu Tal gehen, hinuntersteigen, hinuntergehen, hinabklettern, zu Tal fahren, abwärts gehen, bergab gehen; Abstieg, Weg bergab, Weg ins Tal, Weg zu Tal. 19

abstellen 1. niederstellen, niedersetzen, absetzen, hinstellen, zu Boden stellen, 2. drosseln, abdrosseln, abdrehen, zudrehen, schließen, stoppen, abstoppen, anhalten, bremsen, abbremsen, verlangsamen, Tempo verringern, zum Stehen bringen, ausschalten, abschalten, stillegen, unterbrechen, halten, 3. einstellen, hinterlegen, deponieren, sicherstellen, parken, unterbringen, placieren, aufstellen, lagern, in Verwahr geben, 4. abhelfen, Abhilfe schaffen, abschaffen, aufheben, beheben, beseitigen, abändern. 20

abweichen 1. abgehen, abbiegen, abzweigen, abschwenken, sich wenden, eine Biegung machen, sich gabeln, sich teilen, sich verzweigen, sich verästeln; umfahren, Umweg machen; vom Kurs abkommen, aus dem Ruder laufen, die Richtung (den Kurs) ändern, sich anders besinnen, seine Meinung ändern, 2. abkommen, abgleiten, abrutschen, absacken, entgleiten, entweichen, abtreiben, 3. abschweifen, abspringen, den Faden verlieren, abirren, nicht bei der Stange bleiben, sich nicht konzentrieren, vom Hundertsten ins Tausendste 21 kommen.

22 **Abweichung** 1. Ableitung, Umleitung, Verlegung, 2. Abbiegung, Abzweigung, Schwenkung, Gabelung, Kurve, Abweg, Umweg, Nebenweg, Seitenweg, Abkürzung, Abstecher, Abzweig, Weiche, Ausweichstelle; Kreuzweg, Scheideweg, Kreuzung, Wegscheide, Wegegabel, Wegkreuzung, Straßenkreuzung, 3. Irrweg, Abirrung, Entgleisung, Verirrung, Holzweg, Sündenfall, 4. Abschweifung, Abschwenkung, Exkurs, Unterbrechung, 5. Abtrift, Entfernung.

23 **abweisen** 1. zurückweisen, abwehren, von sich weisen, zurückstoßen, abstoßen, schlecht behandeln, abschütteln, 2. ablehnen, absagen, zurückgeben, retournieren, remittieren, zurückschicken, verzichten auf, keine Verwendung haben, abschlägig bescheiden, 3. verneinen, protestieren, negieren, nein sagen, verschmähen, sich distanzieren, verwerfen, die Finger davon lassen, sich verwahren gegen, ausschlagen, nicht akzeptieren, 4. nicht empfangen, sich verleugnen lassen, Besuch nicht annehmen, abwimmeln, abwinken, abfallen lassen, abblitzen lassen, die kalte Schulter zeigen, abspeisen mit, einen Korb geben, vom Tisch wischen, eine Abfuhr erteilen, 5. hinauswerfen, an die Luft setzen, heimleuchten, zeigen wo der Schreiner das Loch gelassen hat, 6. auspfeifen, auszischen, ausbuhen, durchfallen lassen, Mißfallen äußern, dem Mißfallen Luft machen, 7. zurückhaltend sein, Distanz wahren, Abstand wahren, kühl sein, sich nichts vergeben, die Würde wahren, sich nicht gemein machen, einschüchternd wirken.

24 **abweisend** 1. ablehnend, zurückhaltend, unzugänglich, unpersönlich, unfreundlich, absprechend, abstoßend, ungnädig, unnahbar, nicht entgegenkommend, zugeknöpft, reserviert, herb, verhalten, verschlossen, kühl, frostig, unterkühlt, kalt, eisig, steinern, brüsk, karg, barsch, schroff, spitz, kurz angebunden, stachelig, kratzbürstig, widerborstig, 2. kritisch, abwertend, abfällig, tadelnd, bissig, scharf, spitzig, spitze Zunge, spitze Feder, mißfällig, mißbilligend, abschätzig, verächtlich, geringschätzig, wegwerfend, respektlos, despektierlich, vernichtend; mäkelig, krittelig, wählerisch, anspruchsvoll, 3. abgeneigt, verneinend, negativ, polemisch, unwillig, widerwillig, nicht willens, widerstrebend, abhold, nicht grün, 4. abgeneigt sein, nicht mögen, nicht wollen, ein Gesicht machen.

Abweisung 1. Zurückweisung, Abwehr, Abfuhr, Abfertigung, 2. Ablehnung, Versagung, Absage, abschlägige Antwort, Weigerung, Verweigerung, Nein, Verneinung, Negierung, unfreundliche Aufnahme, Negation, Abwehr, abwehrende Geste, Protest, Widerspruch, Auspfiff, Durchfall, Pleite. 25

Abwesenheit 1. Fehlen, Ausfall, Ausbleiben, Fernbleiben, Lücke, 2. Unaufmerksamkeit, Unüberlegtheit, Zerstreutheit, Gedankenlosigkeit, Versunkenheit, Vertieftheit, Versponnenheit, Verträumtheit, Geistesabwesenheit, Entrückung, Unkonzentriertheit, Zerfahrenheit, Kopflosigkeit, Gedankenflucht, 3. Vergeßlichkeit, Gedächtnisschwund, Gedächtnislücke, Gedächtnisstörung, Gedächtnisschwäche, Bewußtseinslücke, Sperre, Blockade, „Mattscheibe", „Blackout". 26

abzahlen in Raten, in Teilzahlungen tilgen, begleichen, zahlen, zurückerstatten, auf Abschlag kaufen, abtragen, abbezahlen, abdecken, amortisieren, abstottern, zögernd seinen Verpflichtungen nachkommen, kleckerweise zahlen, säumiger Schuldner, unzuverlässiger Zahler sein. 27

Achtung Beachtung, Ehrerbietung, Ehrfurcht, Respekt, Wertschätzung, Anerkennung, Ergebenheit, Scheu, Verehrung, Anbetung, Vergötterung, Verwöhnung; Kult, Kultus, verehrungsvolle Pflege, Fetischismus, Vergottung, Vergötzung. 28

alle 1. jeder, jedermann, alle ohne Ausnahme, samt und sonders, Mann für Mann, Freund und Feind, groß 29 und klein, Kind und Kegel, vornehm und gering; die Gesamtheit, das Ganze, das Plenum, 2. vollständig, vollzählig, ausnahmslos, beschlußfähig, alle Mann, alle Mann an Bord, alle miteinander, die ganze Familie, die ganze Gesellschaft, wie ein Mann.

30 **allerdings** ja, jawohl, gewiß, tatsächlich, in der Tat, sicherlich, jedenfalls, immerhin, freilich, natürlich, zwar.

31 **allgemeinen (im)** im großen und ganzen, durchgängig, in Bausch und Bogen, üblicherweise, gewöhnlich, meistens, sozusagen, gewissermaßen, wie man so sagt, gemeinhin, gemeiniglich, generell, alles in allem, durchweg, im ganzen, überhaupt.

32 **Alltag** 1. Wochentag, Werktag, Arbeitstag, 2. Gleichmaß, Regelmäßigkeit, Gewohnheit, Wiederkehr des Gleichen, Tretmühle, Gleichförmigkeit, Eintönigkeit, Alltäglichkeit, Öde, Monotonie, immer dasselbe, die alte Leier, ewiges Einerlei.

33 **also** daher, darum, deswegen, demnach, folglich, mithin, somit, infolgedessen, deswegen, aus diesem Grunde, demgemäß, logischerweise, stimmt's?, es ist doch so?, habe ich recht?

34 **alt** 1. bejahrt, betagt, ältlich, bei Jahren, vorgerückten Alters, nicht mehr jung, angegraut, meliert, ergraut, grau, grauhaarig, weiß, schlohweiß, weißhaarig, hoch an Jahren, hochbetagt, greis, steinalt, uralt, biblisches Alter, 2. verblüht, abgeblüht, abgelebt, unfrisch, abgestorben, absterbend, verknöchert, verkalkt, vergreist, greisenhaft, abständig, senil, überaltert, überlebt; knittrig, faltig, runzlig, zerknittert, pergamenten, zusammengefallen, zusammengeschrumpft, gefurcht, zerklüftet, schrumplig, verhutzelt, verrunzelt, bemoost, zittrig, 3. abgenutzt, abgebraucht, abgegriffen, verbraucht, verschlissen, abgeschabt, morsch, krumplig, fadenscheinig, schäbig, eingerostet, 4. nicht mehr neu, gebraucht, aus zweiter Hand, getragen, viel gefahren, antiquarisch, 5. altertümlich, ehrwürdigen Alters, antik, klassisch, 6. altgedient, ausgedient, abgedankt, verabschiedet, invalid, invalidiert, pensioniert, emeritiert, im Ruhestand, außer Dienst.

Alter 1. Jahre, Lenze, Lebensalter, Bejahrtheit, hohe Jahre, Greisentum, Greisenhaftigkeit, Senilität, 2. alter Mann, Greis, Großvater, Nestor, Patriarch, Stammvater, Senior, alter Herr, alter Knabe, Alter, alter Knacker, Kracher, Methusalem; Altgedienter, Ausgedienter, Veteran, Invalide, Pensionär, Rentner, 3. Ruhestand, Pension, Pensionierung, Rente; Altenteil, Ausgedinge, Austragstübchen, Lebensabend; Altenheim, Wohnheim, Wohnstift, Stift; Pflegeheim, Spital, Spittel, Armenhaus, 4. Überalterung, Überlebtheit, Rückständigkeit, Vergreisung, Verkalkung, Abständigkeit. 35

anbei beiliegend, anliegend, inliegend, beigefügt, beifolgend, *an*gebogen, angeheftet, hierbei, hiermit, beigeschlossen, im Brief, ergänzend, beigepackt, als Anlage. 36

Anbetracht (in) im Hinblick auf, in bezug auf, bedingt durch, wegen, weil, Umstände halber, auf Grund, hinsichtlich, rücksichtlich, motiviert durch, denn, nämlich, in Betracht ziehen, in Anschlag bringen, alles in allem nehmen, angesichts, gegenüber, vor, mit Rücksicht auf, was ...angeht, was ...anbelangt, im Zusammenhang mit. 37

anbieten (sich) 1. antragen, vorschlagen, empfehlen, offerieren, anpreisen, feilbieten, ausbieten, ausschreiben, zu verkaufen suchen, auf den Markt bringen; vorführen, ausstellen, auslegen, ins Schaufenster legen, schaustellen, zur Schau stellen, Ausstellung veranstalten, Modenschau machen, aushängen, vorweisen, vorzeigen, zeigen, herausstellen, bringen, unterbreiten, 2. Angebot machen, inserieren, annoncieren, in die Zeitung setzen, anzeigen, Anzeige aufgeben, bekanntmachen, einrücken, bekanntgeben, ankündigen, mitteilen, veröffentlichen, 3. reichen, darbieten, Ausschank betreiben, ausschenken, Gläser füllen, ein- 38 schenken, kredenzen, darreichen, hinreichen, servieren, auftragen, aufwarten, zu Tisch dienen, 4. einschicken, einsenden, zum Druck anbieten, zur Veröffentlichung anbieten, einen Verlag suchen, 5. sich anbieten, sich anerbieten, sich zur Verfügung stellen, sich bereit erklären, sich anheischig machen, sich verpflichten, auf sich nehmen.

39 **Anfang** 1. Beginn, Anbeginn, Anbruch, Auftakt, Entstehung, Aufkommen, Geburt, Wiege, Quelle, Keim, Ei, Samen, Saat, Saatgut, Samenkörner, Sämereien, Embryo, Neubildung, Ausgangspunkt, Urgrund, Keimzelle, Ansatz, Ansatzpunkt, 2. Gründung, Begründung, Etablierung, Eröffnung, Niederlassung, Anbahnung, Ankurbelung; Start, Anpfiff, Anlauf; Anstich; Grundsteinlegung, Debüt, Jungfernfahrt, Jungfernrede, Absprung, Einweihung, Übergabe, Feuertaufe, Einstand, Uraufführung, Erstaufführung, Premiere, 3. Morgen, Morgenröte, Sonnenaufgang, Morgenlicht, Frühlicht, Erwachen, Dämmerung, Frühe, Frühstunde, Tagesanbruch, Morgengrauen, Vormittag.

40 **anfangen** 1. beginnen, anheben, angehen, losgehen, ansetzen, einsetzen, anlaufen, sich entspinnen, 2. anbrechen, dämmern, grauen, tagen, hell werden, Tag werden, heraufkommen, aufgehen, erwachen, sich erheben, werden, entstehen, in Gang kommen, 3. den Anfang machen, in Angriff nehmen, starten, gründen, begründen, eröffnen, aufmachen, etablieren, niederlassen, anlegen, ankurbeln, anpacken, anlaufen lassen, ins Rollen bringen, Schritte tun, entrieren, vom Stapel lassen, in Gang setzen, sich anschicken, unternehmen, ins Leben rufen, errichten, einführen, Vorkehrungen treffen, in die Wege leiten, in die Hand nehmen, den Hebel ansetzen, Fühlung nehmen, ins Gespräch kommen, anspinnen, Anstalten machen, im Begriff sein, sich in Bewegung setzen, drangehen, herangehen an, Anlauf nehmen, initiieren, die Initiative ergreifen, konstituieren, errichten, 4. starten, anpfeifen, loslegen; abhauen, loslaufen, absausen, davonschießen, davonflitzen, 5. debütieren, zum erstenmal auftreten, die Bühne betreten, seine Jungfernrede halten, den Reigen eröffnen, die Feuertaufe empfangen.

anfangs 1. anfänglich, zuerst, in erster 41
Linie, vor allem, als erstes, zu allererst, primär, als Wichtigstes, vorab, zunächst, einleitend, zuvor, zuvorderst, vorweg, eingangs, zu Beginn, 2. ursprünglich, keimhaft, embryonal, werdend, im Werden, im Entstehen, in der Entwicklung, im Entwurf, im Bau, im Rohbau, in Umrissen, 3. erstmalig, zum erstenmal, beim Debüt, beim ersten Auftreten, bei der Jungfernfahrt, bei der Jungfernrede.

angeblich, vorgeblich, vermeintlich, 42
anscheinend, nominell, gleichsam, als ob, gewissermaßen, sozusagen, unter dem Deckmantel.

angenehm 1. willkommen, wünschens- 43
wert, erwünscht, wohlgefällig, günstig, bequem, gelegen, genehm, zupaß, passend, zusagend, praktisch, recht, das trifft sich gut, lieb, sympathisch, nett, 2. ergötzlich, erquicklich, wohltuend, erfrischend, genußreich, befriedigend, erfreulich, nach meinem Herzen.

angesehen geachtet, geschätzt, aner- 44
kannt, geehrt, bekannt, populär, berühmt, rühmlich bekannt, gerühmt, bejubelt, gefeiert, verehrt, umschwärmt.

angestammt 1. eingesessen, einhei- 45
misch, ansässig, angesessen, beheimatet, eingeboren, heimisch, seßhaft, verwurzelt, hiesig, ortskundig; ortsfest, ortsgebunden, stationär, bleibend, 2. angeboren, ererbt, vererbt, erblich, vererbbar, überkommen, wesenseigen, ureigen, traditionell; veranlagt, geartet, naturgegeben.

Angestellte 1. Arbeiter, Arbeitskraft, 46
Arbeitnehmer, Werktätiger, Kraft, Betriebsangehöriger, Mitarbeiter; Schwerarbeiter, Roboter, Malocher; Knecht, Landarbeiter, 2. Mitarbei-

terstab, Team, Gefolgschaft, Belegschaft, der Betrieb, die Arbeiterschaft, der Arbeiterstand, die Angestellten, die Kollegen, die Kameraden, die Arbeitskameraden, 3. Hausangestellte, Dienstboten, Dienerschaft, Dienstpersonal, Personal, Bedienstete, Gesinde, Hausgesinde; Hausgehilfin, Dienstmädchen, Mädchen, Magd, Perle, Haushalthilfe, Raumpflegerin; Zofe, Jungfer, Kammerfrau, Kammerzofe; Aufwartung, Zugehfrau, Putzfrau, Putzhilfe; Kindermädchen, Kinderfrau, Kinderschwester, Kinderwärterin, Amme; Haushälterin, Stütze, Wirtschafterin, Hauserin, 4. Diener, Bedienter, Kammerdiener, Lakai, Domestik, dienstbarer Geist, 5. Kellner, Ober, Bedienung, Ganymed, Page, Boy; Kellnerin, Bedienerin, Serviererin, Saaltochter, Serviertochter, Hebe; Hausdame, Etagendame, Empfangsdame, Hostess, Stewardess; Zimmermädchen, Stubenmädchen; Küchenchef, Koch, Köchin, Mamsell, Kalte Mamsell; Hausknecht, Faktotum, 6. Beamter, Staatsdiener, Amtsträger, Behördenangestellter, Bürokrat, Ministerialer, Amtsträger, Amtsperson.

47 **angreifen** 1. anfallen, angehen, attackieren, vorgehen, vorrücken, vorspringen, zum Angriff übergehen, losgehen, losschlagen, dreinschlagen, dreinhauen, berennen, zu Leibe gehen, auf den Leib rücken, vorpreschen, anfliegen, beschießen, bombardieren, packen, überfallen, überrumpeln, überkommen, herfallen über, sich stürzen auf, überrennen, vordringen, vorspringen, einen Vorstoß machen, einhauen auf, sich hermachen über, einstürmen auf, eine Attacke reiten gegen, unter Beschuß nehmen, mit Granaten belegen, 2. auf das Ziel losgehen, keine Umschweife machen, den Stier bei den Hörnern packen, deutlich werden, vom Zaun brechen, Schach bieten, die Offensive ergreifen, offensiv werden, den Kampf aufnehmen, in die Arena steigen.

48 **Angriff** 1. Anmarsch, Vormarsch, Vorgehen, Einfall, Anfall, Überfall, Vorstoß, Überrumpelung, Handstreich, Attacke, Offensive, Aggression, Beschuß, Kanonade; Attentat, Anschlag, Staatsstreich, Umsturz, 2. Ansturm, Andrang, Run, Sturm, Wettlauf, Hetzjagd, Hatz.

Angst 1. Furcht, Bangen, Grauen, 49
Schauder, Schauer, Grausen, Entsetzen, Erzittern, Erbeben, Erschrecken, Schrecken, Panik, Bestürzung, Verstörtheit, Kopflosigkeit, Horror, Schock, 2. Unruhe, Beklemmung, Beklommenheit, Bangigkeit, Verzagtheit, Zaghaftigkeit, Nervosität, Beunruhigung, Spannung, Erregung, Aufregung, Zittern, Herzklopfen, Alpdruck, Nachtmahr, Alptraum, Angstträume, Gespensterfurcht, Gruseln, Zähneklappern, 3. Befürchtung, Besorgnis, Sorge, Furchtsamkeit, Ängstlichkeit, Bänglichkeit, Bedenklichkeit, Vorsicht, 4. Feigheit, Kleinmut, Kleingläubigkeit, Zaghaftigkeit, Verzagtheit, Mutlosigkeit, Bammel, Heidenangst.

ängstigen (sich) 1. fürchten, bangen, 50
ängsten, erschrecken, beben, erbeben, entsetzen, zittern, zagen, schlottern, gruseln, die Nerven verlieren, einen Schrecken bekommen, einen Schock erleiden, erbleichen, erblassen, sich verfärben, zusammenfahren, zucken, zusammenzucken, erschauern, aufschrecken, zur Salzsäule erstarren, zurückfahren, zurückschaudern, zurückprallen, zurückschrecken, den Atem anhalten, Blut schwitzen, graulen, grauen, grausen, schaudern, zittern wie Espenlaub, die Haare stehen zu Berge, 2. befürchten, sich sorgen, sich Gedanken machen, besorgt sein, Manschetten (Respekt, Furcht) haben vor, Gespenster sehen, sich quälen, sich abhärmen, sich Sorgen machen, kein Auge schließen, schwarzsehen, sich Kummer machen.

ängstlich 1. angstvoll, furchtsam, 51
bange, bänglich, beklommen, unruhig, unbehaglich, nervös, angespannt, aufgewühlt, aufgeregt, besorgt, sorgenvoll, bangend, bebend,

angsterfüllt, entsetzt, 2. feige, mutlos, zitterig, zitternd, schreckhaft, schlotternd, nervenschwach, zähneklappernd, zage, zaghaft, zitterig, kleinmütig, kleingläubig, verängstigt, verzagt, übervorsichtig, schwachherzig, schwachmütig, angst und bange, weibisch.

52 **anhängen** 1. anhangen, dienen, treu ergeben sein, verbunden sein, nachfolgen, geleiten, ausharren, nicht ablassen, überzeugt sein, sich zugehörig fühlen, sich verbunden halten, 2. sich anklammern, nachlaufen, verfolgen, nicht loslassen, sich abhängig machen, sich aufgeben, 3. treu bleiben, nicht im Stich lassen, nicht aufgeben, zu jem. halten, beistehen, zu helfen versuchen, nicht wanken, nicht weichen, zu jem. stehen, nicht verlassen, sich nicht abwenden, 4. zulaufen, zuströmen, sich einfinden, sich anschließen.

53 **Anhänger** 1. Parteigänger, Gefolgsmann, Nachfolger, Paladin, Mitkämpfer, Kombattant, Kampfgenosse, Kamerad, Getreuer, Mitglied, Mitverschworener, Gefährte, Jünger, Begleiter, Schatten, 2. Nachläufer, Mitläufer, Nachbeter, Fan, Fex, Trittbrettfahrer, Trabant, Satellit, Vasall, Höriger, Geschöpf, Werkzeug, Kreatur, Strohpuppe, Popanz, Marionette, 3. Gefolgschaft, Gefolge, Anhängerschaft, Gemeinde, Anhang; Troß, Hofstaat, Kamarilla, Günstlinge.

54 **ankommen** 1. eintreffen, das Ziel erreichen, ans Ziel gelangen, anlangen, kommen, sich einfinden, erscheinen, eintreten, das Haus betreten, nähertreten, auftauchen, anrücken, sich einstellen, sich melden, einziehen, auftreten, auf der Bildfläche erscheinen, antreten, aufmarschieren, einlaufen, einfliegen, einmarschieren, anrollen, landen, eintrudeln, antanzen, angestiefelt kommen, 2. zur Welt kommen, geboren werden, das Licht der Welt erblicken, geschenkt werden, 3. auskriechen, ausschlüpfen, geworfen werden, ausgebrütet werden.

55 **ankommen auf** abhängen von, bedingt sein durch, voraussetzen, sich ergeben aus, herrühren von, basieren auf, beruhen auf, sich gründen auf, fußen auf, liegen an, kommen von, zusammenhängen mit, verbunden sein mit, in Beziehung stehen zu, sich beziehen auf, wichtig sein für.

Ankunft Eintreffen, Erscheinen, Einzug, Kommen, Eintritt, Antritt, Antreten, Betreten, Auftreten, Auftritt, Aufzug, Auffahrt, Anfahrt, Anmarsch, Aufmarsch, Landung. 56

anläßlich 1. aus Anlaß, aufgrund, bei Gelegenheit, gelegentlich, bei, zu, zum, wenn, als, 2. denn, weil, nämlich, halber, wegen, infolge, um ... willen. 57

Anmut Grazie, Liebreiz, Lieblichkeit, Holdseligkeit, Süße, Feinheit, Zierlichkeit, Leichtigkeit, Zauber, Charme. 58

anmutig 1. reizend, bezaubernd, hold, holdselig, lieblich, liebreizend, charmant, liebenswürdig, gewinnend, 2. graziös, zierlich, zier, grazil, geschmeidig, leicht, beweglich, leichtfüßig, gazellenhaft, rehhaft, niedlich, allerliebst, beschwingt, süß. 59

anregen 1. veranlassen, vorschlagen, anempfehlen, beeinflussen, den Gedanken eingeben, hinlenken auf, 2. ermuntern, anspornen, drängen, inspirieren, Impulse geben, Antrieb geben, elektrisieren, beschwingen, antreiben, beleben, aufrütteln, aktivieren, begeistern, entflammen, entzünden, befeuern, beflügeln, beseelen, treiben, 3. aufregen, reizen, stimulieren, aufputschen, erregen, beleben, aufmöbeln, erfrischen, aufmuntern, aufpulvern, anfeuern, in Schwung bringen, 4. erheitern, erquicken, zerstreuen, unterhalten, animieren, vergnügen, amüsieren, fröhlich stimmen, belustigen, beleben, zum Lachen bringen. 60

anregend 1. belebend, unterhaltend, abwechslungsreich, amüsant, erheiternd, aufheiternd, ermunternd, erfrischend, belustigend, reizvoll, 2. geistreich, geistvoll, einfallsreich, witzig, spritzig, charmant, unterhaltsam, belustigend, zerstreuend, ablenkend, prickelnd, perlend, mous- 61 sierend, pikant, sprühend, 3. erregend, begeisternd, aufregend, aufreizend, aufputschend, stimulierend.

62 **Anregung** 1. Rat, Impuls, Anstoß, Gedanke, Einfall, Idee, Vorschlag, Antrieb, Betreiben, Inspiration, 2. Ermunterung, Ermutigung, Belebung, Bestätigung, Auftrieb, Ansporn, Aneiferung, Anreiz, 3. Zerstreuung, Amüsement, Vergnügen, Ablenkung, Unterhaltung.

63 **anschaulich** 1. bildhaft, lebendig, lebhaft, bunt, farbig, blutvoll, sinnfällig, plastisch, prägnant, augenfällig, sprechend, figürlich, greifbar, handgreiflich, gegenständlich, konkret, intensiv, quellend, frisch, 2. dichterisch, prall, saftig, poetisch, malerisch, pittoresk, sinnlich, ausdrucksvoll, ausdrucksstark, unvergeßlich, unauslöschlich, unverwischbar, einprägsam, lebensnah, lebensecht, wirklichkeitsnah, expressiv, plastisch, einprägsam, bildhaft, deutlich.

64 **anscheinend** vermutlich, wahrscheinlich, offenbar, glaubhaft, anzunehmen, sicherlich, augenscheinlich, mutmaßlich, wie es scheint, dem Anschein nach, es sieht so aus, vermutlich, dem Vernehmen nach, gerüchtweise, wie man hört, voraussichtlich, aller Voraussicht nach, mit ziemlicher Gewißheit, nach menschlichem Ermessen.

65 **ansehen (sich)** 1. anschauen, betrachten, besehen, besichtigen, sich umsehen, in Augenschein nehmen, beschauen, begucken, angucken, mustern, prüfen, untersuchen, studieren, sich beschäftigen mit, sich befassen mit, 2. anblicken, den Blick richten auf, einen Blick zuwerfen, aufs Korn nehmen, anstarren, anstieren, begaffen, fixieren, nicht aus den Augen lassen, 3. sich ansehen, sich betrachten, vor dem Spiegel stehen, sich bespiegeln, sich beschauen.

66 **Anspruch** 1. Recht, Anrecht, Berechtigung, Befugnis, Anwartschaft, 2. Anforderung, Ehrgeiz, Ambition, Verlangen, Wunsch, Begehren, Lebensanspruch, Lebenswille, Lebenswünsche, 3. Forderung, Rechnung, Kostenberechnung, Liquidation, Kostenaufstellung, Zeche, Nota, Faktur, Belastung (Konto).

anspruchslos 1. bescheiden, einfach, genüglich, bedürfnislos, schlicht, zurückhaltend, prunklos, genügsam, mäßig, sparsam, wirtschaftlich, haushälterisch, 2. zufrieden, heiter, froh, wunschlos glücklich, sorglos, ungetrübt, unbesorgt, wunschlos, befriedigt, zufriedengestellt, erleichtert, erlöst, ausgefüllt, 3. modest, stillvergnügt, selbstgenügsam, selbstzufrieden, 4. spartanisch, streng, gezügelt, zuchtvoll, diszipliniert, beherrscht, 5. zufrieden sein, sich bescheiden, keine Ansprüche stellen, sich genug sein lassen, fürliebnehmen, bescheiden sein, sich zurückhalten. 67

anspruchsvoll 1. verwöhnt, eigen, ästhetisch, verfeinert, luxuriös, raffiniert, differenziert, subtil, heikel, feinfühlig, empfindlich, geschmackvoll, kennerhaft, von gutem Geschmack, von gewähltem, von erlesenem Geschmack, wählerisch, kritisch, urteilsfähig, urteilssicher, 2. anmaßend, überheblich, übermütig, arrogant, blasiert, aufgeblasen, wichtigtuerisch, dünkelhaft, breitspurig, snobistisch, eingebildet, selbstbewußt, selbstherrlich, hochtrabend, hochgestochen, blaustrümpfig, prätentiös, elitär, unbescheiden, hochfahrend, hochnäsig, versnobt, preziös, geziert, stilisiert. 68

Anstand 1. Benehmen, Lebensart, Erziehung, gute Form, Kinderstube, Kultur, Schliff, Höflichkeit, Artigkeit, Aufmerksamkeit, Takt, 2. Sitte, Gesittung, Schicklichkeit, Züchtigkeit, Biedersinn, Achtbarkeit, Ehrbarkeit, Rechtlichkeit, Redlichkeit, Ehrenhaftigkeit, Integrität, Sittlichkeit, gute Sitten, Rechtschaffenheit, Wohlanständigkeit, Fairneß, Seriosität. 69

anständig 1. gehörig, passend, angemessen, gemäß, schicklich, salonfähig, 2. achtbar, honorig, honett, respektabel, sittlich hochstehend, weiße Weste, unsträflich, untadelig, tadellos, reputierlich, einwandfrei, un- 70 bescholten, unangreifbar, 3. redlich, rechtschaffen, rechtlich, gediegen, ordentlich, zuverlässig, vertrauenswürdig, ehrenhaft, ehrlich, ehrliebend, grundehrlich, grundanständig, gewissenhaft, lauter, charaktervoll, sauber, rein, fair, unbestechlich, integer, reell, solide, aufrichtig, 4. ehrbar, ehrsam, tugendhaft, tugendlich, tugendsam, sittenstreng, bieder, wohlanständig, züchtig, sittsam, sittig, gesittet, schamhaft, sittenrein; ethisch, moralisch, sittlich, verantwortungsbewußt.

71 **anstandslos** ohne weiteres, glattweg, schlankweg, ohne Bedenken, ungescheut, ohne Scheu, ungehemmt, ohne jede Schwierigkeit, widerspruchslos, natürlich, selbstverständlich, klar, warum nicht?

72 **anstehen** 1. ausstehen, fällig sein, restieren, fehlen, offenstehen, zu erledigen, zu bezahlen, zu erwarten sein, 2. zustehen, zukommen, gebühren, sich gehören, angemessen sein, beanspruchen, verlangen können, ein Recht haben auf.

73 **anstellen** 1. verpflichten, einstellen, einsetzen, engagieren, dingen, heuern, chartern, werben, nehmen, verwenden, beschäftigen, in Dienst nehmen, Arbeit geben, unterbringen, ernennen, bestellen, bestallen, bediensten, betrauen, 2. vereidigen, schwören lassen, unter Eid nehmen, vergattern, 3. unterstellen, untergeben, nachordnen, unterordnen, zum Vorgesetzten geben, 4. aufdrehen, in Gang setzen, ankurbeln, anlassen, in Bewegung bringen, einschalten, anknipsen, anstoßen, Antrieb geben, aufmachen.

74 **anstoßen** 1. anprallen, gegenstoßen, aufprallen, aufstoßen, auf Grund fahren, sich festfahren, 2. anstürmen, branden, wogen, anrollen, 3. in die Seite stoßen, aufmerksam machen, anrempeln, 4. anecken, entgleisen, unangenehm auffallen, Ärgernis erregen, ärgern, Fauxpas machen, zu nahe treten, schockieren, Anstoß erregen, von sich reden machen, ins Gerede kommen, seinen Ruf schädigen, auf Widerspruch (Widerstand) stoßen.

Anwärter 1. Erbe, Nachfolger, Nach- 75
komme, künftiger Besitzer, 2. Bewerber, Aspirant, Kandidat, Teilnehmer, Mitbewerber, Konkurrent, Rivale, 3. Antragsteller, Bittsteller, Ansucher.

Anweisung 1. Anleitung, Belehrung, 76
Rat, Unterweisung, Leitlinie, 2. Angabe, Vorschrift, Gebrauchsanweisung, Unterrichtung, Instruktion, Verhaltungsmaßregel, Direktive, Rezept, Verordnung, 3. Überweisung, Geldsendung, Zahlung, Zustellung.

Anzeige 1. Inserat, Annonce, Zei- 77
tungsanzeige, Bekanntmachung, Bekanntgabe, Veröffentlichung, Mitteilung, 2. Anpreisung, Werbung, Anschlag, Plakat, Poster, Schild, Aushang, Prospekt, Katalog.

anziehen 1. ankleiden, bekleiden, Klei- 78
der anlegen, etwas überziehen, etwas umhängen, in die Kleider schlüpfen, Toilette machen, sich fertigmachen, sich richten, 2. sich kleiden, sich tragen, sich gewanden, sich anzuziehen wissen, seinen Stil kennen, 3. fesseln, reizen, locken, faszinieren, Neigung einflößen, entflammen, gewinnen, ziehen.

anziehend 1. gewinnend, einnehmend, 79
ansprechend, sympathisch, angenehm; hübsch, reizend, entzückend, bezaubernd, reizvoll, attraktiv, magnetisch, berückend, berauschend, lockend, verlockend, sexy, blendend, hinreißend, bestechend, entwaffnend, überzeugend, unwiderstehlich, verführerisch, verwirrend, bestrickend, pikant, einschmeichelnd, 2. begehrenswert, wünschenswert, erstrebenswert, wertvoll, kostbar, köstlich, sehenswert.

Anzüglichkeit 1. Anspielung, Stiche- 80
lei, Neckerei, Fopperei, Hänselei, Hieb, Stich, Anzapfung, Gehässigkeit, Bissigkeit, 2. Zweideutigkeit, Doppelsinnigkeit, Anstößigkeit, Unanständigkeit, schlechter Witz, Zote, Schlüpfrigkeit, Frivolität, Unflätigkeit, Unschicklichkeit, Pikanterie.

appetitlich 1. anregend, ansprechend, 81
einladend, lockend, verlockend, duftend, appetitanregend, köstlich,

würzig, erfrischend, belebend, wohlschmeckend, geschmackvoll, 2. sauber, proper, zum Anbeißen, knusprig.

82 **Arbeit** 1. Tätigkeit, Tun, Handeln, Wirken, Beschäftigung, Betätigung, Verrichtung, Hantierung, Leistung, Ausübung, Gewerbe, Handwerk, Erwerbsmöglichkeit, Broterwerb, Geschäft, Aufgabe, Lebensunterhalt, 2. Beruf, Metier, Anstellung, Stellung, Profession, Position, Stelle, Job, Platz, Engagement, Verpflichtung, Bestallung, Bestellung, Arbeitsverhältnis, Arbeitsplatz, Betätigungsfeld, Arbeitsfeld, Posten, Aufgabe, 3. Amt, Dienst, Obliegenheit, Funktion, Pflicht, Angelegenheit, Sache.

83 **arbeiten** 1. tätig sein, etwas tun, wirken, schaffen, werkeln, hantieren, Arbeit verrichten, einer Beschäftigung nachgehen, sich beschäftigen mit, sich betätigen, sich befassen, sich abgeben mit, Arbeit leisten, eine Arbeit tun, etwas betreiben, umtreiben, einen Beruf ausüben, eine Stellung haben, erwerbstätig sein, ein Amt ausüben, amtieren, fungieren als, seines Amtes walten; sich regen, sich rühren, sich tummeln, sich dahinterklemmen, 2. Hausarbeit tun, das Haus versehen, für eine Familie sorgen, eine Familie ernähren, den Haushalt versehen, Hausfrau sein, sich der Familie widmen, 3. handarbeiten, basteln, bästeln, bosseln, knufen, selbst machen, hinkriegen, tüfteln.

84 **arbeitslos** 1. erwerbslos, ohne Arbeit, ohne Stellung, ohne Erwerb, stellungslos, beschäftigungslos, unbeschäftigt, brotlos, gekündigt, entlassen, abgebaut, abgesägt, ausgeschieden, ausgeschaltet, auf der Straße, 2. arbeitslos sein, keine Arbeit finden, stempeln.

85 **Ärger** 1. Gereiztheit, Verstimmung, Unwille, Unmut, Grimm, Ingrimm, Erbostheit, Entrüstung, Erbitterung, Verdruß, Empörung, Erregung, Aufgebrachtheit, Verdrossenheit, Gekränktheit, Verletztheit, Mißvergnügen, Verbiesterung, Aufwallung, Ungehaltenheit, Verärgerung, dicke Luft, Zorn, Furor, Gift und Galle, Wut, Wutanfall, Koller, Zähneknirschen, Raserei, 2. Ärgernis, Unannehmlichkeit, Widrigkeit, Mißgeschick, Geduldsprobe, Nervenprobe, Verdrießlichkeit, Unbill, Belastung, Gefrett, Schererei, Schwulitäten, Plage, Mißhelligkeit, Unzuträglichkeit, Unerquicklichkeiten, Ungelegenheiten, Widerwärtigkeiten, Unliebsamkeiten, Schwierigkeiten, Molesten, Schikanen, Belästigungen.

ärgern (sich) 1. verstimmen, aufbringen, verdrießen, erzürnen, erbittern, 86
unangenehm berühren, auf die Nerven fallen, alterieren, irritieren, erregen, hochbringen, auf die Palme bringen, in Harnisch bringen, verärgern, verschnupfen, entnerven, in Rage bringen, nervös machen, aufbringen, reizen, zur Weißglut bringen, Scherereien machen, Schwierigkeiten machen, Unannehmlichkeiten bereiten, 2. nervös werden, sich ereifern, aufbrausen, böse werden, heftig werden, sich erzürnen, zornig werden, auffahren, aufbegehren, sich entrüsten, hochgehen, wild werden, aus der Haut fahren, die Wände hochgehen, zuviel kriegen, es satt haben, es leid sein, genug haben, ergrimmen, sieden, schäumen, kochen, sich erbosen, aus dem Häuschen geraten, rot sehen, in Harnisch geraten, sich hineinsteigern, 3. übelnehmen, krummnehmen, einschnappen, sich fuchsen, verargen, verübeln, in den falschen Hals kriegen, sich erhitzen.

arm 1. bedürftig, mittellos, ohne Ver- 87
mögen, vermögenslos, minderbemittelt, ohne Einkommen, besitzlos, unversorgt, verarmt, in Not, hungernd, arm wie eine Kirchenmaus, ohne Geld, abgebrannt, klamm, pleite, notleidend, 2. ärmlich, schäbig, armselig, kläglich, dürftig, elend, beklagenswert, heruntergekommen, iumpig, abgerissen, 3. Armer, Notleidender, Bedürftiger, Habenichts, 4. Hilfsbedürftiger, Kranker, Leidender, Pflegebedürftiger, Patient, Schmerzgeplagter, Verwundeter, Verletzter, Verunglückter, Bettlägeriger.

88 **Aroma** Duft, Geruch, Wohlgeruch, Ruch, Parfüm, Odeur, Blume, Bukett, Geschmack, Wohlgeschmack, Schmackhaftigkeit, Würze, Gewürz, Gewürzigkeit, Süße, Süßigkeit.

89 **aromatisch** duftend, wohlriechend, balsamisch, blumig, würzig, wohlduftend; schmackhaft, wohlschmeckend, von köstlichem Geschmack, appetitanregend.

90 **Art** 1. Beschaffenheit, Zustand, Form, Gepräge, Wesen, Wesensart, Gefüge, Aufbau, Organisation, Erscheinung, Struktur, 2. Gattung, Kategorie, Rasse, Klasse, Schlag, Sorte, Geschlecht, Stamm, Familie, Spezies, Menschenschlag, 3. Methode, Manier, Weise, Art und Weise, Wie, Verfahren, Technik, Weg, System, Richtlinie, Modalität, Modus.

91 **Artigkeit** Bravheit, Wohlerzogenheit, Manierlichkeit, gute Manieren, Schliff, Lebensart, Höflichkeit, Zuvorkommenheit, Nettigkeit, Liebenswürdigkeit, Aufmerksamkeit, Rücksichtnahme.

92 **auch** 1. ferner, weiter, weiterhin, fernerhin, des weiteren, ebenfalls, desgleichen, genauso, ebenso, gleichfalls, dito, sowie, sowohl, 2. einschließlich, mit, inklusive, samt, nebst, sogar, ohnedem, ohnedies, 3. außerdem, dazu, zudem, zum andern, daneben, zusätzlich, obendrein, überdies, plus, extra, 4. oder, beziehungsweise, respektive, entweder oder, so oder so, andernfalls, oder aber, oder auch, beliebig, ohnedem, ohnehin.

93 **auffallend** 1. aufsehenerregend, eklatant, ungewöhnlich, nicht alltäglich, aus dem Rahmen fallend, besonders, unübersehbar, überraschend, erstaunlich, auffällig, aufdringlich, 2. eigentümlich, merkwürdig, sonderlich, absonderlich, sonderbar, abweichend, abwegig, anders, seltsam, wunderlich, exzentrisch, eigenbrötlerisch, absurd, widersinnig, ungereimt, unnatürlich, abstrus, übersteigert, verzerrt, grotesk, lachhaft, lächerlich, barock, komisch, kurios, spleenig, verschroben, schrullig, sonderlingshaft, närrisch, verstiegen, überspannt, verdreht, outriert.

Aufgabe 1. Pflicht, Auftrag, Bestimmung, Beruf, Obliegenheit, Angelegenheit, 2. Schließung, Einstellung, Stillegung, Liquidierung, 3. Abbestellung, Kündigung, Aufsage, Widerruf, Annullierung, Abmeldung, 4. Frage, Problem, Rätsel, Schwierigkeit, 5. Übergabe, Preisgabe, Herausgabe, Auslieferung, 6. Schularbeiten, Schulaufgaben, Hausarbeiten, häusliche Aufgaben. 94

aufgeben 1. schließen, einstellen, zumachen, dichtmachen, auflösen, liquidieren, stillegen, ausverkaufen, 2. abbestellen, abmelden, aufsagen, abbrechen, kündigen, aufkündigen, zurückziehen, rückgängig machen, annullieren, für ungültig erklären, für nichtig erklären, ungeschehen machen, widerrufen, zurücknehmen, stornieren, streichen, tilgen, entwerten, keinen Wert mehr legen auf, 3. abschreiben, abtun, über Bord werfen, fallenlassen, fahrenlassen, dreingeben, schwindenlassen; die Segel streichen, die Hoffnung aufgeben, die Waffen strecken, das Handtuch werfen, am Ende sein, auf dem letzten Loch pfeifen, sich unterwerfen, die Kehle hinhalten. 95

aufheben 1. aufbewahren, verwahren, in Verwahr nehmen, unterbringen, unterstellen, einschließen, sichern, aufsparen, aufspeichern, sammeln, horten, lagern, einlagern, 2. vormerken, reservieren, buchen, sicherstellen, zurücklegen, zurückstellen, vorbehalten, offenhalten, vormerken, belegen, freihalten, aussparen, anzahlen, vorbestellen, vorauszahlen, 3. einstecken, an sich nehmen, in die Tasche stecken, versorgen, 4. zurückhalten, zurückbehalten, in der Hinterhand haben, in Reserve halten. 96

aufmachen herrichten, ausstatten, herausstellen, verpacken, schmücken, putzen; auszeichnen, redigieren. 97

Aufmachung 1. Ausstattung, Verpackung, Hülle, Schale, Beiwerk, Drum und Dran, Dekoration, Garnierung, Garnitur, Putz, 2. Auszeichnungen (Zeitung), 3. Gala, 98

Festkleidung, Putz, Staat, Wichs, Glanz, Pracht, Prachtentfaltung, Prunk, Pomp, Schaustellung, Schauspiel, Tamtam.

99 **aufmerksam** 1. gesammelt, konzentriert, angespannt, intensiv, bei der Sache, interessiert, dabei, unabgelenkt, offenen Auges, geistesgegenwärtig, präsent, wach, mit wachen Sinnen, hellhörig, 2. höflich, artig, nett, zuvorkommend, dienstwillig, beflissen, entgegenkommend, wohlerzogen, gefällig, jedes Winkes gewärtig, auf dem Quivive, achtungsvoll, rücksichtsvoll.

100 **Aufnahme** 1. Photo, Lichtbild, Bild, Schnappschuß, 2. Zulassung, Einreihung, Eintragung, Einbürgerung, Beheimatung, Nationalisierung, Verleihung der Rechte (der Staatsangehörigkeit), Naturalisierung; Eingemeindung, Eingliederung, 3. Empfang, Begrüßung, Entgegenkommen, Willkomm, Gastlichkeit, Obdach, Herberge, Quartier, Unterkunft, Unterbringung; Nachtlager, 4. Zulaß, Zutritt, Zugang.

101 **aufnehmen** 1. empfangen, willkommen heißen, beherbergen, unterbringen, behausen, Quartier geben, quartieren, einquartieren, Obdach (Unterkunft) gewähren, 2. zulassen, einreihen, einschreiben, eintragen, als Mitglied annehmen, Rechte verleihen, einbeziehen, eingemeinden, eingliedern, einbürgern, nationalisieren, naturalisieren, Staatsangehörigkeit verleihen, ansiedeln, beheimaten; einschulen, immatrikulieren, integrieren, hinzuzählen, 3. aufsaugen, absorbieren, resorbieren, einsaugen, einverleiben, einziehen, zu eigen machen, schlucken, in sich aufnehmen, verdauen, verarbeiten, assimilieren, anverwandeln, 4. aufgreifen, weiterspinnen, fortsetzen, 5. niederschreiben, nachschreiben, notieren, stenographieren, protokollieren, zu Protokoll nehmen, festhalten, Diktat aufnehmen.

102 **aufpassen** 1. aufmerken, achtgeben, beachten, Obacht geben, die Ohren spitzen, dabeisein, horchen, lauschen, zuhören; stutzen, hellhörig werden, aufhorchen, aufmerksam werden, 2. beobachten, beaufsichtigen, bewachen, kontrollieren, im Auge behalten, 3. abpassen, abfangen, auflauern, zu fassen suchen, 4. die Wacht halten, wachen, Wache stehen, Posten stehen, Wache schieben; nicht schlafen, wachliegen, Nächte durchwachen, kein Auge zutun, 5. vorsichtig sein, sich vorsehen, achtsam sein, sich hüten, ängstlich sein, auf Nummer Sicher gehen, Vorsicht üben (walten lassen).

aufregen (sich) 1. erregen, ärgern, 103
erbittern, hochbringen, nerven, angreifen, auf die Nerven gehen, Ärgernis erregen, Aufregung verursachen, in ein Wespennest stechen; in Erregung geraten, in Wallung geraten, sich empören, sich erhitzen, sich entrüsten, kopfstehen, die Wände hochgehen, 2. ängstigen, beängstigen, beunruhigen, erschrecken, unsicher machen, 3. Staub aufwirbeln, Aufregung verursachen, Aufsehen erregen, 4. umtreiben, zu schaffen machen, beunruhigen.

aufregend 1. erregend, ergreifend, 104
packend, erschütternd, angreifend, bewegend, aufwühlend, aufpeitschend, dramatisch, rührend, aufrüttelnd, beunruhigend, überwältigend, umwerfend, 2. ärgerlich, erbitternd, empörend, verstimmend, aufreizend, aufreibend, störend, nervenzermürbend, alterierend, eine Nervenprobe, zum Verrücktwerden, himmelschreiend, hanebüchen, unglaublich, bodenlos, skandalös, zu bunt, unerhört, ein starkes Stück, allerhand, happig, nicht zu glauben, eine Zumutung, eine Unverschämtheit!

aufrichtig offen, ehrlich, gerade, 105
gradsinnig, rückhaltlos, unverstellt, ohne Falsch, ohne Winkelzüge, ohne Hintergedanken, unumwunden, unverhohlen, geradeheraus, freimütig, offenherzig, von innen heraus, echt, redlich, wahr, verläßlich, aufrecht, geradezu; rundheraus, rundweg, ohne Umschweife.

Aufsicht 1. Beobachtung, Bewa- 106
chung, Beaufsichtigung, Wacht,

Überwachung, Kontrolle, Zensur, Bespitzelung, 2. Wache, Posten, Aufseher, Wachthabender, Wärter, Wächter, Kontrolleur, Wachposten, Wachmann, Gefängniswärter, Vollzugsbeamter, Beschließer, Kerkermeister, Fronvogt, Aufpasser, Zerberus, Polizist, Schutzpolizist, Politesse, Schutzmann, Auge des Gesetzes, Scherge, Gendarm, Landjäger (Boller, Bulle, Schupo), 3. Gerichtsvollzieher, Vollstreckungsbeamter, Gerichtsdiener, Büttel, Häscher, Verfolger, 4. Herrschaft, Botmäßigkeit, Fuchtel, 5. Korrektor, Revisor, Prüfer, Wirtschaftsprüfer, Steuerprüfer.

107 **Aufstieg** 1. Erhöhung, Beförderung, Rangerhöhung, Vorwärtskommen, Fortkommen, Förderung, Emporkommen, Karriere, Laufbahn, Weg zum Erfolg, Erfolg, Entwicklung, Aufschwung, Verbesserung, Fortschritt, Entfaltung, Aufbesserung, Gehaltserhöhung, Lohnaufbesserung, Zulage, Zuschlag, 2. Anstieg, Besteigung, Ersteigung, Bergbesteigung, Bergfahrt, Bergwanderung, Gipfelfahrt, Hochtour, 3. Ansteigen, Höhenunterschied, Steigung; Aufschwung, Höhenflug, 4. Treppe, Stiege, Staffel, Stufen, Freitreppe, Wendeltreppe, Stiegenhaus, Treppenhaus; Leiter, Strickleiter, Stufenleiter, Fallreep; Tritt, Podest, Stufe.

108 **Auftrag** 1. Verkauf, Bestellung, Buchung, Vormerkung, Subskription, Abonnement, Anforderung, Bezug, 2. Anordnung, Anweisung, Weisung, Geheiß, Befehl, Gebot, Kommando, Order, 3. Berufung, Ruf, Auftrag, Bestallung, Aufgabe, Sendung, Bestimmung, Mission, Apostolat, Beauftragung, Eingebung, Botschaft, Mandat, Entsendung, Aussendung.

109 **Aufwand** 1. Aufwendungen, Werbungskosten, Ausgaben, Unkosten, Auslagen, Belastung, Abzüge, Gebühren, Abgaben, Steuer, Zoll, Porto, Maut, Tribut, Zins, Abnützung, Verschleiß, Verbrauch, Nebenausgaben, Extraausgaben, Spesen, Sporteln, Tantiemen, Tagegeld, Diäten, 2. Luxus, Verschwendung, Vergeudung, Ausstattung, Gepränge, Prunk, Pracht, Extravaganz, Repräsentation, Überfluß, Überflüssiges, Umstände, Mühe, Schwelgerei, Üppigkeit, Überfeinerung, Wohlleben, Genußleben.

110 **aufziehen** 1. großziehen, heranziehen, züchten, aufbringen, aufpäppeln, erziehen, hüten, betreuen, hegen, 2. hochziehen, hissen, hochwinden, hieven, entrollen, Fahne hissen, flaggen, beflaggen, 3. aufmarschieren, antreten, sich aufstellen, sich formieren, 4. heraufziehen, herannahen, bevorstehen, sich ankündigen, drohen, sich zusammenbrauen.

111 **ausbrechen** 1. losbrechen, sich entladen, hochgehen, detonieren, zerspringen, explodieren, zerplatzen, bersten, knallen, aufflammen, aufflackern, entbrennen, 2. wogen, toben, rasen, wüten, sich ergießen, überströmen; um sich greifen, sich ausbreiten, sich häufen, grassieren, 3. sprühen, spritzen, stieben, 4. losplatzen, losschreien, aufschreien, die Nerven verlieren, sich nicht beherrschen können.

112 **Ausbruch** 1. Anfall, Entladung, Erguß, Wortschwall, Explosion, Eruption, Detonation, Knall, Zündung, 2. Wutanfall, Wallung, Zornausbruch, Raserei, Weinkrampf, Nervenkrise, Ekstase, Schimpfkanonade, Raptus, Rappel, Koller.

113 **ausdauernd** beständig, stetig, fest, gleichmäßig, unaufhaltsam, konzentriert, geduldig, zuverlässig, konstant, beharrlich, konsequent, zielstrebig, stet.

114 **ausdehnen (sich)** 1. entfalten, erweitern, ausweiten, dehnen, strecken, ausbreiten, verbreitern, verstärken, mehren, vermehren; vergrößern, anbauen, ausbauen, aufstocken, erhöhen, höher machen, 2. anwachsen, zunehmen, anschwellen, sich entwickeln, ansteigen, übergreifen, sich ausbreiten, überspringen, sich erstrecken, anwachsen, sich häufen, sich summieren, breiter werden, stärker werden, auffrischen, 3. hinziehen, in die Länge ziehen, auswalzen,

breittreten, kein Ende finden, ins Detail gehen, weitschweifig (ausführlich) werden, ausspinnen, ausschalten, vom Hundertsten ins Tausendste kommen, 4. verfließen, ineinanderübergehen, sich verlaufen, um sich greifen, auslaufen.

115 **Ausdehnung** 1. Ausweitung, Ausbreitung, Verlängerung, Zunahme, Vergrößerung, Erweiterung, Dehnung, Verbreiterung, Vermehrung, Anwachsen, Wachstum, Entwicklung, Entfaltung, Anschwellung, Fortpflanzung, Expansion, Zuwachs, 2. Länge, Breite, Weite, Umfang, Volumen, Geräumigkeit, Leere, Weitläufigkeit, Unbegrenztheit, Unendlichkeit, Grenzenlosigkeit, 3. Weitschweifigkeit, Redseligkeit.

116 **Ausdruck** 1. Bezeichnung, Prägung, Formulierung, Formel, Wendung, Wort, Terminus, Fachausdruck, 2. Äußerung, Bekundung, Kundgebung, Demonstration, Erklärung, Vorführung, Schaustellung, Bezeigung, Bezeugung, 3. Gefühl, Betonung, Nachdruck, 4. Miene, Gebärde, Geste, Zeichensprache, Mienenspiel, Mimik, Gebärdenspiel, Gestikulation, Gebärdensprache, Blick, Gesichtszug, Gesichtsausdruck, Physiognomie, Erscheinungsbild; Gestik, Grimasse, Fratze.

117 **ausgesucht** 1. (aus)gewählt, erlesen, tadellos, makellos, einwandfrei, kostbar, echt, gediegen, exzellent, edel, 2. erwählt, erkoren, auserwählt, berufen, aufgerufen, begnadet, gesegnet, gottbegnadet, auserkoren, ausersehen, bevorzugt, 3. assortiert, zusammengestellt, geordnet, eingeteilt.

118 **ausgezeichnet** 1. vorzüglich, vortrefflich, hervorragend, außerordentlich, überragend, über alles Lob erhaben, nicht mit Gold aufzuwiegen, famos, beneidenswert, untadelig, tadellos, bestens, mit Auszeichnung, mit Glanz, überdurchschnittlich, prima, 2. lobenswert, rühmlich, empfehlenswert, bewährt, erprobt, probat, tauglich, preiswürdig, preisgekrönt, prämiiert, ratsam, anzuraten, rätlich, schätzbar, schätzenswert, löblich, trefflich, preislich, vorbildlich, nachahmenswert, beherzigenswert, exemplarisch, beispielhaft, beispiellos, mustergültig, bewundernswert, verehrungswürdig, verehrlich, anbetungswürdig; brillant, glänzend, Bravo! da capo!

Ausgleich 1. Einebnung, Applanierung, Auffüllung, Begradigung, Nivellierung, 2. Einlösung, Erfüllung, Begleichung, Abrechnung, Deckung, Ordnung, Regelung, Regulierung, 3. Abtragung, Abzahlung, Bezahlung, Tilgung, Verrechnung, Gutschrift, Entlastung, Bonus, Restzahlung, Rückzahlung, Amortisierung, Überweisung, Anweisung, 4. Vereinbarung, Übereinkommen, Vergleich, Schlichtung, Bereinigung, Befriedung, Entspannung, Befriedigung, Beruhigung, Stillung, Einigung, Kompromiß, 5. Saldierung, Abschluß, Bilanz, 6. Gegengewicht, Gegenpol, Gleichgewicht, Balance. 119

ausgleichen 1. löschen, tilgen, Rest überweisen, Rest bezahlen, begleichen, einlösen, decken, erfüllen, 2. abtragen, abarbeiten, abdienen, abfeiern, ableisten, abwohnen, abzahlen, abdecken, abrechnen, 3. verrechnen, gutschreiben, erkennen für, kompensieren, wettmachen, abziehen, abschreiben, belasten, anrechnen, anlasten, aufrechnen, auf die Rechnung schreiben, abbuchen, entlasten, gutbringen, in Zahlung nehmen, in Zahlung geben, 4. abschließen, saldieren, Abschluß machen, 5. die Waage halten, ins Gleichgewicht bringen, ein Gegengewicht bilden, ausbalancieren, balancieren, das Gleichgewicht wahren, jonglieren. 120

auslassen 1. weglassen, fortlassen, überschlagen, passen, überspringen, übergehen, übersehen, nicht erwähnen, nicht vorsehen, absehen von, verschweigen, aussparen, offen lassen, frei lassen, beiseite lassen, 2. ausnehmen, Ausnahme machen, ausschließen, ausklammern, einklammern. 121

Ausnutzung 1. Benutzung, Nutzung, Gebrauch, Verwendung, Handhabung, Verfügung, Verwertung, Aus- 122 wertung, Anwendung, 2. Nutzung, Gewinnung, Abbau, Förderung, Nutznießung, Nutzungsrecht, Verfügungsrecht, Nießbrauch, Genuß, 3. Auslastung, Ausbeutung, Mißbrauch, Erschöpfung, Überanstrengung, Überforderung, Auspowerung, Auslaugung, Raubbau, Ausplünderung.

123 **ausscheiden** 1. abgehen, austreten, weggehen, kündigen, aufkündigen, aufsagen, gehen, hinwerfen, Stellung aufgeben, Arbeit niederlegen, streiken; abdanken, zurücktreten, sich zurückziehen, retirieren, demissionieren, abtreten, Dienst quittieren, seinen Rücktritt erklären, seinen Abschied nehmen, das Amt niederlegen, aus dem Amt scheiden, seinen Hut nehmen, nicht am Sessel kleben, sich pensionieren lassen, in Pension gehen, in den Ruhestand treten, aus dem Dienst ausscheiden, in Rente gehen, privatisieren, 2. abbauen, entlassen, kündigen, aufsagen; fortschicken, wegschicken, fortjagen, verjagen, hinauswerfen, vor die Tür setzen, an die Luft setzen, auf die Straße setzen; der Ämter entheben (entkleiden), abservieren, ausmanövrieren, absetzen, entthronen, verabschieden, stürzen, absägen, abschießen, den Abschied geben, kassieren, den Laufpaß geben, den Stuhl vor die Tür setzen, wegfegen, abberufen, abhalftern, ausbooten, ausschalten, kaltstellen, abhängen, hinausekeln, wegloben, ausgliedern, eliminieren, beseitigen, 3. ausschließen, aussperren, ausstoßen, entfernen, disqualifizieren, boykottieren, in Acht und Bann tun, die rote Karte zeigen, 4. pensionieren, in den Ruhestand versetzen, suspendieren, emeritieren, invalidieren; zum alten Eisen werfen, auf den Aussterbeetat setzen, auf ein totes Gleis schieben, 5. abtakeln, außer Dienst stellen, abwracken, verschrotten.

124 **Ausscheiden** 1. Kündigung, Rücktritt, Austritt, Abgang, Weggang, Abschied, Verzicht, Abdankung, Pensionierung, Emeritierung, Demissionierung, Ruhestand, Suspendierung, 2. Entlassung, Abbau, Ausscheidung, Absetzung, Abberufung, Ausschaltung, Entthronung, Verabschiedung, 3. Ausschluß, Enthebung, Aussperrung, Boykott, Ächtung, Disqualifizierung.

ausschließlich einzig, allein, alleinig, eigens, nur, ausnahmslos, unbedingt, auf jeden Fall, ganz und gar, völlig, vollständig, vollkommen, schlechterdings, nichts als. 125

aussehen 1. wirken, erscheinen, vorkommen, anzusehen sein, Anblick bieten, Eindruck erwecken, 2. gut aussehen: blühen, prangen, strotzen, hübsch, elegant sein, 3. schlecht aussehen: blaß, bleich, angegriffen, kränklich, ungesund wirken, anmuten, vorkommen. 126

Aussehen 1. Äußeres, Erscheinung, Gestalt, Figur, Statur, Bau, Körperbau, Wuchs, Gepräge, Typ; Anstrich, Note, 2. Anschein, Augenschein, Wahrscheinlichkeit, Glaubhaftigkeit, Möglichkeit, Hoffnung, Zuversicht, begründete Aussicht. 127

außer abgesehen von, ohne, ausgenommen, ausschließlich, exklusive, ungerechnet, abzüglich, abgerechnet, bis auf, mit Ausnahme von, vermindert um, uneingerechnet, bar, mangels, sonder. 128

äußern 1. sagen, sprechen, reden, schreiben, mitteilen, wissen lassen, erklären, kundtun, das Wort nehmen, sich zum Wort melden, sich auslassen über, von sich geben, bemerken, anmerken; einwerfen, einflechten, einfügen, einfließen lassen, zwischenwerfen, zwischenrufen, am Rande bemerken, mitreden, mitsprechen, vom Stapel lassen, verzapfen, von sich geben, 2. ausdrücken, in Worte fassen, aussprechen, formulieren, artikulieren, bezeichnen, benennen, prägen, 3. bezeigen, erweisen, bezeugen, bekunden, zollen, dartun, manifestieren, offenbaren, fühlen lassen, zum Ausdruck bringen, an den Tag legen, beweisen, merken lassen, zu spüren geben, sich anmerken lassen, 4. Gesicht machen, Miene machen; Gesichter schneiden, Grimassen schneiden, grimassieren. 129

130 **außerordentlich** ungewöhnlich, außergewöhnlich, ausgezeichnet, bemerkenswert, hervorstechend, sui generis, singulär, einzigartig, einzig in seiner Art, einzig dastehend, unvergleichlich, sondergleichen, ohne Konkurrenz, unnachahmlich, einmalig, beispiellos, eminent, ausnehmend, unbeschreiblich, unwahrscheinlich, unerreicht, konkurrenzlos, immens, spektakulär, sensationell, aufsehenerregend, phänomenal, exorbitant, horrend, über alle Maßen, an der Spitze, enorm, ausbündig, namenlos, epochal, epochemachend, riesig, exzeptionell, einmalig, ohnegleichen, unabsehbar, unendlich, ungeheuer, unheimlich, ungemein, fulminant, ohne Vorgang, schrecklich, besonders, hervorragend, vorzüglich.

131 **Äußerung** 1. Brief, Wort, Erklärung, Auskunft, Bescheid, Nachricht, Antwort, 2. Bemerkung, Anmerkung, Zwischenruf, Zwischenfrage, Einwurf, Randbemerkung, Glosse, Ausspruch, Zitat, Auslassung.

132 **Aussicht** 1. Fernsicht, Fernblick, Blick, Sicht, Ausblick, Überblick, Überschau, Übersicht, Anblick, Bild, Panorama, Rundblick, Rundschau, Umschau, Aspekt, 2. Blickfeld, Gesichtskreis, soweit das Auge reicht, Perspektive, Zukunftsaussicht, 3. Ausguck, Auslug, Warte, Aussichtsturm, Wachtturm, Wartturm.

133 **ausstatten** 1. aussteuern, ausstaffieren, ausrüsten, equipieren, mit allem versehen, einkleiden, versorgen, eine Mitgift geben, 2. inszenieren, dekorieren, ausschmücken, aufmachen, 3. bemannen, belegen, beleben, bevölkern, füllen, erfüllen.

134 **Ausstattung** 1. Aussteuer, Brautausstattung, Mitgift, Heiratsgut, Morgengabe, 2. Ausrüstung, Ausstaffierung, Einkleidung, Equipierung, 3. Einrichtung, Einräumung, Möblierung, Innenausstattung, Ausgestaltung, Dekoration, Aufmachung, Drum und Dran; Inszenierung, Bühnenbild.

135 **Ausstellung** 1. Schaufenster, Schaukasten, Vitrine, Schauschrank, Auslage, Fensterauslage, Dekoration, 2. Schau, Messe, Markt; Modenschau, Modevorführung; Autosalon, 3. Panoptikum, Kuriositätensammlung, Raritätensammlung, Lachkabinett, Wachsfigurenkabinett, 4. Zoo, Menagerie, Tierpark, Tierschau, Tiergehege, Wildpark, Schutzgebiet.

ausverkaufen räumen, abstoßen, das 136
Lager räumen, losschlagen, verschleudern, verramschen, auflösen, einstellen, liquidieren.

Auswahl Auslese, Musterung, Zusam- 137
menstellung, Kombination, Sortiment, Kollektion, Mustersammlung, Arrangement, Komposition, Wahlmöglichkeit, großer Bestand, Buntheit, Mannigfaltigkeit, Vielheit, Vielfalt, viele Möglichkeiten.

Auswanderer 1. Emigranten, Flücht- 138
linge, Vertriebene, Heimatvertriebene, Ausgebürgerte, Ausgewiesene, Verbannte, Exulanten, Heimatlose, Unbehauste, Lagerinsassen, 2. Einwanderer, Immigranten, Asylanten, Zugezogene, Neusiedler, Neubürger, Reingeschmeckte.

ausweichen 1. Platz machen, beiseite 139
gehen, zurückweichen, aus dem Wege gehen, zurücktreten, den Vortritt lassen; abbiegen, vermeiden, einen Bogen machen um, 2. Ausflüchte machen, sich nicht stellen, umgehen, hinhalten, zögern, sich nicht festlegen, offen lassen, unentschlossen sein, sich krümmen, sich winden, sich drehen und wenden, Ausweg suchen.

ausweisen (sich) 1. ausstoßen, ver- 140
stoßen, verbannen, in die Verbannung schicken, ins Elend stoßen, ächten, verpönen, austreiben, verjagen, wegjagen, vertreiben, zerstreuen, auseinandertreiben, versprengen, ausbürgern, expatriieren, exilieren, ausgliedern, aussiedeln, umsiedeln, entwurzeln, verpflanzen, abschieben, abtransportieren, evakuieren, deportieren, verschicken; räumen lassen, ausquartieren, ausräuchern, säubern; exkommunizieren, bannen, mit dem Bann belegen, in Acht und Bann tun, verfemen, brandmarken, 2. entvölkern, räumen lassen, men-

schenleer machen, veröden lassen, versteppen lassen, 3. sich legitimieren, nachweisen, beglaubigen, Identität beweisen, identifizieren, Papiere vorlegen.

141 **auszeichnen (sich)** 1. preiskrönen, Preis verleihen, prämiieren, diplomieren, ehren, adeln, huldigen, Orden verleihen, dekorieren, kränzen, krönen, Krone aufsetzen, 2. sich hervortun, hervortreten, auffallen, von sich reden machen, Aufsehen erregen, hervorragen, hervorstechen, sich selbst übertreffen, den Vogel abschießen, 3. Preis festsetzen, beschildern, bezeichnen.

142 **ausziehen (sich)** 1. umziehen, verziehen, Wohnung wechseln, neues Quartier suchen, sich verändern, fortziehen, wegziehen, ziehen, umsiedeln, übersiedeln, räumen, frei machen, 2. losziehen, auf die Wanderschaft gehen, ausmarschieren, 3. ausreißen, herausziehen, ziehen, extrahieren, entfernen, ausrupfen, auszupfen, zupfen, entwurzeln, roden, ausroden, ausraufen, ausrotten, 4. ausschreiben, Auszug machen, exzerpieren, Notizen machen, 5. entkleiden, auskleiden, entblößen, sich enthüllen, alle Hüllen abstreifen, die Kleider ablegen, sich der Kleider entledigen, die Kleider abwerfen, sich befreien, sich frei machen, es sich bequem machen, die Kleider abstreifen, sich für die Nacht fertigmachen; sich umkleiden, sich umziehen, die Kleider wechseln.

143 **bahnen** ebnen, glätten, bauen, pflastern, asphaltieren, walzen, schlagen, hauen, spuren, Spur hinterlassen, gangbar machen, freimachen.

144 **bald** nachher, einen Augenblick, im Augenblick, gleich, demnächst, nächstens, in Bälde, in Kürze, binnen kurzem, jeden Augenblick, stündlich, kurzfristig, sehr bald, baldigst, über ein kleines, über kurz oder lang, dieser Tage, in nächster Zeit, in absehbarer Zeit, über Nacht, heute oder morgen, ist in Sicht, steht vor der Tür, drauf und dran, steht zu erwarten, steht bevor, kann jeden Augenblick geschehen.

banal gewöhnlich, alltäglich, abgedroschen, abgenutzt, abgebraucht, abgeschmackt, abgestanden, abgegriffen, schal, flach, platt, seicht, gemeinplätzig, gedankenarm, geistlos, einfallslos, witzlos, geistesarm, epigonenhaft, oberflächlich, nichtssagend, hausbacken, spießig, poesielos, nüchtern, prosaisch, trivial, aus zweiter Hand, aufgewärmt, konventionell, redensartlich, floskelhaft, formelhaft, profan, stereotyp, abgeschmackt. 145

Banalität 1. Flachheit, Plattheit, Trivialität, Abgedroschenheit, Abgeschmacktheit, Alltäglichkeit, Profanität, Profanierung, Gemeinplatz, Gemeinplätzigkeit, Epigonenhaftigkeit, Gedankenarmut, Geistlosigkeit, Geistesarmut, Einfallslosigkeit, Witzlosigkeit, Seichtheit, Platitüde, Abziehbild, Binsenwahrheit, 2. Enge, Spießertum, Spießigkeit, Spießbürgerlichkeit, Kleinbürgerlichkeit. 146

Bankrott Zahlungseinstellung, Zahlungsunfähigkeit, Konkurs, Liquidierung, Liquidation, Zusammenbruch, Pleite, Fiasko, Ruin, Geschäftsaufgabe, Offenbarungseid; Niederlage, Ratlosigkeit, Zerstörung der Existenz, Aufgabe. 147

Barbar Rohling, Unmensch, Kannibale, Botokude, Zerstörer, Vernichter, Ungeheuer, Ungetüm, Unhold, Untier, Monstrum, Geißel, Gottesgeißel, Kujon, Quäler, Folterknecht, Sadist, Ausgeburt, Bluthund, Scheusal, Bestie, Biest; Wüterich, Zornnickel, Berserker. 148

Bauer Landmann, Landwirt, Ökonom, Farmer, Agrarier, Ackersmann, Bauersmann, Krauter, Gutsbesitzer, Gutsherr, Siedler, Ansiedler, Landarbeiter, Sämann, Mäher, Schnitter; Nährstand, Landbevölkerung, Bauernschaft, Landleute. 149

beachten 1. achthaben, im Auge behalten, besorgt sein um, sich angelegen sein lassen, ernst nehmen, estimieren, würdigen, nicht übersehen, sich kümmern um, Rücksicht nehmen auf, 2. berücksichtigen, in Betracht ziehen, bedenken, erwägen, überlegen, anrechnen, respektieren, 150

Beachtung schenken, Gehör schenken, anhören, zuhören, Rechnung tragen, ernst nehmen, nicht auf die leichte Schulter nehmen.

151 **beanspruchen** 1. in Anspruch nehmen, mit Beschlag belegen, absorbieren, monopolisieren, für sich haben wollen, Anspruch erheben, Ansprüche stellen, verlangen, abverlangen, fordern, einfordern, abfordern, postulieren, wünschen, wollen, begehren, heischen, trachten, ersuchen, pochen auf, sich ausbedingen, sich ausbitten, sich ausgebeten haben, sich anmaßen, sich erlauben, ansinnen, zumuten, sich vorbehalten, an sich reißen, bestehen auf, einklagen, zur Bedingung machen, abhängig machen von, 2. anstrengen, anspannen, einspannen, bemühen, belasten, viel verlangen, in Atem halten, hetzen, herumjagen, 3. beanspruchen können, Anspruch haben auf, ein Recht haben auf, verlangen können, gelten wollen für.

152 **beanstanden** 1. aussetzen, einwenden, ausstellen, auszusetzen haben, nicht in Ordnung finden, tadeln, rügen, nörgeln, quengeln, mißbilligen, kritisieren, Anstoß nehmen, bemängeln, bemäkeln, monieren, reklamieren, ablehnen, nicht anerkennen, nicht zufrieden sein, sich beschweren, Einspruch erheben, sich beklagen, klagen, 2. leid werden, leid sein, genug haben, überhaben, überkriegen, überdrüssig sein, sich verleiden lassen, sich vermiesen lassen, ein Haar in der Suppe finden, satt bekommen.

153 **bearbeiten** 1. behandeln, ausarbeiten, ausführen, gestalten, abhandeln, 2. durchsehen, durchgehen, überarbeiten, feilen, schleifen, ausfeilen, abschleifen, vervollkommnen, vervollständigen, letzte Hand anlegen, korrigieren, redigieren, verbessern, durchackern, durcharbeiten, umschreiben, komprimieren, kürzen, glätten, 3. ordnen, sammeln, zusammenstellen, herausgeben, 4. beackern, bebauen, anbauen, bewirtschaften, 5. behandeln, weiterverarbeiten, herrichten, aufmachen, verschönern.

bebildern illustrieren, mit Bildern versehen, Bilder beigeben, ausschmücken, aufmachen, auflockern, ausstatten. 154

bedeuten 1. zu bedeuten haben, die Bedeutung haben, den Sinn haben, besagen, meinen, heißen, vorstellen, ausdrücken, auf sich haben, sagen wollen, darstellen, vorstellen; zählen, ins Gewicht fallen, etwas ausmachen, verkörpern, repräsentieren, Gewicht haben, schwer wiegen, 2. Geltung besitzen, jemand sein, etwas darstellen, etwas vorstellen, beachtet werden, Achtung genießen, Ansehen haben, eine Nummer haben, wichtig sein, geschätzt werden, eine Persönlichkeit, ein Faktor, 3. gelten, gültig sein, in Kraft sein, Geltung haben, im Umlauf sein. 155

Bedeutung 1. Sinn, Geist, Gehalt, Sinngehalt, Wesen, Wesenhaftigkeit; Bewandtnis, Zusammenhang, Grundgedanke, 2. Geltung, Gewicht, Belang, Ansehen, Berühmtheit, Prominenz, Wichtigkeit, Gewichtigkeit, Interesse, Aktualität, Dringlichkeit, Wesentlichkeit, Tragweite, Bedeutsamkeit, Wirksamkeit. 156

bedienen 1. Dienst erweisen, Gefallen tun, Wünschen entgegenkommen, Wünschen entsprechen, behilflich sein, Dienste leisten, gefällig sein, zufriedenstellen, zur Verfügung stehen, jedes Winkes gewärtig sein, auf dem Quivive sein, bei der Hand sein, 2. aufwarten, servieren, zur Hand gehen, Arbeit abnehmen; beliefern, besorgen, liefern, ins Haus schicken. 157

Bedingung 1. Voraussetzung, Annahme, Klausel, Einschränkung, Beschränkung, Vorbehalt, Vorbedingung, Grundbedingung, 2. Bestimmung, Festsetzung, Verpflichtung, Auflage, Maßgabe. 158

beeinflussen 1. bereden, bewegen, einreden, einflüstern, einblasen, anstiften, einwirken, bearbeiten, suggerieren, manipulieren, zu bewegen suchen, anfeuern, empfehlen, anempfehlen, ein Wort einlegen, zuraten, zusetzen, zureden, überreden, aufreden, aufschwatzen, beschwatzen, vorreden, einwickeln, hypnotisieren, 159 in Trance versetzen; einen Floh ins Ohr setzen, Lust machen, schmackhaft machen, Einfluß nehmen, Richtung weisen, die Weichen stellen, 2. bestechen, schmieren, verführen, korrumpieren, kaufen, gefügig machen.

160 **Befehl** 1. Anordnung, Bestimmung, Verordnung, Anweisung, Vorschrift, Auftrag, Weisung, Geheiß, Gebot, Verfügung, Maßregel, Richtlinie, Erlaß, Edikt, Dekret, Kommando, Order, Auflage, Verhängung, Diktat, Disposition, Machtwort, Machtspruch, Ukas, 2. Einberufung, Gestellungsbefehl, Aushebung.

161 **befehlen** 1. anordnen, angeben, anweisen, verordnen, verschreiben, gebieten, bestimmen, erlassen, vorschreiben, befinden, diktieren, ansagen, zudiktieren, auferlegen, verhängen, aufbrummen, verfügen, Auflage machen, Order geben, dekretieren, kommandieren, beordern, zitieren, kommen lassen, vorladen; abkommandieren, strafversetzen, versetzen, entfernen, 2. disponieren, ansetzen, festsetzen, festlegen, anberaumen, 3. beauftragen, auftragen, heißen, entsenden, abordnen, delegieren.

162 **befestigen** 1. anmachen, anbringen, festmachen, festzurren, anstecken, anheften, aufhängen, binden, stecken, heften, knoten, Knoten schürzen, verknoten, zusammenknoten, kleben, pappen, nageln, kitten, leimen, schrauben, festschrauben, anschrauben, verschrauben; schnallen, anschnallen, festschnallen, Gurt anlegen, zuschnallen; spießen, aufspießen, feststecken, anstecken, dübeln, eindübeln, knöpfen, kleistern, löten, verschweißen, anschmieden, eingipsen, anklammern, verklammern, ankleben, anschlagen, festkleben, 2. festigen, erhärten, konsolidieren, verfestigen, versteifen, stabilisieren, stützen, zementieren, sichern, absichern; bekräftigen, fester binden, endgültig festlegen, 3. Befestigung, Festmachen, Anbringen; Nadel, Stecknadel, Nähnadel, Sicherheitsnadel, Stopfnadel, Nagel, Stift, Schraube, Dübel, Pflock, Zapfen, Bolzen, Scharnier, Gelenk, Fuge, Verbindungsstelle, Angel, Pfriem, Dorn, Klammer, Spange, Öse, Schlinge, Schnalle, Haken, 4. Bindemittel, Klebstoff, Leim, Kleister, Kitt, Mörtel, Zement.

163 **befinden (sich)** 1. sein, liegen, gelegen sein, zu finden sein, zu suchen sein, sich ausdehnen, sich erstrecken, sich ausbreiten, sich erheben, aufragen, daliegen, sich hinziehen, 2. sich fühlen, ergehen, gehen, stehen mit, 3. sich aufhalten, zu finden sein, wohnen, leben, stecken, existieren, 4. rangieren, Rang einnehmen, Stellung innehaben.

164 **befreien (sich)** 1. losmachen, loslösen, loseisen, losbinden, freimachen, loslassen, entbürden, lösen, erlösen, loskaufen, losgeben, erretten, ‚auslösen, entbinden, abnabeln, 2. freistellen, freilassen, beurlauben, entpflichten, dispensieren, freigeben, 3. entladen, entspannen, entfesseln, lösen, erleichtern, das Herz ausschütten, sich abreagieren, sich aussprechen, 4. sich befreien, sich freimachen, das Joch abschütteln, abwerfen, loskommen, abwälzen, ausbrechen, sich emanzipieren, Vorurteile loswerden, sich entledigen, entwinden, entziehen, selbständig werden, sich selbständig machen, sich unabhängig machen, sich auf eigene Füße stellen, die Nabelschnur durchtrennen, freikommen, loswerden, sich vom Halse schaffen, den Weg freimachen, eine Bresche schlagen, 5. liberalisieren, freiheitlicher (großzügiger) gestalten, von Einschränkungen befreien, Hemmendes abbauen, 6. ausspannen, ausschirren, abhalftern, abzäumen, ausjochen, das Joch abnehmen, absatteln, 7. sich bloßstrampeln, sich aufdecken, die Decke wegstoßen, bloßliegen, sich entblößen.

165 **befürworten** empfehlen, vorschlagen, zureden, zuraten, anempfehlen, anbefehlen, ans Herz legen, eine Lanze brechen, fürbitten, sich einsetzen, sich verwenden, sich bemühen, sprechen für, eintreten, fördern, schüt-

zen, eine Sache begrüßen, willkommen heißen, dafür sein, dafür stimmen.

166 **begeben, sich** 1. gehen, sich wenden, sich verfügen, fahren, reisen, dampfen, rollen, kutschieren, schiffen, zu Schiff reisen, mit dem Schiff fahren, rudern, paddeln, Boot fahren, gondeln, segeln, steuern, schwimmen, treiben, ziehen, kreuzen, queren, streifen, fliegen, im Flugzeug reisen, eine Maschine nehmen, Zug fahren, mit der Eisenbahn reisen, reiten, traben, galoppieren, radeln, radfahren, marschieren, wandern, laufen, zu Fuß gehen, 2. geschehen, sich ereignen, sich zutragen, sich abspielen, erfolgen, vorfallen, passieren, zustoßen, widerfahren, hereinbrechen, eintreten, sich einstellen, sich bieten, vorkommen, unterkommen, begegnen, sich geben, sich ergeben, sich begeben, sich fügen, zusammentreffen, zusammenkommen, zusammenwirken, nicht ausbleiben, unterlaufen, 3. stattfinden, statthaben, vor sich gehen, ablaufen, abrollen, sich abspielen, vorgehen, sich vollziehen, verlaufen, vonstatten gehen, über die Bühne gehen, seinen Lauf nehmen; vorausgehen, sich zugetragen haben, vorausgegangen sein, Vorgeschichte haben.

167 **begehren** verlangen, wollen, wünschen, anstreben, erstreben, beanspruchen, fordern, heischen, trachten nach, sich sehnen, ersehnen, darauf brennen, zu tun sein um, sich reißen um, sich bewerben um; liegen an, gelegen sein an, gehen um, Wert legen auf, wichtig nehmen, sich angelegen sein lassen, Wert beimessen, viel hermachen von, Gewicht beilegen, ein Anliegen sein; haben wollen, hungern nach, Appetit haben auf, das Wasser im Mund zusammenlaufen, den Mund wässern, dürsten, lechzen, schmachten, fiebern, gieren, gelüsten nach, entbrennen, sich verzehren, buhlen, drängen nach, erpicht, versessen, toll sein, verschmachten nach, jappen nach, vergehen vor; sich heim sehnen, Heimweh haben, sich zurücksehnen, dem Verlorenen nachtrauern.

begehrlich 1. begierig, gierig, sinnlich, wild, lüstern, dürstend, lechzend, verlangend, unstillbar, erpicht auf, verrückt auf, versessen auf, genußsüchtig, 2. hungrig, hungernd, ausgehungert, heißhungrig, nüchtern, mit leerem Magen, eßlustig, nimmersatt, verfressen, gefräßig; naschhaft, schleckrig, schleckig, genäschig, leckerhaft, süßer Zahn; durstige Kehle, trinkfreudig, 3. lebenshungrig, erlebnishungrig, lebensgierig, daseinshungrig. 168

begeistern (sich) 1. anregen, erwärmen, befeuern, beflügeln, entflammen, entzünden, mitreißen, entzücken, enthusiasmieren, erheben, hinreißen, elektrisieren, aufregen, 2. erglühen, sich erhitzen, mitgerissen werden, außer sich geraten, sich mitreißen lassen, in Fahrt kommen, Feuer fangen, den Kopf verlieren, schwärmen, hingerissen sein, erfüllt sein. 169

begleiten 1. geleiten, beschirmen, behüten, beschützen, sichern, bewachen, nach Hause bringen, heimbringen, heimgeleiten, mitgehen, heimfahren, wegbringen, unter seine Fittiche nehmen, mitnehmen, abholen, einholen, die Straße säumen, Spalier stehen, das Geleit geben, verbringen, zuführen, führen, sich anschließen, zugesellen, mitgehen, folgen, aufpassen, mitkommen, 2. einstimmen, mitspielen, mitsingen, untermalen. 170

beglücken 1. beseligen, entzücken, bezaubern, glücklich machen, Freude bereiten, erfreuen, erfüllen, ausfüllen, befriedigen, 2. durchwirken, durchwalten, erleuchten, erwärmen, durchwärmen, erhellen, sinnvoll machen, mit Sinn erfüllen, besonnen, durchstrahlen. 171

Begriff 1. Auffassung, Ansicht, Meinung, Vorstellung, Ahnung, Verständnis, Einsicht, Einblick, Idee, Anschauung, Bild, 2. Ausdruck, Formulierung, Formel, Definition. 172

Behälter 1. Büchse, Dose, Tube, Hülse, Hülle, Etui, Futteral, Scheide, Gehäuse, Kapsel, Köcher, Halfter, Pistolentasche; Necessaire, Toiletten- 173 etui, „Kulturbeutel“; Tasche, Täschchen, Beutel, Pompadour, Handtasche; Mappe, Aktenmappe, Aktentasche, Collegemappe; Koffer, Handkoffer, Kabinenkoffer, Boardcase, Gepäckstück, Sack, Bündel, Matchsack, 2. Börse, Geldbeutel, Portemonnaie, Brieftasche; Geldsack, Geldbombe, Geldkatze; Box, Safe, Geldschrank, 3. Korb, Tragkorb, Kiepe, Kietze, Rückentrage, Hucke, Traggestell, Butte; Tornister, Ranzen, Rucksack, Ränzel, Schulranzen, Schulmappe, 4. Kiste, Kasten, Karton, Pappschachtel, Schachtel, Lattenkiste, Lift, Transportkiste, Leergut.

174 **behandeln** 1. handhaben, tun, verfahren mit, fertigwerden mit; umgehen mit, verkehren mit, 2. ärztlich versorgen, verarzten, betreuen, untersuchen, abhorchen, abklopfen, beklopfen, betasten, abtasten, durchleuchten, röntgen, Röntgenaufnahme machen, bestrahlen; einrichten, schienen, einrenken, geraderichten, gipsen, Gips anlegen, in Gips legen, verbinden, bandagieren, bepflastern; spritzen, Spritze geben, einspritzen, injizieren, einträufeln; diagnostizieren, Diagnose stellen, sich ein Bild machen; verordnen, verschreiben, Rezept schreiben, 3. heilen, kurieren, gesund machen, helfen, lindern, mildern, Fieber senken, bessern, aufhelfen, retten, durchbringen; operieren, Eingriff machen (vornehmen), unters Messer nehmen, schneiden, amputieren, Glied abnehmen; transplantieren, verpflanzen, überpflanzen, übertragen, 4. praktizieren, Praxis ausüben, Patienten betreuen, sich als Arzt niederlassen, Praxis eröffnen.

175 **Behandlung** 1. Handhabung, Verfahren, Gebrauch, Benutzung, Verwendung, Anwendung, Bedienung, 2. Umgang, Verkehr, Einstellung, Verständnis, 3. Bearbeitung, Überarbeitung, Redaktion, Ausfeilung, Verbesserung, Kleinarbeit, Korrektur, Ausbesserung, Retusche, 4. Untersuchung, Beurteilung, Befund, Diagnose, Urteil, Gutachten, Feststellung; Therapie, Heilbehandlung, Heilmethode, Behandlungsmethode, Heilverfahren; Kur, Heilaufenthalt, Badekur, 5. Verband, Bandage, Binde, Verbandzeug, Wattebausch, Tampon, Tupfer, Pflaster, Druckverband, Streckverband, Schiene, Schienung, Gipsverband, Gehgips; Kompresse, Packung, Umschläge, Wickel; Spritze, Injektion, Einspritzung; Einlauf, Klistier; Infusion, Transfusion, Blutübertragung, Tropf; Transplantation, Verpflanzung, Gewebsverpflanzung, Organverpflanzung, Überpflanzung; Operation, Eingriff.

behaupten (sich) 1. versichern, verteidigen, für wahr erklären, beteuern, betonen, bestehen auf, beharren auf, festhalten an, nachdrücklich vertreten, bleiben bei, aufrechterhalten, nicht ablassen von, keinen Schritt weichen, 2. sich behaupten, sich durchsetzen, das Feld behaupten, standhaft bleiben, standhalten, durchhalten, durchstehen, die Ohren (den Nacken) steifhalten, auf dem Posten bleiben, ausharren, ausdauern, aushalten, festbleiben, nicht wanken, bei der Stange bleiben, nicht lockerlassen, nicht aufgeben, sich nicht entmutigen lassen, nicht nachlassen, in den Sielen sterben, überleben, überdauern, davonkommen, durchkommen, sich durchschlagen, verharren, festhalten an, dabeibleiben, 3. sich bewähren, sich durchsetzen, die Probe bestehen, sich als geeignet erweisen, sich die Sporen verdienen, sich durchbeißen, Rückgrat zeigen, Erwartungen erfüllen, Erfolg haben, gewinnen, auspauken, ausfechten, durchpauken, überwinden, triumphieren, siegen, obenbleiben, überstehen. 176

beheimatet 1. ansässig, wohnhaft, mit Sitz in, eingesessen, seßhaft, einheimisch, heimisch, eingeboren, angesessen, angestammt, daheim, heimatlich, zu Hause, heimatberechtigt, zuständig, eingebürgert, ortsansässig, aufgenommen, einbezogen, eingegliedert, 2. behaust, geborgen, geschützt, sicher, vertraut, in den eige- 177 nen vier Wänden, 3. heim, heimwärts, nach Hause, in die Heimat, ins Vaterhaus, heimzu, zurück, retour, rückwärts.

178 **beherrschen (sich)** maßhalten, sich zurückhalten, sich mäßigen, zügeln, bezähmen, bezwingen, sich enthalten, sich bezwingen, sich selbst besiegen, sich bemeistern, sich Zwang antun, an sich halten, Ruhe bewahren, sich zusammennehmen, sich in der Hand haben, sich in die Hand bekommen, sich am Riemen reißen, auf dem Teppich bleiben, den Anstand wahren, sich nichts anmerken lassen, die Zähne zusammenbeißen, sich zusammenreißen, sich nicht gehenlassen, Haltung bewahren, das Gesicht wahren, sich fassen, zu sich kommen, sich menagieren.

179 **Behörde** 1. Obrigkeit, Gewalt, Herrschaft, Oberherrschaft, Oberhoheit, Staat, Fiskus, Regierung, Kabinett, Parlament, Volksvertretung, Senat, 2. Verwaltung, Instanz, Magistrat, Stadtverwaltung, Stadtrat, Stadtparlament, Gemeinderat, Bürokratie, Beamtenschaft, Ämter, Dienststellen, Administration; Kirchengemeinderat, Presbyterium, Kirchenverwaltung, Kirchenversammlung, Synode.

180 **beisetzen** 1. begraben, beerdigen, bestatten, zu Grabe tragen, zur letzten Ruhe betten, der Erde übergeben, das letzte Geleit geben, 2. einäschern, verbrennen, kremieren, 3. liegen, begraben sein, begraben liegen, die letzte Ruhestätte haben, sein Grab finden.

181 **Beisetzung** 1. Begräbnis, Beerdigung, Leichenbegängnis, Bestattung, Grablegung, 2. Einäscherung, Verbrennung, Feuerbestattung, Kremation, 3. Friedhof, Kirchhof, Gottesacker, Begräbnisstätte, Gräberfeld, Gruft, Mausoleum, Katakombe, Totenstadt, Nekropole; Grab, Grabstätte, Ruhestätte, letzte Ruhestätte.

182 **Beispiel** Exempel, Muster, Modell, Einzelfall, Probe, Vorbild, Musterbeispiel, Musterfall, Schulfall, Schulbeispiel, Präzedenzfall.

183 **bekannt** berühmt, namhaft, populär, publik, stadtbekannt, wohlbekannt, weltbekannt, in aller Munde, jedermann geläufig, viel besprochen, renommiert, viel genannt, hat sich herumgesprochen, offenes Geheimnis, Stadtgespräch, anerkannt, weit verbreitet, überall zu finden, fehlt nirgends, gut eingeführt.

bekommen 1. erhalten, erlangen, empfangen, kriegen, erreichen, zuteil werden, zufließen, zufliegen, zulaufen, abkriegen, abbekommen, mitkriegen, geschenkt bekommen; sich zuziehen, sich infizieren, 2. vertragen können, guttun, wohltun, zuträglich sein, anschlagen, nahrhaft sein, nähren, sättigen, sattmachen, verträglich sein; nicht bekommen, den Magen verderben, die Verdauung stören, stopfen, zur Verstopfung führen, schaden, schädigen, schwer verdaulich sein, im Magen liegen, zu schaffen machen, aufstoßen. 184

belasten 1. beladen, bepacken, aufbürden, in Pflicht nehmen, Last auflegen, auferlegen, zumuten, aufhalsen, aufpacken, aufsacken, aufladen, in Atem halten, ermüden, beanspruchen, mit Beschlag belegen, keine Ruhe lassen, nicht zur Ruhe kommen lassen, absorbieren, 2. hernehmen, auslasten, überfordern, überlasten, überbürden, überanstrengen, übernehmen, strapazieren, schlauchen; Unkosten machen, zur Last fallen, auf der Tasche liegen, Mühe und Kosten verursachen, sich ernähren lassen, sich unterhalten lassen, sich aushalten lassen, 3. abziehen, auf die Sollseite setzen, als Schuld buchen, debitieren, anlasten, berechnen, anschreiben, zur Last schreiben, 4. bedrücken, beschweren, beengen, einengen, drücken, quälen, betrüben, traurig machen, unglücklich machen, zur Verzweiflung treiben, kränken, Kummer machen, das Herz brechen, 5. besteuern, Steuer auferlegen, veranlagen, Abzüge machen. 185

belehrend 1. lehrreich, aufklärend, aufschlußreich, instruktiv, informativ, veranschaulichend, verdeutlichend, beleuchtend, unterrichtend, 186 fördernd, bildend, formend, erleuchtend, erhellend, geistbildend, 2. erzieherisch, pädagogisch, vorbildhaft, vorbildlich, didaktisch; lehrhaft, schulmeisterlich, dozierend, krittelig, mit erhobenem Zeigefinger, magisterhaft, gouvernantenhaft.

187 **beleidigend** 1. kränkend, verletzend, demütigend, entwürdigend, herabsetzend, erniedrigend, gehässig, böswillig, ausfällig, persönlich, ausfallend, unsachlich, anzüglich, 2. ehrenrührig, schmachvoll, beschämend, schändlich, schimpflich, schmählich, schandbar, demoralisierend, niederziehend, diffamierend.

188 **Beleidigung** 1. Kränkung, Verletzung, Demütigung, Erniedrigung, Herabsetzung, Entwürdigung, Beschimpfung, Angriff, Verriß, Polemik, Anfeindung, Injurie, Verunglimpfung, Schmähung, Pöbelei, Mißachtung, Verleumdung, Verlästerung, Diffamierung, üble Nachrede, Infamie, Tort, 2. Klatsch, Spott, Schimpf, Schändung, Schmach.

189 **beleuchten** 1. erhellen, hellmachen, illuminieren, bestrahlen, anstrahlen, bescheinen, belichten, erleuchten, besonnen, Licht anmachen, Licht anknipsen, andrehen, anzünden, einschalten, Licht machen, die Beleuchtung einschalten, ableuchten, ausleuchten, aufblenden, Fernlicht einschalten, 2. darstellen, auslegen, deuten, erklären, interpretieren, kommentieren, herausstellen, hervorheben, pointieren, zeigen, weisen, dartun, 3. färben, frisieren, beschönigen, schönfärben, schminken, verbrämen, einkleiden, verklären, verdrehen, fälschen, verfälschen, deuteln, klittern, verblümen, bemänteln, 4. einkleiden, sinnbildlich darstellen, in Sinnbildern darstellen, verdunkeln, verunklaren, in Bildern sprechen, in Rätseln sprechen, versinnbildlichen, symbolisieren, verfremden, fremd machen.

190 **beliebig** nach Belieben, nach Wahl, nach Gutdünken, nach eigenem Ermessen, freistehend, nach Wunsch, wie es beliebt, wie man will, nach Wohlgefallen, je nachdem, unbeschränkt, unbegrenzt, uneingeschränkt, so oder so, entweder — oder, irgendwie, wie gewünscht, wahlweise, wahlfrei, nach Herzenslust.

beliebt 1. geschätzt, bewundert, gepriesen, gern gesehen, wohlgelitten, Stein im Brett, gut angeschrieben, umschwärmt, bejubelt, populär, volkstümlich, 2. in aller Munde, empfohlen, gern gekauft, vielverlangt, gut eingeführt, gesucht, begehrt, 3. besucht, frequentiert, mit großem Zulauf, anerkannt, gute Presse, häufig besucht, immer ausverkauft. 191

bellen 1. anschlagen, Laut geben, kläffen, blaffen, belfern, gauzen, heulen, jaulen, winseln, knurren, 2. schimpfen, geifern, grobsen, schnauzen. 192

bemühen (sich) 1. Mühe machen, anstrengen, zu schaffen machen, beanspruchen, in Anspruch nehmen, heranziehen, Umstände machen, 2. sich mühen, anstrengen, bestreben, Mühe geben, keine Mühe scheuen, sich befleißigen, angelegen sein lassen, sich Mühe machen, sich zum Anwalt machen, alle Hebel in Bewegung setzen, in die vollen gehen, sich engagieren, sich einsetzen, nichts unversucht lassen, alles tun, alles aufbieten, von Pontius zu Pilatus laufen, 3. schwer arbeiten, sich abmühen, sich plagen, sich placken, sich anspannen, sich ins Geschirr legen, sich dazuhalten, schuften, schanzen, malochen, asten, ackern, sich erschöpfen, sich verausgaben, sich schinden, sich abrackern, sich quälen, sich abarbeiten, 4. Mühe haben, sich schwer tun, einen schweren Stand haben, nichts zu lachen haben. 193

benutzen 1. gebrauchen, brauchen, verwenden, anwenden, verwerten, sich bedienen, sich zunutze machen, nutzen, nutzbar machen, auswerten, ausnutzen, auskaufen, Gebrauch machen von, in Gebrauch nehmen, Nutzen ziehen aus, die Gelegenheit ergreifen, beim Schopfe fassen, zu Rate ziehen, besuchen, frequentieren, 2. handhaben, betätigen, bedie- 194 nen, hantieren, umgehen mit, manipulieren, betreiben, 3. vermarkten, auf den Markt bringen, marktgerecht zubereiten.

195 **beobachten** 1. achtgeben, achthaben, achten auf, aufpassen, die Augen offenhalten, zusehen, ins Auge fassen, aufpassen, im Auge behalten, nicht aus den Augen lassen, jem. nachsehen, mit den Blicken verfolgen, zuschauen, zuhören, zusehen, 2. verfolgen, belauschen, beschatten, kiebitzen, linsen, lugen, spähen, äugen, spitzen, luchsen, lauern, die Ohren spitzen, spionieren, nachspionieren, bespitzeln, überwachen, observieren, belauern, ausspähen, auf der Lauer liegen, beschnüffeln, nachschnüffeln, ausschnüffeln, seine Nase stecken in; belauschen, abhören, abhorchen, elektronisch überwachen, Wanzen setzen; auf den Fersen bleiben, im Visier behalten, nachspüren, Spuren nachgehen, auflauern, abpassen, abfangen.

196 **Beobachter** 1. Betrachter, Zuschauer, Augenzeuge, Zeuge, Zuhörer, 2. Aufpasser, Detektiv, Kundschafter, Späher, Spion, Agent, Spitzel, Lauscher, Schnüffler, Aushorcher; Kontrolleur, Prüfer, Beschauer.

197 **Bequemlichkeit** 1. Gemächlichkeit, Langsamkeit, Ruhe, Lässigkeit, Betulichkeit, Nachlässigkeit, Gelassenheit, 2. Komfort, Annehmlichkeit, Erleichterungen, Hilfen, Behagen, Behaglichkeit, Gemütlichkeit, Wohlgefühl, Wohlbehagen, Trautheit, Traulichkeit.

198 **berechnen** 1. ausrechnen, durchrechnen, errechnen, bemessen, ausmessen, abmessen, festsetzen, ansetzen, kalkulieren, veranschlagen, vorausberechnen, Voranschlag machen, schätzen, taxieren, bewerten, in Betracht ziehen, einkalkulieren, überschlagen, Überschlag machen, 2. rechnen auf, spekulieren, sich spitzen auf, Hintergedanken haben, seinen Vorteil suchen, mit der Wurst nach der Speckseite werfen, sich jem. warmhalten, erbschleichen, 3. lavieren, manövrieren, jonglieren, taktieren, balancieren, sich diplomatisch verhalten, sich durchschlängeln, den Mantel nach dem Wind hängen, mitmachen, mitlaufen, mit dem Strom schwimmen, mit den Wölfen heulen, sich nicht festlegen, sich den Rücken freihalten, seiltanzen, Eiertanz vollführen, niemandem auf den Fuß treten.

berechtigt 1. erlaubt, gestattet, zugestanden, bewilligt, genehmigt, bejaht, rechtens, rechtmäßig, statthaft, zulässig, unbestreitbar, unbeanstandet, unbenommen, unverwehrt, 2. befugt, anerkannt, bestätigt, beglaubigt, bevollmächtigt, kompetent, legitimiert, ausgestattet mit, betraut mit, verliehen, bescheinigt, beauftragt, bestellt, bevorrechtet, privilegiert. 199

beredt 1. wortgewandt, sprachgewandt, redegewandt, beredsam; zungenfertig, mundfertig, nicht auf den Mund gefallen, schlagfertig, eloquent, geistesgegenwärtig, 2. gesprächig, wortreich, redselig, plapperhaft, geschwätzig, schwatzhaft, plauderhaft, plaudersam, schwätzt ohne Punkt und Komma, schwätzt dem Teufel ein Ohr weg, hat eine geläufige Zunge. 200

bereit 1. willig, willens, gewillt, geneigt, bereitwillig, willfährig, gutwillig, dienstwillig, entgegenkommend, freudig, zuvorkommend, gefällig, erbötig, bei der Hand, zur Verfügung, 2. im Begriff, drauf und dran, dabei, auf der Stelle, sofort. 201

bereuen bedauern, beklagen, Reue empfinden, reuen, gereuen, schmerzen, sich zu Herzen nehmen, leid tun, zur Lehre dienen, zu schaffen machen, sich schämen, am Herzen nagen, an die Brust schlagen, einen moralischen Kater haben, Einkehr halten, in sich gehen, sich schuldig bekennen, das Geschehene verwünschen, abschwören, ungeschehen wünschen, nachjammern. 202

Berg 1. Anhöhe, Erhöhung, Hügel, Buckel, Kuppe, Höcker, Kegel, Vulkankegel, Bergkegel, Inselberg, Wölbung, Höhe, Erhebung, Erdrücken, Bodenfalte, Höhenrücken, 2. Gebirge, Mittelgebirge, Hügelland, Hoch- 203 gebirge, Schneegebirge, Gebirgszug, Gebirgsmassiv, Höhenzug, Hochebene, Hochplateau, Fels, Gipfel, Kamm; Schroffen, Zacken, Klippe, Riff, Türme, Grat, Paß, Durchgang, Übergang.

204 **Berichterstatter** 1. Reporter, Journalist, Zeitungsschreiber, Publizist, Tagesschriftsteller, Skribent, Redakteur, Schriftleiter, Glossenschreiber, Leitartikler, Kolumnist, Feuilletonist, Theaterkritiker, Musikkritiker, Korrespondent, Auslandskorrespondent, 2. Erzähler, Augenzeuge, Informant, Zuschauer; Chronist, Geschichtsschreiber, Historiker, 3. Redaktion, Schriftleitung, Redaktionsstab, Mitarbeiterstab.

205 **beruhigen (sich)** 1. besänftigen, zur Ruhe bringen, beschwichtigen, zur Besinnung bringen, gut zureden, stillen, einschläfern, dämpfen, mäßigen, abdämpfen, mildern, abschwächen, abmildern, einen Dämpfer aufsetzen, zur Vernunft bringen, Mißverständnis ausräumen, Irrtum klären, an die Vernunft appellieren, 2. abkühlen, ernüchtern, desillusionieren, ausnüchtern; nüchtern werden, seinen Rausch ausschlafen, 3. sich beruhigen, ruhiger, stiller werden, sich abkühlen, zur Ruhe kommen, sich entspannen, sich fassen, Ruhe finden, Frieden finden, beruhigt sein, 4. entspannen, entbittern, entgiften, entschärfen, die Spitze abbrechen, ausgleichen, entladen, begütigen, bereinigen, befrieden, beilegen, abbiegen, auffangen, ausbügeln, glätten, die Wogen glätten, Öl auf die Wogen gießen, einrenken, Frieden stiften, versöhnen, schlichten, ins Lot bringen, vermitteln, unter einen Hut bringen, aussöhnen, einigen, in Einklang bringen, harmonisieren, 5. abrüsten, entwaffnen, die Rüstungen einschränken, demobilisieren, entmilitarisieren, Entspannungspolitik betreiben, 6. Frieden schließen, sich versöhnen, sich vertragen, Frieden machen, sich verständigen, sich vergleichen; sich wieder gut sein, das Kriegsbeil begraben, die Streitaxt begraben, die Friedenspfeife rauchen.

berühren 1. anfassen, anlangen, antasten, tasten, befühlen, betasten, abtasten, tasten nach, fühlen nach, befingern, betupfen, beklopfen; anrühren, Hand auflegen, 2. angreifen, anpacken, zugreifen, belästigen, zu nahe treten, auf den Leib rücken, 3. angehen, nahegehen, tangieren, aufregen, erregen, umtreiben, nicht gleichgültig lassen, nicht kalt lassen, rühren, erschüttern, zu Herzen gehen, ergreifen, 4. sich berühren, angrenzen, nebenliegen, anliegen, grenzen an, anrainen, 5. streifen, flüchtig berühren, unabsichtlich berühren. 206

beschädigen lädieren, verunzieren, verschandeln, verstümmeln, deformieren, verderben, entwerten, im Wert mindern, abnutzen, abbrauchen, abwetzen, verwetzen, durchscheuern, durchwetzen, verschleißen, abtragen, verwahrlosen, verlottern, verludern, bös zurichten, blank wetzen, verkommen lassen, anknacksen, ramponieren, verhunzen, entstellen, demolieren, durchlöchern, zerkratzen, verschaben. 207

beschädigt 1. schadhaft, defekt, angeschlagen, angeknackst, wurmstichig, der Wurm drin, faul, morsch, abgegriffen, abgestoßen, zerkratzt, abgebraucht, abgenutzt, lädiert, wacklig, ramponiert, rostig, verrostet, angerostet, verstümmelt, unvollständig, bruchstückhaft, lückenhaft, fehlerhaft, mangelhaft, mitgenommen, durchlöchert, löchrig, durchlässig, undicht, leck, vermodert, verschimmelt; verbraucht, abgewetzt, abgegriffen, verschlissen, zerschlissen, verwetzt; schäbig, lumpig, in Lumpen, zerlumpt, in Fetzen, zerfranst, in Räuberzivil, verlottert, verludert, vernachlässigt, verwahrlost, verkommen; verrottet, verwohnt, entwertet; abgeschliffen, dünn gerieben, zerfasert, verwischt; gebrochen, geknickt, 2. kaputt, entzwei, zerbrochen, in Scherben, in Stücken, in Trümmern, als Ruine, zerfallen, verfallen, zertrümmert, zerstört, eingefallen, eingestürzt, hin, unbrauchbar, unbe- 208 wohnbar, ruiniert, verheert, verwüstet; geplatzt, zerrissen, zerfressen, zerlesen, zerfleddert, zerfetzt; zerschmettert, zersprungen, zerstoßen, zersplittert, zertöppert; 3. geschädigt, beeinträchtigt, benachteiligt, gemindert, gehemmt, zurückgesetzt, geschmälert, verringert, vermindert; deformiert, entstellt, verunstaltet, verkrüppelt, invalid, kriegsversehrt, schwerbeschädigt, schwerbehindert, verstümmelt, verunglückt, zu Schaden gekommen; ausgebombt, ausgebrannt, abgebrannt, Totalschaden, 4. unersetzlich, irreparabel, nicht zu reparieren, unwiederbringlich, nicht zu ersetzen, dahin, verloren.

209 **beschäftigen (sich)** 1. Arbeit geben, Brot geben, anstellen, einstellen, zu tun geben, engagieren, verpflichten, in Dienst nehmen, eine Stelle geben, unterbringen, 2. sich beschäftigen, sich befassen, sich betätigen, sich widmen; sich überlegen, über etwas nachdenken, sich im Kopf herumgehen lassen, mit sich herumtragen, sich hineinknien, 3. im Kopf herumgehen, Gedanken machen, zu schaffen machen, zu denken geben, einem nachgehen, einen nicht loslassen, nicht aus dem Sinn wollen.

210 **beschreiben** 1. schildern, darstellen, abfassen, ein Bild entwerfen, ausmalen, ausspinnen, nachzeichnen, wiedergeben, charakterisieren, illustrieren, lebendig machen, Bild entrollen, Tatbestand skizzieren, Ereignis festhalten, aufzeichnen, verzeichnen, registrieren, 2. erzählen, berichten, Bericht erstatten, informieren, ins Bild setzen, vortragen, zum besten geben, sein Garn spinnen; dichten, fabulieren, fabeln, einen Stoff gestalten.

211 **beseitigen** 1. wegwerfen, fortwerfen, entfernen, ausscheiden, aussondern, ausmustern, fortschaffen, ausräumen, vernichten, zerreißen, kassieren, ausrangieren, beiseite räumen, aus der Welt schaffen, einstampfen, 2. aufheben, aufräumen mit, abschaffen, beheben, ausmerzen, alten Zopf abschneiden, stürzen, umstürzen, vom Sockel stoßen, zu Fall bringen, 3. einziehen, aus dem Verkehr ziehen, entwerten, für ungültig erklären, aufheben, zurückziehen, außer Kraft setzen.

Besitz 1. Eigentum, Besitztum, Habe, Hab und Gut, Haus und Hof, Hausbesitz, Landbesitz, Grundbesitz, Anwesen, Immobilien, Liegenschaften; bewegliche Habe, Mobilien, Sachwerte, Wertsachen, Habseligkeiten, 2. Geld, Mittel, Barschaft, Vermögen, Finanzen, Barvermögen, Geldmittel, flüssiges Kapital, Aktiva, Vermögenswerte, Glücksgüter, Guthaben, Bankkonto, Bargeld, Kasse, Mammon, Zechinen, Moneten, Zaster, Banknoten, Geldscheine, Papiergeld, Münzen, Hartgeld, Kleingeld; Wertpapiere, Devisen, Effekten, Vermögensanlagen, Zahlungsmittel, 3. Geldverhältnisse, Vermögenslage, Vermögensstand, Finanzlage, äußere Umstände, Zahlungsfähigkeit, Bonität, Finanzkraft, Kreditwürdigkeit, 4. Ersparnis, Erspartes, Erübrigtes, Reserven, Rücklagen, Sparpfennig, Notgroschen, Sparstrumpf, Sparbüchse, Sparschwein, Sparguthaben, 5. Reichtum, Wohlstand, Überfluß, Schätze, Geldsack. 212

Besitzer 1. Eigentümer, Eigner, Inhaber, Herr, Hausbesitzer, Hauswirt, Vermieter, Wirt, Wirtsleute, 2. Besitzender, Kapitalist, Geldmann, reicher Mann, Plutokrat, Großkapitalist, Geldmagnat, Börsenmagnat, Geldaristokrat, Finanzmann, Financier, Geldgeber, Bankier, Banker, Kreditgeber, Gläubiger, Geldquelle, Geldverleiher, Pfandleiher; Geldinstitut, Bank, Sparkasse, Darlehnskasse, 3. Krösus, Nabob, Rothschild. 213

besonders 1. vor allem, hauptsächlich, insbesondere, insonderheit, in erster Linie, vorwiegend, überwiegend, vornehmlich, vorzugsweise, speziell, namentlich, ausdrücklich, eigens, extra, vor allen Dingen, vor allem andern, in der Hauptsache, 2. bemerkenswert, eigenartig, spezifisch, selten, ungewöhnlich, rar, auffallend, aus dem Rahmen fallend, einmalig, 214 einzigartig, unvergleichlich, ohnegleichen, noch nie dagewesen, sehenswert, 3. apart, originell, persönlich, individuell, eigenständig, selbständig, kapriziös, mit Pfiff, eigenwillig.

215 **besorgen** 1. beschaffen, herbeischaffen, beibringen, akquirieren, heranschaffen, heranholen, verschaffen, „organisieren“, auftreiben, vermitteln, verhelfen zu, zuschanzen, zuschieben, zuspielen, aufbringen, beibringen, mobilisieren, bereitstellen, flüssigmachen, finanzieren, holen, abheben, vom Konto nehmen, 2. einholen, einkaufen, holen, kaufen, anschaffen, mitbringen, 3. tun, betreiben, bearbeiten, umtreiben, verwalten, seines Amtes walten, betreuen, versorgen, versehen mit, überwachen, beaufsichtigen, dirigieren, lenken, leiten, führen, bewirtschaften, walten, wirken, gebieten, herrschen, beherrschen, 4. haushalten, wirtschaften, Haushalt, Wirtschaft führen, schalten und walten, das Haus besorgen.

216 **Besorgung** 1. Einkauf, Kauf, Einholen, Beschaffung, Vermittlung, Übermittlung, 2. Botengang, Gang, Erledigung, Verrichtung, 3. Bedienung, Betreuung, Versorgung, Verwaltung.

217 **besprechen** 1. unterreden, beraten, beratschlagen, bereden, verhandeln, erwägen, durchsprechen, ventilieren, erörtern, prüfen, untersuchen, unterhandeln, sich auseinandersetzen, parlamentieren, sich zusammensetzen, sich an einen Tisch setzen, debattieren, diskutieren, disputieren, dialogisieren, politisieren, ratschlagen, sorgsam erwägen, hin und her wenden, von allen Seiten betrachten, palavern, Probleme wälzen, 2. beurteilen, würdigen, anzeigen, rezensieren, kritisieren, schreiben über, ankündigen, behandeln, abhandeln, sich auslassen über, glossieren, Anmerkungen machen, Randbemerkungen machen.

218 **Besprechung** 1. Gespräch, Unterhaltung, Unterredung, Dialog, Zwiegespräch, Zwiesprache, Wechselrede, Diskurs, Wortwechsel, Wortgefecht, Wortstreit, Rede und Gegenrede, Meinungsaustausch, Erwägung, Überlegung, Aussprache, Gedankenaustausch, Rücksprache; Interview, Befragung, Hearing, Anhörung, Vernehmung; Auseinandersetzung, Debatte, Diskussion, Erörterung, Beratung, Unterhandlung, Verhandlung, Hin und Her, Palaver, Disput, Streit, Polemik, Kontroverse, Streitgespräch, 2. Sitzung, Konferenz, Konvent, Verhandlung, Termin, Verabredung, Zusammenkunft, Absprache, 3. Konsultation, Beratung, Beratschlagung, Sprechstunde, 4. Monolog, Selbstgespräch, innerer Monolog, stumme Unterhaltung.

219 **bestätigen** 1. bescheinigen, quittieren, liquidieren, Quittung erteilen; bekunden, bezeugen, attestieren, beurkunden, beglaubigen, anerkennen, versichern, identifizieren, Richtigkeit anerkennen, für gültig erklären, 2. bejahen, Ja sagen, zur Kenntnis nehmen, zustimmen, sich zustimmend äußern, billigen, nicken, 3. unterschreiben, unterzeichnen, seine Unterschrift geben, zeichnen, gegenzeichnen, abzeichnen, Autogramm geben, paraphieren, ratifizieren, genehmigen, sich verbürgen, 3. anerkennen, ermutigen, gelten lassen, zustimmen, bestärken, unterstützen, den Nacken steifen, den Rücken stärken, ermuntern, Mut machen, das Selbstbewußtsein heben.

220 **Bestätigung** 1. Ausweis, Bescheinigung, Schein, Ermächtigung, Vollmacht, Urkunde, Dokumentation, Dokument, Beglaubigung, Legitimation, Paß, Personalausweis, Passierschein, Sichtvermerk, Visum, Passepartout, Papiere, etwas Schriftliches, Unterlagen, Identitätsbescheinigung; Unterschrift, Unterzeichnung, Autogramm, Namenszug, Paraphe, Ratifizierung, Stempel; Zeugnis, Attest, Diplom, Patent, Nachweis, Anerkennung, Brief und Siegel, Beleg, Quittung, Kassenzettel, Empfangsbescheinigung, Schuldschein; Beweis, Erweis, Nachweis, Alibi, Beglaubigung, Wahrheitsnachweis, Identifizierung, Verifizierung; Erhärtung, Bekräftigung,

Handschlag; Zeichen, Fahrschein, Fahrausweis, Fahrkarte, Billett, Eintrittskarte, Bon, Gutschein, Zinsschein, Kupon, Police; Gottesurteil, Ordal, Feuerprobe, Nagelprobe, 2. Ermunterung, Ermutigung, Zuspruch, Zustimmung, Anerkennung, Bejahung, Bestärkung, Rückenstärkung, Unterstützung.

221 **bestellen** 1. auftragen, beauftragen, Bestellung aufgeben, in Auftrag geben, Auftrag erteilen, ordern, verlangen, erbitten, anfordern, machen lassen, kommen lassen, 2. abonnieren, halten, nehmen, beziehen, abnehmen, subskribieren, vorbestellen, sich verpflichten zur Abnahme, vormerken lassen, sich sichern, Leser, Bezieher, Abonnent sein, 3. jem. bestellen, auffordern, ersuchen, bescheiden, kommen lassen, laden, vorladen, beordern, kommandieren, zitieren, 4. abordnen, entsenden, delegieren, senden, schicken, wählen, 5. hinterlassen, sagen lassen, melden, ausrichten lassen, wissen lassen, benachrichtigen, 6. sein Haus bestellen, instandsetzen, vorbereiten, besorgen, in Ordnung bringen, geordnet hinterlassen.

222 **Besuch** 1. Aufwartung, Visite, Einkehr, Zusammenkunft, Zusammensein, Unterhaltung, 2. Gäste, Geselligkeit, Einladung, Gesellschaft, Zulauf, Andrang, 3. Gastspiel, Gastrolle, Stippvisite; 4. Besichtigung, Betrachtung, Begutachtung.

223 **besuchen** 1. Besuch machen, Besuch abstatten, vorfahren, Karte abgeben, seine Aufwartung machen, aufwarten, aufsuchen, vorsprechen, beehren, anklopfen, guten Tag sagen, sich blicken lassen, sich zeigen, einkehren, ankehren, hereinschauen, vorbeikommen, hereinschneien, aufkreuzen, sich einfinden, heimsuchen, 2. zu Besuch sein, absteigen, logieren, wohnen, zu Gast sein, übernachten, nächtigen, Quartier nehmen, 3. gastieren, Gastrolle (Gastspiel) geben, Stippvisite machen, 4. frequentieren, häufig besuchen, verkehren, oft hingehen, Stammgast sein.

Besucher 1. Gast, Gastfreund, Tischgast, Logierbesuch, Besuch, Eingeladener, Geladener, Dauergast, Stammgast, 2. Reisender, Durchreisender, Passant, Passagier, Fremder, 3. Zuschauer, Teilnehmer, Anwesender, Publikum, Hospitant, Gasthörer, Hörer, Zuhörer. 224

beten Gebete sprechen, zu Gott sprechen, sich ins Gebet versenken, bitten, erbitten, flehen, erflehen, Gott anrufen, um Hilfe flehen, fürbitten, ins Gebet einschließen; niederknien, auf die Knie fallen, niederfallen, sich niederwerfen, sich sammeln; anbeten, verehren, loben, preisen, lobpreisen, danken. 225

betreffen angehen, anbelangen, anbetreffen, sich beziehen auf, zusammenhängen mit, berühren, zu tun haben mit, teilhaben, mitbetroffen sein, sich erstrecken auf, sich handeln um, handeln von, sich drehen um, gehen um, zu tun haben mit. 226

betreffend zu, dazu, darüber, davon, wegen, was das angeht, angehend, anlangend, bezüglich, in bezug auf, diesbezüglich, dieserhalb, betrifft. 227

Betrieb 1. Geschäft, Arbeitsstätte, Werk, Fabrik, Industrieanlage, Gründung, Konzern, Unternehmen, Firma, Etablissement, 2. Umtrieb, Fülle von Arbeit, Hochbetrieb, starker Arbeitsanfall, Saisonarbeit, Überbeschäftigung, Betriebsamkeit, Geschäftigkeit, Lauferei, Wirbel, Kommen und Gehen; Bewegung, Unruhe, Aufregung, 3. Verkehr, Treiben, Gedränge, Gewimmel, Gewirr, Getriebe, Wirrwarr, Durcheinander, Hexenkessel, Getümmel, Gewusel, Hin und Her, 4. Rummel, Lustbarkeit, Kurzweil, Vergnügen, Zirkus, Klimbim, Trara, Sums, Rummelplatz, Kirmes, Jahrmarkt. 228

betrügen 1. täuschen, trügen, schwindeln, beschwindeln, hintergehen, hinterziehen, veruntreuen, unterschlagen, beiseite schaffen, Schmu machen, verdunkeln, übervorteilen, begaunern, benachteiligen; beschummeln, bemogeln, betuppen, behumpsen, übers Ohr hauen, übertölpeln; falsch spielen, hereinlegen, 229 mit gezinkten Karten spielen, mogeln, mauscheln, im trüben fischen, prellen, bluffen, hinters Licht führen; beirren, verwirren, weismachen, anführen, anschmieren, zum Narren halten, foppen, hochnehmen, irreführen, austricksen, unterschieben, andrehen; neppen, überfordern, überteuern, Überpreis verlangen, wuchern, ablisten, abluchsen, abschwindeln, abschwatzen, betören, einseifen, einwickeln, blenden, blauen Dunst vormachen, einen Vorteil erschleichen, 2. schieben, verschieben, klüngeln, hehlen, verdunkeln, Schmiere stehen; abkarten, heimlich aushandeln, Vetternwirtschaft treiben, Nepotismus treiben, sich die Trümpfe zuspielen, unter einer Decke stecken, gemeinsame Sache machen, 3. ehebrechen, die Ehe brechen, es mit der ehelichen Treue nicht genaunehmen, Ehebruch begehen, die eheliche Treue verletzen, „fremdgehen"; Hörner aufsetzen, zum Hahnrei machen, doppeltes Spiel treiben, 4. aufs Glatteis führen, aufs Kreuz legen, eine Grube graben, in den Hinterhalt locken, für dumm verkaufen, irreführen, überlisten, die Zeche prellen, das Fell über die Ohren ziehen, Sand in die Augen streuen, 5. das Recht verdrehen, das Recht beugen, das Recht mißachten, Tatsachen verdrehen.

230 **Betrüger** 1. Gauner, Schwindler, Fälscher, Schieber, Gangster, Erpresser, Wucherer, Halsabschneider, Aasgeier, 2. Hochstapler, Defraudant, Glücksritter, Abenteurer, Falschspieler, Bauernfänger, Beutelschneider, Zechpreller, Heiratsschwindler, Blender, Bluffer, Haderlump, 3. Quacksalber, Kurpfuscher, Wunderdoktor, Doktor Eisenbart, Scharlatan, Marktschreier, Rattenfänger, Gaukler, Komödiant, Schauspieler, 4. Heuchler, Gleisner, Mucker, Frömmler, Pharisäer, Leisetreter, Kopfhänger, Duckmäuser, Tartüff, Schlitzohr, Schleicher, Wolf im Schafspelz, Lügner, Lügenmaul, Lügenbeutel, Schwindelhuber, Münchhausen, Simulant, 5. unsicherer Kantonist, Konjunkturritter, Windfahne, Wetterfahne, Rohr im Wind, schwankendes Rohr, Spielball, Chamäleon, Kopfnicker, Opportunist, Gesinnungslump, 6. Schmuggler, Schleichhändler, Schwarzhändler, Hehler, Helfershelfer, Hintermann, Schlepper, 7. Ehebrecher, Bigamist, Heiratsschwindler; White-collar-Verbrecher, Wirtschaftsverbrecher, Steuerhinterzieher.

betrunken 1. animiert, angesäuselt, angeheitert, beschwipst, beduselt, benebelt, schikker, weinselig, angetrunken, bezecht, berauscht, trunken, voll des süßen Weines, voll, im Tran, im Rausch, sterngranatenvoll, sternhagelvoll, einen in der Krone haben, blau, schwer geladen, Schlagseite, besoffen, 2. Betrunkenheit, Schwips, Zacken, Affe, Weinlaune, Besäufnis, Rausch, Dusel, Weinseligkeit, Tran, Berauschtheit, Trunkenheit, 3. Trinkgelage, Zechgelage, Zecherei, Sauferei, Saufgelage, 4. Trunksucht, Alkoholismus, Alkoholkrankheit. 231

beugen (sich) 1. neigen, senken, sinken lassen, sich vorbeugen, sich beugen über, sich vorneigen, sich vornüber neigen, 2. sich beugen, sich neigen, sich fügen, nachgeben, sich unterordnen, sich unterwerfen, klein beigeben, sich erniedrigen, sich demütigen; die Knie beugen, niederknien, auf die Knie fallen, den Fuß küssen, nach Canossa gehen, 3. biegen, krümmen, anwinkeln, kauern, hocken, in die Hocke gehen, sich hinhocken. 232

Bevölkerung 1. Ureinwohner, Urbevölkerung, Eingeborene, Einheimische, Eingesessene, Angestammte, Ansässige, Hiesige; Bewohner, Einwohner, Landeskinder, Inländer, Staatsangehörige, Staatsbürger, Mitbürger, Landsleute; Bürgerschaft, Steuerzahler, Volk, Land und Leute, Volksgemeinschaft, das Volk, 2. Masse, Menge, der große Haufen, die große Herde, Hinz und Kunz, Krethi und Plethi; die kleinen Leute, das Kleinbürgertum, Gevatter Schneider und Handschuhmacher, 233 der kleine Mann, der gemeine Mann, der Mann auf der Straße, der Vorübergehende, der gewöhnliche Sterbliche; der Arbeiterstand, das Proletariat; die unteren Schichten, die Unterschicht, die Plebejer, die Plebs, der Pöbel, die breite (große) Masse, die Meute, 3. Mittelstand, Mittelklasse, Mittelschicht, Bürgerstand, Bürgertum, Bourgeoisie, 4. die oberen Zehntausend, die reichen Leute, die Reichen, die besitzende Klasse, die vornehme Gesellschaft, die gute Gesellschaft, die ersten Familien, die führende Schicht, das Establishment; die Elite, die Gebildeten, die Akademiker, die Studierten, die Intellektuellen; der Jet-Set, die internationale Gesellschaft, die Hautevolee, die High Society, das High life, die Schickeria, die große Welt, die gute Gesellschaft, der Adel, die Aristokratie, die Spitzen der Gesellschaft, die Prominenz, Menschen von Rang und Namen, die Größen, die Geistesgrößen; die Ortsgrößen, Notabeln, Honoratioren, die Großkopfeten.

234 **bevorzugen** 1. vorziehen, begünstigen, protegieren, favorisieren, lancieren, sich verwenden für, in den Sattel helfen, befürworten, lieber mögen, den Vorzug geben, höher einschätzen; parteiisch entscheiden, Partei ergreifen, Vetternwirtschaft treiben, Günstlingswirtschaft treiben, klüngeln, Vorrechte einräumen, 2. voranstellen, den Vorrang geben, obenanstellen, an die Spitze stellen, vorsetzen, überordnen, vorordnen, Prioritäten setzen, 3. vorgreifen, vorverlegen, vorwegnehmen, nicht abwarten, zuvorkommen.

235 **bewährt** alt, erprobt, bekannt, anerkannt, eingeführt, gängig, gebräuchlich, lieb, vertraut, klassisch, empfehlenswert.

236 **bewegen (sich)** 1. sich regen, die Lage verändern, die Stellung wechseln, Bewegungen machen, sich rühren, zappeln, strampeln, 2. sich fortbewegen, sich Bewegung machen, Sport treiben, turnen, Gymnastik treiben, körperliche Übungen machen, 3. hin und hergehen, umhergehen, auf und ab wandern, keine Ruhe finden; hin und her fahren, pendeln, 4. sich rühren, sich tummeln, fleißig sein, sich betätigen, arbeiten, wühlen, umtreiben, rabantern, wulacken, 5. wogen, wellen, sich heben und senken, steigen und sinken, schwappen, sich kräuseln, Wellen schlagen, branden, ans Ufer rollen, planschen, 6. schieben, verschieben, vorschieben, anschieben, wegschieben, verrücken, umstellen; rangieren, umlenken, umrangieren.

beweglich 1. elastisch, gelenkig, geschmeidig, leichtfüßig, gewandt, geschickt, lebhaft, lebendig, anpassungsfähig, umstellungsfähig, wandelbar, wandlungsfähig, rasch, schnell, fix, rege, agil, mobil, 2. ambulant, transportabel, tragbar, fahrbar, zerlegbar, teilbar, versetzbar, veränderlich, lenkbar, einstellbar, verstellbar, zum Zusammenlegen, steuerbar, vielseitig verwendbar; übertragbar, nicht an die Person gebunden. 237

Bewegung 1. Geste, Gebärde, Zeichen, Handbewegung, Handzeichen, Wink, Miene, Gang, Gangart, Trab, Trott, Handgriff, Hantierung, 2. Fortbewegung, Ortsveränderung, Verkehr, Reisen, Wandern, Touristik, Fremdenverkehr, Reiseverkehr; Steigen, Klettern, Bergsteigen, Alpinistik, Kletterkunst, 3. Wirbel, Gestöber, Gestiebe, Gewoge, Strudel, Dünung, Seegang, hohe See, schwere See, Gischt, Schaum, 4. Schwingung, Wellenbewegung, Vibration, Oszillation, Pendeln, Pendelbewegung, Schwingen; Puls, Pulsschlag, Herzschlag. 238

bewerben (sich) sich bemühen, eine Stellung suchen, sich zur Verfügung stellen, Angebot machen, inserieren, annoncieren, vorsprechen, sich empfehlen, nachsuchen, anbieten, sich bereit erklären, Vorschläge machen, anerbieten, sich anheischig machen, einkommen, beantragen, kandidieren, sich aufstellen lassen. 239

bezahlen 1. zahlen, begleichen, entrichten, richtig machen, regeln, regulieren, ordnen, bereinigen, erledigen, 240 ausgeben, hinlegen, vorzählen, auszahlen, ausbezahlen, erlegen, hinterlegen, 2. entlohnen, besolden, honorieren, Gehalt zahlen, abgelten, löhnen, Lohn zahlen, vergüten, 3. aufkommen für, tragen, Geld ausgeben, aufwenden, Kosten bestreiten, blechen, bluten, berappen, herhalten müssen, den Beutel ziehen, in die Tasche greifen, Geld herausrücken, Geld lockermachen, sich in Unkosten stürzen; die Suppe auslöffeln, die Kastanien aus dem Feuer holen, geradestehen, den Kopf ins Loch stecken, den Letzten beißen die Hunde, 4. einlösen, abstatten, sich einer Schuld entledigen, erfüllen, ablösen, tilgen, erstatten, zurückgeben, amortisieren, annullieren, überweisen, anweisen, ausgleichen 5. Steuer zahlen, Steuererklärung machen, Abgaben leisten, versteuern; Zoll zahlen, verzollen, Tribut zahlen, Maut bezahlen.

241 **bezaubern** 1. entzücken, begeistern, hinreißen, bestricken, berücken, betören, behexen, bezirzen, verzaubern, verhexen, um den Verstand bringen, berauschen, entrücken, bannen, in Bann schlagen, faszinieren, nicht mehr loslassen, bezwingen, verblenden, blenden, 2. zaubern, hexen, beschwören, verwünschen, besprechen, Hokuspokus treiben, berufen.

242 **bieten** 1. ermöglichen, verschaffen, Vergünstigungen gewähren, vorschlagen, versprechen, offerieren, geben, zu bieten haben, anbieten, in Aussicht stellen, können, zeigen, vorführen, 2. sich erlauben, sich nicht scheuen, sich nicht entblöden, zumuten.

243 **Bild** 1. Anblick, Erscheinung, Ansicht, Panorama, Aussicht, 2. Abbild, Abbildung, Bildnis, Wiedergabe, Darstellung, Porträt, Gemälde, Konterfei, Zeichnung, Aquarell, Pastell, Radierung, Stich; Collage, Klebebild, Glasmalerei, Hinterglasmalerei; Selbstbildnis, Selbstporträt; Wandbild, Wandgemälde, Wandmalerei, Fresko, Relief; Stilleben, Genrebild, Vedute, Stadtansicht, Landschaftsansicht, Interieur, Schilderei, Malerei, Blatt; Skizze, Studie, Entwurf, 3. Photo, Aufnahme, Photographie, Lichtbild, Schnappschuß, Momentaufnahme; Dia, Diapositiv, Großaufnahme, Luftbild, Luftaufnahme, Satellitenaufnahme; Projektion, Übertragung, 4. Film, Bildstreifen, Bilderfolge, Streifen, Filmstreifen, Mikrofilm; Kino, Kintopp, Lichtspielhaus, Filmtheater, 5. Bebilderung, Buchschmuck, Illustrierung, Illustration, Bildschmuck, Abbildungen, Bildbeigaben.

bildlich sinnbildlich, symbolisch, gleichnishaft, allegorisch, figürlich, übertragen, zeichenhaft, bedeutungsvoll, hintergründig, metaphorisch, im Gleichnis, im Bild, verhüllt, vieldeutig, beispielsweise, vergleichsweise, sozusagen, gewissermaßen. 244

billig 1. preiswert, wohlfeil, nicht teuer, bezahlbar, erschwinglich, günstig, vorteilhaft, empfehlenswert, kostet nicht viel, halb umsonst, fast geschenkt, um ein Butterbrot, verbilligt, herabgesetzt, zu einem Spottpreis, zu Ausverkaufspreisen, für einen Pappenstiel, spottbillig, bekommt man nachgeworfen, ist sein Geld wert, macht sich bezahlt, 2. angemessen, zivil, entsprechend, adäquat, zumutbar, vertretbar, rechtmäßig, berechtigt, rechtlich, in Ordnung, richtig, gebührend, gerecht, 3. nichtig, nichtssagend, dünn, schwach, banal. 245

binden (sich) 1. festhalten, halten, nicht loslassen, fesseln, knebeln, ketten, umklammern, sich klammern an, unterjochen, versklaven, anketten, in Fesseln schlagen, in Ketten legen, anpflocken, an der Strippe halten, festbinden, anbinden, sich festkrallen, nicht lockerlassen, 2. festlegen, festnageln, beim Wort nehmen, verlangen, nötigen, 3. sich verpflichten, Bindung eingehen, Verpflichtung auf sich nehmen, sein Wort geben, sich verpflichtet halten, Vertrag schließen, Handel eingehen, handelseinig werden, vereinbaren, ausmachen, festmachen, sich verschreiben, bürgen, haften, einstehen, gutsagen, 246 sich engagieren, sich verdingen, Dienste nehmen, in Dienst gehen, 4. zusammenbinden, zusammenwinden, bündeln, ordnen, arrangieren, sammeln, zusammenstellen, 5. sich festlegen, sich beschränken, sich spezialisieren, sich verlegen auf.

247 **bitte** freundlichst, gütigst, möglichst, gefälligst, tunlichst, liebenswürdigerweise, freundlicherweise, würden Sie..., ich wäre Ihnen dankbar, Sie würden mich verpflichten.

248 **bitten** erbitten, wünschen, Wunsch äußern, vorschlagen, auffordern, angehen, anfragen, nachsuchen, sich ausbitten, sich ausgebeten haben, ansuchen, nahelegen, einkommen um, ersuchen, begehren, bestürmen, bedrängen, anflehen, in den Ohren liegen, keine Ruhe lassen, abringen, abnötigen, abschmeicheln, abschwatzen, abknöpfen, abbetteln, mit Wünschen anfallen, heischen, zusetzen, weichmachen, löchern, um Hilfe angehen, bohren, vorstellig werden, ersuchen, auf etwas ansprechen; betteln, flehen, winseln, schnorren.

249 **blasen** 1. wehen, stürmen, wettern, schnauben, rasen, stieben, brausen, sausen, heulen, johlen, fauchen, rauschen, toben, tosen, schrillen, winden, säuseln, fächeln, rascheln, flattern, schleifen, atmen, ziehen, pusten, kühlen, anwehen, anblasen, hauchen, leise rauschen, linde wehen, 2. trompeten, posaunen, schmettern; tuten, Signal geben, hupen, Hupkonzert veranstalten.

250 **blind** 1. augenlos, gesichtslos, blicklos, erblindet, mit Blindheit geschlagen, ohne Augenlicht, im Dunkeln, in ewiger Nacht, geblendet, mit verbundenen Augen, ohne Orientierung, 2. glanzlos, trübe, stumpf, matt, unklar, undurchsichtig, schmutzig, 3. vorgetäuscht, als Attrappe, zur Verzierung, fingiert.

251 **bloß** 1. nackt, unbekleidet, blank, ohne, los, ledig, bar, ausgezogen, entkleidet, enthüllt, hüllenlos, entblößt, im Adamskostüm, im Evakostüm, im Naturzustand, wie Gott ihn erschaffen, entblättert, splitternackt, splitterfasernackt; barfuß, barfüßig, nacktbeinig, unbeschuht, ohne Schuhe und Strümpfe, bloßfüßig,2. kahl, haarlos, unbehaart, glatzköpfig, kahlköpfig, plattköpfig, hat eine Glatze, hat eine Tonsur, der Haarboden schaut durch, 3. nur, nichts als, niemand als, ausschließlich, eben, just, knapp, kaum, höchstens, allein, lediglich, niemand sonst, kein anderer, 4. Nacktheit, Blöße.

bloßstellen (sich) 1. eine Blöße geben, 252 lächerlich machen, blamieren, desavouieren, kompromittieren, unmöglich machen, schlechtmachen, diskreditieren, das Gesicht verlieren, sich ein Armutszeugnis ausstellen, sich unmöglich machen, 2. beschämen, verspotten, auslachen, an den Pranger stellen, zum Gespött machen, brandmarken, anprangern, verächtlich machen, in den Dreck ziehen, herabsetzen, heruntermachen, unmöglich machen, diskriminieren, verurteilen, 3. verraten, entlarven, demaskieren, die Maske herunterreißen, preisgeben, enthüllen, aufdecken, entschleiern, das Geheimnis lüften, sich entpuppen, die Maske fallen lassen.

bodenständig heimatverbunden, ange- 253 stammt, heimisch, arteigen, seßhaft, verwurzelt, verwachsen, ursprünglich, einheimisch, völkisch, volklich, national, volksbewußt, heimatliebend, heimatverbunden, vaterländisch, vaterlandsliebend, patriotisch, rassisch.

borgen 1. entleihen, entlehnen, leihen, 254 pumpen, abborgen, anpumpen, um Geld angehen, um Geld ansprechen, anzapfen, Geld aufnehmen, Verbindlichkeiten eingehen, Kredit nehmen, Konto überziehen, Schulden machen, beleihen, verpfänden, versetzen, zum Pfand geben, 2. verleihen, ausleihen, darleihen, pumpen, geben, verborgen, verpumpen, aushelfen, vorlegen, vorhonorieren, vorfinanzieren, vorstrecken, auslegen, vorschießen, bevorschussen, beleihen, auf Pfand leihen, kreditieren, stunden, Anleihe geben, Kredit gewähren, Geld investieren, Geld unterbringen, Geld zur Verfügung stellen, Geld in etwas stecken, finanzieren.

255 **böse** 1. ärgerlich, gereizt, ungeduldig, nervös, unmutig, indigniert, vergrämt, verbiestert, mißmutig, mißgestimmt, ingrimmig, mißvergnügt, säuerlich, verärgert, verstimmt, aufgebracht, in Fahrt, erbittert, zornig, furios, zähneknirschend, zürnend, erbost, siedend, wutentbrannt, wutschnaubend, wütend, fuchtig, unleidlich, affektgeladen, unwillig, unwirsch, ägriert, alteriert, geladen, ungehalten, empört, entrüstet, zornentbrannt, verdrießlich, grimmig, zischend, schäumend, außer sich, grantig, grätig, grollend, schmollend, rabiat, wütig, aus dem Häuschen, wild, 2. beleidigt, gekränkt, verletzt, verwundet, getroffen, verschnupft, eingeschnappt, pikiert, auf den Fuß getreten; in die falsche Kehle bekommen, sauer reagieren, säuerlich dreinschauen, verdrossen sein.

256 **boshaft** böse, bösartig, hämisch, häßlich, höhnisch, schadenfroh, gehässig, giftig, gallig, übelwollend, lieblos, ungut, infam, niederträchtig, falsch, intrigant, schikanös, ränkesüchtig, Ränke spinnend, diabolisch, teuflisch, verteufelt, infernalisch, satanisch, hinterhältig, hinterlistig, hinterrücks, meuchlings, tückisch, arglistig, heimtückisch, klatschsüchtig, medisant, böses Mundwerk, scharfe Zunge, mißwillig, verleumderisch, übelgesinnt.

257 **Brauch** 1. Brauchtum, Tradition, Überlieferung, Sitte, Herkommen, das Althergebrachte, die Gebräuche, Landessitte, 2. Gewohnheit, Gepflogenheit, Gebrauch, Ordnung, Übung, Regel, Konvention, Konvenienz, Übereinkunft, Usus, Usance, Walze, Tour, Mode, Leier, Schlendrian, Gewohnheitsrecht, das Übliche, wie gehabt, 3. Form, Komment, Etikette, Zeremoniell, Protokoll, Zeremonie, Förmlichkeit, Kult, Ritus, Ritual.

258 **brauchen** 1. nötig haben, benötigen, bedürfen, mit Beschlag belegen, nicht auskommen können ohne, sich nicht zu helfen wissen, nicht entbehren können, nicht entraten können, angewiesen sein, 2. müssen, gezwungen, genötigt sein, obliegen, verpflichtet sein, nicht anders können.

brav 1. artig, wohlerzogen, manierlich, nett, gut zu haben, lieb, gefällig, verbindlich, zuvorkommend, höflich, salonfähig, 2. tüchtig, häuslich, tapfer, wacker, ordentlich, redlich, rechtschaffen, ehrenwert, achtbar, anständig, tugendhaft, ehrbar, unbescholten, kreuzbrav, 3. bieder, zahm, einfältig, simpel, spießig, hausbacken, ehrpusselig, prüde, tuntig. 259

brechen 1. krachen, knacken, bersten, knacksen, knicken, zerknicken, einknicken, abknicken, zerbrechen, springen, splittern, absplittern, in die Brüche gehen, durchbrechen, bersten, zerspringen, zerschellen, auseinanderbrechen, in Scherben gehen, entzweigehen, kaputtgehen, reißen, zerreißen, brocken, bröckeln, krümeln, zerkrümeln, in Stücke brechen, abbröckeln, 2. abbrechen, aufgeben, abschließen mit, sich trennen von, lassen, sich zurückziehen, sein Wort zurücknehmen, brechen mit. 260

brennen 1. flammen, flackern, lodern, knistern, züngeln, lohen, glühen, gluten, flackern, zucken, glosen, schwelen, glimmen, wabern, 2. Feuer fangen, in Brand geraten, anbrennen, anglimmen, sich entzünden, aufflammen, auflodern, aufflackern, entbrennen, ausbrechen, in Flammen stehen, lichterloh brennen, verbrennen, verkohlen, 3. beißen, bitzeln, beizen, prickeln, reizen, kitzeln, 4. sengen, ansengen, flämmen, abbrennen. 261

Brett 1. Latte, Planke, Diele, Bohle, 2. Regal, Bord, Bücherbrett, Büchergestell, Ständer, Etagere, Wandbrett, Fach, Stellage, Gestell. 262

Brief Nachricht, Mitteilung, Benachrichtigung, Zuschrift, Schreiben, Auslassung, Zeilen, Epistel, Billett. 263

brutal 1. roh, gefühllos, gemütlos, grausam, erbarmungslos, unbarmherzig, schonungslos, unmenschlich, inhuman, barbarisch, entmenscht, 264 mörderisch, bestialisch, blutdürstig, blutgierig, mordgierig, kannibalisch, räuberisch, 2. rücksichtslos, ichsüchtig, Ellenbogenmensch.

265 **Buch** 1. Werk, Publikation, Veröffentlichung, Novität, Neuerscheinung, Druckwerk, 2. Band, Foliant, Kodex, Handschrift, Gesetzbuch, Gesetzessammlung, Wälzer, Schwarte, Scharteke, Schinken, Schmöker, 3. Heft, Schulheft, Notizheft, Kladde, Schmierheft, Sudelheft; Broschur, Broschüre, Druckschrift, Schrift, Taschenbuch, Paperback, 4. Lektüre, Lesestoff, Literatur, 5. Bücherei, Bibliothek, Büchersammlung.

266 **Bürge** Gewährsmann, Garant, Geisel, Zeuge, Augenzeuge, Informant; Pate, Taufzeuge.

267 **bürgen** 1. sich verbürgen, haften, garantieren, einstehen, geradestehen, gewährleisten, gutsagen, gutsprechen, sich anheischig, verbindlich, verantwortlich machen, sich verpflichten, Pflichten auf sich nehmen, die Folgen tragen, verantworten, dazu stehen, die Verantwortung übernehmen, sich stark machen, 2. hinterlegen, sicherstellen, sichern, decken, verpfänden, verschreiben, zum Pfand geben, Sicherheit bieten, Kaution stellen, den Kopf hinhalten, seine Haut zu Markte tragen.

268 **Bürger** 1. Einwohner, Einheimischer, Bewohner, Stadtbewohner, Städter, Kind der Stadt, Hiesiger, Ansässiger, Landeskind, Untertan, Staatsbürger, Staatsangehöriger, 2. Bourgeois, Spießbürger, Spießer, Bonhomme, Kleinbürger, Dutzendmensch, Biedermann, Pfahlbürger, Philister, Banause, Hinterwäldler, Krämerseele, Kaffer.

269 **bürgerlich** 1. solid, ordentlich, sicher, geordnet, zivil, gutbürgerlich, auskömmlich, ausreichend, 2. kleinbürgerlich, bieder, kleinleutemäßig, spießig, spießerhaft, banausenhaft, philiströs, eng, begrenzt, muffig, ohne Horizont, engstirnig, philisterhaft, kleinlich.

270 **Bürgschaft** 1. Garantie, Gewähr, Obligo, Haftung, Kaution, Sicherheit, Deckung, Pfand, Unterpfand, Faustpfand, 2. Verpflichtung, Gutsage, Einstandspflicht, Sicherung, Gewährleistung, Hinterlegung, Verpfändung, Delkredere.

Busch 1. Strauch, Staude, Gebüsch, Buschwerk, Niederwald, Gehölz, Gesträuch, Gestrüpp, Unterholz, Dickicht, Dschungel, Urwald, Wildnis, Steppe, 2. Buschen, Strauß, Gebinde, Bukett, Bündel, Bund; Kranz, Blumenkrone, Girlande, Gewinde, Gehänge, Blumenschmuck, Blumenflor, Blütenpracht, Blumenpyramide, Früchtepyramide, 3. Büschel, Garbe. 271

Charakter 1. Wesensart, Wesensanlage, Charakterbildung, Anlage, Natur, Wesen, Naturell, Art, Gemütsart, Artung, Veranlagung, Disposition, Temperament, Erbanlage, Erbmasse, Erbgut, 2. Festigkeit, Unbeirrbarkeit, Unbestechlichkeit, Charakterfestigkeit, Stetigkeit, Standhaftigkeit, Rückgrat, Gesinnung, Haltung, 3. Kerl, Persönlichkeit, Willensmensch, Rocher de bronze, ganzer Mann. 272

charakteristisch 1. bezeichnend, kennzeichnend, typisch, echt, eigentümlich, eigenartig, wesenseigen, artgemäß, spezifisch, symptomatisch, zugehörig, 2. ausgeprägt, prägnant, ausgesprochen, markant, in Reinkultur, unverfälscht, hundertprozentig, einzigartig, unverwechselbar, unvergleichlich. 273

charaktervoll 1. standhaft, charakterfest, fest, unbeirrbar, unbestechlich, zuverlässig, verläßlich, loyal, unparteiisch, gerecht, 2. verantwortungsbewußt, mannhaft, entschlossen, bestimmt, ernst, entschieden, solid, von echtem Schrot und Korn. 274

chronologisch nach dem Zeitablauf, in der Zeitenfolge, im historischen Ablauf, historisch, aufeinanderfolgend, nach dem Datum, zeitlich geordnet. 275

Dampf 1. Rauch; Qualm, Gewölk, Rauchwolken, blauer Dunst, 2. Nebel, Feuchte, Dunst, Wasserdampf, Trübe, Schleier, Unsichtigkeit, Unklarheit, Brodem, Schwaden, Waschküche, Dunstglocke. 276

dampfen qualmen, dunsten, rauchen, 277

nebeln, Rauchwolken ausstoßen, wölken, trüben.

278 **dankbar** 1. dankerfüllt, verpflichtet, verbunden, erkenntlich, 2. nützlich, lohnend, ergiebig, ersprießlich, fruchtbar, dankenswert, befriedigend.

279 **Dankbarkeit** Dank, Vergeltung, Lohn, Erkenntlichkeit, Anerkennung, Dankgefühl, Gefühl der Verpflichtung; Danksagung, Dankadresse, Dankschreiben.

280 **danken** 1. sich bedanken, Dank sagen (zollen, aussprechen, ausdrücken, abstatten, bekunden, bezeigen, hegen, wissen), seine Dankbarkeit ausdrücken, sich erkenntlich zeigen, anerkennen, 2. verdanken, Dank wissen, Dank schulden, schulden, zu danken haben für, für etwas verpflichtet sein, in jemandes Schuld stehen, hoch anrechnen, dankbar sein, sich glücklich preisen, 3. verzichten, pfeifen auf, pusten auf.

281 **Darlehen** Anleihe, Darleihe, Kredit, Vorschuß, Vorleistung, Borg, Pump, Entleihung, Entlehnung, Beleihung, Belehnung, Verpfändung, Verschreibung, Zedierung, Hypothek.

282 **darstellen** wiedergeben, abbilden, zeichnen, malen, skizzieren, porträtieren, aquarellieren, in Öl malen, photographieren, aufnehmen, abnehmen, knipsen, konterfeien, Büste anfertigen, in Stein hauen, nachformen, eine Plastik anfertigen.

283 **Darsteller** 1. Mitwirkender, Person des Dramas, 2. Künstler, Bühnenkünstler, Schauspieler, Akteur, Komödiant, Mime, Tragöde, Komiker; Sänger, Opernsänger, Konzertsänger, Liedersänger; Bänkelsänger, Moritatensänger, Kabarettist, Chansonnier, Conférencier, Diseur, Chansonette, Diseuse, Liedermacher, 3. Mannequin, Vorführdame, Modell, Photomodell, Dressman.

284 **Darstellung** 1. Literatur, Schriftwerke, Dichtwerke, Dichtung; Schilderung, Beschreibung, Erzählung, Wiedergabe, erzählende Literatur, Epik, Erzählkunst, Prosa, Prosadichtung; Historie, Epos, Epopöe, Götterepos, Heldenepos, Heldenlied; Erzählung, Geschichte, Novelle, Kurzgeschichte; Roman, Unterhaltungsroman, Bildungsroman, Kriminalroman, Krimi, Thriller, Abenteuerroman, Gruselgeschichte, Gespenstergeschichte; Legende, Märchen, Mythos, Sage, Fabel, Lehrerzählung, Lehrgedicht, Parabel, Allegorie; Anekdote, Schnurre, Geschichtchen, Witz; Bericht, Reportage, Feuilleton; Dramatik, Dramenkunst, Bühnenkunst, Bühnendichtung; Lyrik, Verskunst, Versdichtung, Dichtkunst, Gedicht, Poem, Ballade, episches Gedicht; Vers, Strophe, freie Rhythmen, 2. Deutung, Interpretation, Auslegung, Beleuchtung, Sinndeutung, Sinngebung, Symbolisierung, Verfremdung, Verdunklung, Verschleierung, Verbrämung, Einkleidung, Rahmenhandlung, Rahmenerzählung; Verkörperung, Personifizierung, Personifikation, Inkarnation, Fleischwerdung, 3. Spiel, Theaterspiel, Rolle, Part, Partie, Hauptrolle, tragende Rolle, stumme Rolle, Nebenrolle, Nebenfigur, Charge, Statist, Statisterie.

285 **Dauer** 1. Fortdauer, Bestand, Fortbestehen, Fortbestand, Fortgang, Weitergehen, Permanenz, Kontinuität, kontinuierliche Entwicklung, lückenloser Fortgang, 2. Unvergänglichkeit, Unveränderlichkeit, Unsterblichkeit, Weiterleben, Unzerstörbarkeit, Unwandelbarkeit, Zeitlosigkeit, Ewigkeit, 3. Überdauern, Durchhalten, Durchstehen, Überstehen; Wertbeständigkeit, Unabhängigkeit von der Mode, Langlebigkeit, Haltbarkeit.

286 **dauerhaft** 1. haltbar, dauerbar, solid, unverwüstlich, unzerreißbar, unzerbrechlich, durabel, widerstandsfähig, unempfindlich, robust, langlebig, kräftig, stark, gut, qualitätsvoll, wertvoll, massiv, echt, stabil, strapazierfähig, unverderblich, feuersicher, unbrennbar, unentzündlich, lichtecht, kochecht, kochfest, farbecht, waschecht, indanthren, lichtfest, in der Wolle gefärbt, rostfrei, wetterfest, bleibend, wertbeständig, für immer, ewig, überdauernd, blei-

bender Wert, zeitlos, unabhängig von der Mode, 2. haltbar gemacht, konserviert, eingemacht, eingeweckt, eingedünstet, sterilisiert, eingepökelt, mariniert, tiefgekühlt, unverderblich, 3. präpariert, einbalsamiert, mumifiziert.

287 **dauern** 1. währen, bleiben, bestehen, sich erhalten, sich halten, sich tragen, gleichbleiben, 2. weitergehen, anhalten, andauern, fortgehen, fortdauern, fortwähren, fortfahren, fortsetzen, weitermachen, 3. überdauern, überleben, weiterleben, überwintern, fortleben, fortbestehen, standhalten, weiterwirken, fortwirken, sich ausdehnen, sich hinziehen, kein Ende nehmen, nicht aufhören, bis in alle Ewigkeit gehen, 4. leid tun, schmerzen, betrüben, erbarmen, Mitleid erregen, schade um ihn, ein Jammer, 5. Dauer verleihen, ein Denkmal setzen, verewigen, sich verewigen, in Erinnerung bleiben, nicht vergessen werden.

288 **dauernd** 1. bleibend, während, verbleibend, bestehend, beständig, überdauernd, anhaltend, permanent, lang andauernd, langjährig, unaufhörlich, ununterbrochen, kontinuierlich, konstant, ohne Unterbrechung, zusammenhängend, ohne Ende, endlos, unendlich, nicht endenwollend, fortdauernd, unvergänglich, unveränderlich, unzerstörbar, unwandelbar, unverwelklich, unversieglich, unauslöschlich, unausrottbar, unverlierbar, unsterblich, unvergeßlich, ewig, nie versiegend, unverwischbar, 2. traditionell, herkömmlich, gewohnheitsgemäß, gewohnt, ererbt, übernommen, althergebracht, altgewohnt, nach Urvätersitte, altehrwürdig, 3. fest, wahrhaft, trutzig, unangreifbar, uneinnehmbar, unerschütterlich, 4. immergrün, winterhart, perennierend, überwinternd, frosthart, ganzjährig, mehrjährig.

289 **Denkart** 1. Denkungsart, Denkweise, Denkform, Weltbild, Weltanschauung, Lebensanschauung, Verhältnis zum Leben, Grundeinstellung, Grundstimmung, Betrachtungsweise, Geisteshaltung, Sinnesart, Ethos, Sittlichkeit, 2. Gesichtskreis, Blickfeld, Horizont, Gedankenwelt, Reichweite, Gesichtsfeld, Gesichtswinkel, 3. Gesinnung, Mentalität, Haltung, Anschauung, Einstellung.

denken 1. überlegen, bedenken, in 290
Betracht ziehen, erwägen, sich zurechtlegen, spekulieren, drehen und wenden, von allen Seiten betrachten; nachdenken, nachsinnen, grübeln, sich zergrübeln; sinnen, sinnieren, wägen, hin und her wenden, mitbedenken, betrachten, abwägen, durchdenken, überdenken, überschlafen, brüten über, bebrüten, begrübeln, nachgrübeln, sich durch den Kopf gehen lassen, sich den Kopf zerbrechen, Probleme wälzen, philosophieren, vernünfteln, sich fragen, konzentriert nachdenken, das Für und Wider erwägen, sich Gedanken machen, nichts unbedacht lassen, sich mit dem Gedanken herumschlagen, mit sich ringen, einen inneren Kampf führen, nach einer Lösung suchen, mit sich kämpfen, berechnen, ausklügeln, deuteln, spintisieren; ausdenken, aushecken, sich einfallen lassen, sich beikommen lassen, in Frage ziehen, Schlüsse ziehen, sich vergegenwärtigen, sich vorstellen, reflektieren, meditieren, untersuchen, prüfen, studieren, 2. sich besinnen, sich sammeln, seine Gedanken sammeln, mit sich zu Rate gehen, zu sich kommen, seinen Gedanken nachhängen, nur mit halbem Ohr zuhören, nicht bei der Sache sein, in Gedanken versunken sein, träumen, phantasieren, in den Wolken schweben, in den Bohnen sein, 3. meinen, vermuten, glauben, annehmen, dafürhalten, erachten, auffassen, ermessen, halten für, bedünken, schwanen, mich deucht.

Denker Philosoph, Wissenschaftler, 291
Gelehrter, Geistesarbeiter, Forscher, Grübler, kluger Kopf, Kirchenlicht.

Denkspruch 1. Wahlspruch, Kern- 292
spruch, Merkspruch, Leitgedanke, Sinnspruch, Richtschnur, Grundsatz, Leitsatz, Regel, Lebensregel, Lebensweisheit, Sinngedicht, Kalenderweisheit, Sprichwort, Volksweis-

heit, Volksmund, 2. Devise, Schlagwort, Slogan, Sentenz, Spruch, Motto, Losung, 3. Maxime, Aphorismus, Gedankensplitter, Grundwahrheit.

293 **derb** 1. kräftig, stark, gesund, robust, drall, stramm, kernig; körnig, gekörnt, grobkörnig; einfach, naturgemäß; deftig, handgearbeitet, handfest, 2. drastisch, grob, gröblich, unsanft, grobianisch, rauhbeinig, rauh aber herzlich, deutlich, faustdick, kraß, unfein, unedel, krude, rüde, rauh, rücksichtslos, harsch, barsch, 3. bäuerlich, rustikal, ländlich, bäuerisch, verbauert.

294 **deutlich** 1. fühlbar, bemerkbar, spürbar, merklich, einschneidend, nicht zu übersehen, zu merken, 2. genau, artikuliert, scharf, klar erkennbar, leicht festzustellen, verständlich, präzis, klar, ausdrücklich, ausgesprochen, profiliert, charakteristisch, fest umrissen, konturiert.

295 **deutlich werden** die Maske fallen lassen, kein Blatt vor den Mund nehmen, deutsch reden, das Kind beim Namen nennen, die Katze aus dem Sack lassen.

296 **dicht** 1. schwer, festgefügt, abgeschlossen, verschlossen, zu; undurchdringlich, hermetisch, undurchsichtig, undurchlässig, vollgesogen, getränkt, durchtränkt, durchdrungen, imprägniert, wasserdicht, ausgepicht, abgedichtet, luftdicht, 2. eng, gedrängt, gequetscht, zerquetscht, gepreßt, kompreß, plattgedrückt, zusammengepreßt, zusammengezogen, kompakt, fest, massiv, massig, dichtmaschig, dicht bei dicht, wie Sand am Meer, kein Apfel konnte zur Erde.

297 **dick** 1. stark, korpulent, stattlich, massiv, beleibt, wohlbeleibt, gut bei Leibe, rund, rundlich, mollig, pummelig, wohlgerundet, füllig, vollschlank, vollbusig; dicklich, fett, feist, mastig, gut im Futter, fleischig, wohlgenährt, fettleibig, dickleibig, kugelrund, umfangreich, umfänglich, speckig, gemästet, prall, aufgeblasen, behäbig, gewaltig, unförmig, vollgefressen, stramm, drall; zu dick sein, Übergewicht haben, zu schwer sein, abnehmen müssen, 2. angeschwollen, aufgedunsen, aufgetrieben, aufgebläht, schwammig, aufgeschwemmt, 3. geschwollen, entzündet, wund, verdickt, gerötet, gereizt, aufgerieben, aufgelegen, 4. schwellend, wulstig, aufgeworfen, gerundet, bauchig, vorgewölbt, gewölbt, herausstehend, vorstehend, überstehend, vorspringend, vorkragend, weitgeschwungen, ausladend, kugelig.

dienen 1. für jem. arbeiten, helfen, 298
für jem. dasein, beistehen, unterstützen, entlasten, an die Hand gehen, zur Verfügung stehen, das Leben erleichtern, auf Händen tragen, 2. in Dienst stehen, in Stellung sein, untergeben sein, abhängig sein, angestellt sein, 3. Militärdienst leisten, Soldat sein, zum Militär einrücken, eingezogen werden, Wehrdienst leisten, als Soldat Dienst tun, 4. dienen als, taugen zu, sich eignen zu, zu gebrauchen sein, benutzt werden, ersetzen, nützen, 5. in Diensten, bedienstet, angestellt, beamtet, in Dauerstellung, im Angestelltenverhältnis.

Dienst 1. Amt, Pflicht, Verpflichtung, 299
Funktion, Amtspflicht, Aufgabe, Obliegenheit, Posten, abhängiges Arbeitsverhältnis, Arbeit, Beruf, 2. Gefallen, Gefälligkeit, Mühewaltung, Entgegenkommen, Hilfe, Hilfeleistung, Besorgung, Verrichtung, Artigkeit, Liebesdienst; Dienstleistung, Kundendienst, Service, Bedienung, Dienstbarkeit.

Diktatur 1. Alleinherrschaft, Abso- 300
lutismus, Despotie, Tyrannei, Willkürherrschaft, Gewaltherrschaft, Zwangsherrschaft, Totalitarismus, totaler Staat, Despotismus, Despotie; Hegemonie, Vorherrschaft, Vormachtstellung, führende Rolle; Terrorismus, Untergrundkampf, Anarchismus, Anarchoszene, Schreckensherrschaft, Zwang, Terror, Gewalt, Faustrecht, Selbsthilfe, Lynchjustiz, Recht des Stärkeren, 2. Rücksichtslosigkeit, Willkür, Eigenmächtigkeit, Selbstherrlichkeit, Eigenwilligkeit, Herrschsucht, Unduldsamkeit,

Intoleranz, Gewaltsamkeit; Machtstreben, Machtpolitik, Imperialismus, 3. Haustyrann, Pascha, Despot, Rechthaber, Patriarch, Unterdrücker, Besserwisser, Zänker, Streitmichel, Choleriker, Zornnickel, Polterer, Starrkopf, Querkopf, Wüterich, 4. Xanthippe, böse Zunge, Kratzbürste, Zankteufel, Böse Sieben, Megäre, Hausdrachen, Hauskreuz.

301 **Dilettant** 1. Liebhaber der Künste, Kunstfreund, Amateur, Laie, Nichtfachmann, Autodidakt, 2. Stümper, Pfuscher, Sudler, Hudler, Schuster, Ignorant, Nichtskönner, Analphabet, Halbgebildeter, Besserwisser, Banause, Quacksalber, Kurpfuscher.

302 **Diplomat** 1. Unterhändler, Geschäftsträger, Vertreter, Botschafter, Gesandter, Legat, Nuntius, Repräsentant, Staatsmann, 2. Taktiker, Politiker, guter Psychologe, Stratege, Schlaukopf, Schlauberger, Menschenkenner, gerissener Kopf, Fuchs, Filou, Pfiffikus, kundiger Thebaner, Praktikus.

303 **Doppel** 1. Kopie, Durchschlag, Duplikat, Doppelausfertigung, Abschrift, Zweitschrift, Abzug, Vervielfältigung, Ablichtung, 2. Abbild, Ebenbild, Gegenstück, Seitenstück, Pendant, Spiegelbild, Verdoppelung, Double, Stuntman, Vertreter, Ersatzmann, Dublette, Imitation, Doppelgänger, Zwilling, Parallele, Korrelat, Synonym, 3. Zweiheit, Paar, Gespann, Joch; Duett, Duo, Zwiegesang, 4. Duplizität, Zusammentreffen (von Umständen), Gleichzeitigkeit, Doppelehe, Bigamie, Doppelereignis, Zwillingsgeschehen, Wiederholung; Doppelbezeichnung, Pleonasmus, Doppelsinn, Hintersinn, Zweideutigkeit, Doppeldeutigkeit, Doppelbedeutung.

304 **doppelt** zweimal, zweifach, zwiefach, zwiefältig, verdoppelt, noch einmal, paarig, paarweise, gepaart; zweiteilig, zweispaltig, beidseitig, zweiseitig, bilateral, zweischneidig, beidhändig; doppelseitig, reversibel, umkehrbar; bisexuell, zweigeschlechtig, doppelgeschlechtig, zwittrig, gekreuzt, hybrid, hybridisch, vermischt, bastardiert.

drängen (sich) 1. schieben, pressen, 305
zwängen, quetschen, schubsen, stoßen, drängeln, sich vordrängen, sich zwischendrängen, die Ellenbogen gebrauchen, nachdrängen; zusammendrängen, pferchen, zusammenpferchen, zusammenpressen, sich ansammeln, sich stauen, 2. treiben, hetzen, jagen, Druck dahintersetzen, Dampf machen, nachhelfen, antreiben, anspitzen, in Bewegung bringen, in Schwung bringen, vorwärtstreiben, auf Trab bringen, aufscheuchen, die Hölle heiß machen, unter Druck setzen, aktivieren, auf Touren bringen, aufschwänzen, hochjagen, aufjagen, Beine machen, 3. beschleunigen, forcieren, schneller werden, Tempo steigern, anziehen, in Schwung bringen, auf die Tube drücken, Gas geben, einen Zahn zulegen, die Sporen geben, das letzte herausholen, 4. bedrängen, drängen auf, sich drängen nach, in den Ohren liegen, zu bewegen suchen, nötigen, zusetzen, bestürmen, verfolgen, insistieren, dringlich werden, keine Ruhe lassen, eifern, keine Ruhe geben, 5. umdrängen, umringen, auf den Leib rücken, auf jem. eindrängen, jem. belästigen, behelligen.

dranhalten (sich) nicht nachlassen, 306
hinterher sein, sich dahintermachen, sich dahinterklemmen, unermüdlich sein, nicht müde werden, nicht ermüden, vor dem Wind segeln, die Nase im Wind haben, den Finger am Puls haben, auf dem Quivive sein.

draußen 1. außen, im Freien, unter 307
freiem Himmel, im Grünen, in Wald und Feld, an der Luft, in der Natur, bei Mutter Grün, bei Mutter Natur, in der Welt, im Leben, 2. außerhalb, anderswo, auswärts, aus dem Hause, auf Reisen, am dritten Ort, 3. außen, äußerlich, an der Oberfläche, auswendig, 4. unterwegs, auf Fahrt, auf der Wanderschaft, auf der Landstraße, umherziehend, streunend, auf der Walze; auf Tour, auf Tournee, auf Gastspielreise, auf Kunstreise; unstet, unbehaust, ohne festen

Wohnsitz, obdachlos, ohne Dach über dem Kopf, ohne Unterkunft, ohne Bleibe, wohnungslos, 5. zu Fuß, auf Schusters Rappen, per pedes.

308 **drehen (sich)** 1. kreisen, kreiseln, wirbeln, rotieren, tanzen, schwirren, trudeln, sich im Kreis bewegen, im Kreis laufen, umlaufen, zirkulieren, rollen, kugeln, kullern, umkreisen, schwenken, herumschwenken, Kreise ziehen, strudeln, 2. wickeln, aufwickeln, winden, aufwinden, drillen, zwirnen, haspeln, spulen, aufrollen, einrollen, kurbeln, zusammenrollen, Kurbel drehen, 3. aufdrehen, eindrehen, kräuseln, locken, wellen, Wellen legen, ringeln, kringeln, sich kringeln, aufrollen, dauerwellen, 4. sich krümmen, kurven, biegen, winden, schlängeln, 5. sich zusammenrollen, sich wälzen, suhlen, rollen; ballen, zusammenknäueln, zu einem Ball formen, sich ballen, klumpen, zusammenknüllen, 6. wenden, kehren, umwenden, umdrehen, schwenken, umschwenken, abdrehen, beidrehen, rückwärts fahren, zurücksetzen (Wagen), zurückstoßen, umkehren, zurückfahren; kehrtmachen, zurückgehen, den Weg zurück nehmen, zurückkehren, zurückfinden, heimkehren, heimfinden, heimgehen, sich heimwärts wenden, zurückkommen, heimkommen, 7. sich umdrehen, sich umwenden, den Rücken kehren, zurückblicken, zurückschauen; sich auf die andere Seite drehen, 8. aufwirbeln, hochwirbeln, hochtreiben, in die Luft wirbeln, sich hochschrauben, höher schrauben, 8. sich herumdrehen, sich zuwenden, sich hinwenden, sich hinneigen.

309 **Drehung** 1. Wendung, Umkehr, Schwenkung, Kurve, Windung, Krümmung, Bogen, Biegung, Kehre, Rücklauf, Schleife, Wende, 2. Umlauf, Umdrehung, Rotation, Tour, Wirbel, Strudel, Windhose, Wasserhose, Trombe, Wirbelwind, 3. Pirouette, Purzelbaum, Rolle, Überschlag, Looping.

310 **drohen** 1. ängsten, ängstigen, verängstigen, in Angst versetzen, Angst machen, erschrecken, schrecken, beunruhigen, bange machen, einen Schrecken einjagen; die Faust ballen, mit dem Finger drohen, die Zähne zeigen, die Augenbrauen hochziehen, 2. bedrohen, gefährden, gefährlich werden, Gefahr bringen, ans Leben gehen, an den Leib gehen, an den Kragen gehen, um Kopf und Kragen gehen, am seidenen Faden hängen, schlecht stehen, Gefahr im Verzug, 3. androhen, einschüchtern, verschüchtern, Druck ausüben, unter Druck setzen, erpressen, einheizen, die Hölle heiß machen, ins Bockshorn jagen, die Pistole auf die Brust setzen; mit dem Säbel rasseln, mit Krieg drohen, den Schneid (die Courage) abkaufen, einschüchtern, 4. warnen, mahnen, abraten, Wink geben, den Star stechen, aufklären, die Augen öffnen, aufmerksam machen, verwarnen, alarmieren, Exempel statuieren, 5. bevorstehen, dräuen, nahen, heraufziehen, auf einen zukommen, sich zuspitzen, schlimm werden, sich verschärfen, kriseln; sich zusammenziehen, sich zusammenbrauen, sich zusammenballen, sich bewölken, in der Luft liegen.

Drohung 1. Bedrohung, Beängstigung, 311
Beunruhigung, Androhung, Einschüchterung, Erpressung, Nötigung, Druck, 2. Warnung, Mahnung, Verwarnung, Zurechtweisung, Wink, Warnruf, Schreckschuß, Schreckgespenst, Menetekel, Warnzeichen, Signal, Alarm, 3. Gefahr, Lebensgefahr, Todesgefahr, Gefährlichkeit, Gefährdung, Fährnis, Klippe, Risiko, Krise, Damoklesschwert, Ernstfall, Notstand, dicke Luft, Gewitterwolke, Zündstoff.

Druck 1. Ausdehnung, Expansion, Ex- 312
pansionskraft, Stoß, Stoßkraft, Schub, Schubkraft, Spannung, Intensität, Anspannung, 2. Schwere, Schwerkraft, Gewicht, Wucht, Last, 3. Zwang, Muß, Nötigung, Gewalt, Gewaltsamkeit, Brutalität, Brachialgewalt, rohe Gewalt, Gewaltakt, Vergewaltigung, Notzucht; Bedrückung, Bedrängung, Zwangs-

maßnahme, Zwangsarbeit, Zwangsmittel, Repressalie, Sanktion, Druckmittel, Machtmittel; Einschränkung, Behinderung, Handicap, Bindung, Kandare, Zügel, Zügelung, Trense, Zaum, Joch; Fron, Frondienst, Knechtschaft, Sklaverei, Unfreiheit, Abhängigkeit, Unselbständigkeit, Rechtlosigkeit, 4. Clinch, Umklammerung; Zwangsjacke, Gehirnwäsche, Maulkorb, 5. Korsett, Korselett, Mieder, Schnürbrust, Schnürleib, 6. Hoch, Hochdruckgebiet, Schönwetterzone; Tief, Tiefdruckgebiet, Schlechtwetterzone, Gebiet niedrigen Luftdrucks.

313 **Druck (im)** in Schwierigkeiten, in Bedrängnis, in Zeitnot, im Gedränge, in einer Zwangslage, in einer Notlage, in Schwulitäten, in einer Krise, in Eile, in der Tinte, in der Zwickmühle, in Nöten, in Verlegenheit.

314 **drücken (sich)** 1. lasten, schwer wiegen, wuchten, niederdrücken, belasten, beschweren, 2. Druck ausüben, pressen, quetschen, wringen, zwängen, auspressen, ausdrücken, entpressen, entquetschen, entsaften, zusammendrücken, zusammenpressen, zusammenquetschen, plattdrücken, breitdrücken, abplatten; schnüren, einschnüren, einzwängen, abschnüren, die Luft abdrücken, beengen, verengen, zusammenschnüren, die Kehle zuschnüren, den Hals zuhalten, würgen, ersticken, umfassen, umspannen, umklammern, 3. beugen, niederhalten, nach unten drücken, am Boden halten, nicht hochkommen lassen, ducken, unten halten; neigen, biegen, krümmen, 4. sich entziehen, nicht teilnehmen, nicht mitmachen, nicht dranwollen, kneifen, sich französisch empfehlen.

315 **dumm** 1. beschränkt, unbegabt, unintelligent, untalentiert, talentlos, unwissend, begriffsstutzig, verständnislos, unverständig, unbelehrt, zurückgeblieben, unreif, ungelehrig, nicht schulfähig, nicht lernfähig, schwer von Begriff, stupid, hat das Pulver nicht erfunden, dümmlich, unzurechnungsfähig, nicht bei Trost, geistesarm, geistesschwach, gedankenarm, borniert, verbohrt, uneinsichtig, vernagelt, schwachköpfig, stumpfsinnig, blöde, doof, debil, „unterbelichtet", „minderbemittelt", lange Leitung, Brett vor dem Kopf, kann nicht bis drei zählen, 2. töricht, unklug, gedankenlos, unüberlegt, unvernünftig, unsinnig, sinnlos, vernunftwidrig; einfältig, leichtgläubig, naiv, vertrauensselig, gimpelhaft, nimmt alles für bare Münze, 4. albern, läppisch, fad, kindisch, flapsig, lachhaft, lächerlich, simpelhaft.

Dummheit 1. Beschränktheit, Unbegabtheit, mangelnde Intelligenz, Geistesarmut, Geistesschwäche, Geistlosigkeit, Borniertheit, Ignoranz, Stupidität, Gedankenarmut, Unwissenheit, Begriffsstutzigkeit, Stumpfsinn, Unverstand, Unfähigkeit, Unvernunft, Blödheit, Verbohrtheit, Sturheit, 2. Torheit, Gedankenlosigkeit, Unklugheit, Einfältigkeit, Harmlosigkeit, Naivität, Leichtgläubigkeit, 3. Unfug, Unsinn, Nonsens, Quatsch, Blech, Possen, Narretei, Fisimatenten, Albernheit, Alfanzerei, Faxen, Faselei, Farce, Getue, dummes Zeug, Flausen, Mumpitz, Narrheit, Verrücktheit, Unsinnigkeit, Widersinn, Ungereimtheit, Tollheit, Kinderei, Unklugheit. 316

dumpf 1. dumpfig, feucht, modrig, muffig, kellerhaft, schimmelig, stockig, stickig, ungelüftet, stehende Luft, eingeschlossene Luft, schlechte Luft, Dumpfheit, Feuchtigkeit, Stikkigkeit, 2. schwül, feuchtwarm, erstickend, bedrückend, beklemmend, dämpfig, föhnig, drückend, gewittrig, 3. unbewußt, selbstverborgen, unterschwellig, unartikuliert, unausgesprochen, unwillentlich, vegetativ, unklar, triebhaft, instinktiv, stumpf, tierisch, primitiv, eng, undifferenziert, unterbewußt, 4. betäubt, gefühllos, teilnahmslos, apathisch, lethargisch, 5. heiser, hohl, belegt, gedämpft, krächzend, klanglos, matt, blechern, scheppernd, schnarrend. 317

dunkel 1. dämmerig, zwielichtig, abendlich, schummerig, gegen Abend, am Tagesende; nächtig, düster, schwarz, lichtlos, finster, stock- 318 finster, schwarze Nacht; nachtfarben, rabenschwarz, tiefschwarz, kohlschwarz, pechschwarz, 2. trüb, verhangen, verhüllt, verschleiert, diesig, nebelig, wolkig, regnerisch, unsichtig, keine Aussicht, milchig, dunstig, unfreundlich, getrübt, verfinstert, bezogen, bedeckt, schattig, umschattet, sonnenlos, 3. unklar, undeutlich, unscharf, verhüllt, lichtarm, diffus, verschwommen, nebelhaft, nebulos, undurchsichtig, unbestimmt, vage, umrißhaft, 4. rätselhaft, unverständlich, unverstanden, unlösbar, vieldeutig, unentwirrbar, zweideutig, orakelhaft, undurchdringlich, ungreifbar, ungewiß, unsicher, unerkennbar, geheimnisvoll, hintergründig, abgründig, tief, dämonisch, magisch, mystisch, okkult, 4. im Dunkeln, im Finstern, nachts, nächtens, nächtlich, nächtlicherweile, zu nachtschlafender Zeit, 5. dunkelhaarig, braunhaarig, brünett, bräunlich, nußbraun, dunkler Typ, südlicher Typ, schwärzlich, schwarz, 6. düster, unheilverkündend, schaurig, unheimlich, makaber.

319 **Dunkelheit** 1. Dämmerung, Dämmerstunde, Schummerstunde, blaue Stunde, gegen Abend, bei sinkender Sonne, bei Einbruch der Nacht, bei Sonnenuntergang, bei sinkender Nacht; Abend, Tagesende, Halbdunkel, Zwielicht, schwindendes Licht, Einfall der Dunkelheit; Nacht, Düsterkeit, Dunkel, Finsternis, ägyptische Finsternis, Lichtlosigkeit, undurchdringliches Dunkel, „Kuhnacht“, 2. Schatten, Kernschatten, Schlagschatten, Trübung, Eintrübung, Verfinsterung, Verdüsterung, Wolken, Bewölkung, Verdunklung, Erlöschen des Lichtes, Verschleierung, Wolkenwand, Gewitterwand, Gewitterwolken, Sturmwolken, Wolkenhimmel, 3. Unklarheit, Unverständlichkeit, Unverstehbarkeit, Unerkennbarkeit, Unerklärlichkeit, Unergründlichkeit, Unfaßbarkeit, Vieldeutigkeit, Zweideutigkeit, Zwielichtigkeit; Geheimnis, Mysterium, das Übernatürliche, das Unerforschliche, das Übersinnliche, das Metaphysische, die Metaphysik, die Transzendenz, das Überwirkliche, die Geisteswelt, die geistige Welt, die Welt des Geistes, 4. Aberglaube, Dämonenfurcht, Geisterfurcht, Gespensterfurcht, Orakelwesen, Volksglaube, 5. Unterwelt, Schattenreich, Totenreich, Hölle, Inferno, Orkus, Nirwana.

320 **dunkeln** 1. dämmern, schummern, dunkel werden, Abend, Nacht werden, finster werden, nachten, finstern, 2. sich trüben, sich verdunkeln, sich verfinstern, sich beziehen, sich bewölken, mit Wolken bedecken, sich eintrüben, sich verdüstern, sich umnebeln, sich vernebeln; Schatten werfen, überschatten, beschatten, Schatten geben, 3. nachdunkeln, bräunen, schwärzen; Farbe verlieren, Trübung der Farben.

321 **dünn** 1. mager, schlank, gertenschlank, rank und schlank, feingliedrig, zerbrechlich, hauchdünn, fein, durchsichtig, durchscheinend, zart, schmal, zierlich, knabenhaft, überschlank, hager, knochig, eckig, dürr, klapperdürr, spindeldürr, abgemagert, abgezehrt, ausgemergelt, elend, 2. spärlich, karg, knapp, gelichtet, schütter, dünn gesät, fipsig, fieselig, piepsig, mickrig, schmächtig, zum Umblasen, dürftig, wie eine Bohnenstange, 3. dünnflüssig, fließend, laufend, rinnend, wäßrig.

322 **durchdringen** 1. durchfeuchten, durchnässen, durchweichen, eindringen, einsickern, infiltrieren, sich vollsaugen, 2. durchlassen, undicht sein, lecken, durchsickern, zutage treten; durchsickern, kundwerden, ans Licht kommen, ruchbar werden, bekannt werden, an die Öffentlichkeit dringen, herauskommen, lautwerden, an den Tag kommen, aufkommen, verlauten, publik werden, sich herumsprechen, 3. sättigen, durchsetzen, imprägnieren, durchtränken, tränken, schwängern, undurchlässig machen, 4. durchwirken, durchweben, durchziehen, beseelen, beleben, durchwohnen, innewohnen, 5. durchsetzen, sich durchsetzen, erreichen, ausrichten, durchdrücken,

durchfechten, durchpeitschen, durchbekommen, ans Ziel kommen, das Ziel erreichen, sich überlegen zeigen, das Feld behaupten, sich durchboxen, sich durchkämpfen, durchstoßen, sich nach vorn schieben, an die Macht kommen, ans Ruder kommen, sich eine Position schaffen, Schwierigkeiten überwinden, sich nicht unterkriegen lassen, den Kopf oben behalten, den Mut nicht verlieren, 6. auftreten, energisch werden, Fraktur reden, durchgreifen, zupacken, Nägel mit Köpfen machen, zeigen was eine Harke ist, auf den Tisch schlagen, den Standpunkt klarmachen, sich Gehör verschaffen, Gehör finden, 7. sich durchzwängen, sich durchwinden, sich durchschlängeln, durchstoßen, durchbrechen, ans Licht kommen.

323 **Echo** 1. Widerhall, Resonanz, Mitschwingen, Nachhall, Nachklang, Nachklingen, Reflex, Wiederholung; Zustimmung, Anklang, Verständnis, Gegenliebe, Applaus, Beifall, freundliche Aufnahme, Huldigung, Ovation, Händeklatschen, Dakaporufe, Anerkennung, Lob, Wertschätzung, Beliebtheit, Bewunderung, Billigung, Popularität, Bekanntheit, Volkstümlichkeit.

324 **echt** 1. unverfälscht, ursprünglich, genuin, natürlich, original, originell, authentisch, eigenständig, eigengesetzlich, eigenwüchsig, 2. qualitätvoll, gediegen, solid, reell, haltbar, stabil, gut, massiv, schier, hochkarätig, rein, schwer, astrein, lupenrein, pur, in der Wolle gefärbt, zünftig, fachgerecht, werkgerecht, richtig.

325 **Ecke** 1. Winkel, Schnittpunkt, Kreuzung, Biegung, Knick, 2. Vorsprung, Spitze, Schnabel, Nase, Zacke, Bug, Knie, Überhang, Kante, Sims, Gesims, Fenstersims, 3. Zipfel, Ende, Endstück, 4. Landzunge, Halbinsel, Nehrung, Kap, Vorgebirge, Felsvorsprung.

326 **edel** 1. fein, kostbar, erlesen, exquisit, ausgesucht, gewählt, subtil, differenziert, raffiniert, ausgeklügelt, verfeinert, sublim, erhaben, ohne Fehl, untadelig, wohlbeschaffen, rein, rassig, tadellos, guter Stall, 2. geprägt, geformt, elegant, schnittig, 3. nobel, adlig, edelmütig, ritterlich, hochherzig, großmütig, vortrefflich, freigebig, großdenkend, großgesinnt, großherzig, hochsinnig, vornehm, lauter, integer.

ehe bevor, früher, als noch nicht, vor- 327
her, es war einmal.

Ehe Ehestand, Ehebund, Eheband, 328
Ehejoch, Ehebündnis, eheliche Verbindung, Verbindung, Partie, Heirat, Hochzeit, Verehelichung, Verheiratung, Vermählung, Eheschließung, Trauung, Ringwechsel; Lebensgemeinschaft, Partnerschaft, Zweisamkeit, eheähnliche Verbindung.

Ehelosigkeit Alleinleben, Einzelleben, 329
Einschichtigkeit, der ehelose Stand, Junggesellenstand, Ledigenstand, Zölibat.

Ehepartner 1. Eheleute, Ehepaar, Paar, 330
Mann und Frau, Gespann, Vermählte, Verheiratete, Gefährten, Partner, Lebensgefährten, 2. Ehefrau, Frau, Weib, Gattin, Gemahlin, Lebensgefährtin, Angetraute, Partnerin, Eheliebste, Ehegespons, Hausehre, bessere Hälfte, Hausfrau, Hausherrin, 3. Ehemann, Mann, Gatte, Gemahl, Lebensgefährte, Partner, Ehehälfte, Eheherr, Hausherr.

Ehre 1. Achtung, Ansehen, Anerken- 331
nung, Wertschätzung, Würdigung, Verehrung, 2. Ehrgefühl, Ehrliebe, Stolz, Würde, Anstand, Selbstgefühl, Gefühl für den eigenen Wert, Selbstbewußtsein, 3. Lauterkeit, Redlichkeit, Rechtlichkeit, Rechtschaffenheit, Anständigkeit, Unbescholtenheit, Unangreifbarkeit, guter Name, Ruf, Jungfräulichkeit, Unberührtheit, Unschuld, Mädchenehre, 4. Ehrung, Auszeichnung, Ehrengabe, Adelsbrief, Denkmal, Orden, Ehrenzeichen, Dekoration, Ordensverleihung; feierlicher Empfang, roter Teppich, großer Bahnhof, Ehrenkompanie, Ehrenbezeigung, Ovation, Huldigung, Krönung, Lob, Preis, Titel, Beförderung, Prämie, Diplom.

ehren 1. auszeichnen, befördern, er- 332

höhen, adeln, nobilitieren, feiern, würdigen, loben, preisen, besingen, bedichten, glorifizieren, bewundern, dekorieren, Orden verleihen, verherrlichen, huldigen, bejubeln, zujubeln, entgegenjubeln, Ovationen bereiten, Preis verleihen, rühmen; heiligen, heiligsprechen, zur Würde des Altars erheben, zum Heiligen erklären, heilighalten, vergotten, verklären, 2. zur Ehre gereichen, Ehre machen, Lob verdienen, anerkennenswert sein.

333 **Eifer** 1. Streben, Bestreben, Ehrgeiz, Regsamkeit, Tatendrang, Tatenlust, Tatendurst, Rührigkeit, Geschäftigkeit, Betriebsamkeit, Umtriebigkeit, Beflissenheit, Bereitwilligkeit, Betulichkeit, Bereitschaft, Dienstwilligkeit, Gefälligkeit, Ergebenheit, Mühe, Anspannung, 2. Fleiß, Arbeitsamkeit, Arbeitsfreude, Arbeitslust, Emsigkeit, Strebsamkeit, Schaffenslust, Feuereifer, Bienenfleiß, Unermüdlichkeit, Unverdrossenheit.

334 **eifrig** bestrebt, bemüht, strebend bemüht, strebsam, rührig, geschäftig, betriebsam, umtriebig, aktiv, tätig, beflissen, erpicht, aufmerksam, diensteifrig, betulich, dienstfertig, zur Hand, pflichtbewußt, versessen, aufgeregt, zapplig, unverdrossen, unermüdlich, lebhaft, leidenschaftlich, emsig, flink, behende, rastlos.

335 **Eigenart** 1. Ursprünglichkeit, Originalität, Urwüchsigkeit, Eigenständigkeit, Individualität, Persönlichkeit, Stil, Profil, klare Haltung, 2. Eigenschaft, Qualität, Wesensmerkmal, Wesenszug, Zug, Charakterzug, Seite, Note, 3. Eigenheit, Eigentümlichkeit, Merkwürdigkeit, Besonderheit, Charakteristikum, Sonderart, Spezifikum, Spezialität, Merkmal, Kennzeichen; Wunderlichkeit, Lächerlichkeit, Verdrehtheit, Schrulligkeit, Verschrobenheit, Absonderlichkeit, Exzentrizität, Abseitigkeit, Spleenigkeit, 4. Besonderheit, Sonderfall, Sonderklasse, Sonderstellung, Ausnahme, Seltenheit, Einmaligkeit, Einzigkeit, Einzigartigkeit, Spezialfall, Fall für sich, weißer Rabe, Kuriosum, Kuriosität, Sehenswürdigkeit, Seltsamkeit, Abnormität, 5. Vogel, Tick, Schrulle, Klaps, Spleen, Stich, Sparren, Fimmel, Macke, Rappel, Mucke, Meise.

eigentlich 1. genaugenommen, im Grunde, rechtens, von Rechts wegen, an sich, strenggenommen, gewissermaßen, sozusagen, 2. alias, in Wirklichkeit, auch . . . genannt. 336

Eile 1. Hast, Hetze, Hatz, Hetzjagd, Zeitmangel, Zeitnot, Unruhe, Unrast, Ungeduld, Nervosität, Ruhelosigkeit, Unstetigkeit, Jagd, Gejage, Gejagtheit, Getriebenheit, Gesetztheit, Hetzerei, Hochdruck, Gehetze, Rastlosigkeit, Friedlosigkeit, 2. Tempo, Umtrieb, Geschwindigkeit, Schnelligkeit, Rasanz, Behendigkeit, Galopp, Geschwindschritt, Fahrt, Raschheit, Raserei, Gerase, Flinkheit, Fixigkeit, Zügigkeit, 3. Eilfertigkeit, Voreiligkeit, Übereifer, Übereilung, Verfrühung, Kopflosigkeit, Überstürzung, 4. Eile haben, eilig sein, in Eile sein, keine Zeit haben, pressieren, auf glühenden Kohlen sitzen, keine Zeit zu verlieren haben, ungeduldig sein, nicht warten können, 5. Beschleunigung, Schnellerwerden, Temposteigerung, Spurt, Erhöhung der Geschwindigkeit, Endspurt, Finale. 337

eilen (sich) 1. ausgreifen, ausschreiten, rüstig gehen, laufen, rennen, hasten, fliegen, sausen, stürzen, jagen, galoppieren, traben, rasen, stürmen, hetzen, flitzen, spritzen, preschen, stieben, schwirren, 2. sich beeilen, sputen, zauen, keine Ruhe haben, sich keine Zeit lassen, keine Zeit verlieren, schnell machen, rasch machen, sich tummeln, lange Schritte machen; einen Schritt zulegen, sprinten, spurten, Tempo steigern, beschleunigen, schneller werden, anziehen, fegen, pesen, wieseln, 3. brennen, drängen, keinen Aufschub dulden, auf den Nägeln brennen, eilig sein, pressieren, dringlich sein, unaufschiebbar sein, 4. übereilen, überstürzen, überhasten, vorschnell handeln, unbedacht handeln, übers Knie brechen, sich vergaloppieren, sich überschlagen, Mißgriff tun. 338

339 **eilig** 1. hastig, gehetzt, gejagt, in Zeitnot, im Druck, gedrängt, unruhig, rastlos, ruhelos, ungeduldig, nervös, zappelig, hitzig, 2. eilends, sofort, im Nu, spornstreichs, auf der Stelle, stracks; eilfertig, vorschnell, überstürzt, voreilig, übereifrig, 3. dringend, dringlich, pressant, drängend, wichtig, unaufschiebbar, vordringlich, brennend, schnellstens, so bald wie möglich, möglichst, gleich, möglichst sofort, recht bald, nächstmöglich, schleunigst; in höchster Eile, auf den letzten Drücker, im letzten Augenblick, mit Blaulicht, in fliegender Hast, mit Hochdruck, mit Karacho, mit Vollgas, mit Volldampf, dalli, los, es eilt, Gefahr im Verzug.

340 **einbilden (sich)** 1. vorschweben, wähnen, sich vorstellen, den Eindruck haben, mutmaßen, sich erträumen, erhoffen, annehmen, glauben, meinen, vermuten, sich einreden, 2. sich Illusionen machen, sich vorspiegeln, irrtümlich meinen, sich etwas vormachen, sich vorgaukeln, sich betrügen, nicht sehen wollen, den Kopf in den Sand stecken, Luftschlösser bauen.

341 **einbilden (sich etwas)** sich überheben, sich erhaben dünken, auf dem hohen Roß sitzen, viel von sich halten, sich überschätzen, sich versteigen, sich viel dünken, sich anmaßen, überheblich, arrogant sein, herabsehen auf, sich erheben über, sich aufspielen, angeben, die Nase hochtragen, hochmütig sein, sich versteigen.

342 **eindringen** 1. einbrechen, Einbruch begehen, einsteigen, gewaltsam eindringen, Tür aufbrechen, sich einschleichen, sich einschmuggeln, sich Zutritt verschaffen, 2. sich eindrängen, sich einschmeicheln, sich festsetzen, einnisten, installieren, 3. sich einmischen, einmengen, einschalten, zwischenschalten, dreinreden, dazwischenreden, die Nase in alles stecken, 4. unterwandern, einschleusen, durchsetzen, sich niederlassen.

343 **einfach** 1. nicht zusammengesetzt, ungegliedert; einleuchtend, überschaubar, verständlich, übersichtlich, begreiflich, unkompliziert, „idiotensicher", unproblematisch, ohne Schwierigkeiten, volkstümlich, faßlich, eingängig, 2. schlicht, natürlich, kunstlos, ungekünstelt, offen, gradlinig; naiv, kindlich, kindhaft, harmlos, arglos, leichtgläubig, weltfremd, unkritisch, urteilslos, wahllos, kritiklos, einfältig, treuherzig, unbedarft, unbeschriebenes Blatt; ursprünglich, urwüchsig, simpel, primitiv, unartikuliert, 3. bescheiden, frugal, schlicht, ohne Aufwand; schmucklos, prunklos, glatt, unverziert.

Einfachheit 1. Schlichtheit, Anspruchs- 344
losigkeit, Natürlichkeit, Offenheit, Geradlinigkeit, Freimut, Aufrichtigkeit, 2. Einfalt, Arglosigkeit, Harmlosigkeit, Unschuld, Reinheit, Naivität, Unbedarftheit, Gutgläubigkeit, Weltfremdheit, Treuherzigkeit, Leichtgläubigkeit, Bonhomie, 3. Unkompliziertheit, Undifferenziertheit, Klarheit, Verständlichkeit, Übersichtlichkeit, Faßlichkeit, Eingängigkeit, Volkstümlichkeit, 4. Natürlichkeit, Naturnähe, Naturverbundenheit, Naturzustand, Erdhaftigkeit, Urwüchsigkeit, Ursprünglichkeit, Rückständigkeit, Primitivität, Kritiklosigkeit, Urteilslosigkeit, Wahllosigkeit.

einfallen 1. in den Sinn kommen, der 345
Gedanke kommen, anwandeln, aufblitzen, durchzucken, kommen, dämmern, Licht aufgehen, beifallen, sich erinnern, sich entsinnen, 2. eine Idee haben, Ideen haben, schöpferisch denken, Einfälle haben, sich etwas einfallen lassen, auf etw. verfallen, 3. ins Wort fallen, versetzen, einwerfen, einflechten, einstreuen, einfließen lassen, einfügen, einschalten, unterbrechen, entgegnen; einsetzen, mitsingen, aufnehmen, anheben, anfangen, beginnen.

einführen (sich) 1. verbreiten, auf den 346
Markt bringen, lancieren, propagieren, Reklame machen für, „machen", den Weg bereiten, importieren, aus dem Ausland einführen, 2. einleiten, Vorrede schreiben, Vorwort verfassen, herausgeben, aufmerksam machen; ein Vorspiel ma-

chen, präludieren; eröffnen, den Anfang machen, beginnen, in Gang bringen, einleitende Worte sprechen, ins Bild setzen, 3. sich einführen, Beziehungen knüpfen, Fäden spinnen, Verbindungen aufnehmen, anspinnen; seinen Weg machen, gefallen, einschlagen, „gehen“, sich verkaufen, 4. heimlich (unverzollt) einführen, einschmuggeln, Schmuggel treiben, schmuggeln, einschleusen, auf Schleichwegen einführen, einschleppen, 5. in die Gemeinde aufnehmen, einführen; taufen, zur Taufe bringen, konfirmieren, einsegnen; firmen, Firmung erteilen.

347 **Einführung** 1. Einleitung, Vorrede, Vorwort, Vorbemerkung, Präambel, Geleitwort, Vorspruch, Vorspann, Motto; Prolog, Vorspiel, Präludium, Ouvertüre; Präliminarien, Vorverhandlungen, Anbahnung, 2. Einsetzung, Amtsübergabe, Anstellung, Ernennung, Engagement, Verpflichtung, Dienstantritt, Einweisung, Einstellung, Bestallung, Bevollmächtigung, Auftrag, 3. Weihe, Einweihung, Einsegnung, Ordinierung, Ordination, Primiz, Investitur, Priesterweihe; Taufe, Konfirmation, Einsegnung, Firmung, 4. Vorstellung, Vorführung, Debut, erstes Auftreten, Antrittsbesuch.

348 **eingreifen** einschreiten, dazwischentreten, dazwischenfahren, vorgehen gegen, etw. unternehmen, zuspringen, verhindern; ausgleichen, vermitteln, sich einschalten, sich ins Mittel legen, sich zwischenschalten, sich einmischen.

349 **einhalten** 1. aufhören, abbrechen, stoppen, ausruhen, einstellen, rasten, pausieren, innehalten, unterbrechen, stocken, aussetzen, stillstehen, 2. abziehen, zurückbehalten, einbehalten, abhalten, 3. befolgen, sich richten nach, sich halten an, nicht verletzen, nicht übertreten.

350 **Einheit** 1. Ganzes, Ganzheit, Gefüge, Komposition, Gemeinsamkeit, Organismus, 2. Verband, Gruppe, Abteilung, 3. Einheitlichkeit, Gleichheit, Gleichartigkeit; Vollständigkeit, Geschlossenheit, Gesamtheit, Unversehrtheit, Totalität, Integrität.

einig (sein) 1. gleichgesinnt, gleichgestimmt, übereinstimmend, einhellig, einmütig, einträchtig, verbunden, seelenverwandt, im Bunde, ein Herz und eine Seele, verschmolzen, unzertrennlich; einverstanden, einer Meinung, aus der Seele gesprochen, 2. gemeinschaftlich, gemeinsam, geschlossen, solidarisch, vereint, verbündet, verschworen; einstimmig, ausnahmslos, ohne Ausnahme, mit einer Stimme; einigend, verbindend, Verbindung schaffend, 3. zusammenhalten, zusammenstehen, Beziehungen unterhalten, an einem Strang ziehen, einig sein, zueinander halten, sich solidarisieren, sich solidarisch erklären; aneinander hängen, verbunden sein, zusammen sein, beieinander sein, Freunde sein, unzertrennlich sein, zusammengehören, treu sein, treu bleiben, die Treue halten, zu seinem Wort stehen, zu jem. halten, zu einer Sache stehen, nicht im Stich lassen, sein Versprechen halten, 4. zusammenwohnen, zusammenleben, zusammenziehen, gemeinsame Wohnung mieten, gemeinsamen Haushalt führen, Wohngemeinschaft bilden, unter einem Dach leben, 5. gemeinsame Sache machen, unter einer Decke stecken, gleiche Brüder, gleiche Kappen. 351

Einigkeit 1. Übereinstimmung, Gleichgesinntheit, Einhelligkeit, Einklang, Harmonie, Gleichklang, Friede, Verträglichkeit, 2. Eintracht, Einmütigkeit, Zusammenhalt, Solidarität, Verbundensein, Seelenverwandtschaft, Verständnis, Gleichtakt, Auskommen, Einverständnis, Einvernehmen, Zustimmung, Bejahung, Sympathie, Verbundenheit. 352

einladen 1. zu Gast laden, zu sich bitten, auffordern, bitten, aufnehmen, 2. bewirten, anbieten, aufwarten, auftischen, auffahren, kredenzen, einschenken, auftragen, anrichten, den Tisch decken, vorsetzen, beköstigen, verpflegen, füttern, laben, nötigen; freihalten, spendieren, regalieren, delektieren, traktieren. 353

einprägen (sich) 1. einschärfen, ein- 354

hämmern, eintrommeln, eintrichtern, beibringen, einpauken, einpeitschen, einbleuen, einimpfen, unermüdlich predigen, 2. eingraben, prägen, eindrücken, pressen, einpressen, Abdruck machen, Abdruck hinterlassen, stanzen, riefen, rillen, ätzen, gravieren, abdrücken, Spur hinterlassen, 3. sich einprägen, leicht zu behalten sein, ins Ohr gehen, sich einschmeicheln.

355 **einrichten (sich)** 1. ausstatten, aussteuern, eine Ausstattung geben, eine Mitgift geben, mit allem Notwendigen versehen; eine Wohnung einrichten, einen Hausstand gründen, Möbel aufstellen, Wohnung einräumen, möblieren, ausschmücken, es sich gemütlich machen, es sich behaglich machen, sich installieren, 2. sich behelfen, sich einteilen, fertig werden, sich anpassen, sich nach der Decke strecken, sich schicken, vorliebnehmen, niedriger hängen, die Pflöcke zurückstecken, sich einschränken.

356 **Einrichtung** 1. Vorrichtung, Installierung, Installation, Anlagen, 2. Hausrat, Hausgerät, Einrichtungsgegenstände, Inventar, Möblierung, Mobiliar, Mobilien, Möbel, Anbaumöbel, Einbaumöbel, 3. Sitzmöbel, Sitzgelegenheit, Polstermöbel, Polstergarnitur, Sessel, Klubsessel, Backensessel, Ohrensessel, Armsessel, Armstuhl, Stühle, Hocker, Bock, Taburett, Schemel, Gondel, Fußschemel, Fußstütze, Bank, Sitzbank, Eckbank, 4. Schrank, Kasten, Kleiderschrank, Wohnzimmerschrank, Schrankwand, Büffet, Sideboard, Glasschrank, Vitrine, Hängeschrank, Geschirrschrank, Anrichte; Küchenschrank, Küchenbüffet, Vorratsschrank, Schaff, Spind; Eisschrank, Kühlschrank, Kühltruhe, Tiefkühlfach, Tiefkühlschrank, Tiefkühltruhe; Bücherschrank, Bücherregal, Bücherbrett, Büchergestell; Kommode, Herrenkommode, Truhe; Toilettentisch, Frisiertoilette, Frisiertisch; Flurtoilette, Kleiderablage, Kleiderhaken, Garderobe; Tisch, Eßtisch, Speisetisch, Tafel, Schreibtisch, Rauchtisch, Tischchen, Beistelltisch, Schreibschrank, Sekretär, Pult, Stehpult, 5. Wäsche, Weißzeug, Weißwaren, Hauswäsche, Wäscheaussteuer, Bettwäsche, Tischwäsche, Leibwäsche.

einsam 1. allein, verlassen, abgeschnitten, abgetrennt, getrennt, abgeschlossen, isoliert, unverbunden, ohne Kontakt, ausgestoßen, ausgesetzt, beraubt, vereinsamt, ohne Freunde, ohne Gesellschaft, freundlos, beziehungslos, desolat, mutterseelenallein, heimwehkrank, ohne Ansprache, vereinzelt, preisgegeben, „geworfen", heimatlos, wurzellos, entwurzelt; verwaist, ungeliebt, elternlos, vaterlos, mutterlos, ohne Familie, Waise, Waisenkind, Halbwaise, Schlüsselkind, Wohlstandswaise, Sozialwaise, Findelkind, Findling, Heimkind, 2. eingezogen, für sich, zurückgezogen, ungesellig, einschichtig, einsiedlerisch, einsam (lebend), abgesondert, leutescheu, menschenscheu, ungastlich, nicht gastfrei, menschenfeindlich, 3. menschenleer, abgelegen, entlegen, abseitig, entfernt, weit weg, abgeschieden, abseits, unbewohnt, unbelebt, verödet, weltentrückt, weltfern, wie ausgestorben, gottverlassen, totenstill, 4. vereinsamen, übrig sein, übrigbleiben, abseits stehen, sich ausgeschlossen fühlen, sich überflüssig vorkommen, vereinzeln. 357

Einsamkeit 1. Verlassenheit, Alleinsein, Vereinzelung, Vereinsamung, Absonderung, Isolierung, Isolation, Zurückgezogenheit, Eingezogenheit, Klausur, Abgeschlossenheit, Abschließung, Elfenbeinturm, Einschichtigkeit, Menschenscheu, Abkapselung, Loslösung, Ungeselligkeit, Ungastlichkeit, Beziehungslosigkeit, Wurzellosigkeit, Ausgesetztheit, Heimatlosigkeit, 2. Abgelegenheit, Entlegenheit, Verborgenheit, Abgeschiedenheit, Abseitigkeit, Erdenferne, Erdenwinkel, Weltferne. 358

Einsatz 1. Einlage, Anlage, Investierung, Kapitalanlage, Investment, Beteiligung, Teilhaberschaft; Pfand, Geisel, Bürgschaft, Garantie, 2. Aufbietung, Aufwendung, Aufge- 359 bot, guter Wille, 3. Einschub, Keil, Zwickel.

360 **einschläfern** 1. zur Ruhe bringen, einwiegen, einsingen, beruhigen, einlullen, 2. betäuben, narkotisieren, chloroformieren, hypnotisieren, anästhetisieren, 3. abtöten, abstumpfen, empfindungslos machen, 4. sich betäuben, berauschen, Rauschgift nehmen, Vergessen suchen.

361 **einschließlich** mit, plus, dazu, inbegriffen, mitgerechnet, inklusive, zugehörig, eingeschlossen, eingerechnet, umfassend, außerdem, alles in allem, in Bausch und Bogen, ferner, zuzüglich.

362 **Einschränkung** 1. Einsparung, Beschränkung, Kürzung, Drosselung, Abbau, Ersparnis, Abstrich, Verminderung, Verringerung, Rückgang, Einengung, Schmälerung, Reduktion, Reduzierung, Verkürzung, Minderung, Verknappung, Restriktion, Sparmaßnahme; Vorbehalt, Bedingung, 2. Festlegung, Spezialisierung, Sonderausbildung, Sonderregelung, 3. Bagatellisierung, Verkleinerung, Verengung, Verniedlichung, Beschönigung, Schönfärberei, Herunterspielen, Modifikation, Milderung, Abschwächung, Relativierung, Untertreibung.

363 **einseitig** 1. voreingenommen, parteiisch, befangen, eng, unfrei, schief, vorurteilsvoll, verzerrt, eingleisig, intolerant, subjektiv, unvollständig, theoretisch.

364 **Einwirkung** 1. Beeinflussung, Einfluß, Eingriff, Einflußnahme, Überredung, Willenslenkung, Suggestion, Suggestivfrage, Einflüsterung, Werbung, Interessenvertretung; Unterwanderung, Zersetzung, Schwächung, 2. Verführung, Bestechung, Schmiergeld.

365 **Einzelhandel** Kleinverkauf, Ladenverkauf, Kleinhandel, Detailhandel, Laden, offenes Geschäft.

366 **Einzelheit** Teilstück, Detail, Ausschnitt, Nebenumstand, Umstand, Genaueres, Besonderes, Merkmal, Kennzeichen.

367 **einzeln** 1. für sich, allein, gesondert, getrennt, geschieden, gespalten, geteilt, abgetrennt, abgesprengt, versprengt, verstreut, verschlagen, vertrieben, zersplittert; separat, eigen, besonders; einer nach dem andern, nacheinander, tröpfelnd, 2. freistehend, alleinstehend, einzelstehend, vereinzelt, abgesondert, ungeleitet, unbegleitet, 3. alleinstehend, ehelos, ledig, unverheiratet, unvermählt, unverehelicht, solo, getrennt lebend, geschieden, einspännig, frei, ungebunden, einschichtig, unbeweibt, unbemannt, gattenlos, 4. Insel, Eiland, Atoll, Werder, Hallig, Holm, Flußinsel; Inselkette, Inselgruppe, Archipel.

einziehen 1. einnehmen, einsammeln, 368
eintreiben, erheben, kassieren, beitreiben, pfänden, 2. ausheben, aufstellen, einberufen, Gestellungsbefehl schicken, rekrutieren, 3. beziehen, Wohnung nehmen, sich einmieten, sich einrichten, sich niederlassen, quartieren, einquartieren, 4. einatmen, die Luft einziehen, inhalieren, einsaugen, schlürfen.

eitel 1. putzsüchtig, gefallsüchtig, ko- 369
kett, affig, geziert, neckisch, kleidernärrisch, prachtliebend, prunksüchtig, 2. eingebildet, dünkelhaft, von sich eingenommen, selbstherrlich, selbstgefällig, überheblich, anmaßend, arrogant, anspruchsvoll, hochmütig, hoffärtig, verblendet, stolz, ihm schwillt der Kamm, dummstolz, affektiert, gespreizt, aufgeblasen, wichtigtuerisch, angeberisch, prahlerisch, ruhmredig, 3. leer, nichtig, umsonst, vergeblich, wertlos, Schall und Rauch, Schaum, 4. vermessen, größenwahnsinnig, großschnäuzig, großmäulig, großtuerisch, großspurig.

Eitelkeit 1. Putzsucht, Hoffahrt, Ge- 370
fallsucht, Koketterie, Starallüren, Selbstgefälligkeit, Selbstherrlichkeit, Narzißmus, Eigenruhm, Selbstlob, Eigenlob, Selbstverliebtheit, Selbstüberhebung, 2. Dünkel, Einbildung, Stolz, Aufgeblasenheit, Hochmut, Überheblichkeit, Unbescheidenheit, Anmaßung, Arroganz, Blasiertheit, Gespreiztheit, Affektiertheit, Getue, Gehabe, Tuerei, Affigkeit, Anstelle-

rei, Geziertheit, Gezwungenheit; Wichtigtuerei, Affekthascherei, Angabe, Prahlerei, 3. Größenwahn, Übermut, Überhebung, Großmannssucht, Hybris, Vermessenheit, Cäsarenwahn.

371 **ekelhaft** abstoßend, ekelerregend, ekel, eklig, widerwärtig, abscheulich, faulig, garstig, stinkend, stinkig, aasig, pestilenzialisch, gräßlich, abschreckend, degoutant, übel, übelriechend, widerlich, ungenießbar, unappetitlich.

372 **ekeln (sich)** 1. abstoßen, anwidern, Abscheu einflößen, anekeln, degoutieren, widerstreben, widerstehen, Ekel erregen, zuwider sein; Abscheu empfinden, sich schütteln, sich grausen, zurückschaudern, nicht sehen können, seekrank werden, den Magen umdrehen; mißfallen, genug haben, überhaben, zum Hals heraushängen, gegen den Strich gehen.

373 **elastisch** 1. dehnbar, federnd, biegsam, schwank, schmiegsam, flexibel, bildsam, bildungsfähig, formbar, eindrucksfähig, bildungshungrig, aufnahmefähig, empfänglich, erziehbar, zähmbar, gelehrig, 2. gelenkig, gewandt, geschmeidig, wendig; entgegenkommend, bereitwillig, nachgiebig, anpassungsfähig, anschmiegsam, 3. weich, frisch formbar, knetbar, modellierbar, geschmeidig.

374 **Elastizität** 1. Dehnbarkeit, Nachgiebigkeit, Federkraft, Spannkraft; Geschmeidigkeit, Gelenkigkeit, Schmiegsamkeit, Wendigkeit, Anpassungsfähigkeit, Wandlungsfähigkeit, Beweglichkeit, Gewandtheit, 2. Plastizität, Bildsamkeit, Bildungsfähigkeit, Eindrucksfähigkeit, Formbarkeit, Weichheit, Aufnahmefähigkeit, Frische, Straffheit, Schwung, Schnellkraft.

375 **Element** 1. Urstoff, Grundstoff, Stoff, Materie, 2. Elemente, Naturgewalten, Urgewalten, 3. belebendes Element, Sauerteig, treibende Kraft.

376 **elend** 1. arm, armselig, schäbig, kümmerlich, abgerissen, dürftig, fadenscheinig, abgescheuert, schofel, 2. angegriffen, schwach, schwächlich, krank, bleich, durchsichtig, eingefallen, hohlwangig, hohläugig, abgezehrt, mitgenommen, müde, schlapp, hilfsbedürftig, erbarmungswürdig, verkümmert, ärmlich, kärglich, kümmerlich, jämmerlich, kläglich, gotterbärmlich, zum Gotterbarmen, miserabel, 3. verächtlich, erbärmlich, ehrlos, ruchlos, schuftig, verworfen, verschmäht, abgelehnt, unwürdig, unrühmlich, würdelos, jämmerlich, klein, unedel, gemein, niedrig, 4. verkatert, verschwiemelt, übernächtig.

Empfang 1. Erhalt, Eingang, Ankunft, 377
Eintreffen, Entgegennahme, Annahme, Übernahme, 2. Aufnahme, Begrüßung, Entgegenkommen, Einholung, Willkomm, 3. Einladung, Audienz, Cour, Interview, offizieller Anlaß, Festlichkeit, Gesellschaft.

empfangen 1. bekommen, erhalten, 378
ist eingegangen, ist angekommen, ist zu bestätigen, 2. annehmen, vorlassen, Zutritt gewähren, Besuch annehmen, zu Hause sein; in Empfang nehmen, übernehmen, entgegennehmen, aufnehmen, begrüßen, willkommen heißen, einholen, entgegengehen, in Empfang nehmen, bei sich sehen, gesellschaftlich verkehren, Gesellschaft geben, 3. schwanger werden, ein Kind erwarten, hoffen, in Umstände kommen.

empfänglich (sein) 1. zugänglich, an- 379
sprechbar, aufgeschlossen, aufnahmebereit, aufnahmefähig, aufnahmewillig, erregbar, begeisterungsfähig, eindrucksfähig, wach, offen, weltoffen, durchlässig, bewußt, weltzugewandt, 2. beeinflußbar, bestimmbar, suggestibel, bildsam, gelehrig, bildungsfähig, 3. sensibel, feinfühlig, feinsinnig, sensitiv, hellhörig, feinnervig, delikat, taktvoll, zartfühlend, zartsinnig, anpassungsfähig, einfühlsam, ein Organ haben für, eine Nase haben, einen Riecher haben, eine Antenne haben, feine Witterung, feine Sinne haben, 4. empfindsam, fühlsam, gefühlvoll, gefühlsreich, gefühlsbetont, emotional, lyrisch, warmherzig, mitleidig, weichherzig, gutmütig, nachgiebig,

mild, mildtätig, mitfühlend, ansprechbar, gemütvoll, empfindungsreich, seelenvoll, schwärmerisch, überschwenglich, überströmend, gefühlsselig, tränenselig, romantisch, sentimental, überspannt, 5. hellseherisch, ahnungsvoll, hellsichtig, divinatorisch, intuitiv.

380 **Empfänglichkeit** 1. Aufgeschlossenheit, Aufmerksamkeit, Offenheit, Wachheit, eine Antenne, eine Witterung, ein Organ, feine Sinne, feine Nase, feines Ohr, Gespür, Fühligkeit, Zartsinn, Ortssinn, Zeitsinn, Orientierungsvermögen, Beobachtungsgabe, Fühler, Spürsinn, Flair, Instinkt, Empfindungsfähigkeit, Ansprechbarkeit, Aufnahmebereitschaft, Hellhörigkeit; Rechtsgefühl, Rechtsempfinden, Gerechtigkeitsgefühl, Sinn für Gerechtigkeit, Gerechtigkeitsliebe, Delikatesse, Fingerspitzengefühl, Feingefühl, Feinsinn, Einfühlsamkeit, Zartgefühl, Zartsinn, Sensibilität, Sensitivität, Takt, Empfindungsfähigkeit, Gemüt, Herz, Mitleid, Mitgefühl, Begeisterungsfähigkeit, Zugänglichkeit, Erregbarkeit, 2. Ahnungsvermögen, Prophetenblick, Divinationsgabe, Intuition, Sehergabe, Sehergeist, Hellsicht, sechster Sinn, Zweites Gesicht, Prophetengabe, Gabe der Weissagung.

381 **empfehlen (sich)** 1. anbieten, anpreisen, inserieren, annoncieren, werben, loben, preisen, rühmen, herausstreichen, über den grünen Klee loben, einladen zu, auffordern zu, animieren, hinweisen auf, Reklame machen für, 2. zweckmäßig sein, ratsam erscheinen, anzuraten sein, zu erwägen, nicht zu übersehen, 3. sich verabschieden, sich beurlauben, auf Wiedersehen sagen, grüßen.

382 **Empfehlung** 1. Angebot, Vorschlag, Anerbieten, Gebot, Antrag, Aufforderung, Anzeige, Inserat, Offerte, Ausschreibung, Bewerbung, Befähigungsnachweis, 2. Anraten, Anpreisung, Lob, Zuspruch, Rat, Reklame, Propaganda, Werbung, 3. Fürsprache, Fürbitte, Befürwortung, Hinweis, Einführung, Gruß, günstiges Zeugnis, Referenzen, Beziehungen.

empfindlich 1. zart, fein, delikat, gefährdet, zerbrechlich, heikel, verletzlich, verletzbar, verwundbar, wehrlos, fragil, dünnhäutig, hautlos, feinnervig, 2. anfällig, schwächlich, labil, nicht abgehärtet, zimperlich, verzärtelt, ohne Abwehrkräfte, nicht immun, allergisch, wetterfühlig, schmerzempfindlich, wehleidig, leicht gerührt, rührselig, rührsam, tränenselig, 3. reizbar, nervös, mimosenhaft, zartbesaitet, überempfindlich, gefühlig, überfeinert, überzüchtet, dekadent; leicht beleidigt, schnappt leicht ein, schreckhaft, 4. Zärtling, zarte Seele, Mimose, Kräutlein Rührmichnichtan, Nervenbündel, Zappelphilipp. 383

Empfindlichkeit 1. Empfindungsfähigkeit, Tastsinn, Sinnesempfindung, Wahrnehmungsfähigkeit, 2. Schmerzempfindlichkeit, Wehleidigkeit, Schwächlichkeit, Mangel an Abwehrkraft, Überempfindlichkeit, Überfeinerung, Überzüchtung, Dekadenz; Anfälligkeit, Allergie, 3. Reizbarkeit, Nervosität, Erregbarkeit, Animosität, Verletzbarkeit, Verletzlichkeit, Empfindelei, Zärtelei, Gefühlsseligkeit, Tränenseligkeit, Überschwang, Überschwenglichkeit, Gefühligkeit, Gefühlsduselei, Sentimentalität, Rührseligkeit, Rührsamkeit, Eifersüchtelei, 4. Zartheit, Feinheit, Zerbrechlichkeit, Verletzlichkeit, Wehrlosigkeit, Weichheit, Weichherzigkeit, Gutmütigkeit, Mitgefühl, Milde. 384

enden 1. aufhören, beenden, beendigen, einstellen, abbrechen, abblasen, unterbrechen, haltmachen, beiseite legen, zusammenpacken, zur Seite legen, einpacken, innehalten, Schluß machen, abschließen, auflösen, heimschicken, nach Hause gehen, weglegen, aufgeben, aufstecken, an den Nagel hängen, einen Punkt machen, Feierabend machen, die Zelte abbrechen, schließen; hinlegen, niederlegen, ein Ende machen, einen Schlußpunkt setzen, einen Schlußstrich ziehen, Schluß machen, den 385

Kram hinwerfen, 2. ablaufen, auslaufen, münden, ausmünden, sich ergießen, einmünden, zu Ende sein, endigen, ein Ende haben, verrinnen, erlöschen, ausklingen, verhallen, sterben, aussterben, nicht weiter existieren, aus sein, ausgehen, zu Ende sein, versiegen, versickern, zur Neige gehen, einschlafen, sich zerschlagen, in die Brüche gehen, nichts werden, abreißen, aufhören, stillstehen, ausgehen, zu Ende gehen, zusammenbrechen, zum Erliegen kommen, zum Stillstand kommen, sich neigen, abklingen, verklingen, auslaufen, auspendeln, zur Ruhe kommen.

386 **endgültig** unumstößlich, definitiv, beschlossen, entschieden, unwiderruflich, ein für allemal, Punktum, basta, nichts zu machen, Streusand drüber.

387 **endlich** 1. abschließend, zusammenfassend, zum Abschluß, zum guten Schluß, als letzten Punkt, zuletzt, schließlich, letztlich, schließlich und endlich, mit einem Wort, kurz, zu guter Letzt, letzterdings, 2. erst, erst jetzt, in elfter Stunde, in letzter Minute, kurz vor Toresschluß, mit letzter Kraft, mit Müh und Not, 3. hinten, zuhinterst, am Schluß, am Ende, am Schwanz, achtern.

388 **Energie** 1. Tatkraft, Arbeitslust, Unternehmungslust, Unternehmungsgeist, Tatendrang, Tatendurst, Aktivität, Entschlußkraft, Entschlossenheit, Entschiedenheit, Wille, Willenskraft, Willensstärke, Initiative, Spontaneität, Durchsetzungsvermögen, Freiwilligkeit, Impulsivität, Resolutheit, Geschäftstüchtigkeit, Geschäftigkeit, Regsamkeit, Betriebsamkeit, Umtriebigkeit, Tatendrang, Feuer, Schwung, Schneid, Spannkraft, Kraft, Stoßkraft, Dynamik, Eifer, Fahrt, Vehemenz, 2. Treibstoff, Sprit, Kraftstoff, Benzin, Treibladung, Ladung, Zündstoff, Explosivstoff, Zunder, Sprengstoff, Sprengkörper, 3. Motor, Maschine, treibende Kraft, Kraftquelle, Triebkraft, Triebwerk, Getriebe, 4. Sprengkraft, Explosivkraft, Brisanz, Treibkraft, Schubkraft.

energisch tatkräftig, aktiv, entschieden, entschlossen, zielbewußt, zielsicher, unbeirrbar, konsequent, willensstark, willenskräftig, kräftig, bestimmt, nachdrücklich, unternehmend, geschäftstüchtig, zielstrebig, tätig, beweglich, rührig, tüchtig, mitreißend, zupackend, betriebsam, schwungvoll, dynamisch, expansiv, tatenlustig, tatendurstig, durchsätzig, forsch, stramm, draufgängerisch, ohne viel Federlesens, fest, bündig, schneidig, dezidiert, ultimativ, resolut, vehement, wuchtig. 389

eng 1. beengt, knapp, schmal, begrenzt, winklig, verwinkelt, bescheiden, klein, eingeengt, eingeschränkt, zusammengedrängt, zusammengepreßt, zusammengepfercht, eingepfercht; bedrängt, beklommen, beklemmend, drangvoll, eingeklemmt, eingekeilt, dicht gedrängt; kurzatmig, engbrüstig, 2. engherzig, kleinlich, engstirnig, kurzsichtig, beschränkt, provinziell, kleinstädtisch, ohne Horizont, voller Vorurteile, mit Scheuklappen, begrenzt, borniert, unbelehrbar; gebunden, dogmatisch, orthodox, fanatisch, bigott, muckerisch, frömmlerisch, unaufgeklärt, voreingenommen, unduldsam, intolerant; nationalistisch, chauvinistisch. 390

Enge 1. Einengung, Beengtheit, Bedrängnis, Gedrängtheit, Knappheit, Raummangel, Raumnot, Platzmangel, Raumknappheit, 2. Kurzatmigkeit, Atemnot, Beengung, Beklommenheit, Beklemmung, 3. Gedränge, Gewoge, Gewühl, Menschenansammlung, Übervölkerung, Raumnot, 4. Engpaß, hohle Gasse, Hohlweg, Klemme; schmale Stelle, Landenge, Einschnürung, Verengung, Taille, Körpermitte, 5. Engherzigkeit, Kleinlichkeit, Engstirnigkeit, Beschränktheit, Borniertheit, Sturheit, Froschperspektive, Voreingenommenheit, Einseitigkeit, Intoleranz, Unduldsamkeit, Bigotterie, Muckertum, Frömmelei; Fanatismus, Unbelehrbarkeit, Sturheit; Nationalismus, Chauvinismus. 391

entbehren 1. arm (bedürftig, mittellos, 392

unbemittelt) sein, nichts haben, elend leben, in Armut leben, Mangel leiden, Not leiden, sich mühsam durchbringen, in Not sein, von der Hand in den Mund leben, das Brot nicht über Nacht haben, vegetieren, das Leben fristen, keinen roten Heller besitzen, auf dem Trocknen sitzen, bessere Tage gesehen haben, 2. hungern, Hunger haben, Hunger leiden, hungrig sein, nichts zu essen haben, nichts im Magen haben, am Hungertuch nagen, lange nichts gegessen haben, nach Nahrung verlangen; dürsten, Durst haben, Durst leiden, zu trinken verlangen, lechzen nach Wasser.

393 **entfernen** 1. beseitigen, wegnehmen, wegtun, wegmachen, wegfegen, wegstoßen, wegschieben, abschleppen, fortschleppen; abbeizen, ablaugen, absaugen, abrasieren, enthaaren, abkratzen, abtupfen, abschaben, wegwischen, abwischen, abreiben, abstreifen; abhauen, abreißen, herunterreißen, wegreißen, entblättern, entlauben, abschütteln, 2. weglegen, wegstellen, wegräumen, wegbringen, fortschaffen, wegwerfen, sich entledigen, aus der Welt schaffen, Ordnung machen, in Ordnung bringen, Platz schaffen, aufräumen, entrümpeln, auf die Straße stellen, zusammenpacken, abtransportieren lassen, 3. abräumen, abtragen, abdecken, freilegen, Hindernisse entfernen, frei machen, wegziehen, sichtbar machen, aufdecken, 4. abtreiben, abortieren, Eingriff vornehmen, Frucht abtreiben, Schwangerschaft beenden.

394 **entfernen (sich)** 1. fortgehen, weggehen, gehen, aufbrechen, sich in Bewegung setzen, das Haus verlassen, ausgehen; losgehen, davongehen, von dannen gehen, enteilen, wegrennen, fortlaufen, abhauen, abschwirren, abstieben, sich wegscheren, sich verziehen, sich fortmachen, verschwinden, sich auf die Socken machen, sich abwenden, sich umdrehen, sich abkehren, wegtreten, kehrtmachen, zurücktreten, rückwärtsschreiten, zurückweichen, weichen, in den Hintergrund treten, sich zurückziehen, 2. verlassen, scheiden, sich verabschieden, Abschied nehmen, auf Wiedersehen sagen, Lebewohl (Valet, Ade) sagen, sich beurlauben, sich empfehlen, abrücken, abziehen, sich trennen, auseinandergehen, verschwinden, sich dünne machen, sich verdrücken, sich französisch empfehlen, sich verkrümeln, sich auf den Weg machen, den Weg unter die Füße nehmen, sich in Marsch setzen, ausrücken, abmarschieren, die Zelte abbrechen, das Feld räumen, sich aufmachen, sich trollen, den Staub von den Füßen schütteln, räumen, weichen, sich zerstreuen, sich verteilen, sich verlaufen, 3. abfahren, abreisen, verreisen, losziehen, wegfahren, wegreisen, auf Reisen gehen, abgehen (Zug), starten, die Reise antreten, abrollen, abdampfen, ausreisen, auslaufen (Schiff), sich einschiffen, an Bord gehen, Segel setzen, die Anker lichten, in See stechen, ausfahren, den Hafen verlassen; ausmarschieren, abziehen, aufbrechen, abfliegen, ein Flugzeug nehmen, eine Maschine nehmen, auf dem Luftwege reisen, mit dem Zug (mit der Eisenbahn) fahren, 4. auswandern, emigrieren, die Heimat verlassen, ins Ausland gehen, das Land aufgeben, übersiedeln, umsiedeln, abwandern, trecken, 5. sich entfremden, einander fremd werden, einander aufgeben, einander lassen, sich losmachen, sich loslösen, sich zurückziehen, das Feld räumen, sich abwenden, den Rücken kehren.

Entfernung 1. Abstand, Zwischenraum, Kluft, Distanz, Weite, Ferne, Strecke, Länder und Meere, 2. Beseitigung, Tilgung, Reinigung, Säuberung, Leerung, Entrümpelung, großes Aufräumen, Müllabfuhr; Annullierung, Streichung, Aufhebung, Abschaffung, Abhilfe, 3. Abreise, Abschied, Scheiden, Lebewohl, Verabschiedung, Abfahrt, Aufbruch, Abzug, Start, Scheiden, Trennung, Ausfahrt, Ausmarsch, Auszug, Exodus, Abgang, Fortgehen, Weggang, Ab- 395 marsch, Ausreise, Einschiffung, Abflug, 4. Auswanderung, Emigration, Abwanderung, Verlagerung, Landflucht, Treck, Völkerwanderung, 5. Flucht, Ausbruch, Entkommen, Fliehen, Entweichen, 6. Abzug, Räumung, Rückzug, Aufgabe, 7. Auszug, Wegzug, Räumung, Umzug, Wohnungswechsel, Übersiedlung, Umsiedlung; Aussiedlung, Verpflanzung, Verlegung, Versetzung, Verschiebung, Veränderung, Ortswechsel, Ortsveränderung, Stellungswechsel, 8. Abtreibung, Abort, Eingriff; Extraktion, Zahnziehen, 9. Räumung, Säuberung, Befreiung, Beseitigung.

396 **Entgegenkommen** 1. Zuvorkommenheit, Bereitwilligkeit, Gefälligkeit, Gefallen, Dienstwilligkeit, Beflissenheit, Eifer, Kulanz, Kundendienst, Dienst am Kunden, Bereitschaft; Willigkeit, Nachsicht, Nachgiebigkeit, Gutmütigkeit; Zugeständnis, Konzession, Vergünstigung, Vorgabe, 2. Liebenswürdigkeit, Verbindlichkeit, Freundlichkeit, Artigkeit, Geneigtheit, Höflichkeit, Nettigkeit, Galanterie, Ritterlichkeit, Hilfsbereitschaft.

397 **entgegenkommen** 1. anbieten, erbieten, begünstigen, Vorschub leisten, zuvorkommen, Gelegenheit bieten, Wünsche erfüllen, Wünsche an den Augen ablesen, Gefälligkeit erweisen, gefällig sein, gern bereit sein, gern tun, beispringen, höflich sein, hilfsbereit sein, die Güte haben, so freundlich sein, sich bereit finden, es möglich machen, berücksichtigen, Rücksicht nehmen, Gefallen tun, einen Weg finden, goldene Brücken bauen, willens sein, Avancen machen, 2. nachgeben, willfahren, erfüllen, klein beigeben, mit sich reden lassen, Zugeständnisse (Konzessionen) machen, sich breitschlagen lassen, weichwerden, durchlassen, passieren lassen, gelten lassen.

398 **entgegenkommend** dienstwillig, zuvorkommend, hilfsbereit, beflissen, willfährig, bereit, aufmerksam, gefällig, freundwillig, erbötig, verbindlich, kulant, zu Diensten, diensteifrig, jedes Winkes gewärtig, bereitwillig, dienstfertig, artig, geneigt, wohlwollend, liebenswürdig, freundlich, konziliant.

entgehen 1. übersehen, nicht bemerken, nicht beachten, überhören, nicht auffallen, nicht bemerkt werden, verfehlen, 2. entkommen, entwischen, durchwitschen, entschlüpfen, auskommen, entrinnen, durch die Lappen gehen; ausweichen, vermeiden, aus dem Wege gehen, sich ersparen, verschont bleiben, 3. entbehren müssen, versagt bleiben, abgehen, nicht zuteil werden. 399

enthalten fassen, bergen, in sich haben, innewohnen, darin sein, einschließen, einbegreifen, umfassen, einbeziehen, umschließen, umspannen, ausmachen, gehören zu, mitrechnen, mitzählen, bestehen aus, sich zusammensetzen aus, gemacht sein aus. 400

entlasten (sich) 1. Arbeit abnehmen, Arbeit abgeben, beispringen, erleichtern, entbürden, helfen, unterstützen, befreien, frei machen; vermindern, verringern, Ballast abwerfen, leichter machen, sich erleichtern, 2. freisprechen, lossprechen, entsühnen, 3. billigen, zustimmen, bestätigen, gutheißen, Entlastung erteilen, gutschreiben, anerkennen, 4. sich entlasten, sich rechtfertigen, von einem Verdacht befreien, seine Unschuld beweisen, sich reinwaschen, sich salvieren, 5. abrechnen, Rechnung legen, Rechenschaft ablegen, Rechenschaftsbericht abgeben. 401

Entlastung 1. Erleichterung, Entbürdung, Befreiung, Verminderung, Verringerung, Unterstützung, Hilfe, 2. Verteidigung, Entschuldigung, Fürsprache, Beweis der Unschuld, Klärung, Plädoyer, 3. Bestätigung, Gutschrift, Abrechnung. 402

entmutigen verleiden, ausreden, Wasser in den Wein gießen, Wind aus den Segeln nehmen, dämpfen, Dämpfer aufsetzen, lähmen, lahmlegen, vermiesen, madig machen, miesmachen, schwarzmalen, die Freude vergällen, die Hoffnung trüben, den Spaß verderben, unken, 403 schwarzsehen, die Lust nehmen, beeinträchtigen, bedrücken, verstimmen, niederdrücken, niederschlagen, niederstimmen, niederschmettern, demoralisieren, Moral untergraben, deprimieren, zermürben, zerschmettern, verdunkeln, verdüstern, trüben.

404 **entsagen** 1. aufgeben, lassen, verzichten, drangeben, hergeben, opfern, aufopfern, sich selbst verleugnen, sich überwinden, von sich absehen, auf sich nehmen, sich entäußern, sich abbringen, sich trennen von, Wünsche zurückstellen, resignieren, sich abfinden, hinnehmen, sich zufriedengeben, sich schicken, Vernunft annehmen, zurückstecken, seine Ansprüche zurückschrauben, sich entgehen lassen, sausen lassen, 2. sich enthalten, sich versagen, sich bezwingen, sich entwöhnen, fasten, Wünsche abtöten, sich entschlagen, abschließen mit, sich lossagen, zurückstehen, sich kasteien, fertig werden mit, überwinden, sich abgewöhnen, ablegen, sich befreien von, sich freimachen, abstreifen, abschwören, sich begeben, verwinden, besiegen, niederringen, niederkämpfen.

405 **entsagend** 1. entsagungsvoll, aufopfernd, uneigennützig, selbstlos, unegoistisch, hingebungsvoll, 2. enthaltsam, keusch, rein, sittenrein, asketisch, spartanisch, puritanisch, abstinent, stoisch, abgeklärt, weise, resigniert, abgefunden.

406 **Entsagung** 1. Verzicht, Resignation, Aufgabe, Loslösung, Aufopferung, Selbstverleugnung, Selbsterniedrigung, Selbstpreisgabe, Selbstüberwindung, Selbstaufopferung, Hingabe, 2. Enthaltung, Entwöhnung, Askese, Abstinenz, Enthaltsamkeit, Abgewöhnung, Überwindung, 3. Abtretung, Zedierung, Zession, Übertragung, Überlassung, Übergabe, Opfer, Kapitulation.

407 **entschädigen** 1. belohnen, danken, vergelten, sich revanchieren, vergüten, bezahlen, ersetzen, schadlos halten, verzinsen, Zins zahlen; zurückgeben, wiedergeben, zurückerstatten, wiedererstatten, zurückzahlen, zurückbringen, wiederbringen, aufwiegen, retournieren, zurückschicken, ausgleichen, gutmachen, sühnen, wettmachen, 2. abfinden, abgelten, ablösen, kompensieren, loskaufen, Schuld tilgen, wiedergutmachen, rückvergüten, Tribut zahlen, Reparationen zahlen, 3. wiederbekommen, wiedererlangen, zurückerhalten, zurückerlangen, entschädigt werden, eine Entschädigung bekommen, 4. wiedereingliedern, rehabilitieren, in seine Rechte wiedereinsetzen, den früheren Stand wiederherstellen, 5. einspielen, die Kosten ersetzen, die Kosten einbringen, Gewinn bringen, Gewinn erzielen.

Entschädigung 1. Belohnung, Lohn, 408
Dank, Vergeltung, Bezahlung, Entgelt, Vergütung, Zahlung, Gegenwert, Abgeltung, Ausgleich, Anerkennung, Kompensation, Gegenleistung, Gegendienst, Gegengabe, Äquivalent, 2. Ersatz, Rückgabe, Erstattung, Rückerstattung, Wiedergutmachung, Wiedervergeltung, Rückzahlung, Zurückerstattung, Sühne, Sühneleistung, Sühnopfer, Buße, Bußleistung, Satisfaktion, Genugtuung, Ehrenerklärung; Rehabilitation, Rehabilitierung, Wiederherstellung der Gesundheit, 3. Abfindung, Ausgleich, Abgeltung, Ablösung, Abstand, Schadenersatz, Lastenausgleich, Reparationen, Tribut, Aufwandsentschädigung, Spesenersatz, Diäten, Tagegeld; Kostgeld, Pension; Loskauf, Schweigegeld, Lösegeld, Schmerzensgeld, Pflaster, Trostpflaster, Finderlohn, Auslösung, 4. Pacht, Zins, Miete.

entscheiden (sich) 1. eine Entscheidung 409
treffen, ein Urteil fällen, bestimmen, anordnen, festlegen, den Ausschlag geben, seine Wahl treffen, wählen, auswählen, stimmen, urteilen, Stellung nehmen, beurteilen, verfügen, durchgreifen, kurzen Prozeß machen, ein Machtwort sprechen, Ernst machen, dienstlich werden, 2. sich entschließen, einen Entschluß fassen, sich schlüssig werden, sich durchringen, zum Entschluß kommen, sich aufraffen, sich ermannen,

sich einen Ruck geben, sich aufschwingen, hineinspringen, sich ein Herz fassen, Mut schöpfen, tief Luft holen, einen Anlauf nehmen, sich zusammenraffen, sich zusammenreißen; sich straffen, sich aufrichten.

410 **Entschluß** 1. Entschließung, Beschluß, Wollen, Willenserklärung, Willensbekundung, Willensakt, Festlegung, Ratschluß, Willen, 2. Entscheidung, Urteil, Schiedsspruch, Resolution.

411 **entschuldigen (sich)** 1. um Verzeihung bitten, abbitten, Abbitte leisten, bedauern, widerrufen, zurücknehmen, die Schuld auf sich nehmen, 2. verzeihen, vergeben, nachsehen, entlasten, entsündigen, entsühnen, lossprechen, freisprechen, absolvieren, begnadigen, amnestieren, die Strafe erlassen, die Freiheit schenken, 3. rechtfertigen, verteidigen, verantworten, entlasten, salvieren, klären, motivieren, erklären, begründen, verständlich machen, Gründe ins Feld führen, Rede und Antwort stehen, in Schutz nehmen, Verdacht entkräften (zerstreuen), sich einsetzen, plädieren, fürsprechen, verfechten, eine Lanze brechen, die Stange halten, argumentieren, aufklären, verfechten, 4. Nachsicht üben, Gnade vor Recht ergehen lassen, ein Auge zudrücken, durchgehen lassen, fünf gerade sein lassen, durch die Finger sehen, zugute halten, in Gnaden wiederaufnehmen, 5. sich herausreden, Ausflüchte machen, sich reinwaschen, weißwaschen, die Schuld auf andere schieben.

412 **Entschuldigung** 1. Abbitte, Bitte um Vergebung, Erklärung, Motivierung, Begründung, Rechtfertigung, Verteidigung, 2. Ausflucht, Ausrede, Vorwand, Beschönigung, Notlüge, Scheingrund, Vorspiegelung. 3. Fürsprache, Plädoyer, Ehrenrettung, Rehabilitation.

413 **entsprechen** 1. genügen, gemäß (angemessen) sein, behagen, gefallen, belieben, zukommen, zustehen, geziemen, sich gehören, sich schicken, sich ziemen, anstehen, gebühren, beanspruchen (verlangen) können, 2. willfahren, nachkommen, sich anpassen, entgegenkommen, gehorchen, Wunsch erfüllen, stattgeben, bewilligen, genehmigen, zusagen, 3. passen, geeignet sein, sich eignen, sich reimen, stimmen, übereinstimmen, hingehören, zusammengehören, korrespondieren, konvenieren, gleichkommen.

entsprechend 1. angemessen, gemäß, 414
getreu, genau wie, ähnlich, ungefähr gleich, geeignet, wie gemacht, wie auf den Leib geschrieben, konform, kongruent, proportional, korrespondierend, übereinstimmend, passend, zusammengehörig, adäquat, maßstäblich, analog; gebührend, geziemend, würdig, zustehend, angebracht, zukommend, gehörig, geboten; anstandshalber, wie es sich gehört, nach Gebühr, der Form wegen, schicklich, rechtmäßig, billig, nach Verdienst, 2. wunschgemäß, wie gewünscht, zufriedenstellend, zugeschnitten (ausgerichtet) auf, 3. einschlägig, diesbezüglich, in dieser Beziehung, in diesem Punkt, dementsprechend, hierin, 4. laut, auf ... hin, nach, zu, betreffend.

entstehen 1. werden, anfangen, begin- 415
nen, anheben, aufkommen, geschaffen werden, kreiert werden, erstehen, sich bilden, sich formen, ins Dasein treten, 2. keimen, sprießen, sprossen, knospen, ausschlagen, treiben, blühen, grünen, wachsen, erscheinen, zum Vorschein kommen, herauskommen, hervorbrechen, ausbrechen, aufgehen, aufbrechen, aufkeimen, entsprießen, 3. entspringen, entquellen, heraussprudeln, hervorsprudeln, seinen Ursprung haben, entfließen, entströmen, an der Oberfläche erscheinen, ans Licht kommen, auftauchen, sichtbar werden, austreten, hervortreten, 4. entstammen, herkommen, herstammen, stammen, abstammen von, sich ableiten, sich herleiten, Nachkomme sein, Erbe sein, beheimatet sein, wurzeln, verwurzelt sein, 5. hervorgehen, erwachsen, folgen, sich entwickeln, sich ergeben, sich formen, Form annehmen, Gestalt werden, Gestalt annehmen, sich herauskri-

stallisieren, sich herausbilden, zustande kommen, verursacht werden, 6. laut werden, verlauten, bekannt werden, aufkommen.

416 **enttäuschen** 1. versagen, abschlagen, ablehnen, nein sagen, verweigern, verneinen, vereiteln, Hoffnung zunichte machen, frustrieren, Liebe verweigern, Entwicklungsmöglichkeit behindern, 2. ernüchtern, abkühlen, desillusionieren, entzaubern, Wasser in den Wein gießen, Wind aus den Segeln nehmen, Dämpfer aufsetzen, kalte Dusche verpassen.

417 **Enttäuschung** 1. Mißerfolg, Fehlschlag, gescheiterte Hoffnung, unangenehme Überraschung, Nachteil, Nachsehen, Fiasko, Schlag ins Wasser, Strich durch die Rechnung, 2. Ernüchterung, Desillusionierung, Dusche, Dämpfer, Entzauberung, bittere Pille, 3. Ablehnung, Absage, Vereitelung, Durchkreuzung, Versagen, Versagung, Verweigerung, Frustrierung, Frustration, Behinderung, Enttäuschungserlebnis.

418 **entwerten** 1. herabsetzen, herabmindern, abwerten, wertlos machen, außer Kurs setzen, bagatellisieren, im Wert mindern, verkleinern, abqualifizieren, Ansehen mindern, ungünstig beurteilen, schlechtmachen, 2. banalisieren, verflachen, breittreten, verballhornen, 3. verschlechtern, verschlimmern, verrohen, barbarisieren, entmenschlichen, entsittlichen, schlechten Einfluß ausüben, drücken, das Niveau senken, vermassen, zur Masse werden, in der Masse aufgehen, verwildern, veröden, demoralisieren, pervertieren, 4. schänden, entehren, beflecken, entheiligen, entweihen, entwürdigen, niederziehen, profanieren, alltäglich machen, Unehre machen, verlästern, verspotten, verhöhnen, 5. säkularisieren, verweltlichen, entrechten, enteignen, beschlagnahmen.

419 **entwickeln (sich)** 1. werden, entfalten, wachsen, aufwachsen, aufblühen, erblühen, schlüpfen, ausschlüpfen, auskriechen, die Eierschalen abstreifen, den Kinderschuhen entwachsen, heranwachsen, sich machen, sich mausern, heranreifen, erwachsen werden, auswachsen, flügge werden, groß werden, reifen, älter werden, 2. eine Familie gründen, sich vermehren, sich fortpflanzen, Nachkommen zeugen, sich fortsetzen, weiterleben, sich ausbreiten, 3. gedeihen, anwachsen, angehen, festwachsen, Wurzeln bilden, Wurzeln schlagen, sich bewurzeln, einwurzeln; fortkommen, sich erweitern, sich steigern, florieren, blühen, strotzen, prangen, gut gehen, prosperieren; größer werden, aufschießen, hochschießen, schnell wachsen, 4. ausarbeiten, ausbauen, aufbauen, vergrößern, weiterbauen, vervollständigen, vervollkommnen, entfalten, verbessern, weiterentwickeln, vollenden, 5. reich werden, Reichtum sammeln, Besitz vermehren, zu Geld kommen, vorwärtskommen, 6. sich weiterentwickeln, sich weiterbilden, sich fortbilden, sich vervollkommnen, leben lernen, an sich arbeiten, 7. zunehmen, dick werden, stärker werden, Fett ansetzen, aus allen Nähten platzen.

Entwicklung 1. Werden, Wachsen, Entstehen, Entstehung, Entfaltung, Gedeihen, Wachstum, Wuchs, Reifen, Fortschritt, Fortgang, Zunahme, Aufstieg, Zuwachs, Steigerung, Gewinn, 2. Aufbau, Ausbau, Erweiterung, Vergrößerung, Verbesserung, Vervollständigung, Bereicherung, Vollendung, 3. Werdegang, Wachsen und Werden, Entwicklungsstufe, Entwicklungsphase, Entwicklungsstand, Laufbahn, Karriere, 4. Entwicklungsjahre, Pubertät, Flegeljahre, Übergangsjahre, Frühlingsjahre, Jugendjahre, Reifezeit, Wachstumsjahre, 5. Vermehrung, Fortpflanzung, Familiengründung, 6. Entwicklungsgeschichte, Entstehung der Arten, Evolution. 420

Entzug 1. Abnahme, Wegnahme, Enteignung, Beschlagnahme, Aberkennung, Verneinung, Versagung, Expropriation, Arrest, Einzug, Pfändung, Einziehung, 2. Entziehung, Entwöhnung, Abgewöhnung, Verweigerung, 3. Einnahme, Erobe- 421 rung, Okkupation, Besetzung, Unterwerfung, Besitznahme, Aneignung, Annexion, Bemächtigung, Plünderung, Brandschatzung, Prise, Fang, Beute, Zugriff, Erstürmung, Überrumpelung, Unterdrückung, Bedrückung, Invasion, Besiegung, Überwindung, Niederwerfung, Unterjochung, Unterwerfung, Entern, Kolonisierung, Kolonisation, Landnahme, Durchdringung, 4. Säkularisierung, Verweltlichung, Entweihung, Verstaatlichung, Überführung in Staatsbesitz.

422 **Erbe** 1. Erbschaft, Nachlaß, Hinterlassenschaft, Erbteil, Erbgut, ererbter Besitz, Verlassenschaft, Rest, 2. Nachfolge, Übernahme, Weiterführung, Fortführung; Weitergabe, Vererbung, Thronfolge, 3. Nachkomme, Hinterbliebener, Überlebender, Nachfolger, künftiger Besitzer, Anwärter, Thronfolger, Nachwuchs, Kinder, Nachwuchskraft, Kommender, Hoffnung, 4. Testament, Letzter Wille, Schenkung, Vermächtnis, Legat, Verfügung, 5. erben, beerben, überkommen, Erbschaft machen, Erbe antreten, Erbe übernehmen, Nachfolger werden, nachfolgen, nachrücken, Hinterlassenschaft antreten.

423 **erfahren** 1. erleben, erleiden, erdulden, selbst sehen, mit ansehen, mitmachen, kennenlernen, dabeisein, selbst sehen, miterleben, Augenzeuge sein, entdecken, dahinterkommen, ausstehen, zustoßen, widerfahren, lernen, fühlen, empfinden, erlernen, ergründen, sich aneignen, Erfahrungen machen, zu spüren bekommen, Lehrgeld zahlen, sich die Hörner ablaufen, 2. hören, ermitteln, vernehmen, in Erfahrung bringen, Kenntnis erhalten, entnehmen, erkennen, aufschnappen, mitkriegen.

424 **erfahren** 1. bewandert, beschlagen, weitgereist, weltbefahren, herumgekommen, umgetan, weltläufig, gewandt, versiert, gewitzt, gewitzigt, ausgebufft, mit allen Wassern gewaschen, firm, abgebrüht; geistesgegenwärtig, schlagfertig, nicht auf den Mund gefallen, sachkundig, sattelfest, sachverständig, vom Fach, vom Bau, geschult, geübt, wohlvorbereitet, gut unterrichtet, auf der Höhe, erprobt, gelernt, routiniert, bewährt, qualifiziert, fähig, gewieft, geeignet, im Bilde, fortgeschritten, ausgebildet, eingearbeitet, 2. weise, erleuchtet, salomonisch, souverän, wissend, einsichtig, abgeklärt, überlegen, lebensklug, lebenserfahren, welterfahren, gereift, reif, weltklug, sicher, 3. erfahren sein, sich zu helfen wissen, in allen Sätteln gerecht sein, nicht zu verblüffen, Menschenkenntnis haben, die Menschen kennen, die Menschen zu nehmen wissen, sich auskennen, sich nicht überfahren lassen, keine Antwort schuldig bleiben.

Erfahrung 1. Übung, Schulung, Routine, Beschlagenheit, Gewieftheit, Gewitztheit; Reife, Mündigkeit, Weltkenntnis, Weltläufigkeit, Weltgewandtheit, Weltweite, Weisheit, Lebensklugheit, Überlegenheit, Souveränität, Unabhängigkeit, Humor, Gelassenheit, Heiterkeit, Lebensvertrauen, Abklärung, Abgeklärtheit, Menschenkenntnis, 2. Erlebnis, Begegnung, Abenteuer, Bekanntschaft, Beobachtung, eigene Anschauung, 3. Erkenntnis, Einsicht, Einblick, Überzeugung, Verständnis, Verstehen, Überblick, Wissen, erworbenes Können, Praxis; Lebenskunst, Diätetik, Lebenspraxis, Lebenserfahrung, Welterfahrung, Weltklugheit, 4. Psychologie, Seelenkunde, Menschenkunde, Lebensweisheit, Lebensphilosophie. 425

Erfolg 1. Aufstieg, Anerkennung, Beifall, Triumph, Vorwärtskommen, Glück, Gelingen, Errungenschaft, Gedeihen, Erfüllung, Eroberung, Sieg, Bewältigung, Durchstoß, Durchbruch, Verwirklichung, Realisierung, 2. Ergebnis, Resümee, Fazit, Resultat, Summe, Endsumme, Endbetrag, Bilanz, Lösung, Auflösung, 3. Schlag, Streich, Coup, Meisterstück, Meisterstreich, Husarenstück, Griff, Schnapp, Schnitt, Glücksfall, 4. Zulauf, Zustrom, Zu- 426 spruch, 5. Treffer, Volltreffer, Einschlag, Trumpf, Beute, Trophäe, Ausbeute, Siegespreis, Preis, Ruhm, Beute, Jagdbeute, Strecke, Fischzug, Fang.

427 **ergänzen (sich)** 1. vervollständigen, vervollkommnen, ausbauen, ausgestalten, vollenden, abrunden, runden, anbauen, aufstocken, nachtragen, zufügen, hinzusetzen, auffüllen, nachfüllen, zugießen, nachgießen, hinzutun, hinzufügen, zugeben, vollmachen, komplettieren, integrieren, 2. beilegen, beifügen, beigeben, anfügen, beipacken, mitschicken, hinzutun, anfügen, beischließen, anheften, anlegen, nachliefern, nachschicken, nachsenden, nachzahlen, zuzahlen, zulegen, draufzahlen, aufrunden, 3. nachwachsen, sich erneuern, regenerieren, 4. sich ergänzen, zusammenpassen, harmonisieren, sich ausgleichen, 5. beiliegen, anliegen, dazugehören, 6. einfügen, einbauen, einarbeiten, einlassen, einweben, einschieben, zwischenschieben, einbetten, einflicken, hineinstellen, einblenden, einpassen, einschalten, einordnen, einrangieren, einreihen, einstufen, hineinstellen, 7. zuleiten, zuführen, einströmen lassen; zulaufen, zuströmen, einströmen, zufließen, 8. stückeln, anstückeln, zusammenstückeln, ansetzen, verlängern, einsetzen (Stück), 9. ergänzend, beiliegend, mit gleicher Post, beigeschlossen, anbei, eingeschlossen, angebogen, nebenher, nebenbei, dazu, weiterhin, nachträglich, sowie, sonstiges.

428 **Ergänzung** 1. Vervollkommnung, Vervollständigung, Perfektionierung, Hinzufügung, Zusatz, Abrundung, Aufrundung, 2. Nachtrag, Nachwort, Anhang, Fußnote, Randnote, Anmerkung, Zusatz, Klausel, Begleitwort, Erläuterung, Randbemerkung, Marginalie, Glosse, 3. Zugabe, Beifügung, Anlage, Beipack, Einschluß, Einlage, Zubehör, Extras, Nachlieferung, Folge, Fortsetzung, Nachsendung; Nachzahlung, Zuzahlung, Zuschuß, Zulage, Beihilfe; Exkurs, Nachschrift, Füllsel, Anhängsel, Nachschrift, Postskriptum = PS, 4. Einbau, Anbau, Ausbau, Erweiterung, Vergrößerung, Einschub, Einschiebsel, Einblendung, Einwurf, Zwischenruf, 5. Zuleitung, Zufluß, Zustrom, Nebenfluß, Zuführung, Zulauf, Flußarm, Nebenarm, Seitenarm, 6. Nebenverdienst, Nebeneinnahme, Zusatzverdienst, zusätzliche Einnahme, Nebeneinkünfte, Überstunden, 7. Begleiterscheinung, Nebenwirkung, Randerscheinung, Randfigur, 8. Zufuhr, Auffüllung, Zugang, neue Lieferung, Nachschub, 9. Zuleitung, Zufahrt, Auffahrt, Zufahrtstraße, Zubringer.

erhalten (sich) 1. bekommen, empfangen, kriegen, zuteil werden, geschenkt bekommen, abbekommen, mitbekommen, abkriegen, erlangen; zugehen, geschickt bekommen, zugestellt erhalten, überbracht werden, 2. sich bewahren, sich aufsparen, sich schonen, sich retten, durchkommen, am Leben bleiben, weiterleben, sich schützen, der Gefahr entgehen, ausweichen, zurückspringen, die Gefahr erkennen, dem Tode entrinnen, das Leben retten, den Kopf aus der Schlinge ziehen, davonkommen, 3. haltbar machen, konservieren, auf Eis legen, tiefkühlen, einfrieren, frosten, zum Gefrieren bringen; einkochen, eindünsten, einmachen, sterilisieren, einwecken, keimfrei machen, pasteurisieren, evaporieren, verdampfen, entwässern, Wasser entziehen, kondensieren, verdichten; einlegen, beizen, einsalzen, einpökeln, selchen, marinieren, räuchern; kandieren, verzuckern, präparieren, dauerhaft machen, abkochen, auskochen, vor dem Verfall bewahren, 4. sich ernähren, durchbringen, durchschlagen, den Lebensunterhalt verdienen, den Lebensunterhalt bestreiten, leben von, sich durchs Leben schlagen, sein Leben fristen; durchhelfen, durchfüttern, am Leben halten, zu essen geben, beköstigen, versorgen, mit allem versehen, unterhalten, aushalten, 5. einbalsamieren, mumifizieren; konservieren, 429 ausstopfen, 6. Beize, Marinade, Tunke, Brühe, Soße, Salatsoße, Mayonnaise, 7. Eingemachtes, Konserven, Fertigkost, Tiefkühlkost.

430 **erheben (sich)** 1. sich aufrichten, aufsetzen, aufstehen, aufspringen, den Tag beginnen, das Bett verlassen, erwachen, aufwachen, wach werden, zu sich kommen, zur Besinnung kommen, das Bewußtsein wiedererlangen, 2. sich heben, aufgehen, aufsteigen, aufschwingen, in die Luft heben, aufschießen, hochschießen, steigen, abstieben, aufstieben, davonfliegen, abschwirren, wegfliegen, abstreichen, starten, abheben (Flugzeug), 3. hochkommen, auftauchen, an die Oberfläche kommen; in Sicht kommen, sichtbar werden, steigen, sich über den Horizont erheben.

431 **erholen (sich)** 1. entspannen, ausspannen, ruhen, feiern, ausruhen, ausschlafen, liegenbleiben, im Bett bleiben, Ferien machen, aussetzen, Urlaub nehmen, verschnaufen, erquicken, verpusten, rasten, Rast machen, sich laben, kräftigen, stärken, zu Kräften kommen, wieder zu sich kommen, aufblühen, Pause machen, rasten, abschalten, Atem schöpfen, Luft schnappen, aufatmen, 2. gesund werden, gesunden, genesen, aufleben, aufkommen, erstarken, sich kräftigen; ausheilen, besser werden, vernarben, sich schließen (Wunde), sich machen; davonkommen, wieder aufstehen, geheilt werden, aufleben, Hoffnung (Mut, Vertrauen, Kraft) schöpfen, 3. anziehen, (Preise), besser werden, sich beleben, 4. sich aalen, sich sielen, rekeln, lotteln, sich sonnen, in der Sonne liegen, alle viere von sich strecken, auf der faulen Haut liegen, nichts tun, faul sein, neue Kräfte sammeln; herumlungern, fläzen, flegeln, lümmeln, sich gehenlassen, latschen, schlappen, lottern, schlurfen, schlürfen, schmatzen, knatschen.

432 **Erholung** 1. Entspannung, Ausspannung, Unterbrechung, Atempause, Pause, Rast, Ruhetag, Ruhepause, Mittagsschlaf, Mittagsruhe, Verschnaufpause, Mußestunde, Nichtstun, Loslösung, Erquickung, Erfrischung, Belebung, Erneuerung, Lockerung, Freizeit, Urlaub, Ferien, Ruhe, Muße, Luftwechsel, Luftveränderung, Tapetenwechsel, Kur, Sommerfrische, Kurort, 2. Genesung, Besserung, Linderung, Rekonvaleszenz, Aufkommen, Gesundung, Wiederherstellung, Kräftigung, Heilung, Stärkung, Neubelebung, Jungborn, Aufschwung, Neugeburt, Jungbrunnen, Wohltat, Gesundbrunnen, 3. Schlaf, Schlummer, Schläfchen, Nickerchen, Siesta, Bettruhe, Nachtruhe, Nachtschlaf.

erinnern (sich) 1. sich entsinnen, sich 433
besinnen auf, noch wissen, wiedereinfallen, wiedererkennen, genau beschreiben, rekonstruieren, zurückdenken, zurückblicken, zurückschauen, sich zurückrufen, sich zurückversetzen, nicht vergessen haben, Revue passieren lassen, die Vergangenheit lebendig machen, in der Vergangenheit leben, wiederauftauchen, wiederkommen, wiedererwachen, sich wiedereinstellen, 2. behalten, sich merken, sich einprägen, ins Gedächtnis schreiben, aufnehmen, zur Kenntnis nehmen, sich zu eigen machen, daran denken, sich hinter die Ohren schreiben, denken an, nicht vergessen, sich notieren, sich aufschreiben, 3. gedenken, ein Andenken bewahren, 4. anklingen, gemahnen, heraufrufen, 5. erinnerlich sein, im Kopf haben, auswendig wissen, im Gedächtnis haben, gegenwärtig sein, präsent sein, unvergessen, unverwischbar, unvergeßlich sein, eingedenk sein, lebendig sein, gegenwärtig haben, nachklingen, nachhallen.

Erinnerung 1. Gedächtnis, Erinne- 434
rungsvermögen, Gedächtniskraft, Merkfähigkeit, Ortssinn, Orientierungsvermögen, 2. Andenken, Denkzeichen, Souvenir, Erinnerungsstück, Reiseandenken; Angedenken, Gedenken, Rückschau, Rückblick, Reminiszenz, 3. Gedenkrede, Nachruf, Nekrolog, Gedächtnisrede, Nachruhm, Nachglanz, 4. Gedächtnismal, Ehrenmal, Denk-

mal, Mahnmal, Monument, Denkstein, Obelisk, Säule, Grabstein, Stele, Grabmonument, Gedenkstätte, Gedenkfeier, Gedächtnismahl, Kreuz, Kruzifixus, 5. Memoiren, Denkwürdigkeiten, Aufzeichnungen, Lebenserinnerungen, Tagebuch, Diarium, Kladde, Schmierheft, Sudelheft, Chronik, Annalen, Jahrbuch, Jahrweiser, Merkbuch, Notizbuch, Kalender, Notizblock, Notizzettel, Merkzettel, Denkzettel, Merkzeichen, Lesezeichen, 6. Abglanz, Nachklang, Nachruhm, Nachglanz, 7. Nachgeschmack, Nebengeschmack, Beigeschmack, Unterton, Nuance, Beiklang, Nebenklang.

435 **erklären** 1. erläutern, auseinanderlegen, auseinandersetzen, darlegen, darstellen, deuten, ausdeuten, auslegen, klarmachen, explizieren, verständlich machen, Licht aufstecken, Lehre erteilen, Lektion erteilen, klarlegen, erleuchten, ausführen, entwickeln, dartun; vorführen, demonstrieren, zeigen, vormachen, aufzeigen, definieren, bestimmen, kommentieren, illustrieren, verdeutlichen, veranschaulichen, verlebendigen, greifbar machen, konkretisieren, anschaulich machen, bildlich darstellen, verbildlichen, verdinglichen, interpretieren, 2. aufklären, orientieren, unterrichten, einweihen, einführen, eröffnen, ins Bild setzen, begründen, motivieren, erhellen, Streiflicht werfen auf, herausarbeiten, sichtbar machen, vertraut machen mit, nahebringen, Verständnis wecken, rekonstruieren, genau wiedergeben, 3. deklarieren, Angaben machen, angeben, Inhaltsverzeichnis beilegen, Inventar aufstellen, 4. beschriften, Bildunterschriften machen, texten, Texte verfassen, etikettieren, Preisschilder anbringen, ausschildern, Wegweiser anbringen.

436 **Erklärung** 1. Erläuterung, Darlegung, Offenbarung, Ausführung, Aufschluß, Definition, Begriffsbestimmung, Begriffsbildung, Kommentar, Deutung, Ausdeutung, Interpretation, Verdeutlichung, Illustrierung, Illustration; Demonstration, Vorführung, 2. Aufklärung, Unterrichtung, Einführung, Information, Merkblatt, Gebrauchsanweisung, Inhaltsverzeichnis, Einweihung, Ausführungsbestimmung, Begründung, Klärung, 3. Unterschrift, Bildunterschrift, erklärender Text, Spruchband, Banderole, Inschriftstreifen, Beschriftung, Bezeichnung, Inschrift, Legende.

erkranken 1. krank werden, sich zu 437
Bett legen, etwas ausbrüten, unpäßlich sein, klagen über, sich anstecken, sich infizieren, etwas fangen, etwas erwischen, etwas abkriegen, sich etwas holen, sich erkälten, sich verkühlen, etwas aufschnappen, sich verderben, angefallen werden, sich etwas zuziehen, 2. anstecken, übertragen, infizieren, befallen, anfallen, anfliegen, ankränkeln, verseuchen, vergiften, durchseuchen.

erlauben (sich) 1. gestatten, bewilli- 438
gen, willfahren, sein Einverständnis geben, anheimgeben, geschehen lassen, sich einverstanden erklären, genehmigen, stattgeben, gewähren, zuerkennen, nachgeben, erhören, ein Einsehen haben, freien Lauf lassen, hingehen lassen, die Zügel schleifen lassen, gewähren lassen, tolerieren, geschehen lassen, fünf gerade sein lassen, gelten lassen; verstatten, einwilligen gutheißen, zustimmen, zulassen, dulden, hinnehmen, sich gefallen lassen, durchgehen lassen, nachsehen, zubilligen, leiden, anheimstellen, freistellen, gönnen, vergönnen, zugeben, nichts in den Weg legen, freie Hand lassen, einräumen, zugestehen, meinetwegen, gern, bitte, 2. befugen, bevollmächtigen, ermächtigen, autorisieren, berechtigen, beglaubigen, privilegieren, konzedieren, sanktionieren, approbieren, Approbation erteilen, zulassen, Vollmacht erteilen, Prokura erteilen, Lizenz vergeben, lizenzieren, legitimieren, 3. sich gestatten, sich die Freiheit nehmen, dürfen wir, vielleicht dürfen wir, wenn Sie nichts dagegen haben, falls es Ihnen recht ist, wenn Sie meinen, 4. sich herablassen, gnädig sein, huldreich sein,

schmelzen; bereit sein, geneigt sein, sich bereitfinden, sich bequemen, geruhen, sich herbeilassen.

439 **Erlaubnis** 1. Einwilligung, Zustimmung, Bejahung, Zusage, Zuschlag, Jawort, Bewilligung, Billigung, Duldung, Hinnahme, Freigabe, Freistellung, Dispensierung, Dispens, Konsens, Zugeständnis, Plazet, Echo, Einverständnis, Einvernehmen, Beifall, Anerkennung, 2. Ermächtigung, Stimme, Vollmacht, Prokura, Blankovollmacht, Bevollmächtigung, Befugnis, Berechtigung, Genehmigung, Recht, Autorisierung, Beistimmung, Einräumung, Konzession, Zulassung, Approbation, Bewilligung, Zugeständnis, Privileg, Freiheit, Belehnung, Übergabe, 3. Freibrief, Dispens, Erlaß, Freistellung, Beurlaubung, Befreiung, Erhörung, Gewährung, Bestätigung, Anerkennung, Sanktionierung, Verleihung.

440 **erledigen** 1. tun, machen, besorgen, verrichten, vollführen, handeln, bewerkstelligen, abwickeln, ausführen, verwirklichen, vollziehen, vollstrecken, in die Tat umsetzen, tätigen, vollenden, durchführen, beendigen, fertigmachen, beseitigen, abtun, zu Ende führen, vollbringen, abschließen, fertigstellen, ablegen, abheften, zu den Akten legen, hinter sich haben, los sein, hinter sich bringen, 2. ausfertigen, unterschreiben, abzeichnen, abhaken, abfertigen, ausstellen, ausfüllen, ausschreiben, 3. ruinieren, abschießen, besiegen, zugrunde richten, Niederlage bereiten, „fertigmachen", ins Unglück bringen, zu Fall bringen, ins Verderben stürzen, ans Messer liefern, verderben, umschmeißen, schmeißen, umwerfen, liefern, stürzen.

441 **erledigt** 1. ausgemacht, abgemacht, fertig, fest, fix, abgeschlossen, vereinbart, spruchreif, geregelt, perfekt, vollzogen, unter Dach, entschieden, besiegelt, beschlossene Sache, angenommen, akzeptiert, bezahlt, unwiderruflich, gebilligt, handelseinig, abgeliefert, ausgefertigt, unterschrieben, Brief und Siegel, zu den Akten, Schluß, in Ordnung, abgetan, Schwamm drüber, 2. ausverkauft, geräumt, leer, abgestoßen, nichts mehr zu haben, genug, basta, sela, stop, es reicht, aus und gar, 3. bankrott, zahlungsunfähig, überschuldet, verschuldet, unrettbar, geplatzt, verkracht, gescheitert, gestrandet, geliefert, ruiniert, schachmatt, geschmissen, im Eimer, zappenduster, zerrüttet, am Ende, fertig, vernichtet, verloren, ratlos, aufgeschmissen, zuschanden, gebrochen, 4. unten durch, in Mißkredit, in Ungnade, gesellschaftlich unmöglich, verfemt, verpönt, ausgeschlossen, ausgestoßen, verworfen, geächtet, preisgegeben, bloßgestellt, unsterblich blamiert, gekennzeichnet, gebrandmarkt, degradiert, verdammt, gebannt, verbannt, verflucht, gezeichnet, verachtet, kompromittiert, entehrt, befleckt, in der Leute Mund, unmöglich gemacht, boykottiert, disqualifiziert, gerichtet, verurteilt, schuldig befunden, verdammt, am Boden, knock out, besiegt, ausgepunktet, ausgezählt, kampfunfähig, geschlagen, erschöpft, 5. abgeblasen, abgebrochen, abgemeldet, vorbei, zu Ende, aus, alle, aufgebraucht; erschöpft, gestrichen, gelöscht, rückgängig gemacht.

Erledigung 1. Ausführung, Durchführung, Verrichtung, Ausarbeitung, Bewerkstelligung, Tätigung, Besorgung, Beendigung, Abrundung, Abwicklung, 2. Abschluß, Bewenden, Erfüllung, Vollendung, Ablieferung, Ausfertigung, Unterschrift, Ablage. 442

ermöglichen 1. möglich machen, einrichten, Gelegenheit suchen, sehen was man tun kann, erlauben, gestatten, zulassen, 2. befähigen, instand setzen, Gelegenheit bieten, den Weg ebnen, vorbereiten, ausbilden, vorarbeiten, ausrüsten, ertüchtigen, präparieren, schulen, helfen, unterstützen, protegieren, unter die Fittiche nehmen. 443

ermüden (sich) 1. müde machen, anstrengen, erschöpfen, aufreiben, aushöhlen, schwächen, überfordern, 444 überanstrengen, hetzen, zermürben, krank machen, plagen, schlauchen; schwerfallen, Mühe machen, Schweiß kosten, 2. müde werden, nachlassen, nicht mehr folgen können, abfallen, erschlaffen, erlahmen; sich überanstrengen, sich überfordern, sich übernehmen, sich schwer tun, sich zuviel zumuten, sich verausgaben, sich überarbeiten, sich abhetzen, abjagen, abrackern, abschinden, abarbeiten, fronen, placken; mutlos werden, den Mut verlieren, blaß werden, kraftlos werden, der Erschöpfung nahe sein, 3. zusammenbrechen, zusammenklappen, zusammensacken, schlappmachen, absacken, nicht mehr können, umfallen, ohnmächtig werden, die Besinnung verlieren, in Ohnmacht fallen, Kollaps erleiden.

445 **Ermüdung** 1. Müdigkeit, Schläfrigkeit, Schlafbedürfnis, Übermüdung, Mattigkeit, Schwunglosigkeit, Schlaffheit, Abspannung, Erschöpfung, Entkräftung, Ermattung, Erschlaffung, Ohnmacht, Bewußtlosigkeit, Kollaps, Schwindel, Schwindelgefühl, Gleichgewichtsstörung, 2. Überarbeitung, Überanstrengung, Überlastung, Überlenkung, Überbürdung, Überlastung, Überforderung, Überspannung, Zusammenbruch, Kräfteverfall, Zermürbung, 3. Schwäche, Schwachheit, Marklosigkeit, Machtlosigkeit, Kraftlosigkeit, 4. Widerstandslosigkeit, Verführbarkeit, Willensschwäche, Entschlußlosigkeit, Energielosigkeit, Willenlosigkeit, Unentschlossenheit, Unentschiedenheit, Inkonsequenz, 5. Blutleere, Blutarmut, Bleichsucht, Blutlosigkeit.

446 **ermuntern** 1. zureden, zusprechen, anspornen, bereden, zu bewegen suchen, drängen, überreden, beinflussen, aneifern, antreiben, gut zureden, anraten, anempfehlen, 2, ermutigen, Mut machen, anregen, animieren, aufrütteln, aufrichten, beleben, stärken, aktivieren; bestärken, anerkennen, bestätigen, zustimmen, den Nacken steifen, begeistern, beflügeln, überzeugen, unterstützen, stärken, den Rücken stärken.

Ernährung 1. Lebensunterhalt, Versorgung, Sicherung, das tägliche Brot, 2. Beköstigung, Verköstigung, Verpflegung, Speisung, Atzung, Bewirtung; Fütterung, Futter, Fraß, Fressen, 3. Nahrung, Essen und Trinken, Kost, Mahlzeiten, Mittagstisch, volle Pension, Proviant, Mundvorrat, Zehrung, Zehrgeld, Wegzehrung, 4. Nahrungsmittel, Nährmittel, Lebensmittel, Naturalien, Naturprodukte, Fressalien, Eßwaren, Gerichte, Speisen, 5. Diät, Regime, Rohkost, vegetarische Kost, Heilkost, Schonkost, Fasten, Heilfasten, Fastenkur, Hungerkur, Lebensweise, Ernährungsweise, Ernährungsplan, 6. Mast, Mästung, Mastkur; Abmagerungskur, Entfettungskur. 447

erneuern (sich) 1. ausbessern, auffrischen, aufarbeiten, instand setzen, reparieren, Schäden beheben, umbauen, überholen, umarbeiten, renovieren, verändern, wenden, restaurieren, rekonstruieren, wiederherstellen, wieder aufbauen, auffrischen, aufpolieren, neu streichen, tapezieren, gipsen, neugestalten, wieder herrichten, flottmachen, 2. ganz machen, heil machen, gut machen, plombieren, füllen, kitten, leimen, löten, dichtmachen, abdichten, zustopfen, schließen, ausfüllen, teeren; flecken, sohlen, riestern; flicken, stopfen, Stücke einsetzen, 3. reformieren, umorganisieren, reorganisieren, umgestalten, bessern, verbessern, revolutionieren, auswechseln, modernisieren, umwälzen, umwandeln, gewaltsam ändern, 4. wiederholen, bekräftigen, neu beleben, neue Nahrung geben, aktivieren, auffrischen, aufflammen lassen, 5. erfrischen, erquicken, sich verjüngen, aufblühen, aufleben, neu werden, sich aufrichten, wieder aufflackern, auferstehen, wieder erstehen, wiederaufleben, Urständ feiern, 6. wiederbeleben, ins Leben zurückrufen, künstlich beatmen. 448

Erneuerung 1. Ausbesserung, Auffrischung, Instandsetzung, Renovie- 449 rung, Restaurierung, Wiederherstellung, Reparatur, Änderung, Umarbeitung, Umbau, Aufarbeitung, Neugestaltung, Neubau, Rekonstruktion, Nachbildung, 2. Wiederholung, Wiederaufbau, Wiederaufnahme, Restauration, 3. Auferstehung, Wiedererstehung, Neuwerdung; Verjüngung, Regeneration, Wiedergeburt, Auferweckung, Neugeburt, Wiedererweckung, Neubelebung, Wiederaufleben, Wiedererblühen, neue Blüte, Renaissance, 4. Wiederbelebung, künstliche Beatmung, Erweckung zu neuem Leben, 5. Neufassung, Remake, Neuverfilmung.

450 **ernst** 1. ernsthaft, streng, entschieden, seriös, zuverlässig, Vertrauen erweckend, streng, sachlich, 2. gesetzt, gemessen, würdevoll, nüchtern, steif, humorlos, versteht keinen Spaß, 3. im Ernst, ernstgemeint, ohne Spaß, aufrichtig, ehrlich, 4. bedenklich, bedrohlich, nicht ungefährlich, 5. mahnend, ermahnend, wohlmeinend.

451 **ernten** pflücken, abmachen, ablösen, abbrechen, abpflücken, zupfen, abzupfen, schütteln, herunterholen, herunternehmen, abnehmen, schneiden, lesen, mähen, einbringen, einherbsten, einfahren, in die Scheuer sammeln, einsammeln, hereinbringen, speichern, gewinnen, erzielen, einheimsen, aufheben, auflesen, zusammenlesen, aufklauben, nachlesen.

452 **eröffnen** 1. anfangen, beginnen, aufmachen, gründen, Grundstein legen, einrichten, etablieren, sich niederlassen, anlegen, 2. weihen, einweihen, enthüllen, der Öffentlichkeit übergeben, 3. erschließen, öffnen, aufschließen, roden, abholzen, Bäume fällen, urbar machen, nutzbar, zugänglich machen, Wege bahnen, Pionierarbeit leisten, kolonisieren, bewässern, kultivieren, besiedeln, bevölkern.

453 **erregt** 1. aufgeregt, beunruhigt, besorgt, unruhig, ruhelos, zappelig, vibrierend, kribbelig, bebend, zitternd, nervös, verstört, angespannt, hektisch, fiebrig, übernervös, überreizt, hysterisch; auf Kohlen sitzen, auf Nadeln sitzen, 2. berührt, beeinflußt, beeindruckt, gerührt, ergriffen, bewegt, gepackt, erschüttert, aufgewühlt, 3. begeistert, gehoben, erfüllt, „weg“, entzückt, fasziniert, gebannt, feurig, glühend, in Fahrt, leidenschaftlich, rauschhaft, verzückt, im siebten Himmel, entrückt, Feuer und Flamme, hochgestimmt, euphorisch, hymnisch, trunken, fieberhaft, erhitzt, heftig, hingerissen, außer sich, exaltiert, ekstatisch, schwärmerisch, bezaubert, verzaubert, außer sich, verklärt, betört, gebannt, aufgelöst, berauscht, dionysisch, dithyrambisch, überspannt, frenetisch, rasend, enthusiastisch, enthusiasmiert, mit fliegenden Fahnen.

Erregung 1. Aufregung, Erregtheit, Beunruhigung, Aufgeregtheit, Gemütsbewegung, Gemütserregung, Affekt, Gefühlsspannung, Verstörtheit, Nervosität, Unruhe, Ungeduld, Schlaflosigkeit, Schlafstörungen, Ruhelosigkeit, Hochspannung, Anspannung, Zappeligkeit, 2. Ergriffenheit, Erschütterung, Bewegung, Bewegtheit, Emotion, Rührung, 3. Begeisterung, Enthusiasmus, Entzücken, Entzückung, Rausch, Entrückung, Verzückung, Aufschwung, Erhobenheit, Exaltiertheit, Hochgefühl, Trance, Entrücktheit, Besessenheit, Faszination, Bezauberung, 4. Leidenschaft, Passion, Affekt, Feuer, Glut, Brand, Fieber, innerer Aufruhr, Überschwang, Höhenflug, Aufwallung, Hochstimmung, Ekstase, Taumel, Trunkenheit, Trip, 5. Kurzschlußhandlung, Affekthandlung, Unüberlegtheit, Übereilung, Unbesonnenheit, Voreiligkeit, Unbedachtheit, Verzweiflungstat, 6. Veranlassung, Verursachung, Auslösung, Erweckung, Erzeugung, 7. Aufreizung, Anstiftung, Aufwiegelung, Hetze, Hetzerei, Verhetzung, Brandrede, Verketzerung, Hexenjagd, Pogrom, Verfolgung, Kesseltreiben, Treibjagd, Einkreisung. 454

Ersatz 1. Behelf, Notbehelf, Hilfs- 455

mittel, Mittel und Wege, Ausweg, Surrogat, Provisorium, Zwischenlösung, Interimslösung, Notlösung, Flickwerk, Hintertür; Reserven, Notvorrat, eiserne Ration, 2. Pflegemutter, Nährmutter, Amme, Ziehmutter, Pflegekind, Pflegling, Pflegebefohlener, Adoptivkind, Pflegevater, Nährvater, Ziehvater, Pflegeeltern, Adoptiveltern, Stiefeltern, Stiefvater, Stiefmutter, 3. Prothese, Krücke, Stock, Stab, Stütze, Stelzfuß, künstliches Glied; Zahnprothese, Zahnersatz, Brücke, Gebiß; Brille, Augengläser, Klemmer, Zwicker, Kneifer, Monokel, Einglas, Haftschalen, Haftglas, Kontaktlinse, Kontaktschale; Lorgnon, Lorgnette, Stielbrille; Opernglas, Fernglas, Feldstecher, Tubus, Mikroskop, Lupe, Vergrößerungsglas; Haarersatzteil, Perücke, Toupet, falscher Zopf.

456 **erstarren (lassen)** 1. festwerden, sich verfestigen, gelieren, steif werden, zum Stehen kommen, sich stellen, gerinnen, sich versteifen, sich verdicken, eindicken, dick werden, 2. erstarren lassen, auskühlen, abkühlen, frieren, gefrieren, erfrieren, zu Eis werden, vereisen, 3. einfrieren, unterkühlen, tiefkühlen, 4. klumpen, flocken, gerinnen, sich zusammenballen, ausfallen, 5. verhärten, verkalken, verknöchern, versteinern, zu Stein werden, kristallisieren; sich verkrampfen, nicht loslassen können, sich verspannen; gehemmt werden, steif werden, unfrei werden.

457 **Erstaunen** Verwunderung, Staunen, Aufsehen, Befremden, Überraschung, Erstarrung, Betäubung, Verwirrung, Verblüffung, Bestürzung, Betroffenheit, Sprachlosigkeit, Frappiertheit, Schreck, Schock, Eklat, Skandal, Sensation.

458 **erstaunlich** verwunderlich, merkwürdig, auffallend, bemerkenswert, wunderbar, überraschend, verwirrend, verblüffend, bestürzend, erschreckend, schockierend, frappant, aufsehenerregend, ausgefallen, wundersam, sonderbar, seltsam, befremdend, befremdlich, staunenswert, bewundernswert, stupend, buchenswert.

erstklassig unübertrefflich, unübertroffen, unerreicht, non plus ultra, 459
prima, Ia, das Beste, vom Besten das Beste, allerfeinst, an der Spitze liegend, führend, allen überlegen, überragend, ausnehmend, Spitzenleistung, Meisterstück, Meisterleistung, Meisterwerk, Höchstleistung, Krone, Gipfel, Wertarbeit, erste Qualität, große Klasse, Spitzenklasse, obenan, ganz vorn, nicht zu schlagen, konkurrenzlos, nicht zu überholen, auserlesen, ausgesucht, tadellos, erstrangig.

erwarten 1. annehmen, gewärtigen, 460
entgegensehen, denken, meinen, für sicher halten, nicht zweifeln, sicher sein, rechnen mit, zählen auf, spannen, sich spitzen auf, setzen auf, Eisen im Feuer haben, rechnen auf, Aussicht haben auf, sich verlassen auf, bauen auf, vertrauen auf, sich etwas versprechen von, sich freuen auf, gespannt sein auf, 2. hoffen, erhoffen, erträumen, erharren, Ausschau halten nach, Hoffnungen hegen, den Mut nicht sinken lassen, möchte doch, wenn doch, wenn nur nicht, 3. fürchten, befürchten, kommen sehen, vorhersehen, nichts Gutes ahnen, gewärtig sein, sich gefaßt machen auf, voraussehen, errechnen, ausrechnen.

Erwartung 1. Annahme, Meinung, 461
Hoffnung, Glaube, Zuversicht, Vertrauen, Traum, Ahnung, Vorgefühl, Vorfreude, Vorgeschmack, Kostprobe, Spannung, Ungeduld, 2. Berechnung, Kombination, Spekulation, 3. Aussicht, Chance, Möglichkeit, Gelegenheit, Eisen im Feuer, etwas in petto haben, Silberstreifen, Lichtblick, Hoffnungsanker sehen.

erwidern 1. antworten, beantworten, 462
bescheiden, Nachricht geben, wissen lassen, kundtun, entgegnen, schreiben, Aufschluß geben, Auskunft geben, Rede stehen, eingehen auf, Antwort geben, bestätigen, zusagen, absagen, Bescheid geben; sich zum Wort melden, das Wort nehmen, das Wort ergreifen, zur Diskussion sprechen, 2. widersprechen, einwenden,

dagegenhalten, widerlegen, entkräften, ad absurdum führen, dawiderreden, bekämpfen, Lügen strafen, Veto einlegen, Kontra geben, kontern, entgegenhalten, entgegensetzen, Angriff abfangen, einhaken, entgegenstellen, gegenüberstellen, versetzen, herausgeben, replizieren, zurückgeben, nichts schuldig bleiben, sich verwahren gegen, Verwahrung einlegen, Einspruch erheben, Einwände vorbringen, protestieren, bestreiten, widerstreiten.

463 **Erwiderung** 1. Antwort, Rückäußerung, Beantwortung, Bescheid, Nachricht, 2. Entgegnung, Widerspruch, Einrede, Einwand, Einwurf, Einspruch, Aber, Entkräftung, Gegenrede, Widerrede, Gegenäußerung, Gegenbeweis, Gegenvorschlag, Entgegenstellung, Gegenbehauptung, Antithese, Widerlegung, Anfechtung.

464 **erzeugen** 1. schaffen, erschaffen, hervorrufen, ans Licht rufen, hervorbringen, verursachen, entstehen lassen, 2. zeugen, ins Leben rufen, zum Leben erwecken, wachrufen; besamen, befruchten, begatten, paaren, sich vermischen, decken, belegen, bestäuben, beschälen, schwängern; hecken, aushecken, ausbrüten, brüten, 3. herstellen, bereiten, machen, fertigen, anfertigen, verfertigen, produzieren, fabrizieren, arbeiten, 4. bauen, erbauen, errichten, erstellen, aufführen, hinstellen, mauern, aufbauen, aufführen, aufrichten, konstruieren, 5. säen, aussäen, besäen, setzen, zum Blühen bringen, pflanzen, anbauen, anpflanzen, bebauen, bestellen, bewirtschaften, kultivieren, pflegen, ziehen, züchten; einpflanzen, einsetzen, bepflanzen, beackern, pflügen, unter den Pflug nehmen, erschließen; umpflanzen, umsetzen, pikieren, versetzen, verpflanzen, 6, erfinden, ersinnen, erdenken, Erfindung machen, ergrübeln; dichten, erdichten, formen, bilden, gestalten.

465 **Erzeuger** 1. Urheber, Schöpfer, Erschaffer, Vater, Erzvater, Stammvater, Patriarch, Gründer, Schaffender, Bewirker, Initiator, 2. Hersteller, Fertiger, Produzent, Fabrikant, 3. Erfinder, Gestalter, Entdecker, Erbauer, Architekt, Baumeister, Konstrukteur, Entwerfer, Designer, Musterzeichner, 4. Verfasser, Autor, Dichter, Poet, Künstler, Literat, Sänger, Barde, Skalde, Schriftsteller, Schreiber, Stilist, Prosaschriftsteller, Prosaist, Erzähler, Epiker, Romancier, Romanschriftsteller, Novellist, Essayist, Dramatiker, Stückeschreiber, Dramendichter, Mann der Feder, Lyriker, Glossenschreiber, Schreiberling, Vielschreiber, 5. Bildner, Bildhauer, Plastiker, Holzschnitzer, 6. Maler, Porträtist, Aquarellist, Freskenmaler, Graphiker, Typograph, 7. Musiker, Musikant, Komponist, Tonkünstler, Tonsetzer, 8. Verleger, Herausgeber, Drucker.

Erzeugnis Ergebnis, Produktion, Gütererzeugung, Ernte, Frucht der Arbeit, Produkt, Präparat, Ausstoß, Artikel, Gegenstand, Fabrikat, Ware, Konsumgüter, Gebrauchsgüter, Serienprodukte. 466

Erzeugung 1. Erschaffung, Schöpfung, Urheberschaft, Vaterschaft, Erweckung, Belebung, Beseelung, Zeugung, Befruchtung, Begattung, Paarung, Beiwohnung, Beischlaf; Bestäubung, Vermischung, Verschmelzung, Empfängnis, Schwängerung, Fortpflanzung, Vermehrung, Geburt, 2. Industrie, Herstellung, Fabrikation, Produktion, Fertigung, Anfertigung, Verfertigung, Serienproduktion, fabrikmäßige Herstellung, 3. Aufbau, Aufrichtung, Errichtung, Erstellung, Bau, Konstruktion; Erfindung, Erdichtung, Einfall, 4. Anbau, Anpflanzung, Bepflanzung, Saat, Aussaat, Bestellung, Bebauung, Ackerbau, Bauernarbeit, Feldarbeit, Feldbestellung, Landwirtschaft, Landbau, Agrarwesen, Ökonomie. 467

Erziehung 1. Aufzucht, Aufziehen, Großziehen, Heranziehen, Heranbilden, Bildung, Formung, Persönlichkeitsentwicklung, Charakterbildung, Förderung, Lenkung, Leitung, Füh- 468 rung, Zucht, Einwirkung, 2. Erziehungswissenschaft, Pädagogik, Erziehlehre, 3. Manieren, Formen, Benehmen, Kinderstube, 4. Ausbildung, Unterweisung, Schulung, Unterricht.

469 **essen** 1. sich nähren, sich ernähren, Nahrung zu sich nehmen, sich sättigen, sich zu Gemüte führen, verzehren, verspeisen, löffeln, zusprechen, sich nicht nötigen lassen, zugreifen, zulangen, sich bedienen, sich einverleiben, über das Essen herfallen, verdrücken, sich zuführen, sich stärken, vertilgen, verkimmeln, mit vollen Backen kauen, sich vollstopfen, sich den Bauch vollschlagen, futtern, mampfen, essen wie ein Scheunendrescher, sich hermachen über, verschlingen, hinunterschlingen, verspachteln; speisen, tafeln, schmausen, schwelgen, prassen, 2. naschen, knabbern, leckern, picken, schnabulieren, sich laben, sich gütlich tun, schleckern, knuspern, 3. frühstücken, die Morgenmahlzeit zu sich nehmen, das Frühstück einnehmen, Morgenkaffee trinken; zu Mittag essen, dinieren; Kaffee trinken, Tee trinken, vespern; Abendbrot essen, zu Abend essen, zu Nacht essen, nachtmahlen, soupieren, 4. kauen, zerkleinern, zermalmen, einspeicheln, abbeißen, hineinbeißen, in den Mund stecken, in den Mund schieben, schlucken, hinunterschlucken, schnell essen, schlingen; nagen, abnagen, abessen, 5. diät leben, sich gesund ernähren, eine Diät halten, Schonkost essen, 6. fressen, verschlingen, äsen, weiden, grasen, abweiden, abgrasen, kahlfressen, 7. zuviel essen, sich den Magen verderben, des Guten zuviel tun, sich den Magen überladen, sich überessen, guten Appetit entwickeln, eine gute Klinge schlagen, 8. schmatzen, schlürfen, geräuschvoll essen.

470 **Essenz** 1. Wesen, Kern, Gehalt, Idee, Geist, Sinn, Sein, Wesenheit, Mark, Inhalt, Quintessenz, Substanz, Inbegriff, Grundgedanke, der springende Punkt, worauf es ankommt, 2. Extrakt, Konzentrat, Elixier, Seim, Sirup, Auszug, Absud, Aufguß, Tinktur, Heilmittel, Heiltrank, Medizin, Medikament, Balsam, Labung.

Europa 1. Abendland, Westen, Okzident, Alte Welt, 2. europäisch, abendländisch, westlich, okzidental. 471

Exemplar Einzelstück, Stück, Nummer, Ausfertigung, Muster, Probe, Band. 472

Existenz 1. Dasein, Sein, Bestehen, Bestand, das Bestehende, Vorhandensein, Vorkommen, Anwesenheit, Wirklichkeit, Wesen, 2. Leben, Erdenleben, menschliche Existenz, Erdenwallen, Erdentage, Lebenszeit, 3. Beruf, Arbeit, Lebensunterhalt, Broterwerb, Ernährungsmöglichkeit, Erwerbsmöglichkeit, Auskommen, Lebensgrundlage. 473

fachlich 1. beruflich, einschlägig, speziell, spezialistisch, wissenschaftlich, fachgemäß, fachmännisch, fachgerecht, zunftgerecht, waidmännisch, zünftig, fachkundig, handwerklich, gekonnt, gelernt, meisterhaft, mustergültig, tüchtig, erstklassig, materialgerecht, werkgerecht, echt, Klasse, Wertarbeit, 2. kennerhaft, sachverständig, vom Bau, vom Fach, von Berufs wegen, professionell, virtuos, artistisch, routiniert, maßgebend, autoritativ. 474

Fachmann 1. Fachgröße, Kenner, Sachverständiger, Sachkenner, Gutachter, alter Hase, Profi, Spezialist, Experte, Autorität, Kapazität, Berühmtheit, Zelebrität, Koryphäe, Prominenz, Größe, Kanone, große Nummer, Meister, Könner, Künstler, Artist, Routinier, Virtuose, Leuchte, großes Licht, Lumen, Kirchenlicht, 2. Facharbeiter, gelernter Arbeiter, Spezialarbeiter, Spezialist, Handwerker, 3. Geistesarbeiter, Kopfarbeiter, geistiger Arbeiter, Intellektueller, kluger Kopf, Intelligenzler, Forscher, Gelehrter, Wissenschaftler, Akademiker, Studierter, Forschungsreisender, Entdecker, 4. Praktiker, Mann der Praxis, Techniker; Astronaut, Kosmonaut, Weltraumfahrer, 5. Arzt, Mediziner, Doktor, Heilkundiger, Heiler, Therapeut, Kliniker, Chirurg, Internist, 475

Orthopäde, Frauenarzt, Gynäkologe, Geburtshelfer, Hebamme, Kinderarzt, Pädiater, Facharzt, Zahnarzt, Zahndoktor, Dentist, Tierarzt, Veterinär; Psychologe, Psychotherapeut, Psychiater, Seelenarzt.

476 **fad** würzlos, ungewürzt, salzlos, ungesalzen, geschmacklos, unschmackhaft, gehaltlos, saftlos, matt, flau, schal, wässerig, abgestanden, labberig, nach nichts, leer, öde, duftlos, geruchlos, unaromatisch, reizlos, gradaus.

477 **Faden** 1. Bindfaden, Schnur, Kordel, Strick, Strippe, Leine, Seil, Strang, Tau, 2. Garn, Nähfaden, Zwirn, Zwirnsfaden, Seidenfaden, Wollfaden, Strickgarn, Stickgarn, Häkelgarn, 3. Faser, Fiber, Fussel, Fluse, 4. Sommerfaden, Altweibersommer, Mariengarn, Gespinst Unserer Lieben Frau, 5. Stachel, Dorn, Borste, Stoppel, 6. Trosse, Drahtseil.

478 **fähig** 1. geeignet, tauglich, befähigt, vermögend, im Stande, geartet, veranlagt, geschaffen zu, geboren zu, talentiert, gelehrig, geschickt, gewandt, anstellig, tüchtig, brauchbar, patent, famos, praktisch, lebenstüchtig, leistungsfähig, verwendbar, qualifiziert, anschlägig, einfallsreich, ideenreich, findig, 2. aufgelegt, disponiert, gestimmt, gelaunt, zumute, gesonnen, in der Lage, imstande, 3. vorbereitet, vorgesehen, geschult, geübt, gewappnet, bewaffnet, gerüstet, stark, schlagkräftig.

479 **Fähigkeit** 1. Begabung, Talent, Befähigung, Geschick, Vermögen, Können, Fertigkeit, Eignung, Möglichkeiten, Entwicklungsmöglichkeiten, Gabe, Gelehrigkeit, Anlage, Veranlagung, Brauchbarkeit, das Zeug dazu, Qualifikation, Kraft, Macht, Potenz, Tauglichkeit, Verwendbarkeit, Vielseitigkeit, Tüchtigkeit, die Voraussetzungen, Erfahrung, Übung, Schulung, Ausbildung, Kunstfertigkeit, Technik, 2. Kunst, Baukunst, Architektur, Malerei, bildende Kunst, Porträtkunst, Bildnismalerei; Musik, Tonkunst; Ballett, Tanzkunst, 3. Heilkunst, Heilkunde, Medizin, Gesundheitslehre, ärztliche Wissenschaft, Arzneikunde, Heilmethode, Heilpädagogik, Heilerziehung; Tiermedizin, Veterinärmedizin, Tierarzneikunde, Tierheilkunde; Humanmedizin, Psychosomatik, Psychiatrie, Psychoanalyse, Psychotherapie.

fahrende Leute 1. Fahrensleute, fahrendes Volk, Wandervolk, Zirkusleute, Zirkusvolk, Artisten, Gaukler, Landfahrer, Ritter der Landstraße, Vaganten, Nomaden, Umherziehende, Zigeuner, Zugvögel, 2. Nichtseßhafte, Streuner, Stromer, Asoziale, Tippelbruder, Landstreicher, Vagabund, Heimatlose, Unbehauste, Bettler, Obdachlose, 3. Globetrotter, Weltenbummler, Weltreisender, Entdeckungsreisender. 480

Fahrt 1. Reise, Tour, Flug, Rutsch, Trip, Zug, 2. Ausflug, Wanderung, Wanderschaft, Marsch, Fußreise; Spaziergang, Bummel, Promenade; Partie, Picknick, Landpartie, Ausfahrt, Spazierfahrt, Fahrt ins Blaue, Gesellschaftsreise, Kaffeefahrt, Bildungsreise, Kavalierstour, Kunstreise, 3. Expedition, Entdeckungsreise, Streifzug, Exkursion, Forschungsreise, Safari, Weltreise, Weltumsegelung; Tournee, Gastspielreise, 4. Überfahrt, Passage, Überquerung, Durchquerung, Übergang, Durchzug, 5. Raumfahrt, Weltraumfahrt, Kosmonautik, Astronautik, Erdumrundung. 481

Fahrzeug 1. Gefährt, Fuhrwerk, Verkehrsmittel, Wagen, Kalesche, Karosse, Droschke, Kutsche, Fiaker, Vehikel, Karre, 2. Kraftfahrzeug, Auto, Automobil, PKW, Personenwagen, Straßenkreuzer, Kleinwagen, Kleinstwagen, Limousine, Jeep, Geländewagen, Sportwagen, Rennwagen, Oldtimer; Taxe, Taxi, Mietwagen, Droschke; Motorrad, Kraftrad, Motorroller, Moped, Mofa; Rad, Fahrrad, Stahlroß, Tandem; 3. Lastwagen, Laster, LKW, Fernlaster, Brummer, Kleinlaster, Lieferwagen, 4. öffentliches Verkehrsmittel, Bus, Omnibus, Autobus, Obus, Postbus, Bahnbus, Kleinbus; Straßenbahn, Elektrische, Tram, Untergrundbahn, 482

U-Bahn, Schwebebahn, Hochbahn, Luftkissenbahn, Seilbahn, Zahnradbahn, Bergbahn, Sesselbahn, Sessellift, Schilift; Eisenbahn, Zug, Dampfroß, Kleinbahn, Lokalbahn, Stichbahn, Pendler, Zubringer; Personenzug, Eilzug, D-Zug, IC = Intercity-Zug, TEE = Trans-Europ-Express, 5. Traktor, Schleppfahrzeug, Tieflader, Raupenfahrzeug, Kran, Gleitkettenfahrzeug, Baumaschinen, 6. Schiff, Dampfer, Frachter, Kutter, Schoner, Kriegsschiff, Zerstörer, Luftkissenboot, Unterseeboot; Galeere, Segelschiff, Klipper, Schnellsegler; Flotte, Flottille, Flottenverband, Schiffsverband, Konvoi, Geleitzug; Schlepper, Schleppzug; Fähre, Fährboot, Trajekt, Eisenbahnfähre; Gondel, Boot, Nachen, Kahn, Barke, Schaluppe, Beiboot, Motorboot, Ruderboot, Faltboot, Barkasse, Kajak, Einbaum, Kanu; Jolle, Jacht, Floß, 7. Flugzeug, Flieger, Maschine, Senkrechtstarter, Jet, Düsenklipper, Airbus, Hubschrauber, Helikopter, Zeppelin, Luftschiff, Ballon, 8. Sänfte, Tragsessel, Tragstuhl, Rikscha, Pedicab, 9. Aufzug, Lift, Elevator, Fahrstuhl, Paternoster, 10. Raumfahrzeug, Raumkapsel, Raumstation, Skylab, Raumlaboratorium, Raumsonde, Orbitalstation, Raumfähre.

483 **Fall** 1. Sturz, Absturz, Sturz in die Tiefe, Unglücksfall, Rutsch, Aufschlagen, Ausgleiten, Ausrutschen, Straucheln, Stolpern, 2. Angelegenheit, Sache, Frage, Umstand, Kasus, Problem, Belange, Interessen, Konstellation, Tatsache, Ereignis, Begebnis, Begebenheit, Tatbestand, Affäre, Gegebenheit, worum es geht, was vorgefallen ist.

484 **fallen** 1. stürzen, zu Fall kommen, hinfallen, zu Boden fallen, auf die Nase fallen, hinschlagen, lang hinschlagen, der Länge nach hinschlagen, hinfliegen, plumpsen; rutschen, ins Schleudern geraten, ausrutschen, abrutschen, den Halt verlieren, ausgleiten, glitschen, stolpern, straucheln, die Balance verlieren, das Gleichgewicht verlieren, purzeln, hinpurzeln; niederstürzen, abstürzen, in die Tiefe stürzen, im Abgrund landen, 2. kippen, umkippen, hintenüberfallen, ohnmächtig werden, die Besinnung verlieren, umsinken, umstürzen, auf den Rücken fallen, aufschlagen, 3. niederfallen, auf die Knie fallen, sich zu Füßen werfen, niederknien.

falls 1. wenn, für den Fall, im Falle, 485
gesetzt den Fall, vorausgesetzt daß, angenommen, sofern, insofern, wofern, sobald, notfalls, nötigenfalls, gegebenenfalls, sollte, 2. bedingt, mit Vorbehalt, vorbehaltlich, nicht unbedingt, begrenzt, eingeschränkt, örtlich, lokal, regional, unter Umständen, nicht in jedem Fall, eventuell, je nachdem, von Fall zu Fall, zeitbedingt, zweckgebunden, auf Abruf, bei Bedarf, auf Verlangen, für alle Fälle, je nachdem, 3. wetterbedingt, vom Wetter abhängig, saisonbedingt, strukturell, unsicher.

falsch 1. verkehrt, unrichtig, unrecht, 486
böse, übel, fehlerhaft, verfehlt, danebengegangen, schiefgelaufen, grundfalsch, völlig verkehrt, verfahren, nicht getroffen, folgewidrig, inkonsequent, unlogisch, widersinnig, sinnentleert, unsinnig, mit den Tatsachen nicht übereinstimmend; unverwendbar, unbrauchbar, nicht zu brauchen, verpfuscht, in einer Sackgasse, 2. unwahr, gelogen, erlogen, aus der Luft gegriffen, entstellt, erfunden, unzutreffend, irrtümlich, trügerisch, lügenhaft, lügnerisch, unwahrhaftig, verlogen, 3. gefälscht, unrecht, nachgemacht, nachgeahmt, irreführend, imitiert, fingiert, mißbräuchlich, illusorisch, vorgetäuscht, trügerisch, eingebildet, Simili, 4. neidisch, mißgünstig, abgünstig, scheelsüchtig, neiderfüllt, eifersüchtig, habgierig, habsüchtig, futterneidisch, brotneidisch, 5. heuchlerisch, scheinheilig, scheinfromm, frömmlerisch, schmeichlerisch, zukkersüß, unaufrichtig, geheuchelt, gleisnerisch, katzenfreundlich, verstellt, glatt, aalglatt, doppelzüngig, unaufrichtig, süß, süßlich, schmeichlerisch, hinterlistig, hinterhältig, böswillig, falschherzig, arglistig,

perfide, heimtückisch, niederträchtig, schadenfroh, tückisch, arg, pharisäisch, selbstgerecht, 6. widersprüchlich, unhaltbar, widersinnig, irrig, widerspruchsvoll, paradox.

487 **Falschheit** 1. Bosheit, Bösartigkeit, Perfidie, Hinterlist, Böswilligkeit, Hohn, Verschlagenheit, Schadenfreude, Gehässigkeit, Übelwollen, Arglist, Arg, böser Wille, Heuchelei, Hinterhältigkeit, Heimtücke, Tücke, Intriganz, Infamie, doppeltes Spiel, Gleisnerei, Doppelzüngigkeit, Lippenbekenntnis, Unaufrichtigkeit, Doppelspiel, Niedertracht, 2. Neid, Mißgunst, Abgunst, Scheelsucht, Eifersucht, Futterneid, Brotneid, 3. Scheinheiligkeit, Pharisäertum, Selbstgerechtigkeit, Frömmelei.

488 **Falte** 1. Falbel, Plissee, Krause, Rüsche, Volant, Bruch, Kniff, Kante, Knick, Falz, Einschlag, Umschlag, Bügelfalte, 2. Runzel, Krähenfüße, Rune, Knitter, Kerbe, Riefe, Rinne, Rille, Vertiefung, Furche, 3. gefaltet, in Falten gelegt, plissiert, faltig, gefältelt, gekräuselt, eingekraust, eingehalten, kraus, bauschig, weit, schwingend, pluderig.

489 **falten** 1. zusammenlegen, ineinanderlegen, zusammenfalten, zusammenklappen, zusammenschlagen, verschränken, 2. umbiegen, einbiegen, falzen, knicken, kniffen, umschlagen, fälteln, plissieren, kräuseln, einreihen, einhalten, raffen, reihen, 3. runzeln, rümpfen, zusammenziehen, furchen, zerknittern, zerkrumpeln, zerdrücken, zerknüllen, zusammenknüllen, zusammenballen; knautschen, knüllen, knittern, krumpeln.

490 **fangen** 1. greifen, fassen, packen, anschnappen, haschen, kriegen, grapschen, auffangen, aufschnappen, 2. einholen, einfangen, kaschen, ereilen, erhaschen, abfassen, abfangen, abschnappen, zu fassen kriegen, erfassen, aufgreifen, halten, finden, erwischen; gefangennehmen, festnehmen, ergreifen, stellen, verhaften, dingfest machen, überwältigen, habhaft werden, ausheben; abführen, festsetzen, arretieren, inhaftieren, einstecken, einsperren, einbuchten, einlochen, in den Kerker stecken, einkerkern, in den Kasten stecken, in Gewahrsam nehmen, gefangensetzen, ins Gefängnis setzen, internieren, hinter Stacheldraht bringen, in Ketten legen, in Banden schlagen, hinter Schloß und Riegel bringen, hinter schwedische Gardinen setzen, hoppnehmen, fesseln, ketten, binden, 3. erjagen, erbeuten, erlegen, angeln, fischen, Fische fangen, zur Strecke bringen, schießen, jagen, töten, 4. zugreifen, zupacken, nicht lange fackeln, kurzen Prozeß machen, nicht viel Federlesens machen.

Farbe 1. Färbung, Farbigkeit, Buntheit, Bemalung, Kolorit, Farbenpracht, Farbenspiel, Vielfarbigkeit, Couleur, Pigmentierung, Teint, Ton, Gesichtsfarbe, 2. Farbton, Abtönung, Tönung, Ton, Nuance, Stich, Nuancierung, Schattierung, Abstufung, Abschattung, 3. Anschaulichkeit, Frische, Lebendigkeit, Lebensnähe, Greifbarkeit, Bildhaftigkeit, Wirklichkeitsnähe, Handgreiflichkeit, Realismus, Plastizität, Körperlichkeit. 491

färben 1. Farbe geben, einfärben, umfärben, Farbe verändern, Farbe erneuern, auffrischen, eine andere Farbe auftragen; röten, bräunen, schwärzen, bläuen, 2. malen, pinseln, anmalen, anpinseln, tuschen, antuschen, kolorieren, bunt anmalen, illuminieren, schattieren, tönen, beizen, lackieren, 3. anstreichen, tünchen, streichen, überstreichen, übertünchen, bemalen, ausmalen, renovieren, 4. braun werden, bräunen, Sonnenfarbe annehmen; anbräunen, braun werden lassen, anlaufen lassen, 5. Anstreicher, Maler, Tüncher, Weißbinder, Lackierer. 492

farbig 1. bunt, buntfarbig, farbenprächtig, mehrfarbig, vielfarbig, farbenreich, farbenfreudig, farbenfroh, farbenprangend, schillernd, frisch, leuchtend, satt, grell, knallig, knallbunt, schreiend, scheckig, kunterbunt, 2. bemalt, getüncht, gestrichen, koloriert, getönt, gemalt, 3. illustriert, bebildert, mit Abbildungen 493 versehen, bilderreich.

494 **farblos** 1. weiß, schneeweiß, weißlich, gebrochenes Weiß, Eierschale; ungefärbt, matt, blaß, schneeig, bleich, fahl, falb, verblichen, ausgeblichen, verschossen, vergilbt, verblaßt, verwaschen, grau in grau, wächsern, käsig, kreidebleich, schneebleich, blutlos, blutleer, geisterhaft, totenblaß, leichenblaß, 2. fad, charakterlos, ausdruckslos, unanschaulich, gesichtslos, allgemein, unfarbig, nichtssagend, begrifflich, abgezogen, unplastisch, 3. reizlos, langweilig, unansehnlich, unscheinbar, uninteressant, anmutlos, blutarm, unausgesprochen, nichts Halbes und nichts Ganzes, nicht Fisch noch Fleisch, geschlechtslos, ungeschlechtlich, neutral, asexuell, 4. Farblosigkeit, Blässe, Bleichheit, Entfärbung, Langweiligkeit, Ausdruckslosigkeit, Unentschiedenheit, Neutralität; Geschlechtslosigkeit, Ungeschlechtlichkeit; Neutrum.

495 **federn** 1. zurückschnellen, abprallen, zurückprallen, zurückspringen, hochspringen; wippen, schnellen, springen, vibrieren, beben, prallen, 2. hüpfen, hopsen, hupfen, Sprünge machen, Sätze machen, zappeln, hampeln; Purzelbaum schlagen, Kobolz schießen, kobolzen, sich überschlagen.

496 **fehlen** 1. nicht dasein, ausbleiben, fortbleiben, wegbleiben, fernbleiben, sich fernhalten, nicht kommen, vermißt werden, ausgeblieben, ferngeblieben sein, nicht anwesend, nicht zugegen sein, 2. mangeln, abgehen, gebrechen, hapern, knapp sein, brauchen, vermissen, benötigen, nottun, nötig sein, 3. abhängig, ausgegangen, nicht vorrätig, nicht vorhanden, nicht aufzutreiben, nicht zu finden, verloren, vergessen, ausgelassen, versäumt, 4. unterbleiben, nicht geschehen, ausfallen, wegfallen, abgesagt werden, fortfallen, nicht stattfinden, ins Wasser fallen, 5. verfehlen, nicht treffen, danebenschießen, das Ziel verfehlen, Fahrkarte schießen; den Weg verfehlen, vom Weg abkommen, sich verirren, sich verlaufen, den Weg verlieren, 6. fehltreten, danebentreten, sich den Fuß vertreten (verstauchen, verzerren).

Fehler 1. Versehen, Verstoß, Unrichtigkeit, Bock, Schnitzer, Differenz, Rechenfehler, Verschreiben, Schreibfehler, orthographischer Fehler, Rechtschreibefehler, Tippfehler, Druckfehler, Hörfehler, Versprecher, Sprachschnitzer, 2. Lücke, Auslassung, Unvollständigkeit, Unvollkommenheit, Unzulänglichkeit, Schwäche, Achillesferse, schwache Stelle, wunder Punkt, wunde Stelle, Untugend, Blöße, Manko, Minus, Macke, Makel, Flecken, schadhafte Stelle, Loch, Riß, 3. Blindheit, Sehschwäche, Sehfehler, Schielen; Schwerhörigkeit, Harthörigkeit, Taubheit; Schönheitsfehler, kleiner Makel, Pickel, Akne, Wimmerl, Eiterbläschen, Hitzebläschen, Sommersprossen; Aussprachefehler, Zungenfehler, Stummheit, Taubstummheit, 4. Irrtum, Mißverständnis, Mißgriff, Fehlgriff, Verwechslung, Vermengung, Verkennung, Mißdeutung, falsche Deutung; Fehlleistung, Fehlschluß, Trugschluß, Holzweg, Irrweg, Irrfahrt, Odyssee, falsche Fährte; Unterschätzung, Überschätzung, Verklärung, Überhöhung; Fehlurteil, Justizirrtum, Justizmord; Fehlspekulation, Milchmädchenrechnung, Reinfall; Fehlzündung, Fehlstart, 5. Entgleisung, Ausrutscher, Formfehler, Ungeschicklichkeit, Fauxpas, Lapsus, Taktfehler, Taktlosigkeit, Ungeschick, Plumpheit, 6. Mangel, Laster, Übel, Schwäche, Makel, Schattenseite, Odium, Blöße, Armutszeugnis. 497

feierlich 1. ernst, ernsthaft, still, ruhig, gemessen, 2. getragen, gehoben, erhaben, eindringlich, gewichtig, nachdrücklich, bedeutsam, würdevoll, 2. festlich, weihevoll, erhebend, bewegend, solenn, stimmungsvoll, herzbewegend, packend, herzerhebend, olympisch, 3. pastoral, pathetisch, majestätisch, gravitätisch, zeremoniell, salbungsvoll, 4. erbaulich, stärkend, läuternd, beglückend. 498

499 **Feierlichkeit** 1. Erbauung, Erhebung, festliche Stimmung, Ergriffenheit, Andacht, Ernst, Stille, Gemessenheit, Getragenheit, Erhabenheit, Würde, 2. Zeremonie, Zeremoniell, Zelebration, Gottesdienst, Kulthandlung, feierliche Handlung, Feierstunde, 3. Pathos, Salbung, Brustton, Salbaderei, Frömmelei.

500 **feiern** 1. feierlich (festlich) begehen, zelebrieren, ein Fest geben, eine Feier veranstalten, Menschen einladen, festen, 2. sich freuen, sich vergnügen, sich belustigen, sich ergötzen; bummeln, schwärmen, durchmachen, durchschwärmen, schwiemeln, 3. nichts tun, müßiggehen, faulenzen, auf der Bärenhaut liegen, die Daumen drehen, bummeln, blaumachen, krankfeiern, schwänzen, herumstehen, herumlungern; streiken, die Arbeit niederlegen, die Arbeit verweigern, in den Ausstand treten, die Arbeit einstellen, um Arbeitsbedingungen kämpfen.

501 **Feigling** Angsthase, Hasenfuß, Hasenherz, Memme, Drückeberger, Pantoffelheld, Schwächling, Schwachmatikus, Waschlappen, Hampelmann, Weichling, Muttersöhnchen, Jammerlappen, Kümmerling.

502 **Feind** 1. Gegner, Widersacher, Gegenspieler, Widerpart, Antipode, Angreifer, Beleidiger, Aggressor, Erzfeind, Erbfeind, Todfeind, 2. Nebenbuhler, Mitbewerber, Wettbewerber, Konkurrent, Rivale, Opponent, Kontrahent, Duellgegner, 3. Teufel, der böse Feind, Satan, Höllenfürst, Luzifer, Beelzebub, Urian, Mephisto, Versucher, Verderber, Verführer, böser Geist, Gottseibeiuns, der Böse, der Leibhaftige, die alte Schlange, 4. Menschenfeind, Misanthrop, Menschenverächter, Menschenhasser.

503 **feindlich** 1. feind, feindselig, gegnerisch, gram, böse, böswillig, verfeindet, überworfen, zerstritten, entzweit, verzürnt, uneinig, disharmonisch, unharmonisch, unfriedlich, unstimmig, auf gespanntem Fuß, wie Hund und Katze, getrennt, verkracht, spinnefeind, zwieträchtig, auf Kriegsfuß, diskrepant, entgegen, gegeneinander, auf der Gegenseite, im feindlichen Lager, dagegen, 2. rebellisch, aufrührerisch, angreiferisch, aggressiv, angriffslustig, aufsässig, haßerfüllt, gehässig, widersetzlich, giftig, ausfallend, bissig, zänkisch, zwistisch, streitsüchtig, 3. nachtragend, nachträgerisch, unversöhnlich, verbittert, bitter, grollend, schmollend, rachsüchtig, animos, erbittert, ressentimentgeladen, verbiestert, menschenfeindlich, haßerfüllt, zürnend, 4. entgegengesetzt, gegenüber, am andern Ende, am andern Ufer, auf der andern Seite, jenseits, drüben.

Feindseligkeit 1. Feindschaft, Feindlichkeit, Gegnerschaft, Kampf, Rebellion, Aufruhr, Empörung, Aufsässigkeit, Unfriede, Krieg, Hader, Zank, Streit, Zwist, Krach, Fehde, 2. Groll, Haß, Neid, Animosität, Aggressivität, Angriffslust, Streitsucht, 3. Mißgunst, Ressentiment, Bitterkeit, Rachsucht, Vergeltungsdrang, Rachgier, Unversöhnlichkeit, Verbitterung, Ranküne. 504

Feinheit 1. Zartheit, Feinsinn, Anmut, Grazie, Erlesenheit, Gewähltheit, Distinktion, Würde, Adel, Vornehmheit, Noblesse, Urbanität, Weltläufigkeit, Bildung, Höflichkeit, feine Lebensart, vornehme Sitten, Exklusivität, Unnahbarkeit, Unzugänglichkeit, 2. Verfeinerung, Differenziertheit, Unaufdringlichkeit, Dezenz, Raffinesse, Raffinement, Ästhetik, Rasse. 505

fertig 1. erledigt, beendet, abgeschlossen, ausgeführt, vollendet, zu Ende, durch, aus, geschafft, getan, ausgestanden, durchgestanden, in Ordnung, nichts einzuwenden, einverstanden, 2. bereit, gerichtet, angezogen, gestiefelt und gespornt, fix und fertig, reisefertig, parat, startbereit, auf dem Sprung; dienstbereit, zur Disposition, in Bereitschaft, disponibel, zur Verfügung, verfügbar, zur Hand, griffbereit, 3. gar, eßbar, genießbar, tischfertig, durchgebacken, gekocht, zubereitet, angerichtet, serviert, aufgetragen, mundgerecht, 4. 506

fertiggekauft, von der Stange, Konfektion, Fertigkleidung.

507 **Festigkeit** 1. Dichte, Härte, Zähigkeit, Stärke, Robustheit, Haltbarkeit, Unverwüstlichkeit, Unempfindlichkeit, Dauerbarkeit, Deftigkeit, Strapazierfähigkeit, Stabilität, Wertbeständigkeit, 2. Unangreifbarkeit, Uneinnehmbarkeit, Unverletzlichkeit, Immunität, Geschütztheit, Unverwundbarkeit, Wehrhaftigkeit, Standfestigkeit, Widerstandskraft, Beharrungsvermögen, 3. Beständigkeit, Beharrlichkeit, Konsequenz, Charakterfestigkeit, Charakterstärke, Beharrungsvermögen, Hartnäckigkeit, Zielstrebigkeit, 4. Gleichmaß, Regelmäßigkeit, Stete, Stetigkeit, Ausdauer, 5. Treue, Zuverlässigkeit, Verläßlichkeit, Vertrauenswürdigkeit, Unbestechlichkeit, Standhaftigkeit, Unerschütterlichkeit, Unwandelbarkeit, Unbeirrbarkeit, Glaubhaftigkeit, Glaubwürdigkeit, Fairneß, Loyalität, Integrität, Anständigkeit, Lauterkeit, 6. Mannhaftigkeit, Rückgrat, Haltung, Verlaß, Fels, Pfeiler, Turm, Eiche.

508 **feststellen** 1. konstatieren, festhalten, vermerken, protokollieren, zu Protokoll nehmen, notieren, aufnehmen, aufschreiben, auflisten, mitstenographieren, mitschreiben, auf Band nehmen, niederlegen, nachweisen, erweisen; ermitteln, ausfindig machen, identifizieren, erkennen, sich überzeugen, herausbringen, klären, folgern, präzisieren, konkretisieren, festlegen, näher bestimmen, genauer bezeichnen, lokalisieren, 2. messen, ausmessen, abmessen, vermessen, ausschreiten, abschreiten, bemessen, festsetzen, eichen, normen; stoppen, abstoppen, mit der Stoppuhr kontrollieren; ermitteln, erforschen, orten, loten, ausloten, Lot auswerfen, Tiefe messen; wiegen, Gewicht feststellen, ablesen, abwiegen, auswiegen; sich wiegen, Gewicht kontrollieren.

509 **Feststellung** 1. Befund, Ergebnis, Resultat, Diagnose, Nachweis, Behauptung, Aussage, Angabe, Erklärung, Daten, Informationen, Darlegung, Konstatierung, Beweisführung, 2. Ausmessung, Vermessung, Auslotung, Tiefenlotung, Lotung, Ortung.

feuchten 1. nässen, naßmachen, netzen, befeuchten, anfeuchten, einsprengen, einspritzen, benetzen; gießen, schütten, begießen, übergießen, überschütten, durchtränken, sprengen, besprengen, spritzen, bespritzen, besprühen, berieseln, überrieseln, betauen, tränken, wässern, beträufeln, vernebeln, zerstäuben, versprengen, verspritzen, versprühen, 2. einweichen, in Wasser legen, durchtränken, durchfeuchten, 3. bewässern, durchströmen, durchfließen, mit Wasser versorgen, befruchten, fruchtbar machen, 4. anlaufen, beschlagen, sich mit Feuchtigkeit bedecken, sich überziehen, naß werden, betauen, feucht werden, 5. Bewässerung, Wasserversorgung. 510

Feuer 1. Flamme, Funke, Lohe, Glut, Licht, Leuchten, Glimmen, Wabern, Lohen, 2. Brand, Feuersbrunst, Schadenfeuer, Flammenmeer, Großbrand, 3. Beschuß, Beschießung, Bombardement, Salve, Feuerstoß, 4. Wärme, Hitze, Siedehitze, Gluthitze, Bruthitze, Bullenhitze, tropische Temperaturen, Sonnenglut, Weißglut. 511

finden (sich) 1. entdecken, auffinden, gewahren, erblicken, sichten, ausfindig machen, stoßen auf, auftun, freilegen, ausgraben, auftreiben, aufstöbern, aufspüren, auskundschaften, ausbaldowern, ausmachen, ermitteln, erkennen, ergründen, ausfinden, erforschen, ausforschen, ausmitteln, ausspüren, erkunden, sich durchfinden, wiederfinden; neu entdecken, fündig werden, Neuland entdecken, Neuland betreten, 2. ertappen, erwischen, aufgabeln, abfassen, auf die Spur kommen, auf die Schliche kommen, enttarnen, 3. sich ergeben, sich zeigen, sich herausstellen, anfallen, man wird sehen; vorfinden, gegenüberstehen, sich gegenüberstehen. 512

Fläche 1. Ebene, Plan, Plattform, Plateau, Tafelland, Flachland, Tiefland, Niederung, Tiefebene, Unterland, 513

Aue, Wiesengrund, Flußaue; Hoch-
ebene, Hochplateau, 2. Flächigkeit,
Flachheit, Gestrecktheit, Plattheit,
Weite, Ausdehnung, Unendlichkeit.

514 **fleißig** tätig, emsig, arbeitsam, arbeitsfreudig, unermüdlich, rastlos, schaf-
fig, strebsam, zielbewußt, unverdrossen, rührig, geschäftig, regsam,
nimmermüde, immer im Dienst, in
den Sielen.

515 **fliehen** 1. entfliehen, flüchten, sich absetzen, ausbrechen, entlaufen, desertieren, überlaufen, entweichen,
durchgehen, entkommen, weglaufen,
davonlaufen, entwischen, ausrücken,
ausreißen, wegrennen, fortlaufen,
davongehen, verschwinden, sich aus
dem Staube machen, auskneifen,
wegschleichen, sich wegstehlen, entrinnen, durchbrennen, auskommen,
ausbüxen, Fersengeld geben, sich
dünnmachen, auf und davon gehen,
weg sein, verduften, sich davonma-
chen, türmen, abhauen, auskratzen,
das Hasenpanier ergreifen, die
Flucht ergreifen, stiftengehen, das
Weite suchen, sich fortstehlen, ohne
Abschied gehen, sich verflüchtigen,
Reißaus nehmen; entschlüpfen, auskommen, entfliegen, wegfliegen, 2.
meiden, ausweichen, aus dem Wege
gehen, scheuen, sich entziehen, sich
zurückhalten, sich fernhalten, abrücken von, zurückweichen, zurückschrecken, sich ängstigen, fürchten,
Manschetten haben vor.

516 **fließen** strömen, fluten, rinnen, triefen, rauschen, laufen, wogen, wal-
len, rieseln, sprudeln, quellen, glucksen, plätschern, gurgeln, tröpfeln,
tropfen, drippeln, sickern, perlen,
kullern, tränen, nässen.

517 **flott** schick, fesch, schmuck, adrett,
alert, drahtig, zackig, schneidig,
schnieke, geschniegelt, smart.

518 **Fluch** Verwünschung, Verdammung,
Verfluchung, Ächtung, Verfemung,
Bann, Lästerung, Schmähung, Gotteslästerung, Versündigung, Blasphemie.

519 **fluchen** lästern, verwünschen, verdammen, vermaledeien, zum Kuckuck
wünschen, dahin wünschen wo der
Pfeffer wächst, Unheil auf jem. her-
abwünschen, Flüche ausstoßen.

flüstern leise sprechen, ins Ohr sagen, 520
tuscheln, murmeln, zischen, zi-
scheln, lispeln, wispern, raunen, flis-
pern, fispeln, säuseln, flöten, piepsen, rascheln.

Folge 1. Reihenfolge, Aufeinander- 521
folge, Turnus, Ablauf, Abfolge, Abwicklung, Durchführung, Verlauf,
Hergang, Fortgang, Entwicklung,
Nacheinander, Gang, Lauf, Fluß, 2.
Fortsetzung, Lieferung, Ergänzung,
Serie, Reihe, Sammlung, 3. Konsequenz, Ergebnis, Reaktion, Auswirkung, Nachwirkung, Nachwehen,
Weiterungen, Folgekosten, Nachspiel, Rattenschwanz, Rattenkönig.

folgen 1. nachgehen, mitgehen, sich 522
anschließen, mitkommen, begleiten;
nachlaufen, nachrennen, hinterher-
laufen, jem. Spuren verfolgen, sich
an jem. Fersen heften; nachkommen, hinterherkommen, später kommen, 2. erfolgen, sich auswirken,
nach sich ziehen, im Gefolge haben,
zur Folge haben, führen zu, herrühren von, zurückgehen auf, resultieren aus, 3. nachfolgen, nacheifern,
nachstreben, nachtun, nachleben,
gleichtun, zum Vorbild nehmen, sich
anzugleichen suchen, sich orientieren an, sich richten nach, in jem.
Fußstapfen treten, jem. Jünger werden, 4. drankommen, an die Reihe
kommen, folgen auf.

Form 1. Bau, Beschaffenheit, Bildung, 523
Gestalt, Art, Gepräge, Gefüge,
Struktur, Aufbau, Formation, An-
ordnung, Organisation, Bauweise,
Lagerung, Schichtung, Textur, Kon-
struktion, 2. Gestaltung, Prägung,
Stil, Stilisierung, Verdichtung, Cha-
rakter, Eigenart, Manier, Ausdruck,
Formgebung, Formung, Durchbil-
dung, Ausbildung, Ausprägung, 3.
Modell, Fasson, Matrize, Schnitt,
Machart, Umriß, Kontur, 4. For-
mat, Zuschnitt, Proportion, Maß,
Größe.

formlos 1. amorph, gestaltlos, unge- 524
formt, ungestaltet, ohne Bau, ohne
Struktur, naturbelassen, roh, im Naturzustand, unbehauen, ungefüge, 2.
stillos, stilwidrig, geschmacklos, un-

künstlerisch, kitschig, banalisiert, verkitscht, 3. nachlässig, bequem, nonchalant, lässig, hemdsärmelig, unkorrekt, leger, salopp, ungezwungen, zwanglos, ungeniert.

525 **Formsache** 1. Formalitäten, Formalien, Förmlichkeiten, Äußerlichkeiten, Formenkram, Instanzenweg, Dienstweg, Bürokratie, Amtsschimmel, Papierkrieg, 2. Formular, Fragebogen, Ausfüllblatt, Formblatt, Vordruck.

526 **forschen** nachdenken, überlegen, grübeln, brüten, untersuchen, erforschen, durchforschen, erkunden, ergründen, studieren, suchen, nachforschen, analysieren, zergliedern, sezieren, graben, wühlen, ausforschen, nachbohren, nachgraben, durchstöbern, durchleuchten, ausloten, austüfteln, herausbringen; hinterfragen, nachspüren, nachgehen, rekognoszieren, unter die Lupe nehmen, auf den Grund gehen, aufmerksam beobachten, Untersuchungen anstellen, experimentieren.

527 **Forschung** 1. Wissenschaft, Gelehrtheit, Gelehrtenwelt, die Gelehrten, die Wissenschaftler, 2. Untersuchung, Bemühung, Suche, Durchforschung, Visitation, Nachdenken, Spekulation, Analyse, Studium, Zergliederung, Ergründung, 3. Marktanalyse, Marktuntersuchung, Bedarfsforschung, Bedarfsanalyse, Käuferanalyse, Marktbeobachtung, Käuferbefragung, Meinungsforschung, Demoskopie, Volksbefragung.

528 **Fortschritt** Entwicklung, Höherentwicklung, Aufwärtsentwicklung, Kultivierung, Zivilisierung, Weiterkommen, Aufstieg, Steigerung, Hebung, Anstieg, Wachstum, Entfaltung, Aufschwung, Vorwärtskommen.

529 **Frage** 1. Anfrage, Nachfrage, Erkundung, Erkundigung, Erhebung, Umfrage, Rundfrage, Ermittlung, Erforschung, Nachforschung, Recherchen, Information, Orientierung; Suche, Fahndung, Razzia, Streife, Erkundungstrupp; Haussuchung, Durchsuchung, Durchleuchtung, Röntgenuntersuchung, Leibesvisitation; Befragung, Ausfragung, Verhör, Vernehmung, Ausmittlung, Einvernahme, Kreuzverhör, Kreuzfeuer; Interview, Befragung, Konsultation, Talk-Show, Streitgespräch, 2. Fragestellung, Problemstellung, Problem, Aufgabe, Thema, brennende Frage, Dilemma, Zweifel, Problematik, Schwierigkeit, Forschungsgegenstand, Zweifelsfrage, Zweifelsfall, Streitfrage, kritischer Punkt, Streitpunkt, Streitgegenstand, Streitobjekt, Zankapfel, 3. Rätsel, Mysterium, Geheimnis, Sphinx, das Ungewisse, das Fragliche, das Unergründliche, das Unerklärliche, das Unbegreifliche; Unwägbarkeiten, Unberechenbarkeiten, Imponderabilien.

fragen 1. Frage stellen, nachfragen, 530
erkunden, erkundigen, anfragen, erfragen, anklopfen, wissen wollen, zu ermitteln suchen, antippen, auf den Busch klopfen, sondieren, hören, vorfühlen, sich umtun, sich umhören, um Aufschluß bitten, sich informieren, auskundschaften, sich orientieren, 2. befragen, verhören, vernehmen, ausfragen, ausholen, herausholen, überprüfen, abfragen, ins Kreuzfeuer nehmen, aushorchen, ausquetschen, auspressen, ein Wort abquetschen, aus der Nase ziehen, examinieren, prüfen, entlocken, ins Gebet nehmen, zur Rede stellen, interviewen, 3. Erkundigungen einziehen, Informationen beschaffen, erheben, Erhebungen anstellen, umfragen, einer Sache nachgehen, aufklären, zu ermitteln suchen, 4. um Rat fragen, zu Rate ziehen, zuziehen, konsultieren, heranziehen, hinzuziehen.

Frau 1. weibliches Wesen, Weib, der 531
weibliche Mensch, 2. Mädchen, Mädchenkind, Mädelchen, Heranwachsende, Jugendliche, Backfisch, Halbwüchsige, junges Mädchen, junges Ding, Teenager, Jungfrau, Jungfer, Fräulein, Junggesellin, Garçonne, junge Frau, alleinstehende Frau, Berufsfrau, Karrierefrau, 3. Ehefrau, Gattin, Gemahlin, Lebensgefährtin, Angetraute, Partnerin,

Eheliebste, Ehegespons, Hausehre, bessere Hälfte, Hausfrau, Frau des Hauses, Hausherrin, Mutter der Kinder, Kindermutter, Hausmutter, Familienmutter; berufstätige Hausfrau, Frau im Doppelberuf, Ernährerin, Erhalterin; Schwiegermutter, Großmutter, Urgroßmutter, Urahne, Matriarchin, Matrone, Große Mutter, 4. Dame, kultivierte Frau, Frau von Welt, Weltdame, Dame der Gesellschaft, Mondäne, Gelehrte, Wissenschaftlerin, große Dame, Politikerin, 5. Madonna, Gottesmutter, Mutter Gottes, Heilige Jungfrau, Schmerzensmutter, 6. Priesterin, Vestalin, Hüterin des Herdfeuers.

532 **frech** keck, dreist, unbescheiden, impertinent, unverfroren, unverschämt, anmaßend, pampig, patzig, ungebührlich, unartig, ungezogen, unerzogen, schlechte Kinderstube, verzogen, verwöhnt, schlecht erzogen, ungeraten, verzärtelt, verhätschelt, unmanierlich, vorlaut, aggressiv, angriffslustig, flegelhaft, lümmelhaft, rüde, krude, ungehobelt, schnodderig, rüpelhaft, rauhbeinig, derb, grob, beleidigend, ausfällig, ausfallend, handgreiflich, handgemein, tätlich, fäustlings.

533 **Frechheit** 1. Keckheit, Dreistigkeit, Ungezogenheit, Unverschämtheit, Unverfrorenheit, Impertinenz, Anmaßung, Naseweisheit, unpassende Bemerkung, Vorwitz, 2. Derbheit, Grobheit, Rauhbeinigkeit, Rüpelei, Krudität, Unbelecktheit, Unritterlichkeit, Unerzogenheit, keine Kinderstube, Respektlosigkeit, Formlosigkeit, Nachlässigkeit, Hemdsärmeligkeit, keine Manieren, 3. Unhöflichkeit, Unverbindlichkeit, Unzartheit, Unliebenswürdigkeit, Unfreundlichkeit, Schroffheit, Ungebührlichkeit, Kürze, Barschheit, Bündigkeit, Bissigkeit, Schärfe, Unverblümtheit, Deutlichkeit, Unbescheidenheit, Flegelei, Taktlosigkeit, Unarten, Kraftausdrücke, falsche Vertraulichkeit, Ungeheuerlichkeit, starkes Stück.

534 **frei** 1. selbständig, unabhängig, ungebunden, auf eigenen Füßen, souverän, autark, autonom, mündig, emanzipiert, uneingeschränkt, uneingeengt, freizügig, sein eigener Herr, auf sich gestellt, selbstverantwortlich, unbeschränkt, unbehelligt, unbelastet, ungestört, ungehindert, unbegrenzt, unangefochten, unverwehrt, unbeaufsichtigt, allein, auf eigene Faust, unkontrolliert; ledig, unverheiratet, 2. frank, zwanglos, ungezwungen, gelockert, aufgelockert, gelöst, entspannt; aufgetaut, ungeniert, ungehemmt, ohne Förmlichkeit, unkonventionell, burschikos, jungenhaft, frei von der Leber weg, formlos; offen, freimütig, ohne Förmlichkeit, unbefangen, ohne Scheu, 3. aufgeklärt, liberal, freidenkend, freidenkerisch, freigeistig, freisinnig, human, tolerant, weltbürgerlich, kosmopolitisch, 4. vakant, offen, unbesetzt; leer, unbenützt, zu haben, verfügbar, zur Verfügung, disponibel, 5. erlöst, befreit, entlastet, enthoben, erleichtert, entbunden, aller Bande ledig, beurlaubt, los und ledig, kann aufatmen, hat freie Bahn.

Freiheit 1. Unabhängigkeit, Selbständigkeit, Selbstbestimmung, Willensfreiheit, freier Wille, Entscheidungsfreiheit, Eigenleben, eigenes Ermessen, freie Wahl, Ungebundenheit, Freizügigkeit, Handlungsfreiheit; Autonomie, Autarkie, Souveränität; Pressefreiheit, Meinungsfreiheit, freie Meinungsäußerung, 2. Freiheitsverlangen, Freiheitsliebe, Freiheitsdurst, Individualismus, Liberalismus, Nonkonformismus, geistige Selbständigkeit, Gedankenfreiheit, Glaubensfreiheit, 3. Befreiung, Emanzipation, Gleichberechtigung, Gleichstellung, Loslösung, Erlösung, Entbindung, Entbürdung, Erleichterung, Lockerung; Auslösung, Loslösung, Loskauf, Lossprechung, Freispruch, 4. Unbefangenheit, Natürlichkeit, Selbstverständlichkeit, Bedenkenlosigkeit, Unbedenklichkeit, Ungeniertheit, Freimut, Freimütigkeit, Ungezwungenheit, Zwanglosigkeit, Leichtigkeit, Beweglichkeit, Unbekümmertheit; 535

Narrenfreiheit.

536 **freiwillig** ungezwungen, ungeheißen, spontan, unaufgefordert, aus eigenem Willen, gewollt, impulsiv, selbstgewählt, gutwillig, ohne Zwang, ohne Druck, aus eigenem Antrieb, von selbst, aus freien Stücken, ohne Zutun, aus sich, aus sich heraus, gern, aus eigener Initiative, auf eigene Faust, auf eigene Verantwortung, unverlangt, ungefragt, ungebeten, ungeladen.

537 **Freizeit** Ferien, Vakanz, Urlaub, Muße, Mußestunden, Rasttag, Ruhetag, Feiertag, Sonntag, Festtag, Wochenende, Feierabend, Arbeitspause, Ausschnaufen, Arbeitsschluß, Arbeitsruhe, Abendstunde, Pause, Rast, Ruhepause, Atempause, Unterbrechung, Nichtstun, Zeit, Ruhe.

538 **fremd** 1. ungewohnt, anders, verschieden, fernstehend, neu, fremdartig, exotisch, fremdländisch, „spanisch", „böhmisch", heterogen, neuartig, unvergleichbar, unvergleichlich, wesensverschieden, wesensfremd, andersartig, ausländisch, auswärtig, fremdstämmig, zugereist, unvertraut, seltsam, auffallend, nie dagewesen, nie gesehen, überraschend, erstaunlich, 2. ortsfremd, unbekannt, nicht eingeführt, nicht vertraut, uneingeweiht, unerfahren, unkundig, hergelaufen, von außerhalb, nicht von hier, wildfremd, 3. heidnisch, nicht christlich, ungetauft.

539 **Fremde** 1. Ausland, Welt, weite Welt, Ferne, Draußen, fremde Länder, unbekannte Länder, Weite, Übersee, Wildnis, Abenteuer, Emigration, Heimatlosigkeit, 2. Ausländer, Landfremde, Fremdlinge, Fremdstämmige, Exoten, Farbige, Dunkelhäutige, Neger, Primitive, Naturvölker, Wilde; Zugereiste, Asylanten, Gastarbeiter, ausländische Mitarbeiter, Saisonarbeiter, 3. Reisende, Passagiere, Passanten, Durchreisende, Gäste, 4. Osten, Orient, Morgenland, Ferner Osten.

540 **Freude** 1. Fröhlichkeit, Heiterkeit, Freudigkeit, Frohsinn, gute Laune, Humor, Komik, Aufgeräumtheit, heitere Stimmung, Frohmut, Munterkeit, Lustigkeit, Vergnüglichkeit, Vergnügen, Spaß, Stimmung, Laune, Belustigung, Erheiterung, 2. Gefallen, Behagen, Genuß, Ergötzen, Wohlgefallen, Herzensfreude, Zufriedenheit, Lust, Wonne, Lebenslust, Lebensgenuß, Lebensfreude, 3. Jubel, Jubelruf, Freudenschrei, Jauchzen, Jauchzer, Freudengeheul, Lache, Lachen, Lächeln, Schmunzeln, Lachlust, Lachsalve, Gelächter, Begeisterung, Enthusiasmus, Dankbarkeit, Frohlocken, Jauchzen, Freudentaumel, Gejauchze, 4. Übermut, Mutwille, Ausgelassenheit, Tollheit, Jux, Jokus, 5. Schalkheit, Schelmerei, Spitzbübigkeit.

freuen (sich) 1. erfreuen, erheitern, 541
Freude machen, erbauen, erheben, beglücken, entzücken, gefallen, froh machen, sich weiden an, Spaß machen, ergötzen, erquicken, behagen, glücklich machen, beseligen, genießen, sich delektieren, vergnügen, amüsieren, belustigen, lächern, zum Lachen bringen, gaudieren, 2. lachen, lächeln, schmunzeln, grinsen, jubeln, frohlocken, jauchzen, jubilieren, triumphieren, Freudenschreie ausstoßen, Luftsprünge machen, sich freuen wie ein Schneekönig, aus dem Häuschen geraten, fröhlich, heiter, guter Dinge sein, scherzen, spaßen, strahlen, leuchten, glühen, glücklich sein, guten Mutes sein.

Freund 1. Kamerad, Genosse, Ge- 542
fährte, Vertrauter, Getreuer, Weggenosse, Begleiter, Helfer, Bundesgenosse, Verbündeter, Kumpan, Kumpel, Stecken und Stab, Intimus, Spezi, Gespiele, Jugendfreund, Spielgefährte, Schulfreund, Mitschüler, Altersgenosse, 2. Freund, Herzensfreund, Busenfreund, Liebster, Liebhaber, Liebender, Geliebter, Anbeter, Verehrer, Bewunderer, Eroberung, Seladon, Bewerber, Ritter, Schatz, 3. Freundin, Geliebte, Angebetete, Flamme, Göttin, Holde, Herzensdame, Traute, Liebling, 4. Verlobter, Bräutigam, Zukünftiger; Braut, Verlobte; Brautpaar, Hochzeitspaar, Hochzeiter.

freundlich 1. liebenswürdig, entgegen- 543

kommend, zuvorkommend, herzlich, gewinnend, warm, höflich, aufmerksam, gefällig, artig, nett, reizend, hilfsbereit, bereitwillig, verbindlich, 2. ansprechend, einnehmend, lieb, zutunlich, vertraulich, wohlmeinend, wohlwollend, wohlgesinnt, nachbarlich, gutgesinnt, gutgemeint, wohlgewogen, freundschaftlich; kordial, jovial, 3. lachend, lächelnd, schmunzelnd, strahlend, grinsend.

544 **Freundschaft** 1. Kameradschaft, Gefährtenschaft, Verbindung, Bündnis, Vereinigung, Beziehung, Bund, Bande, Partnerschaft, 2. Vertrautheit, Verbundenheit, Eintracht, Brüderlichkeit, Einvernehmen, Kameraderie, Bindung, Zusammengehörigkeit, Geistesverwandtschaft, Wahlverwandtschaft, Zugehörigkeit, Kameradschaftlichkeit, Solidarität, Zusammengehörigkeitsgefühl, Kollegialität, Gemeinschaft, Gemeinsinn, Gemeinschaftsgeist, Gemeinschaftsgefühl, Korpsgeist.

545 **Frieden** Vergleich, Ausgleich, Entspannung, Beilegung, Befriedung, Entwaffnung, Abrüstung, Demobilisierung, Entmilitarisierung, Einschränkung der Rüstungen, Kompromiß, Verständigung, Versöhnung, Aussöhnung, Verzeihung, Vergebung, Waffenruhe, Waffenstillstand, Burgfriede, Friedenspfeife.

546 **frieren** 1. frösteln, schaudern, erschauern, schuckern, vor Kälte zittern, schlottern, bibbern, Gänsehaut bekommen, mit den Zähnen klappern, 2. gefrieren, überfrieren, sich mit Eisblumen bedecken, erstarren, vereisen, beeisen, sich mit Eis beziehen, zufrieren, Eisdecke bilden, einfrieren, Eisschollen bilden.

547 **frisch** 1. gesund, blühend, gut durchblutet, rosig, jugendlich, lebendig, jung, fröhlich, heiter, lebhaft, munter, alert, elastisch, unermüdlich, nimmermüde, kregel, rüstig, 2. neu, ungebraucht, unverdorben, einwandfrei, tadellos, gut.

548 **fromm** 1. gläubig, religiös, gottesfürchtig, gottergeben, gottgefällig, gottselig, demütig, ehrfürchtig, gehorsam, heilig, heiligmäßig, geistlich, gottgeweiht, 2. sakral, kirchlich, klerikal, orthodox, rechtgläubig, strenggläubig, 3. überzeugt, unerschütterlich, sicher, unangefochten, bibelfest.

fruchtbar 1. fruchtbringend, ergiebig, 549
ertragreich, produktiv, ersprießlich, nützlich, lohnend, fett, gedeihlich, dankbar, einbringlich, einträglich, reich, zunehmend, erfolgreich, segenbringend, strotzend, prangend, üppig, 2. tragend, trächtig, gebärfreudig; milchgebend, melk, melkbar; schwanger, in Umständen, guter Hoffnung; zeugungsfähig, fortpflanzungsfähig, potent, 3. Schwangerschaft, Gravidität, Gebärfähigkeit, Gebärfreudigkeit.

früh zeitig, morgens, in aller Frühe, 550
in der Frühe, früh am Morgen, bei Tagesanbruch, bei Sonnenaufgang, vor Tag und Tau, bald, frühzeitig, beizeiten, frühmorgens.

früher 1. ehedem, vordem, vorher, 551
zuvor, einmal, eines Tages, damals, derzeit, ehemals, einst, dereinst, einstig, seinerzeit, einstmals, vor alters, vor Jahr und Tag, vorzeiten, es ist lange her, es war einmal, zu Olims Zeiten, weiland, vormals, Anno dazumal, 2. bisher, bislang, bis dato, bis jetzt, 3. sonst, ehe, vorlängst, schon lange, gewesen, vorbei, als.

Frühjahr Frühling, Lenz, Blütezeit, 552
Maienzeit, das steigende Jahr, das frische Grün, das erste Grün.

fühlen (sich) 1. empfinden, spüren, 553
wahrnehmen, bemerken, merken, wittern, raten, ahnen, den Eindruck haben, den Braten riechen, erraten, gewahr werden, gewahren, innewerden, feststellen, erfühlen, erspüren, getrieben sein, umgetrieben sein, Gefühl hegen, verspüren, sich bewußt werden, erleben, 2. sich vorkommen, das Gefühl haben, sich etwas einbilden, pochen auf, eingebildet sein, von sich eingenommen sein, dick tun, angeben, sich ein Air geben, sich ein Ansehen geben.

führen 1. leiten, lenken, vorstehen, 554
vorsitzen, den Vorsitz führen, präsidieren; Macht ausüben, beherrschen,

regieren, gebieten, befehlen, befehligen, herrschen, bestimmen, anordnen, das Zepter schwingen, die Zügel führen, die Zügel ergeifen, die Sache in die Hand nehmen, kommandieren, steuern, lotsen, einweisen, bugsieren, deichseln, kutschieren, fahren, 2. anführen, vorangehen, vorausgehen, an der Spitze gehen, den Weg weisen, neue Wege zeigen, Bahn brechen, Neuland finden, 3. vorherrschen, überragen, überlegen sein, dominieren, die Oberhand haben, die Vorhand haben, das Übergewicht haben, überwiegen, die Hauptrolle spielen, den Vortritt haben, an erster Stelle stehen, zuerst drankommen, im Vorteil sein, 4. dirigieren, den Stab führen, den Takt schlagen, Orchester leiten, den Ton angeben, die erste Geige spielen, den Meister spielen; die Hosen anhaben, das Heft in der Hand haben, das große Wort führen, an die Wand spielen, Hahn im Korb sein, 5. vorgehen, Vorrang haben, wichtiger sein, mehr bedeuten, überwiegen, vorwalten, 6. vorstoßen, vorrücken, vortreiben, vorantreiben, nach vorn treiben, vor wärtstreiben.

555 **führend** 1. leitend, dirigierend, lenkend, herrschend, obwaltend, verantwortlich, 2. bahnbrechend, fortschrittlich, avantgardistisch, neutönerisch, umwälzend, wegweisend, richtungweisend, revolutionär, reformatorisch, vorstoßend, initiativ, emanzipatorisch, 3. tonangebend, überragend, überlegen, dominierend, dominant, souverän, unabhängig, beherrschend, autoritativ, besser, leistungsfähiger, vorzuziehen.

556 **Führer** 1. Leiter, Lenker, Chef, Herr, Direktor, Oberhaupt, Kopf, Haupt, Hauptperson, Nummer eins, Vorgesetzter, Gebieter, Dienstherr, Brotgeber, Arbeitgeber; Betriebsleiter, Geschäftsführer, Prokurist, Bevollmächtigter, Abteilungsleiter, Rayonchef, Boss, Baas, Prinzipal; Wirtschaftsführer, Industriekapitän; Vorarbeiter, Meister, Kapo, Vorsitzender, Obmann, Vertrauensmann, Vorsteher, der Alte; Rektor, Schulleiter, Direktor, Oberstudiendirektor; Befehlshaber, Kapitän, Steuermann, Kommandeur, Kommandant, Feldherr, Heerführer, Stratege; Regent, Souverän, Dynast, Monarch, Potentat, Staatsoberhaupt, gekröntes Haupt, Herrscher, Kaiser, König, Fürst, Herzog, Präsident; Gouverneur, Statthalter; Intendant, Spielleiter, Regisseur, Dramaturg; Pilot, Flieger, Flugzeugführer, Kopilot; Lotse; Fahrer, Chauffeur, Wagenlenker, Kraftwagenführer, Fuhrmann, Lastwagenfahrer, Kapitän der Landstraße, Kutscher, Lenker, Postillion; Häuptling, Stammesführer, Anführer, Bandenführer, Rädelsführer; Diktator, Machthaber, Gewalthaber, Alleinherrscher, Despot, Tyrann, Autokrat, absoluter Herrscher, Usurpator, Bedrücker, Unterdrücker, Zwingherr, Fronvogt, Leuteschinder, Schinder, Sklavenhalter, Ausbeuter, Blutsauger; Bonze, 2. Anreger, Initiator, Initiant, Vorläufer, Wegbereiter, Bahnbrecher, Schrittmacher, Pionier, Wegweiser, Waldläufer, Pfadfinder, Entdecker, Kolumbus; Vorbereiter, Vorreiter, Vorkämpfer, Avantgardist, Neutöner; Planer, Veranstalter, Organisator, Unternehmer, Spiritus rector, Manager, Macher, treibende Kraft, 3. Reiseleiter, Reiseführer, Fremdenführer, Cicerone, Bärenführer, Kustos, 4. Plan, Wegweiser, Baedeker, Reiseführer, Leitfaden, Anleitung, Karte, 5. Ratgeber, Berater, Leitstern, Vorbild; Kompaß, Magnetnadel, 6. Konzertmeister, Kapellmeister, Dirigent, Musikdirektor, Orchesterleiter, Generalmusikdirektor; Chorleiter, Kantor, 7. Drahtzieher, Hintermann.

Fülle 1. Menge, Masse, Reichtum, 557
Üppigkeit, Flut, Überschwemmung, Überfluß, Übermaß, Luxus, Anhäufung, Ansammlung, Opulenz, Fruchtbarkeit, 2. Füllung, Farce, Füllsel, Füllmasse, 3. Massigkeit, Beleibtheit, Fettleibigkeit, Übergewicht, Fülligkeit, Rundungen, Behäbigkeit, Embonpoint, Bauch, Wanst, Fettwanst, Ranzen, Dicke, Korpu-

lenz, Wohlgenährtheit, Unförmigkeit, Doppelkinn, Wamme, Wampe, Mondgesicht.

558 **füllen** 1. eingießen, einschütten, einfüllen, einschenken, anfüllen, vollgießen, vollschütten, nachfüllen, nachgießen, auffüllen, ergänzen, schöpfen, tanken, auftanken, volltanken, den Tank füllen, vollmachen; beschicken, chargieren, 2. laden, packen, einpacken, aufladen, bepacken, befrachten, vollstopfen, hineinpressen, vollpacken, vollpfropfen, ausstopfen, keine Lücke lassen, ausfüllen, vollmachen; bestecken, spicken, 3. sich füllen, vollwerden, kein Raum bleiben.

559 **Fund** 1. Entdeckung, Ausgrabung, Auffindung, Ergründung, Freilegung, Enthüllung; Trouvaille, Glücksfund, 2. Fundsache, gefundener Gegenstand, 3. Lösung, Auflösung, Aufschluß, Patent, Schlüssel, Ei des Kolumbus.

560 **füttern** 1. nähren, stillen, tränken, säugen, anlegen, die Brust geben, zu trinken geben, die Flasche geben, einflößen, eintrichtern, abfüttern, satt machen, zu essen geben, päppeln, aufpäppeln, Nahrung zuführen; Futter geben, zu fressen geben, Futter vorwerfen, sättigen, atzen, eingeben, einlöffeln, stopfen, nudeln, mästen, vollstopfen, überfüttern, übersättigen, dick machen, 2. polstern, auslegen, abfüttern, auskleiden, unterlegen, wattieren, bekleiden, täfeln, paneelieren, kacheln.

561 **Gabe** 1. Geschenk, Präsent, Mitbringsel, Angebinde, Aufmerksamkeit, Artigkeit; Bescherung, Gabenverteilung, Aufbau der Geschenke; Belohnung, Prämie, Preis, Gratifikation; Spende, Stiftung, Zuwendung, Dotation, Legat, Verleihung, Zusprechung, Übertragung, 2. Widmung, Dedikation, Zueignung, 3. Taschengeld, Nadelgeld.

562 **galant** 1. höflich, ritterlich, chevaleresk, aufmerksam, zuvorkommend, artig, verbindlich, liebenswürdig, gewandt, weltmännisch, rücksichtsvoll, charmant, werbend, 2. erotisch, verliebt, anzüglich, zweideutig.

gängig 1. gebräuchlich, geläufig, alltäglich, allgemein, gewöhnlich, kommun, hergebracht, einfach, schlicht, simpel, gewohnheitsmäßig, anerzogen, natürlich, selbstverständlich, vertraut, bekannt, eingefahren, eingespielt, gewohnt, üblich, ortsüblich, im Schwang, überliefert, überkommen, ererbt, landesüblich, vorherrschend, üblich, landläufig, eingewurzelt, herkömmlich, traditionell, althergebracht, eingebürgert, normal, gang und gäbe, marktgängig, Gewohnheit, Sitte, 2. gangbar, gut zu verkaufen, verkäuflich, gesucht, gefragt, begehrt, gern gekauft, beliebt, eingeführt, ortsüblich, empfohlen, vielverlangt, überall zu finden, 3. stehend, formelhaft, feststehend, stereotyp, klischiert, redensartlich, sprichwörtlich, floskelhaft, konventionell, 4. im Umlauf, umlaufend, gültig, kurant. 563

ganz 1. heil, unversehrt, wohlbehalten, unbeschädigt, vollständig, unangebrochen, einwandfrei, intakt, unberührt, fehlerlos, komplett, lückenlos, umfassend, ganzheitlich, total, spurlos, rund, geschlossen, aus einem Guß, nahtlos; unverletzt, ohne Unfall, unfallfrei, 2. ganz und gar, restlos, gänzlich, mit Leib und Seele, völlig, überhaupt, unbegrenzt, uneingeschränkt, unverkürzt, ungeteilt, unteilbar, unvermindert; hundertprozentig, auf Gedeih und Verderb, durch und durch, von Grund auf, radikal, von oben bis unten, von Kopf bis Fuß, mit Haut und Haar, von A bis Z, in Bausch und Bogen, von Anfang bis Ende; umwälzend, vollkommen, vollständig, 3. einstimmig, vollzählig, alles zusammen, rund, pauschal, alles in allem, ohne Ausnahme, vollends, 4. in vollen Zügen, bis zur Neige, bis zum letzten Tropfen; alles, insgesamt, restlos, total, absolut, alles eingerechnet, 5. das Ganze, das Gesamt, das Plenum, die Gesamtheit, die Summe, das Total, das A und O. 564

Gasthaus 1. Gasthof, Gaststätte, 565

Wirtshaus, Wirtschaft, Krug, Bierlokal, Ausschank, Schankstube, Trinkstube, Wirtsstube, Lokal, Bierhaus, Kneipe, Destille, Schenke, Kaschemme, Spelunke, Schwemme; Restaurant, Restauration, Hotel, Diele, Weinhaus, Weinstube, Taverne; Herberge, Pension, Hospiz, Gästehaus, Sanatorium, Kurhaus; Etablissement, Vergnügungsstätte, Bar, Nachtlokal; Café, Konditorei, Kaffeehaus, Milchbar; Kantine, Messe, Kasino; Diskothek, Tanzlokal; Spielbank, Spielkasino, Spielhölle; Rasthaus, Motel, Rotel; Raststätte, Mensa, Mittagstisch, Speisehaus, Vegetarisches Speisehaus, 2. Wirt, Gastwirt, Restaurateur, Hotelier, Gastronom, Schankwirt, Kneipier.

566 **gebären** 1. niederkommen, entbinden, entbunden werden, ins Kindbett kommen, kreißen, in die Wochen kommen, ein Kind bekommen, ein Kind zur Welt bringen, das Leben schenken, in die Welt setzen, eines Kindes genesen, Mutter werden, in Geburtswehen liegen, 2. brüten, ausbrüten, auf den Eiern sitzen; werfen, jungen, kalben, frischen, Junge bekommen; hecken, Nest bauen, 3. Gebärende, Kreißende, werdende Mutter, Kindbetterin, Wöchnerin.

567 **geben** 1. reichen, hinreichen, zureichen, darreichen, hinstrecken, entgegenstrecken, hinhalten, bieten, hinschieben, zuschieben, anreichen; anbieten, verabfolgen, einhändigen, aushändigen, verabreichen, 2. schenken, mitbringen, bedenken mit, beglücken mit, beschenken, bescheren, spenden, wohltun, mitteilen, stiften, zeichnen, dotieren, zuwenden, aussetzen, zukommen lassen, angedeihen lassen, teilnehmen lassen; gönnen, überlassen, zur Verfügung stellen, übertragen, zedieren; spendieren, tief in die Tasche greifen, einladen, springen lassen, ausgeben, austeilen, zuteilen, zustecken, in die Hand drücken, die Rechte nicht wissen lassen was die Linke tut, beisteuern; zugesellen, beigeben, mitgeben, 3. widmen, verehren, darbringen, dedizieren, zueignen, weihen, übereignen, darbieten, zollen, 4. verschenken, abgeben, ablassen, weggeben, hergeben, herausrücken, beglücken mit, 5. opfern, aufopfern, hingeben, wohltun, mitteilen, verzichten, sich entäußern, verteilen, abtreten, weggeben; sich hingeben, sich verschenken, sich entäußern, sich verschwenden, das letzte hergeben, sich verausgaben, Opfer bringen, sich absparen, sich abdarben; sich widmen, sich verschreiben, aufgehen in; verheizen, rücksichtslos einsetzen, aufopfernd, sinnlos zum Opfer bringen.

Gebet Bitten, Flehen, Anrufung, Stoßgebet, Fürbitte; Andacht, Versenkung; Bitte zu Gott, Anrufung Gottes, Gespräch mit Gott. 568

Gebiet 1. Bezirk, Bereich, Revier, Distrikt, Raum, Dimension, Sphäre, Platz, Stelle, Kreis, Wirkungskreis, Reichweite, Umkreis, Wirkungsbereich, Einflußsphäre, Aktionsradius, Arbeitsfeld, Arbeitsbereich, Tätigkeitsfeld, Domäne, Machtbereich, Bannkreis, Einzugsgebiet, 2. Areal, Fläche, Feld, Flur, Terrain, Territorium; Gemarkung, Breiten, Zone, Gelände, Landschaft, Gegend, Region, Landesteil, Landstrich, Gefilde, Himmelsstrich, Ecke, Kante, Winkel, 3. Dimension, Sphäre, Luftschicht, 4. Platz, Feld, Sportplatz, Spielplatz, Spielfeld, Spielfläche, Übungsgelände; Stadion, Manege, Kampfbahn, Aschenbahn, Fußballplatz, Rasen, Tennisplatz. 569

Geburt 1. Entbindung, Niederkunft, Kindbett, Wochenbett, Wochenstube, schwere Stunde, freudiges Ereignis, 2. Beginn des Lebens, Ankunft, Erscheinen, Eintreffen. 570

Geduld 1. Nachsicht, Langmut, Milde, Ruhe, Gelassenheit, Gleichmut, Friedfertigkeit, Ausdauer, 2. Ergebung, Sichfügen, Sanftmut, Fügsamkeit, Resignation, Nachgiebigkeit, Lammsgeduld, Engelsgeduld, Eselsgeduld. 571

geduldig 1. nachsichtig, langmütig, zuwartend, gütig, friedfertig, versöhnlich, nicht nachtragend, friedlich, verträglich, gelassen, gelinde, 572 milde, gemach, ruhig, sanft, sanftmütig, schonend, 2. ergeben, fügsam, gottergeben, klaglos, resigniert, demütig, lammfromm.

573 **gefährlich** 1. gefahrvoll, bedrohlich, drohend, beängstigend, beunruhigend, ernst, bedenklich, nicht geheuer, unheildrohend, unheilverkündend, unheilschwanger, spannungsgeladen, zugespitzt, kritisch, krisenhaft, heikel, auf der Kippe, auf Messers Schneide, am Rande des Abgrunds, auf dem Pulverfaß; drohend; explosiv, feuergefährlich, brisant, entzündlich, geladen, entsichert, 2. abenteuerlich, gewagt, verwegen, riskant, zweischneidig, halsbrecherisch, schwindelerregend; brenzlig, sengerig, brandig, 3. gefährdet, bedroht, in Gefahr, exponiert, fragwürdig, mulmig, dicke Luft, 4. ansteckend, infektiös, virulent, bösartig, epidemisch, übertragbar, schlimm, übel, tödlich, todbringend, lebensgefährlich; bissig, angriffslustig, aggressiv, unberechenbar, gemeingefährlich, 5. verderblich, nicht haltbar, nicht lagerfähig, zum baldigen Gebrauch, 6. unbewacht, ungesichert, unbeschrankt, offen, unbeaufsichtigt.

574 **gefallen** 1. zusagen, entsprechen, passen, konvenieren, behagen, belieben, mögen, schmecken, munden, goutieren, gern essen, Geschmack finden, recht sein, genehm sein, angenehm sein, gelegen kommen, zupaß kommen, gern hören, begrüßen, gern zur Kenntnis nehmen, Gefallen finden, Geschmack abgewinnen, nach meinem Geschmack, nach meinem Herzen, 2. freuen, erfreuen, entzücken, Beifall erwecken, ansprechen, anheimeln, vertraut anmuten, Anklang finden; Eindruck machen, faszinieren, betören, bezaubern, hinreißen, einschlagen, Erfolg haben, wirken.

575 **Gefangenschaft** 1. Unfreiheit, Freiheitsberaubung, Botmäßigkeit, Freiheitsstrafe, Arrest, Haft, Gewahrsam, Verwahr, Verwahrung, Sicherheitsverwahrung, 2. Gefängnis, Kerker, Zuchthaus, Kittchen, Loch, Nummer Sicher, Gitter, schwedische Gardinen, Käfig, Zwinger, Bauer, Verlies, Knast, Strafanstalt, Gefangenenlager, Straflager, Galeere; Einzelhaft, Einzelzelle, 3. Verhaftung, Festnahme, Inhaftierung, Gefangennahme, Haftbefehl, Untersuchungshaft, 4. in Gefangenschaft, gefangen, hinter Gittern, verhaftet, der Freiheit beraubt, im Kerker, in Gewahrsam, hinter Stacheldraht, hinter schwedischen Gardinen, hinter Schloß und Riegel, auf Nummer Sicher, interniert, festgesetzt, eingelocht, eingebuchtet, eingesponnen, 5. Hörigkeit, Abhängigkeit, Knechtschaft, Sklaverei, Versklavung, Gebundenheit, Zwang, Verstricktheit, Verstrickung, Leibeigenschaft.

Gefäß 1. Behälter, Behältnis, Gemäß, 576
Maß, Hohlmaß, 2. Tasse, Schale, Glas, Kelch, Seidel, Humpen, Becher, Pokal, Römer, 3. Faß, Tonne, Eimer, Bütte, Bottich, Kübel, Becken, Bassin, Waschbecken, Spülbecken, Wasserstein, Spülstein, Spüle, Waschschüssel, Lavoir, Trog, Wanne, Balje, Zuber, 4. Kanne, Krug, Karaffe, Kruke, Kolben, Flasche, Flakon, Pulle, Bocksbeutel, Vase, 5. Schüssel, Platte, Teller, Schale, Satte, Napf, Kumme, Kump, Terrine, Suppenschüssel, 6. Topf, Kessel, Tiegel, Kasserolle, Schmortopf, Schmorpfanne, Dampftopf, Kochtopf, Hafen, Pfanne, 7. Kanister, Tank, Mülleimer, Müllschlucker, Mülltonne, Container, Großbehälter; Reservoir, Sammelbecken, Sammelbehälter, Wasserspeicher, Überlaufbecken.

Gefühl 1. Empfinden, Empfindung, 577
Empfindungsfähigkeit, Empfänglichkeit, Sinn für, Einfühlsamkeit, Einfühlungsgabe, Verständnis, Einfühlung, Instinkt, Witterung; Gefühlsbetontheit, Emotionalität, Herz, Gemüt, Wärme, Mitgefühl, Mitleid, 2. Ahnung, Vorgefühl, Vorahnung, Eindruck, Impression, Wahrnehmung, 3. Tastsinn, Fingerspitzengefühl, Gespür, Empfindlichkeit, feine Nase, Spürsinn, Spürnase, Riecher, 4. Innenwelt, Inneres, Innenleben, der innere Mensch, der inwendige

Mensch, Innerlichkeit, Seelenleben, Psyche, Seele, Bewußtsein; Unterbewußtsein, das Unbewußte.

578 **gegenseitig** einander, wechselseitig, untereinander, wechselweise, abwechselnd, umschichtig, beiderseits, alternierend, im Turnus, einer für den andern.

579 **Gegenstand** 1. Ding, Körper, Gebilde, Objekt, Sache, Etwas, Artikel, 2. Thema, Stoff, Motiv, Vorwurf, Angelegenheit, Gebiet, Frage, Punkt, Faktum, Problem, Problemstellung; Gesprächsthema, Gesprächsstoff, Gesprächsgegenstand, Sujet, Stoffgebiet, Tagesordnung, Unterhaltungsstoff, 3. Inhalt, Handlung, Fabel, Story, Geschichte, Gang der Handlung, Ablauf, Vorgang, Geschehen.

580 **Gegenwart** 1. Jetztzeit, der Augenblick, das Heute, die Neuzeit, unsere Zeit, die Stunde, der heutige Tag, das Jetzt, das Jetzt und Hier, der Moment, 2. Anwesenheit, Beisein, Teilnahme, Dabeisein, Mitwirkung, Beteiligung, Präsenz, Zugegensein.

581 **gegenwärtig** 1. augenblicklich, derzeit, derzeitig, im Moment, zur Zeit, eben jetzt, heute, im Augenblick, zur Stunde, heutzutage, momentan, neuerdings, neuerlich, nun, nunmehr, jetzt noch, nicht mehr lange, 2. aktuell, zeitgenössisch, mitlebend, gleichzeitig, zeitgemäß, modern, heutig, diesjährig, heurig, jeweilig, jetzig; aktuell, gegenwartsnah, akut, 3. anwesend, zugegen, hier, bei uns, dabei, zur Stelle, am Platze, greifbar, zu erreichen, zur Hand, da, präsent, zur Stelle, an Bord; im Beisein, in Gegenwart (Anwesenheit) von.

582 **gehen** 1. einen Fuß vor den andern setzen, sich fortbewegen, sich begeben, sich wenden, sich verfügen, einen Weg einschlagen, zurücklegen, hinter sich bringen, betreten, begehen, beschreiten, abschreiten, hin und hergehen, umhergehen, sich die Füße vertreten, 2. schreiten, wandeln, wallen, spazieren, spazierengehen, Spaziergang machen, ins Freie gehen, Luft schnappen, promenieren, sich ergehen, lustwandeln, schlendern, laufen, rennen, bummeln, flanieren; stapfen, stiefeln, trotten, traben, schweifen, trippeln, dappeln, tänzeln, stelzen, stöckeln, gleiten, tappen, seinen Weg tasten, zotteln, zuckeln, schleichen, staksen, trödeln, trampeln, treten, stampfen, trappeln, schlurfen, tapsen, zockeln, latschen, tappeln, watscheln, 3. gehen, verkehren, regelmäßig fahren.

gehorchen 1. folgen, hören, willfahren, sich fügen, parieren, Wünschen nachkommen, Wünschen entsprechen, Folge leisten, Ja sagen, befolgen, gehorsamen, spuren, Order parieren, sich bequemen, sich beugen, sich unterstellen, sich unterordnen, sich nachordnen, kuschen, ja sagen, nach der Pfeife tanzen, strammstehen, Haltung annehmen, 2. nachgeben, hinnehmen, sich gefallen lassen, einlenken, Konzessionen machen, sich herbeilassen, sich ergeben, sich ducken, sich schicken, sich unterwerfen, klein beigeben, die Segel streichen, den Nacken beugen, zu Kreuze kriechen, klein beigeben, Gehorsam leisten, Befehl ausführen. 583

Gehorsam 1. Folgsamkeit, Artigkeit, Fügsamkeit, Lenksamkeit, Lenkbarkeit, Gutwilligkeit, Bravheit, Botmäßigkeit, Degenmäßigkeit, Gefügigkeit, Untertänigkeit, Ergebenheit, 2. Ergebung, Demut, Unterwürfigkeit, Willfährigkeit, Unterordnung, Nachgiebigkeit, Unterwerfung, Devotion, Servilität, Subordination. 584

gehorsam folgsam, fügsam, gefügig, lenksam, lenkbar, gutwillig, führig, brav, musterhaft, beflissen, demütig, ergeben, dienstwillig, untertan, botmäßig, unterwürfig, degenmäßig, nachgiebig, willfährig, zahm, gezähmt, abgerichtet, gezügelt, domestiziert, kirre. 585

Geist 1. Sinn, Wesen, Essenz, Gehalt, Ich, Selbst, Bewußtsein, Geistigkeit, Wesenheit; Hauch, Atem, 2. Witz, Esprit, Schlagfertigkeit, Einfälle, Einfallsreichtum, Geistesgegenwart, Geistesblitz, 3. Gespenst, Dämon, Spuk, Phantom, Kobold, Erscheinung, Schemen, Schreckgespenst, Lemuren, Schimäre, 4. Nixe, Undi- 586 ne, Wasserjungfrau, Seejungfer, Meerweib, Nymphe, Fee, Norne, Drude, Zauberin, Puck, Droll.

587 **Geizhals** Geizkragen, Geizdrache, Filz, Knauser, Pfennigfuchser, Knicker, Kümmelspalter, Spänbrenner; Neider, Neidhammel, Neidkragen, Mammonsdiener, Mammonsknecht, Materialist, Krämerseele.

588 **gelingen** 1. glücken, geraten, fertig werden, von der Hand gehen, flutschen, flecken, funken, funktionieren, klappen, laufen; fertigbringen, schaffen, zustande bringen, zuwege bringen, auf die Beine stellen, hinkriegen, schmeißen, schaukeln, zu Rande kommen mit, bewältigen, fertig werden mit, bewerkstelligen, deichseln, drehen, 2. Glück haben, Erfolg haben, erfolgreich sein, das Glück lacht einem, Dusel haben, Schwein haben, zu Geld kommen, in der Lotterie gewinnen, reich werden, zu etwas kommen, vorwärtskommen, es zu etwas bringen, es weit bringen, reüssieren, es schaffen, das Ziel erreichen, ans Ziel gelangen.

589 **Geltung** 1. Ansehen, Einfluß, Macht, Gewicht, Autorität, Bedeutung, Stellung, Rang, Ruf, Leumund, Renommee, Beachtung, Reputation, Name, Bonität, Ruhm, Nimbus, Kredit, Prestige, Wert, Vermögen, Wichtigkeit, Maßgeblichkeit, Wertschätzung, 2. Gültigkeit, Kurs, Wirksamkeit, Wirkungsdauer.

590 **Gemeinschaft** 1. Bündnis, Bund, Föderation, Koalition, Union, Allianz, Liga, Notgemeinschaft, Vereinigung, Verband, Verein, Körperschaft, Zusammenschluß, Interessengemeinschaft, Organisation, Genossenschaft, Gewerkschaft, Syndikat, Konzern, Kartell, Trust, Block, Gilde, Innung, Zunft, Zweckverband, Interessenvertretung, Lobby; Konföderation, Staatenbund, Bundesstaat, 2. Kongregation, Bruderschaft, Schwesternschaft, Orden, Fraternität, Kommunität; Klub, Korps, Verbindung; Partei, Fraktion, 3. Gemeinsamkeit, Gesellung, Miteinander, Zusammenhalt; Zusammenleben, Hausgemeinschaft, Wohngemeinschaft, Wohngruppe, Kommune; Zusammenarbeit, Partnerschaft, Teamarbeit, Kooperation, Koproduktion, Gemeinschaftsarbeit, Arbeitsgemeinschaft, Arbeitsgruppe, Team, Mannschaft, 4. Gemeinwesen, Gemeinde, bürgerliche Gemeinde, Kommune; Kirchengemeinde, Pfarramt, Pastorat, Pfarrbezirk, Kirchspiel; Kirchenbezirk; Sprengel, Diözese.

gemustert 1. gestreift, kariert, getupft, 591
getüpfelt, gepunktet, gepünktelt, geflammt, gefleckt, getigert, gescheckt, genoppt, geblümt, gemasert, geädert, bedruckt, gewürfelt, genarbt, narbig, geprägt, gepardelt, gestromt, gesprenkelt, meliert, marmoriert, scheckig, 2. schillernd, irisierend, changierend, opalisierend, moiriert, gewässert, 3. aufgeputzt, aufgedonnert, geschmacklos, unmöglich, aufgetakelt, wie ein Pfingstochse.

gemütlich behaglich, zwanglos, sa- 592
lopp, ungezwungen, familiär; bequem, komfortabel, wohnlich, anheimelnd, lauschig, heimelig, traulich, wohlig, pudelwohl, mollig, traut, hier ist gut sein; geruhsam, ruhig, gelassen, beschaulich, friedlich, zufrieden, gemächlich, behäbig.

genau 1. ordentlich, sorgsam, sorg- 593
fältig, gewissenhaft, korrekt, akkurat, exakt, fehlerlos, richtiggehend; peinlich, penibel, pingelig, heikel, minuziös, pünktlich, auf die Minute, rechtzeitig, 2. präzis, prägnant, treffend, wohlgezielt, ins Zentrum, haarscharf, stimmend, genaugehend, messerscharf, ins Schwarze, den Nagel auf den Kopf, schlagend, 3. gründlich, tiefschürfend, umfassend, grundlegend, von der Pike auf, von Grund auf, reiflich, fundiert, vollständig, profund, tief, auf Herz und Nieren, intensiv, peinlich, 4. ausführlich, episch, umschweifig, langatmig, weitschweifig, umständlich, weitläufig, breit, eingehend, einläßlich, wörtlich, detailliert, mit allen Einzelheiten, erschöpfend, wortgetreu, wörtlich, wortwörtlich, buchstäblich, Wort für Wort, 5. ge-

naugenommen, dem Buchstaben nach, zahlenmäßig, ziffernmäßig, der Zahl nach, gezählt, in Zahlen, in Ziffern, im Grunde, aus der Nähe betrachtet, bei Licht besehen, im strengen Sinne, buchmäßig, rechnerisch, auf dem Papier, unter die Lupe genommen, 6. genau passend, festsitzend, wie angegossen, faltenlos, wie Hand und Handschuh.

594 **genesen** 1. gesunden, gesund werden, geheilt werden, wiederhergestellt sein, aufkommen, sich erholen, sich ausheilen, sich auskurieren, wieder auf den Beinen sein, genesen sein, wieder gesund sein, 2. heilen, abklingen, besser werden, nachlassen, zurückgehen, sich bessern, abheilen, verheilen, vernarben, sich verwachsen, 3. sich kräftigen, Kur machen, in ein Bad gehen, Bäder nehmen, baden, kuren, kneippen, Kneippkur machen.

595 **Genie** 1. Schöpfer, Schöpfergeist, schöpferische Persönlichkeit, Erfinder, Gestalter, schaffender Künstler, Genius, Geistesgröße; Geistesheld, Titan, Übermensch, Phänomen, Wunderkind, Frühentwickler, 2. Genialität, Schöpfertum, Geistesmacht, Begnadung, Berufung, Auserwähltsein, Dämon, Eigengesetzlichkeit, Eigenständigkeit, Einfallsreichtum, Produktivität.

596 **genießen** 1. nutzen, benutzen, anwenden, ausnutzen, nutznießen, nießbrauchen, profitieren, gewinnen, gut anwenden, auskaufen, auswerten, viel herausschlagen, ausschöpfen, nutzbar machen, voll auskosten, durchkosten, auf seine Rechnung kommen, 2. sich erfreuen, sich ergötzen, delektieren, erbauen, begeistern; schlemmen, schwelgen, es sich schmecken lassen, frönen, sich etwas gönnen, sich gütlich tun, sich nichts abgehen lassen, zu leben wissen, etwas vom Leben haben, sich ausleben, sich's wohlsein lassen, das Leben genießen.

597 **Genießer** 1. Lebenskünstler, Genußmensch, Epikureer, Weltkind; Kenner, Ästhet, Schöngeist, 2. Feinschmecker, Gourmand, Gourmet, Weinkenner, Weinzunge, Schlemmer, Lukull, kein Kostverächter, Zecher, feiner Gaumen, feine Zunge; Gastronom, Kochkünstler, Gastrosoph, 3. Lüstling, Genüßling, Fresser, Prasser, Schwelger, Nimmersatt, Vielfraß, Schlaraffe; Leckermaul, Naschkatze, 4. Verschwender, schlechter Rechner, Leichtfuß, Liederjan, schlechter Wirt, kann nicht mit Geld umgehen.

genießerisch feinschmeckerisch, kulinarisch, genußfähig, genüßlich, kennerhaft, wählerisch, kundig, lukullisch, schlemmerhaft, schwelgerisch, schlaraffisch, sybaritisch, üppig, leckerhaft, schleckig, genäschig, verschwenderisch, prasserisch, lustvoll, herrlich und in Freuden, ausschweifend, sinnlich, locker, bacchantisch, trinkfest, trinkfreudig, weinfreudig, sauflustig. 598

genug genügend, ausreichend, zureichend, hinreichend, zulänglich, hinlänglich, auskömmlich, zufriedenstellend, befriedigend, satt, sattsam, genugsam, vollauf, zur Genüge, zur Zufriedenheit, es geht, es reicht, besser als nichts, versorgt, mit allem versehen. 599

Genüge 1. Auskommen, Auslangen, Lebensunterhalt, Existenzminimum, was man braucht, was zum Leben nötig ist, 2. Zufriedenheit, Befriedigung, Erfüllung der Wünsche, Genugtuung, Wunschlosigkeit, Anspruchslosigkeit, Bescheidenheit, Bedürfnislosigkeit, Genügsamkeit, 3. Sättigung, Sattheit, Durchdringung, Durchsetzung, Imprägnierung, Durchnässung, Durchfeuchtung, Schwängerung, Tiefenwirkung, Eindringen, Infiltration. 600

genügen 1. reichen, langen, hinreichen, ausreichen, befriedigen, keine Wünsche offenlassen, zureichen, tun, gehen, angehen, 2. genug haben, auskommen, ausreichen, hinkommen, auslangen, herumkommen, fertig werden, zufrieden sein, Genüge haben, sich zufrieden geben, sich genugsein lassen, satt werden, zu essen haben, sein Auskommen haben, keine Not leiden. 601

602 **Genuß** 1. Behagen, Lust, Vergnügen, Annehmlichkeit, Labsal, Wonne, Entzücken, Augenweide, Ohrenschmaus, Gaumenkitzel, Sinnenfreude, Sinnenreiz, Wohlgefühl, 2. Schwelgerei, Prasserei, Völlerei, Schlemmerei, Tafelfreuden, Orgie, Hochgenuß, Festessen, Schmaus, lukullisches Mahl, 3. Kochkunst, gute Küche, feine Küche, Schlemmerküche, Gastronomie, Eßkultur, Feinschmeckerei, Gastrosophie.

603 **geordnet** 1. geregelt, organisiert, in Ordnung, im Lot, aufgeräumt, gesäubert, gestopft, geflickt, ausgebessert, instand, repariert, gerichtet, beziehbar; gefaltet, gestapelt, zusammengelegt, eingeräumt, 2. ordnungsmäßig, ordentlich, legitim, legal, rechtmäßig, vorschriftsmäßig, ordnungsgemäß, wie es sich gehört, bürgerlich, festgelegt, 3. organisch, sinnvoll, übersichtlich, methodisch, systematisch, planmäßig, durchdacht, wohlgegliedert, wohlüberlegt, wohlerwogen, 4. gepackt, eingepackt, abgepackt, verpackt, in Packungen, abgewogen, ausgewogen.

604 **gerade** 1. aufrecht, gerade gewachsen, kerzengerade, wie eine Eins, aufgerichtet, hochaufgerichtet, rank, strack, schlank, straff, gestrafft, 2. senkrecht, lotrecht, fallrecht, vertikal, steil, ragend, rechtwinklig, stehend.

605 **Gerät** 1. Werkzeug, Arbeitsgerät, Instrumente, Gerätschaften, Utensilien, Gebrauchsgegenstände, Hilfsmittel, Material, Rüstzeug, Zubehör, Bedarf, Requisiten, 2. Maschine, Apparat, Maschinerie, Vorrichtung, Mechanismus, Räderwerk, Automat, Roboter, Maschinenmensch; Aggregat, Maschinenkopplung, Dynamo, Generator, Stromerzeuger; Computer, Datenverarbeitungsmaschine; Fließband, 3. Technik, Maschinenwesen, Ingenieurwesen, 4. Grammophon, Plattenspieler; Tonbandgerät, Magnetophon, Bandapparat, Kassettenrecorder, Videorecorder; Platte, Schallplatte, Tonband, Tonbandkassette, 5. Fernseher, Fernsehgerät, Television, Monitor; Radio, Radioapparat, Rundfunkgerät.

Geräusch 1. Laut, Ton, Klang, Hall, 606
Schall, Stimme, 2. Klingeln, Läuten, Schellen, Anschlagen der Glocke, Bimmeln, Gebimmel, Läutewerk, 3. Lärm, Getöse, Dröhnen, Radau, Skandal, Krach, Spektakel, Krawall, Krakeel, Höllenlärm, Geschrei, Gebrüll, Brüllen, Zetergeschrei, laute Stimmen, Stimmengewirr, Wortschwall, Zucht, Donnergepolter; Explosion, Detonation, Entladung, Knall, Schlag, Bums, Schuß, Kanonenschuß, Donnerschlag, Einschlag, 4. Klirren, Geklirr, Poltern, Gepolter, Gerumpel, Geklapper, Klappern, Geknatter, Geriesel, Geplätscher, Glucksen, Klatschen, Dröhnen, Gedröhn, Rasseln, Gerassel, Prasseln, Geprassel, Rauschen, Gerausche, Brausen, Gebrause, Sausen, Heulen, Donnern, Getöse, Tosen, Krachen, Grollen, Wettern, Brummen, Gebrumm, Summen, Gesumm, Surren, Tropfen, Tröpfeln, Rieseln, Klopfen, Pochen, Ticken, Ticktack, Zirpen, Piepsen, Fiepen, Zischen, Zischeln, Flüstern, Geflüster, Lispeln, Gelispel, Wispern, Getuschel, Tuscheln; Knirschen, Knistern, Rascheln, Geraschel, Geraune, Murmeln, Gemurmel, Geplapper, Gequietsche, Quietschen, Lachen, Gelächter, Johlen, Krakeel, Gezeter, 5. Bellen, Gebell, Anschlagen, Lautgeben, Kläffen, Gekläffe, Geläut, 6. Zwitschern, Gezwitscher, Schlagen, Tirilieren, Singen, Gesang, Schmettern, Jubilieren, Zirpen, Flöten, Quinquilieren, Piepsen, Ziepen.

gerecht 1. sachlich, objektiv, unbeein- 607
flußt, unparteiisch, überparteilich, neutral, ohne Ansehen der Person, unvoreingenommen, vorurteilslos, fair, loyal, großmütig, selbstlos, unbestechlich, 2. gerecht werden, richtig beurteilen, Gerechtigkeit widerfahren lassen, mit gleicher Elle messen, nichts schuldig bleiben.

Gerechtigkeit Sachlichkeit, Unbestech- 608
lichkeit, Unparteilichkeit, Objektivität, Vorurteilslosigkeit, Fairneß,

Loyalität, Unvoreingenommenheit, Unbefangenheit, Neutralität.

609 **Gerede** 1. Gerücht, Rederei, Geflüster, Tuscheln, Zischeln, Getuschel, Raunen, Fama, Gemunkel, Klatsch, Klatscherei, Tratsch, Quatscherei, Stadtgespräch, offenes Geheimnis, Lästerei, Ondit, Skandal, 2. Zuträgerei, Verleumdung, üble Nachrede, Rufmord, Verdächtigung, Bezichtigung, Schmähung, Verunglimpfung, Diffamierung, böswillige Unterstellung, Verlästerung, Denunziation, Medisance, Diskriminierung, 3. Plauderei, Geplauder, Geschwätz, Geplapper, Gebabbel, Geplätscher, Geschnatter, Geschwafel, Gequassel, Gewäsch, Blabla, Palaver, leeres Stroh, Schaumschlägerei, Gerüchtemacherei, Kolportage, Latrinenparole; Schnack, Gefasel, Faselei, Larifari.

610 **Gerichtsverfahren** Rechtsangelegenheit, Rechtshandel, Rechtssache, Rechtsweg, Klagesache, Streitsache, Rechtsfall, Prozeß, Rechtsverfahren.

611 **gern** 1. bereitwillig, ohne weiteres, willig, willfährig, geneigt, freudig, 2. natürlich, selbstverständlich, allemal, freilich, selbstredend, versteht sich, gewiß, schön, gut, gemacht, einverstanden, erwünscht, willkommen, ein Fest, mit Vergnügen, mit Freude, von Herzen, interessiert, mit Interesse.

612 **Gesang** 1. Singen, Summen, Singsang, Schmettern, Trillern, Tönen, Gedudel, Dudelei, Tirilieren, Zwitschern, Pfeifen, Jubilieren, 2. Lied, Sang, Weise, Melodie, Strophe, Arie, Volkslied, Chanson, Bänkelsang, Brettl-Lied, Moritat, Schlager, Gassenhauer, Song, Hit, Evergreen; Kirchenlied, Choral, 3. Tonfolge, Motiv, Thema, Kadenz, Kantilene, Passage, Leitmotiv.

613 **Geschäft** 1. Betrieb, Arbeitsstätte, Firma, Haus, Unternehmen, Handelshaus, Großunternehmen, 2. Laden, Kaufladen, Handlung, Detailgeschäft, Gemischtwarenladen, Tante-Emma-Laden, Dritte-Welt-Laden, Fachgeschäft, Buchhandlung, Sortiment, Boutique, Konfektionshaus, Kaufhaus, Kaufhalle, Warenhaus, Basar; Selbstbedienungsladen, Supermarkt, Discountladen, 3. Geschäftslokal, gewerblicher Raum, Geschäftsstelle, Büro, Kontor, Amtsraum, Geschäftszimmer, Schreibstube, Kanzlei, Dienstraum, Dienststelle, Arbeitsraum, Arbeitszimmer; Werkstatt, Werkstätte, Atelier, Studio; Ordination, Praxis, Sprechstunde, Behandlungsraum, Offizin, Labor, Laboratorium, Forschungsstätte, Versuchsanstalt, Institut, 4. Verkaufsstelle, Kiosk, Verkaufshäuschen, Verkaufsstand, Stand, Pavillon; Koje, Ausstellungsstand, Schaufenster, Ladenstraße, Passage, 5. Ladentisch, Verkaufstisch, Tonbank, Theke, Schanktisch, Lette, Tresen, 6. geschäftlich, wirtschaftlich, organisatorisch, merkantil, kaufmännisch, kommerziell, gewerblich, gewerbsmäßig; geldlich, finanziell, pekuniär.

Geschäftsmann 1. Kaufmann, Händler, Einzelhändler, Kleinhändler, Detaillist, Detailhändler, Kleinverteiler, Ladenbesitzer, Ladeninhaber, Verkäufer, Krämer, Höker, Hausierer, Marketender, Handelsmann, Kolporteur, reisender Buchhändler, Straßenverkäufer, fliegender Händler; Aussteller, Schausteller, Marktschreier, Ausrufer, 2. Gewerbetreibender, Handwerker; Großhändler, Grossist, Zwischenhändler, Großkaufmann, Importeur, Exporteur, 3. Fabrikant, Hersteller, Produzent, Fertiger, Erzeuger, Unternehmer, Industrieller, Großindustrieller, Industriemagnat, Industriekapitän, Wirtschaftskapitän, Wirtschaftsführer; Manager, Geschäftsführer; Makler, Börsenmakler, Börsianer, Spekulant, Börsenspekulant, Jobber, 4. Antiquar, Händler mit alten Büchern; Antiquitätenhändler, Kunsthändler; Althändler, Altwarenhändler, Trödler. 614

Geschehen 1. Ereignis, Begebenheit, Begebnis, Geschehnis, Widerfahrnis, Vorgang, Vorkommen, Vorfall, Umstand, Vorkommnis, Szene, Auftritt, 615

Zwischenfall, Abenteuer, Unvorhergesehenes, 2. Zeitlauf, Ablauf, Lauf, Verlauf, Entwicklung, Fortgang, Hergang, Aufeinanderfolge; die Zeiten, die Zeitläufe, der Weltlauf, das Weltgeschehen, 3. großes Ereignis, Politikum, Meilenstein, Haupt- und Staatsaktion, Sensation, Spektakel, Tagesgespräch.

616 **Geschicklichkeit** 1. Gewandtheit, Sicherheit, Wendigkeit, Geschmeidigkeit, Elastizität, Gelenkigkeit, Biegsamkeit, Kunstfertigkeit, Anstelligkeit, Vielseitigkeit, 2. Geschick, Fingerfertigkeit, Handfertigkeit, technische Begabung, Treffsicherheit, sichere Hand, Geläufigkeit, Routine, Geübtheit, Übung, Schulung, Erfahrung, Virtuosität, 3. Diplomatie, Vermittlungskunst, Staatskunst, Politik, Anpassungsfähigkeit, Geschliffenheit, Undurchsichtigkeit, Schlauheit, Pfiffigkeit, Taktik, Strategie, Berechnung, Verschlagenheit, Findigkeit, Gerissenheit, Gewitztheit, Raffinesse; Glätte, Schläue, Mutterwitz, Weltklugheit, Abgebrühtheit, Durchtriebenheit, Listigkeit.

617 **geschickt** 1. praktisch, handfertig, fingerfertig, treffsicher, brauchbar, anstellig, verwendbar, vielseitig, kunstfertig, routiniert, kann alles, die Axt im Haus, weiß sich zu helfen, 2. gewandt, wendig, habil, agil, beweglich, drahtig, trainiert, geübt, geschmeidig, glatt, diplomatisch, taktisch, strategisch, weltmännisch, sicher auf dem Parkett, weltgewandt, sicher, welterfahren, nicht zu fassen, weltläufig, geschliffen, anpassungsfähig, undurchsichtig, findig, gelenkig, elastisch, biegsam, aalglatt, smart, weltklug, mit allen Wassern gewaschen.

618 **geschlossen** 1. zu, versperrt, abgeschlossen, nicht geöffnet, unzugänglich, verschlossen, unbetretbar, verriegelt, außer Betrieb, unbenutzt, vernagelt, verrammelt, verbarrikadiert, 2. ungeöffnet, unangebrochen, neu, verpackt, versiegelt, plombiert, 3. Verstopfung, Stau, Stauung, 4. nicht öffentlich, privat, persönlich, vertraulich, geheim.

Geschmack 1. Formgefühl, Formsinn, Kunstsinn, Kunstverstand, Kunstverständnis, Qualitätsgefühl, Schönheitssinn, ästhetisches Empfinden, Farbensinn, Urteil, Kennerschaft, Fingerspitzengefühl, Kultur, Takt, Stilgefühl, Lebensart, Eleganz, Schick, Feinheit, Sinn für Harmonie, Sinn für Proportionen, 2. Geschmackssinn, Gaumen, Gusto, Zunge, Nase, Antenne. 619

gesellig 1. umgänglich, gemütlich, zugänglich, aufgeschlossen, ansprechbar, leicht zu behandeln, unterhaltsam, unterhaltend, lebenslustig, amüsant, ungezwungen, zwanglos, fidel, vergnügt, 2. menschenfreundlich, sozial, soziabel, kontaktfähig, kontaktfreudig, interessiert; unauffällig, angeglichen, anpassungsfähig, gemeinschaftsfähig, 3. gastlich, gastfrei, gastfreundlich, freigebig, spendabel, splendid, generös, großzügig. 620

Geselligkeit 1. Umgang, Verkehr, gesellschaftlicher Umgang, offenes Haus, 2. Gesellschaft, Festlichkeit, Einladung, Empfang, Beisammensein, Zusammenkunft, Ball, Tanz, Tanzerei, Tanzvergnügen, Soiree, Anlaß, Veranstaltung, Gasterei, großes Essen, Abendunterhaltung, Gartenfest, Gastmahl, Party, Cocktailparty, Fest, Fete, Feier, Grillparty, 3. Gastlichkeit, Gastfreiheit, Gastfreundlichkeit, Gastfreundschaft, Zugänglichkeit, Umgänglichkeit, Aufgeschlossenheit, Menschenfreundlichkeit, Interesse an Menschen, Kontaktfreude, Freude an der Unterhaltung, Unterhaltsamkeit. 621

Gesetz 1. Recht, Verfassung, Satzung, Vorschrift, Verfügung, Verordnung, Muß, Zwang, Bestimmung, Statuten, Paragraphen, 2. Ordnung, Maß, Norm, Regel, System, Richtschnur, Kanon, Dogma. 622

gesetzmäßig 1. gesetzlich, rechtlich, richterlich, behördlich, amtlich, staatlich, 2. rechtsgültig, rechtskräftig, rechtsverbindlich, legal, dem Gesetz entsprechend, 3. juristisch, nach dem Gesetz, nach den Paragraphen, rechtskundig, rechtswissenschaft- 623 lich, 4. rechtmäßig, legitim, gesetzlich anerkannt, gesetzlich zulässig, vorschriftsmäßig, kanonisch, ordnungsgemäß, füglich, mit Fug, regelrecht, erlaubt, gestattet, berechtigt, nach Recht und Gesetz, von Rechts wegen, mit Fug und Recht, rechtens, zu Recht, mit Recht, 5. vorgeschrieben, angeordnet, verordnet, obligatorisch, verpflichtend, bindend, gültig, verbindlich.

624 **Gesicht** 1. Angesicht, Antlitz, Physiognomie, Fassade, Züge, Gesichtszüge, Visage, Fratze, Zifferblatt, 2. Ansehen, Aussehen, Ausdruck, Miene, Gepräge, Anblick, Ansicht.

625 **Gesindel** Gelichter, Brut, Gezücht, Bagage, Plebs, Mob, Pack, Pöbel, Kroppzeug, Gesindel, Geschmeiß, Gelump; Schlangenbrut, Otterngezücht, Teufelsbrut, Satansgelichter.

626 **gestalten** formen, bilden, schaffen, kreieren, Form geben, erschaffen, entwerfen, skizzieren, modeln, prägen, strukturieren, kneten, modellieren, meißeln, bildhauern, aushauen, aus dem Stein hauen, herausmeißeln, behauen, schnitzen; fassonieren, ausarbeiten, durcharbeiten, durchbilden, durchformen, stilisieren, ausformen, verdichten; in Form bringen, formieren, umbrechen; zurechtformen, zurechtstutzen, zustutzen, drechseln.

627 **gesund** 1. wohl, wohlauf, frisch, gut, auf dem Damm, munter, gut imstande, auf der Höhe, auf dem Posten, blühend, strotzend, gut beieinander, gut ernährt, wohlgenährt, gut im Futter, kerngesund, pudelwohl, normal, wohlbehalten, rüstig, 2. heil, geheilt, genesen, wiederhergestellt, gesundet, erholt, bei Kräften, 3. bekömmlich, nahrhaft, gedeihlich, leicht verdaulich, nicht belastend, den Magen schonend, nährend, aufbauend, kräftig, kräftigend, zuträglich, gut verträglich, 4. heilsam, nützlich, wohltätig, wohltuend, heilend, kurierend, heilkräftig, kühlend, lindernd, durstlöschend, durststillend, mildernd, lösend, abführend, schweißtreibend, befreiend, helfend, rettend, wirksam, kraftspendend; pflegend, kosmetisch, verjüngend, 5. bei Kräften, erwerbsfähig, arbeitsfähig, gehfähig.

gesund sein sich wohl befinden, sich guter Gesundheit erfreuen, sich wohl fühlen, auf der Höhe sein, nichts zu klagen haben, in Form sein, gut dran sein, gut gehen, auf dem Posten sein, wohlauf sein. 628

Gesundheit Frische, Wohlbefinden, Wohlergehen, Wohlfahrt, Wohl, Wohlsein, Vollkraft, Arbeitsfähigkeit, Erwerbsfähigkeit, gute Verfassung, guter Zustand, Rüstigkeit, Langlebigkeit. 629

Getränke 1. Trank, Trunk, Drink, Gläschen, Schluck, Tropfen, Trinkbares, etwas zum Trinken, Flüssigkeit, Stoff, Gesöff, Gebräu, 2. Alkoholika, alkoholische Getränke, Spirituosen, scharfe Sachen, harte Getränke, 3. Erfrischungsgetränke, Säfte, Limonaden, Sprudel, Heilwässer; Kaffee, Tee, Schokolade, Kakao, Milch. 630

gewinnen 1. erlangen, erzielen, erreichen, erwischen, erhaschen, erjagen, einheimsen, sich beschaffen, erwerben, erkaufen, erarbeiten, erwirken, zufallen, zuteil werden, zukommen, 2. erobern, erkämpfen, einnehmen, erstreiten, erstürmen, erbeuten, erringen, abringen, erzwingen, abzwingen, abgewinnen, wegschnappen, ergattern, angeln, kapern, entern, aufbringen, abnehmen, erraffen, an sich bringen, einstecken, ernten, einsacken, sich einverleiben, verdienen, profitieren, gut wegkommen, herausschlagen, Geld scheffeln, reich werden; sich bereichern, den Rahm abschöpfen, den Vogel abschießen, trumpfen, Trumpf ausspielen, Oberwasser haben, im Vorteil sein, Rückenwind haben, im Schatten kämpfen, 3. siegen, den Sieg davontragen, überlegen sein, ans Ziel kommen, den Sieg erringen, sich durchsetzen, triumphieren, 4. siegen, besiegen, bezwingen, niederringen, unterwerfen, okkupieren, usurpieren, entrechten, kirre machen, seinen Willen aufzwingen, gefügig machen, in die Knie zwingen, 631 in die Enge treiben, zu Paaren treiben, das Spiel gewinnen, ans Ruder kommen, das Ziel erreichen, die Oberhand gewinnen, den Gegner mattsetzen, entmachten, niederwerfen, übermannen, überrennen, zur Strecke bringen, überwältigen, 5. an Wert gewinnen, besser werden, schöner werden, sich entwickeln, sich machen, im Wert steigen, sich heben.

632 **Gewissen** innere Stimme, sittliche Forderung, kategorischer Imperativ, Pflichtgefühl, inneres Gebot, moralische Verpflichtung, Muß, Pflichtbewußtsein, Verantwortungsbewußtsein, Gewissenhaftigkeit, Verantwortungsgefühl, Ethos, Moral, Sittlichkeit.

633 **gewöhnen (sich)** 1. sich anpassen, angleichen, annähern, assimilieren, anverwandeln, akklimatisieren, sich eingewöhnen, schicken, fügen, sich einordnen, einreihen, nicht aus der Reihe tanzen, nicht auffallen, sich einstellen auf, sich einfügen, sich einrichten, sich einleben, vertraut werden, heimisch werden, Fuß fassen, sich aneinander gewöhnen, sich einspielen auf, sich abschleifen, zusammenwachsen, sich anschmiegen, 2. Gewohnheit werden, sich einbürgern, sich einführen, zur Selbstverständlichkeit werden, sich einspielen, sich einfahren, einreißen, 3. sich angewöhnen, Gewohnheit annehmen, zur Gewohnheit machen, zu tun pflegen, sich zu eigen machen; sich einarbeiten, auf den Geschmack kommen, Gefallen finden an.

634 **Gewöhnung** 1. Einordnung, Anpassung, Angleichung, Assimilierung, Anverwandlung, Eingewöhnung, Einfügung, Einarbeit, Akklimatisierung, Harmonisierung, Mimikri, Einbürgerung, 2. Gewohnheit, Angewohnheit, Gepflogenheit, Eigenart, Usance, Usus; Angepaßtheit, Konformismus, Übereinstimmung (mit der herrschenden Meinung).

635 **Gipfel** 1. Kuppe, Spitze, Höhe, Scheitel, Kamm, Scheitelpunkt, Zinken, Zacke, Zacken, Zenit; Wipfel, Krone, Giebel, First, Mauerkrone, Zinne, 2. Höhepunkt, Optimum, Höchstmaß, Siedepunkt, Höchststufe, Superlativ, Maximum, Krönung, Glanzpunkt, Non plus ultra; Höchstleistung, Rekord, Glanzleistung, Meisterleistung, Spitzenleistung, „Spitze“, Bombenerfolg, Bestleistung, Bestseller, Welterfolg, 3. Elite, Auslese, Auswahl, die Besten, Oberschicht, Spitzenklasse, Führungsschicht, Sonderklasse, Intelligenz, 4. Blütezeit, Glanzzeit, Höchststand; Hochzeit, Honigmond, Flitterwochen, 5. Hauptgeschäftszeit, Hauptverkehrszeit, Stoßzeit, Stoßverkehr, „Rushhour“, 6. Clou, Attraktion, Glanzpunkt, Glanzstück, Knalleffekt, Glanznummer, Galanummer, Zugnummer, Zugstück, Kassenmagnet, Aushängeschild, 7. Star, Primadonna, Diva, Heldin, Heroine, Stern, Primaballerina; Held, Sieger, Heros, As, große Nummer, Champion, Meistersportler, Matador; Hauptperson, Hauptdarsteller, Mittelpunkt, Protagonist, tragende Rolle, Hauptfigur, Mittelpunktfigur, Berühmtheit, 8. Gipfeltreffen, Gipfelkonferenz, Treffen auf höchster Ebene; 9. Vollendung, Vollkommenheit, Perfektion, Virtuosität, Bravour, Meisterschaft; Finish, letzter Schliff, der I-Punkt, das Tüpfelchen auf dem I; Vervollkommnung, Veredelung, Ausrüstung, Zurichtung, Appretur, 10. gipfeln, den Höhepunkt erreichen, kulminieren.

glatt 1. flach, eben, gleich, waagrecht, wasserpaß, horizontal, flach 636
verlaufend, rasant, gestreckt, flächig, tellereben, platt, plan, gerade, gebahnt, gewalzt, 2. blank, blinkend, strahlend, schimmernd, poliert, gewachst, gewichst, gebohnert, spiegelnd, glänzend, spiegelblank, lackiert, glasiert, geschliffen, geglänzt, satiniert, glänzig, rein, sauber, unbefleckt, fleckenlos, 3. faltenlos, wie angegossen sitzend, passend, prall, anliegend; haarlos, unbehaart; strähnig, ungewellt, ungelockt, 4. quitt, ausgeglichen, in Ordnung, erledigt, abgerechnet, wettgemacht, bezahlt, getilgt, schuldenfrei, gestrichen, gelöscht, unbelastet, abgetan,

los und ledig, 5. angenehm, ohne Zwischenfälle, reibungslos, ungestört, störungsfrei, wie am Schnürchen, wie geschmiert, folgenlos, ohne Hindernisse, ungehindert, unbehindert, 6. glitschig, schleimig, rutschig, schlüpfrig, ölig, fettig, schmierig, speckig, seifig, glibbrig, geschmiert, geölt, gefettet; vereist, spiegelglatt, rutschig; Glatteis, Schneeglätte, Aquaplaning.

637 **glätten** 1. ebnen, nivellieren, egalisieren, walzen, pflastern, asphaltieren, bahnen, ausgleichen, auffüllen, aufschütten, einebnen, applanieren, begradigen, abtragen, angleichen, gleichmachen, 2. plätten, bügeln, glattstreichen, ausbügeln, geradebiegen, ausstreichen, straffen, steifen, stärken, glattziehen, spannen, heißmangeln, dämpfen, entrunzeln, mangeln, rollen, 3. polieren, wachsen, bohnern, wichsen, firnissen, lacken, lackieren, satinieren, Glanz geben, glänzen; glasieren, abschleifen, schleifen, abhobeln, abfeilen, glatthobeln, schmirgeln, runden, abrunden, feilen, hobeln, 4. schmieren, einschmieren, verstreichen, verteilen, ölen, fetten, einölen, einpinseln, einreiben, salben, einfetten, einkremen, einklopfen, pflegen.

638 **glauben** 1. meinen, wähnen, denken, finden, für richtig halten, dafürhalten, vermeinen, auf dem Standpunkt stehen, den Standpunkt vertreten, vermuten, annehmen, erachten, mutmaßen, rechnen mit, für möglich halten, 2. gläubig sein, überzeugt sein, fromm sein, nicht zweifeln, vertrauensvoll leben, 3. Glauben schenken, für bare Münze nehmen, nicht anzweifeln, für wahr halten, durchdrungen sein, für richtig halten.

639 **gleich** 1. übereinstimmend, ebenso, genauso, dasselbe, nicht zu unterscheiden, ununterscheidbar, kein Unterschied, identisch, einer wie der andere, zum Verwechseln, wie ein Ei dem andern, wie aus dem Gesicht geschnitten, wie er leibt und lebt, aufs Haar gleich; egal, gehüpft wie gesprungen, Jacke wie Hose, schnuppe, schnurz, piepe, alles eins; gleichnamig, gleichaltrig, derselbe Jahrgang; gleichlautend, gleichbedeutend, bedeutungsgleich, gleichsinnig, sinngleich, synonym, sinnverwandt, 2. gleichförmig, einförmig, eintönig, monoton, ohne Unterbrechung, im selben Tonfall, ohne Abwechslung; uniform, uniformiert, livriert, gleich gekleidet, einheitlich; im selben Trott, schematisch, nach Schema F, schablonenhaft, stereotyp, formelhaft, über denselben Leisten geschlagen, feststehend, immer gleich, ständig wiederkehrend; glättend, gleichmacherisch, einebnend, 3. sofort, auf der Stelle, unverzüglich, augenblicklich, umgehend, sogleich, unverweilt, ohne Verzug, postwendend, kurzerhand, stehenden Fußes, frischweg, wie er geht und steht, ohne weiteres, stracks, brühwarm, gesagt — getan, auf den ersten Blick, von Anfang an, von vornherein, schon immer.

gleichartig ähnlich, artgemäß, verwandt, vergleichbar, kommensurabel, analog, sinngemäß, entsprechend, erinnernd, anklingend an, sich berührend mit, sinnverwandt; gleichwertig, gleichrangig, homogen. 640

gleichgültig 1. neutral, leidenschaftslos, unparteiisch, uninteressiert, interesselos, unbeteiligt, teilnahmslos, ungerührt, unberührt, unbewegt, kühl, gefühllos, unempfindlich, unerschüttert, unaufmerksam, desinteressiert, indifferent, unaufgeschlossen, 2. passiv, nicht betroffen, abwartend, unentschieden, apathisch, phlegmatisch, indolent, träge, untätig, inaktiv, leidend, duldend, widerstandslos, nachgiebig, ergeben, 3. platonisch, geistig, rein seelisch, unkörperlich, unsinnlich, 4. blasiert, gelangweilt, lasch, stumpf, lax, lässig, lauwarm, nicht Fisch noch Fleisch, mattherzig, achselzuckend, nicht aus der Ruhe zu bringen, 5. gleichgültig lassen, nicht berühren, kaltlassen, kaltbleiben, über den Dingen stehen, sich nicht anfechten lassen, Abstand wahren, auf sich beruhen lassen, die Achseln zucken, sich nicht scheren, 6. ist gleich, 641 macht nichts, schadet nichts, kein Beinbruch, kein Hahn kräht danach, 7. Phlegmatiker, Phlegma, Gemütsmensch, Stoiker, die Ruhe selbst; Unbeteiligte, Außenstehende, der Mann auf der Straße, Vorübergehende.

642 **gleichsam** gewissermaßen, sozusagen, als ob, wie, etwa, entsprechend, vergleichbar, ähnlich, sich nähernd, anklingend, erinnernd, gemahnend, wie wenn, vergleichsweise, sogenannt.

643 **gleichwertig** ebenbürtig, artverwandt, ebensogut, vollwertig, gemäß, entsprechend, gleichstehend, gleichrangig, ranggleich, passend, auf gleicher Höhe, von gleichem Stand, auf gleicher Stufe, konkurrenzfähig, wettbewerbsfähig, gleichberechtigt, gleichgestellt, paritätisch, geistig ebenbürtig, kongenial; seiner (ihrer) wert, seiner (ihrer) würdig.

644 **gleichzeitig** 1. zur selben Zeit, im selben Augenblick, im selben Atemzug; zu gleicher Zeit, zugleich, simultan, synchron, gleichlaufend, zeitlich übereinstimmend, gemeinsam, zusammenfallend; während, indem, dieweil, solange, inzwischen, mittlerweile, 2. mit gleicher Post, gesondert, 3. zeitgenössisch, mitlebend, heutig.

645 **gleiten** 1. rutschen, ausrutschen, abrutschen, abwärtsgleiten, glitschen, flutschen, schliddern, schleifen, vorsichtig (behutsam, leise) gehen, sich lautlos bewegen, schleichen, geistern, sachte tun, leise machen, auf leisen Sohlen gehen, huschen, schlüpfen, 2. kriechen, krauchen, krabbeln, robben, sich schlängeln, sich winden, sich ringeln, sich krümmen.

646 **Glied** 1. Körperteil, Organ, Extremität, 2. Mitglied, Angehöriger, Zugehöriger, Gefährte, Genosse, Bruder, Anhänger, Teilnehmer, 3. Hand, Finger, Rechte, Linke, Pfote, Pfötchen, Tatze, Klaue, Pranke, Flosse, Greiforgan; Fuß, Bein, Hachse, 4. Hals, Genick, Nacken, Kragen, Anke; Kehle, Rachen, Gurgel, Schlund, Speiseröhre; Luftwege, Atemwege, Luftröhre, Bronchien, Lunge, 5. Fühler, Tastorgan, Antenne.

Glück 1. Gunst der Verhältnisse, Güte des Geschicks, günstige Fügung, Fortuna, Erfolg, Gedeihen, Gelingen, Segen, Dusel, Schwein, 2. Beglückung, Beglücktheit, innere Befriedigung, Erfüllung, Hochstimmung, Freude, Seligkeit, Beseligung, Entzücken, Wonne, Sonnenschein, Tage der Rosen, goldene Zeit, Honigmond, Flitterwochen, Sonnenseite, Butterseite. 647

glücklich 1. glückselig, beglückt, erfüllt, beseligt, beflügelt, beschwingt, hingerissen, freudig, selig, freudevoll, wunschlos, zufrieden, überglücklich, glückstrahlend, wonnetrunken, verklärt, im siebten Himmel, hochgestimmt, 2. begünstigt, erfolgreich, arriviert, gemacht, anerkannt, vorwärtsgekommen, vom Glück begünstigt, wohlbestallt, in guter Stellung, sieghaft, fruchtbar, gedeihlich, erstrebenswert, gesegnet, beneidenswert, dornenlos, wolkenlos, ungetrübt, sorgenlos, sorgenfrei, schattenlos, auf der Sonnenseite, aussichtsreich, zukunftsfreudig, hell, tröstlich, besonnt, segensreich, segenbringend, gnädig, gnadenvoll, 3. angenehm, erfreulich, hocherfreulich, beglückend, beseligend, befriedigend, ausfüllend, erfüllend, schön, paradiesisch, idyllisch, verwunschen, herzerfreuend, wonnevoll, wonnesam, wonnig, 4. glücklicherweise, zum Glück, durch einen glücklichen Zufall, erfreulicherweise, gottlob, Gott sei Dank, 5. glücklich sein, sich glücklich fühlen, sich glücklich schätzen, sich glücklich preisen, zufrieden sein, auf Wolken gehen, nichts zu wünschen haben. 648

Glückskind Hans im Glück, Sonntagskind, Liebling der Götter, Günstling des Glücks, Glückspilz, Erfolgsmensch, Senkrechtstarter, Karrierist, Eroberer, Sieger, Gewinner, Nutznießer, der Begünstigte, Favorit, Günstling, Liebling, Persona grata. 649

Gnade 1. Erbarmen, Milde, Nachsicht, Schonung, Vergebung, Verzeihung, Barmherzigkeit, Begnadigung, Ab- 650 solution, Sündenvergebung, Lossprechung, Entsühnung; Pardon, Amnestie, Straferlaß, Nachlaß, Dispens, Ablaß, 2. Begnadung, Berufung, Erwählung, Charisma, Segen, Gottesgabe, Vergünstigung, Gnadengabe, Begabung, Segnung, 3. Gunst, Herablassung, Leutseligkeit, Wohlwollen, Jovialität, Gönnerhaftigkeit.

651 **Grad** Größe, Länge, Dimension, Maß, Umfang, Nummer, Weite, Kaliber, Format, Stärke, Intensität, Ausmaß, Ausdehnung; Inhalt, Rauminhalt, Volumen, Tonnage, Laderaum, Fassungsvermögen, Kapazität; Temperatur, Wärmegrade.

652 **Grobian** 1. Rauhbein, Bärbeißer, Murrkopf, Klotz, Kloben, Bauer, Garst, Mollenkopf, ungehobelter Kerl, Brummbär, Muffel, Schlot, Stoffel; Flegel, Lümmel, Bengel, Rüpel, Gassenjunge, Straßenjunge, Rowdy, 2. Raufbold, Schläger, Klopffechter, Rabauke, Zänker, Krakeeler, Krachmacher, Stänker, Polterer, Kampfhahn, Streitsucher, Streitmichel, Streithammel, Prozeßhansel, 3. Hitzkopf, Brausekopf, Choleriker, Zornnickel, Wüterich, Unhold, Trotzkopf, Starrkopf, Dickkopf, Fanatiker, Eiferer, Dickschädel, Querkopf, Rechthaber, Widerspruchsgeist, 4. Tölpel, Flaps, Lackel, Lulatsch, Tolpatsch, Elefant im Porzellanladen, Trampel, Trampeltier.

653 **groß** 1. hochgewachsen, hochwüchsig, stattlich, hoch, lang, aufgeschossen, übergroß, überlang, überlebensgroß, überdimensional, hünenhaft, riesig, haushoch, gigantisch, ungeheuer, überragend, kolossal, ragend, turmhoch, mächtig, titanisch, reckenhaft, stark, gewaltig, 2. bedeutend, ansehnlich, ausgedehnt, bemerkenswert, erheblich, beträchtlich; geräumig, unendlich, unermeßlich, astronomisch, unabsehbar, unvorstellbar, weit, 3. erhaben, hehr, achtunggebietend, majestätisch, feierlich, ehrwürdig, imposant, imponierend, großmächtig, 4. hervorragend, prominent, ausgezeichnet, bedeutend, hochstehend, überlegen, unabhängig, 5. hochgespannt, beträchtlich, erheblich, weitreichend.

Größe 1. Höhe, Länge, Körpermaß, 654
Statur, Längenwachstum, Riesenwuchs, Übergröße, Überlänge, Stattlichkeit, 2. Ausdehnung, Ansehnlichkeit, Weite, Geräumigkeit, Unendlichkeit, Unermeßlichkeit, 3. Bedeutung, Erhabenheit, Großartigkeit, Geistesgröße, Seelengröße, Seelenstärke, Ehrwürdigkeit, Monumentalität, Majestät, Geltung, Gewicht, Belang, Wesentlichkeit, Bedeutsamkeit, 4. Großheit, Format, Hoheit, sittlicher Wert, Hochstand, Überlegenheit, Unabhängigkeit, Unbestechlichkeit.

großzügig 1. nobel, nicht kleinlich, 655
neidlos, generös, freigebig, eine offene Hand, spendabel, spendierfreudig, verschwenderisch, splendid, gebefreudig, 2. großmütig, nachsichtig, verständnisvoll, duldsam, tolerant, großdenkend, human, urban, weitherzig, liberal, freiheitlich, demokratisch, versöhnlich, nicht nachtragend.

Grund 1. Ursache, Anlaß, Veranlas- 656
sung, Triebfeder, Ansporn, Antrieb, Anstoß, Beweggrund, tiefster Grund, entscheidender Anlaß, Grundursache, Urgrund, Wurzel, Warum, Motor, treibende Kraft, Anreiz, Sporn, Stachel, Trieb, Köder, Lockvogel, Vorbild, 2. Begründung, Motivierung, Motivation, Motiv, Argument, Erklärung, Beweis, Beweismaterial, Beweisführung, Argumentation, 3. Boden, Acker, Land, Scholle, Erdreich, Erde, Krume, Erdboden, Ackerland, Feld, Flur, Grundbesitz, Landbesitz, Grund und Boden; Farm, Landgut, Gutshof, Bauernhof, Gut, Domäne, Landwirtschaft; Plantage, Pflanzung, Landsitz, Rittergut, Latifundien; Klitsche, Gehöft, eigene Scholle, 4. Grundbesitz, Grundstück, Bauplatz, Grundfläche, Bodenfläche, Parzelle, Areal, 5. Garten, Hausgarten, Vorgarten, Nutzgarten, Gemüsegarten, Obstgarten, Baumgarten, Steingarten, Staudengarten, Ziergarten, Lustgar-

ten, Grasgarten, Schrebergarten; Beet, Blumenbeet, Rondell, Rabatte; Anpflanzung, Baumstück, Baumschule, Schonung, junger Wald; Anlage, Park, Grünanlage, Stadtpark.

657 **Grundlage** 1. Untergrund, Unterlage, Fundament, Boden, Grundstein, Basis, Plattform, Unterbau, Sockel, Fuß, Postament, 2. Voraussetzung, Ausgangspunkt, Ansatzpunkt, Nährboden, Vorbereitung, Vorkehrung, 3. Grundstock, Fundus, Fonds, Bestand, Reserve, Hilfsfonds, Rücklage, Stock; Grundbegriffe, Anfangsgründe, Vorkenntnisse, Vorbildung.

658 **grundlos** unbegründet, ohne Grund, ohne Anhaltspunkt, aus der Luft gegriffen, erfunden, eingebildet, unmotiviert, zufällig, gegenstandslos, hinfällig, müßig.

659 **Grundsatz** 1. Richtlinie, Richtsatz, Richtschnur, Prinzip, Richtmaß, Maßstab, Leitlinie, Leitsatz, Regel, Grundregel, Vorsatz, Motto, Lebensregel; Satzung, Statut, 2. Behauptung, Theorie, Axiom, Lehrsatz, These, Glaubenssatz, Dogma, Lehrmeinung, Doktrin, Postulat, Forderung, moralisches Gebot.

660 **grundsätzlich** 1. grundlegend, fundamental, prinzipiell, 2. doktrinär, einseitig, engstirnig, dogmatisch, apodiktisch, päpstlich, 3. theoretisch, in der Regel, im allgemeinen, meist, eigentlich, nur ausnahmsweise.

661 **Gruppe** 1. Abteilung, Fraktion, Sezession, Block, 2. Freundeskreis, Kreis, Zirkel, Klub, Gesellschaft, Korona, Teilnehmerkreis, Zuhörerschaft, Menschenkreis, Runde, Ring, 3. Arbeitsgemeinschaft, Ausschuß, Team, Kollektiv, Produktionsgemeinschaft, Stab, Mitarbeiterstab, Beraterstab, 4. Ensemble, Truppe, Bühne, Orchester, Kapelle, Band, Chor, Gesangverein, Singschar, 5. Bande, Schar, Trupp, Sippe, Sippschaft, Horde, Blase, Gang, organisierte Bande, Konsorten, Rotte, Kumpanei, 6. Schicht, Kaste, Klasse, Rasse, Clique, Klüngel, Clan, 7. Wurf, Gelege, Junge, Meute, Koppel, 8. Tafelrunde, Stammtisch, Tischgemeinschaft, Tischgesellschaft, 9. Mannschaft, Besatzung, Bemannung, Crew, Staffel, Equipe, Seilschaft, Riege, Kader, Basisgruppe, Kolonne, 10. Dreiheit, Dreiblatt, Kleeblatt, Dreiklang, Akkord, Dreibund, Dreierverband, Triplealliance; Trio, Terzett; Dreieinigkeit, Dreifaltigkeit, Trinität, 11. Kränzchen, Damenkränzchen, Kaffeegesellschaft, Teegesellschaft, Literarische Gesellschaft, Lesezirkel.

Gruß 1. Begrüßung, Empfang, Willkomm, Lebewohl, Fahrwohl, Grüß Gott, guten Tag, auf Wiedersehen; Abschied, Verabschiedung, Empfehlung, 2. Händedruck, Handschlag, Handkuß, Kußhand, Verneigung, Verbeugung, Bückling, Diener, Reverenz, Kratzfuß, Kotau, Fußfall, Kniefall, 3. Ehrenbezeigung, Salut, Vivat, Hochruf, Hoch, Begrüßungsjubel, Hallo, Ständchen, Tusch, Ansprache, Schmollis, Trinkspruch, Prost, Toast, 4. Kompliment, Freundlichkeit, Artigkeit, Aufmerksamkeit, Nettigkeit, Galanterie, Liebenswürdigkeit, Schmeichelei, schöne Worte, 5. Glückwunsch, Glückwunschadresse, Laudatio, Glückwunschkarte, Gratulationsbrief, Gratulation, Segenswünsche, Seligpreisung. 662

grüßen 1. begrüßen, willkommen heißen, bewillkommnen, freudig empfangen, gern aufnehmen, anrufen, winken, zuwinken, zunicken, nicken, sich verbeugen, verneigen, Bückling, Diener machen, Kotau machen, dienern, Hut abnehmen, Hut ziehen, Hut lüften, die Hand schütteln, geben, reichen, bieten, drücken, Komplimente machen, 2. strammstehen, Spalier stehen, ins Gewehr treten, Salut schießen, salutieren, präsentieren, Ehrenbezeigung erweisen, 3. zutrinken, toasten, zuprosten, ein Hoch ausbringen, ausrufen, gratulieren, beglückwünschen, Glück wünschen, hochleben lassen, Toast (Trinkspruch) ausbringen, die Gläser heben, anstoßen, klingen lassen, die Festrede (Laudatio) halten, 4. glücklich schätzen, für 663 glücklich halten, glücklich preisen, seligpreisen.

664 **günstig** 1. vorteilhaft, aussichtsreich, vielversprechend, rosig, glückverheißend, verheißungsvoll, hoffnungsvoll, erfolgversprechend, zukunftsträchtig; opportun, empfehlenswert, angezeigt, ratsam, rätlich, geraten, klug, geeignet, passend, zupaß, richtig, gelegen, 2. positiv, optimistisch, lobend, rühmlich, rühmend, anerkennend, bejahend, wohlwollend, wohlmeinend, wohlgesinnt, 3. kleidsam, tragbar; preiswert, billig.

665 **gut** 1. gutartig, gutherzig, gutmütig, ohne Falsch, herzensgut, seelengut, liebevoll, selbstlos, warm, warmherzig, mitfühlend, hilfsbereit, hilfreich, brüderlich, liebenswert, wertvoll, 2. geglückt, gelungen, gut geworden, gut gemacht, vortrefflich, wohlgetan, gut getroffen, ins Schwarze getroffen, gut geraten, sehr gut, in Ordnung, O. K. (= okay), bestens, sehr zufrieden, vorzüglich, gut ausgefallen, nicht ohne, nicht schlecht, nicht von schlechten Eltern, 3. gut leben, in guten Verhältnissen leben, es gut haben, gut dran sein, nicht zu klagen haben, sich wohl fühlen, gesund sein, wohl sein.

666 **haben** 1. besitzen, sein eigen nennen, innehaben, zu eigen haben, in Händen haben, eignen, gehören, genießen, sich erfreuen, verfügen über, zu Gebote stehen, mitbringen, 2. angehören, zugehören, verbunden sein, zusammengehören, nahestehen, 3. reich sein, mit Glücksgütern gesegnet sein, im Fett sitzen, in der Wolle sitzen, aus dem vollen schöpfen, im Geld schwimmen, Geld wie Heu haben, 4. sich haben, sich zieren, sich anstellen, Geschichten machen, sich nötigen lassen, sich genieren, Sperenzien machen, sich sträuben.

667 **halb** zur Hälfte, halb und halb, hälftig, halbiert, zweigeteilt, halbpart, zu gleichen Teilen, brüderlich; halbwegs, in der Mitte, auf halbem Wege, zwischenliegend, dazwischen, zwischen, gleich weit entfernt, inmitten, auf halber Strecke.

Halt 1. Anhalt, Stütze, Anker, Stekken und Stab, Stock, Krücke, Krückstock; Hoffnung, Eckstein, Rückhalt, Basis, Fundament, Stützpunkt, 2. Balken, Träger, Säule, Pfeiler, Pflock, Tragbalken, Pfahl, Pfosten, Stange, Schiene, Profilstab, Sparren, Dachbalken, Mast, 3. Spalier, Gerüst, Balkenwerk, Stützwerk; Gerippe, Skelett, Knochengerüst, Rückgrat, Wirbelsäule, 4. Lehne, Armlehne, Fußstütze, 5. Haltestelle, Stoppstelle, Anhaltepunkt, Ruhepunkt, Oase, Ankerplatz, Hafen, Lager, 6. Halt! Stopp! Schluß! Genug! Kein Wort mehr! Keinen Schritt weiter! Rot! Rotlicht! 7. Station, Bahnhof, Reiseziel; Zebrastreifen, Überweg, Verkehrsampel. 668

halten 1. anhalten, stehenbleiben, bremsen, innehalten, beidrehen, haltmachen, stoppen, landen, anlegen, zum Stehen kommen, stocken, aufhören, abbrechen, unterbrechen, einhalten, aussetzen, Station machen, Aufenthalt einlegen, 2. festhalten, zurückhalten, nicht loslassen, behalten, zu eigen nehmen, nicht hergeben, in Besitz nehmen, besetzen, einnehmen, besetzt halten, 3. lesen, abonnieren, beziehen, Bezieher, Abonnent sein. 669

Halter 1. Griff, Handgriff, Heft, Schaft, Kolben, Stiel, Henkel, Türgriff, Klinke, Schnalle, Drücker, Knauf, Knopf, Anfasser, Greifer, Klipp, Klips, Klemme, Klammer, Pinzette, Zange, Greifwerkzeug; Hebel, Kurbel, Anlasser, 2. Träger, Trägerband, Hosenträger, Gurt, Gürtel; Strumpfband, Strumpfhalter, Hüfthalter, Strumpfbandgürtel, Straps; Schlaufe, Riemen; Sicherheitsgurt, Kindersitz. 670

Handarbeit Handwerk, Kunsthandwerk, Gewerbe, Kunstgewerbe, handwerkliches Erzeugnis, Einzelarbeit, Einzelstück, Entwurf, Modell, Bastelei, Nadelarbeit, Stichelei, Näharbeit, Näherei, Stickerei. 671

Handel 1. Warenverkehr, Warenaustausch, Gütertausch, Handelsverkehr, Geschäftsverkehr, Wirtschaftsleben, Geschäftsleben, Wa- 672 renvertrieb, Einkauf und Verkauf, Umsatz, Umschlag, Markt, 2. Geschäft, Tausch, Tauschhandel, Tauschgeschäft, Abschluß, Abmachung, Transaktion, 3. Wirtschaft, Volkswirtschaft, Handelswelt, Geschäftswelt, Industrie, 4. Großhandel, Engroshandel, Großunternehmen, Engrosgeschäft, Überseehandel, Auslandsgeschäft, Auslandsmarkt, Außenhandel, Handel zwischen Staaten; Import, Export, Einfuhr, Ausfuhr, 5. Schacher, Feilschen, Markten, Wucher; Kuhhandel, schlechtes Geschäft.

673 **handeln** 1. tun, machen, operieren, agieren, tätig sein, wirken, arbeiten, zu Werke gehen, 2. Handel treiben, ein Geschäft führen, Geschäfte machen, kaufen und verkaufen, einführen, importieren, ausführen, exportieren, zwischenhandeln, Geschäfte vermitteln, 3. markten, feilschen, schachern, Preis drücken, abhandeln, herunterhandeln, abmarkten, wuchern, überfordern, 4. behandeln, handeln von, gehen um, erzählen, berichten, gestalten, zum Gegenstand haben, zum Inhalt haben, sich drehen um.

674 **handwerklich** 1. handwerksmäßig, fachgerecht, zunftmäßig, zunftgemäß, zünftig, kunstgerecht, sachgerecht, werkgerecht, materialgerecht, 2. handgemacht, handgearbeitet, mit der Hand, manuell, hausgemacht, 3. formschön, gut konstruiert, wohlproportioniert, durchdacht, durchkonstruiert.

675 **Harmonie** 1. Wohlklang, Wohllaut, Schmelz, Zusammenklang, Akkord, Stimmigkeit, Zusammenspiel, Zusammenwirken, 2. Ausgeglichenheit, Ausgewogenheit, Gleichgewicht, Gleichmaß, Ebenmaß, Ebenmäßigkeit, gute Proportion.

676 **harmonisch** 1. wohllautend, wohlklingend, wohltönend, stimmig, zusammenstimmend, abgestimmt, konzertiert, harmonisiert, gleichgestimmt, übereinstimmend, abgewogen, im Gleichgewicht, gleichgewichtig, 2. zusammenpassend, einander entsprechend, geistesverwandt, 3. abgeklärt, ausgewogen, ausgeglichen, ausbalanciert; gleichmäßig, maßvoll, ebenmäßig, wohlgegliedert, wohlproportioniert, im richtigen Verhältnis, rhythmisch gegliedert, 4. melodiös, melodisch, musikalisch, klangrein, liedhaft, gesanglich, lyrisch, 5. vielstimmig, mehrstimmig, polyphon.

hart 1. fest, steif, starr, unelastisch, 677
nicht biegsam, spröde; hölzern, eisern, erzen, ehern, metallen, felsenhart, steinern, steinhart; eckig, kantig; trocken, ausgetrocknet, ausgedörrt, ausgepicht, verhärtet, verknöchert, versteinert, stählern, marmorn, stahlhart, 2. herzlos, hartherzig, mitleidslos, kalt, gefühllos, vor nichts zurückschreckend, eisig, eiskalt, ungerührt, lieblos, gefühlskalt, unzugänglich, unnachgiebig, nicht ansprechbar, nicht zu erweichen, keinen Bitten zugänglich, 3. streng, unnachsichtig, schonungslos, rücksichtslos, rauh, unsanft, rigoros, unerbittlich, unbarmherzig, unversöhnlich, erbarmungslos, gnadenlos, exemplarisch, abschreckend, unchristlich.

hassen 1. ablehnen, nicht mögen, un- 678
sympatisch finden, Abneigung empfinden, Aversion hegen, nicht gewogen sein, nicht grün sein, mißliebig sein, mißfallen, 2. hassen, Haß empfinden, Feindschaft, Feindseligkeit, Groll, Ressentiment, Rachsucht empfinden, mit Haß verfolgen, blind ablehnen, unversöhnlich grollen, ein Dorn im Auge sein, verabscheuen, nicht sehen, nicht riechen, nicht ausstehen können, ein rotes Tuch sein, zuwider sein, feindselig gesinnt sein, Zorn hegen, anfeinden, befeinden, als Feind empfinden, Gegnerschaft empfinden.

häßlich 1. unschön, reizlos, anmutlos, 679
unvorteilhaft, plump, garstig, abscheulich, greulich, scheußlich, fratzenhaft, grimassenhaft, verzerrt, entsetzlich, furchtbar, mißgestaltet, ungestalt, unproportioniert, schlecht gewachsen, schlecht gebaut, mißgeschaffen, verunstaltet, verwachsen, krumm, schiech, mißförmig, schau-

erlich, schaurig, abstoßend, abschreckend, widerlich, widerwärtig, ekelhaft, monströs, unästhetisch; Vogelscheuche, Mißgeburt, Scheusal, Monstrum, Monstrosität, Popanz, Schreckgespenst, Ungestalt, Ungetüm, Ausgeburt, Spottgeburt; Ekel, Greuel, Widerling, 2. dissonant, mißtönig, falsch klingend.

680 **Hauptsache** Angelpunkt, Pol, Drehpunkt, Mittelpunkt, Zielpunkt, Schwerpunkt, Kardinalpunkt, Kern, Kernpunkt, Kernstück, Mark, Wesen, Herzstück, Akzent, Quintessenz, Inbegriff, springender Punkt, das Wesentliche, worauf es ankommt, des Pudels Kern, der Gehalt, Pointe, das Wichtigste, das Entscheidende, das Ausschlaggebende, das Zünglein an der Waage, Nerv, Lebensader, Lebensfaden, Leitfaden, Leitgedanke, Grundgedanke, roter Faden, Leitlinie.

681 **Haus** 1. Gebäude, Bau, Bauwerk, Baulichkeit, Mietshaus, Zinshaus, Etagenhaus, Mietskaserne, Wohnblock, Einfamilienhaus, Wohnhaus, Blockhaus, Fertighaus, Eigenheim, Eigentumswohnung, Häuschen, Reihenhaus; Hochhaus, Wolkenkratzer, Penthouse; Hütte, Kate, Baude, Bungalow, Landhaus, Chalet, Villa, Palais, Palast, Schloß, Burg, Pavillon, Baracke, 2. Heim, Heimat, Daheim, die vier Wände, Heimstätte, Domizil, heimischer Herd, eigener Herd, Dach, Penaten, Nest, Gehäuse, Horst, Zuhause, Häuslichkeit, Haus und Hof, Niederlassung, Anwesen, Elternhaus, Vaterhaus, Familiensitz, Stammsitz, 3. Familie, Geschlecht, Sippe, Stamm, Verwandtschaft, Angehörige, Anverwandte, Anhang, Eltern und Kinder, die Seinen, Clan, Sippschaft, Blutsverwandtschaft, Geblüt, Blut, Erbe, Erbmasse, Herkunft, Abkunft, Stall, Kinderstube, 4. Familienleben, Privatleben, persönlicher Bereich, Intimsphäre; die Meinen, die Meinigen, Vater und Mutter, die Eltern, meine Familie.

682 **Haushalt** Hausstand, Hauswesen, Haushaltung, Hauswirtschaft, Wirtschaft, Haushaltführung, Hausarbeit, Wirtschaftsführung.

heben 1. aufheben, lupfen, lüften, 683
anheben, aufnehmen, hochnehmen, hochheben, stemmen, wuchten, schultern, buckeln; raffen, anheben, schürzen, bauschen, aufstecken, 2. ausgraben, exhumieren, wieder ausgraben; finden, entdecken, ausbuddeln, ans Licht bringen, zutage fördern, 3. die Augen heben, erheben, den Blick heben, aufschauen, aufsehen, aufblicken, hochblicken, die Augen aufschlagen, den Blick gen Himmel richten, die Lider heben, 4. fördern, steigern, mehren, entwickeln, ausbauen, erweitern, verstärken, vorwärtsbringen, vorwärtstreiben, weiterbringen, weiterentwickeln, vervollkommnen; erhöhen, in die Höhe bringen; in die Höhe schrauben, hochtreiben, steigern, aufschlagen, verteuern, mehr verlangen, die Preise anheizen, anheben, erhöhen, treiben, hinaufschrauben; aufwerten, Wert erhöhen, Wert steigern, 5. verbessern, verschönern, vergrößern, veredeln, intensivieren, kultivieren, zivilisieren, Lebensstandard erhöhen, perfektionieren, humanisieren, fortbilden, vermenschlichen, menschlicher machen, 6. erheben, erbauen, stärken, läutern, erquicken, helfen, beglücken, 7. verstärken, nachziehen.

heftig 1. intensiv, stark, feurig, leiden- 684
schaftlich, hitzig, heißblütig, impulsiv, begeisternd, mitreißend, bezaubernd, entflammend, faszinierend, schwungvoll, unwiderstehlich, bannend, elektrisierend; unbändig, ungestüm, stürmisch, enthemmt, unaufhaltsam, aufgeregt, turbulent, wild, brausend, rauschend, vulkanisch, tumultuarisch; fanatisch, besessen, abgöttisch, leidenschaftlich, passioniert, liebeglühend; gewaltsam, forciert, eifernd, eifervoll, zelotisch, 2. hitzköpfig, explosiv, cholerisch, geht leicht hoch, reizbar, erregbar, aufbrausend, auffahrend, jähzornig, zornmütig, wütend, rasend, lärmend, wie von Sinnen, überschäumend, mit aller Macht,

mit aller Kraft, 3. angriffslustig, gewalttätig, angreiferisch, angriffig, kriegerisch, offensiv, martialisch, militant, militaristisch, aggressiv, provokatorisch aufreizend, expansiv, kämpferisch, kriegslüstern, zanksüchtig, zanklustig, streitbar, streitsüchtig, zänkisch, hadersüchtig, unfriedlich, händelsüchtig, rechthaberisch, unverträglich, streitlüstern, mit ihm ist nicht gut Kirschen essen, 4. streitbar sein, sich zu wehren wissen, Haare auf den Zähnen haben.

685 **Heftigkeit** Intensität, Fanatismus, Eifer, Temperament, Heißblütigkeit, Wildheit, Raserei, Besessenheit, Verbissenheit, Unbändigkeit, Ungebärdigkeit, Unbeherrschtheit, Aufgeregtheit, Turbulenz, Ungestüm, Leidenschaft, Leidenschaftlichkeit, Feuer, Glut, Jähzorn, Zornmütigkeit, Reizbarkeit, Erregbarkeit, Hitzköpfigkeit, Radikalität, Radikalismus, Streitlust, Aggressivität, Angriffslust, Streitsucht, Streitbarkeit, Händelsucht, Zanksucht, Gewaltsamkeit, Gewalttätigkeit.

686 **heiter** 1. froh, frohmütig, frohgemut, glücklich, freudig, erfreut, munter, optimistisch, daseinsfreudig, lebenslustig, unbeschwert, lebensfroh, sonnig, fröhlich, zufrieden, ungetrübt, beschwingt, beflügelt; freudestrahlend, lachend, lächelnd, schmunzelnd, grinsend, 2. lustig, amüsant, ergötzlich, zum Lachen, humoristisch, humorig, humorvoll, spaßig, spaßhaft, kurzweilig, unterhaltend, unterhaltsam, pläsierlich, vergnüglich, köstlich, belustigend, erheiternd, zerstreuend, 3. vergnügt, munter, obenauf, auf der Höhe, guter Dinge, guten Mutes, seelenvergnügt, belustigt, erheitert, wohlgemut, gut gelaunt, aufgeräumt, aufgekratzt, ausgelassen, gut aufgelegt, übermütig, mutwillig, spitzbübisch, schalkhaft, schelmisch, verschmitzt, pfiffig, neckisch, drollig, fidel, launig; aufgedreht, feuchtfröhlich, närrisch, außer Rand und Band, 4. komisch, gelungen, gediegen, witzig, ulkig, köstlich, kostbar, gottvoll, possierlich, grotesk, burlesk, possenhaft, schwankhaft, lächerlich, putzig, schnurrig, urkomisch, zwerchfellerschütternd, zum Schießen, unbezahlbar, 5. idyllisch, arkadisch, bukolisch, ländlich, bäuerlich, malerisch.

Heizung 1. Ofen, Herd, Kochgelegenheit, Kochplatte, Brenner, Kocher, Kochstelle, Feuerstelle, Heizanlage, Heizkörper, Radiator; Strahler, Speicherofen, Gasofen, Elektroherd, Gasherd, Kachelofen, Kamin, Esse, Rauchfang, Räucherkammer, Schornstein, Schlot, Ofenrohr, 2. Feuerung, Brennstoff, Heizmaterial, Brennmaterial, Heizstoff, Holz und Kohlen, Öl, Strom, Sonnenenergie, Fernheizung, Zentralheizung, 3. Wärme, Erwärmung, Glut, Hitze. 687

helfen 1. unterstützen, beistehen, beispringen, entlasten, abnehmen, erleichtern, tragen helfen, mit anpacken, zupacken, anfassen, zufassen, zugreifen, einspringen, aushelfen, überbrücken, sich nützlich machen, nützen, zur Verfügung stellen, sich melden, in die Bresche springen, Beistand leisten, Hilfestellung geben, stützen, durchhelfen, sekundieren, zur Seite stehen, bereitstehen, zur Verfügung stehen, sich zur Verfügung halten, den Rücken stärken, ins Schlepptau nehmen, den Steigbügel halten, Steine aus dem Weg räumen, 2. mitarbeiten, mitwirken, mitmachen, behilflich sein, an die Hand gehen, assistieren, zuarbeiten, dienen; dazu verdienen, mithelfen, zuspringen, Hand anlegen, zum Haushalt beitragen, nachhelfen, Hilfe leisten, 3. zuschießen, beisteuern, zusteuern, subventionieren, beihelfen, beitragen, dazutun, unter die Arme greifen; Mutterstelle vertreten, Patenschaft übernehmen, Vormundschaft übernehmen, 4. abhelfen, befreien, retten, Abhilfe schaffen, sanieren, in Ordnung bringen, fördern, aushelfen, auf die Beine stellen, die Hand reichen, 5. einsagen, einhelfen, soufflieren, vorsagen, 6. sich helfen, sich selbst helfen, sich zu helfen wissen, zurückgreifen auf, seine Zuflucht 688 nehmen zu, 7. sich entscheiden für, Partei ergreifen für, sich auf jem. Seite schlagen, für jem. eintreten, jem. Beistand leisten, für jem. die Kastanien aus dem Feuer holen, sich einsetzen für, sich erbarmen, Mitleid haben.

689 **Helfer** 1. Retter, Nothelfer, Beistand, Stütze, Begleiter, Gefährte, Bundesgenosse, Verbündeter, Befreier, Erlöser, Heiland, guter Hirt, Schutzheiliger, Schutzpatron, Schutzherr, Beschützer, Stecken und Stab, Wundertäter, Deus ex machina, 2. Förderer, Gönner, Mäzen, Fürsprecher, Referenz, Adresse, Beziehung; Muse, Anregerin, Egeria; Geber, Stifter, Spender, Schenker, Wohltäter, Menschenfreund, Philantrop, Tröster, Beichtvater, Patron, Schirmherr; Verteidiger, Sekundant, Verfechter, 3. Geselle, Gehilfe, Verkäufer, Verkäuferin, Ladendiener, Ladner, Kommis, Handlungsgehilfe, Hilfskraft, Ellenreiter, junger Mann; Sekretär, Schreiber, Sekretärin, Vorzimmerdame, Stenotypistin, Maschinenschreiberin, Tippfräulein, Schreibkraft, Bürokraft, Kontoristin, Buchhalterin; Assistent, rechte Hand, Adjutant, Famulus, Mitarbeiter, Beiträger; Handlanger, ungelernter Arbeiter, Tagelöhner, Hilfsarbeiter, Aushilfe, Vertretung, 4. Hüter, Wärter, Wächter, Heger, Sanitäter, Samariter, Pfleger, Krankenwärter, Heilgehilfe, Pflegerin, Schwester, Krankenschwester, Diakonisse, Nonne, 5. Praktikus, Axt im Haus, Bastler, Tüftler, Faktotum, Alleskönner, Allroundman, Mädchen für alles, 6. Einsager, Einhelfer, Souffleur, 7. Schreiber, Schriftführer, Protokollführer, Protokollant, Stenograph, 8. Ehrendame, Duenja, Anstandsdame, Gesellschafterin; Babysitter; Gemeindeschwester; Sprechstundenhilfe, Arzthelferin, 9. Beschützer, Beschirmer, Betreuer, guter Engel, guter Geist; Leibwächter, Leibwache, Lebensretter, Schutzherr, Schutzgeist, Protektor, Ritter.

690 **hell** 1. licht, lichtvoll, taghell, am hellen Tag, bei Tag, bei Tageslicht, am hellichten Tag, 2. strahlend, glänzend, funkelnd, schimmernd, scheinend, gleißend, glitzernd, blitzend, blendend, leuchtend, blank, schneeig, weiß, blütenweiß, silbrig, 3. rein, klar, freundlich, sonnig, besonnt, wolkenlos, unbewölkt, ungetrübt, sichtig, niederschlagsfrei, trocken, 4. erleuchtet, beleuchtet, erhellt, angestrahlt, bestrahlt, illuminiert, 5. hell klingend, silberhell, glockenhell, glockenrein.

herablassend gnädig, leutselig, jovial, 691
wohlwollend, huldvoll, hoheitsvoll, gönnerhaft, von oben herab, süffisant, selbstgefällig, dünkelhaft.

herabsetzen (sich) 1. herabwürdigen, 692
erniedrigen, demütigen, entwürdigen, beschämen, niederziehen, demoralisieren, degradieren, zerrütten, pervertieren, beugen, ducken, den Fuß auf den Nacken setzen, 2. beleidigen, kränken, schmähen, verletzen, Wunden schlagen, beschimpfen, kein gutes Haar lassen an, pöbeln, anpöbeln, zu nahe treten, zu weit gehen, 3. sich etw. vergeben, sich gemeinmachen, seine Würde vergessen; schmarotzen, schnorren, nassauern, 4. verkleinern, abmildern, abschwächen, bescheiden ausdrücken, untertreiben, unterbewerten, einschränken, relativieren, mit Vorbehalt aussprechen.

Herausforderung Anrempelung, Be- 693
helligung, Belästigung, Androhung, Drohung, Kampfansage, Fehdehandschuh, Anzüglichkeit, Forderung, Provokation, Brüskierung, Kriegserklärung.

herb 1. sauer, säuerlich, ungesüßt, 694
trocken, unreif, zusammenziehend, gegoren, vergoren, übergegangen, einen Stich haben, räß, ranzig, 2. scharf, salzig, gepökelt, gewürzt, rezent, pikant, süßsauer, würzig, gepfeffert, ätzend, beißend, brennend, prickelnd, bitter, gallig, gallenbitter, kratzig.

heruntergekommen 1. verarmt, abge- 695
stiegen, deklassiert, aus der Bahn geworfen, hat bessere Tage gesehen, ist ihm an seiner Wiege nicht gesungen

worden, elend, 2. verwahrlost, vernachlässigt, verwildert, verroht, unzugänglich, unansprechbar, seelisch verödet, demoralisiert, verkommen, degeneriert, dekadent, verdorben, verderbt, mißraten, ungeraten; reduziert, verbummelt, verlottert, versackt, verlumpt, verludert; ausgebeutet, ausgeblutet, aller Reserven beraubt, 3. geschwächt, entnervt, abgezehrt, abgemagert, ausgemergelt, nur noch ein Schatten seiner selbst, verwüstet, verlebt, hat abgesponnen, 4. abgetakelt, verbraucht, überaltert, mitgenommen, erneuerungsbedürftig, reparaturbedürftig, außer Betrieb gesetzt.

696 **hetzen** 1. jagen, verfolgen, nachsetzen, nachjagen, wegjagen, treiben, bedrängen, scheuchen, in die Ecke treiben, 2. eilen, hasten, rennen, rastlos arbeiten, schuften, sich abhetzen, sich abjagen, immer auf Touren sein, angespannt sein, niemals Ruhe haben, niemals Zeit haben, immer im Druck sein, immer gehetzt sein, 3. stacheln, anstacheln, aufstacheln, aufwiegeln, intrigieren, Ränke spinnen, unterminieren, untergraben, zersetzen, inszenieren, werben, aufreizen, aufrühren, schüren, wühlen, aufpeitschen, aufbringen, reizen, verhetzen, stänkern, Unfrieden stiften, verketzern, radikalisieren, scharfmachen, aufputschen, böses Blut machen, Verschwörung anzetteln, Brunnen vergiften, fanatisieren, Öl ins Feuer gießen, anblasen, anfachen, aufhetzen, scharfmachen, 4. pirschen, ansitzen, jagen, treiben.

697 **hier** nur hier, an dieser Stelle, an diesem Ort, diesseits, auf diesem Ufer, bei uns, hierzulande, an Ort und Stelle, nirgends sonst.

698 **Hilfe** 1. Beistand, Unterstützung, Dienst, Dienstleistung, Service, Kundendienst, Gefälligkeit, Erleichterung, Entlastung, Aushilfe, Vertretung, Hilfestellung, Hilfsdienst, Handreichung, Mitarbeit, Mitwirkung, Assistenz, Nachhilfe, Beihilfe, Beisteuer, Beitrag, Zuschuß, Zubuße, Subvention, Überbrückung; Wohltat, gute Tat, Hilfeleistung, Liebesdienst; Liebeswerk, Hilfswerk, Hilfsorganisation, Entwicklungshilfe, 2. Rettung, Bergung, Sicherung, Befreiung, Ausweg, Abhilfe, Entsatz; Notpfennig, Notgroschen, Notnagel, eiserne Ration, Nothilfe, Notanker; Denkhilfe, Eselsbrücke, Gedächtnisstütze, 3. Förderung, Begünstigung, Vorschub, 4. Bedienung, Aufwartung, Haushalthilfe, Zugehfrau, Zugeherin, Putzfrau, Reinmachefrau, 5. Geburtshilfe, Entbindungshilfe, Hebammenkunst.

Hilferuf Notruf, Notschrei, Notsignal, 699
Alarm, Sirene, SOS-Ruf, Aufruf, Appell, Aufforderung, Mahnung, Ermahnung, Notbremse, Notleine.

hilflos 1. schwach, kraftlos, hilfsbe- 700
dürftig, anlehnungsbedürftig, pflegebedürftig, krank, leidend, schutzbedürftig, unberaten, unbeschützt, unselbständig, auf andere angewiesen, dem Leben nicht gewachsen, unsicher, abhängig, 2. ratlos, führerlos, bedrängt, verzweifelt, hoffnungslos, aufgeschmissen, festgefahren, verrannt, in einer Sackgasse, desperat, in Not, in Nöten, im Druck, in Bedrängnis, in Verlegenheit, in der Klemme, in der Patsche, auf dem trocknen, in Geldverlegenheit, ohne Einkommen, 3. wehrlos, schutzlos, ohne Ellenbogen, ausgeliefert, preisgegeben, ausgesetzt, vogelfrei, rechtlos, rettungslos, verloren, herrenlos, unversorgt, ungeschützt, unbehütet, ungesichert, unbewacht, unüberwacht, unbeaufsichtigt, ohne Aufsicht, vernachlässigt, 4. abgerüstet, entwaffnet, waffenlos, unbewaffnet, machtlos, ausgeliefert, 5. hilfslos (ratlos) sein, nicht weiter wissen, keinen Rat wissen, mit seinem Latein am Ende sein.

hindern 1. hemmen, zurückhalten, 701
fernhalten, aufhalten, abhalten, abschrecken, zurückschrecken, abfangen, abfassen; eindämmen, ersticken, niederschlagen, unterdrücken, lahmlegen, veröden, stauen, bremsen, zügeln, mäßigen, knebeln, steuern, wehren, drosseln, dämpfen, beruhigen, im Zaume hal-

ten, Zügel anlegen, an die Kandare nehmen, bekämpfen, angehen gegen, ankämpfen gegen, 2. Halt gebieten, in den Weg treten, entgegentreten, den Weg verlegen (versperren), Steine in den Weg legen, in den Arm fallen, Knüppel zwischen die Beine werfen, entgegenarbeiten, inhibieren, behindern, beengen, beschränken, die Hände binden, Grenzen setzen, abgrenzen, eingrenzen, lokalisieren, 3. belagern, blockieren, aushungern; einkreisen, umzingeln, umstellen, einschließen, einkesseln, abschneiden, abschnüren, absperren, abriegeln, 4. zurückrufen, zurückholen, zurückpfeifen, zurückbeordern, abrufen, abberufen, 5. verhindern, hintertreiben, unmöglich machen, vereiteln, einen Punkt machen, ein Ende setzen, unterbinden, zuvorkommen, abblocken, abwehren, Einhalt gebieten, entgegenwirken, erschweren, begrenzen, sperren, das Handwerk legen, einen Riegel vorschieben, dazwischentreten, unschädlich machen, Strich durch die Rechnung machen, außer Gefecht setzen, den Weg versperren; 6. verbauen, die Aussicht nehmen, die Sicht behindern, die Zukunft verbauen, im Wege stehen, entgegenstehen, sich in den Weg stellen, den Weg versperren; Gegenmaßnahmen ergreifen, hinderlich sein, am Boden halten.

702 **Hindernis** 1. Hemmklotz, Hemmschuh, Radschuh, Bremse; Fessel, Kette, Handschellen; Bindung, Zwang; Widerstand, Reibung, 2. Einengung, Einschränkung, Belastung, Ballast, Behinderung, Hemmnis, Drosselung, Erstickung, Knebelung, Knechtung, Unterbindung, Lähmung, Eindämmung, Erschwerung; Stau, Stauung, Stockung, Verstopfung, Blockade, Sperre, kein Weiterkommen, 3. Belagerung, Einkreisung, Umzingelung, Einkesselung, Absperrung, Abschnürung, Umklammerung, 4. Hürde, Wall, Barriere, Schranke, Mauer, Zaun, Graben; Sprachbarriere, Handikap, Nachteil, Behinderung, Benachteiligung, 5. Hemmung, Sperre, Verkrampfung, Verkrampftheit, 6. Gegenmaßnahme, Gegenbefehl, Einspruch, Protest, Einschreiten, Vorgehen, Verhinderung.

Hintergrund 1. Grund, Folie, Rahmen, Fond, Tiefe, 2. Zusammenhang, Untergrund, Voraussetzung, Bezüglichkeiten, Verknüpfungen, 3. Hintergedanke, Nebenabsicht, Nebenzweck, unbewußte Absicht, Selbstverborgenheit, 4. Geräuschkulisse, Untermalung, Hintergrundmusik. 703

Hinweis 1. Ankündigung, Mitteilung, Unterrichtung, Bekanntmachung, Anschlag, Wegweiser, 2. Anspielung, Andeutung, Wink, Fingerzeig, Verweisung, Pfeil, Schild, Umschreibung, Symbol, Zeichen, Bemerkung, Warnung, Gebärde, Geste, Tip, Rat. 704

hinweisen 1. zeigen, deuten, hindeuten, mit dem Finger zeigen, aufmerksam machen, auf eine Spur bringen, auf eine Fährte setzen, Hinweis geben, auf die Sprünge helfen, mit der Nase darauf stoßen, zu verstehen geben, verweisen, weisen, 2. betonen, hervorheben, pointieren, herausheben, deutlich machen, verstärken, umreißen, konturieren, profilieren, bemerken, anmerken, unterstreichen, akzentuieren, nachdrücklich bemerken, dartun, aufklären, klarmachen, offenbaren, orientieren, aufzeigen, empfehlen, anpreisen; hochspielen, herausstellen; sich profilieren, sich in den Vordergrund schieben, auf sich aufmerksam machen, 3. andeuten, anspielen, durchlassen, erwähnen, streifen, rühren an, nicht näher eingehen auf, durchblicken lassen, zu verstehen geben, beibringen, stecken, einflüstern, einblasen, warnen, nahelegen, durch die Blume sprechen, umschreiben, abheben, (ab)zielen auf, ein Wort fallen lassen, bedeuten, sticheln, Anspielung machen, mit dem Zaunpfahl winken, einen Wink geben, beibiegen, persönlich werden, 4. Bezug nehmen, sich beziehen, zurückkommen auf, verknüpfen mit, zurückgreifen, ableiten, in Verbindung 705 bringen.

706 **hoch** 1. oben, droben, hoch in der Luft, auf, über, oberhalb, zu Häupten, über meinem Kopf; von oben, aus der Luft, aus der Vogelperspektive, vom Flugzeug aus, über Satellit, 2. hochstehend, hochgestellt, übergeordnet, hochrangig, in leitender Stellung, höhergestellt, überlegen; vorgesetzt, führend, gehoben, 3. hochragend, vielstöckig, himmelhoch, alles überragend, 4. obenauf, zuoberst, ganz oben; auf dem Gipfel, in der Höhe, auf höchster Ebene.

707 **hoffentlich** 1. wahrscheinlich, vermutlich, wohl, voraussichtlich, denkbar, anzunehmen, zu erwarten, sicherlich, kaum anzuzweifeln, mutmaßlich, aller Voraussicht nach, 2. wünschenswert, erwünscht, zu wünschen, möchte, ich würde mich freuen, es wäre erfreulich, es wäre schön, es wäre gut, wenn nur nicht.

708 **hören** 1. lauschen, horchen, aufhorchen, vernehmen, wahrnehmen, verstehen, erfahren, entnehmen, mitkriegen, aufschnappen, erlauschen, zu Ohren kommen, sich sagen lassen, erzählt bekommen, 2. anhören, zuhören, hinhören, Gehör schenken, die Ohren spitzen, aufmerksam sein, dabeisein, an den Lippen hängen, belauschen.

709 **hübsch** nett, reizend, gefällig, ansprechend, angenehm, einnehmend, erfreulich, frisch, knusprig, sauber, adrett, gut aussehend, gut gewachsen, wohlgestaltet, wohlbeschaffen, gut gebaut, nicht übel, nicht uneben, nett anzusehen.

710 **Hülle** 1. Umhüllung, Verpackung, Aufmachung, Packmaterial, Packpapier; Papier, Bogen, Blatt, Schreibpapier, Briefpapier; Pappe, Pappdeckel, Wellpappe, 2. Schale, Rinde, Pelle, Haut, Fell, Pelz, Kruste, Schwarte, Borke, Panzer, 3. Verputz, Bewurf, Tünche, Tapete, Wandbekleidung, Wandbespannung, Verkleidung, Umkleidung, Verschalung, Täfelung, Paneel, Getäfel, Furnier; Deckblatt; Behang, Dekoration, Wandbehang, Wandteppich, Gobelin; Auskleidung, Futter, Fütterung, Wattierung, Polsterung, 4. Einband, Deckel, Umschlag, Schutzumschlag, Buchhülle; Briefumschlag, Kuvert, Briefhülle; 5. Tuch, Halstuch, Schultertuch, Umschlagtuch, 6. Gardine, Store, Wolkenstore, Vorhang, Übergardine, Portiere, Türvorhang; Blende, Markise, Laden, Klappladen, Rolladen, Jalousie, Jalousette, Fensterladen, 7. Wandschirm, Ofenschirm, spanische Wand, Paravent, Rollwand, 8. Tasche, Mappe, Aktenmappe, Kollegmappe; Handtasche, Pompadour, Beutel; Koffer, Handkoffer, Reisekoffer, Boardcase, Gepäckstück, Sack, Bündel, Matchsack, Kulturbeutel, Toiletten-Necessaire, 9. Decke, Zudecke, Steppbett, Steppdecke, Wolldecke, Bett-Teppich, Tagesdecke; Deckbett, Plumeau; Bettbezug, Überzug, 10. Tüte, Papiersack, Plastikbeutel, Plastiktüte, 11. Schlauch, Wassersack, Wärmflasche.

hungern 1. Hunger haben, nichts zu essen haben, Appetit haben, nach Speise verlangen, darben, entbehren, notleiden, ermangeln, Mangel leiden, am Hungertuch nagen, 2. verlangen, schmachten, gieren, 3. fasten, sich enthalten, sich versagen, entsagen, Diät halten, eine Hungerkur machen, in Hungerstreik treten. 711

hüten schützen, warten, hegen, pflegen, aufpassen, betreuen, bewachen, beaufsichtigen, weiden, beschirmen, beschützen, decken, versorgen, sorgen für, sich kümmern um. 712

Ideal 1. Wunschbild, Wunschziel, Beispiel, Muster, Leitstern, Leitbild, Vorbild, Inbegriff, Wunschtraum, Idealbild, 2. Idol, Götze, Fetisch, Abgott, Schwarm, 3. Perle, Gipfel, Ausbund. 713

Idealismus 1. Glaube an Ideale, Begeisterung für ideale Ziele, Gläubigkeit, Enthusiasmus, Ergriffenheit, Inbrunst, 2. Romantik, Schwärmerei, Verstiegenheit, Überspanntheit, Torheit, Weltfremdheit, Donquichotterie. 714

Idealist 1. Schwärmer, Romantiker, Optimist, Enthusiast, Himmelstürmer, Schwarmgeist, Apostel, Heili- 715 ger, schöne Seele, Bekenner, Sucher, Suchender, Gottsucher, 2. Phantast, Illusionist, Träumer, Fan; Wirrkopf, Spinner, Chaote, 3. Ideologe, Theoretiker, Weltverbesserer, Fanatiker, Eiferer, Utopist, Zelot; Nationalist, Chauvinist, Hurrapatriot, 4. Asket, Puritaner, Eremit, Einsiedler, Ekstatiker, Mystiker, Visionär.

716 **idealistisch** 1. schwärmerisch, begeistert, enthusiastisch, hochfliegend, strebend, 2. träumerisch, romantisch, unwirklich, phantastisch, verstiegen, verschwärmt, wirklichkeitsfremd, verblassen, lebensfremd, in höheren Sphären, verbildet, irrgeleitet, weltfremd, wirklichkeitsblind, ohne Boden unter den Füßen, theoretisch, ideologisch.

717 **Idee** 1. Urbild, Begriff, Vorstellung, Gedanke, Denkbild, Abstraktion, Denkmöglichkeit, Denkmodell, Gedankenhilfe, leitender Gedanke, geistiger Gehalt, 2. Archetyp, Urbild, Prototyp, Vorbild, Muster, Inbegriff; Image, Leitbild, Persönlichkeitsbild, Idealvorstellung, 3. Utopia, Orplid, Idealwelt, Bild einer idealen Welt, 4. Einfall, Impuls, Gedanke, Eingebung, Erleuchtung, Gedankenblitz, Geistesblitz, Intuition, Inspiration, Funke, das Ei des Kolumbus, Gedankengut, Geistesgut, geistiges Eigentum.

718 **ideell** gedanklich, gedacht, begrifflich, vorgestellt, spekulativ, abgezogen, abstrakt, ideologisch, ungegenständlich, geistig, unkörperlich, metaphysisch, gegenstandslos, unwirklich, imaginär, utopisch, irreal, unwahrscheinlich, theoretisch, wirklichkeitsfremd, am grünen Tisch, im luftleeren Raum.

719 **Illusion** 1. Phantasie, Einbildung, Wahn, Idee, Vorstellung, Erfindung, Luftschloß, Hirngespinst, Chimäre, Vorspiegelung, Sinnestäuschung, Fata Morgana, Phantasiegebilde, Traumgebilde, Wahngebilde, Phantom, Nachtgesicht, Trugbild, Erscheinung, Gesicht, Vision, Halluzination, Blendwerk, 2. Ideologie, Utopie, Welt von morgen, Wunschbild, Wunschtraum, Traumwelt, Zukunftstraum, Zukunftsmusik, Glückstraum, frommer Wunsch, Träumerei, Traumbild, Traumgesicht, 3. Unwahrscheinlichkeit, Unwirklichkeit, Phantastik, Wirklichkeitsfremdheit, Verschwärmtheit, Selbsttäuschung, Milchmädchenrechnung, Wolkenkuckucksheim, Traumland, 4. Massenwahn, Massenpsychose, Masseninstinkt, Herdentrieb.

imitieren 1. nachahmen, nachbilden, 720
nachmachen, kopieren, absehen, abgucken, nachäffen, nachbeten, nachplappern, nachschwätzen, wiederholen, nachtun, lernen von, und wie er sich räuspert und wie er spuckt..., 2. abschreiben, abklatschen, spicken, entlehnen, sich anlehnen, 3. faksimilieren, durchpausen, nachdrucken, fälschen, plagiieren, simulieren.

immer 1. ständig, stets, stets und 721
ständig, dauernd, beständig, unaufhörlich, immerwährend, immerfort, immerzu, allewege, allemal, ewig, anhaltend, fortwährend, allemal, fortlaufend, ununterbrochen, andauernd, fortgesetzt, unablässig, ohne Ende, ohne Unterlaß, pausenlos, ständig, ewig und 3 Tage, laufend, ohne Punkt und Komma, fortdauernd, Tag für Tag, tagtäglich, jeden Tag, alle Tage, täglich, den ganzen Tag, von früh bis spät, vom Morgen bis zum Abend, unausgesetzt, in einem fort, in einer Tour; immerdar, zeitlebens, ein Leben lang, lebenslänglich, auf lange Sicht, in alle Ewigkeit, kein Ende abzusehen, 2. für immer, auf die Dauer, für und für, fort und fort, allezeit, jederzeit, jahrein, jahraus, das ganze Jahr, jedes Jahr, alljährlich; stündlich, alle Stunden, jede Stunde; jedesmal, bei jedem Wetter, 3. regelmäßig, gleichmäßig, konstant, unentwegt, immer wieder, wieder und wieder, 4. schon immer, von jeher, von Anfang an, von der Wiege an, seit Adam und Eva, seit eh und je, von Kindesbeinen an, von kleinauf, seit ich denken kann, mein Lebtag.

immun geschützt, gefeit, ungefährdet, 722

widerstandsfähig, abwehrfähig, unempfänglich, unbedroht, unangreifbar, geimpft, immunisiert; unantastbar, Immunität genießend.

723 **imponieren** Eindruck machen, Achtung einflößen, Staunen erregen, auffallen, einschüchtern, faszinieren, Bewunderung erwecken, blenden, Aufsehen erregen, gute Figur machen.

724 **imponierend** 1. stattlich, imposant, eindrucksvoll, gewichtig, repräsentativ, gewaltig, majestätisch, königlich, fürstlich, achtunggebietend, einschüchternd, überwältigend, ehrwürdig, erhaben, hehr, 2. pompös, prunkvoll, prunkend, prangend, prunkhaft, prunkliebend, prachtliebend, aufwendig, üppig, auf großem Fuß, protzig, bombig, 3. großartig, ungeheuer, monumental, grandios, kolossal, titanisch, gigantisch, übermenschlich, überlebensgroß, übergroß, überragend, über Menschenmaß, enorm, wuchtig, 4. prächtig, glänzend, prachtvoll, glanzvoll, herrlich, wirkungsvoll, triumphal, glorreich, glorios.

725 **individuell** 1. wesenseigen, subjektiv, persönlich, unvergleichbar, einzigartig, 2. verschieden, jedesmal anders, auf die Person bezogen, von der Person abhängig.

726 **Inhalt** 1. was darin ist, das Was, das darin Enthaltene, Umschlossene, der Gehalt, das Verpackte, das Eingefüllte, das Mitgeteilte, das Dargestellte, der Einschluß, die Fliege im Bernstein, 2. Inventar, Einrichtung, Möblierung, 3. Inneres, Eingeweide, Gekröse, Därme, Gedärme; Innereien, Kaldaunen.

727 **innen** 1. im Innern, intern, drinnen, binnen, innerhalb, inwendig, innerlich, innewohnend, inwärtig, im Herzen, in der Brust, in der Seele, zuinnerst, zutiefst, im tiefsten Innern, im Gemüt, geistig, seelisch, psychisch, gefühlsmäßig, emotional, 2. psychologisch, seelenkundlich, 3. im Haus, in der Wohnung, im Raum, im Zimmer, drinnen.

728 **intelligent** 1. gescheit, geweckt, aufgeweckt, lernfähig, hell, scharfsinnig, blitzgescheit, nicht auf den Kopf gefallen, gelehrig, leichte Auffassungsgabe, befähigt, begabt, fix, findig, behend, gewitzt, mit Köpfchen, mit dem Verstand auf dem rechten Fleck, 2. klug, besonnen, überlegt, klarblickend, klarsichtig, umsichtig, bedacht, weitschauend, weitblickend, scharfsichtig, weitsichtig, verständig, vorausschauend, 3. vernunftbegabt, denkfähig, einsichtig, gedankenvoll, gedankenreich, nachdenklich, philosophisch.

intensiv 1. angespannt, angestrengt, 729
konzentriert, gesammelt, gründlich, aufmerksam, mit aller Kraft, 2. stark, kräftig, leuchtkräftig, ausdrucksvoll, ausdrucksstark, 3. nachhaltig, tief, eindringlich, nachdrücklich, 4. gesättigt, angereichert, hochprozentig, stark, scharf, konzentriert.

interessant 1. fesselnd, packend, an- 730
regend, reizvoll, spannend, aufregend, atemberaubend, mitreißend, unwiderstehlich, faszinierend, unterhaltend, unterhaltsam, kurzweilig, 2. bemerkenswert, beachtlich, besonders, erzählenswert, wissenswert, erwähnenswert, lesenswert, belehrend, instruktiv, bringt Neues, nie Gehörtes, informiert, bedeutungsvoll, beachtenswert, merkwürdig, seltsam, wunderbar, bedeutsam, buchenswert, eigenartig, ungewöhnlich, aufschlußreich, eine Fundgrube, beschäftigt, gibt zu denken, lohnend, spannungsreich, läßt nicht los.

Interesse 1. Aufmerksamkeit, Augen- 731
merk, Beachtung, Gespanntheit, Hingabe, Beteiligung, Wissensdrang, Neigung, Anteilnahme, Wißbegierde, Forschungstrieb, Forschergeist, Bildungstrieb, Lernbegierde, Wissensdurst, Vorliebe, 2. Neugier, Schaulust, Naseweisheit, Sensationslust, Indiskretion, Vorwitz, Wunderfitzigkeit, 3. Nachfrage, Erkundigung, Bereitschaft, Kauflust.

interessieren (sich) 1. fesseln, anregen, 732
Interesse erwecken, Anteilnahme erregen, spannen, packen, unterhalten, bannen, anziehen, reizen, locken, Beachtung verdienen, 2. auf-

horchen, aufmerksam werden, zuhören, Beachtung schenken, bei der Sache sein, Interesse haben für, interessiert sein an, wißbegierig sein, aufgeschlossen sein, sich erwärmen, sich begeistern, 3. neugierig sein, indiskret sein, seine Nase in alles stecken, die Ohren spitzen, sein Augenmerk richten auf.

733 **interessiert** 1. gefesselt, gespannt, dabei, gebannt, fasziniert, hingerissen, im Bann, konzentriert, aufmerksam, erwartungsvoll, wißbegierig, lernbegierig, bildungswillig, aufgeschlossen, forschend, fragend, beteiligt, 2. neugierig, schaulustig, sensationslüstern, indiskret, wunderfitzig, vorwitzig, naseweis, 3. berechnend, spekulativ, egoistisch, selbstsüchtig.

734 **international** überstaatlich, zwischenstaatlich, staatenverbindend, völkerverbindend, europäisch, weltumspannend, weltweit, global, kosmopolitisch, weltbürgerlich, universal, kosmisch.

735 **Intrigant** Zuträger, Ohrenbläser, Zwischenträger, Ränkeschmied, Giftmischer, Heimtücker, Bube, Filou, Hetzer, Drahtzieher, Unheilstifter, Verleumder, Ehrabschneider, böse Zunge.

736 **intuitiv** gefühlsmäßig, instinktiv, schöpferisch, einfühlend, divinatorisch, unbewußt, nachtwandlerisch.

737 **Inventar** 1. Einrichtung, Ausstattung, Möbel, Mobiliar, Mobilien, Bestand, Vorrat, Lager, Lagerbestand, Lagerinhalt, 2. Verzeichnis zusammengehöriger Gegenstände, Bestandsverzeichnis, Sachaufstellung, Bestandsliste, Inhaltsangabe, Register, Verzeichnis; Inventur, Lageraufnahme, Bestandsaufnahme, Aufstellung des Inventars.

738 **irren (sich)** 1. abirren, fehlgehen, irregehen, den Weg verfehlen, sich verirren, sich verlaufen, vom Wege abkommen, sich verfahren, sich versteigen, sich verfranzen, 2. auf Abwege geraten, auf die schiefe Bahn geraten; auf der falschen Fährte, auf dem Holzweg sein; danebentreten, fehltreten, abknappen, die Stufe verfehlen, den Fuß vertreten, 3. Fehler machen, verfehlen, danebenhauen, sich verhauen, hereinfallen, sich schneiden, sich betrügen, sich in Sicherheit wiegen; sich verrechnen, verzählen, verschreiben, vertippen, verlesen, vergreifen, verwechseln, versehen, verhören, falsch verstehen, fehlgreifen, verpatzen, verbocken, versieben, einen Bock schießen, danebenschießen, das Ziel verfehlen; in die Falle gehen, auf den Leim kriechen, ins Netz gehen, die Rechnung ohne den Wirt machen, das Pferd am Schwanz aufzäumen, sich dumm anstellen, 4. sich täuschen, mißdeuten, falsch auslegen, mißverstehen, verkennen, unrichtig beurteilen; sich mißverstehen, aneinander vorbeireden, 5. sich verkaufen, fehlspekulieren, sich verspekulieren, verkalkulieren, schiefliegen, die Katze im Sack kaufen, den Bock zum Gärtner machen, 6. verkennen, unterschätzen, bagatellisieren, verharmlosen, unterbewerten, geringschätzen; überschätzen, verklären, 7. entgleisen, verstoßen gegen, taktlos sein, aus der Rolle fallen, „ausrutschen", einen Fauxpas begehen, sich vorbeibenehmen; sich versprechen, sich verplappern, sich verschnappen, sich im Ausdruck vergreifen, sich den Mund (die Zunge) verbrennen.

irrtümlich irrig, fälschlich, versehentlich, aus Versehen, zu Unrecht. 739

Jagd 1. Hatz, Hetzjagd, Treibjagd, Verfolgung, Hetze, Pirsch, Anstand, Ansitz, Kanzel, Hochsitz, Hochstand, Jägerei, Weidwerk, 2. Jäger, Weidmann, Heger, Schütze, 3. Wilderer, Wildschütz, Wilddieb. 740

Jubiläum Gedenktag, Gedenkfeier, Jahresfest, Jahrestag, Ehrentag, Erinnerungstag, Jubeltag, Jubelfest. 741

jucken 1. beißen, ätzen, brennen, kitzeln, kribbeln, bitzeln, prickeln, stechen, reizen, nicht in Ruhe lassen, irritieren, 2. kratzen, scharren, reiben. 742

Jugend 1. Kindheit, Lebensmorgen, Knabenjahre, Mädchenjahre, Schuljahre, Jünglingsjahre, Reifejahre, Pubertät, Entwicklungsjahre, Übergangsalter, Wachstumsjahre, Jugendzeit, Jugendalter, Blütezeit, 743

Frühling des Lebens, 2. Nachwuchs,
die junge Generation, die Kommenden, die Jugend von heute, junges
Volk, junges Blut; Schüler, Burschen, Jugendliche, Teenager, Junioren, „Halbstarke“, Halbwüchsige,
Heranwachsende, 3. Jugendlichkeit,
Frühlingshaftigkeit, Frische, Unverbrauchtheit, Spannkraft, Tatendrang, Sturm und Drang; Reinheit,
Blüte, Schmelz, Schimmer, 4. Teenager, junger Spund, Jüngling, junger
Mann, Junior; Füllen, Fohlen,
Grünschnabel; junges Ding, Küken,
Backfisch.

744 **jung** 1. klein, kindlich, jung an Jahren, kindhaft, knabenhaft, mädchenhaft, halbwüchsig, heranwachsend, jugendlich, 2. unreif, grün, kindisch, infantil, unausgewachsen, unvergoren, 3. frisch, blühend, knospenhaft, morgenfrisch, taufrisch, im Flor, in der Blüte, blutjung, unverdorben, knusprig, 4. unerforscht, unerschlossen, unbetreten, jungfräulich, neu, neuentdeckt.

745 **Jury** 1. Ausschuß, Prüfungsausschuß, Prüfungskollegium, Preisrichterkollegium, Preisgericht, Schiedsgericht, Gremium, Komitee, Kommission, Beirat, Kuratorium, Aufsichtsbehörde; Geschworenengericht, 2. Prüfer, Begutachter, Preisrichter, Schiedsmann, Ombudsmann, Schiedsrichter, Kampfrichter, Unparteiischer; Geschworene, Laienrichter.

746 **Justiz** 1. Rechtspflege, Rechtswesen, Gerichtswesen, Gericht, Gerichtsbarkeit, Rechtsbehörde, Rechtsprechung, 2. Jurist, Rechtsgelehrter; Justitiar, Rechtsbeistand, Notar, Anwalt, Rechtsanwalt, Rechtsvertreter, Rechtsberater, Konsulent, Advokat, Verteidiger; Richter, Staatsanwalt, Kadi, Ankläger, 3. Jura, Jurisprudenz, Rechtswissenschaft, Rechtsgelehrsamkeit, die Rechte, Jus.

747 **kalt** 1. frisch, kühl, fröstelig, frostig, schuckrig, klamm, feuchtkalt, bitterkalt, eisig, starr, gefroren, erstarrt, winterlich, schneebedeckt, vereist, eiskalt, polar, bereift, frostklirrend, 2. fröstelnd, frierend, zitternd, bibbernd, schaudernd, zähneklappernd, schlotternd, durchfroren, unterkühlt, 3. fischblütig, froschblütig, kaltherzig, gemütskalt, kühl, leidenschaftslos, gefühlskalt, gefühlsarm, gefühllos, gemütsarm, frigid, temperamentlos, dürftig, unzärtlich, ohne Zärtlichkeit, ohne Wärme, wärmelos, liebeleer, lieblos, unempfindlich, unempfänglich, nicht ansprechbar, 4. kaltlächelnd, unbewegt, herzlos, abgebrüht, kaltschnäuzig, schnöde, 5. Kälte, Kühle, Frische, Frost, Eis, tiefe Temperatur, Winter, Winterkälte, kalte Jahreszeit, Erstarrung, Todesstarre.

Kamerad 1. Genosse, Gefährte, Weg- 748
genosse, Getreuer, Geselle, Bundesgenosse, Verbündeter, Mitverschworener, 2. Mitschüler, Klassengenosse, Mitstudent, Kommilitone, Kumpan, Kumpel, Spezi, 3. Kollege, Amtsgenosse, Mitarbeiter.

kameradschaftlich einig, einträchtig, 749
brüderlich, nachbarlich, freundnachbarlich, hilfsbereit, kollegial, solidarisch.

Kampf 1. Anstrengung, Bemühen, Be- 750
mühung, Engagement, Bestreben, Bestrebung, Einsatz, Mühe, Plage, Ringen, Arbeit, 2. Behauptung, Beharrung, Abwehr, Bekämpfung, Gegenwehr, Widerstand, 3. Krieg, Orlog, Kriegshandlung, Kriegführung, Waffengang, Gefecht, Geplänkel, Schießerei; Feldzug, Kampagne, Schlacht, Gemetzel, Massaker; Fehde, Streit, Strauß, Zwist, bewaffnete Auseinandersetzung, Blutvergießen, Blutbad, 4. Duell, Zweikampf, Kugelwechsel, Ehrenhandel, Mensur, 5. Bürgerkrieg, Bandenkrieg, Guerillakrieg, Partisanenkrieg, Buschkrieg.

kämpfen 1. Krieg führen, zu den Waf- 751
fen greifen, zu den Waffen rufen, ins Feld ziehen, Schlachten schlagen, Blut vergießen, kriegen, streiten; schießen, dreinschlagen, dreinhauen, losgehen, angreifen; fordern, Sekundanten schicken, sich schießen, sich duellieren, Kugeln wechseln, Zweikampf ausfechten, Satisfaktion geben; fechten, sich schlagen, 2. bekämpfen, befehden, bekriegen, zu Felde ziehen, den Kampf aufneh-

men, mit Krieg überziehen, anfeinden, befeinden, angehen gegen, ankämpfen gegen, zu bezwingen suchen, Herr zu werden suchen, sich einsetzen; Einspruch erheben, anfechten, bestreiten; Widerstand leisten, sich zur Wehr setzen, abwehren, verjagen, vertreiben; hinschlachten, hinmorden, niedermachen, 3. wettkämpfen, wettstreiten, ringen, boxen, fechten, rennen, wettlaufen, konkurrieren, Konkurrenz machen, rivalisieren; sich mitbewerben, wetteifern, es mit jem. aufnehmen, sich mit jem. messen, Wettkampf (Mensur) austragen, 4. schießen, abziehen, abdrücken, Schuß lösen, feuern, Feuer eröffnen, Feuer geben, böllern.

752 **Kämpfer** 1. Streiter, Krieger, Soldat, Militär, Waffenträger, Vaterlandsverteidiger, Marsjünger, 2. Militär, Armee, Heer, Truppe, Streitkräfte, die Soldaten; Soldateska, Kriegsvolk, Soldatenhauf, Söldner, Landsknechte; Kommiß, Barras, 3. Draufgänger, Heißsporn, Waghals, Satanskerl, Haudegen, Eisenfresser, Recke, 4. Fechter, Ritter, Verteidiger, Verfechter, 5. Aufklärer, Freigeist, Freidenker, Liberaler, unabhängiger Geist; Europäer, Weltbürger, Kosmopolit, 6. Revolutionär, Wegbereiter, Schrittmacher, Neuerer, Reformator, Fortschrittler, Vorkämpfer; Empörer, Umstürzler, Putschist, Meuterer, Bilderstürmer, Nihilist, Anarchist, Aufrührer, Insurgent, Verschwörer, Rebell, Empörer, Demonstrant, Extremist, Widerstandskämpfer, Untergrundkämpfer, Terrorist, Überzeugungstäter, Stadtguerilla, Partisan, Guerillero, 7. Gladiator, Stierkämpfer, Torero, Toreador, Matador, 8. Fechter, Schütze, Pistolenschütze, Jäger, 9. Feminist, Feministin, Verfechter(in) der Frauenrechte, Frauenrechtlerin, Kämpferin für das Frauenstimmrecht, Suffragette, emanzipierte Frau, Emanzipierte.

753 **Kasse** 1. Geldkasten, Kassette, Schatulle, Lade, Kasten, Geldbehälter, Geldschrank, Panzerschrank, Tresor, Schließfach, Safe, Sparbüchse, Strumpf, 2. Zahlstelle, Zahlschalter, 3. Portemonnaie, Geldbeutel, Beutel, Börse, Tasche, Brieftasche, 4. Geldvorrat, Bargeld, flüssiges Geld.

Kauf Ankauf, Erwerb, Bezug, Abnahme, Übernahme; Einkauf, Erwerbung, Anschaffung, Besorgung, Erledigung; Handel, Geschäft, Gelegenheit, Gelegenheitskauf, Schnapp. 754

kaufen 1. einkaufen, besorgen, Besorgungen machen, einholen, Bedarf decken, sich eindecken, sich versorgen mit, eintun; anschaffen, erstehen, erwerben, beschaffen, sich zulegen, sich zueignen, in Besitz nehmen, 2. beziehen, abnehmen, nehmen, übernehmen, abkaufen, ankaufen, aufkaufen, an sich bringen, erhandeln, schnappen, ramschen, zugreifen, Gelegenheit wahrnehmen, 3. steigern, ersteigern, bieten, mitbieten, Angebot machen, Zuschlag erhalten. 755

Käufer Verbraucher, Abnehmer, Kunde, Geschäftsfreund, Benutzer, Interessent, Konsument; Auftraggeber, Bauherr, Besteller, Bezieher, Abonnent, Dauerbezieher. 756

kaum 1. selten, schwerlich, wenig, unmerklich, unmeßbar, fast gar nichts, vereinzelt, nur, ab und zu, alle Jubeljahre, so gut wie nie, gelegentlich, es kommt vor, im Ausnahmefall, manchmal, knapp, mit knapper Not, um Haaresbreite, gerade noch, eben, 2. nicht anzunehmen, unwahrscheinlich, kaum zu glauben, undenkbar, unvorstellbar, nicht zuzutrauen, liegt nicht auf seiner Linie, nicht denkbar, nicht vorzustellen. 757

Kavalier 1. Herr, Gentleman, Ehrenmann, Ritter, Weltmann, Grandseigneur, großer Herr, 2. Galan, Liebhaber, Anbeter, Verehrer, Bewunderer, Kümmerer, Ciscisbeo, Begleiter, Troubadour, Minnesänger, Courmacher, Frauenlob, 3. Charmeur, Plauderer, Causeur, Unterhalter, Frauenmann, Herzensbrecher, Ladykiller, Frauenheld, Frauenliebling, Playboy. 758

keck 1. munter, herzhaft, keß, verwegen, beherzt, selbstsicher, zuver- 759 sichtlich, getrost, furchtlos, draufgängerisch, 2. dreist, frech, vorlaut, vorwitzig, naseweis, ungeniert, neunmalklug, siebengescheit, schnippisch.

760 **kenntnisreich** gelehrt, kundig, studiert, unterrichtet, geschult, fundiert, akademisch gebildet, gebildet, beschlagen, bewandert, informiert, firm, sicher, sattelfest, sachkundig, wohlunterrichtet, wissend, besitzt viele Kenntnisse; mit vielem vertraut, eingeweiht, weiß viel, kann viel, belesen, gescheit, klug, kluger Kopf.

761 **Kennzeichen** 1. Merkmal, Charakteristikum, Attribut, Zug, Eigentümlichkeit, Zeichen, Kriterium, Symptom, Anzeichen, Prüfstein, 2. Kennzeichnung, Charakterisierung, Charakteristik, Schilderung, Beschreibung, Steckbrief, Suchmeldung; Benennung, Namensgebung, Taufe; Nennung, Bezeichnung, Aufschrift, Adresse, Anschrift, Personalien, Daten, Angaben zur Person; Unterschrift, Signatur, Namenszeichen, Monogramm, Insignien, 3. Beschriftung, Bezifferung, Numerierung, Paginierung; Aufdruck, Stempel, Siegel, Fabrikmarke, Gütezeichen, Wasserzeichen, Etikett, Schutzmarke, Handelszeichen, Warenzeichen; Gepräge, Prägung, Schild, Aushängeschild, Wappen, Wappenschild, Emblem, Kokarde, Signum, Signet, Plakette, Abzeichen, Aufkleber, Medaille, Plombe, Zeichen, Pfeil, Marke, Wegweiser, Wegemarke, Richtungsanzeiger, Markierung, Boje, 4. Name, Anrede, Titel, Titulatur; Vorname, Taufnahme, Eigenname, Zuname, Familienname, 5. Kennwort, Kennziffer, Kennzahl, Wählwort, Stichwort, Schlagwort; Chiffre, Geheimschrift; Losung, Parole, Erkennungszeichen, Muttermal, Kainsmal, Brandmal; Losungswort, Geheimzeichen, Erkennungswort, Schibboleth, 6. Zahl, Ziffer, Zahlzeichen, Nummer, Zahlwort, Seitenzahl, 7. Überschrift, Titel, Titelzeile, Schlagzeile.

762 **kennzeichnen** 1. bezeichnen, beschreiben, schildern, charakterisieren, darstellen, illustrieren, definieren, 2. beschriften, adressieren, etikettieren, beschildern, datieren, mit Datum versehen, 3. prägen, stempeln, abstempeln, siegeln; markieren, ausschildern, beschildern, mit Schildern versehen, Wegweiser anbringen; ankreuzen, unterstreichen, anstreichen, anzeichnen, datieren, lochen, punktieren, knipsen, gravieren, zeichnen, numerieren, paginieren, beziffern, mit Ziffern versehen, signieren, unterschreiben, unterzeichnen, firmieren, beurkunden, sein Gepräge geben, sein Siegel aufdrücken, kenntlich machen, tätowieren; einmeißeln, aufdrucken, bedrucken, aufprägen, Spuren hinterlassen, seinen Stempel aufdrücken, 4. benennen, benamsen, betiteln, titulieren, heißen, Namen geben, taufen; namhaft machen, nennen, Namen nennen; umtaufen, umbenennen, anderen Namen geben.

Ketzer 1. Abtrünniger, Irrgläubiger, Abgefallener, Gottesleugner, Häretiker, Renegat, Freigeist, Atheist, Ungläubiger, Heide, Ungetaufter, Gottloser, Sektierer, Anarchist, Nihilist, Verneiner, Zweifler, Skeptiker, 2. Außenseiter, Separatist, Sonderbündler, Sezessionist, Partikularist, 3. ketzerisch, sektiererisch, ungläubig, glaubenslos, unfromm, vom Glauben abgefallen, atheistisch, gottlos, unreligiös, pietätlos, bindungslos, gesetzlos, regellos, anarchistisch, 4. skeptisch, zweiflerisch, zweifelsüchtig, freidenkerisch, 5. Ungläubigkeit, Gottlosigkeit, Leben ohne Gott, Glaubensferne, Atheismus, Unglauben, Freidenkertum, 6. Abfall vom Glauben, Ketzerei, Häresie, Irrlehre, Irrglaube, Aberglaube, Götzendienst, Heidentum. 763

Kind 1. Sohn, Tochter, Junge, Mädchen, Bub, Knabe, Fleisch und Blut, Abkömmling, Nachkomme, Erbe, Sproß, Namenserbe, Stammhalter, Deszendent, Sprößling, Ehesegen, Leibesfrucht; uneheliches Kind, außereheliches Kind, natürliches Kind, Kind der Liebe, Liebespfand, Bastard, 2. Neugeborenes, Säugling, Baby, Wickelkind, Wurm, Kriechling, Kleines, Schoßkind, Kleinkind, 764

Dreikäsehoch, Hemdenmatz, Hosenmatz, Knirps, Zwerg, Abc-Schütze, Schulkind; Lausbub, Wildfang, Frechdachs, Bengel, Schlingel, Gör, Göre, Fratz, 3. Nesthäkchen, Nestquack, Nachkömmling, Verzug, Benjamin, 4. Nachwuchs, Nachkommenschaft, Zuwachs, Nachfahren, Kindersegen, Früchte, Brut, Jugend, Gören, Rangen, 5. Sproß, Schoß, Schößling, Auge, Trieb, Keim, Keimling, Ableger, Steckling, Sämling, Absenker; Puppe, Larve, Knospe; ungeborenes Kind, Fötus, Embryo.

765 **Kirche** 1. Gotteshaus, Heiligtum, Kultstätte, Tempel des Herrn, Betsaal, 2. Kapelle, Kathedrale, Dom, Münster, 3. Gottesdienst, heilige Handlung, Kult, Kulthandlung, Kultus, Ritus, Ritual, Messe, Mette; Mysterien, Geheimkult, Zeremonie, Andacht, Predigt, 4. Kirchenmann, Geistlicher, Pfarrer, Priester, Prediger, Kanzelredner, Seelsorger, Seelenhirt, Pastor, Pfarrherr, Kleriker, Pfaffe; Vikar, Pfarramtskandidat, Pfarrverweser, Geistlichkeit, Klerisei, 5. Mönch, Klosterbruder, Ordensbruder, Ordensmann, Laienbruder, Einsiedler, Klausner, Eremit, Anachoret, Säulenheiliger, Wüstenheiliger; Nonne, Ordensschwester, Ordensfrau, Klosterfrau, Laienschwester, Begine, Eremitin, Klausnerin, Anachoretin, 6. Abt, Prior, Guardian, Äbtissin, Priorin, Oberin, 7. Kloster, Abtei, Stift, Konvent, Einsiedelei, Klause, Zelle, Gehäuse.

766 **Kitsch** 1. Schund, Geschmacklosigkeit, Ungeschmack, Hausgreuel, Tand, Firlefanz, Kinkerlitzchen, wertloses Zeug, Talmi, Ramsch, 2. Schmarren, Schmachtfetzen, Schnulze, Machwerk, Elaborat, Trivialliteratur, wertlose Unterhaltung, Hintertreppe, Mist, Schmutz und Schund, 3. Sentimentalität, Gefühlsverlogenheit, Sacharin, Süßlichkeit, Rührseligkeit, Tränenseligkeit; Plattheit, Stillosigkeit, klischierter Stil, Stilblüten.

767 **kitschig** unecht, verlogen, abgeschmackt, anempfunden, schmalzig, süßlich, platt, banal, sentimental, falsche Töne, rührselig, verkitscht, unkünstlerisch, niveaulos, klischiert, klischeehaft.

Klage 1. Anklage, Anzeige, Beschwerde, Bezichtigung, Anschuldigung, Meldung, Beschuldigung, Strafanzeige, Strafantrag, 2. Schrei, Jammer, Seufzer, Stoßseufzer, Stoßgebet, Ach!, Stöhnen, Wimmern, Wehklagen, Lamentieren, Gewimmer, Jammern, Gejammer, Gequengel, Quengelei, Jammergeschrei, Zetergeschrei, Geheul; Schmerzensschrei, Tränen, Zähren, Tränenströme, Geschrei, Wehgeschrei, Lamento, Klage, Wehklage, Totenklage, Beweinung, Klagelied, Klagegesang, Händeringen. 768

klagen 1. anzeigen, melden, verklagen, angeben, sich beschweren, Anzeige erstatten, anschuldigen, beschuldigen, zur Last legen, verantwortlich machen, sich beklagen über, zeihen, bezichtigen, verdächtigen, belangen, zur Rechenschaft ziehen, beklagen, anklagen, 2. Klage führen, Beschwerde führen, haftbar machen, einklagen, den Prozeß machen, Prozeß anstrengen, den Rechtsweg beschreiten, das Gesetz anrufen, zum Kadi laufen, prozessieren, appellieren, anhängig machen, 3. denunzieren, anschwärzen, petzen, verpetzen, verklatschen, verraten, verpfeifen, „singen", 4. sein Leid klagen, das Herz ausschütten, jammern, weinen, in Tränen ausbrechen, eine Träne zerdrücken, Tränen vergießen, in Tränen schwimmen, schluchzen; wimmern, winseln, jaulen, greinen, quengeln, seufzen, stöhnen, krächzen, ächzen, quiemen, wehklagen, lamentieren, knatschen, heulen, schreien, plärren, quäken, maunzen, 5. beweinen, betrauern, bejammern, trauern über, untröstlich sein, nachtrauern, nachweinen, nicht vergessen können. 769

klar 1. durchsichtig, einfach, rein, sauber, ungetrübt, unbewölkt, wolkenlos, hell, transparent, glashell, gläsern, kristallen, lauter, geklärt, geläutert, gereinigt, 2. klipp und 770 klar, eindeutig, deutlich, artikuliert, unmißverständlich, unverblümt, unbemäntelt, unzweideutig, ungeschminkt, phrasenlos, ohne Umschweife, 3. sichtbar, augenfällig, unverkennbar, unverhüllt, nicht zu übersehen, handgreiflich, evident, manifest, unübersehbar, offenbar, wohlgemerkt, offenkundig, einsichtig, eklatant, einleuchtend, liegt auf der Hand, untrüglich, flagrant, sonnenklar, verräterisch, mit Händen zu greifen, wohlweislich, wohlverstanden, offensichtlich, unterliegt keinem Zweifel, schlüssig, logisch, folgerichtig, sinnfällig, 4. erkennbar, berechenbar, ersichtlich, vorauszusehen, zu erwarten; lesbar, leserlich, entzifferbar; übersichtlich, abgegrenzt, umrissen.

771 **klären (sich)** 1. regeln, ordnen, entwirren, bereinigen, einrenken, aufklären, reinen Tisch machen, klare Bahn schaffen, richtigstellen, klarstellen, abklären, ausdiskutieren, durchdiskutieren, erhellen, erleuchten, 2. entziffern, dechiffrieren, lösen, enträtseln, die Lösung finden, entsiegeln, 3. läutern, raffinieren, reinigen, sublimieren, abschäumen, ablagern, reifen, reif werden; destillieren, sichten, sieben, sintern, seihen, filtern, sondern, 4. aufheitern, aufklären, entwölken, aufhellen, klar werden, sich lichten, dünner werden, durchsichtig werden, sich aufklaren, hell werden, 5. berichtigen, belehren, richtigstellen, klarstellen, korrigieren, verbessern, dementieren, rehabilitieren, Ruf wiederherstellen, Ehre retten, wiedergutmachen, eines Bessern belehren, revidieren, 6. spülen, schwemmen, ausschwemmen, im Wasser schwenken, klarspülen.

772 **Klarheit** 1. Deutlichkeit, Durchsichtigkeit, Sauberkeit, Reinheit, Transparenz, Sichtigkeit, Sicht, Schärfe; Anschaulichkeit, Evidenz, Augenschein, Eindeutigkeit, Gewißheit, Verständlichkeit, Faßbarkeit, Übersichtlichkeit, 2. Ordnung, Logik, Schlagkraft, Beweiskraft, Schlüssigkeit, Folgerichtigkeit, Einsichtigkeit, 3. Klarheit des Geistes, Geistesschärfe, Urteilskraft, Nüchternheit, 4. Klärung, Klarstellung, Richtigstellung, Widerruf, Dementi, Entlastung, Revision, Wiederaufnahme, Beweis des Irrtums; Ehrenrettung, Ehrenerklärung, Rehabilitierung, Rehabilitation.

Kleidung 1. Anzug, Äußeres, äußere 773
Erscheinung, Aufmachung, Kostümierung, Aufzug, Dreß, Bekleidung, Kleider, Sachen, Garderobe, Gewandung, Hülle, Schale, Kleiderpracht, Staat, Putz, 2. Kleidungsstücke; Kostüm, Jackenkleid, Schneiderkleid, Tailleur, Tailormade; Kleid, Kleid mit Jacke, zweiteiliges Kleid, Deux-Pièces, Rock, Bluse, Jumper, Topper, Kasack, Pullover, Sweater, Strickjacke, Weste, Blazer, Cardigan, Wolljacke, Clubjacke, Jacke, Jackett, Anorak, Parka, Poncho, Windjacke, Windbluse, Kotze, Cape, Umhang, Überwurf; Abendkleid, große Toilette, Robe, Festgewand, Ballkleid, Cocktailkleid, Nachmittagskleid; Abendanzug, Cut, Cutaway, Schwenker, kleiner Abendanzug, Stresemann, Smoking, Frack, Schwalbenschwanz, Sakko, Anzug, Kombination; Joppe, Wams, Janker; Hose, Knickerbocker, Breeches, Pants, Jeans, Shorts, Kniehose, Bundhose, 3. Tracht, Kluft, Uniform, Montur, Livree; Ornat, Habit, Kutte, Sutane, Talar, Ordenskleid, 4. Trikot, Strumpfhose, 5. Schurz, Overall, Schürze, Hauskittel, Büromantel, Kittelschürze, Zierschürze, 6. Morgenrock, Hausmantel, Morgenmantel, Négligé, Kaminkleid, Hauskleid, 7. Mantel, Regenmantel, Wintermantel, Staubmantel, Übergangsmantel.

klein 1. winzig, zwergenhaft, kurz ge- 774
raten, zierlich, niedlich, putzig, zollhoch, puppig, verschwindend, minimal, mikroskopisch, submikroskopisch, 2. gering, minder, nichtig, nebensächlich, unbedeutend, untergeordnet, nachgeordnet, inferior, zweiter Ordnung, unwichtig, unerheblich, belanglos, geringfügig, 3. niedrig, nieder, flach, seicht, hand-

hoch, zentimeterhoch; Untiefe, seichte Stelle, Sandbank, 4. Zwerg, Knirps, Winzling, Wicht, Gnom, Wichtelmännchen, Heinzelmännchen, Kobold, Däumling; Pygmäen, Liliputaner, kleinwüchsige Menschen, 5. Kleinheit, Winzigkeit, Zwergenwuchs, Zwerghaftigkeit.

775 **Kleinigkeit** 1. Geringfügigkeit, Bedeutungslosigkeit, Minderwertigkeit, Wertlosigkeit, Bagatelle, Lappalie, Läpperei, Nichtigkeit, Kleinkram, Quisquilien, Nebensache, Nebensächlichkeit, Beiläufigkeit, Beiwerk, Unwichtigkeit, Belanglosigkeit, Lächerlichkeit, Lumperei, Pappenstiel, Quark, Dreck, Batzen, Heller, Pfifferling, Jota, Deut, 2. Bissen, Brocken, Happen, Häppchen, Eckchen, Stückchen, Bißchen, Splitter, Span, Bruchteil, Wenigkeit, Klacks, Klecks, Kleckschen; Minimum, Mindestmaß, kleinste Menge, fast nichts, Quentchen, Prise; Kostprobe, Versuch, Mundvoll, Schluck; eine Handvoll, ein Schuß, ein Spritzer, eine Messerspitze, eine Idee, eine Andeutung, ein Stäubchen, Korn, Körnchen, Gran, Anflug, Spur, ums Merken, 3. wenig, nur geringfügig, ein bißchen, nicht viel, ein Tropfen auf den heißen Stein, etwas, verschwindend, geringfügig, unbeträchtlich, nicht nennenswert, einen Fingerhut voll, nicht der Rede wert, homöopathische Dosis; unbedeutend, um eine Nasenlänge, 4. Augenblick, Sekunde, Minute, Moment, 5. Wenigkeit, Kleinkram, Spielerei, Kinderspiel, Krimskrams, Kram, Siebensachen, 6. Minderheit, die Minorität, der kleinere Teil, 7. wenige, ein paar, nicht viele, nur einige, kaum welche, einzelne, der eine und der andere, eine Handvoll, Versprengte, Vereinzelte.

776 **knapp** 1. spärlich, karg, dünn, schütter, licht, gelichtet, ausgelichtet, dünngesät, 2. kärglich, mager, wenig, ärmlich, dürftig, kümmerlich, beengt, spack, eng, notdürftig, kaum genug, nur eben, eben noch, beschränkt, eingeengt, 3. straff, faltenlos, knappsitzend, enganliegend, hauteng.

Köder 1. Lockspeise (Kadaver, Aas, 777
Luder), Anreiz, Reizmittel, Zugmittel, Lockmittel; Lockvogel, Lockspitzel, 2. Magnet, Blickfang, Aufmachung; Attraktion, Zugkraft, Attraktivität, Zugstück.

kommen 1. nahen, bevorstehen, sich 778
nähern, im Anzug sein, sich ankündigen, sich bemerkbar machen, zu erwarten, zu gewärtigen sein, ausstehen, sich vorbereiten, werden, geschehen, eintreten, zutage treten, Wirklichkeit werden, zum Vorschein kommen, 2. erscheinen, Ziel erreichen, anlangen, ankommen, in Erscheinung treten, auftreten, sich zeigen, sich einfinden, sich einstellen, auftauchen, antreten, sich melden; zufliegen, zulaufen, einfallen, 3. erscheinen, veröffentlicht werden, herauskommen, gebracht werden, gedruckt werden, verlegt werden, an die Öffentlichkeit treten, bekannt werden, hervortreten.

Konkurrenz 1. Rivalität, Gegner- 779
schaft, Nebenbuhlerschaft, Antreten gegen einen Gegner, Mitbewerber; Wettbewerb, Wettstreit, Wetteifer, Wettkampf, Wettspiel, Turnier, Treffen, Match, Olympiade; Wettlauf, Wettrennen, Rennen; Wettfahrt, Sternfahrt, Rallye, 2. Preisausschreiben, Wettbewerb, 3. Existenzkampf, Daseinskampf, Kampf ums Dasein, Lebenskampf, Erwerbskampf, Wirtschaftskampf, 4. Sport, Leibesübung, Körperübung, Turnen, Gymnastik, Rhythmik; Aerobic, Körperkultur, Körpererziehung, Leibeserziehung; Wettsport, Leistungssport.

können 1. vermögen, imstande sein, 780
in der Lage sein, fähig sein, verstehen, wissen, beschlagen sein, sattelfest sein, beherrschen, meistern, bemeistern, weghaben, loshaben, sein Handwerk verstehen, einer Sache mächtig sein, im Griff haben, gerecht werden; sich eignen, geeignet sein, gewachsen sein, seinen Platz ausfüllen, Bescheid wissen, den Dreh heraus haben, wissen wie es gemacht wird, 2. dürfen, berechtigt sein, befugt sein, die Macht haben, mögen,

die Erlaubnis haben, unbenommen sein, freistehen, zum Zuge kommen, 3. sich verstehen auf, sich leichttun, aus dem Ärmel schütteln, nicht schwerfallen, leichtfallen, zufliegen, 4. begabt sein, originell sein, Ideen haben, immer einen Weg wissen, sich zu helfen wissen, findig sein, seine Sache verstehen, in allen Sätteln gerecht sein, sattelfest sein.

781 **konstruieren** 1. zusammensetzen, zusammenfügen, zusammenbauen, zusammenschweißen, montieren; aufbauen, errichten, formen, gestalten, schaffen, planen, entwerfen, 2. annehmen, unterstellen, voraussetzen, den Fall setzen, vorgeben, fingieren, erfinden, so tun als ob.

782 **Konstruktion** 1. Aufbau, Gerüst; Zusammensetzung, Zusammenbau, Montage, Aufbau, Herstellung, Verfertigung, Bau, Anfertigung, 2. Entwurf, Erfindung, Konzept, Plan, 3. Annahme, Hypothese, Idee, Beispiel, Exempel; Fiktion, Unterstellung, Theorie.

783 **Kontakt** 1. Berührung, Verbindung, Anschluß, Konnex, Zusammenhang, 2. Fühlung, Nähe, Verbundenheit, Beziehung, Umgang, Vertrautheit.

784 **kontrastieren** 1. abstechen, sich abheben, Gegensatz bilden, im Gegensatz stehen zu, 2. entgegenstehen, sich unterscheiden, differieren, auseinandergehen, divergieren, abweichen, widerstreiten, zuwiderlaufen, uneins sein, sich widersprechen, entgegenstellen, gegenüberstellen.

785 **konventionell** 1. üblich, herkömmlich, hergebracht, redensartlich, formelhaft, klischiert, unoriginell, altgewohnt, anerkannt, wohlbekannt, eingefahren, vorschriftsmäßig, gebräuchlich, alltäglich, allgemein, gang und gäbe, 2. unpersönlich, förmlich, korrekt, kühl, nichtssagend, steif, formell, offiziell.

786 **Kopf** 1. Haupt, Schädel, Dach, Dez, Birne, Hirnkasten, Hirnschädel, Oberstübchen, 2. Haarboden, Kopfhaut; Haare, Borsten, Stoppeln, Wolle, Vlies, Pelz, Fell, Mähne, Schopf, Zotteln, Strähnen, Locken, Ringel, Ringellocken, Sechser, Schläfenlocken, Peies, Stirnlocken, Nackenlocken, Wellen, Dauerwellen, Krollen, Kruselhaar, Kraushaar, Flaum, Flachshaar, Flachskopf, Blondkopf, Goldkopf, Rabenhaar, Rotkopf, Fuchs, 3. Haartracht, Frisur, Haarschnitt; Lockenkopf, Krauskopf, Tituskopf, Pagenkopf, kurzer Haarschnitt, Formschnitt, Bubenkopf, Pferdeschwanz, Mozartzopf, Zopf, Zöpfe, Nest, Knoten, Dutt, Chignon, 4. Glatze, Kahlkopf, Plattkopf, Platte, Tonsur, 5. Nase, Geruchsorgan, Zinken, Kolben, Gurke, Kloben, Adlernase, Hakennase, Stupsnase, Himmelfahrtsnase, 6. Mund, Lippen, Lippenpaar, Schnabel, Schnauze, Schnäuzchen, Maul, Mäulchen, Zähne, Zahnreihen, Gebiß, Kauwerkzeuge, 7. Bart, Barttracht, Schnurrbart, Lippenbart, Bärtchen, Fliege, Schnauzbart, Kinnbart, Spitzbart, Knebelbart, Koteletten, Favoris, Fräse, Backenbart, Vollbart, Biber, Fußsack, Rauschebart, 8. Augen, Lichter, Seher, Adlerauge, Falkenauge, Luchsauge, Katzenaugen, Schlitzaugen, Glotzaugen, Glubschaugen, Quellaugen, Froschaugen, Schielaugen, Silberblick, Kuhaugen, Stielaugen, Mongolenaugen, 9. Kopfbedeckung, Hut, Hütchen, Mütze, Kappe, Käppchen, Barett, Baskenmütze, Birett, Haube, Kapuze, Kopftuch, Turban, Fes; Filzhut, Homburg, steifer Hut, Melone, Zylinder, Seidenhut, Angströhre; Strohhut, Panama, Kreissäge; Helm, Sturzhelm.

Körper 1. Leib, Organismus, Körperlichkeit, Leiblichkeit, Fleisch und 787
Blut, Physis, Anatomie; Gestalt, Körperbau, Körperstruktur, Fleisch und Bein, Gebein, Knochengerüst, Skelett; Wuchs, Statur; 2. toter Körper, Leichnam, Leiche, sterbliche Hülle, Toter, Verstorbener, Verschiedener; Ermordeter, Opfer, 3. totes Tier, Kadaver, Aas, Luder.

Korrespondenz Briefwechsel, Brief- 788
austausch, Schriftwechsel, Schriftverkehr.

korrespondieren 1. Briefe wechseln, 789
schreiben, schriftlich verkehren,

brieflich umgehen, sich schriftlich austauschen, 2. berichten, Bericht erstatten, auf dem laufenden halten.

790 **Kostbarkeit** 1. Schatz, Kleinod, Wertstück, Prachtstück, Schaustück, Prunkstück, Erinnerungsstück, Zierstück, Kabinettstück, antikes Stück, Reliquie, Altertum, Antiquität, Rarität, Seltenheit, Unikum, Einzelstück, Unika, Rarissima, seltene Stücke; Inkunabel, Wiegendruck, Zimelie, Handschrift, Papyrus; Wertgegenstand, Wertobjekt, Wertsachen, 2. Juwelen, Edelsteine, Diamanten, Brillanten, Perlen, Gold, Silber, Platin, Edelmetall; Schmuckstücke, Schmuck, Pretiosen, Geschmeide, Schmuckwaren, Schmuckgegenstände, Zierat, Putz, 3. Augapfel, Heiligtum, größter Schatz.

791 **kosten** 1. betragen, ausmachen, ergeben, sich belaufen auf, machen, beziffern auf; einen Preis haben, wert sein, Kaufwert haben, Kosten verursachen, 2. probieren, versuchen, verkosten, schmecken, durchprobieren, abschmecken, begutachten, sein Urteil abgeben; nippen, naschen, Kostprobe nehmen, auf der Zunge zergehen lassen.

792 **köstlich** delikat, deliziös, exquisit, exzellent, raffiniert, superb, appetitlich, appetitanregend, lecker, pikant, würzig, duftend, mundwässernd, blumig, süffig, prickelnd, erlesen, verlockend.

793 **Köstlichkeit** 1. Delikatesse, Leckerbissen, Leckerei, Feinkost, Gaumenfreude, Gaumenweide, Götterspeise, Göttermahl, Schmankerl, Hochgenuß, Pikanterie, Gaumenkitzel, lukullische Genüsse, Ambrosia, Manna, Erfrischung, Labe, 2. Göttertrank, Nektar, guter Tropfen, 3. Süßigkeit, Näscherei, Naschwerk, Schleckerei, Zuckerwerk, Pralinen, Konfekt.

794 **kräftig** 1. stark, kraftvoll, kraftstrotzend, kernig, herzhaft, lebensfähig, nervig, markig, muskulös, sehnig, kernhaft, blutvoll, abgehärtet, wetterhart, wetterfest, leistungsfähig, belastbar, tragfähig, athletisch, baumstark, stählern, stahlhart, stabil, hart im Nehmen; lebenskräftig, widerstandsfähig, resistent, zählebig, überlebensfähig; mannhaft, standfest, handfest, standfest, wehrhaft, Mumm in den Knochen, wehrfähig, kriegsdienstfähig, kampffähig, fit, in Form, trainiert, tauglich, qualifiziert, schlagkräftig, 2. rüstig, ungebeugt, ungebrochen, zäh, vital, lebensvoll, vollblütig, 3. untersetzt, gedrungen, breit, breitschultrig, stämmig, kompakt, 4. lebhaft, saftig, farbig, leuchtend, intensiv, satt, voll, warm.

Krankenhaus 1. Hospital, Klinik, Spital, Lazarett, Revier, Krankenstube; Heilanstalt, Kurhaus, Sanatorium, Erholungsheim; Heilstätte, Kurort, Luftkurort, Bad, 2. Irrenhaus, Irrenanstalt, Heil- und Pflegeanstalt, Nervenklinik, Nervenheilanstalt, psychiatrische Klinik, Landesklinik; Narrenhaus, Tollhaus. 795

Krankheit 1. Leiden, Übel, Unbehagen, Mißbehagen, Übelbefinden, Übelkeit, Seekrankheit, Reisekrankheit, Brechreiz, Unpäßlichkeit, Unwohlsein, Beschwerde, Störung; Schlag, Schlaganfall, Schlagfluß, akuter Anfall, Kolik, Krampf; Schmerzen, Qualen, Pein, Plage, Marter, Leidensweg, Kreuzweg, Passion, Martyrium, 2. Siechtum, Schwäche, Gebrechlichkeit, Hinfälligkeit, chronisches Leiden, Gebrechen, Körperfehler, Verkrüppelung, Gebresten, Bresthaftigkeit, Anfälligkeit, Lähmung, 3. Erkrankung, Ansteckung, Infektion, Übertragung, ansteckende Krankheit, Seuche, Verseuchung, Epidemie, Vergiftung, Intoxikation, 4. Fieber, Temperatur, Delirium, Fieberwahn, 5. Irrsinn, Wahnsinn, Schwachsinn, Debilität, Geisteskrankheit, Tiefsinn, Tobsucht, Verrücktheit, Geistesgestörtheit, Geistesstörung, geistige Umnachtung, Zwangsvorstellung, Wahnvorstellung, Wahnideen, Blödsinn, Idiotie, Bewußtseinsstörung, Verfolgungswahn, Unzurechnungsfähigkeit, Unverantwortlichkeit, Verblödung, Tollheit; Neurose, Zwangsneurose, Psychose, Gemütskrank- 796 heit, Seelenstörung, fixe Idee, Manie, Komplex, 6. Krankheitserreger, Bazillen, Bakterien, Mikroben, Mikroorganismen, Spaltpilze, Viren, Keime, Schmarotzer, Kleinlebewesen, 7. Verdauungsstörung, Darmerkrankung, Verstopfung, Konstipation, Obstipation, Darmträgheit, Stuhlverstopfung; Durchfall, Dysenterie; Erkältung, Schnupfen, Katarrh.

797 **Kredit** 1. Anleihe, Borg, Darlehen, Finanzierung, Geldbeschaffung, Vorschuß, Pump, 2. Ansehen, Geltung, Gewicht, Vertrauen, Bonität, 3. Bankkonto, Guthaben, Vermögen, Aktiva, Kapital, Außenstände, Forderungen.

798 **Krise** 1. Krisis, Höhepunkt, Tiefpunkt, Tiefstand, Talsohle; Wendung, Wende, Wendepunkt, Entscheidung, Umschlag, Umschwung, 2. Störung, Schwierigkeit, Notlage, Notfall, Engpaß, Zwangslage, Zwickmühle, Klemme, Dilemma, 3. Depression, Unsicherheit, Ungewißheit, Problematik, Verlegenheit, Zuspitzung, Ruhe vor dem Sturm, gespannte Atmosphäre.

799 **Kritik** 1. Tadel, Mißbilligung, Ablehnung, Aburteil, Verriß, 2. Besprechung, Meinungsäußerung, Rezension, Buchbesprechung, Buchreferat, Urteil, Beurteilung, Wertung, Werturteil, Würdigung, Gutachten, Auslassung, Anzeige, 3. Krittelei, Tadelsucht, Nörgelei, Genörgel, Gemecker, Meckerei, Mäkelei, Beckmesserei.

800 **Kritiker** 1. Beurteiler, Besprecher, Referent, Rezensent, Kunstkritiker, Kunstrichter, Theaterkritiker, Filmkritiker, Berichterstatter, Prüfer, Kontrolleur, 2. Krittler, Deutler, Nörgler, Querulant, Quengler, Mäkler, Kritikaster, Beckmesser, Gouvernante, Spötter, Zyniker, Satiriker, Lästerer, Lästerzunge, Lästermaul, Verächter, Meckerer.

801 **krumm** 1. gebogen, gewunden, gekrümmt, geschweift, verzogen, verschnörkelt, schnörkelig, verbogen, verdreht, gewölbt, barock, schwellend, geschwungen, üppig; kurvenreich, unübersichtlich, schwierig, 2. schief, verwachsen, bucklig, gebeugt, ducknackig, mißgestaltet, verkrüppelt, 3. windschief, baufällig, wackelig, lottelig, reif zum Abbruch, 4. lockig, gelockt, gekräuselt, wellig, kraus, kroll, krollig, wollig, gewellt, in Wellen, 5. krummbeinig, o-beinig, dackelbeinig, 6. hinken, lahmen, am Stock gehen, an Krükken gehen, den Fuß nachziehen.

Kugel 1. Ball, Globus, Erdball, Erdkugel, Sphäre, Himmelskugel, 2. Geschoß, Patrone, blaue Bohne, Munition, Schießpulver, Pulver, Schießbedarf; Sprengkörper, Sprengsatz, Bombe, Mine, Rakete, Granate, Wurfgeschoß, Projektil, selbst gesteuerter Flugkörper; Handgranate. 802

kühlen 1. abkühlen, auskühlen, erkalten lassen, kalt stellen, auf Eis legen; abschrecken, frappieren, 2. fächeln, wedeln, blasen, pusten, Ventilator anstellen; befeuchten, feuchten Umschlag machen, die Hitze vertreiben, lindern, wohltun, sprengen, besprengen. 803

kultiviert 1. erschlossen, urbar gemacht, kolonisiert, zivilisiert, entwickelt, bebaut, besiedelt, 2. verfeinert, gebildet, gehoben, erzogen, wohlerzogen, hochstehend, geistig, hochentwickelt, vergeistigt, geistdurchdrungen, geformt, geprägt, 3. geschmackvoll, ästhetisch, kunstsinnig, kunstverständig, urteilsfähig, urteilssicher, künstlerisch, musisch, musikalisch, musikbegabt, musikliebend, 4. stilvoll, stilgerecht, feinsinnig, wählerisch, gewählt, erlesen, elegant, vornehm, unauffällig, harmonisch, aufeinander abgestimmt, 5. fein, differenziert, artikuliert, ausdrucksfähig, schöngeistig, vielschichtig. 804

Kultur 1. Gesittung, Entwicklung, Fortschritt, Zivilisierung, Verfeinerung, Zivilisation, 2. Bildung, Erziehung, Geformtheit, Geprägtheit, Lebensstil, Lebensart, feine Formen; Horizont, Überblick, Wissen, Kenntnis, 3. Menschlichkeit, Humanität, Niveau, Herzensbildung, Takt, Geistigkeit, Geistesbildung, Sinn für 805

Menschenwürde, 4. Zeitgeist, Zeitstil, Zeitgepräge.

806 **Kundschaft** 1. Abnehmer, Käufer, Kunde, Kundenkreis, Stammkunden, 2. Klienten, Klientel, Mandanten, Auftraggeber, Wähler, Patienten, 3. Leser, Leserschaft, Leserkreis, Abonnenten, Bezieher, Bezieherkreis, Dauermieter, Platzmieter, Dauerbezieher, ständige Abnehmer, 4. Gäste, Besucher, Stammgäste.

807 **Kunstfreund** 1. Kunstkenner, Liebhaber der Kunst, Kunstliebhaber, Ästhet; Mäzen, Gönner, Förderer, Sammler, Bewunderer, Verehrer, Anhänger, 2. Liebhaber, Dilettant, Amateur, 3. Leser, Bücherfreund, Bücherliebhaber, Büchernarr, Bücherwurm, Bibliophile, Büchersammler, Bibliomane, Leseratte.

808 **kunstgerecht** künstlerisch, kunstfertig, zünftig, schulgerecht, nach allen Regeln der Kunst, werkgerecht, fachmännisch, gekonnt, gelernt, geschult, akademisch, schulmäßig, richtig, nach allen Regeln der Kunst.

809 **Kurve** 1. Bogen, Biegung, Kehre, Schwenkung, Wendung, Wende, Drehung, Windung, Krümmung, Knick, Knickung, Krümme, Haken, Schleife, Schlinge, Spirale, Serpentine, Schlangenlinie, Haarnadelkurve, kurvenreiche Strecke; Schraubenwindung, Gewinde; Wellenlinie, Slalom, Torlauf, 2. Beugung, Beuge.

810 **kurz** 1. klein, gestutzt, abgeschnitten, verkürzt, gekürzt, abgehackt, beschnitten, verschnitten, kupiert, gekappt, 2. kurz angebunden, wortkarg, bündig, barsch, knapp, schroff, unverbindlich, lakonisch, karg, abweisend, unzusammenhängend, stoßweise, abrupt, 3. mit drei Worten, im Telegrammstil, kurz und bündig, kurz und gut, kurzerhand, kurzum, in aller Kürze, kurzweg, mit einem Federstrich, ohne weiteres, summarisch, zusammengefaßt, verallgemeinert, abgekürzt, gedrängt, in gedrängter Form, präzis, prägnant, gerafft, gestrafft, verdichtet, komprimiert, lapidar, 4. kurzlebig, vergänglich, flüchtig, schnell vorbei, absehbar, 5. Kürze, Gedrängtheit, Verdichtung, Schärfe, Genauigkeit, Präzision, Prägnanz.

kürzen 1. abschneiden, verkürzen, zustutzen, zurechtstutzen, wegschneiden, abtrennen, abhacken, abzwicken, abschlagen, abhauen, beschneiden, stutzen, kupieren, kappen, 2. verkleinern, kleiner machen, vermindern, verringern, schmälern, Abstriche machen, abstreichen, dezimieren; lichten, auslichten, ausdünnen, ausholzen, verringern, reduzieren; subtrahieren, abziehen, abhalten, einhalten, im Sinn behalten, zurückbehalten, 3. einschränken, einengen, abbauen, kleiner setzen, abzwacken, Etat beschneiden, drosseln, kleiner stellen, zurückschrauben, verknappen, reduzieren, 4. abkürzen, Zeit sparen, näheren Weg nehmen; stenographieren, kurzschreiben, Kürzungen benutzen, Debattenschrift schreiben, 5. verdichten, streichen, zusammenstreichen, komprimieren, straffen, konzentrieren, kondensieren, 6. Kürzung, Streichung, Verdichtung, Straffung, Zusammenfassung, Überblick. 811

kurzlich vor kurzem, jüngst, neulich, unlängst, dieser Tage, in letzter Zeit, neuerlich, neuerdings, letzthin, letztens, seit kurzem, noch nicht lange her, eben, gerade, jetzt, just, vorhin, soeben. 812

lachen 1. lächeln, in sich hineinlachen, schmunzeln, in den Bart lachen; strahlen, anstrahlen, anlächeln; grinsen, grienen, feixen, 2. kichern, gickeln, gibbeln, gicksen, prusten, losprusten; in Gelächter ausbrechen, ein Gelächter anstimmen, eine Lache aufschlagen, herausplatzen, losplatzen, losprusten, das Lachen nicht halten können, sich das Lachen verbeißen, hell auflachen, aus vollem Halse lachen, sich ausschütten vor Lachen, sich kringeln, schallend lachen, kreischen vor Lachen, sich kugeln, sich die Seiten halten, Tränen lachen, sich nicht zu lassen wissen, sich totlachen. 813

Lage Sachlage, Sachverhalt, Tatbestand, Stand der Dinge, augenblicklicher Zustand, Umstand, Bewandt- 814 nis, Verhältnisse, Lebenslage, Drum und Dran, Zusammenhänge, aktueller Stand, Situation, Gegebenheiten, Konstellation, Umstände, Stadium, Stand, Bedingungen.

815 **Lager** 1. Camp, Feldlager, Biwak, Zeltlager, Ferienlager, Wochenendlager, Zeltplatz, Campingplatz, Lagerplatz, 2. Depot, Lagerhaus, Aufbewahrungsort, Niederlage, Archiv, Ablage, Verwahr, Lagerung, Aufbewahrung, Verwahr, Verwahrung, Magazin, Stapelplatz, Stapelhaus, Arsenal, Zeughaus, Waffenlager; Schober, Schopf, Stadel, Silo, Schuppen, Speicher, Scheuer, Scheune, Warenlager, Vorratshaus, Schatzkammer, Schatzhaus, Schatzkästlein, Schatztruhe, Schmuckkasten, Hamsterkiste, 3. Vorrat, Stock, Bestand, Güter, Anhäufung, Rücklage, Habe, Schatz; eiserner Bestand, eiserne Ration, Reserve, 4. Liegemöbel, Bett, Pfühl, Lagerstatt, Lagerstätte, Schlafgelegenheit, Bettlade, Bettgestell, Bettstatt, Wandbett, Couchbett, Klappbett, die Kissen, Falle, Klappe, Nachtlager, Nachtquartier, 5. Sofa, Couch, Chaiselongue, Liegestatt, Liege, Diwan, Ottomane, Kanapee, Lotterbett, Ruhebett, Pritsche, Matratze, Feldbett, Schlafsack; Wiege, Kinderbett, Liegestuhl, Gartenstuhl, Hängematte.

816 **lang** 1. gedehnt, ausgedehnt, gestreckt, langgestreckt, langgezogen, länglich, oval, oblong, rechteckig, 2. meterlang, meilenlang, endlos, unendlich, ohne Ende, nicht abzusehen, unabsehbar; lange, langfristig, unaufhörlich, geraume Weile, Wochen, Monate, Jahre, langjährig, tagelang, jahrelang, wochenlang, stundenlang, lebenslang, lebenslänglich, auf immer, ewig, eine Ewigkeit, auf lange Zeit; langdauernd, langwierig, verlängert, sich hinziehend, abendfüllend, spießlang, nimmt kein Ende.

817 **langsam** 1. gemach, gemächlich, betulich, gemütlich, bedächtig; schleppend, stockend, zögernd, zaudernd, kriechend, nicht übereilt, nicht überstürzt; pomadig, träge, schleichend, im Schneckentempo, im Zeitlupentempo, im Zuckeltrab, 2. nach und nach, allmählich, allgemach, bei kleinem, schrittweise, Schritt für Schritt, stufenweise; graduell, gradweise, abgestuft, verlaufend, in Etappen, in Abschnitten; nacheinander, einer nach dem andern, im Gänsemarsch, nach der Reihe, einzeln, grüppchenweise, sukzessiv, tropfenweise, mit der Zeit, ratenweise, stückweise, portionenweise, truppweise, nicht auf einmal, in Raten, peu à peu, kleckerweise, 3. langsam tun, sich Zeit lassen, nichts übereilen, nichts überstürzen, sich Zeit nehmen, nicht eilen.

Langeweile Gleichförmigkeit, Eintönigkeit, Ereignislosigkeit, Öde, Alltag, Tretmühle, Fadheit, Stumpfheit, Monotonie, Stumpfsinn, Alltäglichkeit, Gleichmaß, Einförmigkeit, Mangel an Abwechslung, immer dasselbe, Überdruß, Übersättigung, Sattheit, Ekel, innere Leere, Widerwille, Unlust, die alte Leier, „olle Kamellen". 818

langweilen (sich) 1. ermüden, anöden, (sich) nichts zu sagen haben, kein Gespräch in Gang bringen, immer dasselbe erzählen, alte Geschichten aufwärmen, sich wiederholen, einschläfern, fachsimpeln, nur von sich reden, 2. nichts zu tun haben, unbeschäftigt sein, ermüden, erschlaffen, sich öden, sich mopsen, die Zeit totschlagen, Däumchen drehen, nichts mit sich anfangen können, sich für nichts interessieren, gähnen, einschlafen, 3. überdrüssig, übersättigt, blasiert, erschlafft, lebensmüde sein, leid sein, über haben, nicht mehr sehen können, satt haben, genug haben. 819

langweilig 1. eintönig, monoton, ereignislos, ermüdend, geisttötend, einschläfernd, ledern, bleiern, langstielig, stieselig, langatmig, weitschweifig, umständlich, pedantisch, steifleinen, witzlos, zum Auswachsen, mopsig, fad, doof, nüchtern, trocken, unergiebig, fruchtlos, 2. ausdruckslos, reizlos, öde, farblos, trist, desolat, uninteressant, ohne 820

Spannung, stimmungslos, ohne Stimmung, ohne Abwechslung, ohne Unterbrechung, schläfrig, lahm, nichtssagend, stumpfsinnig, unbeweglich, belanglos, leer, leeres Stroh, Wortgeklapper.

821 **lärmen** 1. laut sprechen, schreien, brüllen, johlen, kreischen, gellen, anschmettern, Schreie ausstoßen; poltern, Radau machen, Krach machen, krakeelen, spektakeln, Lärm machen, die Nachbarschaft stören, rumoren, viel Geräusch machen, die Nachtruhe stören, Geschrei machen, randalieren, Allotria veranstalten, sich keinen Zwang auferlegen; rütteln, knattern, rappeln, tuckern, klopfen, pochen, 2. dröhnen, donnern, grollen, rollen, gewittern, knattern, rattern, rumpeln, rasseln, klappern, tönen, schallen, hallen, 3. ballern, feuern, knallen, schießen, Schuß lösen, böllern, bullern, unter Feuer nehmen, unter Beschuß nehmen; explodieren, hochgehen, krachen, klirren, scheppern.

822 **lassen** 1. loslassen, in Ruhe lassen, ungeschoren lassen, freigeben, freilassen, fortlassen, entlassen, gehenlassen, freistellen, entbinden, entpflichten, nicht halten, nicht binden, locker lassen, gewähren lassen, freien Lauf lassen, erlauben, grünes Licht geben, Startschuß geben, auf den Knopf drücken, geschehen lassen, laufenlassen, nichts in den Weg legen, zusehen, 2. aufhören, bleibenlassen, sein lassen, unterlassen, weglassen, aufgeben, verzichten, Abstand nehmen, absehen, abstehen von, bewenden lassen, abkommen von, aufgeben, den Kurs ändern, ablassen, abgehen von, die Finger davon lassen, sich nicht einlassen auf, nichts mehr unternehmen, auf sich beruhen lassen, 3. frei, offen, unbesetzt lassen, unbebaut lassen, aussparen, freien Raum lassen.

823 **Last** 1. Belastung, Überlastung, Bürde, Gewicht, Druck, Ballast, Gepäck, Ladung, Packen, Zentnerlast, Schwere, Fracht, Beschwerung, Wucht, Tracht, 2. Beschwer, Beschwerlichkeit, Unannehmlichkeit, Unbequemlichkeit, Ungemütlichkeit, Unbehaglichkeit, Umstände, unnötige Arbeit, Mühe, Angang; Qual, Druck, Mühsal, Sorge, Alp, Alpdruck, Joch, Mühlstein, Elend, Fron, Plackerei, Bedrückung, Kreuz, Crux, Schlauch, Sklaverei, Schinderei, Strapaze, Plage, Anstrengung, Belastung, Anspannung, Schufterei, Schwerarbeit, Herkulesarbeit, Akkordarbeit, Maloche, Streß, Schraube ohne Ende, Geacker, Anforderungen, Überforderung, Überanstrengung, Überlastung, Beanspruchung, Inanspruchnahme, Auslastung.

lästig 1. hinderlich, hemmend, be- 824
lastend, beschwerlich, unangenehm, ärgerlich, unerfreulich, anstrengend, ermüdend, strapaziös, drückend, unbequem, mühevoll, mühsam, mühselig, 2. ungelegen, verquer, überquer, mißlich, störend, Ärgernis erregend, ungebeten, ungeladen, sekkant, 3. aufdringlich, zudringlich, widerwärtig, widrig, zu bunt; aufenthaltig, zeitraubend, langwierig.

laut hörbar, vernehmbar, vernehm- 825
lich, ruhestörend, deutlich, weithin hörbar, unüberhörbar, durchdringend, überlaut, lärmend, geräuschvoll, dröhnend, polternd, ohrenbetäubend, lautstark, schreiend, markerschütternd, mit voller Lautstärke, mit lauter Stimme, lauthals, aus voller Kehle, marktschreierisch, wie ein Zahnbecher, schrill, spitz, hoch, scharf, grell, gellend, hallend, fortissimo.

Leben 1. Dasein, Existenz, Sein, Be- 826
stehen; Erdenleben, Erdentage, Lebensdauer, Erdenwallen, Lebensbahn, 2. Lebensreise, Lebenslauf, Lebensweg, Entwicklung, Werdegang, Laufbahn; Lebensgeschichte, Lebensroman, Lebensbeschreibung, Vita, Lebensbild, Biographie, Lebensbericht, Selbstbiographie, Lebenserinnerungen, Lebensabriß, Lebenslauf, 3. Atem, Lebenslicht, Blut, Fleisch und Blut, Lebenssaft, Lebensfaden, Herzblut, Puls, 4. Lebensbedingungen, Lebenslage, Lebensform, Lebensweise, Lebensge-

staltung, Lebensstandard, Lebensführung, Lebenszuschnitt, Lebensstil, Lebensgewohnheit, Tun und Lassen, Lebenshaltung, 5. Lebensgefühl, Einstellung zum Leben, Lebensdrang, Lebenskraft, Selbsterhaltungstrieb, Lebensgeister, Lebensfülle, 6. Existenzkampf, Kampf ums Dasein, Lebenskampf, Daseinskampf, 7. Lebendigkeit, Lebensenergie, Lebenstrieb, Vitalität, Schwung, Dynamik, Bewegung, Lebensfülle, Aktivität, Frische, Elan.

827 **leben** 1. sein, dasein, vorhanden sein, existieren, bestehen, am Leben sein, sein Leben führen, das Leben verbringen, das Leben hinbringen, dahinleben, sich befinden; wesen, sein Wesen treiben, die Sonne sehen, 2. atmen, Atem holen, Luft holen, die Luft einziehen, Luft schöpfen, tief atmen, schnaufen, nach Luft schnappen, japsen, nach Atem ringen, hecheln, keuchen, 3. wohnen, weilen, sich aufhalten, sitzen, ansässig sein, stecken, behaust sein, hingekommen sein, verschlagen worden sein, verbringen, verleben, zubringen, hausen, wurzeln, horsten, nisten, daheim sein, heimisch sein, seine Wurzeln haben; residieren, domizilieren, seinen Wohnsitz haben; bewohnen, ein Dach über dem Kopf haben, Wohnung innehaben.

828 **lebendig** 1. lebend, am Leben, vorhanden, auf der Welt, leibhaft, leibhaftig, belebt, beseelt, faßbar, zum Anfassen, körperlich, greifbar, wirklich, real, 2. lebhaft, lebensvoll, beweglich, mobil, rege, munter, geschäftig, aufstrebend, betriebsam, unternehmend, unternehmungslustig, reiselustig, tatenlustig, tatendurstig, aufgeschlossen, interessiert, eifrig, dabei, elektrisiert, rührig, regsam, agil, wach, in Fahrt, in Schwung, auf Touren, auf vollen Touren, 3. temperamentvoll, quicklebendig, übersprudelnd, schwungvoll, dynamisch, impulsiv, wach, fit, auf Draht, quick, auf der Höhe, up to date, vif, alert, kregel; quecksilbrig, quirlig, vital, schmissig, schneidig, 4. farbig, bunt, nuanciert, prall, lebensecht, ausdrucksvoll, natürlich, saftig, spritzig, funkelnd, quellend, sprudelnd, frisch, unvergeßlich, unauslöschlich, unverwischbar, 5. flammend, lodernd, wabernd, lohend; fliegend, wiegend, tanzend, kreiselnd, schwebend, flatternd, wehend, wallend, wogend, 6. munter, auf, aufgestanden, ausgeschlafen, aufgewacht, morgenfrisch, 7. flott, schwunghaft, lebhaft, rege.

leer 1. ausgetrunken, geleert, entleert, 829
ausgegossen, ausgeschüttet, verbraucht, konsumiert, aufgebraucht; hohl, ausgehöhlt, konkav, 2. ausgeflogen, verlassen, niemand da, keine Seele, alle abwesend, fort, weg, gegangen; ohne Besatzung, unbemannt, 3. eitel, müßig, nichtig, windig, gehaltlos, unausgefüllt, nichts dahinter, wertlos, Schall und Rauch, inhaltslos, substanzlos, unbeschrieben, leeres Blatt, bedeutungslos, nichtssagend, ohne Sinn, sinnlos, 4. leerstehend, unbewohnt, frei, unbesetzt, zu vermieten, zu haben.

leer ausgehen in den Mond gucken, in 830
die Luft gucken, in den Kamin schreiben, den Letzten beißen die Hunde, verlieren, einbüßen, das Nachsehen haben, zubuttern, zuzahlen, nichts bekommen, in die Röhre gucken, der Dumme sein.

leeren (sich) 1. abladen, auspacken, 831
entladen, löschen, ausschiffen, an Land setzen, ausladen, räumen, ausräumen, Kehraus machen, wegschaffen, ausverkaufen, Raum schaffen, Platz machen, 2. ausschütten, ausleeren, ausgießen, abgießen, abschütten, wegschütten, entleeren, ablassen, ausschöpfen, 3. trinken, austrinken, kippen, hinunterstürzen, auslöffeln, ausessen, vertilgen, aufessen, 4. zapfen, abzapfen, anstechen, abziehen, abfüllen, umgießen, umfüllen; melken, ausquetschen, auspumpen, 5. auslaufen, ausrinnen, leer werden, ausströmen, entweichen, aussickern, sich entleeren, entströmen, ausfließen, herauslaufen, leerlaufen, sich ergießen, wegfließen, austreten, abfließen, bluten, ausbluten, sich verbluten, durchsickern,

lecken, tropfen, träufeln, tröpfeln, 6. Leerung, Entleerung, Abfüllung, Ausräumung, Ausladung, Ausschiffung, Löschung.

832 **Lehrbuch** Schulbuch, Fibel, Abc-Buch; Fachbuch, Sachbuch, Vademecum, Katechismus, Glossar, Leitfaden, Handbuch, Kompendium, Lexikon, Wörterbuch, Enzyklopädie, Nachschlagewerk, Konversations-Lexikon; Reiseführer, Reisehandbuch, Ratgeber.

833 **Lehre** 1. Anleitung, Einführung, Anweisung, Schulung, Unterweisung, Instruktion, Unterricht, Schulstunde, Unterrichtsstunde, Belehrung, Vorbildung, Bildungsgang, 2. Lehrzeit, Lehrjahre, Ausbildung, Wanderjahre, Praktikum, praktische Übung, Volontariat, Fachausbildung, Studium; Lehrgang, Seminar, Kurs, Kursus, „Workshop", 3. Lektion, Denkzettel, Mahnung, Erfahrung, Richtschnur, Regel, Ratschlag, 4. Dogma, Doktrin, Lehrsatz, Lehrmeinung, Theorie, These, Ansicht, Richtung, Schule.

834 **lehren** 1. unterrichten, belehren, beibringen, Wissen vermitteln, Neues bringen, Wissen erschließen, orientieren, eintrichtern, pauken, einpauken, durchnehmen, geben, dozieren, lesen, 2. anleiten, anlernen, einarbeiten, einführen, anweisen, unterweisen, schulen, ausbilden, instruieren, zeigen, vorbereiten, 3. erziehen, formen, bilden, Anlagen entfalten, beistehen, helfen, leiten, durchbilden, durchformen, gestalten, kultivieren, ziehen, züchten, heranziehen, heranbilden, disziplinieren, in Zucht nehmen, Zucht und Ordnung beibringen.

835 **Lehrer** 1. Erzieher, Pädagoge, Bildner, Schulmann, Schulmeister, Präzeptor, Magister, Pauker; Lehrmeister, Lehrherr, Meister, Zuchtmeister, 2. Dozent, Lektor, Professor, 3. Hauslehrer, Hofmeister, Mentor, Erzieherin, Gouvernante, Kindergärtnerin, Kinderfräulein, Kindermädchen, Hortnerin, „Tante", 4. Instrukteur, Ausbilder, Trainer; Bändiger, Züchter, Zähmer, Dompteur, 5. Weisheitslehrer, Wanderprediger, Guru, Wissender, Eingeweihter, Weiser, Moralist, Sittenlehrer, Morallehrer, Moraltheologe, Moralphilosoph.

leicht 1. nicht schwer, tragbar, ge- 836
wichtlos, federleicht, hopfenleicht, wie eine Daune, wie eine Flaumfeder, wie eine Feder, wie ein Kork, 2. einfach, mühelos, unschwer, spielend, bequem, im Schlaf, ohne Schwierigkeit; kinderleicht, ein Kinderspiel, kein Kunststück, kein Hexenwerk, nicht schwierig, nicht kompliziert, leicht zu verstehen; bekömmlich, leicht verdaulich, gut zu vertragen, zuträglich, 3. locker, flaumig, flockig, schaumig, duftig, luftig, flüchtig, ätherisch, beschwingt, aufgelockert, 4. leichtherzig, unbeschwert, sorglos, fröhlich, unbesorgt, unbekümmert, flott, unbedenklich, ungezwungen, einfach, lebensfroh, lebensbejahend, zwanglos, kein Kind von Traurigkeit, positiv, optimistisch, weltlich, weltfreudig, 5. leichtfüßig, schnell, behende, federleicht, wie eine Gazelle, Antilope, Leichtgewicht, Federgewicht, Fliegengewicht; Feder, Flaumenfeder; Flocke, Flugasche, Loderasche, 6. Leichtigkeit, Beweglichkeit, Ungezwungenheit, Leichtlebigkeit, Unbeschwertheit, Unbekümmertheit, Zwanglosigkeit.

leichtfertig 1. oberflächlich, gedan- 837
kenlos, obenhin, schnellfertig, ungenau, nachlässig, fahrlässig, flatterhaft, blindlings, übereilt, unachtsam, unbedacht, überstürzt, unüberlegt, von ungefähr, unvorsichtig, vorschnell, bedenkenlos, verantwortungslos, ohne Verantwortungsgefühl, unbedenklich, verschwenderisch, kann nicht mit Geld umgehen, 2. leichtsinnig, leichtblütig, sorglos, lebenslustig, genußfreudig, leichtlebig, sinnenfroh, unbesonnen, sorglos, verspielt, spielerisch, unernst, unbesorgt, nachlässig, unbekümmert, leichte Ader, leichte Schulter, unbesonnen, locker, lose, lax, 3. vergnügungssüchtig, unsolide, unseriös, frivol, windig, gewissenlos, skrupel-

los, pflichtvergessen, unzuverlässig, nichts dahinter; ständig unterwegs, aushäusig, 4. Leichtsinn, leichtes Blut, Sorglosigkeit, Leichtfertigkeit, Windigkeit, Unbesorgtheit, Unbeschwertheit, Nachlässigkeit, Fahrlässigkeit, Unvorsichtigkeit, Fahrigkeit, Unaufmerksamkeit, Unachtsamkeit, Achtlosigkeit, 5. Vergnügungssucht, Leichtfertigkeit, Unbesonnenheit, Unbedachtsamkeit, Leichtlebigkeit, Frivolität, 6. leichtnehmen, in den Tag hinein leben, sich keine grauen Haare wachsen lassen, nichts ernst nehmen.

838 **leiden** 1. dulden, erdulden, erleiden, ausstehen, tragen, durchmachen, Schmerzen fühlen, zu klagen haben, ertragen, aushalten, durchstehen, 2. schlucken, hinnehmen, über sich ergehen lassen, sich beugen, hinunterschlucken, einstecken, sich fügen, resignieren, sich schicken, sich ducken, sich gefallen lassen, sich abfinden, die Folgen tragen, die Folgen auf sich nehmen, die Konsequenzen tragen, den Brei auslöffeln, die Suppe ausessen, gradestehen für, 3. krank sein, kränkeln, kranken, schlecht gehen, im Bett liegen, darnieder liegen, liegen müssen, das Bett, das Zimmer hüten müssen, auf der Nase liegen, klagen über, leiden an, befallen sein von, behaftet sein mit, nicht wohl sein, unpäßlich sein, nicht in Ordnung sein, sich nicht wohl fühlen, herumlaborieren, siechen, nicht kapitelfest sein, fiebern, phantasieren, schwer krank sein, in Lebensgefahr schweben, mit dem Tode ringen, 4. sich grämen, sich quälen, sich verzehren, schwernehmen, trauern, sich härmen, sich abhärmen, den Kummer in sich hineinfressen, nicht hinwegkommen über, Schmerzliches erleben, Kummer haben, Schweres zu tragen haben, zu leiden haben, viel ausstehen, Sorgen haben, Unglück haben, in Not sein, drinstecken, im Dreck stecken, böse Erfahrungen machen, heimgesucht werden, den Leidenskelch leeren müssen, untröstlich sein, verzweifeln, dem Kummer erliegen, zerbrechen an.

leidend 1. krank, erkrankt, befallen 839 von, behaftet mit, indisponiert, nicht aufgelegt, in schlechter Verfassung, nicht auf dem Damm, krank geschrieben, arbeitsunfähig, dienstunfähig, marode, angegriffen, angekränkelt, morbid, kränklich, erkältet, verschnupft, vergrippt, verschleimt, kurzatmig, mitgenommen, angeschlagen, unpäßlich, unwohl, seekrank, von Übelkeit befallen, schlecht, übel, flau, mies; krankhaft, ungesund, anfällig, elend, durchsichtig, bleich, eingefallen, hohlwangig, abgezehrt, steckt in keiner guten Haut; schwer krank, todkrank, in Lebensgefahr, lebensgefährlich erkrankt, chronisch krank, unheilbar, unrettbar, todgeweiht, 2. gebrechlich, lahm, gelähmt, nicht gehfähig, hinfällig, bresthaft, bettlägerig, invalid, siech, hilflos, pflegebedürftig, altersschwach, 3. verletzt, verwundet, wund, versehrt, verrenkt, gezerrt, gequetscht, gebrochen, 4. gemütskrank, seelisch erkrankt, nervenleidend, psychisch krank, neurotisch, milieugeschädigt, psychisch geschädigt, krankhaft, pathologisch, 5. erniedrigt, gedemütigt, entwürdigt, beleidigt, degradiert, herabgewürdigt, herabgesetzt, entmutigt, demoralisiert, geduckt.

leider schade, bedauerlich, unerfreu- 840 lich, unglücklicherweise, bedauerlicherweise, zu meinem Bedauern, zu meinem Leidwesen, es tut mir leid, jammerschade, so leid es mir tut, es ist mir nicht recht.

leihweise auf Borg, auf Pump, auf 841 Kredit, geliehen, als Leihgabe, zeitweilig, vorübergehend, auf kurze Zeit.

leise gedämpft, lautlos, unhörbar, ton- 842 los, geräuschlos, nicht störend, ruhig, still, piano, pianissimo, auf leisen Sohlen, auf Samtpfoten, auf Katzenpfoten, mäuschenstill, schweigend, stumm, wortlos, schweigsam, auf Zehen, auf den Fußspitzen, schleichend; halblaut, flüsternd, mit gedämpfter Stimme.

leisten (sich) 1. tun, schaffen, wirken, 843 vollbringen, Aufgabe erfüllen, Erfolg haben, Aufgabe lösen, fertigbringen, vollführen, bewerkstelligen, bewirken, handeln, funktionieren, arbeiten; sich als geeignet erweisen, sich qualifizieren, Leistungen vorweisen, sich verdient machen, sich Verdienste erwerben, 2. gönnen, zugute tun, gütlich tun, erlauben, genehmigen, gestatten, sich nichts abgehen lassen.

844 **Leistung** 1. Tat, Verdienst, Werk, Oeuvre, Opus, Gesamtwerk, Schöpfung, Arbeitsleistung, Ergebnis, Produkt, Wurf, Großtat, Erfolg, 2. Kunstwerk, Kunstgegenstand, Meisterwerk, Meisterstück, Meisterleistung, Talentprobe, Kunststück, Wunderwerk, Wunder der Technik, Weltwunder, 3. Bildwerk, Statue, Plastik, Skulptur, Figur, Standbild, Bildsäule, Büste, Herme, 4. Komposition, Musikwerk, Tondichtung.

845 **Leitung** 1. Führung, Lenkung, Führerschaft, Regierung, Gewalt, Kopf, Spitze, Direktion, Direktorium, Geschäftsleitung, Geschäftsführung, Management, leitende Stellung, Schlüsselstellung; Direktorat, Kuratorium, Ausschuß, Vorstand, Vorsitz; Verwaltung, Bewirtschaftung, Steuerung, Zentrale, Oberleitung; Herrschaft, Oberherrschaft, Oberhoheit, Vorherrschaft, Hegemonie; Regie, Regime, Regiment, Kommando; Generalstab, Hauptquartier, 2. Bevormundung, Entmündigung, Gängelei, Gängelband, Vormundschaft, Entrechtung, Kuratel, Pflegschaft, Sorgerecht; Leine, Longe, Laufleine; Aufsicht, Oberaufsicht, Zensur, Kontrolle, Schnüffelei, Bespitzelung, 3. Spitze, Vorhut, Vortrupp, Avantgarde, Vorreiter, 4. Steuerung, Steuer, Ruder, Steuerknüppel, Steuerruder, Steuerrad, Volant, Lenkrad, 5. Schnur, Draht, Kabel, Zuleitung, Verbindungsschnur, Rohrleitung, Pipeline, Überlandleitung, Überlandzentrale.

846 **lernen** 1. arbeiten, studieren, sich präparieren, sich vorbereiten, Schulaufgaben machen, memorieren, sich einprägen, sich anstrengen, sich plagen, büffeln, ochsen, pauken, bimsen, sich auf den Hosenboden setzen, sich eintrichtern, erlernen, sich aneignen; zur Schule gehen, die Schule besuchen, die Schulbank drücken, sich schulen, 2. hören bei, belegen bei, zu Füßen sitzen, sich bilden, sich unterrichten, lesen, sich fortbilden, sich ausbilden, fortschreiten, sich vervollkommnen, sich weiterbilden, weiterlernen, dazulernen, seine Kenntnisse erweitern, 3. ein Handwerk erlernen, eine Lehre durchmachen, volontieren, Praktikum absolvieren; auslernen, die Lehrzeit beenden.

lesen 1. buchstabieren, entziffern, verschlingen, fressen, in sich aufnehmen, durcharbeiten, studieren, sich beschäftigen mit, sich in Bücher vergraben, stöbern, 2. durchlesen, durchgehen, flüchtig durchsehen, durchblättern, blättern, anlesen, hineinschauen, überfliegen, querlesen, schmökern, diagonal lesen, nachlesen, Seiten umschlagen, umwenden, wenden, 3. Vorlesungen halten, an einer Universität unterrichten, vortragen; Messe lesen (zelebrieren). 847

leugnen 1. abstreiten, verneinen, ableugnen, sich verwahren, bestreiten, widersprechen, anfechten, abschwören, protestieren, nicht wahrhaben wollen, für falsch erklären, Einspruch erheben, von sich weisen, 2. widerrufen, zurücknehmen, rückgängig machen, abrücken von, zurückweisen, nicht anerkennen, aberkennen, abstreiten, verwerfen, verleugnen, dementieren, desavouieren; richtigstellen, berichtigen, zurückziehen, zurückfordern, zurückverlangen, wiederhaben wollen, wiederverlangen, zurückrufen, aufheben, 3. übersehen, wegsehen, nicht sehen wollen, die Augen verschließen, ein Auge zudrücken, beide Augen zudrücken, den Kopf in den Sand stecken, Scheuklappen tragen. 848

Licht 1. Helligkeit, Helle, Beleuchtung, Erleuchtung, Tag, Tageslicht, Tageshelle, Sonne, Sonnenlicht, Sonnenschein, Tagesgestirn, 2. Lichtquelle, Lampe, Kerze, Beleuchtungskörper, Leuchte, Ampel, Lampion, 849

Leuchter, Kerzenhalter, Kandelaber, Armleuchter, Kronleuchter, Lüster, Stehlampe, Wandleuchter, Laterne, Fackel, Glühbirne, Glühlampe, Gaslampe, Gasstrumpf; Nachtlicht, Funzel, Tranlampe, 3. Scheinwerfer, Standlicht, Rücklicht; Neonlicht, Flutlicht, Spotlight, Punktlicht, Rampenlicht; Glanzlicht, Lichtreflex, Lichteffekt, Lichtkegel, Lichthupe; Illumination, Festbeleuchtung, Lichtermeer, 4. Schein, Strahl, Glanz, Schimmer, Flimmer, Gefunkel, Glast, Geflimmer, Leuchten, Ausstrahlung, Strahlung, Funke, Glut, Glühen, Strahlen, Feuer, Brand, Feuersbrunst, 5. Stern, Planet, Fixstern, Himmelskörper, Erdtrabant, Mond, Satellit, Raumschiff, Raumstation; Himmelslicht, Gestirn, Sternenhimmel, Sternenzelt, der gestirnte Himmel, das sternübersäte Himmelsgewölbe (Firmament), Milchstraße, Galaxis, Galaxie, Sternsystem, Sternbilder, Sternschnuppe, Meteor, Nordlicht, Polarlicht, 6. Heiligenschein, Gloriole, Aureole, Nimbus, Strahlenkranz, Mandorla.

850 **lieb** 1. angenehm, erwünscht, erfreulich, recht, willkommen, 2. teuer, wert, unentbehrlich, wichtig, bedeutungsvoll, geschätzt, hochgeschätzt, vergöttert, angebetet, verhätschelt, verwöhnt, geliebt, nah, vertraut, sympathisch, ans Herz gewachsen, liebgeworden, nahestehend, hold, gewogen, zugetan, zutraulich, geneigt, gut gesinnt, eingenommen.

851 **Liebe** 1. Neigung, Zuneigung, Geneigtheit, Zuwendung, Hang, Anhänglichkeit, Wärme, Zutunlichkeit, Zugetanheit, Verbundenheit, Vertrautheit, Vertraulichkeit, Intimität, Vorliebe, Sympathie, Gewogenheit, Gunst, Huld, Minne, Anbetung, Bewunderung, Verehrung, Wohlgefallen, Schwäche, Faible, Tendre, 2. Erotik, Leidenschaft, Verliebtheit, Besessenheit, Vergötterung, Verlangen, Begehren, Passion, Enthusiasmus, Ekstase, Liebesglut, Verzückung, Rausch, 3. Liebschaft, Flirt, Schwärmerei, Liebelei, Techtelmechtel, Minnedienst, Plänkelei, Geplänkel, Schäkerei, Getändel, 4. Verhältnis, Liebesbeziehung, Liebesbund, eheähnliche Gemeinsamkeit, Verbindung, Liebesbündnis, Zweisamkeit, Partnerschaft; Liebesgeschichte, Romanze, 5. Zärtlichkeit, Liebkosung, Liebesbezeigung, Kuß, Schmatz, Küßchen, Busserl; Kosen, Umarmung, Umschlingung, Umfassung, Umklammerung, 6. Vaterlandsliebe, Patriotismus, Heimatliebe, Heimatverbundenheit, 7. Elternliebe, Mütterlichkeit, Mutterliebe, Väterlichkeit, Vaterliebe, Geborgenheit im Elternhaus, Nestwärme; Kindesliebe, Anhänglichkeit an das Elternhaus, Nestliebe, Nesttreue.

lieben 1. mögen, schätzen, gewogen 852
sein, zugetan sein, liebgewinnen, eine Neigung haben, liebhaben, gernhaben, eingenommen sein, verbunden sein, aneinander hängen, sich hingezogen fühlen, ins Herz schließen; werthalten, leiden mögen, sympathisch finden, 2. sich verlieben, vergucken, verknallen, verschießen, entbrennen, erglühen, ein Faible haben, Feuer fangen, sich vernarren, vernarrt sein, 3. anbeten, bewundern, verehren, minnen, werben um, vergöttern, auf Händen tragen, zu Füßen liegen, anhimmeln, anschwärmen, glühen für, entbrannt sein für, huldigen, hofieren, tändeln, 4. liebkosen, küssen, streicheln, hätscheln, herzen, kosen, umarmen, umfangen, umhalsen, umfassen, umschlingen, umschließen, sich anschmiegen, schmusen, schnäbeln, turteln, tätscheln, kraulen, 5. angetan sein von, eingenommen sein für, eine Schwäche haben f. jem., etwas übrig haben für jem., Sympathien hegen, jem. mögen.

liebevoll 1. liebend, liebreich, liebes- 853
fähig, zärtlich, zutunlich, zutraulich, zugetan, anschmiegend, anschmiegsam, weich, 2. herzlich, herzenswarm, gefühlswarm, warmherzig, gemütvoll, wärmend, warm, blutvoll, lebendig, aufgeschlossen, innig, gütig, hilfsbereit, besorgt, mitfühlend, teilnehmend, impulsiv, spon-

tan, mütterlich, väterlich.

854 **Linie** 1. Strich, Gerade, gestrichelte, punktierte Linie; Lineatur, Liniierung, 2. Kontur, Umriß, Silhouette, Schattenriß, Scherenschnitt; Profil, Seitenansicht, Umrißlinie; Skyline, Horizontlinie, Grenze, Grenzlinie, 3. Verkehrsstrecke, 4. Abstammungsreihe, Ahnenreihe, Geschlechterfolge, 5. schlanke Linie, Schlankheit, gute Figur; Magerkeit, Hagerkeit, Knochigkeit, Eckigkeit.

855 **links/rechts** 1. zur Linken, linkerhand, linksseitig, an der linken Seite, auf der Herzseite, linkshändig, 2. innen, Abseite, Rückseite, 3. zum Sozialen tendierend, sozial gesinnt, „rot", progressiv, fortschrittlich, gesellschaftskritisch, revolutionär, sozialdemokratisch, sozialistisch, kommunistisch.

rechts 1. auf der rechten Seite, zur Rechten, rechterhand, rechtsseitig, rechtshändig, 2. konservativ, das Hergebrachte bejahend, erhaltend, bewahrend, beharrlich, restaurativ.

856 **Lob** 1. Anerkennung, Billigung, Zustimmung, Bewunderung, Ruhm, Ehre, Beifall, Anklang, Applaus, 2. Belobigung, Auszeichnung, Preis, Preisverleihung, Preiskrönung, Würdigung, Anpreisung, Empfehlung, Loblied, Lobpreis, Lobrede, Laudatio, Lobgesang, ehrende Worte; Hymne, Verherrlichung, Glorifizierung, Verklärung, Erhöhung, Überhöhung, Huldigung, Lorbeer, Lorbeerkranz, 3. Schmeichelei, große Töne, Gerede, Schmus, Augendienerei, Flausen, Süßholz, schöne Worte, Lobhudelei, Byzantinismus, Kriecherei.

857 **loben** 1. anerkennen, rühmen, preisen, herausstreichen, empfehlen, anpreisen, werben für, lobpreisen, lobsingen, würdigen, nachrühmen, Gutes nachsagen, jem. Loblied singen, jem. über den grünen Klee loben, 2. applaudieren, Beifall spenden, ehren, bejubeln, beklatschen, zujubeln, Beifall klatschen, Ovationen bereiten, feiern, herausrufen, herausklatschen, vor den Vorhang rufen, 3. Verdienste anerkennen, Orden verleihen, Verdienste würdigen, belobigen, auszeichnen, lobend erwähnen, dekorieren.

löschen 1. auslöschen, ausmachen, abdrehen, abschalten, ausdrehen, ausknipsen; ausblasen, auspusten, ausdrücken, ersticken, zum Erlöschen bringen, 2. tilgen, ausgleichen, streichen, erlassen, schenken, aufheben, aufgeben; auswischen, wegwischen, ausixen, ungültig machen, unleserlich machen, durchstreichen, ausradieren. 858

lose 1. locker, gelockert, nicht mehr fest, wackelig, wackelnd, brüchig, lottelig, schlotterig, 2. faserig, saugfähig, porös, weitmaschig, durchlässig, grobfädig, 3. unverpackt, einzeln, offen, nicht abgepackt, ohne Verpackung, nach Gewicht; zum Abnehmen, abnehmbar, nicht fest, beweglich, 4. hangend, hängend, baumelnd, wiegend, schlaff, schlotternd, 5. locker, leichtfertig, leichtsinnig, leichtlebig, vergnügungssüchtig, lebenslustig, ausgelassen, unseriös. 859

lösen (sich) 1. auflösen, zerfallen lassen, zerlassen, verflüssigen, weichmachen, weichwerden lassen, aufweichen, einweichen, 2. raten, erraten, enträtseln, herausbringen, auflösen, entsiegeln, herausbuchstabieren, Schlüssel finden, knacken, entziffern, dahinterkommen, aufdröseln, eine Lösung finden, sich lösen lassen, 3. aufmachen, aufhaken, lockern, freimachen, 4. sich lösen, Hemmungen loswerden, Selbstkontrolle vermindern, enthemmen, 5. tauen, schmelzen, zu Wasser werden, zergehen, zerfließen, zerrinnen, zerlaufen, verlaufen, vergehen, weich werden, auseinanderlaufen, auseinanderfallen, 6. lockern, erleichtern, entkrampfen, abführen; auflockern, aufschütteln, 7. abreißen, abgehen, abplatzen, abspringen, losgehen, 8. abtauen, entfrosten, auftauen, zum Schmelzen bringen, verflüssigen, flüssig werden, 9. fasern, fusseln, dünn werden, schäbig werden, 10. entsichern, Sicherung entfernen, schußbereit machen. 860

861 **Luft** 1. Wind, auffrischender Wind, Brise, Bö, Zephir, Lüftchen, Hauch, Äther, Fön, Zug, Durchzug, Zugluft, Zugwind, Fahrtwind, Sog, Luftwirbel, Luftstrom, Luftströmung, Luftzug; Sturm, Orkan, Taifun, Tornado, Wirbelsturm, Windhose, Trombe, Zyklon, 2. Atem, Odem, Atemluft, Luft zum Atmen, Puste, Atemzug, Atemholen, Schnaufer, 3. Atmosphäre, Lufthülle, Luftmeer, Dunstkreis, Sphäre, Himmel, Firmament, Himmelskuppel, Himmelsgewölbe, 4. Lüftung, Entlüftung, Ventilation, Lufterneuerung, Luftverbesserung; Ventilator, Klimaanlage, 5. Wetter, Witterung, Wetterlage, Klima, 6. lüften, entlüften, auslüften, für frische Luft sorgen, die Fenster öffnen, Luft hereinlassen, die Luft erneuern.

862 **luftig** 1. windig, stürmisch, böig, auffrischend, zugig, bewegt, frisch, 2. flüchtig, ätherisch, gasförmig, duftig, 3. gelüftet, lüftbar; hochgelegen, dem Wind ausgesetzt.

863 **Lüge** 1. Unwahrheit, Entstellung, Verdrehung, falsche Aussage, falsche Behauptung, Schwindel, Schwindelei, Geflunker, Ausflucht, Ausrede, Irreführung, Vorwand, Scheingrund, Bluff, Täuschung, Finte, List, Scheinangriff, Trug, blauer Dunst, Unrichtigkeit, Lügengewebe, Hochstapelei, 2. Meineid, Wortbruch, Eidbruch, 3. Erfindung, Erdichtung, Fiktion, Unwahrscheinlichkeit, Fabelei, Ente, Falschmeldung, unverbürgte Nachricht, Legende, Märchen, Räuberpistole, Flausen, Roman, Jägerlatein, Seemannsgarn, Schauergeschichte, Räubergeschichte, Ammenmärchen, fromme Lüge, Lug und Trug, 4. Beschönigung, Schönfärbung, Verdrehung, Verklärung; Entstellung, Verzerrung, Verfälschung.

864 **lügen** 1. die Unwahrheit sagen, schwindeln, verkohlen, beschwindeln, anlügen, kohlen, flunkern, täuschen, Bären aufbinden, belügen, weismachen, aus der Luft greifen, es mit der Wahrheit nicht genau nehmen, entstellen, verdrehen, verfälschen, ausschmücken, beschönigen, übertreiben, verzerren, falsch darstellen, falsches Bild geben, bemänteln, schönfärben, vortäuschen, erfinden, erdichten, fingieren, vorgeben, simulieren, sich mit fremden Federn schmücken, sich in Widersprüche verwickeln, sich widersprechen, mit zwei Zungen reden, sich ausgeben als, fabeln, fabulieren; heucheln, sich verstellen, Gefühle vortäuschen, Krokodilstränen vergießen, schleichen, erschleichen, erbschleichen, vormachen, hochstapeln, 2. sein Wort brechen, meineidig werden, wortbrüchig werden; falsch schwören, Meineid schwören.

865 **Lust** 1. Neigung, Geneigtheit, Bereitwilligkeit, Bereitschaft, Willigkeit, Nachgiebigkeit, Verführbarkeit, 2. Regung, Hang, Stimmung, Trieb, Schwung, Lustgefühl, Hochstimmung, 3. Appetit, Verlangen, Begehren, Bedürfnis, Hunger, Durst, Eßlust, Gelüst, 4. Freude, Heiterkeit, Fröhlichkeit, Frohsinn, Lebensfreude, Vergnügen, Lebenslust, 5. Genuß, Genußfreude, Sinnenfreude, Sinnesreiz, Entzücken, Wonne.

866 **Machenschaft** 1. Kabale, Ränke, Machination, Manöver, Quertreiberei, Intrige, Rankünе, Schikane, Einflüsterung, Ohrenbläserei, 2. Trick, Kunstgriff, Kunststück, Schachzug, Finesse, Schiebung, Manipulation, Kniff, Masche, Pfiff, Praktik, Dreh, 3. Hinterhalt, Angel, Falle, Fallgrube, Fallstrick, Grube, Fußangel, Schlinge, Garn, Netz, Maske, Larve, Schleier, Deckmantel, Ablenkungsmanöver; Finte, Winkelzug, Haken, Köder, 4. Klüngel, Clique, Kamarilla, Cliquenwirtschaft, Vetternwirtschaft, Nepotismus, Günstlingswirtschaft, Kamaraderie; Filzokratie, „Filz“, Verfilzung, Ämterhäufung, Begünstigung, 5. Mache, Pose, Manier, Manieriertheit, Mätzchen, 6. Komplott, Verschwörung, Konspiration, abgekartetes Spiel, Intrige, Anschlag.

867 **Macht** 1. Kraft, Stärke, Körperkraft, Muskeln, Muskelkraft, Vermögen, Können, Möglichkeit, Arbeitskraft,

Leistungsfähigkeit, Arbeitsvermögen, Arbeitsleistung, Fähigkeit, 2. Herrschaft, Gewalt, Befehlsgewalt, Machtvollkommenheit, Autorität, Regiment, Hoheit, Oberhoheit; Staat, Fiskus, Staatsgewalt, Staatsführung, Exekutive, Legislative, der Gesetzgeber, Regierung, Kabinett, Ministerium, Parlament, Volksvertretung, Reichstag, Bundestag, Landtag; Verwaltung, Bürokratie, Beamtenschaft, Magistrat, Stadtrat, 3. Machtbefugnis, Einfluß, Prestige, Gewicht, Ansehen, Geltung; Überzeugungskraft, Überredungskunst, Überredungsgabe.

868 **mächtig** 1. machtvoll, stark, kräftig, kraftvoll, durchsetzungsfähig, beherrschend, 2. einflußreich, angesehen, achtunggebietend, vermögend, vielvermögend, potent, wichtig, gewichtig, hochmögend, maßgebend, tonangebend, autoritativ, 3. allmächtig, allgegenwärtig, allwissend; unwiderstehlich, magnetisch.

869 **Magnet** Anziehungspunkt, Blickfang, Attraktion; Zugstück, Zugnummer, Reißer, Schlager, Kassenmagnet; Zugkraft, Glanznummer, Hit.

870 **Mahlzeiten** 1. Essen, Mahl, Gastmahl, Bankett, Festmahl, Festessen, Schmaus, Speisung, Atzung, Fütterung, 2. Frühstück, Frühmahl, Morgenimbiß, Morgenkaffee, Frühkost, Morgenbrot, 3. Vorgericht, Vorspeise, Hors d'oeuvre, Entrée, Appetithappen, 4. Mittagessen, Mittagsmahl, Mittagbrot, Lunch, Diner, 5. Dessert, Nachtisch, Nachspeise, Süßspeise, 6. Nachmittagskaffee, Tee, Fünfuhrtee, Brotzeit, Jause, Vesper, 7. Abendbrot, Abendessen, Nachtessen, Nachtmahl, Souper, Dinner, 8. Zwischenmahlzeit, Imbiß, Bissen, Happen, Mundvoll, Stärkung, Erfrischung, 9. Zuspeise, Beilage, Zukost, Belag, 10. Menu, Speisefolge, Speisekarte, Speiseplan, Küchenzettel; Gedeck, 11. Tafel, Eßtisch, Speisetisch, gedeckter Tisch, Table d'hôte, Wirtstafel, gemeinsame Tafel (Hotel).

871 **mahnen** 1. ermahnen, zu bewegen suchen, auffordern, anraten, zusetzen, zureden, beschwören, ins Gewissen reden, vor Augen führen, zu bedenken geben, bedenklich stimmen, nachdenklich machen, vorstellen, gut zureden, zur Besonnenheit mahnen, zur Einsicht (zur Vernunft) bringen, 2. anhalten, anspornen, aneifern, einschärfen, drängen, antreiben, auf die Seele binden, ans Herz legen, ins Stammbuch schreiben, vor Augen führen, zu bedenken geben, Vorhaltungen machen, 3. erinnern, monieren, reklamieren, appellieren, aufmerksam machen, ins Gedächtnis rufen, einen Rippenstoß geben, zur Ordnung rufen, bei der Ehre packen, am Portepee fassen, aufrufen, alarmieren, ansprechen, zur Vernunft reden, anrufen, zur Räson bringen, zurechtstauchen, schütteln, zur Besinnung bringen, zurechtstoßen, den Kopf zurechtsetzen, vorknöpfen, 4. predigen, verkündigen, die Schrift auslegen, das Evangelium verkündigen, auf der Kanzel stehen, Predigt halten, Gottesdienst halten; missionieren, zu bekehren suchen; vermahnen, zurechtweisen, moralisieren, Moral predigen, monieren, ins Gewissen reden.

Mahnung 1. Reklamation, Aufforderung, Erinnerung, Monitum, Mahnbrief, Mahnverfahren; Wink, Rippenstoß, Ermahnung, Rat, Zureden, Beschwörung, 2. Erinnerung, Denkzeichen, Notiz, Vermerk, Knoten im Taschentuch; Memento, Menetekel, Warnung, 3. Appell, Anruf, Zuruf, Aufruf, Ordnungsruf, 4. Predigt, Sermon, Moralpredigt, Strafpredigt, Zurechtweisung, Rüge. 872

Mann 1. Maskulinum, männliches Wesen, „Herr der Schöpfung", Mannsbild, Kerl, Mannskerl, das starke Geschlecht, Prachtkerl, tüchtiger Kerl, 2. starker Mann, Kraftmensch, Gewaltmensch, Athlet, Muskelprotz, Bulle, Stier, Bombenkerl, Herkules, Baum, Eiche, Fels, 3. Hüne, Riese, Goliath, Gigant, Titan, Koloß, Turm, langer Kerl, Riesenkerl, langer Lulatsch, Schlaks, Schlagetot, Lackl, ungeschlachter Bursche, 4. Junggeselle, Einspänner, 873

Hagestolz, Zölibatär, Weiberfeind, 5. Knilch, unangenehmer Kerl, 6. Männchen, kleiner Mann, Gnom, Zwerg, Liliputaner; männliches Tier, 7. männlich, männlichen Geschlechts, maskulin, echt männlich, mannhaft.

874 **Mannweib** Amazone, Diana, Dragoner, Virago, Flintenweib, Heldenweib.

875 **Markt** 1. Messe, Jahrmarkt, Marktplatz, Forum, 2. Absatzgebiet, Hinterland, Verkaufsmöglichkeit, Absatz, Wirtschaftslage; Handelsplatz, Umschlagplatz, Börse.

876 **Maß** 1. Mäßigkeit, Beherrschung, Zurückhaltung, Enthaltsamkeit, Abstinenz, Askese, Disziplin, Maßhalten, 2. Ausmaß, Abmessung, Ausdehnung, Dimension, 3. Maßstab, Skala, Norm, Standard, Ordnung, Regel, Gesetz, Grundsatz, Richtmaß, Richtschnur, Wertmesser, Wertskala, Gradmesser, Maßeinheit; Vorbild, Leitbild, Ideal; Sitte, Gewohnheit, Brauch, Zeitmaß, Takt, Rhythmus, Tempo, 4. Verhältnis, Beziehung, Proportion, Größenverhältnis, 5. Maß, Größe, Stärke, Nummer; Klasse, Gewichtsklasse; Lautstärke, Geräuschpegel.

877 **mäßig** 1. maßvoll, zuchtvoll, gebändigt, beherrscht, gezügelt, gemäßigt, moderat, gemessen, nüchtern, enthaltsam, abstinent, 2. mittelmäßig, mittel, nicht besonders, durchschnittlich, alltäglich, ausreichend, grade eben, erträglich, genügend, hinlänglich, passabel, ziemlich, leidlich, medioker, einigermaßen, „durchwachsen“, mit Mühe und Not, mit Ach und Krach, nichts Halbes und nichts Ganzes, nicht viel, nicht überwältigend, ganz nett, nicht übel; genießbar, halbwegs, soso, nicht aufregend, geht an, schlecht und recht, treu und brav, treu und bieder, 3. lau, lauwarm, mild, schwach, abgeschreckt, temperiert, überschlagen.

878 **Mäßigung** Beruhigung, Begütigung, Befriedung, Stillung, Milderung, Linderung, Balsam, Abschwächung, Abmilderung, Beschwichtigung, Besänftigung, Dämpfung, Herabminderung, Senkung, Dusche, Ernüchterung, Dämpfer, Desillusionierung, Abkühlung.

maßlos 1. zuchtlos, unbeherrscht, un- 879
kontrolliert, undiszipliniert, unerzogen, disziplinlos, gesetzlos, regellos, anarchisch, nihilistisch, unmäßig, zügellos, hemmungslos, ohne Maß und Ziel, schrankenlos, verschwenderisch, in Saus und Braus, ausschweifend, genußsüchtig, genießerisch, schwelgerisch, prasserisch, unersättlich, exzessiv, 2. triebhaft, ungezügelt, ungezähmt, wild, leidenschaftlich, exaltiert, hysterisch, outriert, radikal.

Maßnahme 1. Maßregel, Bestimmung, 880
Richtlinie, Aktion, Vorgehen, Unternehmung, Tat, Handlung, Entscheidung, Zugriff, 2. Vorbereitung, Schritte, Regelung, Vorkehrung, Vorsorge, Anbahnung, Ankurbelung, Einrichtung, Bereitstellung, Ausrüstung, Aufrüstung, Kriegsvorbereitung, Militarisierung, Bewaffnung, Rüstung, Ausbildung, Schulung, Vorarbeit, Vorbesprechung, Aufbereitung.

mechanisch 1. von selbst, selbsttätig, 881
automatisch, maschinell, motorisiert, fabrikatorisch, fabrikmäßig, industriell, serienmäßig, seriell, mechanisiert, maschinenmäßig, technisch, 2. gedankenlos, gewohnheitsmäßig, unbewußt, unwillkürlich, zwangsläufig, 3. unbeseelt, seelenlos, unbelebt, leblos, fühllos, tot.

mechanisieren motorisieren, elektrifi- 882
zieren, rationalisieren, auf Maschinenkraft umstellen, technisieren, automatisieren, mit Automaten ausstatten.

Meinung 1. Ansicht, Auffassung, An- 883
schauung, Dafürhalten, Erachten, Bedünken, Ermessen, Betrachtungsweise, Perspektive, Gutdünken; Überzeugung, Wissen, Unbeirrbarkeit, Glaube, Gewißheit, Sicherheit, Bewußtsein, 2. Einstellung, Gesichtspunkt, Standort, Blickpunkt, Schau, Blickwinkel, Aspekt, Gesichtswinkel, Sehwinkel, Perspektive, Beleuchtung, Warte, Standpunkt, Stel-

Sparen …

lung, Haltung, Ort, 3. Vorstellung, Vermutung, Idee, Gedanke, Mutmaßung, 4. Behauptung, Bekräftigung, Beteuerung, Aussage, Urteil, Stellungnahme, Äußerung, Meinungsäußerung, Stimme, 5. Annahme, Hypothese, Theorie, Unterstellung, Voraussetzung, Vorgabe, These.

884 **meistens** im allgemeinen, durchgängig, durchweg, größtenteils, meist, für gewöhnlich, fast immer, meistenteils, in der Regel, zumeist, im großen und ganzen, in der Mehrzahl der Fälle, zum überwiegenden Teil, am häufigsten, weitaus am meisten; werktags, wochentags, alltags, an Wochentagen.

885 **Menge** 1. Fülle, Masse, Haufen, Berg, Häufung, Quantität, Brocken, Klumpen, Klotz, Komplex, 2. Menschenmenge, Volksmenge, Menschenlawine, Menschengewimmel, Auflauf, Gewühl, Gewimmel, Trubel, Getümmel, Rudel, Schwarm, Schwall, Heerscharen, Legionen, Armee, Pulk, Scharen, Unzählige, Riesenmenge, Myriaden, Vielheit, 3. Vielzahl, Anzahl, Unzahl, Unsumme, Unmenge, 4. die Mehrzahl, die Mehrheit, die Majorität, die größere Zahl, der größere Teil, die meisten, der Löwenanteil, die Hauptmasse, das Gros.

886 **Mensch** 1. Geschöpf, Wesen, Lebewesen, lebende Seele, Menschenwesen, Individuum, Person, Einzelmensch, Einzelwesen, Privatperson, Jemand, Ich, Selbst, Persönlichkeit, Subjekt, Seele, Herz, Geist, Individualität, Mentalität, der einzelne, Sterblicher, Staubgeborener, Erdenbürger, Erdengast, Erdensohn, Gotteskind, Krone der Schöpfung, 2. das Menschengeschlecht, die Menschheit, die Völker, die Bevölkerung, das Erdenvolk, die Weltbevölkerung, die Gesellschaft, die Gemeinschaft, die Vereinten Nationen, die Leute, das Publikum, 3. jemand, irgendjemand, irgendwer, einer, irgendeiner.

887 **menschenfreundlich** wohlwollend, gütig, liebevoll, menschenliebend, mitmenschlich, freundlich, alliebend, altruistisch, unegoistisch, uneigennützig, aufopferungsfähig, opferbereit, hilfreich, hilfsbereit, karitativ, sozial, menschlich, human, selbstlos, hingebend, absichtslos, dienend, freigebig, wohltätig, mildtätig, barmherzig, hochherzig, generös, gebefreudig, großmütig, hilfreich, opferwillig, erbarmend, mild, mitleidig, mitfühlend, erbarmungsvoll, gnädig; gemeinnützig, für alle, väterlich, mütterlich, brüderlich, schwesterlich, geschwisterlich.

Menschenfreundlichkeit 1. Mensch- 888
lichkeit, Humanität, Menschenliebe, Nächstenliebe, Mitmenschlichkeit, Interesse für den Mitmenschen, Altruismus, Opferwilligkeit, Einsatzbereitschaft, Hilfsbereitschaft, Opferbereitschaft, Opfermut, Uneigennützigkeit, Selbstlosigkeit, Aufopferungsfähigkeit, Selbstentäußerung, Brüderlichkeit, 2. Großzügigkeit, Milde, Freigebigkeit, Generosität, Großmut, Edelmut, Edelsinn, Hochherzigkeit, Feindesliebe, Selbstüberwindung, Neidlosigkeit, 3. Umgänglichkeit, Rücksichtnahme, Zugänglichkeit, Aufgeschlossenheit, Zwanglosigkeit, 4. Gemeinnutz, Gemeinwohl, Gemeinsinn, Wohlfahrt, Wohltätigkeit, Mildtätigkeit, Liebestätigkeit, Fürsorge, Fürsorglichkeit, 5. Diakonie, Caritas, Sozialarbeit (in der Gemeinde), soziale Fürsorge, Wohlfahrtspflege, soziales Netz, Sozialstaat, Wohlfahrtsstaat; Hilfswerk, Hilfsorganisation, Sozialamt.

menschlich 1. allgemeinmenschlich, 889
ewigmenschlich, allzumenschlich, fleischlich, natürlich, irdisch, unvollkommen, erdgeboren, staubgeboren, schwach, 2. human, menschenwürdig, erträglich, annehmbar, auszuhalten.

mild 1. gelinde, lind, weich, sanft, lau; 890
vorsichtig, behutsam, sorgsam, rücksichtsvoll, schonend, schonsam, schonungsvoll, leise, still, unmerklich, 2. harmlos, unschädlich, umweltfreundlich, gefahrlos, nicht angreifend, ungefährlich; gutartig, nicht ansteckend, nicht übertragbar, heilbar, 3. nicht scharf, ungesalzen, bekömmlich, 4. nachsichtig, ver-

ständnisvoll, gütig, nicht streng, verwöhnend.

891 **Milde** 1. Sanftmut, Güte, Weichheit, Zartheit, Nachgiebigkeit, Sachtheit, Rücksicht, Sanftheit, Schonung, 2. milde Wirkung, Harmlosigkeit, Gutartigkeit, Unschädlichkeit, 3. Duldsamkeit, Toleranz, Friedfertigkeit, Friedlichkeit, Friedensliebe, Versöhnlichkeit, Verträglichkeit, Großzügigkeit, Weitherzigkeit, Verständnis, Großmut, Wohlwollen, Entgegenkommen, 4. Vergebung, Verzeihung, Gnade, Nachsicht, Begnadigung, Absolution, Amnestie, Dispens, Straferlaß.

892 **mischen** 1. mengen, vermengen, rühren, verrühren, unterrühren, verquirlen, schlagen, vermischen, unterarbeiten, kneten, verkneten, unterkneten, zusammenwirken, untermengen, durcheinanderwirken, untereinandermischen, durchkneten; zusammengießen, brauen, zusammenbrauen, mixen, schütteln; zusetzen, versetzen mit, panschen, manschen, 2. verbinden, legieren, verquicken, beimischen, zusetzen, beimengen, beifügen, beigeben, zugeben, 3. kreuzen, bastardieren, 4. fälschen, verdünnen, versetzen, verschneiden, wässern, taufen, verlängern, strecken, verfälschen, denaturieren, ungenießbar machen, verwässern, zusammenschütten, zusammenwerfen, 5. sich mischen, sich paaren, sich vermischen, ineinander aufgehen.

893 **Mischung** 1. Gemisch, Gemenge, Mengsel, Konglomerat, Melange, Mixtum, Mixtur, Mixgetränk, Mischgetränk, Cocktail, Longdrink; Gebräu, Mischmasch, Panscherei, Gepansche, 2. Verdünnung, Verwässerung, Lösung, Verschnitt; Legierung; Beimischung, Zusatz, Beigabe, Verfälschung, 3. Zusammensetzung, Klitterung, Sammelsurium, Mosaik, Ragout, Potpourri, Quodlibet, Mixtum compositum, 4. Vermischtes, Vielerlei, Mannigfaltigkeit, buntes Allerlei, Dies und Das, 5. Verbindung, Vermischung, Vermengung, Paarung, Vereinigung, Verschmelzung, 6. Mischling, Mittelding, Zwischending, Zwitterding, Zwitter, Hermaphrodit, Mannweib, Intersex; Halbblut, Bastard, Kreuzung, Hybride; Bastardierung, Promenadenmischung.

mißachten 1. verachten, nichtachten, geringachten, geringschätzen, unterschätzen, verschmähen, nichts halten von, falsch beurteilen, ungerecht behandeln, jem. Unrecht tun, herabblicken auf jem., für wertlos halten, verpönen, die Nase rümpfen, nicht für voll nehmen, nicht ernst nehmen, verkennen, von oben herab behandeln, respektlos behandeln, übersehen, überhören, nicht zuhören, nicht hinhören, nicht beachten, zurücksetzen, unberücksichtigt lassen, geringachten, nicht sehen, vom Tisch wischen, übergehen, überfahren, benachteiligen, vernachlässigen, schlecht behandeln, 2. sich nichts daraus machen, pfeifen auf, nicht gehorchen, nicht hören auf, ungehorsam sein, auf die leichte Schulter nehmen, in den Wind schlagen, die Achseln zucken; schändlich behandeln, mit Füßen treten, Schindluder treiben, den Rücken kehren, mit Verachtung strafen. 894

Mißachtung 1. Verachtung, Geringschätzung, Unterschätzung, Herabsetzung, Nichtachtung, Zurücksetzung, Nichtbeachtung, Respektlosigkeit, Achselzucken, Naserümpfen, 2. Snobismus, Anmaßung, Unverschämtheit, Überheblichkeit, Gleichgültigkeit, Arroganz, Blasiertheit, Übergriff, Überschreitung, Eigenmächtigkeit. 895

mißbrauchen 1. ausnutzen, ausbeuten, aussaugen, auspressen, auspowern, auspumpen, auslasten, überfordern, übernehmen, Raubbau treiben, überbürden, überanstrengen, überlasten, das letzte herausholen, strapazieren, brandschatzen, schröpfen; schlauchen, entziehen, melken, ausquetschen, ausplündern, ausnehmen, verschleißen, 2. herausschlagen, schmarotzen, schinden, nassauern, ausschlachten, die ganze Hand nehmen, jem. vor seinen Wagen 896 spannen, 3. entehren, entwürdigen, entweihen, vergewaltigen, schänden, Gewalt antun, notzüchtigen, mißhandeln, Schimpf antun, sich vergehen gegen, 4. schlecht anwenden, Perlen vor die Säue werfen, verschwenden, vergeuden, vertun, verschleudern, verwirtschaften, vertändeln, hausen, aasen, wüsten, durchbringen, verbuttern, verläppern, verplempern, verpulvern, vertrödeln, verputzen, veraasen, vertun, verspielen, verprassen, verjubeln; vergießen, verschütten, ausschütten, 5. toben, sich austoben, in Saus und Braus leben, über die Stränge schlagen, ein lockeres Leben führen, über seine Verhältnisse leben, in die Vollen gehen, auf großem Fuß leben, das Geld zum Fenster hinauswerfen, verschwenderisch Geld ausgeben, Torheiten begehen, dumme Streiche machen, Unfug anrichten, übermütig sein, ausschweifen, die Grenzen überschreiten.

897 **mitteilen** 1. melden, wissen lassen, Nachricht geben, Bescheid geben, vermelden, in Kenntnis setzen, ins Bild setzen, vertraut machen mit, heranbringen an, benachrichtigen, signalisieren, weitergeben, weiterleiten; anzeigen, angeben, bekunden, aussagen, Angaben machen, zeugen, bezeugen, enthüllen, offenbaren, eröffnen; ankündigen, anmelden, Besuch ansagen, sich ansagen, sich avisieren, 2. veröffentlichen, publizieren, bekanntgeben, bekanntmachen, kundtun, kundgeben, publik machen, verkünden, unter die Leute bringen, kolportieren, erklären, dartun, verkündigen, hinweisen, aufmerksam machen, unterrichten, verständigen, übermitteln, kundmachen, verlautbaren, in Umlauf setzen, verbreiten, annoncieren, in die Zeitung setzen, Anzeige aufgeben; ausrufen, ausschellen, aushängen, ausschreiben; aufbieten, Aufgebot aushängen, Plakat anschlagen; proklamieren, feierlich verkünden, künden, akklamieren, 3. telephonieren, anrufen, anklingeln, anläuten, fernsprechen; telegraphieren, kabeln, morsen, drahten, fernschreiben; funken, rundsprechen, drahtlos telegraphieren, senden, ausstrahlen, durchgeben, durchsagen, ansagen, 4. informieren, verständigen, orientieren, aufklären, ins Bild setzen, schreiben, sich schriftlich äußern, korrespondieren, Briefe wechseln, von sich hören lassen, Botschaft schicken, Nachricht geben; Bericht erstatten, berichten, Berichte schicken, referieren, korrespondieren, als Korrespondent arbeiten, beschreiben, schildern, Reportage machen, 5. klatschen, tratschen, schludern, sich die Mäuler zerreißen, Gerücht verbreiten, raunen, verraten, zutragen, schwatzen, wiedersagen, weitersagen, weitererzählen, weitertragen, nicht dichthalten, hinterbringen, zuflüstern, tuscheln, munkeln, ausplaudern, ausstreuen, aussprengen, ausposaunen, herumtragen, an die große Glocke hängen, verbreiten; durchhecheln, schlechtmachen, anschwärzen, austragen, in aller Munde bringen; sich herumsprechen, herumkommen, in aller Munde sein, sich wie ein Lauffeuer verbreiten, Staub aufwirbeln, die Spatzen pfeifen es von den Dächern.

mitteilsam aufgeschlossen, äußerungswillig, gesprächig, rückhaltlos, offen, ohne Hemmungen, freimütig, offenherzig, unverhohlen, redefreudig, redselig, schwatzhaft, geschwätzig, das Herz auf der Zunge tragen, aus seinem Herzen keine Mördergrube machen. 898

Mitteilung 1. Nachricht, Übermittlung, Benachrichtigung, Durchsage, Unterrichtung, Ankündigung, Anmeldung, Avisierung, Kundgabe, Kunde, Kundschaft, Bescheid, Zwischenbescheid, Brief, Zuschrift, Antwort, Auskunft, Information, Orientierung, Meldung, Botschaft; Bulletin, Sendschreiben, Handschreiben, Note, Kundgebung, feierliche Mitteilung, Proklamation, Kommunikation, Adresse, Dankadresse; Manifest, Bulle, Verlautbarung, öffentliche Erklärung, 2. Bericht, Berichterstattung, Report, 899

Reportage, Rapport, Meldung, Rechenschaftsbericht, Tätigkeitsbericht, Tatsachenbericht, Erlebnisbericht, Augenzeugenbericht; Kolportage, Neuigkeiten, Tagesgespräch, das Neueste, Neues vom Tage, 3. Telegramm, Depesche, Drahtnachricht, Kabel, Telephongespräch, Telefonat, Anruf, Ferngespräch, Fernspruch, Funkspruch, Durchsage, 4. Botschaft, Evangelium, Heilsbotschaft, Verkündigung, Predigt, Kanzelrede, 5. Bekanntmachung, Bekanntgabe, Veröffentlichung, Publizierung, Anschlag, Plakat, Poster, Aushang, Aufgebot, schwarzes Brett; Erklärung, Eröffnung, Aufklärung, Rundschreiben, Umlauf, Laufzettel, Zirkular, Notiz, 6. Nachrichtenübermittlung, Nachrichtenwesen, Publizistik, Zeitungswissenschaft, Zeitungsschriftstellerei, Journalismus, Presse; Zeitung, Tageszeitung, Gazette, Blatt, Organ, Zeitschrift, Wochenschrift, Monatsschrift, Magazin, Illustrierte, Bilderzeitschrift, Revue, Journal, Boulevardblatt, Sensationspresse; Modezeitschrift, Modeheft, Handarbeitsheft; Flugblatt, Flugschrift, Wandzeitung; Proklamation, Deklaration, Dekret, Verordnung, Verfügung, Kommuniqué, Kundgebung; Funk, Rundfunk, Radio, Rundfunkanstalt, Mikrophon, Lautsprecher; Fernsehen, Television, Sendung, Ausstrahlung, Übertragung, Ansage, Absage, Conférence; Telegraph, Morseapparat, Fernschreiber; Telephon, Fernsprecher; Medien, Massenmedien: Presse, Film, Funk, Fernsehen.

900 **Mittel** 1. Möglichkeit, Handhabe, Werkzeug, Hilfsmittel, Hilfsquelle, Wege, Mittel und Wege, Quellen, Maßnahme, Methode, Hilfskonstruktion; Rüstzeug, Waffen, Material, Ausstattung, Ausrüstung, Handwerkszeug, Gerät, Utensilien, Requisiten, 2. Heilmittel, Arznei, Arzneimittel, Medikamente, Medizin, Heilkräuter, Heilpflanzen, Tabletten, Pulver; Drogen, Betäubungsmittel, Beruhigungsmittel, Sedativum, Schlafmittel, Narkotikum; Anregungsmittel, Kräftigungsmittel, Weckamin, Belebungsmittel, Reizmittel, Stärkungsmittel, Genußmittel, Aphrodisiakum, Stimulantien, „Stoff", Rauschgift; Pillen, antikonzeptionelle, empfängnisverhütende Mittel, 3. Heilquelle, Heilwasser; Kraftquelle, Jungbrunnen, Gesundbrunnen.

mittelbar 1. indirekt, auf Umwegen, gerüchteweise, andeutungsweise, zwischen den Zeilen, verschleiert, heimlich, verstohlen, verhohlen, verkappt, verblümt, durch die Blume, verhüllt, verklausuliert, hintenherum, verbrämt, auf Schleichwegen, nur zu ahnen, 2. mittels, vermittels, vermöge, an Hand von, kraft, mit Hilfe von, dank, durch, über, durch Vermittlung, auf Veranlassung von, per, seitens, von seiten, mit, von, hierdurch, dadurch, 3. brieflich, schriftlich, bargeldlos, durch Überweisung, durch Giro, bankmäßig, buchmäßig, auf dem Papier, 4. vom Hörensagen, dem Namen nach, nicht persönlich, namentlich, nominell. 901

Mittelpunkt 1. Mitte, Zentrum, Herz, Seele, Herzstück, das Innerste; Kern, Herd, Sitz, Nabel, Drehpunkt, Achse, Gehirn, Rückgrat, Schwerpunkt, Brennpunkt, Puls, 2. City, Innenstadt, Stadtmitte, Stadtkern, Zentrum, 3. Zentrale, Hauptgeschäftsstelle, Sammelpunkt, Sammelbecken, Sammelstelle, 4. Hälfte, halbe Strecke, halber Weg, Mitte des Weges; Wegmitte, Mittelstreifen, Grünstreifen; Halbzeit, Hälfte der Spielzeit, Pause; Mittag, Höhe des Tages; Lebenshöhe, Lebensmitte, 5. inmitten, mitteninne, zentral, im Zentrum, im Mittelpunkt, im Kern, zentral gelegen, mittendrin, konzentriert, zusammengefaßt, zusammengezogen, zentralisiert. 902

Mode das Moderne, das Modische, was man trägt, Novität, Neuheit, Zeitstil, Tagesgeschmack, Zeitgeschmack, der letzte Schrei, das Allerneueste, der Dernier cri. 903

modern 1. modisch, neumodisch, nach 904

der Mode, soeben aufgekommen, neu, neuartig, „in“, der Mode entsprechend, letzter Schrei; modebewußt, up to date, was man trägt, en vogue, im Schwang, an der Tagesordnung, gebräuchlich, gang und gäbe, üblich, zeitgemäß, zeitgerecht, derzeitig; heute, heutzutage, heutigen Tages, heutig, gegenwärtig, gegenwartsnah, aktuell, neuzeitlich, 2. fortschrittlich, progressiv, auf der Höhe der Zeit, vorwärtsdrängend, zeitnah, gegenwartsnah, aktuell, aufgeklärt, revolutionär, veränderungssüchtig.

905 **mögen** 1. billigen, goutieren, gut finden, zustimmen, schätzen, lieben, gern haben, wünschen, Lust haben auf, sich etwas machen aus, sich versucht fühlen, gern mögen; gern essen, bevorzugen, Geschmack haben an, Wert legen auf, Geschmack abgewinnen, gefallen, 2. neigen, tendieren, streben, sich hingezogen fühlen, hinneigen zu, geneigt sein, willens sein, wohlwollen, gut gesinnt sein, es gut meinen.

906 **möglich** 1. angängig, denkbar, annehmbar, erwägenswert, diskutabel, vertretbar, tunlich, logisch, akzeptabel, zu erwägen, nicht ausgeschlossen, vorstellbar, ausführbar, gangbar, durchführbar, erreichbar, erdenklich, erforschlich, erkennbar, anwendbar, vereinbar, zumutbar, zuzumuten, machbar, praktikabel, lösbar, 2. erträglich, auszuhalten, überwindbar, tragbar, bezähmbar, bezwinglich, besiegbar, besteigbar, überwindlich, nicht unmöglich, reparabel, heilbar, wiedergutzumachen, 3. erschwinglich, bezahlbar, erfüllbar; potentiell, hypothetisch, virtuell, 4. möglicherweise, allenfalls, vielleicht, unter Umständen, eventuell, vermutlich, wohl, schließlich, kann sein, liegt im Bereich des Möglichen, womöglich, gegebenenfalls, wer weiß!

907 **Möglichkeit** 1. Gelegenheit, Aussicht, Chance, gangbarer Weg, Eisen im Feuer, Eventualität, Sprungbrett, günstige Konstellation, der richtige Augenblick, die günstige Stunde, der richtige Zeitpunkt, 2. Okkasion, Gelegenheitskauf, günstiges Angebot, vorteilhafter Kauf, 3. Konjunktur, Beschäftigungslage; Hochkonjunktur, Hausse, Boom, Prosperität, günstige Wirtschaftlage, Wirtschaftsblüte, Wirtschaftsaufschwung, 4. Möglichkeiten haben, Verbindungen haben, Beziehungen haben, über Beziehungen verfügen, Zugang haben, empfangen werden.

müde 1. ermüdet, abgespannt, verschlafen, schläfrig, schlafbedürftig, erschöpft, fertig, ab, erledigt, schlapp, matt, schachmatt, zerschlagen, abgemattet, abgeschlagen, hundemüde, übermüdet, erschlagen, halbtot, die Augen fallen ihm zu, er schläft mit offenen Augen, 2. überlastet, überanstrengt, überbürdet, überfordert, überlenkt, überarbeitet, am Rande, übernommen, durchgedreht, schnaufend, prustend, pustend, atemlos, außer Atem, hinter Atem, gähnend, dösig, abgearbeitet, abgeschafft, abgemattet, abgehetzt, abgespannt, zum Umsinken, 3. abgekämpft, mürbe, ausgebrannt, verbraucht, mitgenommen, angeschlagen, groggy, am Ende, aufgerieben, entkräftet, zermürbt, fertig. 908

mürbe 1. morsch, brüchig, rissig, wackelig, reif zum Abbruch, zerfallend, verwittert, 2. gebrechlich, marode, morbid, müde, verbraucht, 3. zart, fein, weich, locker, bröselig, krümelig, leicht zu brechen. 909

müssen sollen, gezwungen, genötigt sein, nicht anders können, obliegen, auferlegt sein, verpflichtet sein, verantwortlich sein, sich verantwortlich fühlen, unter Druck stehen, keinen Weg sehen, sich genötigt sehen, nicht umhin können, sich gezwungen sehen, keine Wahl haben, sich verpflichtet fühlen, sich bemüßigt fühlen, für nötig halten, für erforderlich halten, in den sauren Apfel beißen, dran glauben müssen. 910

Muster 1. Verzierung, Dekor, Dessin, Musterung, Ornament, Schmuckform, Aufdruck, Zeichnung, 2. Beispiel, Probe, Kostprobe, Auswahl, Vorschlag, 3. Modell, Entwurf, Riß, 911

Plan, Vorlage, Schnitt, Schnittmuster, Schnittvorlage; Form, Mater, Urbild, Schablone, 4. Musterung, Streifen, Punkte, Pünktchen, Sprenkel, Tupfen, Tüpfchen, Kringel, Karo, Blumen, Blüten, Maserung, Moiré, 5. mustern, bemustern, bedrucken, bemalen, tüpfeln, sprenkeln, übersäen, besäen, blümen, streifen, ringeln, karieren.

912 **Mut** Kühnheit, Tapferkeit, Schneid, Bravour, Courage, Wehrhaftigkeit, Verwegenheit, Unerschrockenheit, Mumm, Beherztheit, Heroismus, Heldentum, Furchtlosigkeit, Zivilcourage, Unverzagtheit, Wagemut, Traute, Heldenmut, Heldensinn, Männlichkeit, Mannesmut, Löwenmut, Mannhaftigkeit, Siegeswille, Siegeszuversicht, Tollkühnheit, Waghalsigkeit.

913 **Nachahmer** 1. Nachbeter, Epigone, Eklektiker, „Enkel", 2. Imitator, Tierstimmen-Imitator, Papagei, 3. Fälscher, Falschmünzer, Plagiator, Abschreiber, Betrüger, Simulant.

914 **Nachahmung** 1. Abklatsch, Abschrift, Kopie, Nachdruck, Rekonstruktion, Nachbildung, Abguß, Imitation, Faksimile, Klischee, Ersatz, Aufguß, Surrogat, Dublette, Entlehnung, Anleihe, Abziehbild, Nachmacherei, Wiederholung, Nachäfferei, 2. Fälschung, Falsifikat, Falschgeld, Blüte, Plagiat, geistiger Diebstahl, Reproduktion, Falschmünzerei, Simili, Talmi.

915 **Nachbar** 1. Mitmensch, Nebenmensch, der Nächste, der andere, der Bruder, das Du, 2. Mitbewohner, Hausgenosse, Mitbürger, Umwohner, Mitmieter, die anderen Parteien, Anrainer, Anlieger, Anwohner; die Mitwelt, die Umwelt, die Umgebung, die Nachbarschaft, 3. Mitbürger, Landsmann, Landsleute, Zeitgenosse, Kompatriot, 4. Gegenüber, Visavis, Nebenmann, Gesprächspartner, Nebensitzer.

916 **Nachdenken** 1. Denken, Denkarbeit, Gedanken, Gedankenarbeit, Kopfarbeit, geistige Arbeit, Geistesarbeit, Denkprozeß, Studium, Lernen, Studieren, über den Büchern sitzen, 2. Überlegen, Überlegung, Gedankengang, Gedankenfolge, Kopfzerbrechen, Sinnen, Grübeln, Grübelei, Reflektion, Gedankenreichtum, Gedankenfülle, Gedankentiefe, Tiefgang, Tiefe, Abgründigkeit, Geistigkeit, Tiefsinn; Untersuchung, Prüfung, Erwägung, Berechnung, Kombination, Ideenverbindung, Gedankenverknüpfung, 3. Nachdenklichkeit, Besinnung, Einkehr, Meditation, Besinnlichkeit, Beschaulichkeit, Kontemplation, Versenkung, Betrachtung, Anschauung, Spekulation.

Nachdruck Betonung, Ton, Akzent, 917
Ausdruck, Bedeutung, Bestimmtheit, Festigkeit, Unterstreichung, Hervorhebung, Sperrung, Großschreibung, Gewicht, Emphase, Eindringlichkeit, Intensität, Inbrunst, Pathos, Kraft, Schwung, Wucht, Schneid, Schärfe, Bündigkeit, Energie, Strenge, Stimmaufwand.

nachdrücklich 1. betont, mit Nach- 918
druck, unterstrichen, akzentuiert, pointiert, zugespitzt, schlagkräftig, treffend, gewichtig, bedeutsam, ostentativ, demonstrativ, dezidiert, bestimmt, prononciert, unüberhörbar, deutlich, ultimativ, energisch, exemplarisch, geharnischt, 2. angelegentlich, eifrig, eindringlich, fußfällig, kniefällig, flehentlich, dringlich, herzlich, innig, aus tiefster Seele, inständig, bittend, flehend; ausdrücklich, beschwörend, dringend, ernstlich, ernsthaft, sehnlich, sehnsüchtig, inbrünstig, stürmisch, packend, überzeugend, ausdrucksvoll, bewegend, eindrücklich, intensiv, pathetisch, emphatisch, bedeutend, groß geschrieben.

nachfolgend nachstehend, in den fol- 919
genden Zeilen, im folgenden, auf den folgenden Seiten, weiter unten, nunmehr, jetzt.

Nachfrage 1. Bedarf, Bedürfnis, Inter- 920
esse, Erkundigung, Anfrage, Verlangen, Kauflust, Kaufkraft, Käuferwünsche, Bestellung, Suche, Vorausbestellung, Vormerkung, 2. Lücke, offene (unbesetzte) Stelle, Vakanz, freier Posten, Stellenangebot.

921 **nachholen** nachlernen, nacharbeiten, aufarbeiten, ergänzen, aufholen, einholen, einbringen, gleichkommen, gleichziehen, erreichen, nicht nachstehen, sich annähern, wiederaufnehmen, zurückgreifen auf, ausholen, Vorgeschichte berichten, Situation schaffen, zurückkommen auf, neu beginnen, neu anfangen, einen neuen Anfang machen, ein neues Leben beginnen, wiederbeginnen, wiederaufbauen.

922 **nachlassen** 1. zurückgehen, verarmen, arm werden, weniger verdienen; erlahmen, abstumpfen, stillstehen, einrosten, gleichgültig werden, sich verbrauchen, sich abnützen, 2. abnehmen, sich vermindern, weniger werden, sich lichten, sich verringern, schwinden; verebben, abebben, sich beruhigen, rückwärtsgehen, abflauen, sich legen, sinken, fallen, 3. abkühlen, auskühlen, erkalten, frisch werden, kälter werden, kalt werden, 4. bleichen, entfärben, aufhellen, verfärben; gilben, falben, sich färben, bunt werden, herbsten, Herbstfarben annehmen, erbleichen; Farbe verlieren, abblassen, abfärben, auslaufen, ausgehen, ausbleichen, verblassen, verschießen, blaß werden, auslaugen, streifig werden; eingehen, einlaufen, schrumpfen, zu eng werden, 5. altern, älteln, an Jahren zunehmen, ergrauen, weiß werden; überaltern, vergreisen, verkalken, einrosten, kümmern, verfallen, vertrotteln, nicht mehr mitkönnen, nicht mehr Schritt halten, zurückbleiben, abbauen, abspinnen, abwirtschaften, hinfällig werden, ermatten, kraftlos werden, verhutzeln, faltig werden, 6. sich zuspitzen, sich verjüngen, sich verengen, schmäler werden, spitz zulaufen, 7. (mit dem Preis) entgegenkommen, nachlassen, abschlagen, herabsetzen, senken, zurücksetzen, verbilligen, billiger geben, Rabatt geben, Prozente bewilligen, rabattieren, etwas zugeben, dreingeben, Vergünstigungen gewähren, ermäßigen, heruntergehen, Preis drücken, unterbieten, niedriger hängen.

nachlässig 1. leichthin, obenhin, ungenau, flüchtig, schlampig, unordentlich, unkorrekt, fahrig, flusig, fluderig, schludrig, ohne Sorgfalt, sorglos, unsorgfältig, 2. faul, schläfrig, bequem, lässig, träge, unbeteiligt, gleichgültig, unaufmerksam, unachtsam, schreibfaul. 923

nah 1. neben, daneben, nebeneinander, seitlich, an der Seite, seitwärts, seitab, längs, entlang, dabei, 2. nebenan, nebenliegend, nahebei, in der Nähe, unweit, dicht dabei, benachbart, umwohnend, umliegend, ringsum, in nächster Umgebung, ganz nah, nebenan, nächste Tür, in derselben Straße, auf derselben Seite, anliegend, angrenzend, eng beieinander, hart dabei, gegenüber, vis-à-vis, auf der andern Seite, in Hörweite, um die Ecke, erreichbar, zum Greifen, in Rufweite, ein Katzensprung, 3. im Anzug, kommend, auf der Bahn, sich nähernd, im Anmarsch, bevorstehend, in nächster Zeit, sehr bald, 4. nahestehend, vertraut, verbunden, befreundet, zusammengehörig. 924

Nähe 1. Nachbarschaft, Gegenüber, Hörweite, Reichweite, Rufweite, Armeslänge, Haaresbreite, Umgebung, Randgebiet, Vorstadt, Stadtrand, Peripherie, Trabantenstadt, Wohnstadt, Umkreis, Umwelt, Bannkreis, Bannmeile, Weichbild, Stadtgebiet, Gegend, Umgegend, Stadtviertel, Stadtteil, Quartier, Wohnviertel, Wohnblock, 2. Vertrautheit, Verbundenheit, Fühlung, Tuchfühlung, Berührung, Anschluß, Kontakt, Schulter an Schulter, Seite an Seite, nebeneinander, Koexistenz. 925

nähern (sich) 1. nahen, herankommen, näherkommen, nahe herankommen, kommen, zukommen auf, zulaufen auf, anmarschieren, im Anmarsch sein, herannahen; nähertreten, entgegengehen, näher herangehen, im Anzug sein, auf dem Fuße, auf den Fersen folgen, auf jemand zugehen, auf jemand zutreten, auf jemand lossteuern; herbeieilen, anreisen, zu erwarten sein, anrücken, anrollen, 2. 926

aufziehen, heraufziehen, herannahen, bevorstehen, drohen, sich ankündigen, sich anzeigen, sich abzeichnen, sich anmelden, 3. beidrehen, wassern, ansteuern, antreiben, anspülen, anschwemmen, 4. nahekommen, kennenlernen, bekannt werden, Bekanntschaft schließen, in Beziehung treten, Beziehungen aufnehmen, Beziehungen knüpfen, sich zusammenraufen, sich näherkommen, in Berührung kommen, Fühlung nehmen, warm werden, zusammenrücken, sich anfreunden, sich befreunden, sich zuneigen, sich liebgewinnen, vertraut werden, zueinanderfinden, sich zusammenfinden; sich anbiedern, Brüderschaft trinken, 5. Annäherung, Anschluß, Fühlungnahme, Kontaktaufnahme, Kennenlernen, Näherkommen, Anbiederung, Brüderschaft, 6. Anmarsch, Anreise, Anflug.

927 **nahrhaft** nährend, sättigend, füllend, habhaft, kraftspendend, labend, kraftvoll, aufbauend, kräftigend, gesund, zuträglich, herzhaft, nachhaltig, mächtig, gediegen, kräftig, fett, schwer, reich an Nährstoffen, stopfend.

928 **nämlich** zum Beispiel, zum Exempel, das heißt, das bedeutet, damit soll gesagt sein, damit ist gemeint, sozusagen, gewissermaßen, genau gesagt, folgendermaßen, mit anderen Worten, in kurzen Worten, und zwar.

929 **Narr** 1. Nichtswisser, Unbelehrter, Ignorant, Analphabet, Tor, Dummkopf, Hohlkopf, Strohkopf, Holzkopf, Schwachkopf, Wirrkopf, 2. Verrückter, Idiot, Geistesgestörter, Geisteskranker, Wahnsinniger, Geistesschwacher, Debiler, Unzurechnungsfähiger, 3. Einfaltspinsel, Dummrian, Dummlack, Dummbart, Naivling, Dussel, Stiesel, Don Quichotte, Trampel, Gimpel, Pinsel, Tolpatsch, Kindskopf, Simpel, Trottel, Depp, Tropf, Nulpe, Blödmann, Dummerjan, 4. Clown, Hanswurst, Wurstel, Kasper, Kasperle, Harlekin, Hänneschen, Spaßmacher, verrückter Kerl, Nummer, 5. Gans, Närrin, Pute, Törin, dumme Person, Zierpuppe, Modenärrin, 6. Spinner, Narrenhäusler, Schildbürger.

naß 1. vollgesogen, durchweicht, getränkt, triefend, durchnäßt, pudelnaß, tropfnaß, zum Auswringen, eingeregnet, naß bis auf die Haut, 2. fließend, strömend, in Strömen, sprudelnd, rieselnd, quellend, tropfend, tröpfelnd, tränend, 3. schwimmend, überschwemmt, überflutet, unter Wasser, 4. feucht, regnerisch, näßlich, dämpfig, modrig, regenreich, verregnet, feuchtkalt, naßkalt, 5. benetzt, betaut, tauig, beträufelt, bewässert, begossen, gegossen, 6. beschlagen, angelaufen, überzogen, blind, 7. getaut, aufgetaut, geschmolzen, zerronnen, aufgelöst, verflüssigt, flüssig, zerflossen, dünnflüssig, wässerig. 930

Nation 1. Staat, Volk, Land, Bevölkerung, Vaterland, Geburtsland, Heimat, Heimatland, Vaterstadt, Geburtsstadt, Heimatstadt, 2. Nationalität, Staatsangehörigkeit, Volkstum, Volkszugehörigkeit. 931

Natur 1. Urkraft, Schöpferkraft, Allmutter, Schöpfung, Mutter Erde, alles Geschaffene, das Freie, das Grüne, Mutter Natur, Wald und Feld, Mutter Grün, Landschaft, Gefilde, Topographie, Gelände, Terrain, 2. Pflanze, Gewächs, Pflanzenwelt, Pflanzenwuchs, Vegetation, Wachstum; Flora, Blume, Blüte, Blust, Flor, Blumenflor, Blütenpracht, 3. Wiese, Weide, Koppel, Trift, Matte, Moospolster, Rasen, Rasenpolster; Alm, Bergwiese, Weidewiese, Anger, 4. Baum, Laubbaum, Nadelbaum, Obstbaum, Zierbaum, 5. tote Natur, Stein, Gestein, Urgestein, Fels, Felsblock, Findling, Mineralien, Metalle, Erze. 932

natürlich 1. angeboren, angestammt, eigen, arteigen, eigentümlich, wesenseigen, erblich, hereditär, ererbt, überkommen, vererbbar, 2. ursprünglich, naturbedingt, naturgemäß, echt, naiv; biologisch, organisch, unverfälscht, naturrein, ungekocht, roh, unverdorben, 3. unverbildet, naturhaft, unverbogen, urwüchsig, urtümlich, urig, ungekün- 933 stelt, ungeschminkt, ungesucht, schlicht, redlich, einfach, klar, kunstlos, frank und frei, ungeniert, ungezwungen, zwanglos, unbefangen, arglos, selbstverständlich, 4. naturnah, naturliebend, naturverbunden, ursprünglich, bodenständig, bodenrüchig, elementar, erdhaft, 5. instinktiv, instinktmäßig, instinktsicher, intuitiv, nachtwandlerisch, 6. naturgetreu, nach der Natur, nachgebildet, naturalistisch, realistisch, wirklichkeitsgetreu.

934 **nebenbei** 1. beiläufig, am Rande, übrigens, nebenbei bemerkt, apropos, was ich sagen wollte, bei dieser Gelegenheit, nicht zu vergessen, ohnehin, im übrigen, im Vorbeigehen, 2. leichthin, obenhin, unbetont.

935 **Nebenräume** 1. Speicher, Dachboden, Bühne, Verschlag, Trockenboden, Dachkammer, Mansarde, Rumpelkammer, Abstellraum, 2. Garage, Stall, Wagenschuppen, Holzstall, Schuppen, Scheune, Scheuer, Tenne, Dreschplatz; Vorratsraum, Küche, Kochnische, Vorratskammer, Speisekammer, Keller, Weinkeller, 3. Garderobe, Kleiderablage, Ankleideraum, Schrankzimmer, Diele, Flur, Entree, Vorraum, Vorzimmer, Vorhalle, Vestibül, Hausflur, Vorsaal, Halle, Korridor, Gang, Hausgang, Aufgang, Treppenhaus, Stiegenhaus, 4. Bad, Badezimmer, Waschraum, Duschraum, Toilette, Klosett, Abort, Häuschen, Örtchen, 5. Wandelhalle, Wandelgang, Foyer, Lobby, Umgang, 6. Nische, Alkoven, Erker, Bettnische, Koje, Bettkoje, 7. Balkon, Veranda, Loggia, Terrasse, Söller, Empore, Altan, 8. Hangar, Flugzeughalle, Flugzeugschuppen, Unterstellraum, Parkplatz.

936 **nehmen** 1. greifen, packen, fassen, zur Hand nehmen, erfassen, festhalten, zugreifen, in die Hand nehmen, ergreifen, Besitz ergreifen, an sich nehmen, 2. stehlen, entwenden, rauben, wegnehmen, abnehmen, davontragen, abjagen, entreißen, beiseite bringen, einstecken, mitnehmen, wegholen, wegschleppen, wegstehlen, wegtragen, entführen, bestehlen, gripsen, mopsen, mausen, klauen, klemmen, stibitzen, mitgehen heißen, abstauben, „organisieren", filzen, lange Finger machen, verschwinden lassen, sich vergreifen an, 3. entziehen, entreißen, expropriieren, enteignen, aberkennen, annektieren, beschlagnahmen, mit Beschlag belegen, requirieren, konfiszieren, sich zueignen, ausspannen, entwinden, sich bemächtigen, sich aneignen, berauben, plündern, wildern, brandschatzen, rupfen, schröpfen, ausrauben, an sich bringen, verstaatlichen, in Staatsbesitz überführen, 4. einnehmen, schlucken, verschlucken, trinken, essen, zu sich nehmen, sich einverleiben, 5. annehmen, entgegennehmen, sich schenken lassen, akzeptieren, sich nicht zweimal sagen lassen, danken für, 6. entnehmen, herausnehmen, mitnehmen, 7. rauben, entführen, verschleppen, deportieren, wegschleppen, kidnappen, erpressen.

neiden mißgönnen, beneiden, scheel schen, eifersüchtig sein, ein mißgünstiges Auge werfen, vor Neid erblassen, nicht gönnen, schielen nach. 937

Neigung 1. Lust, Hang, Sinn, Regung, Wunsch, Streben, Verlangen, Sehnsucht, Bedürfnis, Bereitschaft, Dienstwilligkeit, Geneigtheit, 2. Disposition, Anlage, Vorliebe, Zug, Tendenz, Schwäche, Faible, Achillesferse, schwache Stelle, wunder Punkt; Steckenpferd, Hobby. 938

nein keineswegs, keinesfalls, nicht im mindesten, durchaus nicht, ganz und gar nicht, in keiner Weise, nicht im geringsten, auf keinen Fall, keine Spur, kein Gedanke daran, mitnichten, weit entfernt, auch nicht, ebensowenig, ausgerechnet, auch das noch, was!, umgekehrt, im Gegenteil. 939

nennen 1. bezeichnen, heißen, benennen, benamsen, Namen geben, taufen; betiteln, anreden, ansprechen, titulieren, apostrophieren, feierlich anreden, 2. erwähnen, angeben, vorschlagen, bestimmen, nominieren, zitieren, anführen, aufführen, aufzählen, aufstellen, 3. heißen, den 940

Namen führen, genannt werden, lauten.

941 **nett** 1. freundlich, liebenswürdig, gefällig, höflich, aufmerksam, angenehm, sympathisch, einnehmend, ansprechend, artig, wohlerzogen, manierlich, 2. hübsch, niedlich, reizend, anmutig, schmuck, sauber, blitzsauber, proper, nicht uneben, knusprig, appetitlich, zum Anbeißen, goldig, herzig, allerliebst, 3. geputzt, verziert, geschmückt, betreßt.

942 **neu** 1. nagelneu, ungebraucht, unbenutzt, unberührt, frisch, brandneu, neugebacken, neugeboren, ungetragen, fabrikneu, neuwertig; neuerbaut, Neubau, 2. fremd, ungewohnt, unbekannt, anders, noch nie gesehen, noch nie dagewesen, erstmalig, ungewöhnlich, 3. neuartig, originell, apart, eigenartig, unvergleichlich, 4. erneuert, neubelebt, erfrischt, wie neugeboren, wieder aufgebaut, wiederhergestellt, restauriert, umgebaut, verändert, verwandelt, hergerichtet, gerichtet, aufgefrischt, renoviert, geflickt.

943 **Neuheit** Neuerscheinung, Erstveröffentlichung, Erstdruck, Novität, Aktualität, Novum, Errungenschaft, Neuland, Neubildung, Neues, Neuartiges.

944 **Nichts** 1. Leere, Vakuum, luftleerer Raum, Hohlheit, Blase, Ende, Öde, Abgrund, Chaos, Nullpunkt, Nirvana, Stillstand, Auflösung, 2. Null, Niemand, unbekannte Größe, Anonymus; Aschenbrödel, Mauerblümchen, graues Mäuschen, Gänseblümchen, Veilchen, 3. Anonymität, Namenlosigkeit, Abseitigkeit, Inkognito, Dunkel, Unbekanntheit, Verborgenheit, Vergessen, Vergessenheit, Schattendasein, Leben im Verborgenen.

945 **nichts** 1. gar nichts, nicht das mindeste, kein bißchen, null, kein Stäubchen, kein Körnchen, kein Krümelchen, keinen Deut, kein Sterbenswörtchen, keine Silbe, keinen Hauch, nicht das geringste, keinerlei, 2. nirgends, nirgendwo, an keinem Ort, weder nah noch fern.

946 **niedergeschlagen** 1. bedrückt, mutlos, gedrückt, verstimmt, deprimiert, gequält, gepeinigt, gehemmt, down, belastet, beladen, beschwert, bepackt, entmutigt, verzagt, lebensmüde, ein Häufchen Elend, niedergeschmettert, zerschmettert, enttäuscht, verbittert, bitter, getroffen, geknickt, flügellahm, zerknittert, weinerlich, klagend, larmoyant, quengelig, 2. depressiv, lustlos, unlustig, verzagt, griesgrämig, sauertöpfisch, übellaunig, miesepetrig, mies, verdrossen, verdrießlich, mißgelaunt, mißmutig, niedergedrückt, mißgestimmt, schlecht gelaunt, schwarzgallig, trübselig, knurrig, mürrisch, überdrüssig, grämlich, trübsinnig, freudlos, trübselig, mißvergnügt, kleinmütig, weltschmerzlich, 3. niedergeschlagen sein, verzagen, den Kopf hängen lassen, die Ohren hängen lassen, die Nase hängen lassen, Grillen fangen, die Felle sind weggeschwommen, Trübsal blasen, 4. verstimmt, verkehrt, mit dem linken Fuß zuerst aufgestanden, mit sich und der Welt zerfallen, ungenießbar, verquer.

Niederlage 1. Unterliegen, Besiegt- 947
werden, Kampfunfähigkeit, Aufgabe; Unterwerfung, Übergabe, Entwaffnung, Zusammenbruch, Kapitulation, Ergebung, 2. Mißerfolg, Verlust, Schlappe, Fehlschlag, Rohrkrepierer, Fiasko, Panne, Reinfall, Schiffbruch, Kalamität, Blamage, Korb, Abfuhr, Fehlbitte, Absage, Ablehnung, Konkurs, Bankrott.

niederlassen (sich) 1. siedeln, ansie- 948
deln, seßhaft werden, bleiben, Fuß fassen, seine Zelte aufschlagen, Wurzel schlagen; festmachen, vertäuen, in den Hafen einlaufen, anlegen, landen, anlaufen, ankern, Anker werfen, verankern, vor Anker gehen, vor Anker liegen; heimisch werden, einwurzeln, ansässig werden, seinen Wohnsitz nehmen, nisten, ein Nest bauen, sich einnisten, verwachsen mit, sich häuslich niederlassen, sich akklimatisieren; unterkommen, unterschlüpfen, Unterkunft finden, Quartier finden, einziehen, Wohnung nehmen, Heimat finden, sich

anbauen, 2. einreisen, einwandern, zuwandern, immigrieren, zuziehen, 3. sich setzen, sich hinsetzen, Platz nehmen, einen Stuhl nehmen, es sich bequem machen; bleiben, verbleiben, verweilen, sich ausruhen, 4. ein Geschäft gründen, ein Geschäft eröffnen, eine Praxis eröffnen, sich etablieren, 5. niedergehen, sich der Erde nähern, zur Erde gleiten, niedergleiten, anfliegen, einfliegen, einschweben, aufsetzen, landen, wassern, 6. einsteigen, Zug besteigen, aufspringen, nehmen, zusteigen; an Bord gehen, sich einschiffen, 7. senken, hinunterlassen, hinablassen, eintauchen, tunken, eintunken, einsenken, versenken, untersenken, in die Tiefe senken; tauchen, untertauchen, in die Tiefe gehen; abseilen, zu Tal bringen, hinablassen, 8. ablagern, sich absetzen, sich niederschlagen, absondern, ausscheiden, sintern, Schicht bilden, Bodensatz bilden, Sediment bilden.

949 **Niederlassung** 1. Siedlung, Ansiedlung, Gründung, Rodung, Kolonie, Gemeinde, Weiler, Flecken, Marktflecken, Winkel, Erdenwinkel, Dorf, Nest, Kaff, Ort, Ortschaft, Städtchen, Kleinstadt, Landstadt, Örtchen, Provinzstadt, Kreisstadt, Stadt, Großstadt, Asphaltschlucht, Steinschlucht, Pflaster, Metropole, Hauptstadt, Weltstadt, 2. Erschließung, Besiedlung, Kolonisierung, Kolonisation, Einwanderung, Immigration, Zuwanderung, Zuzug, Einreise.

950 **Niederschlag** 1. Tau, Dampf, Nebel, Dunst, Nässe, Feuchtigkeit, Regen, Sprühregen, Nieselregen, Landregen, Platzregen, Gewitterregen, Wolkenbruch, Guß, Schutt, Schauer, Strichregen, Wetter, Gewitter, Unwetter, Ungewitter, 2. Reif, Rauhreif, Hagel, Graupeln, Schloßen, Schnee, Schlackerschnee, Schneefall, Schneegestöber, Schneesturm, Pulverschnee, Harsch, Eis, 3. Ablagerung, Schicht, Belag, Überzug, Sediment, Bodensatz, Patina, Edelrost, Kalk, Kalkschicht, Kesselstein, Sinter, Fall-out.

Niederschrift 1. Handschrift, Manuskript, Schriftstück, Schriftwerk, Dokument, Urkunde, Erstschrift, Urschrift, Konzept, Entwurf, Druckvorlage, Satzvorlage, Konzipierung, Abfassung, 2. Aufzeichnung, Protokoll, Stenogramm, Phonogramm, Bandaufnahme; Eintragung, Buchung, Eintrag, Notiz, Anmerkung, Bemerkung, Vermerk, 3. Abhandlung, Aufsatz, Essay, Artikel, Arbeit, Feuilleton, Plauderei, Betrachtung, Bericht, Reportage, Traktat; Dokumentarbericht, Dokumentation. 951

niemand keiner, kein Mensch, kein einziger, nicht einer, keine Seele, nicht ein Schatten, „kein Bein". 952

normal 1. gewöhnlich, alltäglich, üblich, selbstverständlich, durchschnittlich, mittelmäßig, nicht aus dem Rahmen fallend, regelrecht, landläufig, 2. gesund, klar, vollsinnig, zurechnungsfähig, ordentlich, einfach, mit gesundem Menschenverstand, verständig. 953

Not 1. Mangel, Bedarf, Bedürftigkeit, gedrückte Verhältnisse, beschränkte Umstände, Dürftigkeit, Kargheit, Mittellosigkeit, Misere, Besitzlosigkeit, Armut, Verarmung, Verelendung, Ärmlichkeit, Armseligkeit, Entbehrung, Bedrängnis, Blöße, Knappheit, Verknappung, Geldverlegenheit, Zahlungsschwierigkeit, Geldsorgen, Geldmangel, Geldklemme, Ebbe in der Kasse; Leiden, Drangsal, Heimsuchung; Nahrungssorgen, Hunger, Hungersnot, Mißernte, Teuerung, teure Zeit, 2. Mißstand, Notstand, Notzeit, Übelstand, Notlage, Notfall, Härtefall, Tiefstand, Zwangslage, Mißlichkeit, Malaise, Beschwer, Mühsal, mißliche Umstände, Ungemach; schlechte Wohnverhältnisse, Wohnungsnot, Elendsquartiere, Slums, Armenviertel, Bruchbuden, Favelas, 3. Hilflosigkeit, Schutzlosigkeit, Ungeschütztheit, Ausgesetztheit, Verlassenheit, Hilfsbedürftigkeit, Machtlosigkeit, Ohnmacht. 954

nötig 1. notwendig, erforderlich, unvermeidlich, obligat, zwingend, un- 955 bedingt, unumgänglich, geboten, unerläßlich, vonnöten, dringend, brotnötig, unausweichlich, unentrinnbar, unentbehrlich, unabkömmlich, lebenswichtig, lebensnotwendig, wichtig, wesentlich, 2. notgedrungen, pflichtgemäß, pflichtschuldigst, zwangsweise, gezwungen, unfreiwillig, notwendigerweise, zwangsläufig, unter Druck, gewaltsam, widerwillig, widerstrebend, ungern.

956 **Notwendigkeit** 1. Erfordernis, Voraussetzung, Bedingung, Unentbehrlichkeit, Unerläßlichkeit, Unumgänglichkeit, Lebensnotwendigkeit, 2. Minimum, Mindestmaß, Existenzminimum, untere Einkommensgrenze, das Lebensnotwendige, 3. Unabwendbarkeit, Selbstverständlichkeit, Pflicht, Gebot, Muß, Zwang, Zwangslage, Gebot der Stunde, vollendete Tatsache, höhere Gewalt, Schicksal.

957 **Nutzen** 1. Gewinn, Gewinst, Ertrag, Profit, Vorteil, Wert, Rentabilität, Einträglichkeit, Reingewinn, Reinertrag, Überschuß, Mehrbetrag, Plus, Verdienst, Gewinnspanne, Ausbeute, Lohn, Ernte, Frucht, 2. Rendite, Verzinsung, Prozente, Tantiemen, Gewinnanteil, Gewinnbeteiligung, Dividende, Provision, Zinsen, Diskont, Diskontierung, gewinnbringende Anlage, Goldgrube, fetter Happen, Schnitt, Coup, Schnapp, Fang, Geschäft, Handel, 3. Effekt, Leistung, Arbeitsleistung, Wirkung, 4. Nützlichkeit, Nutzbarkeit, Brauchbarkeit, Verwendbarkeit, Verwendungsmöglichkeit, Verwertbarkeit, Zweckmäßigkeit, Zweckdienlichkeit.

958 **nützen** 1. sich lohnen, sich auszahlen, Gewinn bringen, einbringen, abwerfen, eintragen, fruchten, tragen, ergeben, erbringen, Frucht tragen, Nutzen bringen, Ertrag bringen, frommen, dienen, helfen, sich bezahlt machen, gute Dienste leisten, zugute kommen, zustatten kommen, sich verlohnen, sich verzinsen, sich rentieren, herausspringen, dienlich sein, verwendbar sein, Zweck erfüllen, Vorteil bringen, Zinsen bringen, nützlich sein, nütze sein, brauchbar, wertvoll sein, der Mühe wert sein, die Mühe lohnen, 2. nutzen, verwerten, anlegen, investieren, unterbringen, auf Zins legen, arbeiten lassen, gegen Zins ausleihen, Geld in etwas stecken, Nutzen ziehen, seinen Vorteil wahrnehmen, sich zunutze machen, sich bedienen, das Eisen schmieden, seinen Vorteil wahren, die Gelegenheit nutzen, die Chance ergreifen, profitieren, sein Schäfchen ins trockne bringen, Kapital schlagen, die Gelegenheit beim Schopfe fassen; in jem. Kielwasser segeln, mit eines andern Kalb pflügen, in den Genuß kommen, sich schadlos halten, sich bereichern, Vorteil ziehen aus, zugreifen, 3. ausbeuten, abbauen, verwerten, verwenden, auswerten, ausnutzen, gewinnen.

nützlich 1. brauchbar, empfehlenswert, verwendbar, zu gebrauchen, 959
verwertbar, geeignet, zweckmäßig, sinnvoll, hilfreich, dankenswert, segensreich, wohltuend, tauglich, nütze, förderlich, dienlich, dienstbar, leistet gute Dienste, fördersam, ersprießlich, behilflich, fördernd, helfend, beitragend, zu Nutz und Frommen, 2. nutzbar, einbringlich, einträglich, ertragreich, nutzbringend, zinsbringend, zinstragend, verzinslich, gewinnbringend, wirtschaftlich, ökonomisch, rationell, gutgehend, lukrativ, ergiebig, lohnend, vorteilhaft, rentabel, dankbar, „fett", nahrhaft, 3. angezeigt, ratsam, geraten, klug, rätlich, richtig, geboten, erstrebenswert, den Schweiß der Edlen wert, der Mühe wert.

Oberfläche 1. Außenseite, Hülle, 960
Schale, Überzug, Firnis, Politur, Glasur, Lasur, Lack, Glätte, Glanz, Schmelz, Haut, Fell, Pelle, Pelz, 2. Äußeres, Erscheinung, Exterieur, Schein, Anschein, Gesicht, Vorderseite, Fassade; Tünche, Zufälligkeit, Unwesentliches, 3. Wasserspiegel, Wasseroberfläche, Meeresspiegel, Eisdecke, Eisfläche, Straßendecke, Straßenpflaster, Pflasterung, Asphalt.

961 **oberflächlich** 1. äußerlich, von außen her, nach außen hin, peripher, zufällig, nebensächlich, unpersönlich, anerzogen, aufgepfropft, 2. flatterhaft, leichtfertig, gedankenlos, ohne Tiefe, ohne Gemüt, uninteressiert, unbeteiligt, seicht, gehaltlos, vordergründig, nicht gründlich, ohne Tiefgang, nichts dahinter, nichtssagend, flach, leichthin, schal, 3. diagonal, quer, flüchtig, skizzenhaft, skizziert, flüchtig hingeworfen, angedeutet, umrißhaft, obenhin, in großen Zügen, in Umrissen, ungründlich, ungenau, dem Namen nach, kaum, 4. dilettantisch, laienhaft, stümperhaft, spielerisch, unernst, halb, halbgebildet, unfachmännisch, amateurhaft, ungekonnt.

962 **obgleich** obwohl, obschon, obzwar, zumal, zwar, wenngleich, wiewohl, wenn auch, ob auch immer, sei es... daß, was auch immer, dennoch, gleichwohl, trotzdem, ungeachtet, unbeschadet.

963 **öde** 1. leer, wüst, kahl, steinig, felsig, zerrissen, zerklüftet, zerschrundet, wild, karg, brach, unbebaut, ungenutzt, unergiebig, nutzlos, 2. langweilig, trist, traurig, trostlos, einsam, verlassen, eintönig, monoton, desolat, 3. verödet, versteppt, verwildert.

964 **Öde** 1. Kahlheit, Kargheit, Rauheit, Einförmigkeit, Eintönigkeit, Monotonie, 2. Trockenheit, Dürre, Unfruchtbarkeit, Unergiebigkeit, Sterilität, Saftlosigkeit, Fadheit, Mattheit, Farblosigkeit, Stumpfheit, Glanzlosigkeit, 3. Verödung, Versteppung, Erosion, Wassermangel, Wassernot, 4. Wüste, Steppe, Wüstenei, Einöde, Ödland, Wildnis, Unwirtlichkeit, Urwald, Dschungel, Busch.

965 **offen** 1. unverschlossen, auf, geöffnet, eröffnet, zugänglich, erlaubt, freigegeben, unbeaufsichtigt, unbewacht, unüberwacht, unkontrolliert, angelweit, sperrweit; wegsam, erschlossen, begehbar, betretbar, befahrbar, schiffbar, bewohnbar, 2. offenherzig, freimütig, geradezu, freiheraus, rundheraus, ungeschminkt, unverblümt, unbeschönigt, unbemäntelt, klipp und klar, 3. schwebend, ungeklärt, dahingestellt, ungewiß, unentschieden, fraglich, strittig, problematisch, ungelöst, umstritten, anhängig, anstehend, unerledigt, zweifelhaft, in der Schwebe, ausstehend, im Fluß, ungetan, steht im Raum, unbeantwortet, ohne Antwort, unbewältigt, unaufgearbeitet, ungesühnt, verdrängt, unerfüllt, 4. fällig, zahlbar, zu zahlen, zu leisten, unausgeglichen, offenstehend, 5. unausgefüllt, blanko, unbeschrieben, frei, leer, 6. freibleibend, ohne Verbindlichkeit, unverbindlich, ohne Gewähr, ohne Obligo, vorbehaltlich, unter Vorbehalt, widerruflich, auf Widerruf, nach Möglichkeit, wenn möglich, Möglichkeit vorbehalten, wenn der Vorrat reicht, 7. irgendwann, früher oder später, eines Tages, eh man's gedacht, 8. im Anbruch, unverpackt, nach Gewicht.

offenbaren (sich) 1. bloßlegen, enthüllen, aufdecken, entblößen, entschleiern, klarlegen, an den Tag bringen, ans Licht bringen, offenlegen, entdecken, sichtbar machen, das Dunkel lichten, den Mund auftun, 2. klarmachen, klären, kundtun, zeigen, aufklären, eröffnen, klarlegen, unterrichten, in Kenntnis setzen, einweihen, aufhellen, orientieren, ins Bild setzen, aufmerksam machen, beibringen, beibiegen, zutage fördern, aufhellen, Licht bringen in; offenliegen, zutage liegen, unverborgen sein, zutage treten, ans Licht kommen, zum Vorschein kommen, offenbar werden, sich zeigen, 3. bekennen, sich entdecken, gestehen, kein Hehl machen, die Augen öffnen, die Wahrheit sagen, Geständnis ablegen, geständig sein, das Schweigen brechen, Unrecht zugeben, Sünde bekennen, mit der Wahrheit herausrücken, die Katze aus dem Sack lassen, reinen Tisch machen, Flagge zeigen, der Wahrheit die Ehre geben, Roß und Reiter nennen, die Karten aufdecken, Geheimnis anvertrauen, aus dem Herzen keine Mördergrube machen, Kum- 966 mer abladen, alle Schleusen öffnen, seinen Gefühlen freien Lauf lassen, nicht lügen, nichts zurückhalten, aufrichtig sein, reinen Wein einschenken; beichten, eingestehen, einbekennen, zugeben, sich aussprechen, das Herz ausschütten, sich entlasten, anvertrauen, sich öffnen, sich erschließen, einweihen, ins Bild setzen, Beichte ablegen, expektorieren, 4. eingeben, bezeugen, bezeigen, manifestieren, erleuchten, erhellen, Zeichen geben, stigmatisieren.

967 **Offenbarung** 1. Eröffnung, Mitteilung, Kundgabe, Manifestation, Aufdeckung, Entdeckung, Enthüllung, Demaskierung, Entschleierung, Entlarvung, 2. Bekenntnis, Geständnis, Konfession, Beichte, Eingeständnis, Erguß, Ergießung, Herzensergießung, Expektoration, Selbstbekenntnis, Sündenbekenntnis, Schuldbekenntnis, 3. Eingebung, Erleuchtung, Intuition, Gesicht, Weihe, Zeichen, 4. Vorhersage, Voraussage, Prophezeihung, Orakel, Ausspizien, Prognose, Weissagung, Wahrsagung, Evangelium, Erhellung.

968 **Offenheit** 1. Ehrlichkeit, Aufrichtigkeit, Wahrhaftigkeit, Wahrheitsliebe, Anständigkeit, Offenherzigkeit, Geradheit, Freimut, Rückhaltlosigkeit, 2. Mitteilsamkeit, Gesprächigkeit, Plauderhaftigkeit, Redseligkeit, Schwatzhaftigkeit, Schwatzsucht, Geschwätzigkeit, Zungendrescherei, aus seinem Herzen keine Mördergrube machen, das Herz auf der Zunge tragen, eine Plaudertasche sein.

969 **Öffentlichkeit** 1. Allgemeinheit, Gesamtheit, Gemeinschaft, Gesellschaft, Volk, Welt, Menschheit, 2. draußen, öffentliches Leben, Plattform, Forum, Publikum, die öffentliche Meinung, 3. Bekanntheit, Berühmtheit, Bekanntsein, Publizität; Rampenlicht, Aufsehen.

970 **offiziell** 1. öffentlich, in aller Öffentlichkeit, auf offener Straße, vor aller Augen, unverborgen, unverhohlen, im Rampenlicht, 2. amtlich, behördlich, staatlich, dienstlich, fiskalisch, bürokratisch, gesetzlich, allgemeingültig, gültig, vollgültig, geltend, authentisch, maßgebend, maßgeblich, verbindlich, nicht daran zu rütteln, offiziös, halbamtlich, 3. förmlich, feierlich, gesellschaftlich, formal, formell, zeremoniell, zeremoniös, unpersönlich, in aller Form, 4. vertraglich, vertragsgemäß, notariell, protokollarisch, unterschrieben, besiegelt, gestempelt.

öffnen (sich) 1. aufmachen, aufschließen, auftun, aufsperren, einlassen, willkommen heißen, hereinlassen; hinauslassen, verabschieden, herauslassen, ins Freie lassen, Tür aufhalten, offenhalten, offenlassen, aufstoßen, aufreißen, erbrechen, eindrücken, einreißen, niederreißen, einschlagen, sprengen, stürmen, knacken, gewaltsam öffnen, aufbrechen; durchstoßen, durchstechen, durchbohren, lochen, löchern, durchlöchern, mit Löchern versehen, perforieren, 2. entfalten, ausbreiten, entrollen, aufrollen, auspacken, auswickeln, entkorken, anbrechen, anstechen, anzapfen, anreißen, aufklappen, aufdrücken, aufklinken, aufknacken, aufknöpfen, aufknoten, entknoten, aufkriegen, aufmeißeln, aufschlitzen, aufschnüren, aufschrauben, anschneiden, aufschneiden, 3. aufgehen, sich entfalten, sich erschließen, sich auftun, bersten, springen, platzen, aufspringen, 4. gähnen, klaffen, offenstehen. 971

Öffnung 1. Tür, Tor, Pforte, Portal, Eingang, Einfahrt, Einstieg, Zugang, Ausgang, Ausfahrt, Notausgang, Ausschlupf, Ausstieg, Hintertür, Hinterausgang, Schlupfloch, 2. Einlaß, Eintritt, Zutritt, Zufahrt, Zulaß, Besuchszeiten, Öffnungszeiten, 3. Loch, Riß, Ritz, Öhr, Öse, Nadelöhr, Lücke, Ritze, Spalte, Spalt, Schlitz, Luke, Düse, Pore; Zwischenraum, Parklücke; Guckloch, Sprung, Fuge, Bresche, Leck, 4. Passage, Durchfahrt, Durchlaß, Durchgang, Verbindungsweg, Paß, Übergang; Durchreiche, Schalter; Schleuse, Durchschlupf, Gasse, Furt, Lichtung, Blöße, Schneise, Rodung, 5. Fenster, Oberlicht, Licht- 972 schacht, Luftloch, 6. Ventil, Klappe, Auspuff; Ableitung, Ausweg, Ablauf, Abfluß, Ausfluß, Ablaß, Ausguß, Rinnstein, Gosse, Gulli; Überlauf; Kanalisation, Kloake, Abwasserkanal, 7. Röhre, Schlauch, Rinne, Traufe, Ausguß, Tülle, Zotte, Zitze, Schnabel, Schnute, Spundloch, 8. Mund, Maul, Klappe, Mundwerk, Schnute, Schnauze, Lippen, 9. Tunnel, Durchstich, Kanal, Fistel.

973 **oft** öfter, öfters, des öfteren, häufig, alle naslang, wiederholt, immer wieder, vielfach, mehrmals, viele Male, vielmals, x-mal, verschiedentlich, nicht selten, einigemal, unzähligemal, zuweilen, mehrfach, gehäuft.

974 **Opfer** 1. Hingabe, Aufopferung, Verzicht, Entsagung, Aufgabe, Entbehrung, 2. Gabe, Geschenk, Spende, Schenkung, Stiftung, Opferung, Wohltat, Gutes, Liebeswerk, Guttat, Liebesgabe, Scherflein, Almosen, milde Gabe, Zeichnung, Obulus, Backschisch, Bedienungsgeld, Brosamen, Freitisch, Gnadenbrot, Trinkgeld, Botenlohn, Douceur, Zuwendung, Stiftung, Dotierung, 3. Verunglückte, Betroffene, Geschädigte, Kriegsinvaliden, Kriegsversehrte, Getroffene, Betrogene, Enterbte, Verfolgte, Benachteiligte, Pechvogel, Unglücksvogel, Unglücksrabe, armer Schlucker, Freiwild, Packesel, Lastesel, Kanonenfutter, Vogelfreier, Versuchskaninchen, Versuchstier, Leidende, Leidtragende, Leidgenossen, Arbeitsunfähige, Dulder, Märtyrer, Blutzeuge, Lastträger, Hiob, Invalide, Krüppel, Versehrter, Kranker, Leidender.

975 **Optimismus** Hoffnung, Hoffnungsfreude, Zuversicht, Daseinsfreude, Lebensbejahung, Lebensvertrauen, Lebensgläubigkeit, Zufriedenheit, Lebensfreude, Lebenslust, Heiterkeit, Lebensmut, Glaube an das Gute, Fortschrittsgläubigkeit, rosa Brille, Sonne im Herzen, Hoffnung läßt nicht zuschanden werden, Humor.

976 **Optimist** Fortschrittler, Zukunftsgläubiger, Pragmatiker, „Leberecht Hühnchen".

977 **optimistisch** hoffnungsfreudig, hoffnungsfroh, hoffnungsvoll, zukunftsgläubig, getrost, sicher, unverzagt, guten Mutes, lebensfroh, daseinsfreudig, lebensgläubig, vertrauensvoll, positiv, bejahend, gläubig.

ordentlich 1. pünktlich, genau, sorg- 978
sam, sorgfältig, ordnungsliebend, planmäßig, überlegt, fehlerlos; sauber, proper, adrett, korrekt, penibel, tadellos, peinlich sauber, wie geleckt, geschniegelt; gepflegt, gepudert, geschminkt, gerichtet, zurecht gemacht, aufgemacht, bemalt, soigniert, wohlerhalten, wohlkonserviert, 2. aufgeräumt, in Ordnung, im Lot, 3. geordnet, alles am rechten Platz, alles an Ort und Stelle, ordnungsgemäß, wie es sich gehört.

ordnen 1. aufräumen, räumen, rich- 979
ten, in Ordnung bringen, geraderichten, geraderücken, zurechtrücken, zurechtsetzen, zurechtlegen, beiseite räumen, wegräumen, saubermachen, putzen, ausmisten, aussortieren; Ordnung schaffen, Remedur schaffen, mit eisernem Besen kehren, Wandel schaffen, die Karre aus dem Dreck ziehen, reinen Tisch machen, erledigen, ins reine bringen, klären, ins rechte Gleis bringen, lenken, 2. gliedern, phrasieren, gruppieren, sortieren, einteilen, rubrizieren, staffeln, klassifizieren, katalogisieren, verzetteln, assortieren, zusammenstellen, fächern, abstufen, nuancieren, abschattieren, einordnen, abstimmen, koordinieren, beigeben, zuordnen, anordnen, hineinstellen, einreihen, eingliedern, einstellen, einstufen, numerieren, einrangieren; kodifizieren, verzeichnen, zusammenfassen; reglementieren, kasernieren, 3. arrangieren, einrichten, regeln, deichseln, schmeißen, hinkriegen, einstellen, justieren, richten, regulieren, kanalisieren, begradigen, 4. ausrichten, formieren, aufstellen, postieren, 5. legalisieren, legitimieren, für ehelich erklären, gesetzlich machen, amtlich bestätigen, rechtmäßig machen.

Ordnung 1. Sauberkeit, Properkeit, 980
Adrettheit, Gepflegtheit, Genauigkeit, Pünktlichkeit, Regelmäßigkeit,

Korrektheit, Ordnungsliebe, 2. Gliederung, Stufung, Abstufung, Arrangement, Zusammenstellung, Anordnung, Gruppierung, Sortiment, Auswahl, Aufteilung, Einteilung, Dosierung, Einfügung, Einordnung, Einstufung, Staffelung, Unterteilung, Rubrizierung, Regelung, Regulierung, Zuordnung, Koordinierung, 3. Gesetzmäßigkeit, Planmäßigkeit, Systematik, Methodik; Plan, System, Methode, Schablone, Schema, 4. Legitimität, Vorschrift, Legalität, Wohlanständigkeit, Bürgerlichkeit, Anstand, geordnete Verhältnisse, 5. Pedanterie, Wortklauberei, Haarspalterei, Kniffelei, Spitzfindigkeit, Rabulistik, Spiel mit Worten, Sophistik, Sophisterei, Umständlichkeit, Tüftelei, Übervorsicht, Bürokratie, Bürokratismus, Amtsschimmel, Zopf, alter Zopf.

981 **Organisation** 1. Aufbau, Anordnung, Anlage, Gefüge, Komplex, Organismus, Gebilde, Staat, Ordnung, Gestaltung, 2. Einrichtung, öffentliche Einrichtung, Anstalt, Institution, Hilfswerk, Verband, Vereinigung, Gesellschaft, Werk, Wohlfahrtseinrichtung, (diakonisches karitatives, gemeinnütziges) Unternehmen, 3. Plan, Führung, System, Einteilung, Disposition, Gliederung, Zeiteinteilung, Stundenplan, Maßnahme.

982 **organisch** 1. körperlich, leiblich, physisch, anatomisch, somatisch, 2. lebendig, belebt, lebend, natürlich, gewachsen, naturgemäß, einheitlich, beseelt, sinnvoll, geordnet, gefügt, gegliedert, echt.

983 **organisieren** 1. ordnen, anordnen, einrichten, aufbauen, ausbauen, ausgestalten, disponieren, arrangieren, zusammenschließen, verbinden, planen, schaffen, auf die Beine stellen, ins Leben rufen, gestalten, fertigbringen, 2. beschaffen, deichseln, besorgen, managen, 3. sich organisieren, sich verbinden, sich zusammentun, kooperieren, zusammenarbeiten, sich anschließen, einer Organisation beitreten, Mitglied werden.

984 **Original** 1. Handschrift, Manuskript, Urschrift, Erstschrift, Urfassung, Urtext; Originaltext, Originalton; Originalausgabe, Erstausgabe, erste Ausgabe, erster Druck, Erstdruck; Inkunabel, Wiegendruck, 2. Außenseiter, Outsider, Einzelgänger, Individualist, Eigenbrödler, Sonderling, Kauz, Menschenverächter, Menschenfeind, Einsiedler, Stubenhocker, Bücherwurm; Type, Exzentriker, Aussteiger, Alternativer, Nonkonformist, Ausgeflippter, Hippie, Freak, Blumenkind.

originell 1. eigenartig, eigen, urwüchsig, persönlich, besonders, eigengeprägt, eigengesetzlich, eigenständig, elemtar, ursprünglich, schöpferisch, erfinderisch, findig, einfallsreich, ideenreich, 2. apart, neu, nicht alltäglich, bizarr, ausgefallen, noch nicht dagewesen, einmalig, 3. witzig, komisch, geistreich, treffend. 985

Ort 1. Ortschaft, Örtlichkeit, Niederlassung, Stadt, Dorf, 2. Platz, Plan, Raum, Sitz, Stätte, Statt, Wohnort, Verbleib, Stelle, Punkt, Bereich, Bezirk, Gebiet, Gegend, Landschaft, Lage, Szenerie, Ecke, Winkel, 3. Standpunkt, Standort, Position, Plattform, Forum, Ebene, Basis, Rahmen. 986

packen 1. aufregen, bewegen, nahegehen, aufrühren, aufwühlen, aufrütteln, nachgehen, anrühren, berühren, rühren, fesseln, erschüttern, zu Herzen gehen, ergreifen, nahegehen, ans Herz greifen, übermannen, überwältigen, überkommen, mitnehmen, zu Tränen rühren, Mitleid erregen, durch Mark und Bein gehen, angreifen, Eindruck machen, umwerfen, umschmeißen, aufrütteln, wachrütteln, 2. einpacken, einhüllen, umhüllen, einwickeln, einschlagen, verpacken, bündeln, zusammenpacken, verschnüren, zuschnüren, zubinden, zusammenbinden, zusammenschnüren, umschnüren, umwickeln, transportfähig machen, versandfähig machen, postfertig machen; Koffer packen, einpacken, reisefertig machen, verstauen, unterbringen, 3. nehmen, greifen, zugreifen, zupacken, zufassen, festhalten, umklammern, an sich reißen, grap- 987 schen, beim Wickel nehmen, beim Kragen packen, beim Schlafittchen nehmen, 4. frankieren, freimachen, Marken aufkleben, kuvertieren, in den Umschlag stecken, zur Post geben.

988 **Paradies** 1. Eden, Garten Eden, Garten Gottes; Elysium, Gefilde der Seligen, Arkadien, Schlaraffenland, das Gelobte Land, das Land wo Milch und Honig fließt, Traumland, Zauberland, Märchenland, Dorado, Olymp, Orplid, Utopia, Wolkenkuckucksheim, Wunderwelt, Märchenwelt, Idyll, Goldenes Zeitalter, 2. Jenseits, Himmel, die Ewige Seligkeit, die Ewigkeit, die andere Welt, die jenseitige Welt, die Transzendenz, ein besseres Jenseits, das Himmelreich, das himmlische Jerusalem.

989 **passieren** 1. vorbeigehen, vorübergehen, vorbeifahren, vorbeiziehen, defilieren, 2. durchfahren, durchreisen, durchziehen, durchwandern, überfliegen, überschreiten, überqueren, kreuzen, 3. sich durchschlängeln, durchschlüpfen, durchwitschen, durchkommen, nicht auffallen, nicht bemerkt werden, übersehen werden, unbemerkt bleiben, 4. passieren lassen, ein Auge zudrücken, es nicht genau nehmen, nicht hinsehen, durch die Finger sehen.

990 **Pedant** 1. Kleinigkeitskrämer, Haarspalter, Paragraphenreiter, Prinzipienreiter, Schulmeister, Besserwisser, Beckmesser, Kritikaster, Krittler, Meckerer, Deutler, Nörgler, Quengler, Silbenstecher, Splitterrichter, Wortklauber, Tüftler, Disputierer, Rechthaber, Rabulist, Wortverdreher, Bürokrat, Doktrinär, Theoretiker, Sophist, Schulfuchs; Langweiler, Wiederkäuer, Klugschwätzer, Umstandskrämer, Federfuchser, 2. Moralist, Moralprediger, Sittenrichter, Tugendbold.

991 **pedantisch** 1. kleinlich, übergenau, pinselig, pingelig, spitzfindig, kleinkrämerisch, umständlich, bürokratisch, pinnig, spinös, tippelig, tüftelig, peinlich genau, engherzig, engstirnig, grundsätzlich, philiströs, haarspalterisch, überspitzt, sophistisch, schulmeisterlich, silbenstecherisch, rabulistisch, wortklauberisch, besserwisserisch, tadelsüchtig, superklug, übergescheit, hat die Weisheit mit Löffeln gefressen, weiß alles besser, 2. pedantisch sein, Haare spalten, Paragraphen reiten, an den Haaren herbeiziehen, kleinlich sein, in den Krümeln suchen, Begriffe klauben, alles besser wissen, recht haben müssen, das letzte Wort haben müssen, rechthaberisch sein.

peinigen (sich) 1. mißhandeln, quälen, 992
plagen, placken, schinden, martern, zermartern, foltern, malträtieren, piesacken, kujonieren, sekkieren, triezen, drangsalieren, zwiebeln, schikanieren, übel mitspielen, zusetzen, das Leben verbittern, versauern, das Leben zur Hölle machen, keine Ruhe geben, belästigen, bedrängen, nicht in Ruhe lassen, schlecht behandeln, vergrämen, verärgern, 2. Wunden schlagen, Leid zufügen, heimsuchen, verwunden, verletzen, beleidigen, kränken, ärgern, Schmerz bereiten, Kummer machen, wehetun, 3. bohren, nicht ablassen, zerren, beißen, nagen, zehren, wurmen, nicht zur Ruhe kommen lassen, alte Wunden aufreißen, 4. kitzeln, zum Lachen bringen, krabbeln; kneifen, petzen, zwicken, zwacken, pitschen; treten, Tritt versetzen, mit Fußtritten traktieren, 5. warten lassen, zappeln lassen, auf die Folter spannen, 6. Pein bereiten, zur Pein machen, in Verlegenheit bringen, beschämen, erröten lassen, zum Erröten bringen; den wunden Punkt berühren, den Finger auf die Wunde legen, glühende Kohlen auf jem. Haupt sammeln.

peinlich 1. unangenehm, ärgerlich, 993
lästig, verdrießlich, unerfreulich, unerquicklich, mißlich, prekär, widerwärtig, widrig, genierlich, genant, beschämend, 2. heikel, bedenklich, lästig, kritisch, mulmig, auf Spitz und Knopf.

persönlich 1. menschlich, individuell, 994
subjektiv, aufgeschlossen, verständnisvoll, freundschaftlich, 2. selbst,

selber, leibhaftig, in eigener Person, höchstpersönlich, in natura, eigenhändig, direkt, mündlich, gesprächsweise, von Mensch zu Mensch, Auge in Auge, unmittelbar, von Angesicht zu Angesicht, 3. privat, außerdienstlich, nicht amtlich, nicht öffentlich, vertraut, vertrauensvoll, häuslich, familiär, daheim, privatim, vertraulich, unter vier Augen, 4. an die Person gebunden, nicht übertragbar, 5. unsachlich, unangenehm, taktlos, ausfallend, anzüglich.

995 **Pessimist** 1. Verächter, Miesmacher, Schwarzseher, Unheilsprophet, Unke, Kassandra, Neinsager, Defaitist, Nihilist, Geist der stets verneint, Griesgram, Kopfhänger, Spielverderber, Schwarzmaler, Menschenverächter, Muffel, 2. Hypochonder, eingebildeter Kranker, Einbildungskranker.

996 **pessimistisch** düster, schwarzseherisch, lebensverneinend, trübe, trübsinnig, melancholisch, trostlos, hoffnungslos, kopfhängerisch, verneinend, nihilistisch, defaitistisch, abwertend, absprechend, unheilverkündend.

997 **Pflege** 1. Fürsorge, Sorge, Betreuung, Schutz, Hut, Obsorge, Obhut, Aufsicht, Umhegung, Hege, Wartung, Versorgung, Aufrechterhaltung, 2. Erhaltung, Bewahrung, Konservierung, Unterhaltung, Instandhaltung, 3. Sauberkeit, Reinlichkeit, Properkeit, Hygiene, Desinfektion, Körperpflege, Gesundheitspflege, Kosmetik, Schönheitspflege, Gepflegtheit, Aufmachung, Make up; Kosmetika, Toilettenartikel, Schminke, Puder; Maniküre, Nagelpflege, Handpflege; Pediküre, Fußpflege.

998 **pflegen (sich)** 1. sauberhalten, in Ordnung halten, hüten, schonen, warten, hegen, pfleglich behandeln, nichts abgehen lassen, es gut meinen, umsorgen, umhegen, betreuen, bemuttern, betun, am Krankenbett wachen, 2. zu tun pflegen, gewohnt sein, meistens tun, im allgemeinen tun, die Gewohnheit haben, 3. kultivieren, konservieren, bewahren, schützen, instand halten, unter Schutz stellen, 4. trockenlegen, baden, pudern, salben, windeln, wickeln, in Windeln wickeln, 5. sich pflegen, viel für sein Äußeres tun, sich zurechtmachen, sich verschönern, sich richten, sich herrichten, pudern, schminken, Make up auflegen, kremen, ölen, Körperpflege betreiben; Haare färben, tönen, dauerwellen, Haare schneiden, Haarschnitt machen, kämmen, durchkämmen, glätten, strählen; sich frisieren, Haare machen, sich frisieren lassen, zum Friseur gehen, Frisur ordnen; maniküren, pediküren.

Pflicht 1. Aufgabe, Auftrag, Obliegenheit, Auflage, Verpflichtung, Gebot, Schuldigkeit, Verbindlichkeit, Notwendigkeit, Zwang, Gewissenssache, Ehrensache, Verantwortung, Verantwortlichkeit, Haftung, Engagement, Belastung, Last, 2. Steuer, Besteuerung, Versteuerung, Steuererklärung, Veranlagung, Steuerauflage, Steuerband, Steuermarke, Banderole, Stempel, Stempelmarke. 999

pfuschen patzen, danebengreifen, sich vergreifen, Fehler machen, verfehlen, falsch spielen, hudeln, stümpern, klimpern, dilettieren, murksen, schustern, doktern, quacksalbern, schludern, wursteln, fünf grade sein lassen, sudeln, klecksen, schmieren, zusammenhauen, zusammenschlagen, zusammenstoppeln, schlampen, schlecht arbeiten, verpfuschen. 1000

Phantasie Vorstellungsvermögen, Einbildungskraft, Erfindungsgabe, Anschauungsvermögen, Einfühlungsgabe, Schöpferkraft, schöpferisches Denken, Einfälle, Einfallsreichtum, Ideenreichtum. 1001

phantastisch, 1. fabelhaft, nicht zu glauben, unvorstellbar, toll, über alle Beschreibung, unwahrscheinlich, unwirklich, unglaublich, sagenhaft, märchenhaft, romanhaft, überirdisch, schwindelerregend, feenhaft, traumhaft, bezaubernd, entzückend, zauberhaft, zauberisch, blendend, brillant, 2. grotesk, kurios, schnurrig, närrisch, barock, überspannt, verstiegen, bizarr, seltsam, wunderlich, kauzig, skurril, schrullig, 1002 possenhaft.

1003 **Phrase** 1. Redensart, Wendung, Floskel, Formel, Redewendung, Schlagwort, Slogan, Binsenwahrheit, Gemeinplatz, Klischee, Platitüde, Zitat, geflügeltes Wort, 2. Schwulst, Bombast, Wortgeklingel, Wortemacherei, Redeblume, Gerede, Schnack, Geschwätz, Sprüche, Schmus, Sums, Tiraden, Deklamation, Wortgeklapper, alte Leier, kalter Kaffee, Schnee vom vorigen Jahr, leeres Stroh, Geflunker, Flatusen, 3. Figur, Passage, Kantilene, Motiv.

1004 **Plan** 1. Vorhaben, Absicht, Intention, Projekt, Vorsatz, Entschluß, Programm, Zielsetzung, Ziel, Lebensziel, Lebensaufgabe, Lebensplan, 2. Entwurf, Skizze, Design, Faustskizze, Exposé, Konzept, Konzeption, Studie, Szenario, Planspiel, Konzipierung, Aufriß, Layout, Überblick, Übersicht, Riß, Grundriß, Bauplan, 3. Voranschlag, Budget, Haushaltsplan, Geschäftsordnung, Berechnung, Kalkulation, Kostenaufstellung, Etat, Kostenvoranschlag, Kostenplan, Kalkül, 4. Überlegung, Vorbedacht, Voraussicht, Planung, Planen, Plänemachen, 5. Berechnung, Spekulation, Überschlag, Veranlagung, Festsetzung.

1005 **planen** 1. beabsichtigen, wollen, sich vornehmen, vorhaben, ins Auge fassen, sinnen, projektieren, im Sinn haben, beschließen, zu tun gedenken, erwägen, vorsehen, den Vorsatz fassen, in Aussicht nehmen, zum Ziel setzen, einen Plan machen, Pläne schmieden, avisieren, es auf etwas anlegen, sich mit dem Gedanken tragen, mit dem Gedanken spielen, im Schilde führen, in Aussicht stellen, 2. anstreben, bezwecken, abzielen, hinzielen, erstreben, trachten nach, hinsteuern, 3. entwerfen, konzipieren, aufsetzen, skizzieren, umreißen, aufreißen, Konzept machen, ins unreine schreiben, organisieren, inszenieren, 4. träumen, sinnen, phantasieren, in den Wolken schweben, in den Bohnen sein, sich Illusionen machen, Luftschlösser bauen, Milchmädchenrechnung anstellen, sich ausmalen.

planmäßig wie geplant, planvoll, methodisch, überlegt, bewußt, systematisch, klug, bedacht, durchdacht, berechnet, gezielt, gelenkt, vorbereitet, wohlerwogen, wohlbewußt, sinnvoll, zielbewußt, taktisch; wissenschaftlich, rational. 1006

plastisch hervortretend, erhaben, abgehoben, heraustretend, modelliert, körperhaft, getrieben, geprägt. 1007

platzen 1. bersten, krachen, zerspringen, zerplatzen, auffliegen, explodieren, krepieren, in die Luft gehen, hochgehen, zerkrachen, losgehen, knallen, verpuffen, springen, splittern, knacken, 2. wild werden, die Wände hochgehen, zuviel kriegen. 1008

plötzlich auf einmal, mit einem Male, mit eins, unvermittelt, unversehens, mit einem Schlag, blitzartig, wie aus der Pistole geschossen, schlagartig, aus heiterem Himmel, Knall und Fall, von heute auf morgen, ruckartig, sprunghaft, überstürzt, Hals über Kopf, unerwartet, von einem Augenblick zum andern, ohne Übergang, übergangslos, abrupt. 1009

plump 1. unbeholfen, schwerfällig, unförmig, vierschrötig, ungeschlacht, ungefüge, massig, ungeschmeidig, schwer beweglich, stoffelig, schlacksig, grobschlächtig, derb, bollig, klobig, klotzig, ungelenk, ungewandt, unbeweglich, unelastisch, ungeschickt, unpraktisch, mit zwei linken Händen, olber, Elefant im Porzellanladen, linkisch, täppisch, tapsig, tölpisch, steif, eckig, ungraziös, anmutlos, hölzern, unschick, unelegant, nicht gut angezogen, ohne Stilgefühl, 2. taktlos, ungeschliffen, unzart, unfein, unedel, unvornehm, grob, unkultiviert, unmanierlich, ungehobelt, grobdrähtig, massiv, unbehauen, 3. undiplomatisch, unpolitisch, unerfahren, vertrauensselig, plump vertraulich, tolpatschig, tölpelhaft; das Pferd beim Schwanz aufzäumen, mit der Tür ins Haus fallen, den zweiten Schritt vor dem ersten tun, es dumm anfangen. 1010

poetisch 1. dichterisch, schöpferisch, 1011

gestaltet, geformt, geprägt, schöngeistig, literarisch, verdichtet, dicht, formvollendet, anschaulich, lyrisch, episch, dramatisch, 2. idyllisch, gefühlvoll, künstlerisch, musisch, romantisch, träumerisch, unwirklich, ideal.

1012 **Post** 1. Eingang, Posteingang, Einlauf, Zugang, 2. Briefschaften, Korrespondenz, Neuigkeit, Kunde, Mitteilung.

1013 **Preis** 1. Kosten, Betrag, Summe, Gegenwert, Tauschwert, Geldwert, Handelswert, Entgelt, Kostenpunkt, Preislage, Unkosten, 2. Taxe, Tarif, Kurs, Gebühr, Bemessung, Tribut, Zoll, 3. Verkaufspreis, Kaufpreis, Marktpreis, Ladenpreis, Marktwert, Engrospreis, Ordinärpreis, Einkaufspreis.

1014 **preisgeben (sich)** 1. enthüllen, beichten, gestehen, offenbaren, 2. denunzieren, angeben, verraten, verpetzen, auspacken, loslegen, kein Blatt vor den Mund nehmen, die Katze aus dem Sack lassen, das Kind beim Namen nennen, Farbe bekennen, nicht hinterm Berg halten, ausplaudern, auskramen, aus der Schule plaudern, sich verplappern, herauslassen, Indiskretion begehen, 3. abfallen, fallenlassen, im Stich lassen, die Treue brechen, die Fahne verlassen, überlaufen, übergehen, desertieren, abspringen, abtrünnig werden, umschwenken, umkippen, umfallen, andern Sinnes werden, wankelmütig werden, sich anders besinnen, es sich anders überlegen, untreu werden, aufgeben, sich abkehren, sich abwenden; abschwenken, ausscheren, aussteigen, ausbrechen, aus der Reihe tanzen, sich versagen, nicht mehr mitmachen; fremdgehen, es mit der Treue nicht genau nehmen, 4. aussetzen, seinem Schicksal überlassen, ausliefern, herausgeben; brechen mit, sich zurückziehen, die Beziehungen lösen, die Hand abziehen, sich selbst überlassen, hängenlassen, sitzenlassen, zurücklassen, den Rücken kehren, in den Rücken fallen, 5. sich preisgeben, sich bloßstellen, sich ausliefern, sich wegwerfen, sich entwürdigen, 6. sich prostituieren, sich verkaufen, sich anbieten, auf die Straße gehen, Prostitution betreiben, auf den Strich gehen, huren, Hurerei treiben, „anschaffen“, den eigenen Körper verkaufen, käuflich sein, von der Prostitution leben, 7. Prostitution, käufliche Liebe, Hingabe gegen Geld, Geschäft mit der Unzucht, Hurerei, Dirnenwesen, gewerbsmäßige Hingabe.

problematisch 1. fragwürdig, unent- 1015
schieden, kritisch, zweifelhaft, strittig, offen, umstritten, ungeklärt, ungelöst, schwer zu lösen, anfechtbar, 2. rätselhaft, schwierig, dunkel, geheimnisvoll, verborgen, ungewiß, dubios, undurchschaubar, unverständlich, verdächtig.

Produktivität 1. Schöpferkraft, Schöp- 1016
fertum, Gestaltungskraft, Gestaltungsfreude, Gestaltungstrieb, Gestaltungsvermögen, Schaffensdrang, Schaffenslust, Schaffenskraft, Schaffensfreude, Schöpferlust; Genie, Genialität, Ingenium, Begabung, Kreativität, Erfindungsgabe, Darstellungskraft, Originalität, schöpferische Eigenart, Phantasie, 2. Fruchtbarkeit, Potenz, Zeugungsfähigkeit, Geschlechtskraft, Zeugungskraft, Zeugungsmacht, Fortpflanzungsfähigkeit, Gebärfähigkeit, Gebärfreudigkeit, 3. Leistungsfähigkeit, Ergiebigkeit, Potential, Produktivkraft.

prophetisch hellseherisch, ahnungs- 1017
voll, vorausschauend, vorhersehend, vorausahnend, hellsichtig, divinatorisch, orakelhaft, visionär, seherisch, verkündend, weissagend.

prophezeien 1. ahnen, hellsehen, ora- 1018
keln, wahrsagen, vorausschauen, voraussehen, weissagen, verkünden, voraussagen, vorhersagen, vorhersehen, vorausahnen, 2. Hellseher, Prophet, Warner, Mahner, Rufer, Deuter, Seher, Künder, Verkündiger, Verkünder, Wahrsager, Gedankenleser, Zauberer, Schwarzkünstler, Taschenspieler, Magier, Hexer, Gespensterseher, Geisterseher, Kartenschlägerin, Kartenlegerin, Schicksalskünderin, Sibylle, weise Frau,

Medizinmann.

1019 **Prozeß** 1. Gerichtsverfahren, Gerichtssache, Verhandlung, Gerichtsverhandlung, Rechtshandel, Rechtsfall, Rechtsangelegenheit, Rechtsfrage, Rechtssache, juristisches Problem, Klagesache, Streitsache, Strafprozeß, Strafsache, Strafverfahren, Rechtsstreit, Rechtsvorgang, Rechtsverfahren, Rechtsweg, Klageweg, 2. Vorgang, Entwicklung, Verlauf, Ablauf, Fortgang, Prozedur, Verfahren, Vorgehen, Geschehen; Leistung, Funktion, Funktionieren.

1020 **prüfen** 1. examinieren, befragen, abhören, überhören, wiederholen lassen, aufsagen lassen, abfragen, auf den Zahn fühlen, unter die Lupe nehmen, auf Herz und Nieren prüfen, nachsehen, kontrollieren, überprüfen, inspizieren, visitieren, durchsuchen, zensieren, Note geben, mustern, besichtigen, kritisch betrachten, ins Auge fassen, untersuchen, abwägen, auf Tauglichkeit prüfen, sondieren, testen, revidieren, durchspielen, durchrechnen, probieren, ausprobieren, sich vergewissern, nachprüfen, nachfassen, nachmessen, nachzählen, nachlesen, nachrechnen, vergleichen, nachwiegen, ausmitteln, 2. anprobieren, anpassen, 3. auf die Probe stellen, versuchen, in Versuchung führen, auf die Folter spannen, erproben; ins Röhrchen blasen lassen, ins Kreuzverhör nehmen, in die Zange nehmen.

1021 **Prüfung** 1. Examen, Befragung, 2. Untersuchung, Feststellung, Kontrolle, Überprüfung, Durchsicht; Musterung, Tauglichkeitsprüfung; Betrachtung, Begutachtung, Überwachung, Durchsuchung, Erforschung, Visitation, Inspektion, Revision, Wiederaufnahme, Nachprüfung; Patrouille, Streife, Rundgang; Besichtigung, Beschau, Beschauung, Ansicht, Probe, Stichprobe, Sondierung, Test, 3. Analyse, Zerlegung, Zergliederung, Zerfaserung, Studium, Beobachtung, Vergleich, 4. Erprobung, Versuchung, Verlockung, Verführung, Anfechtung, Folter, Heimsuchung, Geduldsprobe, Feuerprobe, Nervenprobe, seelische Beanspruchung, 5. Reifeprüfung, Abitur, Maturum, Schulentlassung, Schulabgang, 6. Prüfungsarbeit, Klausur, Klausurarbeit, Klassenarbeit, Zulassungsprüfung, Doktorarbeit.

Prunk 1. Gepränge, Pomp, Prachtentfaltung, Aufwand, Ausstattung, Üppigkeit, Luxus, Schaustellung, Theater, Schauspiel, Parade, Tamtam, Vorführung, Staat, Gala, Wichs, große Aufmachung, Kleiderpracht, Putz, 2. Pracht, Glanz, Schönheit, Schmuck, Reichtum, Fülle, Blüte, 3. Prahlerei, Protzentum, Angabe, Aufschneiderei, Aufgeblasenheit, Ruhmredigkeit, Eigenlob. 1022

prunken 1. Pracht entfalten, Staat machen, Aufwand treiben, im Luxus leben, auf großem Fuß leben, Reichtum zur Schau stellen; prahlen, angeben, protzen, paradieren, stolzieren, brillieren, glänzen, auftreten; großtun, wichtig tun, sich wichtig machen, posieren, sich in Szene setzen, sich in Positur setzen, sich zur Schau stellen, sich inszenieren, 2. prangen, strotzen, blühen, in Blüte stehen, leuchten, strahlen, die Blicke auf sich ziehen. 1023

pünktlich 1. rechtzeitig, früh, beizeiten, zeitig, zurecht, zur rechten Zeit, frühzeitig, auf die Minute, zur Zeit, termingemäß, fristgemäß, wie vereinbart, 2. prompt, sofort, umgehend, gleich, postwendend, ungesäumt, unverzüglich, unverweilt, flugs, stehenden Fußes, stracks, schnell, rasch, 3. zuverlässig, gewissenhaft, genau, untadelig. 1024

Putz 1. Schmuck, Geschmeide, Schmucksachen, Juwelen, Pretiosen, Kostbarkeiten, Bijouterie, Zubehör, Accessoires, Beiwerk, Ergänzung, Drum und Dran, 2. Verzierung, Ausputz, Ausschmückung, Dekoration, Ornament, Schmuckform, Zier, Zierwerk, Zierde, Schnörkel, Beschlag, Zierat, Garnitur, Garnierung, Zutat, Besatz, Verschönerung, Aufmachung, Ausstattung, Aufputz, 3. Tand, Flitter, Firlefanz, Kin- 1025 kerlitzchen, Klimbim, Brimborium, Krimskrams, Nippes, Nippsachen; Spielsachen, Spielwerk, Spielzeug, 4. Tresse, Litze, Borte, Bordüre, Klunker, Bommel, Troddel, Quaste, 5. Schmucknadel, Brosche, Agraffe, Ziernadel, Spange, Schmuckspange, Fibel, Schnalle, 6. Band, Haarband, Haarschleife, Zierband, Bindeband, Samtband, Seidenband, Bändchen, Schleife, Masche, 7. Krawatte, Binder, Schlips, Fliege, Lavallière, Halstuch, Schal, Cachenez, Brusttuch, Busentuch, Nickituch, 8. Spitze, Einsatz, Zwischensatz, Stickerei, 9. Aufschlag, Revers, Spiegel; Ärmelaufschlag, Stulpe, Manschette.

1026 **putzen (sich)** 1. schmücken, zieren, verzieren, ausputzen, dekorieren, ausschmücken, verschönern, heben, mustern, bedrucken, bemalen; betressen, verbrämen, beschlagen; garnieren, bekränzen, beflaggen, Fahnen aufziehen, mit Girlanden schmücken, illuminieren, 2. sich feinmachen, schönmachen, in Gala werfen, herausputzen, Staat anlegen, schniegeln, viel auf sein Äußeres geben, sich pflegen, 3. striegeln, kardätschen, trimmen, scheren, strählen, 4. rasieren, barbieren, Bart schaben, einseifen, Schaum schlagen, 5. Friseur, Coiffeur, Haarschneider, Haarkünstler, Figaro, Barbier, Bader, Bartscherer.

1027 **quälend** 1. nagend, beißend, bohrend, peinigend, brennend, stechend, zehrend, folternd, marternd, schmerzhaft, schmerzlich, schmerzend, qualvoll, höllisch, 2. betrübend, betrüblich, traurig, kränkend, verletzend, grausam, verzehrend, herb, bitter, herzbrechend, herzzerreißend, schlimm, leidvoll, qualvoll, peinvoll, gramvoll, kummervoll, martervoll.

1028 **Qualität** 1. Güte, Echtheit, Wert, Art, Marke, Klasse, Rang, Sorte, Eigenschaft, Beschaffenheit, Güteklasse, Preislage, Wertstufe; Kreszenz, Lage, Jahrgang, Wachstum, Fechsung, 2. Feinarbeit, Präzisionsarbeit, Wertarbeit, Qualitätsarbeit, Maßarbeit, große Klasse.

1029 **Quantum** 1. Menge, Pack, Partie, Posten, Packen, Stoß, Schicht, Lage, Haufen, Stapel, Beuge, Bündel, Paket, Packung, Runde, Ballen, Batterie, Scheffel, Schock, Block, Schlag, Schub, Strang, Strähne, Lieferung, Fuhre, Fuder, Wagenladung, 2. Portion, Ration, Dosis, Gabe, Zuteilung, Anteil, Pensum, Teil, Kontingent, Quote, Deputat, Rate, Teilzahlung, Abschlagzahlung, Akontozahlung, Ratenzahlung; Vorauszahlung, Anzahlung, Teilbetrag, Aufgeld, Handgeld, Dinggeld, Mietschilling, Anzahl, Zahl, Anfall, Zuweisung, Bemessung, Quantität.

Quelle 1. Quell, Bronn, Born, Brunnquell; Brunnen, Zisterne, Ziehbrunnen, Wasserstelle, Tränke, Schwemme, Springbrunnen, Fontäne, Wasserkunst, Wasserspiele, Kaskade, Wasserfall, 2. Ursprung, Urquell, Mutterschoß, Brunnenstube; Herkunft, Ausgangspunkt, Wiege, Nest; Wurzel, Wurzelstock, Wurzelwerk; Samen, Schoß, Keim, 3. Fundgrube, Fundort; Bezugsquelle, Lieferant. 1030

quellen 1. aufgehen, aufquellen, sich vollsaugen, schwellen, anschwellen, zunehmen, dick werden, größer werden, 2. rieseln, sprudeln, sickern. 1031

queren 1. überqueren, überschreiten, durchschreiten, durchreisen, durchschweifen, durchziehen, durchwandern, durchstreifen, durchmarschieren, überfliegen; kreuzen, traversieren, durchqueren, 2. übersetzen, überfahren, ans andere Ufer gelangen, durchschiffen, durchfahren, durchpflügen, 3. überbrücken, überspannen, sich spannen, sich schwingen, hinüberführen, Brücke bauen, Brücke schlagen. 1032

Querschnitt Übersicht, Überblick, Durchschnitt, Zusammenfassung, Kompendium, Auszug, Abriß, Essenz, Extrakt, Quintessenz, Resümee, Inhaltsangabe, Kürzung, Komprimierung. 1033

radikal konsequent, bis zum Äußersten, bis in die Wurzel, mit der Wurzel, wurzeltief, von Grund auf; entschlossen, kompromißlos, auf Biegen oder Brechen, auf Gedeih und Verderb, extrem, zugespitzt, rück- 1034 sichtslos, unnachgiebig, verbissen, bedingungslos, unbedingt, stur, fanatisch, starr, verrannt, versessen, verbohrt, durchgreifend, tiefgreifend, „links", „rechts".

1035 **Rahmen** 1. Umrahmung, Einrahmung, Umrandung, Fassung, Einfassung, Leiste; Fahrgestell, Chassis, 2. Rand, Bord, Ufer, Saum, Gestade, Küste, Kante, Strand, Uferstreifen, Kai, befestigtes Ufer, Anlegestelle; Rampe, Verladerampe, Bühnenrampe, Piste, Radrennbahn; Hutrand, Krempe, Aufschlag, 3. Ring, Reif, Kreis, Kringel, Zirkel, Rund, Runde, Rundung, Peripherie, Horizont, Gesichtskreis, 4. Sphäre, Lebenssphäre, Lebensbereich, Lebensraum; Atmosphäre, Betriebsklima, Umgebung, Umkreis, Umwelt, Milieu, Hintergrund, Folie, Plattform, Forum, 5. Kante, Biese, Vorstoß, Paspel, Fransen, Aufschlag.

1036 **Rang** 1. Stand, Stufe, Charge, Klasse, Kaste, Schicht, Höhe, Stellung, Dignität, 2. Würde, Ehre, Wertschätzung, Autorität, Ansehen, Ehrenplatz, Titel, 3. Niveau, geistige Höhe, kultureller Anspruch, Bildungsstand, Bildungshöhe, menschliche Ebene, Bildungsgrad, Weite des Blicks, Horizont, Gesichtskreis, 4. Rangordnung, Rangfolge, Hierarchie, Gliederung, Aufbau, Stufenfolge, Bedeutung, Stellenwert.

1037 **Rat** Ratschlag, Beratung, Anregung, Vorschlag, Hinweis, Fingerzeig, Wink, Tip, Empfehlung, Anweisung, Ermunterung, Ermutigung, Unterweisung, Mahnung, Belehrung, Verhaltensmaßregel, Direktive.

1038 **raten** 1. anraten, anempfehlen, empfehlen, beraten, Rat geben, hinweisen, vorschlagen, bestärken, ermuntern, anregen, zuraten, 2. rätseln, nachdenken, sich den Kopf zerbrechen, grübeln, knobeln, herumraten, vor einem Rätsel stehen, herumrätseln, nach Erklärung suchen, 3. erraten, lösen, finden, ausfindig machen, ergründen, ausklamüsern, enträtseln, durchschauen, auflösen, herausbringen, herausfinden, aufdecken, entschlüsseln, herausbekommen, herauskriegen, sich an den fünf Fingern abzählen; auf die Schliche kommen, den Braten riechen, Wind bekommen, auf die Sprünge kommen.

rauchen qualmen, dunsten, nebeln, dampfen, wölken, Dampfwolken ausstoßen, Rauchfahne entwickeln, blaken, kulchen, glimmen, schwelen; paffen, schmauchen, Zigarre, Zigarette, Pfeife anzünden. 1039

rauh 1. uneben, holperig, steinig; hügelig, wellig, 2. haarig, behaart, borstig, bärtig, zottig, zottelig, ruppig, struppig, stoppelig, stachelig; narbig, schuppig, räudig, schrundig, spröde, schorfig; ausgefranst, fransig, fusselig, 3. heiser, krächzend, belegt, kratzig, kratzend, quäkend, knarrend, 4. verarbeitet, verschafft, schwielig, rissig, aufgesprungen, 5. frisch, kalt, scharf windig, stürmisch, wüst, öde, unfreundlich. 1040

Raum 1. Zimmer, Stube, Gemach, Gelaß, Wohnraum, Räumlichkeit, Lokal, Lokalität, Innenraum, Kammer, Mansarde, Dachkammer, Bude, Gehäuse, Klause, Kabuff, Bruchbude, Lattenverschlag, Kabinett, Kemenate, Salon, Boudoir, Saal, 2. Platz, Weite, Luft, Auslauf, freies Feld, freie Bahn, Freiheit, Bewegungsfreiheit, Tummelplatz, Entwicklungsmöglichkeit, Spielraum, Spanne, Marge, Schnitt. 1041

reagieren 1. antworten, ansprechen, eingehen, erwidern, Zeichen geben, zurückgeben, zurückschlagen, kontern, Wirkung zeigen, 2. sich verändern, sich verhalten, sich gebärden, sich gebaren. 1042

Reaktion 1. Antwort, Folge, Erwiderung, Gegenwirkung, Rückwirkung, Gegenstoß, Rückstoß, Reflex, Wirkung, Effekt, Verhalten, Gegenschlag, Gegendruck, Rückprall, Gegenströmung, Gegenbewegung, 2. die Gegenpartei, die nicht regierende Partei, 3. Fortschrittsfeindlichkeit, Obskurantismus, Rückschrittlichkeit. 1043

Reaktionär Rückschrittler, Dunkelmann, Finsterling, Obskurant, Feind 1044 der Wahrheit, Fortschrittsgegner, Hinterwäldler.

1045 **Rechenschaft** Rechtfertigung, Begründung, Entlastung, Abrechnung, Auskunft, Aufklärung, Darlegung, Beweis, Bericht, Rapport, Meldung, Tätigkeitsbericht, Aufstellung, Bilanz, Rechenschaftsbericht.

1046 **Recht** 1. Anrecht, Anspruch, Berechtigung, Befugnis, Freiheit, Ermächtigung, Lizenz, Privileg, Vorrecht, Konzession, Monopol, Reservat, Sonderrecht, Vergünstigung, Copyright, Urheberrecht, 2. Billigkeit, Gerechtigkeit, Fug, Rechtmäßigkeit, Schicklichkeit, Richtigkeit, Gesetzmäßigkeit, 3. Lebensrecht, Daseinsberechtigung, Existenzberechtigung, Grundrecht, Menschenrecht, Menschenwürde, ewiges Recht, Selbstbestimmungsrecht, Völkerrecht, Bürgerrecht, Stimmrecht, Wahlrecht.

1047 **recht** 1. gut, schön, in Ordnung, fehlerlos, einwandfrei, zufriedenstellend, vortrefflich, gut gemacht, zu Dank, genehm, 2. richtig, wahr, zutreffend, logisch, klar, beim rechten Ende, folgerichtig, sachgemäß, 3. rechtmäßig, gehörig, angemessen, recht und billig, billigerweise, mit Recht, ordnungsgemäß, 4. rechtlich, ordentlich, gerecht, untadelig, rein, schuldlos, ehrenhaft, fromm, tugendhaft, würdig, gediegen, aufrichtig, anständig, redlich, ehrbar, rechtschaffen, 5. reell, solide, lauter, sauber, vertrauenswürdig, zuverlässig, ehrlich, ehrbar, bieder, kittelrein, unverdächtig, regulär, regelrecht, regelhaft.

1048 **rechtlos** 1. entrechtet, schutzlos, geächtet, ausgestoßen, unterdrückt, versklavt, unterjocht, geknebelt, gebunden, gefesselt, 2. abhängig, unfrei, unterprivilegiert, benachteiligt, leibeigen, untertan, unterworfen, hörig, 3. ausgestoßen, ausgeschlossen, verbannt, exiliert, unberührbar, 4. Rechtloser, Ausgestoßener, Paria, Unberührbarer; Sklave, Höriger, Leibeigener, Abhängiger, Geknechteter; Besiegter, Unterworfener, Unterprivilegierter, Verlierer, Unterlegener.

Regel 1. Norm, Maß, Ordnung, Richtigkeit, Gemäßheit, Grundsatz, Richtschnur, Maßstab, Vorschrift, Bestimmung, Gesetz, 2. Gepflogenheit, Gewohnheit, Sitte, Brauch, Usus, Übung, Herkommen, Gewohnheitsrecht, Konvention, das Normale, der Normalfall, Normalität, Übereinkunft, Spielregel, Reglement, Kodex, Sittenkodex, Verhaltenskodex; Faustregel, Mittelwert, 3. Durchschnitt, Mittelmaß, Mittelweg, goldene Mitte, Alltäglichkeit, Mittelmäßigkeit, Schema, Zopf, Dutzendware, 4. Observanz, Ordensregel. 1049

regelmäßig 1. gleichmäßig, in gleichen Abständen, periodisch, zyklisch, rhythmisch, taktmäßig, im Takt, im Gleichschritt, stetig, laufend, in steter Folge, konstant, 2. gleichförmig, gewohnheitsmäßig, geordnet, korrekt, nach der Uhr, pünktlich, immer zur selben Zeit, 3. symmetrisch, spiegelbildlich, spiegelgleich, gleichseitig, ebenmäßig, wohlgeformt, harmonisch, ausgewogen, wohlgegliedert, wohlproportioniert, 4. jeweils, jedes Mal, immer wieder. 1050

Regelmäßigkeit 1. Gleichmaß, Gleichmäßigkeit, Wiederholung, Wiederkehr, Turnus, Gleichtakt, Rhythmus, Takt, Periodizität, Zyklus, 2. Ebenmaß, Einheitlichkeit, Symmetrie, Harmonie, Ausgeglichenheit, Ausgewogenheit, 3. Gleichförmigkeit, Uniformierung, Uniformität, Einförmigkeit, Eintönigkeit, Einerlei, Öde, Gleichmacherei, Gleichschaltung, Angleichung. 1051

regnen tröpfeln, nässen, feuchten, nieseln, spritzen, sprühen, drippeln, fisseln, rieseln, rinnen, träufen, plätschern, gießen, pladdern, schütten, strömen, planschen, triefen; schneien, in großen Flocken fallen; hageln, in Körnern niederprasseln, schloßen, in Schloßen hageln. 1052

reiben 1. frottieren, rubbeln, bürsten, schrubben, scheuern, kratzen, scharren, 2. raspeln, hobeln, schaben, schrappen, zerkleinern, 3. abreiben, trockenreiben, massieren, durchkneten, durchwalken, 4. schrammen, 1053 rauhen, aufrauhen, aufreiben, wundreiben, aufschrammen, aufschürfen.

1054 **reich** 1. vermögend, begütert, besitzend, wohlhabend, wohlsituiert, gutsituiert, betucht, hablich, zahlungsfähig, zahlungskräftig, flüssig, bei Kasse, solvent, kaufkräftig, bemittelt, mit Glücksgütern gesegnet, behäbig, vermöglich, sorgenfrei, in behaglichen Umständen, in guten Verhältnissen, viel Geld, mehr als genug, übergenug, steinreich, Geld wie Heu; reiche Erbin, Goldfisch, gute Partie, 2. reichhaltig, vielfältig, ausgedehnt, bunt, mannigfach, groß, ansehnlich, beträchtlich, enorm, umfangreich, umfassend, wohlassortiert, mit allem versehen, wohlbestellt, große Auswahl, übersichtlich geordnet, 3. gehaltvoll, inhaltreich, ergiebig, lohnend, ertragreich, 4. reichlich, üppig, quellend, strömend, strotzend, herrlich und in Freuden, wohlversehen, wohlbestellt, vollauf, opulent, ausgiebig, sattsam.

1055 **reif** 1. ausgereift, zum Pflücken bereit, zur Ernte bereit, gereift, abgelagert, 2. erwachsen, herangewachsen, ausgewachsen, groß, flügge, aus den Kinderschuhen, kein Kind mehr, volljährig, großjährig, majorenn, mündig, entwickelt, heiratsfähig, mannbar, 3. fertig, geformt, geprägt, gefestigt, ausgebildet, vorbereitet, überlegt, befähigt, gerüstet, bereit, gewappnet, 4. gesetzt, lebensklug, lebenskundig, erfahren, überlegen, weltklug, weltläufig, abgeklärt, weise.

1056 **Reihe** 1. Anzahl, Zahl, Menge, Vielzahl, 2. Folge, Aufeinanderfolge, Aneinanderreihung, Kette, Schnur, Zeile, 3. Serie, Zyklus, Satz, Sammlung, Zusammenstellung, Gruppe, Garnitur, Besteck, Service, Set, Platzgedeck; Kombination, Twinset, Triset, 4. Aufmarsch, Front, Spalier, Gänsemarsch, Schlange, Zug, Linie, Phalanx, geschlossene Reihe, Kolonne, Trupp; Festzug, Umzug, Prozession, Korso; Karawane, Kamelzug, Reisegesellschaft.

rein 1. sauber, reinlich, gewaschen, blank, fleckenlos, unbeschmutzt, frisch, gereinigt, geputzt, gesäubert, gescheuert, frisch gewaschen, hell, makellos, blendend weiß, blütenweiß, blitzblank, unbetreten, frisch gefallen, klar, adrett, gepflegt, proper, appetitlich, tiptop, wie aus dem Ei gepellt, akkurat, wie aus dem Schächtele, blitzsauber, schmuck, säuberlich, 2. keusch, sittsam, jungfräulich, unbefleckt, unberührt, unbeschrieben, schicksallos, unschuldig, mädchenhaft, lauter, anständig, makellos, untadelig, unverdorben, schamhaft, unsträflich, einwandfrei, lilienhaft, weiß wie Schnee, schneeweiß, engelrein, madonnenhaft, magdlich, herzensrein, unschuldsvoll, 3. unvermischt, naturrein, schier, unversetzt, pur, klar, ungetrübt, unverfälscht, geklärt, destilliert, geläutert, raffiniert, gereinigt, schlackenlos, echt, massiv, solid, schwer, gediegen, hochkarätig, lupenrein, reinrassig, 4. sauber, stubenrein, trocken, 5. keimfrei, steril, sterilisiert, antiseptisch, aseptisch, sanitär, gesundheitlich, hygienisch, der Gesundheit dienend. 1057

Reinheit 1. Sauberkeit, Reinlichkeit, Frische, Gepflegtheit, Fleckenlosigkeit, Unversehrtheit, Unverbrauchtheit, 2. Keuschheit, Unschuld, Unerfahrenheit, Unberührtheit, Jungfräulichkeit, Magdtum, Mädchenhaftigkeit, Makellosigkeit, Unbeflecktheit, Lauterkeit, Sittsamkeit, Sittenreinheit, Sittenstrenge, Scham, Schamhaftigkeit, Schamgefühl, Schuldlosigkeit, 3. Vollkommenheit, Fehlerlosigkeit, Untadeligkeit, Beispielhaftigkeit, Vorbildlichkeit, Integrität, Redlichkeit, Unangreifbarkeit, Unfehlbarkeit, Vollendung, Heiligkeit, 4. reiner Tor, Parzival, Kaspar Hauser, unbeschriebenes Blatt, Unschuld, 5. Reinigung, Säuberung, Wäsche, Waschung, Abwaschung, Dusche, Bad; Klärung, Läuterung, Raffinierung; Hausputz, Reinemachen, große Wäsche, 6. Entleerung, Entschlackung, Blutreinigungskur. 1058

1059 **Reisender** 1. Passagier, Gast, Besucher, Passant, Fremder, Durchreisender, Mitfahrender, Fahrtgenosse, Reisegenosse, Fahrgast, Reisegefährte, Reisebekanntschaft, Mitreisender, Teilnehmer, Insasse; Tourist, Bergsteiger, Bergfreund, Kletterer, Alpinist; Wanderer, Wandersmann, Fußgänger, Spaziergänger, Wandervogel, Pfadfinder, Naturfreund, Urlauber, Zugvogel, Ausflügler, Ferienreisender, Pilger, 2. Forscher, Forschungsreisender, Globetrotter, Weltenbummler, Abenteurer, Weltreisender, 3. Vertreter, Handelsvertreter, Handlungsreisender, Agent.

1060 **reizen** 1. aufreizen, anreizen, anfachen, anblasen, erregen, entflammen, anziehen, aufregen, begeistern; aufbringen, erzürnen, Öl ins Feuer gießen, ärgern, entrüsten, empören, auf die Nerven gehen, nerven, den Nerv töten, zur Raserei bringen, auf die Palme bringen, die Wände hochtreiben, aus dem Häuschen bringen, 2. herausfordern, anrempeln, Streit vom Zaun brechen, anspitzen, stacheln, aufstacheln, anstacheln, hetzen, den Fehdehandschuh hinwerfen, provozieren, brüskieren, fordern, Sekundanten schicken; belästigen, mustern, fixieren, anstarren, durchbohren, zu nahe treten, ansprechen, anquatschen, anquasseln, nachsteigen, 3. locken, buhlen, balzen, gurren, Avancen machen, schöntun, entgegenkommen, werben, kokettieren, sich bemühen, anlächeln, flirten, plänkeln, schäkern, liebäugeln, scharmieren, scharmutzieren, hofieren, den Hof machen, umwerben, tändeln, bezaubern, bezirzen, berücken, faszinieren, umgarnen, den Kopf verdrehen, 4. anlocken, Falle stellen, Schlinge legen, ködern, Köder auslegen, Angel auswerfen, Appetit machen, den Mund wässerig machen, in Versuchung führen.

1061 **relativ** 1. verhältnismäßig, vergleichsweise, im Hinblick auf, verglichen mit, im Vergleich, im Verhältnis zu, mehr oder minder, prozentual, bedingt, entsprechend, bezüglich, 2. Relativität, Bezüglichkeit, das Bezügliche, Bedingtheit, Abhängigkeit, bedingte Geltung, Begrenzung, Einschränkung.

Religion 1. Konfession, Bekenntnis, Glaubensbekenntnis, Lehre, Weltanschauung, Kirche, Glaubensrichtung, Überzeugung, 2. Glaube, Gläubigkeit, Religiosität, Gottesfurcht, Gottseligkeit, Gottvertrauen, Ergebung in den Willen Gottes, Demut, Heiligkeit, geistliches Leben, innere Gewißheit, Vertrauen, Zuversicht, Lebensvertrauen, 3. Mystik, Suche nach Vereinigung mit dem Göttlichen, ekstatisches Erleben des Göttlichen, 4. Religiöse, Fromme, Glaubende, Gläubige, fromme Menschen, Bekenner, Gottsucher, Ekstatiker, Mystiker, Visionäre. 1062

Rente 1. Einkommen, Anteil, Ertrag, Erträgnis, Zinsen, Verzinsung, Gewinn, Dividende, Tantieme, 2. Pension, Ruhegehalt, Ruhegeld, Altersversorgung, Alterssicherung, Lebensversicherung; Pfründe, Sinekure, arbeitsloses Einkommen. 1063

Rest 1. Überbleibsel, Überrest, Brosamen, Krümel, Brotkrumen, Rückstand, Bodensatz, Hefe, Schlacke, Schnitzel, Schnipfel, Stückchen, Stummel, Stumpf, Stümpfchen, Fetzen, Lappen, Stück, 2. Unerledigtes, Restbetrag, Fehlbetrag, Schuld; Restbestand, Restposten, 3. Rüste, Neige, Ausklang, Spur, 4. Relikt, Reliquie, Asche, Spuren, 5. Spreu, Hülsen, Spelze, Abfall. 1064

Reue 1. Bedauern, Schmerz, Gram, Reumütigkeit, Schuldbewußtsein, Bußfertigkeit, Zerknirschung, Gewissensangst, Gewissensnot, Gewissensbisse, Schuldgefühl, Einkehr, Scham, Selbstanklage, 2. Wille zur Besserung, Wille zum Wiedergutmachen, tätige Reue. 1065

reuig einsichtig, reumütig, reuevoll, zerknirscht, beschämt, bußfertig, schuldbewußt, gefügig, guten Willens, windelweich. 1066

Revolution 1. Umwälzung, Umsturz, Veränderung, Umbildung, Umgestaltung, Neuerung, Neugestaltung, Neuregelung, Umstellung, Fortschritt, Wandel, Wandlung, Wende, 1067

Besserung, Umschwung, Reform, Sozialreform, Erneuerung, Umwandlung, Verbesserung, Reformation, Neuorientierung, Neuordnung, Neugestaltung, Neuland, Neubeginn, Neubelebung, Neugeburt, Wiederbelebung, Renaissance, Restauration, Reorganisation, 2. Emanzipation, Emanzipierung, Frauenemanzipation, Frauenbewegung, Feminismus, Kampf um Gleichberechtigung, 3. Aufstand, Auflehnung, Empörung, Aufruhr, Revolte, Rebellion, Unruhen, Wirren, Krawall, Massenkundgebung, Putsch, Staatsstreich, Subversion, Sturz, Umsturz, Bürgerkrieg, Bruderzwist, Bruderkrieg, Klassenkampf, Umtriebe, Demonstration, Kundgebung, 4. Streik, Ausstand, Arbeitsverweigerung, Meuterei, Aufsässigkeit, Bummelstreik, Dienst nach Vorschrift, Sitzstreik, Sit-in, Befehlsverweigerung.

1068 **riechen** 1. duften, gutriechen, Wohlgeruch, Duft ausströmen, die Luft mit Duft schwängern, Duft aussenden, Duftwogen verbreiten, 2. stinken, schlecht riechen, die Luft verpesten, muffeln, miefen, Gestank verbreiten, die Umwelt verschmutzen, 3. schnuppern, schnüffeln, beschnüffeln, beriechen, beschnuppern, beschnobern, schnobern, wittern, die Luft einziehen, wahrnehmen, merken.

1069 **Rückgang** 1. Niedergang, Abstieg, Abnahme, Rückschritt, Rückschlag, Nachlassen, Verschlechterung, Schwund, Abbau, Einbuße, Prestigeverlust, Verschlimmerung, rückläufige Entwicklung, Krebsgang, Verfall, Rückfall, Atavismus, Rückbildung, 2. Entartung, Dekadenz, Degeneration, Verfall, Verkümmerung, Verelendung, Abgleiten, Zerrüttung, 3. Verminderung, Verringerung, Minderung, Reduzierung, Reduktion, Dämpfung, Herabminderung, Wertminderung, Entwertung, Abwertung, Inflation, Deflation, Geldentwertung, Schmälerung, Aderlaß, Fortfall, 4. Abnahme, Gewichtsabnahme, Untergewicht, Gewichtsverlust, Abmagerung, Abhagerung, Entfettung, Auszehrung, Kräfteverfall, Unterernährung, 5. Sittenverfall, Niveausenkung, Verwahrlosung, seelische Verödung, Vermassung, Entmenschlichung, Enthumanisierung, Verrohung, Entartung, Barbarisierung, Entleerung, Demoralisierung, 6. Abkühlung, Temperaturrückgang, Wettersturz, Wärmeverlust, Auskühlung, Unterkühlung, Erstarrung, Vereisung, Vergletscherung, Eiszeit, 7. Ebbe, fallendes Wasser, Niederwasser, Niedrigwasser; Tiefstand, Tiefpunkt, Talsohle.

Rückseite Kehrseite, Abseite, linke 1070
Seite, Hinterseite, Schattenseite, Rücken, Revers, Innenseite, Nachtseite; Hinterteil, Hinterquartier, Gesäß, Steiß.

Rücksicht Aufmerksamkeit, Beach- 1071
tung, Besorgtheit, Fürsorge, Schonung, Respekt, Achtung, Rücksichtnahme, Berücksichtigung, Fürsorglichkeit, Achtsamkeit.

Ruf 1. Berufung, Beauftragung, Lehr- 1072
auftrag, Auftrag, Aufforderung, Einsetzung, Ernennung, 2. Gebot, Geheiß, Mission, Aufruf, Mahnung, Appell, Anruf, Sendung, 3. Weckruf, Zuruf, Befehl, Weisung, Alarm, Telefonanruf, Fernruf, Schrei, Aufschrei, Angstschrei, Notschrei, Signal, Warnruf, Warnzeichen; Abfahrtszeichen, Klingel, Glocke, Schelle, Glockenzeichen, Läuten, Klingeln, Wecker; Startschuß, grünes Licht, Leuchtzeichen, Klingelzeichen, Zuruf, Sirene, Countdown.

rufen 1. ausrufen, sich vernehmen las- 1073
sen, die Stimme ertönen lassen, mit lauter Stimme sprechen, anrufen, aufrufen, beim Namen rufen, zurufen, herbeirufen; um Hilfe rufen, alarmieren, Alarm schlagen, Lärm schlagen, die Notbremse ziehen, wecken, aufstören, hupen, Signal geben, tuten, klingeln; Feuer schreien, Zeter und Mordio schreien, 2. zusammenrufen, versammeln, bestellen, kommen lassen, holen, zitieren, beordern, kommandieren, heranrufen, herbeizitieren, zusammenziehen, konzentrieren, zusammentrom-

meln, zu sprechen wünschen, entbieten, auffordern, ausrufen lassen, aufrufen, 3. berufen, Stellung anbieten, antragen, übertragen, einsetzen, 4. rufen nach, verlangen nach, benachrichtigen, zu kommen bitten; heischen, begehren, schreien nach.

1074 **Ruhe** 1. Stille, Lautlosigkeit, Schweigen, Stillschweigen, Stummheit, Friede, Schlaf, Feierabend, Abendfriede, 2. Gelassenheit, Beschaulichkeit, Besinnlichkeit, Ausgeglichenheit, Gleichmaß, Gleichgewicht, Seelenfriede, Gleichmut, Nachdenklichkeit, Beherrschtheit, Besonnenheit, Seelenruhe, Gesetztheit, Gemütsruhe, Nonchalance, 3. Muße, Fassung, Gefaßtheit, Fatalismus, Schicksalsglaube, Phlegma, Lässigkeit, Laxheit, Unbekümmertheit, 4. Unerschütterlichkeit, Geistesgegenwart, Präsenz, Kaltblütigkeit, Gefaßtheit, 5. Seßhaftigkeit, Sitzfleisch, 6. Windstille, Flaute, Reglosigkeit, Unbewegtheit, Bewegungslosigkeit, Stillstand.

1075 **ruhen** 1. rasten, pausieren, unterbrechen, aussetzen, innehalten, einhalten, verweilen, ausruhen, entspannen, sich verschnaufen, Atem holen, Atem schöpfen, Feierabend machen, feiern, Ferien machen, sich erholen, sich's bequem machen, sich zurechtsetzen, die Hände in den Schoß legen, nichts tun, aufatmen, entspannen, zur Ruhe kommen, abschalten, 2. beruhen, fußen, gründen, wurzeln, sich gründen auf, basieren, sich stützen auf, getragen werden von, 3. in sich ruhen, sich Zeit lassen, gelassen leben, ruhig arbeiten, ruhig sein, nicht hetzen, keine Eile haben, nichts übereilen, nichts überstürzen, sich nicht aufregen, kühlen Kopf bewahren, ruhig bleiben, Ruhe bewahren, die Nerven bewahren, stillhalten, sich nicht regen, nichts unternehmen.

1076 **ruhig** 1. still, lautlos, leise, unhörbar, reglos, mäuschenstill, wie angewurzelt, regungslos, ruhend, schlafend, bewegungslos, friedlich, friedsam, 2. geruhsam, bedächtig, bedachtsam, sorgfältig, vorsichtig, behutsam, umsichtig, sanft, gemach, nachdenklich, gedankenvoll, besinnlich, besonnen, überlegt, abwägend, abwartend, friedfertig, versöhnlich, geduldig, 3. beherrscht, gelassen, befriedigt, entspannt, beruhigt, gefaßt, gemessen, gesetzt, fatalistisch, klaglos, ausgeglichen, gleichmäßig, phlegmatisch, würdevoll, ungehetzt, ohne Eile, zurückhaltend, seelenruhig, ungerührt, unerschütterlich, stoisch, nicht aus der Ruhe zu bringen, lässig, lax, gleichmütig, 4. kontemplativ, beschaulich, klösterlich, innerlich, versonnen, versunken, vertieft, versponnen, selbstvergessen, in Gedanken versunken, introvertiert, nach innen gerichtet, besinnlich, 5. geistesgegenwärtig, kaltblütig, bedachtsam, gefaßt, unerschütterlich, 6. ausgleichend, beruhigend, versöhnlich, kampflos, ohne Gegenwehr, mit friedlichen Mitteln, defensiv, verteidigend, unblutig, gütlich, ohne Streit, ohne Kampf, kompromißbereit, friedliebend, pazifistisch, 7. ruhend, latent, verborgen, nicht in Erscheinung tretend, 8. windstill, im Windschatten, reglos, regungslos, ohne Bewegung, ohne einen Hauch, totenstill.

Ruhm Ansehen, Anerkennung, Lob, Preis, Ehre, Triumph, Bewunderung, Lorbeeren, Ruf, Hochachtung, Wertschätzung, Popularität, Weltgeltung, Weltruhm, Weltruf, Gunst, Nimbus, Glanz, Prestige, Renommee, Berühmtheit. 1077

sachlich 1. objektiv, unparteiisch, vorurteilslos, vorurteilsfrei, unvoreingenommen, unbeeinflußt, unbefangen, unverblendet, voraussetzungslos, leidenschaftslos, 2. klar, real, nüchtern, logisch, rational, verstandesgemäß, realistisch, prosaisch, poesielos, unpersönlich, karg, unpoetisch, schwunglos, trocken, pragmatisch, sachbezogen, praktisch orientiert, dem praktischen Nutzen dienend, 3. Verstandesmensch, Kopfmensch, Pragmatiker, Realist. 1078

saftig 1. feucht, saftstrotzend, safttriefend, köstlich, erfrischend, schmackhaft, gehaltvoll, kräftig, 1079 prall, saftvoll, voll, üppig, strotzend, füllig, satt, 2. stark, unanständig, deftig, derb, 3. von Preisen: hoch, übersteigert, unverschämt.

1080 **Saison** 1. Jahreszeit, 2. Hauptbetriebszeit, Erntezeit, Kampagne, Saisonspitze, Hochkonjunktur, Hauptgeschäftszeit, Theaterspielzeit, Konzertsaison, Zeit der Bälle und Vergnügungen.

1081 **sammeln** 1. einsammeln, zusammenlesen, aufsammeln, aufheben, aufklauben, aufraffen; zusammenbringen, zusammentragen, Sammlungen anlegen, erwerben, an sich bringen, in seinen Besitz bringen, sein Haus anfüllen, 2. scheffeln, anhäufen, zusammenraffen, zusammenkratzen, zusammenschleppen; stapeln, aufstapeln, stauen, lagern, einlagern, häufen, türmen, massieren, horten, schichten, aufschichten, aufsetzen, aufbeugen, aufeinanderschichten, aufeinandersetzen, bündeln, 3. zentralisieren, konzentrieren, zusammenfassen, zusammenziehen, horten, speichern, erfassen, aufnehmen, magazinieren, katalogisieren, bibliographieren, mikrophotographieren, auf Band nehmen, 4. zu sich kommen, sich fassen, zur Ruhe kommen, sich konzentrieren, seine Gedanken sammeln, seine Gedanken beisammenhalten, 5. schachteln, ineinanderfügen, ineinanderstecken.

1082 **Sammlung** 1. Ernte, Mahd, Sammeln, Einbringen; Anhäufung, Ansammlung, Speicherung, Hortung, Vorrat, Fülle, Schatz, 2. Museum, Bildersammlung, Gemäldesammlung, Kunstsammlung, Kunsthalle, Galerie, Ausstellung, Kunstausstellung, Salon, 3. Bibliothek, Büchersammlung, Bücherei, Bücherschatz; Archiv, Registratur, Urkundensammlung; Diskothek, Plattensammlung; Bibliographie, Glossar, Glossensammlung; Wörterverzeichnis, Wörterbuch, Lexikon; Dokumentation, Dokumentensammlung, Beurkundung, 4. Sammelwerk, Anthologie, Blütenlese, Brevier, Auswahl, Auslese, Almanach, Album; Kalender, Jahrweiser, 5. Aufnahme, Erfassung, Zählung, 6. Konzentration, innere Sammlung, innere Vorbereitung.

satt 1. gesättigt, befriedigt, zufrieden, 1083
nicht mehr hungrig, genug gegessen, kein Bedürfnis mehr, kann nicht mehr; saturiert, zufriedengestellt, wunschlos, ohne Ansprüche, 2. tief, voll, warm, kräftig, intensiv, leuchtend, 3. leid, über, verleidet, vermiest, überdrüssig, angewidert, angeekelt, angeödet, gelangweilt, müde.

säubern (sich) 1. rein machen, reini- 1084
gen, putzen, saubermachen, stöbern, Hausputz halten, fegen, kehren, abfegen, abkehren, scheuern, schrubben, aufwaschen, aufwischen, aufnehmen, wischen, abstauben, Staub wischen, stauben, staubsaugen, entstauben, 2. bürsten, ausbürsten, abbürsten, reiben, wegwischen, abwischen, abwaschen, Flecken entfernen, entflecken; ausschütteln, ausschwenken, ausklopfen, klopfen; abziehen, spänen, wichsen, bohnern, blankreiben, 3. waschen, einseifen, abseifen, baden, Bad nehmen, duschen, brausen, abbrausen; abwaschen, Geschirr spulen, spülen, abspülen, ausspülen, ausputzen, 4. jäten, roden, Unkraut entfernen, auszupfen, ausziehen, 5. desinfizieren, entkeimen, keimfrei machen; entschlacken, purgieren, entseuchen, 6. säubern von, befreien von, misten, ausmisten.

Schaden 1. Nachteil, Verlust, Ein- 1085
buße, Eintrag, Schwund, Abbruch, Abgang, Ausfall, Wegfall, Ausbleiben; Defizit, Fehlbetrag, Unterschuß, 2. Reinfall, Panne, Unfall, Defekt, Pech, Bruch, Sachschaden, Mißgeschick; Pleite, Mißlingen, Fiasko, Mißerfolg, Fehlschlag, Schlag ins Wasser, Peinlichkeit, Bloßstellung, Blamage, Fatalität, Ungunst der Verhältnisse, 3. Schädigung, Beschädigung, Befall, Ansteckung, Infektion, Übertragung, Schwächung, Gesundheitsschädigung, Schädlichkeit, Unzuträglichkeit, Unverdaulichkeit, Ungenießbarkeit, 4. Entstellung, Deformierung, Verunstal-

tung, Verkrümmung, Verkrüppelung, Knacks, Lähmung, Buckel, Höcker, Geburtsfehler, Invalidität, Arbeitsunfähigkeit, Dienstunfähigkeit, 5. Bruch, Scherben, Trümmer, Zerstörung, Trümmerstätte, Trümmerhaufen, Trümmerfeld, Ruine, Ort der Zerstörung, Schlachtfeld.

1086 **schaden (sich)** 1. Schaden zufügen, schädigen, Unrecht tun, zuleide tun, Abtrag tun, beeinträchtigen, benachteiligen, schmälern, mindern, zurücksetzen, in den Schatten stellen, hemmen, sabotieren, Verluste beibringen, das Wasser abgraben, etwas anhaben, Böses anhaben, Arges zufügen, sich jem. in den Weg stellen, jem. eins auswischen, jem. einen bösen Streich spielen; enterben, entrechten, ins Unglück bringen, in Mißkredit bringen, jem. Ruf schädigen, die Freude verderben, die Suppe versalzen, ein Bein stellen, zu Fall bringen, 2. bekümmern, betrüben, Schmerz bereiten, Sorgen machen, Leid zufügen, Leid antun, das Herz brechen, 3. entstellen, versehren, verletzen, verwunden, deformieren, verunstalten, verstümmeln, verkrüppeln, Glied abnehmen, amputieren, 4. sich verletzen, zu Schaden kommen, sich Schaden tun, Wunden davontragen, verwundet werden; den Fuß vertreten, verrenken, verknacksen, verstauchen, umknicken, zerren, verzerren, ausrenken, Arm auskugeln, quetschen, prellen, 5. Schaden leiden, Pech haben, den Schaden tragen, die Zeche bezahlen, den kürzeren ziehen, zu kurz kommen, das Nachsehen haben, zu spät kommen, schlecht wegkommen, benachteiligt werden, zurückstehen müssen, nicht zum Zuge kommen, vom Regen in die Traufe kommen, 6. sich schaden, sich in die Nesseln setzen, sich ins eigene Fleisch schneiden, ins Fettnäpfchen treten, Porzellan zerschlagen, in Mißkredit geraten, den guten Ruf verlieren, bei jem. verspielen, sich im Licht stehen, sich eine Suppe einbrocken, in ein Wespennest stechen, Aufregung verursachen, gegen sich einnehmen, Ärgernis erregen, sich unbeliebt machen, sich unmöglich machen, in Ungnade fallen, es mit jem. verderben, 7. jem. nachstehen, nicht an jem. heranreichen, jem. nicht das Wasser reichen können, unterlegen sein, 8. zum Schaden gereichen, sich ungünstig auswirken, nachteilig sein, schädlich sein, krank machen, in Mitleidenschaft ziehen.

schämen, sich 1. Scham empfinden, 1087
in Verlegenheit geraten, das Getane bereuen, die Augen niederschlagen, sich genieren, erröten, rot werden, erglühen; verlegen sein, sich scheuen, Angst haben, schüchtern sein; sich zieren, fremdeln, sich winden, sich nötigen lassen, sich anstellen, sich haben, Geschichten machen, 2. zu schüchtern sein, nicht den Mut haben, nicht die Stirn haben.

Schande 1. Schmach, Unehre, Un- 1088
glimpf, Verruf, Skandal, Mißkredit, übler Leumund, üble Nachrede, Schimpf, Demütigung, Entwürdigung, Erniedrigung, Kompromittierung, Mißachtung, Bloßstellung, Preisgabe, 2. Schändung, Entweihung, Entheiligung, Befleckung, Beschmutzung, Frevel, Sakrileg, Makel, dunkler Punkt, Schandfleck, Blamage, Beschämung, Vergewaltigung, Notzucht.

scharf 1. schneidend, geschliffen, ge- 1089
wetzt, geschärft, durchbohrend, stechend, spitz, spitzig, gezackt, gezähnt, schartig, dornig, stachelig, eckig, kantig, scharfkantig, 2. rauh, kalt, durchdringend, harsch, grimmig, 3. zugespitzt, überscharf, überspitzt, penetrant, ätzend, bissig, beißend, schonungslos, unbarmherzig, unnachsichtig, 4. schrill, spitz, befehlend, schneidend, 5. klar, deutlich, gut zu erkennen, 6. Schärfe, Schneide, Klinge, Spitze; Messer, Tafelmesser, Küchenmesser, Buttermesser, Taschenmesser, Schnitzmesser; Sonde, Skalpell.

schärfen 1. wetzen, abziehen, schlei- 1090
fen, dengeln, zuspitzen, spitzen, anspitzen, feilen, 2. verschärfen, strenger werden, die Schraube anziehen, ernst machen, sich verschärfen, sich verschlimmern, sich zuspitzen, zu ei-

ner Entscheidung drängen, ernst werden, ärger werden, sich verschlechtern, schlimmer werden, das Übel vergrößern, 3. den Blick schärfen, üben, schulen, verbessern.

1091 **schätzen** 1. achten, ehren, anerkennen, bewundern, verehren, loben, hochhalten, hochachten, schätzenlernen, zu würdigen wissen, einen hohen Begriff haben, mögen, gern haben, große Stücke auf jem. halten, für wertvoll halten, 2. bewerten, werten, prüfen, begutachten, beurteilen, einschätzen, taxieren, abschätzen, abwägen, wägen, veranschlagen, ermessen, erachten, halten für, ansetzen, auswerten, kalkulieren, dafürhalten, über den Daumen peilen, vermuten, annehmen.

1092 **schäumen** gären, brausen, kochen, sieden, wallen, sprudeln, zischen, rauschen, gischten, branden, perlen, moussieren, prickeln, Schaum bilden, Gischt aufwerfen.

1093 **Schauplatz** Bühne, Theater, Szene, Parkett, Arena, Stadion, Manege, Rampe, Kampfplatz, Walstatt, Schlachtfeld, Bretter die die Welt bedeuten, Ort der Handlung, Plattform, Forum, Ebene, Basis, Rahmen, Szenerie, Tribüne, Tribunal, Galerie, Kanzel, Podest, Tritt, Podium, Erhöhung.

1094 **scheinbar** angeblich, vorgeblich, fiktiv, fingiert, pro forma, zum Schein, vorgetäuscht, nicht wirklich, erheuchelt, trügerisch, betrügerisch, lügnerisch, irreführend, täuschend, fragwürdig, fälschlich, verlogen, lügenhaft; hypothetisch, gedacht, vorgegeben, theoretisch, vermeintlich, irrtümlich angenommen.

1095 **scheinen** 1. aussehen, vorkommen, den Anschein haben, erscheinen, dünken, bedünken, wirken, anmuten, sich anfühlen; sich gehaben, sich gebärden, sich geben, blenden, täuschen, den Anschein erwecken; den Schein wahren, das Dekorum wahren, so tun als ob, 2. leuchten, strahlen, brennen, flackern, lodern, lohen, glühen, gluten, blinken, aufblitzen, blitzen, wetterleuchten, aufscheinen, flimmern, glitzern, funkeln, glänzen, gleißen, schimmern, schillern, glimmen, flirren, flittern, spielen, spiegeln, erglänzen, aufleuchten, aufzucken, erstrahlen, erglühen, ausstrahlen, aussenden, ausströmen, abstrahlen, verbreiten, 3. durchscheinen, durchschimmern, durchsichtig sein, Licht durchlassen, 4. phosphoreszieren, fluoreszieren, changieren, glimmern, schillern, moirieren, flammen.

scheitern 1. fehlschlagen, mißlingen, 1096
mißglücken, danebengehen, schiefgehen, auffliegen, zuschanden werden, in die Brüche gehen, zunichte werden, in die Binsen gehen, sich zerschlagen, zusammenkrachen, mißraten, platzen, auffliegen; nicht ankommen, nicht ansprechen, mißfallen, durchfallen, nicht wirken, keine Wirkung tun, nicht einschlagen, vergeblich sein, 2. Pech haben, das Ziel verfehlen, keinen Erfolg haben, versagen, Fiasko erleiden, zu nichts kommen, auf keinen grünen Zweig kommen, keine Seide spinnen, das Vermögen verlieren, kein Geld mehr haben, ohne Geld dastehen, blank sein, in sein Unglück rennen, 3. unterliegen, erliegen, besiegt werden, hörig werden, verfallen; Niederlage erleiden, zu Boden gehen, kapitulieren, das Handtuch werfen, auf verlorenem Posten kämpfen, die weiße Flagge aufziehen, 4. hereinfallen, betrogen werden, hintergangen werden, überlistet werden, auf den Leim gehen, ins Garn gehen, in die Schlinge gehen, 5. abblitzen, abfahren, einen Korb bekommen, sich eine Abfuhr holen, sitzengelassen werden, sitzenbleiben, versetzt werden, abgewiesen werden, eine Fehlbitte tun, 6. in den Wind reden, tauben Ohren predigen, auf Granit beißen, sich an etwas die Zähne ausbeißen, 7. kentern, auf Grund fahren, in Seenot geraten, stranden, auflaufen, sinken, untergehen, havarieren, Schiffbruch erleiden, über Bord gehen, absinken, absaufen, absacken, versacken, versinken, untersinken, untergehen, ertrinken, 8. verunglücken, Unfall bauen, Panne ha-

ben, Bruch machen; entgleisen, aus den Schienen springen, zusammenstoßen, 9. verkannt werden, nicht verstanden werden, auf Unverständnis stoßen, in ein schiefes Licht geraten, sich eine Suppe einbrocken, sein eigenes Grab schaufeln.

1097 **Schelm** 1. Schalk, Schäker, Spaßmacher, Spaßvogel, Witzbold, Possenreißer, lustiger Kauz, Eulenspiegel, Münchhausen, Humorist, Komiker, Clown, 2. Schlingel, Racker, Strolch, Strick, Frechdachs, Lausejunge, Lausebengel, Lausbub.

1098 **schicken** 1. senden, entsenden, beauftragen, anweisen, beordern, delegieren, abordnen, 2. befördern, spedieren, transportieren, abtransportieren, verfrachten, verladen, verschiffen, umschlagen, umladen, verlagern, 3. liefern, zuführen, überführen, zustellen, zuschicken, zusenden, ausfahren, anfahren, bringen, zugehen lassen, zuleiten, ins Haus schaffen, abliefern, ausliefern, übermitteln, zubringen, beliefern, beschicken, versorgen mit, 4. expedieren, abschicken, abtransportieren, wegschicken, aufgeben, zur Post geben, absenden, versenden, verschicken, wegtragen, fortbringen, in den Kasten stecken, einstecken, einwerfen, per Post zustellen.

1099 **Schicksal** 1. Geschick, Fatum, Los, Bestimmung, Fügung, Schickung, Verhängnis, Widerfahrnis, der Lauf der Dinge, Menschenlos, 2. die Vorsehung, der Wille Gottes, die höheren Mächte, die das Leben lenkende Macht, das Unerforschliche, 3. die Notwendigkeit, die Gestirne, der Zufall, die Umstände, Zufälligkeiten, das Zusammentreffen von Umständen, die Gegebenheiten, die Gunst (Ungunst) der Verhältnisse, die Tücke des Geschicks, 4. Anlage, Charakter, Erbmasse, Begabung.

1100 **schimpfen** 1. schelten, tadeln, zanken, brummen, knottern, raunzen, knurren, murren, kollern; anschnauzen, anfahren, ausschelten, ausschimpfen, abkanzeln, aufs Dach steigen, Abreibung erteilen, beschimpfen, unsachlich (unparlamentarisch) werden, an den Wagen fahren, grob kommen, anlassen, anfauchen, anzischen, anpfeifen, anranzen, zurechtweisen, Zigarre verpassen, in den Senkel stellen, verdonnern, eins drauf geben, Bescheid sagen, den Marsch blasen, Fraktur reden, ins Gebet nehmen, die Leviten lesen, den Kopf waschen, zusammenstauchen, anblasen, anherrschen, den Kopf zurechtsetzen, eins auf die Nase geben, die Flötentöne beibringen, zur Rede stellen, sich jem. kaufen, vom Leder ziehen, 2. toben, ausbrechen, explodieren, platzen, bersten, schreien, fauchen, schnauben, hochgehen, poltern, schnauzen, zischen, donnern, wettern, wüten, bellen, kläffen, keifen, geifern, zetern, rasen, donnerwettern, fluchen, lästern, 3. Szene machen, Gardinenpredigt halten, Vorwürfe machen, Vorhaltungen machen, vorwerfen, den Text lesen, Theater machen.

schlafen 1. ruhen, liegen, lagern, hingelagert sein, hingestreckt sein, ausruhen, im Bett liegen, im Schlaf liegen, fest schlafen, tief schlafen, schlummern, dämmern, duseln, nicken, dösen, pennen, träumen, in Morpheus Armen liegen, 2. einschlafen, einnicken, entschlummern, in Schlaf fallen, in Schlaf versinken, 3. schnarchen, sägen, 4. schlafen gehen, ins Bett gehen, sich ins Bett legen, sich zu Bett legen, sich zur Ruhe begeben, sich legen, sich niederlegen, sich hinlegen, sich ausstrecken, sich langlegen, sich zurückziehen, 5. nicht aufpassen, mit seinen Gedanken abirren, träumen, unaufmerksam sein, nicht zuhören, nicht bei der Sache sein, 6. schlafen legen, zu Bett bringen, ins Bett legen, hinlegen, für die Nacht fertigmachen, zur Ruhe bringen, betten, Lager bereiten, 7. lagern, kampieren, zelten, campen, biwakieren, Lager aufschlagen, Zelt aufstellen, sich für die Nacht einrichten. 1101

Schlag 1. Ohrfeige, Nasenstüber, Backenstreich, Backpfeife, Maulschelle, Kopfnuß; Streich, Hieb, Klaps; Hiebe, Prügel, Haue, Senge, Tracht Prü- 1102 gel, hinten vor; Dresche, Keile, Schläge; Treffer, Schwinger, Kinnhaken, Knockout, Niederschlag, 2. Schlägerei, Balgerei, Boxerei, Handgemenge, Keilerei, Holzerei, Prügelei, Rauferei, Handgreiflichkeit, Tätlichkeit, Messerstecherei, 3. Blitzschlag, Blitz aus heiterem Himmel, kalter Schlag, 4. Schicksalsschlag, unerwartetes Ereignis, traurige Überraschung.

1103 **schlagen (sich)** 1. hauen, prügeln, verwalken, durchhauen, durchwichsen, verhauen, eine Tracht Prügel verabreichen, durchbläuen, das Fell gerben, verbimsen, bimsen, beuteln, übers Knie legen, die Hosen strammziehen, verwamsen, versohlen, verdreschen; stäupen, boxen, zausen, züchtigen, peitschen, geißeln, auspeitschen, mißhandeln; Klaps geben, patschen, eins hintendrauf geben, eins verpassen, 2. sich schlagen, sich prügeln, handgreiflich (handgemein) werden, tätlich werden, zu Leibe gehen, Schlägerei beginnen, zuschlagen, ohrfeigen, eine langen, eine herunterhauen, eine knallen, sich raufen, holzen, keilen, Zunder geben, 3. besiegen, bezwingen, niederwerfen, zusammenschlagen, niederschlagen, zu Boden schlagen, unterkriegen, vertreiben, zurückwerfen, zurücktreiben, überwältigen, zur Strecke bringen, niederzwingen, zu Boden strecken, kleinkriegen, ausknocken, knockout schlagen, durch Knockout besiegen, obsiegen, auspunkten, auszählen, 4. überrunden, ausstechen, überbieten, übertreffen, überflügeln, den Rang ablaufen, überholen, überragen, größer sein, sich als größer erweisen, übertrumpfen, verdunkeln, überstrahlen, übersteigen, hinter sich lassen, zurücklassen, abhängen, in den Schatten stellen, in die Tasche stecken, an die Wand drücken (spielen), voraus sein, besser sein, überlegen sein; überwiegen, an Zahl übertreffen, überstimmen, niederstimmen, niederschreien, mundtot machen, zum Schweigen bringen; übertönen, lauter klingen, überdecken, unhörbar machen, 5. fällen, schlagen, umschlagen, umhauen, holzen, Bäume schlagen, abschlagen, absägen, stürzen, umstürzen, umwerfen, umschmeißen, knicken, umknicken, brechen; umstoßen, umrennen, über den Haufen rennen, niederstrecken.

schlagend überzeugend, zwingend, drastisch, erdrückend, unwiderleglich, frappant, verblüffend, überraschend, beweiskräftig, evident, handgreiflich, stichhaltig, schlagkräftig, durchschlagend, schlüssig. 1104

schlau gerissen, gerieben, gewieft, gewitzigt, durchtrieben, mit allen Wassern gewaschen, füchsisch, verschlagen, listig, pfiffig, verschmitzt, findig, anschlägig, raffiniert, schlitzohrig, smart, mit allen Hunden gehetzt, fintenreich, ausgekocht, bauernschlau, gewitzt; blauäugig, mit gespielter Unschuld. 1105

schlecht 1. wertlos, nichts wert, minderwertig, nichts dran, unbrauchbar, unverwendbar, nutzlos, geringwertig, drittklassig, letztklassig, spottschlecht, unter aller Kritik, gering, nichtig, zu nichts zu brauchen; miserabel, lausig, keinen roten Heller wert, keinen Pfifferling wert, spottet jeder Beschreibung, verheerend, mies, flau, mau, mäßig, dürftig, 2. mißlungen, mißraten, verfehlt, verpatzt, mißglückt, verkorkst, ungeraten, schiefgegangen, schiefgelaufen; schlechtsitzend, nicht passend, schlecht gearbeitet, zu eng, zu weit, vermurkst, 3. schlecht geworden, verdorben, angefault, verschimmelt, schimmelig, ranzig, vergoren, angesäuert, sauer geworden, wurmstichig, wurmig, madig, faul, faulig, angebrannt, verkohlt, verbrannt, ungenießbar, unverwendbar, 4. schlimm, übel, arg, unheilvoll, bedenklich, gefährlich; infiziert, verseucht, vergiftet, angesteckt, angekränkelt, 5. gemein, niedrig, nichtswürdig, verwerflich, ehrlos, schimpflich, schmachvoll, unwürdig, schandbar, abscheulich, ruchlos, miserabel, verächtlich, skandalös, schurkig, schuftig, kriminell, verbrecherisch, böse, schänd- 1106 lich, bübisch, verabscheuenswert, verderbt, verdammenswert, ungeheuerlich, unerhört, schreit zum Himmel; fragwürdig, nicht einwandfrei, ehrenrührig, tadelnswert, charakterlos, 6. ungültig, wertlos, entwertet, verfallen, abgewertet, außer Kurs, verjährt, null und nichtig.

1107 **Schlechtigkeit** 1. Gemeinheit, Verderbtheit, Verdorbenheit, Verworfenheit, Tiefstand, Gewissenlosigkeit, Niedertracht, Nichtswürdigkeit, Verruchtheit, Verderbnis, Verkommenheit, Unwürdigkeit, Schuftigkeit, Schurkerei, Verächtlichkeit, Nichtsnutzigkeit, Schändlichkeit, Schandbarkeit, Niedrigkeit, Tiefstand, Minderwertigkeit; Sittenlosigkeit, Unsittlichkeit, Unmoral, Liederlichkeit, Anstößigkeit, Ungehörigkeit, Unanständigkeit, Schamlosigkeit, Würdelosigkeit, Unzucht, Unzüchtigkeit, 2. Brutalität, Roheit, Greuel, Greueltat, Unmenschlichkeit, Rücksichtslosigkeit, Gefühllosigkeit, Mitleidlosigkeit, Schonungslosigkeit, Unbarmherzigkeit, Unerbittlichkeit, Unnachsichtigkeit, Grausamkeit, Bestialität, Sadismus, perverse Grausamkeit, Erbarmungslosigkeit, Verworfenheit, Ruchlosigkeit, Verruchtheit, Scheußlichkeit, Ungeheuerlichkeit, Mordlust, Mordgier, Blutdurst, Barbarei, Zerstörungswut, Mißhandlung, Menschenverachtung, Quälerei, Folter, Peinigung, eiserne Faust, Rute, Knute, Peitsche.

1108 **schließen** 1. zumachen, zuschlagen, zuklappen, zuknallen, zuwerfen, ins Schloß werfen, zuhalten, den Schlüssel umdrehen, abschließen, zuschließen, verschließen, zusperren, absperren, versperren, verstellen, besetzen, blockieren, zuriegeln, den Riegel vorschieben, abriegeln, verriegeln, verrammeln, vergittern, verbarrikadieren, 2. verkorken, stöpseln, zustöpseln, verkapseln, zudrücken, Deckel schließen, verschrauben, zuschrauben, zubinden, zukleben, verkleben, zudrehen, abdrehen, zuknöpfen, zuhaken, verstopfen, versiegeln, siegeln, Siegel aufdrücken, plombieren, 3. folgern, Schluß ziehen, zu dem Schluß kommen, zusammenfassen, die Folgerung ziehen, das Fazit ziehen, zurückführen auf, erklären mit, erkennen, entwickeln, ableiten, urteilen, entnehmen, ersehen, herleiten, deduzieren, nachweisen, feststellen, finden, argumentieren, kombinieren, verknüpfen, in Beziehung bringen, resümieren, rekapitulieren, 4. verallgemeinern, generalisieren, abstrahieren, objektivieren, das Kind mit dem Bade ausschütten, über einen Kamm scheren, 5. abblenden, abdunkeln, den Vorhang niederlassen, den Vorhang schließen, zuziehen, die Fenster verhängen, zuhängen, Vorhang herablassen, herunterlassen, verdunkeln, dunkel machen, die Läden schließen, finster machen, 6. sich schließen, zufallen, ins Schloß fallen, einschnappen, zuschnappen, zuschlagen, einrasten, ins Schloß fallen, einschnappen, klicken.

Schluß 1. Ende, Abschluß, Vollendung, Schließung, Beendigung, Abbruch, Bruch, Endpunkt, Erledigung, Ausgang, Auslauf, Mündung; Ausläufer, letzter Teil, Ende; Schwanz, Schwanzende, Schweif, Rute, Wedel, Sterz, Fahne, Standarte, 2. Nachwort, Schlußwort, Zusammenfassung, Rückblick, Überblick, Abgesang, Epilog, Ausklang, Schlußakkord, Schwanengesang, Nachspiel; Kehraus, guter Ausgang, Happy-End; Stillstand, Schlußpunkt, Nullpunkt, Schlußakt, Torschluß, Endstation, Matthäi am letzten; Nachhut, Feierabend, Ziel, Rüste, Neige, Finale, Schlußsatz, Fall des Vorhangs, 3. Folgerung, Denkergebnis, Konsequenz, Lehre, Ableitung, Deduktion, Anwendung, Verallgemeinerung, Generalisierung, Abstraktion, 4. Zusammenfassung, Quintessenz, Nutzanwendung, Ergebnis, Fazit, „Moral", Schlußfolgerung, 5. Endkampf, Spurt, Endspurt, Finish, Endspiel, Endrunde, Schlußrunde, Finale. 1109

schmeicheln 1. schönreden, süßreden, Süßholz raspeln, heucheln, Kotau 1110 machen, kriechen, sich etwas vergeben, schmusen, flattieren, Sand in die Augen streuen, beweihräuchern, Weihrauch streuen, hofieren, einwickeln, einseifen, lobhudeln, um den Bart gehen, den Hof machen, die Schleppe tragen, zu Gefallen reden, scharwenzeln, nachlaufen, schöntun, liebedienern, katzbuckeln, sich einschmeicheln, umwerben, umschmeicheln, umbuhlen, sich lieb Kind machen, 2. sich schmeicheln lassen, sich einwickeln lassen, es geht glatt hinunter, man hört es gern, es klingt angenehm.

1111 **Schmeichler** 1. Augendiener, Lobredner, Schönredner, Hofmacher, Claque, Claqueur, Courschneider, Heuchler, Gleisner, Leisetreter, Schranze, Streber, Kriecher, Sklavenseele, Liebediener, Süßholzraspler, Nachbeter, Ohrenbläser, Zuträger, Kreatur; Schmeichlerin, Schmeichelkatze, 2. Schmarotzer, Parasit, Schädling, Nutznießer, Nassauer, Schnorrer, Bettler, Vasall, Satellit, Trabant.

1112 **Schmerz** 1. Leid, Kummer, Gram, Weh, Seelenschmerz, Jammer, Herzeleid, Herzweh, 2. Schmerzen, Schmerzgefühl, Leiden, Beschwerden, Pein, Pfahl im Fleisch, Qual, Marter, Folter, Plage, Tortur, Peinigung, Quälerei, Nervenprobe, Höllenpein, Martyrium, Tantalusqualen, Hölle, Inferno.

1113 **schmerzen** 1. wehtun, Schmerzen verursachen, brennen, bohren, beißen, stechen, quälen, martern, 2. leid tun, Kummer machen, bereuen, reuen, bedrücken, zu schaffen machen, Gewissensbisse verursachen.

1114 **schmuck** hübsch, sauber, adrett, reinlich, freundlich, ordentlich, blitzblank, einnehmend, gefällig, allerliebst, flott, stattlich, prächtig, fesch, alert; gut gekleidet, gepflegt, nett anzusehen.

1115 **schmückend** verschönernd, hebend, putzend, zierend, ziervoll, dekorativ, malerisch, wirkungsvoll.

1116 **Schmutz** 1. Dreck, Abfall, Müll, Asche, Rückstand, Schlacke, Kehricht, Schutt, Unrat, Staub, Matsch, Schlamm, Morast, Sumpf, Schmutzlache, Pfuhl, Absonderung, Kot, Auswurf, Abschaum, Schmiere, Schlieren, Schmutzstreifen, Schmirakel, 2. Unsauberkeit, Unreinlichkeit, Verunreinigung, Verschmutzung, Schweinerei, Flecken, Befleckung, Verfleckung, Verdrekkung, Kleckse, Gesudel, Sudelei, 3. Schund, Mist, Unflat, Zote, Pornographie, Schlüpfrigkeit, Zweideutigkeit, Obszönität, Schmutzerei, Eindeutigkeit, Laszivität; Schmutzliteratur, Pornoliteratur.

schmutzig unsauber, ungewaschen, 1117
malproper, dreckig, schmuddelig, ungepflegt, schweißig, verschwitzt, durchgeschwitzt; unrein, verunreinigt, getrübt; befleckt, besudelt, blutig, blutbeschmiert, blutbefleckt, blutbesudelt; beschmutzt, verdreckt, verfleckt, fleckig, schmierig, verstaubt, staubig, staubüberzogen, rußig, verrußt, rußbedeckt; sandig, erdig; speckig, fettig, voll Fettflecken; schlammig, kotig, matschig, lehmig, morastig, glitschig, sudelig, sumpfig, überschwemmt, grundlos, überflutet.

schneiden (sich) 1. zerkleinern, zer- 1118
schneiden, in Stücke schneiden, aufschneiden, zerteilen, teilen, abschneiden, abtrennen, absäbeln, herunterschneiden, schnippeln, schnipseln, absägen, 2. kürzen, cutten, Teile entfernen, auf die richtige Länge bringen, 3. schnitzen, schnitzeln, fitzen, spänen, 4. verletzen, verwunden, pieken, stechen, zustechen, zustoßen; operieren, 5. verleugnen, meiden, aus dem Weg gehen, übersehen, nicht sehen wollen, übergehen, ignorieren, boykottieren, keine Notiz nehmen, links liegenlassen, verpönen, verfemen, umgehen, abrücken, wie Luft behandeln, keines Wortes würdigen, brüskieren, die kalte Schulter zeigen, nicht beachten, wegsehen, nicht zur Kenntnis nehmen, mißachten, totschweigen, nicht mehr kennen, 6. sich kreuzen, zusammentreffen, sich begegnen, 7. kerben, einkerben, einschneiden, zacken, auszacken.

1119 **schnell** 1. rasch, geschwind, flink, schleunigst, behende, hurtig, eilig, rapid, blitzschnell, blitzartig, fix, affenartig, flott, zügig, schwungvoll, mit Schwung, im Geschwindschritt, fluchtartig, mit Dampf, mit Tempo, „rasant", stürmisch, flugs, prompt, wie der Wind, wie aus der Pistole geschossen, holterdiepolter, im Laufschritt, wie ein Wiesel; wie ein Lauffeuer, in Windeseile, schnellstens, auf dem schnellsten Wege, ehestens, schleunigst, 2. augenblicklich, gleich, eilends, sofort, unverweilt, ungesäumt, stehenden Fußes, so bald wie möglich, recht bald, möglichst umgehend, fristlos, Knall und Fall, im Nu, stracks, spornstreichs, auf der Stelle, eilfertig, im Handumdrehen.

1120 **schon** bereits, nicht erst, längst, früher als erwartet, früher als gedacht, schon lange, seit langem, alsbald, sofort, im selben Augenblick, sogleich, unverweilt, ungesäumt.

1121 **schön** 1. entzückend, reizend, hübsch, sehr hübsch, klassisch, formvollendet, ebenmäßig, harmonisch, wunderschön, bezaubernd, hinreißend, bildschön, herrlich, vollendet, makellos, unvergleichlich, strahlend, berückend, berauschend, bestrickend, blendend, traumhaft, wunderbar, zauberhaft, wundervoll, blendend schön, märchenhaft, göttlich, göttergleich, 2. gut gewachsen, wohlproportioniert, gut gebaut, gut aussehend, stattlich, wohlgestaltet, wohlgeformt, wohlgewachsen, gute (blendende) Figur, 3. kostbar, geschmackvoll, stilvoll, guter Geschmack, erlesen, köstlich, prächtig, glanzvoll.

1122 **schonen (sich)** 1. sorgsam behandeln, hüten, hegen, bewahren, nicht abnützen, nicht strapazieren, pfleglich behandeln, 2. verschonen, bewahren vor, behüten vor, rücksichtsvoll behandeln, mit Samthandschuhen anfassen, 3. übersehen, wegsehen, Milde walten lassen, ein Auge zudrücken, durch die Finger sehen, fünf gerade sein lassen, Nachsicht üben, nicht entgelten lassen, 4. sich schonen, sich verschanzen hinter, andere vorschieben, andere die Kastanien aus dem Feuer holen lassen; vorsichtig leben, auf seine Gesundheit achten, Anstrengungen vermeiden.

Schönheit 1. Liebreiz, Wohlgestalt, 1123
Harmonie, Vollendung, Anmut, Formvollendung, Ebenmaß; Köstlichkeit, Erlesenheit, Pracht, Herrlichkeit, 2. Schöne, Beautée, Schöne Helena, Venus, blendende Erscheinung, Schönheitskönigin; ein gut aussehender Mann, ein Beau, ein Adonis.

schöpferisch schaffend, genial, gestal- 1124
tend, bildend, produktiv, gestaltungskräftig, geistesmächtig, konstruktiv, aufbauend, erfinderisch, einfallsreich, ideenreich, originell, eigenwüchsig, eigengesetzlich, ingeniös, dichterisch, poetisch, musisch, gestalterisch, fruchtbar, kreativ, phantasievoll.

Schöpfung 1. Natur, Welt, Weltall, 1125
Kosmos, Universum, das All; Erzeugung, Erschaffung, das Erschaffene, das Geschaffene, das Gebilde, das Geschöpf, die Kreatur, 2. Werk, Gestaltung, Kunstwerk, Opus, Oeuvre; Erfindung, Einfall, Idee, Schöpfungsgedanke; Erzeugnis, Leistung, Verdienst, Gründung, Tat, Bildung, Arbeit, Produkt, Frucht, 3. Kreation, Modell, Modeschöpfung.

schräg 1. quer, diagonal, von links 1126
unten nach rechts oben, schief, überzwerch, überquer, übereck, 2. geneigt, abfallend, abschüssig, abgedacht, sich senkend, sich neigend, sich abböschend, abgeschrägt, 3. steigend, ansteigend, stark ansteigend, steil, jäh, schroff, fast senkrecht; aufsteigend, aufstrebend, 4. querbeet, mittendurch, querfeldein, ohne Weg und Steg, 5. ausgefallen, befremdlich, schockierend.

Schranke 1. Sperre, Barriere, Hürde, 1127
Zaun, Umzäunung, Einzäunung, Absperrung, Begrenzung, Gitter, Gatter, Planke, Geländer, Reling, Lattenzaun, Lattengitter, Staket, Brüstung, Balustrade, Hecke, Umfassung, Umgrenzung, Einfriedung,

Gehege, Pferch, Laufstall, Laufgitter, Ställchen, 2. Grenze, Grenzlinie, Demarkationslinie, Abgrenzung, Grenzziehung, Schlagbaum, Scheidewand, Trennwand, Hemmung, Hindernis, Stacheldraht, Verhau, Drahtverhau, Graben, Kluft, Abgrund; Absperrung, Kordon, Postenkette; Trennlinie, Mittelstreifen, Grünstreifen, Leitplanke.

1128 **schrecklich** 1. gräßlich, fürchterlich, katastrophal, furchtbar, entsetzlich, grauenhaft, grauenvoll, verheerend, vernichtend, schauderhaft, schreckensvoll, abschreckend, drohend, dräuend, ängstigend, beängstigend, schaudervoll, schaudererregend, fraislich, 2. schauerlich, schaurig, geisterhaft, gespenstig, grausig, unheimlich, haarsträubend, zum Fürchten, gruselig, spukhaft, nicht geheuer, finster, düster, ein Graus.

1129 **schreiben** 1. zu Papier bringen, aufschreiben, niederschreiben, niederlegen, schriftlich machen, zur Feder greifen; notieren, anmerken, aufzeichnen, festhalten, vermerken, Notiz machen, eintragen, einschreiben, buchen, verzeichnen, verbuchen, registrieren, auflisten, Aufstellung machen, Inventur machen, Bestand aufnehmen, die Bücher führen, registrieren, 2. aufsetzen, konzipieren, entwerfen, umreißen, ins unreine schreiben, Entwurf machen, 3. formulieren, gestalten, arbeiten, verfassen, abfassen, anfertigen, dichten, erdichten, ausdenken, ersinnen, Form geben, formen, darstellen, erzählen, wiedergeben, behandeln, abhandeln, 4. kritzeln, schmieren, klecksen, sudeln, krakeln, klieren, hinhauen; tippen, Maschine schreiben, klappern, 5. komponieren, vertonen, in Musik setzen, 6. dramatisieren, in Dramenform darstellen, auf die Bühne bringen, ein Stück daraus machen, zu einem Theaterstück verarbeiten; einen Film daraus machen, verfilmen, 7. Buchstaben, Lettern, Schriftzeichen, Abc, Alphabet, Typen, Runen, Hieroglyphen, Bilderschrift, Keilschrift; Krähenfüße, Kritzelei; Schrift, Handschrift, Schriftzüge, „Klaue".

Schrifttum Literatur, Dichtung, Poesie, Dichtkunst, schöngeistiges Schrifttum, Sprachkunstwerk, Schriftwerk, Schriftgut, Wortkunst; wissenschaftliche Literatur, Fachliteratur, Sachbuch; Bücher, Lesestoff, Lektüre; Trivialliteratur, Unterhaltungsliteratur. 1130

Schuld 1. Verpflichtung, Verbindlichkeit, Schuldigkeit, Schulden, unbezahlte Rechnungen, uneingelöste Wechsel, Soll, Rückstand, Verzug, Passiva, Debet, Belastung, Verschuldung, Schuldenlast, Restanten, Überschuldung, 2. Kerbholz, Sündenregister, Schuldkonto, Strafregister. 1131

schulden 1. in der Schuld stehen, zu zahlen haben, in Rückstand sein, schuldig sein, in Verzug geraten, in der Kreide stehen, Schulden haben, in die roten Zahlen kommen, im Debet stehen, nicht zahlen können, schuldig bleiben, restieren, verschuldet sein, sein Konto überziehen, er ist bis über die Ohren verschuldet, das Wasser steht ihm bis zum Hals, auf Pump leben, Gläubiger haben, viel geliehen haben, 2. verdanken, verpflichtet sein, zu danken haben, 3. Schuldner, Debitor, Kreditnehmer; Restant, schlechter Zahler, fauler Kunde, Schuldenmacher. 1132

schuldig 1. rückständig, in der Kreide, im Verzug, zahlungspflichtig, im Rückstand, restant, verschuldet, überschuldet, mit Schulden überlastet, 2. schuldbeladen, sündig, in Schuld verstrickt, verantwortlich, mitverantwortlich, mitschuldig, haftbar, strafbar, straffällig, belastet, schuldhaft, schuldig gesprochen, verurteilt, 3. sich schuldig fühlen, ein schlechtes Gewissen haben, sich verantwortlich fühlen, sich schuldig bekennen, 4. schuldig werden, sich schuldig machen, Schuld auf sich laden, Unrecht begehen, sich versündigen, Böses tun, Verbrechen begehen, sich unverantwortlich verhalten, 5. schuld sein, verschuldet haben, verantwortlich sein, haftbar sein, zu verantworten haben, gerade- 1133 stehen müssen für, die Suppe auslöffeln müssen, es gewesen sein, es getan haben, auf dem Kerbholz haben.

1134 **Schule** Lehranstalt, Erziehungsstätte, Bildungsstätte, Bildungsanstalt, Pennal, Penne, Institut, Internat, Pensionat, Stift, Klosterschule, Kolleg, Konvikt, Sonderschule; Fachschule, Universität, Hochschule, Fachhochschule, Akademie; Volkshochschule.

1135 **Schüler** 1. Zögling, Pennäler, Schulkinder, Schulbuben, Schulmädchen; Abc-Schütze, Neuling, Klippschüler, Anfänger, Debütant, Novize, 2. Hörer, Student, Studiker, Studiosus, Scholar, 3. Jünger, Nachfolger, Adept, Anhänger; Beflissener, 4. Lehrling, Stift, Eleve, Volontär, Lehrjunge, Praktikant, Anlernling, Trainee, Auszubildender (Azubi).

1136 **Schurke** 1. Schuft, Bösewicht, Lump, Schelm, Schlitzohr, Bube, Spitzbube, Halunke, Kerl, Gauner, Filou, Schubiack, Subjekt, Kreatur, Werkzeug, Wicht, Abenteurer, dunkler Ehrenmann, Falschspieler, Betrüger; Zuhälter, Zubringer, Schlepper, Kuppler, 2. Verräter, Judas, Denunziant, Angeber, Spitzel, Spion, 3. Deserteur, Überläufer, Vaterlandsverräter, Fahnenflüchtiger, Ausreißer, Abtrünniger, Saboteur, Kollaborateur.

1137 **Schutz** 1. Obhut, Wacht, Bewachung, Deckung, Bedeckung, Abschirmung, Sicherung; Beistand, Ägide, Geleit, Begleitung, Eskorte, Geleitzug, Konvoi, Schiffsverband; Schutzherrschaft, Schirmherrschaft, Patronage, Patronat, Protektion, Förderung, Gönnerschaft, 2. Verteidigung, Defensive, Abwehr, Erhaltung, Wahrung, Bewahrung, Gegenwehr, Aufrechterhaltung, 3. Befestigungswerk, Befestigung, Bollwerk, Wehr, Verteidigungsanlage, Schanze, Festungswall, Bastei, Bastion, Umwallung, Barrikade, Brustwehr, Igelstellung; Unterstand, Geschützstand, Kasematte, Bunker, Schutzraum; Feste, Festung, Burg, Kastell, Stadtfeste, Zitadelle, Fort, Befestigungsanlage; Wall, Mauer, Wand, Damm, Deich, Mole, Hafendamm, Reede, Ankerplatz, Staudamm, 4. Hülle, Schirm, Hut, Fittich, Schwinge, Flügel, Schild, Panzer, Rüstung, Harnisch, Brünne; Hafen, Port, fester Boden, Dach, Horst, Nest, Hort, Heim, 5. Waffe, Schußwaffe, Feuerwaffe, Handfeuerwaffe, Gewehr, Flinte, Karabiner, Muskete, Drilling, Büchse, Knarre, Revolver, Pistole, Browning, Terzerol, Kanone, Geschütz, Haubitze, Stalinorgel, Flakgeschütz, Flugabwehrkanone; Stichwaffe, Säbel, Degen, Florett, Stoßdegen, Schläger, Rapier; Dolch, Stilett, Kris; Buschmesser, Machete, 6. Asyl, Zuflucht, Zufluchtsort, Refugium, Unterkommen, Obdach, Zelt, Wetterschutz, Unterstand, Unterschlupf, Schutzhütte, Dach über dem Kopf, Obdach, Unterkunft, Bleibe, Nachtquartier, Herberge; Freistatt, Asylrecht; Versteck, Schlupfwinkel; Plache, Plane, Markise, Verdeck, Autodach, Schiebedach, 7. Sicherheit, Obhut, Sekurität, Geborgenheit, Behütetsein, Nestwärme, Zugehörigkeitsgefühl, Heimatgefühl, 8. Immunität, Geschütztsein, Sicherheit, Unantastbarkeit, Schutz vor Strafverfolgung; Immunisierung, Vorbeugung, Prophylaxe, Vorsorge, Verhütung, Empfängnisverhütung, Familienplanung, Geburtenregelung, Pille, Ovulationshemmer, Verhütungsmittel; Vorbeugungsmittel, Prophylaktikum; Impfung, 9. Puffer, Prellbock, Schutzvorrichtung; Pufferzone, Pufferstaat.

schützen (sich) 1. decken, bedecken, zudecken, einhüllen, einmummeln, umhüllen, einpacken, abdecken, überdecken, überdachen, vor dem Wetter schützen, einwickeln, schirmen, wahren, bewahren, sichern, unter Dach bringen, in Sicherheit bringen, bergen, retten, schonen, verschonen, decken gegen, abwenden von, ersparen, breiten über, ausbreiten, beschirmen, behüten, bewachen, wachen über, beschützen, bewahren vor, 2. feien, sichern, flankieren, eskortieren, geleiten, beglei- 1138 ten, unter seine Fittiche nehmen, sich einsetzen, einstehen, seine Hand halten über, protegieren, einführen, 3. verteidigen, Partei ergreifen, entlasten, abwehren, abblocken, parieren, auffangen, Böses fernhalten; zurückschlagen, sich zur Wehr setzen, sich wehren, sich entgegenstellen, sich in den Weg stellen, sich erwehren, „mauern“, 4. sich unterstellen, unter Dach gehen, unterstehen; in Deckung gehen, Deckung nehmen, sich decken, verschanzen, einigeln, sich verbarrikadieren, Barrikaden aufrichten, 5. vorbauen, sich den Rücken decken, vorbeugen, Maßnahmen treffen, immunisieren, impfen; verhüten, verhindern.

1139 **Schützling** Schutzbefohlener, Protegé, Liebling, Günstling, Favorit, Klient, Mündel, Patient, Pflegling, Pflegekind, Pflegebefohlener.

1140 **schwach** 1. kraftlos, marklos, saftlos, blutarm, blutlos, blutleer, zittrig, angeknackst, angeschlagen, nervös, schwachnervig, schwächlich, schlapp, lahm, lendenlahm, pflaumenweich, knochenlos, kümmerlich, unfähig, unvermögend, matt, entnervt, verzärtelt, verweichlicht, wehleidig, kläglich, weichlich, weichmütig, 2. gebrechlich, debil, kränklich, hinfällig, schlaff, entkräftet, schwach auf den Beinen, klapprig, klatrig, anfällig, bresthaft, 3. charakterlos, willenlos, ohne Rückgrat, rückgratlos, weibisch, saftlos, lasch, Hampelmann, Marionette, unter dem Pantoffel, unmännlich, haltlos, energielos, disziplinlos, entschlußlos, willensschwach, widerstandslos, unselbständig, willfährig, nachgiebig, gefügig, verführbar, gefährdet, 4. unterernährt, abgezehrt, ausgehungert, verhungert, durchsichtig, hohlwangig, 5. machtlos, entmachtet, ohnmächtig, beraubt, impotent, schwunglos, entkräftet, wackelig, 6. schwächer, geringer, unterlegen, zweitrangig, zweitklassig, zweiten Ranges, weniger, nachgeordnet, sekundär, unebenbürtig, ungleichrangig, untergeordnet.

1141 **schwächen** entkräften, erschöpfen, lähmen, beeinträchtigen, schmälern, verringern, Abbruch tun, schaden, lahmlegen, paralysieren, lähmen, unwirksam machen, ermüden, angreifen, entwaffnen, schädigen, entmutigen, enervieren, entnerven, verweichlichen, verzärteln, verhätscheln, entmannen, kastrieren, verschneiden, sterilisieren, unfruchtbar machen.

schwanken 1. wanken, wackeln, taumeln, torkeln, unsicher gehen, Schlagseite haben, unsicher auf den Beinen sein, schwer geladen haben; nicht fest stehen, nicht sicher sein; sich auf und nieder bewegen, stampfen, rollen, schlingern, dümpeln, vom Kurs abweichen, Richtung nicht halten, schaukeln, tanzen, springen, hüpfen, rucken, 2. erwägen, unsicher sein, sich besinnen, Bedenken tragen, sich bedenken, warten, zögern, zaudern, zagen, unentschlossen sein, unschlüssig sein, sich nicht entschließen können, abwarten, dahingestellt sein lassen, auf sich beruhen lassen, überlegen, mit sich ringen, wankend werden, schwankend werden, auf der Stelle treten, drucksen, nölen, nicht wissen, offenlassen, 3. sich treiben lassen, schwimmen, ohne Plan leben, nicht wissen was man will, unbeständig sein, auf halbem Wege stehenbleiben, unzuverlässig sein, Gott einen guten Mann sein lassen, nicht an den nächsten Tag denken. 1142

Schwätzer(in) 1. Schwadroneur, Wichtigtuer, Neuigkeitskrämer, Zungendrescher, Alleswisser, Klugschwätzer, Quasselstrippe, Kannegießer, Biertischpolitiker, Fabulant, Gernegroß, 2. Angeber, Aufschneider, Renommist, Großtuer, Prahlhans, Bramarbas, Großmaul, Papiertiger, Dauerredner, Wortemacher, Phrasendrescher, Blender, Maulheld, Muskelprotz, Kraftmeier, Schaumschläger, Windbeutel, Tausendsassa, Plänemacher, Pläneschmied, Hans Dampf; Raffke, Geldprotz, Parvenu, Emporkömmling, Neureicher; Snob, Bildungsprotz, Vornehmtuer, Blaustrumpf, 3. Schwätzerin, 1143

Klatschbase, Klatschweib, Waschweib, Schwatzbase, Plaudertasche, böse Zunge.

1144 **schweben** 1. fliegen, von der Luft getragen werden, frei hängen, gleiten, treiben, dahintreiben, kreisen, Kreise ziehen, sich wiegen, rütteln, flattern, schaukeln, wirbeln, schwirren, umherschwirren, 2. schwimmen, treiben, flottieren, driften, obenaufschwimmen, nicht untergehen, dahintreiben.

1145 **schweigen** 1. nicht sprechen, stumm bleiben, nichts entgegnen, nichts erwidern, verstummen, sich ausschweigen, auf sich beruhen lassen, still werden, still sein, den Mund halten, Ruhe geben, 2. Schweigen bewahren, dichthalten, für sich behalten, geheimhalten, reinen Mund halten, stillschweigen, sich in Schweigen hüllen, keinen Laut von sich geben, nichts verraten, schweigen wie eine Auster.

1146 **schweigsam** 1. schweigend, stumm, still, wortlos, sprachlos, wortkarg, wortarm, lakonisch, nicht gesprächig, mundfaul, einsilbig, verschlossen, heimlich, zurückhaltend, zugeknöpft, reserviert, nicht mitteilsam, verschwiegen, diskret, 2. ohne Worte, unausgesprochen, stillschweigend, ungesagt, mimisch, mit Gebärden, pantomimisch.

1147 **schwer** 1. drückend, lastend, schwerwiegend, gewichtig, massiv, bleiern, bleischwer, felsenschwer, gewaltig, kaum zu heben, kaum zu bewegen, wuchtig, wuchtend, massig, von großem Gewicht, 2. beschwerlich, anstrengend, ermattend, aufreibend, ermüdend, mühevoll, mühsam, erschwerend, gravierend, erschöpfend, betäubend, niederschmetternd, schwer erträglich, nicht zu leisten, beklemmend, belastend, bedrückend, drohend, ängstigend, kraftzehrend, kaum zu bewältigen, quälend, peinigend, belastend.

1148 **schwierig** 1. kompliziert, verwickelt, verzwickt, verzwackt, zusammengesetzt, nicht einfach, komplex, verflochten, kunstvoll, kunstreich, vertrackt, verschlungen, verstrebt, beziehungsreich, verzweigt, kraus, umständlich, unübersichtlich, unklar, verwirrend, schwer verständlich, nicht leicht zu begreifen, Sachverstand erfordernd, 2. tiefsinnig, schwer zugänglich, kaum zu begreifen, verworren, problematisch, schwer zu entziffern, diffizil, heikel, knifflig, subtil, spitzfindig, 3. schwer erziehbar, schwer zu behandeln, unzugänglich, unansprechbar.

schwingen 1. werfen, schleudern, 1149
schmeißen, schlagen, pfeffern, schmettern, katapultieren, starten, hinwerfen, zuwerfen, schwenken, ausschwenken, ausschütteln, 2. pendeln, hin und her schwingen, baumeln, hängen, sich wiegen, bammeln, schlenkern, flattern, schaukeln, wogen, schwojen, 3. schwänzeln, wackeln, wedeln, fächeln, 4. hochwerfen, hochschießen, hochschleudern, in die Höhe schießen, in den Weltraum befördern, auf ein Umlaufbahn schießen, 5. schnellen, springen lassen, rucken, schnicken, schnippen, 6. wackeln, kippeln, nicht fest stehen, 7. vibrieren, federn, pulsen, pulsieren, oszillieren, fluktuieren, ebben und fluten, schnell wechseln.

Schwung 1. Bewegung, Drall, Stoß, 1150
Stups, Schwingung, Wucht, Schuß, Fahrt, Macht, 2. Elan, Schmiß, Schneid, Feuer, Begeisterung, Dynamik, Stoßkraft, Antrieb, Verve, Pep, Lebendigkeit, Leben, Impuls, Impetus, Temperament, Lebhaftigkeit, Leidenschaft, Beweglichkeit, Bewegungstrieb, Wandlungsbereitschaft, Aktivität, Initiative, Fitneß, Unternehmungsgeist, Reiselust, inneres Feuer, innere Kraft.

Segen 1. Segnung, Erbitten der Gnade 1151
Gottes, Benediktion, Segensspruch, Segenswunsch, 2. Erhörung, Gebetserhörung, Gnade, Gunst, Gedeihen, Heil, Fülle, Lohn, Glück, Wohl, Wohlergehen, Seelenheil, Erfolg, Gelingen, 3. Zustimmung, Erlaubnis, Einverständnis.

segnen 1. Segen spenden, den Segen 1152
sprechen, benedeien, den Segen erteilen, das Kreuzzeichen machen,

Gottes Segen wünschen, einsegnen, 2. begnaden, auszeichnen, begaben, beglücken, beschenken, 3. weihen, einweihen, dem Himmel empfehlen, Gott befehlen.

1153 **sehen** bemerken, erblicken, erschauen, schauen, blicken, gewahren, wahrnehmen, ansichtig werden, erspähen, erkennen, sichten, entdecken, finden, gewahr werden, beobachten, ausmachen, inne werden.

1154 **sehr** 1. arg, gewaltig, heftig, schmerzlich, mächtig, enorm, äußerst, in hohem Maß, hochgradig, weitgehend, täuschend, mordsmäßig, mörderisch, baß, stark, höchst, höchlich, beachtlich, überaus, extra, enorm, erstaunlich, weidlich, erheblich, ganz besonders, ausnehmend, überaus, richtiggehend, ungeheuer, ungemein, unsäglich; diebisch, schrecklich, sündhaft, verteufelt, verflucht, namenlos, unsagbar, unbeschreiblich, unendlich, unaussprechlich, empfindlich, fühlbar, 2. höchstens, längstens, optimal, maximal, im äußersten Fall; größtmöglich, mindestens, wenigstens, geringstenfalls, zuwenigst, zumindest.

1155 **Selbstsucht** 1. Egoismus, Eigennutz, Ichsucht, das liebe Ich, die eigene Person, Selbstigkeit, Eigenliebe, Selbstliebe, Eigensucht, Berechnung, Interessiertheit, 2. Geltungsbedürfnis, Geltungsdrang, Ichbezogenheit, Selbstbesessenheit, Ichhaftigkeit, Selbstherrlichkeit, Selbstverliebtheit, Selbstvergötterung, Narzißmus, Egozentrik, Egotismus, Autismus, 3. Ehrgeiz, Ehrbegierde, Leistungswillen, Ambition, Drang, Ehrsucht, Ruhmsucht, Machtgier, Machtbesessenheit, Machtwahn.

1156 **selbstsüchtig** 1. selbstisch, egoistisch, ichsüchtig, eigennützig, eigensüchtig, vorteilsüchtig, rücksichtslos, kaltschnäuzig, durchsätzig, mit Ellbogen, denkt nur an sich, geht über Leichen, 2. berechnend, ausbeuterisch, geizig, gewinnsüchtig, habgierig, vorteilsüchtig, interessiert, beutegierig, materialistisch, materiell, kalkulierend, nur auf den eigenen Vorteil bedacht, profitorientiert, profitsüchtig, scheelsüchtig, 3. geltungsbedürftig, ichbezogen, selbstbezogen, egozentrisch, ichhaft, selbstherrlich, egoistisch, solipsistisch, autistisch, monoman, selbstbesessen, narzißtisch, selbstverliebt, 4. ehrgeizig, leistungswillig, ruhmsüchtig, ehrsüchtig, anspruchsvoll, unkameradschaftlich, unkollegial, unfreundschaftlich, ohne Korpsgeist; unsozial, lieblos, uninteressiert, desinteressiert, asozial, unansprechbar, 5. Egoist, Egotist, Egozentriker, Monomane, Narziß, Selbstbezogener, Selbstbesessener, Selbstverliebter.

selten 1. rar, kostbar, geschätzt, ge- 1157
sucht, ungewöhnlich, unalltäglich, ungebräuchlich, unüblich, kaum vorkommend, vereinzelt, einmalig, ausgefallen, außergewöhnlich, besonders, merkwürdig, sonderbar, 2. im Ausnahmefall, ausnahmsweise, kaum, sehr wenig, knapp, fast gar nicht, ab und zu, nur gelegentlich, hier und da, alle Jubeljahre, ...es sei denn.

sicher 1. richtig, zutreffend, wahr, 1158
ganz sicher, todsicher, zweifelsfrei, gewiß, es stimmt, nicht daran zu zweifeln, nicht zu leugnen, unleugbar, 2. gefahrlos, ungefährlich, ungeladen, gesichert, ungefährdet, risikolos, unbedenklich; etabliert, unkündbar, in sicherer Stellung, in Lebensstellung; unverdächtig, vertrauenswürdig; zuverlässig, krisenfest, ohne Risiko, mündelsicher, erfolgssicher, 3. geborgen, geschützt, unbedroht, wohlbehaust, beheimatet, gut untergebracht, zu Hause, daheim, in guter Hut, gut aufgehoben; in Sicherheit, gerettet, außer Gefahr, überlebend, 4. dokumentiert, beglaubigt, beurkundet, urkundlich, dokumentarisch, besiegelt, verbrieft, authentisch, schwarz auf weiß, beweisbar, beweiskräftig, garantiert, patentiert, eidesstattlich, beschworen, unanfechtbar, unanzweifelbar, unwiderleglich, unstreitig, unbestreitbar, unbestritten, beweiskräftig, begründet, bewiesen, stichhaltig, nachgewiesen, gesichert, erwiesen,

historisch, geschichtlich, unwidersprochen, unwidersprechlich, unangefochten, nachweislich, hieb- und stichfest, niet- und nagelfest, amtlich, offiziell; bekanntlich, notorisch, allbekannt, offenkundig, erfahrungsgemäß, erprobt, empirisch, experimentell bewiesen, wie jeder weiß, 5. getrost, zuversichtlich, überzeugt, vertrauensvoll, furchtlos, sorglos, unverzagt, 6. feststehend, fest gegründet, unverrückbar, unwiderruflich, unabänderlich, vertraglich, vertragsgemäß, patentiert, 7. unangreifbar, unverwundbar, unverletzlich, kugelfest, kugelsicher; unerschütterlich, unerschüttert, fest verankert, unbeirrbar, unbeirrt, entschieden, entschlossen, 8. gesichert, bewacht, beschrankt, unbedroht, 9. taktfest, taktsicher, nicht umzuwerfen, 10. feststehen, abgemacht sein, sicher sein, beschlossene Sache sein, man kann sich darauf verlassen.

1159 **sichern (sich)** 1. fundieren, fundamentieren, untermauern, unterbauen, stützen, abstützen, unterlegen, unterstellen, befestigen, tragen, halten, unterfangen, aufrecht halten, 2. sicherstellen, garantieren, patentieren, Patent anmelden, seine Rechte wahren, zusichern, decken, Vorkehrungen treffen, eindecken, Garantien verlangen, sich schützen vor, sich absichern; sich anschnallen, Sicherheitsgurt anlegen, sich festschnallen; sich anseilen, mit Seil befestigen, 3. mieten, pachten, anzahlen, die Hand legen auf, 4. absperren, abriegeln, blockieren, Schranke errichten, Schranke schließen.

1160 **Sieger** 1. Held, Heros, Bezwinger, Eroberer, Überwinder, Herr, Meister, Gewinner, Erster, Preisträger, Preisgekrönter, Triumphator, 2. Besatzung, Besatzungsmacht.

1161 **singen** 1. summen, trällern, dudeln, leiern, ein Lied vortragen, ein Lied anstimmen, einstimmen, einfallen, mitsingen, 2. schmettern, schreien, grölen, plärren, jubilieren, trillern, jodeln, 3. pfeifen, zwitschern, tirilieren, tschilpen, flöten, schlagen, zirpen, piepsen, quinkelieren, ziepen.

sinnlich 1. animalisch, kreatürlich, geschöpflich, physisch, körperlich, leiblich, fleischlich, 2. genußfreudig, genußfähig, sinnenhaft, aufnahmefähig, empfänglich, erotisch, schwelgerisch, sinnenfreudig. 1162

sinnvoll 1. angebracht, angemessen, vernünftig, ratsam, anzuraten, geraten, 2. bedeutsam, inhaltreich, inhaltschwer, erfüllt, tief, vielsagend, vieldeutig, sinnreich, beziehungsvoll, beziehungsreich, 3. systematisch, planmäßig, planvoll, geplant, überlegt, organisch, folgerichtig, geordnet, programmatisch, methodisch, einheitlich, wissenschaftlich, zielbewußt, gezielt, vorbedacht, wohlüberlegt, durchdacht. 1163

sitzen 1. ruhen, ausruhen, hocken, lehnen, 2. sich setzen, sich hinsetzen, sich niederlassen, es sich bequem machen, Platz nehmen, einen Stuhl nehmen, auf einen Stuhl fallen, 3. im Gefängnis sein, brummen, absitzen, festsitzen, hinter Gittern, hinter Stacheldraht sein, gefangen sein, eine Strafe verbüßen, 4. dasitzen, hängen, kleben, nicht weiter wissen, aufgeschmissen sein, ratlos sein, aufsitzen, 5. passen, keine Falten werfen, stimmen, in Ordnung sein, nichts auszusetzen, nichts zu ändern, einen guten Sitz haben, gute Paßform haben, wie angegossen sitzen. 1164

so 1. derart, derartig, solchermaßen, in solchem Ausmaß, in solchem Umfang, dergestalt, dermaßen, in der Weise, ebenso, genauso, gleichermaßen, nicht minder, auf diese Weise, in dieser Form, mit diesen Worten, folgendermaßen, wie folgt; gleichwie, also, nun, denn, 2. so oder so, jedenfalls, auf Biegen oder Brechen, auf jeden Fall, auf alle Fälle, wie auch immer. 1165

Sorge Unruhe, Bangigkeit, Kummer, Kümmernisse, Bekümmernis, Besorgtheit, Besorgnis, Bedenken, Bedenklichkeit, Beklemmung, Ungewißheit, Unsicherheit, Angst, Befürchtung, Beunruhigung, Zweifel, Skrupel, Belastung, Bürde. 1166

Sorgfalt 1. Genauigkeit, Gründlichkeit, Präzision, Schärfe, Exaktheit, 1167

Akkuratesse, Gewissenhaftigkeit, Pünktlichkeit, Ordnung, Sorgsamkeit, Konzentration, Anspannung, 2. Ausführlichkeit, Breite, Einläßlichkeit, Weitläufigkeit, Weitschweifigkeit, Umständlichkeit, 3. Vorsicht, Achtsamkeit, Behutsamkeit, Obacht, Besonnenheit, Bedachtsamkeit, Bedacht, Überlegung, 4. Fürsorglichkeit, Umsicht, Aufmerksamkeit, Schonung, Rücksichtnahme.

1168 **sorgsam** 1. behutsam, vorsichtig, schonungsvoll, schonend, sorgfältig, achtsam, rücksichtsvoll, bedachtsam, wohlüberlegt, sorglich, fürsorglich, liebevoll, besorgt, pfleglich, mit Bedacht, sinnig, wachsam, wie seinen Augapfel, aufmerksam, zuverlässig, peinlich, akkurat, genau, exakt, ordentlich, gründlich, 2. umsichtig, überlegt, vorsorglich, mit Vorbedacht, wohl vorbereitet, von langer Hand, bedacht, gewissenhaft, weislich, wohlerwogen, vorausschauend; mütterlich, väterlich, beschützend, bergend, beschützerisch, verantwortungsbewußt, pflichtbewußt.

1169 **Spannung** 1. Erwartung, Gespanntheit, Interesse, Neugier, Wißbegier, Erregung, Ungewißheit, Unsicherheit, Aufregung, Hochspannung, Nervenkitzel, Gespanntsein, Anspannung, Ungeduld, gespannte Erwartung, 2. Gereiztheit, Überreizung, gespanntes Verhältnis, Feindseligkeit, Verstimmung, Ärger, Mißbehagen, Mißstimmung, Unbehagen, 3. Drang, Druck, Trieb, Dramatik, Anziehung, Magnetismus.

1170 **sparen** 1. beiseite legen, auf die hohe Kante legen, ersparen, erübrigen, zurücklegen, zusammenbringen, zusammenscharren, zusammenraffen, Rücklagen machen, aufheben, aufsparen, anhäufen, hamstern, aufstapeln, aufspeichern, horten, Konto anlegen, 2. knausern, geizen, filzen, knapsen, abknapsen, den Daumen draufhalten, knapphalten, kurzhalten, kurztreten, kargen, zwacken, 3. haushalten, zusammenhalten, rechnen, wirtschaften, einteilen, einrichten, zu Rate halten, rationieren, zirkeln, zisseln, 4. sich einschränken, sich kleiner setzen, sich verkleinern, weniger brauchen, Etat unterschreiten, einsparen, absparen, abzwacken, sich nach der Decke strecken, fürliebnehmen, sich begnügen, zufrieden sein, sich zufriedengeben, sich behelfen, knapp halten, den Brotkorb höher hängen, den Gürtel (Riemen) enger schnallen, sich beschränken, sparsam sein.

sparsam 1. genau, haushälterisch, wirtschaftlich, vorsichtig, ökonomisch, 2. kleinlich, peinlich, interessiert, profitlich, happig, auf seinen Vorteil bedacht, berechnend, erpicht, filzig, knauserig, geizig, knickrig, lumpig, schäbig, schmutzig, schofel, raffgierig, habsüchtig, habgierig, geldgierig, besitzgierig, besitzsüchtig, kann nicht genug kriegen, 3. sparsam im Gebrauch, rationell, energiesparend, umweltfreundlich. 1171

Sparsamkeit Wirtschaftlichkeit, Ökonomie, Genauigkeit, Einteilung; Kleinlichkeit, Knauserei, Pfennigfuchserei, Spänbrennerei, Habsucht, Habgier, Gewinnsucht, Raffgier, Geiz, Geldgier, Goldhunger, Besitzgier, Mammonsdienst, Besitzliebe, Materialismus, Tanz um das Goldene Kalb. 1172

spät 1. verspätet, unpünktlich, säumig, saumselig, rückständig, dahinter, hinterher, im Rückstand, im Verzug, nachhinkend; nachträglich, ergänzend, im nachhinein; überfällig, nicht eingetroffen, nicht fahrplanmäßig, zu spät, 2. höchste Zeit, keine Zeit zu verlieren, endlich, in letzter Minute, vor Toresschluß, fünf Minuten vor Zwölf, im letzten Augenblick, 3. nach Jahren, nach langer Zeit, nach Jahr und Tag, nachgeboren, posthum, nach dem Tode, 4. zu später Stunde, zu vorgerückter Zeit (Stunde), ziemlich spät, am späten Abend, abends spät, zu nachtschlafender Zeit, nachts. 1173

später 1. danach, darauf, nachmalig, nachmals, in der Folge, hinterher, seitdem, seither, hernach, seit, nach, hierauf, nachher, dann, hiernach, noch nicht, von. . .ab, 2. künftig, in 1174

Zukunft, späterhin, fernerhin, zu einem späteren Zeitpunkt, rückwirkend, ein andermal, sodann, nachfolgend, anschließend, fortan, dereinst, eines Tages, über kurz oder lang, früher oder später, fürder, fortab, zukünftig, hinfort, von jetzt an, 3. angehend, zukünftig, kommend, in spe.

1175 **Spezialität** 1. Fach, Sonderfach, Sondergebiet, Spezialgebiet, Fachgebiet, Fachrichtung, Fachbereich, Fachgeschäft, Fachhandel, Sparte; Stekkenpferd, Liebhaberei, Hobby, 2. Leibgericht, Leibspeise, Eigenerzeugnis, Kuriosität, Besonderheit, Eigentümlichkeit, Hausgericht, Hausmarke, 3. Besonderheit, Eigenart, Spezifikum, Sonderart, Sonderklasse.

1176 **spiegeln (sich)** 1. in den Spiegel sehen, sich betrachten, sich ansehen, sein Bild prüfen, 2. wiedergeben, reflektieren, zurückwerfen, wiederspiegeln, Abbild zeigen, 3. blenden, glänzen, Lichtstrahlen zurückwerfen, in den Augen schmerzen, 4. widerhallen, nachhallen, weiterklingen, ein Echo erzeugen, Ton (Schall) zurückwerfen.

1177 **spielen** 1. Theater spielen, Schauspieler sein, auftreten, die Bühne betreten, sich produzieren, auf der Bühne stehen, auf den Brettern stehen, darstellen, agieren, eine Rolle spielen, eine Rolle kreieren (hinlegen), eine Partie singen, erscheinen als, personifizieren, Gestalt geben, Leben verleihen, vermenschlichen, lebendig machen, figurieren, verkörpern, mimen; chargieren, übertreiben, schauspielern, dem Affen Zucker geben, nachahmen, imitieren, nachmachen, kopieren, 2. aufführen, vorführen, inszenieren, einstudieren, Regie führen, auf den Spielplan setzen, auf die Bühne bringen, geben, zeigen, herausbringen, in Szene setzen, über die Bretter gehen lassen, 3. musizieren, aufspielen, klimpern, begleiten, blasen, pfeifen, flöten, trompeten, posaunen, geigen, harfen, trommeln, pauken, Klavier spielen, konzertieren, Konzert geben, 4. liebäugeln mit, denken an, nicht ernst nehmen, kokettieren mit, 5. losen, das Los ziehen, das Los werfen, durch das Los ermitteln, in der Lotterie spielen, im Lotto (Toto) spielen, tippen, wetten, würfeln; karten, skaten, Karten spielen, pokern, Poker spielen, Glücksspiele machen, Spieler sein, dem Glücksspiel ergeben, vom Spielteufel besessen sein, hasardieren, Hasard spielen, alles aufs Spiel setzen, alles auf eine Karte setzen, Hasardeur, Glücksspieler sein, 6. improvisieren, extemporieren, aus dem Stegreif spielen, einflechten, zusetzen, 7. abspielen, laufen lassen, auflegen.

Sportler 1. Wettkämpfer, Sporttreibender, Athlet, Leichtathlet, Turner, Berufsspieler, Profi, Crack, Spitzensportler, Meistersportler, Champion, 2. Bergsteiger, Alpinist, Hochtourist, Kletterer, Gipfelstürmer, Bergfex, Gletscherfloh, 3. Ringer, Ringkämpfer, Catcher, Freistilringer, Kraftmensch, Herkules, Boxer, Stemmer, 4. Läufer, Wettläufer, Sprinter, Kurzstreckenläufer, Langstreckenläufer, „Nurmi", 5. Motorsportler, Rennfahrer; Wassersportler, Schwimmer; Wintersportler, Skiläufer, Skispringer; Radsportler; Reiter, Fechter, 6. sportlich, kräftig, gewandt, trainiert, in Form, in Hochform; jugendlich, zweckmäßig, flott (von der Kleidung). 1178

Spott 1. Neckerei, Ulk, Spaß, Schabernack, Jux, Possen, 2. Stichelei, Gestichel, Spitze, Anzüglichkeit, Anzapfung, Uzerei, Hänselei, Frotzelei, Hechelei, 3. Hohn, Hohngelächter, Zynismus, Ironie, Galgenhumor, verstellter Ernst, versteckter Spott, Sarkasmus, beißender Spott, Malice, Bosheit, boshafte Anspielung, Verspottung, Verhöhnung, Bissigkeit, Hieb, Nadelstich, boshafte Bemerkung, Seitenhieb, Sottise, Hohngelächter, 4. Karikatur, Spottbild, Scherzzeichnung, Verzerrung, Zerrbild, Fratze; Persiflage, Satire, Parodie, Travestie, Groteske, 5. Spitzname, Spottname, Übername, Beiname, Scherzname, Neckname. 1179

1180 **spotten** 1. aufziehen, hochnehmen, anöden, anspielen, sticheln, anzüglich werden, uzen, anpflaumen, verulken, necken, anzapfen, auf den Arm nehmen, frotzeln, foppen, hänseln, flachsen, narren, einen Possen spielen, zum besten halten, einen Streich spielen, an der Nase herumführen, spötteln, sich mokieren, witzeln, sich lustig machen, Spaß machen, spaßen, nicht ernst meinen, seinen Scherz treiben, jem. vexieren, sich lustig machen über, sich belustigen über, seinen Spott treiben, zum Narren halten, auf die Schippe nehmen, belächeln, bespötteln, ein Schnippchen schlagen, am Narrenseil führen, nasführen, veralbern, veräppeln, 2. höhnen, verhöhnen, verspotten, verlachen, triumphieren, sich ins Fäustchen lachen, auslachen, lächerlich machen, der Lächerlichkeit preisgeben, hohnlachen, 3. karikieren, verzerren, verzeichnen, persiflieren, ins Lächerliche ziehen, ironisieren, parodieren, travestieren.

1181 **spöttisch** 1. anzüglich, ironisch, sarkastisch, sardonisch, zynisch, beißend, satirisch, bissig, spitz, maliziös, mokant, höhnisch, ätzend, scharf, verletzend, schneidend, mit spitzer Zunge, scharfzüngig, spitzzüngig, süffisant, spottsüchtig, 2. neckend, schmunzelnd, frotzelnd, im Scherz, scherzhaft, im Spaß, spaßeshalber, nicht ernstgemeint.

1182 **Sprache** 1. Stimme, Laut, Idiom, Zunge, Wort, 2. Wortschatz, Sprachschatz, Vokabular, Sprachebene, Sprachschicht, Stilschicht, Diktion, Art zu formulieren, Rede, Vortrag, Stil, Sprechweise, Redeweise, Ausdrucksweise, Sprechstil, Aussprache, Tonfall, Artikulierung, Betonung, 3. Redegabe, Rednergabe, Sprachgewandtheit, Zungenfertigkeit, Wortgewandtheit, Suada, Wortkunst, Redefluß, Dialektik, Rhetorik, Beredsamkeit, Beredtheit, Eloquenz, Sprechbegabung, Redekunst, 4. Schriftsprache, Hochsprache, Umgangssprache, Volkssprache, Landessprache, Muttersprache; Fremdsprache; Dialekt, Mundart, Platt, Jargon, Slang, Rotwelsch, Gaunersprache, 5. Fachsprache, Nomenklatur, Vokabularium, Fachwortschatz, Terminologie.

sprechen 1. reden, sagen, äußern, zum 1183
Ausdruck bringen, die Sprache handhaben, die Worte setzen, die Worte wählen, das Schweigen brechen, anheben, laut werden lassen, ausrufen, das Wort ergreifen, verlauten lassen, das Wort nehmen, sich zum Wort melden, Ausdruck geben, bezeichnen, nennen, aussprechen, formulieren, artikulieren, meinen, sagen wollen, bemerken, erwähnen, verlauten lassen, anbringen, anmerken, einwerfen, mitteilen, berichten, 2. schwatzen, schwätzen, plaudern, schnattern, plappern, palavern, durcheinanderreden, daherreden, Blech, dummes Zeug reden, faseln, schwafeln; klugreden, klugschwätzen, alles besser wissen, gackern, babbeln, quasseln, tratschen, quatschen, plätschern, sprudeln, sprühen, heraussprudeln, ausstoßen, hervorstoßen, herausstoßen; kauderwelschen, radebrechen, näseln, brabbeln, lallen, blubbern, nuscheln, 3. vortragen, vorsprechen, deklamieren, rezitieren, aufsagen; vorlesen, Vortrag halten, Rede halten, Ansprache halten, begrüßen, einführen, willkommen heißen; dozieren, lesen, referieren, Referat halten, Vorlesung halten.

spröde 1. mürbe, krachig, knusprig, 1184
kroß, sprock, knackig, röstfrisch, ofenfrisch, rösch, krosch, 2. bröckelig, brüchig, gläsern, glasig, zerbrechlich, splitterig, trocken, fettarm, rissig, aufgesprungen, schilfrig, schrundig, storr, strohig, altbacken, krümelig, bröckelig, bröselig, 3. abweisend, zurückhaltend, unzugänglich, schamhaft, prüde, süßsauer, herb, tuntig, tantenhaft, zimperlich, geziert, genant, jüngferlich, widerspenstig, verschlossen, unzugänglich.

Sprung 1. Riß, Bruch, Spaltung, Tren- 1185
nung, Kluft, Graben, Furche, Abstand; Verletzung, Kratzer, Wunde, Verwundung, Abschürfung, klaffen-

de Wunde, Hautriß, 2. Satz, Absprung, Hopser, Hüpfer, Luftsprung, Kopfsprung; Salto, Überschlag, Looping, Salto mortale, Todessprung.

1186 **Spur** 1. Fährte, Spur, Fußspur, Fußtapfen, Abdruck, Fingerabdruck, Daumenabdruck; Furche, Kielwasser, Rauchfahne, 2. Zeichen, Beweis, Beleg, Anhaltspunkt, 3. Schienen, Schienenstrang, Geleise; Trasse, Trassierung, Linie, Linienführung.

1187 **spürbar** merklich, einschneidend, tiefgehend, eindrucksvoll, gravierend, fühlbar, ernstlich, schmerzlich, empfindlich, nicht zu verkennen, bemerkbar, wahrnehmbar, kontrollierbar, wägbar, zählbar, unübersehbar, sichtbar, hörbar, erkennbar, greifbar, konkret, wirklich, sichtlich, deutlich, zusehends, erheblich, beträchtlich, beachtlich.

1188 **Stärke** 1. Kraft, Körperkraft, Muskeln, Muskelkraft, Bizeps, Mark, Mumm, Saft, Substanz, Potenz, Leistungsfähigkeit, Arbeitsfähigkeit, Arbeitsvermögen, Arbeitsleistung; Können, Vermögen, Macht, Gewalt, 2. Widerstandskraft, Resistenz, Widerstandsfähigkeit, Belastbarkeit, Tragfähigkeit, Zähigkeit, Zählebigkeit, 3. Umfang, Durchmesser, Dicke, Anzahl, Bestand, Kapazität, Fassungsvermögen, Fassungskraft, Aufnahmefähigkeit, Speichervermögen; Konzentration, Gehalt, Sättigung(sgrad), 4. starke Seite, Hauptfähigkeit, besondere Begabung, Qualifikation, Eignung, Talent, Spezialität.

1189 **stärken (sich)** 1. sich kräftigen, erstarken, sich machen, werden, zu Kräften kommen, stark werden, ertüchtigen, abhärten, 2. aufrichten, ermuntern, ermutigen, den Rücken stärken, erquicken, letzen, laben, essen, etwas zu sich nehmen, ergötzen, erfrischen, 3. stählen, wappnen, panzern, waffnen, bewaffnen, Waffen liefern, mit Waffen versorgen, rüsten, aufrüsten, ausrüsten, armieren, bestücken, militarisieren, ertüchtigen, den Krieg vorbereiten, Kriegsvorbereitungen treffen, kampfbereit sein, das Pulver trocken halten, 4. steifen, härten, festigen, befestigen, verdichten, erhärten, festmachen, verstärken, stärker machen, konzentrieren, verdichten, anreichern, sättigen.

Stärkung 1. Erfrischung, Erquickung, 1190
Labsal, Labung, Labe, 2. Erbauung, Trost, Zuspruch, Aufrichtung, Ermunterung, Ermutigung, 3. Festigung, Bekräftigung, 4. Kräftigung, Erholung, Rekonvaleszenz, Wiederherstellung, Erstarkung, Abhärtung, Stählung.

starr 1. steif, reglos, bewegungslos, 1191
unbeweglich, unveränderlich, tot, leblos, erstarrt, vereist, gefroren, hart, unempfindlich, herzlos, kalt, eisig, stumpf, taub, ungerührt, unbewegt, 2. stur, unbeugsam, unnachgiebig, uneinsichtig, verbohrt, verrannt, eisern, autoritär, unpädagogisch, dogmatisch, unbelehrbar, starrsinnig, hartköpfig, hartnäckig, reaktionär, rückschrittlich, borniert; nicht anpassungsfähig, gemeinschaftsunfähig, gesellschaftsfeindlich, nicht anpassungswillig, asozial, 3. erstaunt, verwundert, perplex, baß erstaunt, verdutzt, sprachlos, verdonnert, befremdet, staunend, platt, erstarrt, verblüfft, fassungslos, überrascht, vom Donner gerührt, erschreckt, erschrocken, entsetzt, bestürzt, betroffen, betreten, verwirrt, verstört, wie vor den Kopf geschlagen, ganz durcheinander, stumm, entgeistert, erschlagen, geschmissen, baff, stutzig, konsterniert, schockiert, geschockt, verdattert, versteinert, wie angewurzelt, unverwandt, 4. unduldsam, intolerant, fanatisch, eng, unbeeinflußbar, einseitig, verbissen, uneinsichtig, verblendet, blind gegen, von Vorurteilen besessen, 5. glasig, stier, unbeweglich, maskenhaft, marmorn, stocksteif.

statt anstatt, an Stelle von, für, stell- 1192
vertretend, gegen, als Ersatz für, an... Statt.

stattgehabt veranstaltet, abgehalten, 1193
gespielt, geschehen, was vor sich gegangen ist, was sich zugetragen hat.

1194 **stattlich** 1. ansehnlich, imposant, kräftig, gewichtig, imponierend, achtunggebietend, eindrucksvoll, stolz, pompös, 2. füllig, korpulent, vollschlank, mächtig, vollbusig, rundlich, üppig, umfänglich, junonisch, statiös, 3. stattliche Zahl, ziemlich viel, erheblich, beträchtlich, nicht wenig.

1195 **stehen** 1. dastehen, aufrecht stehen, aufgestanden sein, sich erhoben haben, auf den Beinen sein, 2. sich erheben, ragen, aufragen, sich türmen, sich befinden, hochragen, erbaut sein, sich auftürmen, 3. basieren, fußen, sich gründen, sich stützen auf, 4. anhalten, halten, stoppen, verharren, nicht weiterfahren, stillstehen, nicht weitergehen, 5. nicht sitzen, sich nicht setzen, keinen Sitzplatz finden, stehen müssen, sich auf den Füßen halten, nicht umfallen, 6. anstehen, kleiden, gut aussehen, passen zu, geeignet sein für, zu Gesicht stehen, schmeicheln, verschönern, 7. stehend, aufrecht, aufgestanden, aufgerichtet, auf den Beinen, auf den Füßen.

1196 **steigen** 1. ansteigen, sich heben, bergauf führen, steiler werden, höher werden; hochsteigen, schäumen, überschäumen, überlaufen, 2. bergauf gehen, aufsteigen, aufwärts gehen, besteigen, klettern, eine Steigung überwinden, übersteigen, überklettern, erklimmen, klimmen, kraxeln, hochsteigen, den Berg bezwingen, 3. aufsteigen, abheben, die Erde unter sich lassen, ansteigen, sich hochschrauben, sich in die Luft schwingen, sich emporheben, immer höher steigen, 4. emporkommen, aufsteigen, aufstreben, vorankommen, vorrücken, weiterkommen, avancieren, Erfolg haben, Karriere machen, sich verbessern, vorwärtskommen, ans Ziel kommen; fortschreiten, Fortschritte machen, marschieren, nicht aufzuhalten sein, alle überholen; sich einen Namen machen, berühmt werden, Zulauf haben, beliebt sein, gesucht sein, zu Ehren kommen, sich emporarbeiten, es weit bringen, sich durchsetzen, hochkommen, seinen Weg machen, zu Ansehen kommen; aufsteigen, aufrücken, nicht sitzenbleiben, versetzt werden, die Klasse wechseln, 5. anziehen, sich erhöhen, sich verteuern, aufschlagen, teurer werden, sich steigern, hochgehen, hinaufgehen, hinaufschnellen, ansteigen, sich heben, eskalieren, schrittweise ansteigen.

Steigerung 1. Erhöhung, Aufbesserung, Aufschwung, Aufstieg, Zulage, Zuschlag, 2. Aufschlag, Verteuerung, Anziehen der Preise, Preiserhöhung, Eskalation, Preissteigerung, Inflation, Ausweitung des Geldumlaufs, Entwertung des Geldes, 3. Ausbreitung, Vergrößerung, Erweiterung, Vermehrung, Wachstum, Zunahme, Mehrung, Potenzierung, Vervielfältigung, Vervielfachung, Zuwachs, Wertzuwachs, 4. Auftrieb, Ermunterung, Ermutigung, 5. Förderung, Besserung, Hebung, Verbesserung, Intensivierung, Verstärkung, Entwicklung, Weiterentwicklung, Entfaltung, Fortschritt, 6. Preistreiberei, Wucher, Teuerung, Überteuerung, Überforderung, Nepp. 1197

stellen (sich) 1. hinstellen, abstellen, niederstellen, zu Boden lassen, absetzen, hinsetzen, 2. aufstellen, placieren, postieren, stationieren, unterbringen, anordnen, einrichten, 3. in die Enge treiben, aufhalten, anhalten, zum Geständnis bringen, auf den Kopf zusagen, zur Rechenschaft ziehen, Aufklärung verlangen, 4. kandidieren, mitbewerben, sich aufstellen lassen, sich zur Wahl stellen, sich bewerben, konkurrieren, rivalisieren, sich messen, den Handschuh aufnehmen, sich einlassen, bereit sein, 5. Geständnis ablegen, zugeben, dem Ruf folgen, sich einfinden, sich bezichtigen, sich melden, 6. sich aufrichten, zu Berge stehen, sich sträuben, sich aufplustern. 1198

sterben 1. entschlafen, erlöschen, auslöschen, verscheiden, heimgehen, hinübergehen, ausatmen, aushauchen, den Geist aufgeben, aus dem Leben scheiden, diese Welt verlas- 1199 sen, die Augen schließen, das Zeitliche segnen, zu Staub werden, abscheiden, hinscheiden, einschlafen, erblassen, versterben, vollendet haben, ableben, abberufen werden, 2. ins Gras beißen, um die Ecke gehen, in die ewigen Jagdgründe eingehen, sich zu seinen Vätern versammeln, dahingehen, vergehen, enden, verröcheln, dran glauben müssen, über die Klinge springen, 3. eingehen, krepieren, verenden, absterben, zugrunde gehen, verderben, verhungern, Hungers sterben, verdursten, verschmachten, ersticken, verbluten, an Blutverlust sterben; erfrieren, den Kältetod, an Unterkühlung sterben; ertrinken, den Tod im Wasser finden, untergehen, 4. fallen, bleiben, verunglücken, umkommen, nicht wiederkommen, draufgehen, den Hals brechen, das Genick brechen, etwas zustoßen, etwas passieren, 5. hingerichtet werden, den Tod erleiden; ermordet werden, umgebracht werden, das Opfer eines Verbrechens werden.

1200 **steuern** 1. führen, fahren, lenken, befehligen, kommandieren, lotsen, 2. zielen, tendieren, anpeilen, richten, 3. eindämmen, bremsen, angehen gegen, unterbinden, einen Riegel vorschieben, verhindern, verhüten, vorbeugen, vorbauen, sich den Rücken decken, bekämpfen, dämpfen, drosseln, Grenzen setzen, wehren.

1201 **Stiel** 1. Stengel, Schaft, Halm, Stamm, 2. Griff, Handgriff, Handhabe, 3. Strunk, Stubben, Stumpen, Stumpf, Stummel.

1202 **Stil** 1. Art, Ausdrucksweise, Sprache, Sprachgestaltung, Darstellungsweise, Sprachkraft, Gestaltungskraft, Diktion, Schreibweise, Schreibart, Sprachform, Wortwahl, Vortrag, Manier, Handschrift, Gepräge, Technik, Arbeitsweise, Linienführung, Pinselstrich, 2. Kunstform, Kunstrichtung, Bauart, Baustil, Gepräge einer Zeit, Zeitstil, Zeitgepräge, 3. Lebensweise, Lebensstil, Lebensform, Existenzform, Eigenart, persönliches Gepräge, Sonderart, Habitus, Haltung, Lebenszuschnitt, Geschmacksrichtung, einheitlicher Zug, Linie, Richtung, Zuschnitt.

Stillstand Stockung, Halt, Unterbrechung, Stau, Stauung, Pause, Einhalt, Ende, Stopp, Baisse, Nullpunkt, toter Punkt, Gefrierpunkt, Tiefstand; Stagnation, Sauregurkenzeit. 1203

Stimmung 1. Laune, Verfassung, Gemütszustand, Gefühlslage, Gemütslage, Gemütsbeschaffenheit, Seelenlage, Seelenverfassung, Gemütsverfassung, Gemütsstimmung, Grundgefühl, Gestimmtheit, Disposition, Disponiertheit, Aufgelegtsein, 2. Lust, Neigung, Anwandlung, Regung, Wallung, Einfall, Kaprice, Affekt, Grille, Laune, Exzentrizität, Marotte, Kateridee, 3. Fröhlichkeit, Heiterkeit, gute Laune, Vergnüglichkeit, Fidelität, Jubel, Frohsinn, Aufgeräumtheit. 1204

stocken 1. innehalten, sich unterbrechen, aussetzen, abbrechen, anhalten, nicht weitersprechen; stehenbleiben, nicht weiterkommen, hängenbleiben, nicht vorwärtskommen, eingekeilt sein, aufgehalten werden, nicht vom Fleck kommen; haften, kleben, festkleben, festhängen, festsitzen, nicht loskommen, sich nicht lösen können; sitzenbleiben, klebenbleiben, hocken, kein Ende finden, 2. stottern, stammeln, drucksen, nicht weiterwissen, den Faden verlieren, ins Stocken geraten, schwimmen, verstummen, erlahmen, 3. sich nicht weiterentwickeln, zurückbleiben, keine Fortschritte machen, auf der Strecke bleiben, das Ziel nicht erreichen, sitzenbleiben, 4. stehen, stagnieren, versiegen, versanden, versumpfen, sumpfig werden, Sumpf bilden, vermooren, Moor bilden, zum Moor werden. 1205

Stoff 1. Materie, Masse, Substanz, Medium, Stofflichkeit, Körperlichkeit, 2. Material, Mittel, Baustoff, Baumaterial, Rohstoff, Rohprodukt, Grundstoff, Grundsubstanz, Naturprodukt, Werkstoff, Baustein, Element, Ungeformtes; Bodenschätze, Mineralien, Gesteine, Erze, Roh- 1206 material, Erde, Boden, Ton, Lehm, 3. Gewebe, Tuch, Zeug, Gewirk, Webwaren, Maschenware, Trikot, Trikotagen, Spinnstoffe, Wirkwaren, Textilien, Gespinst, Gesponnenes, Netzwerk.

1207 **stolz** selbstbewußt, selbstsicher, siegesbewußt, von seinem Wert überzeugt, seines Wertes sicher, hochgemut, ehrliebend, aufrecht, hoheitsvoll, würdevoll, unbeugsam, sieghaft, siegessicher, triumphierend, hocherhobenen Hauptes.

1208 **Stolz** 1. Selbstgefühl, Selbstvertrauen, Selbstwertgefühl, Selbstachtung, Selbstbewußtsein, Selbstsicherheit, Machtgefühl, Machtbewußtsein, Ehrgefühl, Ehrliebe, Unbeugsamkeit, 2. Klassengeist, Standesbewußtsein, Berufsehre, Berufsethos; Kastengeist, Standesdünkel, Zunftgeist, Korpsgeist, Cliquengeist.

1209 **stören** 1. ablenken, zerstreuen, nicht in Ruhe lassen, unterbrechen, behelligen, lästig fallen, aufhalten, inkommodieren, genieren; zuwiderlaufen, unpassend kommen, verquer kommen, hinderlich sein, ungelegen kommen, belästigen; im Weg stehen, auf die Nerven gehen, in die Quere kommen; sich breitmachen, bedrängen, sich aufdrängen, das Haus einrennen, mit Briefen bombardieren, löchern, 2. durchkreuzen, zwischenfunken, querschießen, quertreiben, dazwischentreten; unterbrechen, dazwischenreden, zwischenrufen, ins Wort fallen, dreinreden, nicht ausreden lassen; sich einmengen, sich einmischen, intervenieren, Veto einlegen, 3. sabotieren, lahmlegen, blockieren, streiken, die Arbeit verweigern, die Arbeit niederlegen.

1210 **Störung** 1. Unterbrechung, Aufenthalt, Zwischenfall, Ruhestörung, Ablenkung, Belästigung, Behelligung, Abhaltung, Behinderung, Verhinderung, Verzögerung, Erschwerung, Einmischung, Intervention, Hemmung, 2. Störenfried, Eindringling, Ruhestörer, Friedenstörer, Unruhestifter, Quälgeist, Plagegeist, Landplage, Nervensäge.

1211 **Stoß** 1. Ruck, Rucker, Erschütterung, Beben, Erdbeben, Anprall, Aufprall, Aufschlag, Einschlag, Anstoß, Schub, Stubser, Stups, Stips, Schlag, Tritt, Fußtritt, Puff, Rippenstoß, 2. Zuckung, Anfall, Zusammenzucken, Zusammenfahren, Schrecken, Erschrecken, 3. stoßen, schubsen, puffen, knuffen, Puff versetzen, anstoßen, anrempeln, rucken, rütteln, rappeln, erschüttern, schütteln, ins Wanken bringen, umstoßen, zu Boden werfen; zusammenstoßen, zusammenprallen; treten, Tritt versetzen, mit Fußtritten traktieren; vor sich her stoßen, dribbeln, kicken.

streben 1. anstreben, ausgehen auf, 1212
abzielen auf, erstreben, wollen, sich mühen, sich bemühen, sich angelegen sein lassen, sich anstrengen, zielen auf, zu erreichen suchen, sich zum Ziel setzen, drängen nach, tendieren, trachten, fahnden, angeln, gieren, lechzen, eifern, alles daransetzen, 2. aufstreben, vorwärtsstreben, hinauf wollen, ans Licht wollen, hoch hinaus wollen, nach den Sternen greifen.

strebend 1. bemüht, angespannt, rin- 1213
gend, denkerisch, forschend, getrieben, faustisch, 2. streberhaft, ehrgeizig, ehrsüchtig, geltungssüchtig, karrieresüchtig, „Radfahrer".

strecken (sich) 1. wachsen, größer wer- 1214
den, aufschießen, 2. dehnen, ausdehnen, vergrößern, weiten, verlängern, ausweiten, weiter machen, länger machen, längen, anlängen, Saum herauslassen, langziehen, straffen, recken, spannen, ziehen, zerren, reißen, 3. verlängern, verschneiden, ausgiebiger machen, mischen, versetzen, 4. sich erstrecken, sich ausbreiten, sich dehnen, sich hinziehen, 5. entspannen, tief atmen, abspannen, sich recken, sich dehnen, gähnen.

Streich 1. Schwank, Schelmenstück, 1215
Schabernack, Ulk, Spaß, Eulenspiegelei, Allotria, Lausbüberei, Dummerjungenstreich, Donquichotterie, Schwabenstreich, Schelmenstreich, Schildbürgerei, 2. dummer Streich, Dummheit, Torheit, Eselei, Eskapade, Narrheit, Tollheit, Verrücktheit,

Affentheater, Blödsinn, Unsinn, Kateridee, Schnapsidee, dummes Zeug, Quatsch, Stuß, Blech, Makulatur, Zinnober, Humbug, Kapriolen, Sinnlosigkeit, Wahnsinn, Wahnwitz, Aberwitz.

1216 **Streit** 1. Auseinandersetzung, Unstimmigkeit, Verstimmung, Meinungsverschiedenheit, Erörterung, Gegensätzlichkeit, Divergenz, Zwietracht, Unfriede, Uneinigkeit, Zwiespalt, böses Blut, Disharmonie, Reiberei, Reibung, Mißklang, Diskrepanz, Dissonanz, Entzweiung, Verzwistung, Konflikt, Spannung, Zerwürfnis, Zwistigkeit, Zwist, Hader, Zänkerei, Mißhelligkeit, 2. Krach, Szene, Disput, Diskussion, Zank, Kabbelei, Frotzelei, Reibungen, Krakeel, Wortwechsel, Reiberei, Plänkelei, Geplänkel, Scharmützel, Renkontre, Zusammenstoß, Zusammenprall, Konfrontation, Auftritt, Strauß, Händel, Streitigkeit, Gefecht, Kampf, Wortstreit, Streit um Worte, Streitgespräch, Streit um des Kaisers Bart, Disput, Gezänk, Polemik, Federkrieg, Hin und Her, Tauziehen.

1217 **streiten (sich)** 1. entzweien, verzwisten, überwerfen, verfeinden, auseinanderkommen, aneinandergeraten, in den Haaren liegen, zanken, hadern, erzürnen, befehden, bekriegen; kabbeln, plänkeln, frotzeln, flachsen, anbinden, sich anlegen mit, übers Kreuz kommen, sich reiben, schimpfen, 2. sich auseinandersetzen, polemisieren, rechten, Streit anfangen, sich in die Wolle geraten, einen Strauß ausfechten, zusammenstoßen, zusammenprallen, sich verzanken, sich verkrachen, sich überwerfen; krakeelen, debattieren, disputieren, erörtern, prozessieren, 3. verschiedener Meinung sein, divergieren, nicht übereinstimmen, nicht übereinkommen, sich nicht einigen können, voneinander abweichen, eine Sache verschieden sehen, uneinig sein.

1218 **streng** 1. fest, konsequent, straff, entschieden, bündig, strikt, bestimmt, unwidersprechlich, 2. gebieterisch, herrisch, tyrannisch, despotisch, autoritär, inquisitorisch, militärisch, soldatisch, scharf, diktatorisch, rigoros, autoritativ, drakonisch, apodiktisch, geharnischt, barsch, schroff, kurz, 3. kompromißlos, puritanisch, sittenstreng.

Strenge 1. Festigkeit, Konsequenz, Entschiedenheit, Ernst, Energie, Bestimmtheit, Nachdruck, Unnachgiebigkeit; Härte, Unnachsichtigkeit, Schonungslosigkeit, 2. Schärfe, Schroffheit, Barschheit, Herbheit, Kühle, Unzugänglichkeit, Unnahbarkeit, Verschlossenheit, 3. Sprödigkeit, Steifheit, Prüderie, Zimperlichkeit, Ziererei, Jüngferlichkeit, 4. Sittenstrenge, Kompromißlosigkeit, Verständnislosigkeit, Humorlosigkeit. 1219

Strömung 1. Richtung, Neigung, Bewegung, Trend, Tenor, Haltung, Einstellung, Tendenz, Kurs, Mode, „Look", Schule, Stil, 2. Dünung, Zug, Sog, Flut, Schwall, Brandung, Gischt, Brecher, Sturzwelle, Woge, Welle, Drift, Trift. 1220

Struktur Bau, Gefüge, Aufbau, Beschaffenheit, Anordnung, Zusammensetzung, Gliederung, Lagerung, Schichtung, Organisation, Bauweise, Gestaltung; Textur, Gewebe, Maserung, Faserung. 1221

Stück 1. Ende, Strecke, Endchen, Ecke, Teil, Bahn, Meter, Zentimeter, Zoll, 2. Fetzen, Lappen, Zipfel, Schnipsel, Flicken, Stückchen, Fetzchen, Eckchen, Streifen, Abschnitt, Rest, Coupon, 3. Schnitte, Scheibe, Fladen, Brocken, Bissen, Happen, 4. Exemplar, Ausfertigung, 5. Drama, Theaterstück, Bühnenwerk, Schauspiel, Werk, 6. Scheit, Klotz, Kloben, Splitter, Span, Spreißel, 7. Zettel, Blatt, Bogen, Seite, Wisch. 1222

stumpf 1. unscharf, abgebraucht, verbraucht, abgestumpft, abgenutzt, schartig, 2. glanzlos, matt, mattiert, beschlagen, duff, 3. gefühllos, empfindungslos, unempfindlich, unempfänglich, unaufgeschlossen, dickfellig, dickhäutig, phlegmatisch, lethargisch, schlafmützig, indolent, dumpf, taub, abgetötet, 4. seelenlos, 1223 teilnahmslos, unberührt, ungerührt, gleichgültig, herzlos, unlebendig, unansprechbar, unzugänglich, verständnislos, 5. abgebrüht, stoisch, wurstig, unerschütterlich.

1224 **stunden** Zeit lassen, abwarten, zuwarten, aufschieben, anstehen lassen, befristen, terminieren, Zahlungsaufschub gewähren, Frist verlängern, prolongieren.

1225 **stützen (sich)** 1. durch Stützen sichern, Stützmauer errichten, am Fallen hindern, Halt geben, unterfahren, stabilisieren, unterfangen, untermauern, fundieren, festigen, abstützen, 2. helfen, aufhelfen, unterstützen, auf die Beine stellen; sich gegenlehnen, sich abstützen, sich anlehnen, sich helfen lassen, jem. Arm nehmen, sich auf jem. Arm stützen, bauen auf, sich verlassen auf, sich halten an; sich beziehen auf.

1226 **Stutzer** Elegant, Dandy, Gent, Geck, Modenarr, Gigerl, Affe, Laffe, Modeheld, Zierbengel, Modepuppe, Beau, Lackaffe.

1227 **Substanz** 1. Gehalt, Inhalt, Mark, Bedeutung, das Wesentliche, das Bleibende, das Wesen, der Kern, der Urgrund; die Materie, der Stoff, das Stoffliche, 2. Vermögen, Bestand, Besitz, Kapital.

1228 **suchen** 1. forschen, fahnden, Ausschau halten, sich umsehen nach, sich umschauen, um sich blicken, hinter sich schauen, sich umdrehen, in alle Richtungen schauen, ausschauen, spähen, fragen, sich umtun, nachfragen, ergründen, nachforschen, untersuchen, erkunden, ermitteln, Nachforschungen anstellen, recherchieren, einer Sache nachgehen; nachgraben, graben, wühlen, kramen, das Unterste zu oberst kehren, herumsuchen, stöbern, durchsuchen, durchkämmen, absuchen, erkunden, durchstöbern, Haussuchung machen, Razzia veranstalten, filzen, 2. sich bewerben, sich bemühen um, zu tun sein um, auf der Suche sein, nachjagen, verfolgen, hinterher sein, wünschen, begehren, ersehnen, angeln nach, fischen nach, die Netze auswerfen, tauchen, gründeln, 3. tasten, tappen, die Fühler ausstrecken, Witterung nehmen, 4. nachschlagen, durchsehen, feststellen, heraussuchen, aufsuchen, Bücher wälzen.

sühnen 1. büßen, abbüßen, Buße tun, umdenken, in sich gehen, sich bekehren, sich wandeln, sich ändern, ein neues Leben anfangen, sein Leben ändern, 2. Schuld sühnen, Unrecht wiedergutmachen, Schadenersatz leisten, entschädigen, einstehen für, die Strafe auf sich nehmen, Strafe verbüßen (erleiden), ausbaden, bluten müssen, den Kopf hinhalten, herhalten für, geradestehen für, die Scharte auswetzen, wettmachen, gutmachen, ausgleichen, die Folgen tragen, Konsequenzen auf sich nehmen, den Brei auslöffeln, Genugtuung geben. 1229

Sumpf Moor, Morast, Ried, Bruch, Marsch, Modder, Schlamm, Matsch, Lehm, Pfuhl, Schmutz, Gosse, Verkommenheit, Dreck. 1230

System 1. Ordnung, Organisation, Anordnung, Einteilung, Gliederung, Zusammenhang, Gefüge, sinnvolle Anordnung, gegliedertes Ganzes, 2. Methode, Lehrweise, Lehrgebaude, Plan, Programm, Verfahren, Arbeitsweise, Systematik, Prinzip. 1231

Tadel 1. Beanstandung, Ausstellung, Anstände, Bemängelung, Reklamation, Einwand, Einspruch, Protest, 2. Mißbilligung, Rüge, Rüffel, Maßregelung, Zurechtweisung, Ordnungsruf, Monitum, Verweis, Vorhaltung, Vorwurf, Verwahrung, 3. Kritik, Ablehnung, Verriß, Zischen, Auszischen, Buhrufe, Mißfallensäußerung, 4. Bezichtigung, Anklage, Anwurf, Anschuldigung, Schelte, Schimpfe, Zornausbruch, Donnerwetter, Anschnauzer, Abreibung, Anpfiff, Ungewitter, häusliches Gewitter, Scheltworte, Schimpfworte, Zigarre, Krach, Gebelfer, Gebell, Gekeife, Schmähung, Schimpferei, Schimpfkanonade, Gardinenpredigt, Kapuzinerpredigt, Kapuzinade, Sermon, Standpauke, Philippika, Strafpredigt; Schmähschrift, Pamphlet, Spottschrift, Lästerung. 1232

tadeln 1. aussetzen, beanstanden, einwenden, reklamieren, ausstellen, be- 1233 mängeln, mäkeln, mißbilligen, nörgeln, meckern, kritteln, querulieren, quengeln, 2. rügen, rüffeln, schulmeistern, kuranzen, schurigeln, monieren, räsonieren, verweisen, vorhalten, zurechtweisen, zusammenstauchen, herunterputzen, Zigarre erteilen, vorwerfen, maßregeln, zur Ordnung rufen, die Meinung sagen, eine Rüge erteilen, die Flötentöne beibringen, die Leviten lesen, ins Gericht gehen, jem. Mores lehren, mit jem. ein Hühnchen rupfen, den Standpunkt klarmachen, auf Vordermann bringen, 3. korrigieren, anstreichen, ankreiden, berichtigen, richtigstellen, 4. verurteilen, anprangern, brandmarken, geißeln, den Stab brechen, sich aufhalten, verdammen, verurteilen, schlechtmachen, sich die Mäuler zerreißen, 5. kritisieren, „zerreißen", heruntermachen, herunterreißen, zerpflücken, bekritteln, angreifen, zerrupfen, kein gutes Haar lassen, schlecht besprechen, verreißen, vernichtend beurteilen; zischen, auszischen, Mißfallen äußern, buhen, ausbuhen.

1234 **taktisch** 1. planvoll, geschickt, überlegt, gewandt, klug, berechnet, wohlvorbereitet, spekulativ, vorbedacht, zweckhaft, zweckvoll, politisch, strategisch, 2. diplomatisch, kundig, schlau, gerissen, gewieft; glatt, aalglatt, glattzüngig, doppelzüngig.

1235 **tapfer** 1. mutig, kühn, beherzt, furchtlos, wacker, tüchtig, brav, heldenhaft, starkherzig, forsch, heroisch, mannhaft, soldatisch, militärisch, bravourös, stramm, unerschrocken, unverzagt, kuragiert, 2. verwegen, unbedenklich, unternehmungslustig, selbstsicher, herzhaft, wagemutig, waghalsig, risikofreudig, freihändig, ohne Netz, ungesichert, schneidig, zackig, straff, draufgängerisch, tollkühn, unbesonnen, vor nichts zurückschreckend, löwenherzig, nicht kleinzukriegen, unbezwinglich.

1236 **Tat** Tun, Ausführung, Handlung, Handlungsweise, Handeln, Vorgehen, Wirken, Arbeit, Treiben, Verrichtung, Unternehmen, Unternehmung, Operation, Tätigkeit, Beginnen, Aktion, Akt, Tätigung, Bewerkstelligung, Leistung, Wirksamkeit, Werk.

tätig 1. fleißig, emsig, schaffig, arbeit- 1237
sam, unermüdlich, rastlos, strebsam, zielbewußt, unverdrossen, umtriebig, immer auf dem Posten, 2. aktiv, rege, unternehmend, unternehmungslustig, tatenreich, energisch, lebhaft, betriebsam, rührig, geschäftig, lebendig, tüchtig, regsam, beweglich, tatkräftig, fortschrittlich, 3. arbeitend, berufstätig, erwerbstätig, schaffend, werktätig; von Beruf, seines Zeichens, beschäftigt als, 4. beschäftigt, vielbeschäftigt, ausgefüllt, voll beschäftigt, in Anspruch genommen, beansprucht, ausgelastet.

Tatsache 1. Faktum, Fakt, Tatbestand, 1238
Sachlage, Realität, Wirklichkeit, Wahrheit, Tatsächlichkeit, Gegebenheit, Gewißheit, Sachverhalt, Umstand, vollendete Tatsache, Geschehenes, Feststehendes, Unanzweifelbares, Historisches, Fait accompli, Gegebenheit, 2. Körperlichkeit, Leiblichkeit, Wesenhaftigkeit, Dinghaftigkeit, Körperhaftigkeit, 3. Faktor, Größe, Macht, Potenz, Kraft.

Täuschung 1. Irrtum, Versehen, Fehl- 1239
griff, Fehlschluß, Fehlurteil, Lapsus, Mißgriff, Mißverständnis, Trugschluß, 2. Betrug, Schwindel, Unterschlagung, Unterschleif, Gaunerei, Spitzbüberei, Betrügerei, Hinterziehung, Irreführung, Mystifikation, Fälschung, Falschmünzerei, Durchstecherei; Nepp, Nepperei, Mogelei, Überforderung, Überteuerung, Zechprellerei; List, Kniff, Trick, Schliche, Ränke, Umwege, Heimlichkeiten; Vorwand, Verstellung, Verheimlichung, Verdunklung, Verschleierung, Augenwischerei, Verharmlosung, Beschönigung, Scheingrund, Selbsttäuschung, Vogel-Strauß-Politik, Bluff, Scharlatanerie, verzuckerte Pille, falsches Spiel, Trug, Übertölpelung; rhetorische Frage, Scheinfrage, Fangfrage, bewußte Irreführung, 3. Schein, Anschein, Aussehen, Gesicht, Dekorum, Eindruck,

4. Vortäuschung, Vorspiegelung, Fiktion, Gaukelspiel, fauler Zauber, Fata Morgana, Blendwerk, Luftspiegelung, Gesichtstäuschung, Phantasiegebilde, Luftgebilde, Schimäre, Hirngespinst, Sinnestäuschung, Trugbild; Kulisse, Prospekt, Fassade, Attrappe, Blende, Schminke, Tünche, Tarnung, Tarnanstrich, Maskierung, Potemkinsches Dorf, Staffage, 5. Maske, Larve, Schleier, Gespinst, Verschleierung, Verhüllung, Verlarvung, Kostüm, Kostümierung, Verkleidung, Maskerade, Narrenkleid, Mummenschanz, 6. Pseudonym, Scheinname, Deckname, Künstlername, Schriftstellername, Tarnname, falscher Name, angenommener Name, 7. Theater, Gaukelei, Spielerei, Komödie, Schauspielerei; Gaudi, Getue, Tuerei, 8. Schwarzer Markt, grauer Markt, Schleichhandel, Schmuggel.

1240 **Teil** 1. Bruchstück, Bruchteil, Teilgebiet, Teilstück, Parzelle, Rudiment, Stück, Segment, Sektor; Abschnitt, Kapitel, Absatz, Passage, Passus, Ausschnitt, Auszug, Exzerpt, Stelle, Vers, Strophe; Spalte, Rubrik, Kolonne, Kolumne, Paragraph, Artikel, Nummer, Lektion, 2. Torso, Fragment, Ruine, Wrack, 3. Anteil, Beteiligung, Gewinnbeteiligung, Teilhabe, 4. Zutat, Beiwerk, Komponente, Ingredienz, Bestandteil, Detail, Einzelheit, Element, Teilchen, Partikel, Molekül, Atom, 5. Seite, Seitenteil, Wange, Backe, Flanke, 6. Gebäudeteil, Trakt, Flügel.

1241 **teilen (sich)** 1. in Stücke schneiden, zerschneiden, zersägen, durchsägen, zerhauen, zerlegen, zerstückeln, tranchieren, splittern, auseinandernehmen, zergliedern, zerteilen, sezieren, abschneiden, abtrennen, spalten; unterteilen, gliedern, fächern, auffächern, rubrizieren; zerschnipseln, atomisieren, 2. zuteilen, zumessen, bemessen, zusprechen, einteilen, aufteilen, verteilen, austeilen, ausgeben, ausschöpfen, ausschütten, parzellieren, abteilen, unterteilen, abzweigen, dosieren, abwiegen, rationieren, kontingentieren, 3. seine Kräfte teilen, sich in Stücke reißen, sich zersplittern, zwei Herren dienen, allen gerecht werden wollen, sich verzetteln, 4. halbieren, hälften, zweiteilen, brüderlich teilen.

Teilhaber 1. Partner, Kompagnon, Sozius, Mitinhaber, Gesellschafter, 2. Mitspieler, Spielgefährte; Gesprächspartner, Gesprächsteilnehmer, Diskussionsteilnehmer, Disputant; Gegenüber, Du. 1242

Teilnahme 1. Anteilnahme, Interesse, Sinn für, Aufmerksamkeit, Erbarmen, Mitgefühl, Mitempfinden, Mitleid, Mitfreude, innere Beteiligung, Menschlichkeit, Herzlichkeit, Wärme, Wohlwollen, Barmherzigkeit, Beileid, Rührung, Ergriffenheit, 2. Anwesenheit, Gegenwart, Beteiligung, Mitwirkung, Mitarbeit, Beistand, Hilfe, Unterstützung, Gefährtenschaft, Teilhaberschaft, Beteiligung, Mitgliedschaft, Mitbestimmung, Mitspracherecht. 1243

teilnehmen 1. sich beteiligen, beteiligt sein, partizipieren, einsteigen, teilhaben, mitbenutzen, teilhaftig werden, die Hand im Spiel haben, mitmischen, mitbestimmen, vertreten sein, in den Genuß kommen, Anteil haben, dazugehören, eine Stimme haben, mitreden können, 2. dabeisein, anwesend sein, anwohnen, mitmachen, mittun, mitwirken, mitarbeiten, mithalten, mithören, dabeistehen, beiwohnen, zugegen sein, 3. miterleben, mitleben, Zeitgenosse sein, zur selben Zeit leben, 4. mitleiden, mitfühlen, Herz haben, Mitleid empfinden, leid tun, interessiert sein, mitempfinden, bemitleiden, mittrauern, Anteil nehmen, zuhören, sich interessieren, sich erbarmen, Beileid aussprechen, Mitgefühl bekunden, kondolieren, bedauern, nachempfinden, 5. beglückwünschen, gratulieren, sich mitfreuen, 6. etwas abkriegen, abbekommen, mitbetroffen sein, mitzutragen haben, 7. beteiligen, zum Teilhaber nehmen, teilnehmen lassen, am Gewinn beteiligen, gemeinsame Sache machen, zusammenarbeiten. 1244

teilnehmend 1. anteilnehmend, mit- 1245

fühlend, mitempfindend, verständnisvoll, teilnahmsvoll, mitleidend, mitleidig, tröstlich, hilfreich, schützend, bergend, behilflich, liebreich, barmherzig, erbarmend, erbarmungsvoll, weich, gerührt, ergriffen, 2. teilhaftig, beteiligt, interessiert, betroffen, mitbetroffen, einbezogen, mitbeteiligt, hineinverwickelt, mitschuldig.

1246 **Teilnehmer** 1. Anwesender, Besucher, Zuschauer, Zuhörer, Publikum, Hörer, Zuhörerschaft, Hörerschaft, Auditorium, Passanten, Fußgänger, Beobachter, Schaulustige, Gaffer, viel Volks, Augenzeugen, Umstehende, Zaungast, Schlachtenbummler, Sehleute; Statisten, Statisterie, Komparsen, Komparserie, Randfiguren, 2. Beteiligte, Interessenten, Mitwirkende, Mitglieder, Mitarbeiter, Gehilfen, Helfer, Mitspieler, 3. Mitläufer, Nutznießer, Anhänger, 4. Mittäter, Komplize, Mitschuldiger, Mitwisser, Spießgeselle, Helfershelfer, Hehler, 5. Beifahrer, Mitfahrer, Fahrgast.

1247 **teils** 1. teilweise, zum Teil, partiell, nicht ganz, nicht uneingeschränkt, halb und halb, nicht unbedingt, unter Umständen, nicht unter allen Umständen, teils-teils, je nachdem, sowohl...als auch, „durchwachsen“; auszugsweise, in Ausschnitten, 2. regional, landschaftlich, örtlich, lokal, örtlich verschieden, strichweise, streckenweise, nicht überall, begrenzt.

1248 **Tendenz** 1. Neigung, Disposition, Bereitschaft, Hang, Trieb, Drang, Impuls, Trend, Absicht, Streben, Richtung, Strömung, Zug, Zug der Zeit, Zeitgeist, 2. Grundgedanke, Leitgedanke, Ausrichtung, Orientierung, Richtlinie, Richtschnur, Lehre, Quintessenz.

1249 **tendenziös** einseitig, gefärbt, voreingenommen, parteilich, parteiisch, befangen, unsachlich, vorurteilsvoll, zweckbestimmt, final, mit Hintergedanken, entstellt, verdreht, absichtlich, zielstrebig, mit Vorbedacht, an den Haaren herbeigezogen, gegen alle Vernunft.

Teppich Läufer, Brücke, Matte, Vorleger; Bodenbelag, Auslegware, Teppichboden, Bodenbespannung; Wandteppich, Bildteppich, Gobelin, Wandbehang. 1250

Termin 1. Zeitpunkt, Frist, Stichtag, Fälligkeitstag, Zahlungsfrist, Lieferfrist, Befristung, Terminierung, Datum, Zeitangabe, Verabredung, Absprache, 2. Gerichtssitzung, Verhandlung, Gerichtsgang. 1251

teuer 1. kostspielig, unbezahlbar, unerschwinglich, kostet viel, läuft ins Geld, kommt teuer, man kann es sich nicht leisten, nicht zu bezahlen, happig, horrend, gepfeffert, gesalzen, unverschämt, 2. kostbar, echt, edel, erlesen, ausgesucht, wertvoll, gediegen, qualitätvoll, hochwertig, unschätzbar, geschätzt, hochgeschätzt, unersetzlich, selten, rar, nicht mit Gold aufzuwiegen, gefragt, gesucht, unveräußerlich, unverkäuflich, nicht zu verkaufen. 1252

Text 1. Wortlaut, das Geschriebene, das Schriftbild, der Inhalt, die Worte, die Buchstaben, der Satz, der Satzspiegel, das Gedruckte, 2. Bibelstelle, Bibelvers, Bibeltext. 1253

tief 1. tiefliegend, eben, am Grunde, auf der Erde, auf dem Boden, unten drunter, in der Tiefe, tief unten, weit unten, unter der Erde, im Abgrund, in Höhlen, im tiefen Meer, unter dem Meeresboden, versunken, untergesunken, untergegangen, versenkt, verschüttet, vergraben, 2. grundlos, abgründig, bodenlos, unergründlich, klaftertief, 3. tiefgründig, tiefschürfend, tiefsinnig, innerlich, faustisch, strebend, ruhelos, ringend; gedankenreich, vielsagend, feinsinnig, differenziert, spekulativ, grüblerisch, hintersinnig; skrupelhaft, skrupulös, selbstquälerisch. 1254

Tod 1. Ende, Sterben, der ewige Schlaf, Todesschlaf, Hingang, Heimgang, Hinscheiden, Ableben, Verscheiden, Erblassen, Entschlafen, Erlöschen, Lebensende, Abberufung; Gevatter Tod, Freund Hein, Schnitter Tod, 2. Todesfall, Verlust, Trauerfall, Sterbefall. 1255

Ton 1. Laut, Klang, Schall, Hall, 2. 1256

Klangfarbe, Klangart, Nuance, Schattierung, Timbre, Modulation, Tonart, Tonfall; Färbung, Kolorit, Tinte, 3. Umgangston, Lebensart, Ausdrucksweise, der Ton der die Musik macht, 4. Stimme, Organ, Singstimme, Sprechstimme, Stimmlage.

1257 **tönen** 1. ertönen, klingen, erklingen, schwingen, lauten, schallen, hallen, erschallen, hörbar werden, ans Ohr dringen, laut werden, sich vernehmen lassen, 2. läuten, klingeln, schellen, bimmeln, anschlagen, scheppern, klirren, schrillen; klappern, klötern, brummen, summen, surren, sirren, schwirren, schnarren, quietschen, piepsen, schreien, kreischen, grillen; ticken, tacken; klatschen, knistern, rascheln, prasseln, zischen, brutzeln, 3. blöken, bähen, mähen, muhen, wiehern, quaken, quarren, quieken, quieksen, röhren, schnurren, krähen, knirschen, knistern, zischen, fauchen, schnalzen, schnippen, gackern, schnattern, gurren, kollern, 4. rauschen, rascheln, tosen, gischten, branden, brodeln, sieden, gurgeln, gluckern, glucksen, murmeln, blubbern, schwappen, kochen, strudeln, quirlen, 5. klingen wie, sich anhören wie, einem vorkommen wie, den Eindruck erwecken.

1258 **tot** 1. gestorben, verstorben, verhungert, Hungers gestorben, verdurstet, verschmachtet, dahin, abgeschieden, heimgegangen, hinüber, dahingegangen, verschieden, entseelt, verblichen, selig, gefallen, geblieben, 2. leblos, ausgestorben, leer, öde; ausgebrannt, erstickt, erloschen, aus, ausgegangen; unbeseelt, starr, kalt, empfindungslos, abgestorben, anorganisch, mechanisiert, unempfindlich, gefühllos; betäubt, narkotisiert, unter Narkose, bewußtlos, besinnungslos, ohnmächtig; in Trance, ohne Schmerzgefühl, schmerzfrei, schmerzlos.

1259 **töten (sich)** 1. umbringen, ermorden, morden, beseitigen, aus dem Weg schaffen, erschlagen, totschlagen, umlegen, zusammenschießen, niederschießen, zusammenhauen, zusammenschlagen, erdolchen, erstechen, erdrosseln, erwürgen, ertränken, ersäufen, vernichten, ausrotten, austilgen, vom Erdboden vertilgen, kaltmachen, meucheln, meuchlings ermorden, aus dem Hinterhalt anfallen, fällen, unter die Erde bringen, über die Klinge springen lassen, das Lebenslicht ausblasen, den Garaus machen, um die Ecke bringen, den Rest geben, liquidieren, beiseiteschaffen, aus der Welt schaffen, abknallen, abschießen, niedermachen, vergiften, Gift geben, killen, ums Leben bringen, ein Blutbad anrichten; überfahren, überrollen, über den Haufen fahren; steinigen, lynchen, Amok laufen, hinraffen, 2. hinrichten, erschießen, an die Wand stellen, exekutieren, standrechtlich erschießen, richten, enthaupten, guillotinieren, hängen, erhängen, an den Galgen bringen, aufknüpfen, 3. schlachten, erlegen, schießen, abschießen, abstechen, abknallen, zur Strecke bringen, erbeuten, fangen, jagen, den Fang geben, 4. abtöten, sterilisieren, keimfrei machen, 5. sich umbringen, Selbstmord begehen, seinem Leben ein Ende machen, von eigener Hand sterben, sich erschießen, sich entleiben, sich etwas antun, ein Ende machen, den Freitod wählen.

Tötung 1. Mord, Bluttat, Blutvergießen, Mordtat, Totschlag, Ermordung, 2. Anschlag, Meuchelmord, Attentat, 3. Hinrichtung, Exekution, Erschießung; Fangschuß, Gnadenschuß, Gnadenstoß, 4. Freitod, Selbstmord, Tod von eigener Hand. 1260

tragen 1. schleppen, befördern, transportieren, mit sich führen, mitführen, bei sich haben, mitnehmen; auf dem Rücken tragen, huckepack tragen, auf die Schulter nehmen, 2. anhaben, aufhaben, sich kleiden, sich anziehen, am Leibe haben, auf dem Kopf haben, spazieren führen, sich bewegen in, 3. ertragen, aushalten, leiden, durchstehen, erdulden, Joch tragen, belastet sein, bedrückt sein, schwer tragen an, zu tragen haben, 1261

Last tragen, zu schleppen haben, einen Packen zu tragen haben, 4. Frucht bringen, ergeben, einbringen, nützen, bringen, 5. ein Kind tragen, schwanger sein, mit einem Kinde gehen, in Umständen sein, hoffen, erwarten, guter Hoffnung sein.

1262 **Transport** 1. Beförderung, Verschikkung, Verfrachtung, Verladung, Umladung, Umschlag, Versand, Spedition, Versendung, Verschiffung, Zustellung, Lieferung, Ablieferung, Auslieferung, Abfertigung, Abtransport, Übermittlung, Überführung, Übergabe, Aushändigung, Einhändigung, Überreichung, Zuleitung, Weiterleitung, Verabfolgung, Überführung, 2. Aufgabe, Expedition, Ausgabe, Erledigung, 3. Fracht, Fuhre, Ladung, Last, Tracht, Sendung, Schub, Lieferung, Belieferung, Beschickung, Versorgung.

1263 **treffen (sich)** 1. begegnen, wiedersehen, sich sehen, zusammenkommen, sich versammeln, sich scharen, zusammentreffen, zusammentreten; aufeinandertreffen, zusammenstoßen, zusammenprallen, kollidieren, aufeinanderstoßen, zusammenlaufen, zusammenströmen, 2. das Ziel erreichen, einschlagen, ins Schwarze treffen, nicht danebenschießen, den Nagel auf den Kopf treffen, recht haben, recht behalten, richtig liegen, das Richtige treffen, 3. antreffen, zu Hause finden, nicht verfehlen, Glück haben, 4. einmünden, einströmen, zufließen, zusammenströmen, zusammenlaufen, zusammenfließen, sich vereinigen, 5. kränken, Schmerz bereiten, Kummer verursachen, Leid antun, weh tun, 6. sich überschneiden, sich kreuzen, aufeinander zulaufen, sich schneiden, 7. sich treffen, sich fügen, passen, zupaßkommen, gelegen kommen; zutreffen, sich als richtig erweisen, stimmen, in Ordnung sein, wahr sein, richtig sein, „hinhauen“, 8. tagen, Tagung abhalten, konferieren, Konferenz abhalten, sich besprechen, sich austauschen.

1264 **Treffen** 1. Begegnung, Zusammenkunft, Wiedersehen, Beisammensein, Gesellschaft, Geselligkeit, Einladung, Verkehr, Umgang, 2. Stelldichein, Rendezvous, 3. Kongreß, Tagung, Meeting, Versammlung, Konferenz, Synode, Konzil, Symposion, Seminar, Kurs, „Workshop“, Besprechung, Zusammentritt, Zusammensein, Zusammentreffen, 4. Treffpunkt, Schnittpunkt, Knotenpunkt, Überschneidung, Kreuzung, Zusammenfluß, Einmündung, Einstrom, Mündung.

trennen (sich) 1. scheiden, auseinan- 1265
dergehen, Abschied nehmen, sich verabschieden, weggehen, auseinanderlaufen, absplittern; sich loslösen, zerfallen, sich losmachen, sich lösen, sich entloben, die Verlobung lösen, sich überwerfen, voneinandergehen, die Brücken hinter sich abbrechen, das Tischtuch zerschneiden, sich scheiden lassen, die Ehe trennen, die Ehe auflösen, sein Wort zurücknehmen, sich lossagen, sich losreißen, aufgeben, verlassen, brechen, abbrechen, 2. entzweien, auseinanderbringen, spalten, zersetzen, abtrennen, aufspalten, aufteilen, sprengen, einen Keil treiben zwischen, veruneinigen, voneinanderreißen, auseinanderreißen, Zwietracht säen, die Verbindung unterbrechen, die Verbindung stören; unterbrechen, abschalten, abbrechen, abkoppeln, separieren, entflechten, dazwischenfunken, 3. sichten, sondern, sieben, aussortieren, verlesen, ausscheiden, auseinanderdividieren, die Spreu vom Weizen sondern, eine Auswahl treffen; entfernen, wegnehmen; aufgliedern, auflösen, dezentralisieren, 4. auftrennen, zertrennen, aufschneiden, abbinden, unterbinden, abschnüren, stauen, die Nabelschnur durchtrennen, abnabeln, durchschneiden, durchschlagen, zerschlagen, zerhauen, durchhauen, 5. aufdröseln, spleißen, spalten, aufziehen.

Trennung 1. Abschied, Scheiden, Aus- 1266
einandergehen, Scheidung, Ehetrennung, Abbruch, Lösung, Lockerung, Aufgabe, Zerstörung, Auflösung, 2. Entzweiung, Entfremdung, Distanzierung, Loslösung, Abkehr,

Abwendung, Zwiespalt, Bruch, Uneinigkeit, Streit, Spaltung, 3. Sonderung, Sichtung, Aufspaltung, Dezentralisation, Spezifizierung, Spezialisierung, Aufgliederung, Auffächerung, Gliederung, 4. Teilung, Zerteilung, Zerlegung, Tranchieren; Abtrennung, Abspaltung, Zersplitterung, Zerstückelung, Durchtrennung, Verteilung, Unterteilung, Aufteilung, Halbierung, Zweiteilung, 5. Separatismus, Sonderbündelei, Partikularismus, Sezession, Abfall, Absonderung, Austritt, Sektenbildung, Sekte, Sonderbund, Konventikel.

1267 **Trieb** 1. Instinkt, Naturtrieb, Impuls, Antrieb, sicheres Gefühl, Ahnungsvermögen, angeborene Fähigkeit, 2. Drang, Gelüst, Appetit, Hunger, Durst, Verlangen, Begehren, Begierde, treibende Kraft, Getriebensein, 3. Triebhaftigkeit, Sinnlichkeit, die Sinne, das Animalische, das Natur hafte, das Elementare, das Erdhafte, 4. Sucht, Süchtigkeit, Verfallenheit, Getriebenheit, Hörigkeit, Abhängigkeit, 5. Besessenheit, Fieber, Gier, Brunst, Liebeswut, Manie, Lüsternheit, Sinnenrausch, Sinnestaumel, Wollust, 6. Geschlecht, Sexus, Sexualität, Geschlechtlichkeit, Geschlechtstrieb, Zeugungstrieb, Geschlechtsleben, Triebleben.

1268 **triebhaft** 1. elementar, naturhaft, triebmäßig, unbewußt, impulsiv, instinktiv, spontan, von selbst, unwillkürlich, unwiderstehlich, gegen den Willen, 2, vital, leidenschaftlich, temperamentvoll, sinnlich, begehrlich, sexuell, geschlechtlich, erotisch, fleischlich, wollüstig, 3. haltlos, süchtig, hemmungslos, besessen, abhängig, unbeherrscht, maßlos, ausschweifend, lasterhaft, krankhaft, unberechenbar, pathologisch, 4. dumpf, tierisch, getrieben, gierig, faunisch, lüstern, brünstig, liebestoll, buhlerisch, mannstoll, nymphoman, weibstoll.

1269 **trinken** 1. schlucken, den Durst löschen, ein Glas leeren, den Durst stillen, sich erquicken, sich laben, sich erfrischen, sich letzen, die Kehle anfeuchten, 2. schlürfen, kippen, nippen, hinunterstürzen, zu sich nehmen, genehmigen, heben, kümmeln, picheln, zechen, bechern, kneipen, hinter die Binde gießen, einen schmettern, einen heben, pokulieren, anstoßen, süffeln, 3. sich betrinken, sich berauschen, sich bezechen, sich beduseln, sich die Nase begießen, saufen, sumpfen, dem Alkohol frönen, zum Trunk neigen, alkoholkrank sein, dem Trunk verfallen, süchtig sein.

Trinker Zecher, Potator, ausgepichte Kehle, Alkoholiker, Säufer, Trunkenbold, Süchtiger, Alkoholkranker. 1270

trocken 1. ausgetrocknet, entwässert, durstig, verschmachtend, trocken geworden, hart geworden, ausgedörrt, verdorrt, dürr, verwelkt, verschmachtet, vertrocknet, zusammengeschrumpft, eingeschrumpft, eingeschnurrt, verhutzelt, hutzelig, verholzt, holzig; sandig, staubig, staubbedeckt; steril, saftlos, pelzig, welk, unfruchtbar, mager, gedörrt, getrocknet, konserviert, 2. ungeschmiert, unbelegt, kahl, ohne Zukost, ohne Getränk, 3. langweilig, nüchtern, ledern, pedantisch, begrifflich, unanschaulich, 4. regenlos, regenarm, niederschlagsarm, wasserarm. 1271

trocknen 1. abwischen, abreiben, abtrocknen, trockenreiben, frottieren, 2. absorbieren, einsaugen, aufsaugen, versickern, ablaufen, sich verlaufen, verdunsten, trocken werden; abbinden, erhärten, hart werden, fest werden, austrocknen; abtropfen lassen, Wasser entziehen, dehydrieren, entwässern, 3. dörren, darren, konservieren, haltbar machen, 4. trockenlegen, entsumpfen, entwässern, drainieren, ableiten, 5. vertrocknen, verschmachten, vergehen, eingehen, verdorren, veröden, versteppen, versanden, 6. welken, welk werden, gilben, verwelken, abblühen, verblühen, kümmern, verkümmern, eintrocknen, schrumpfen, verschrumpeln, verhutzeln, zusammenschrumpfen, zusammengehen, zusammenfallen, absterben. 1272

1273 **Trost** 1. Ermutigung, Ermunterung, Zuspruch, Aufrichtung, Tröstung, Trostworte, Besänftigung, Milderung, Linderung, Stärkung, Bestätigung, Aufmunterung, Erheiterung, Erleichterung, 2. Lichtblick, Balsam, Labsal, Herzstärkung, Hoffnung, Zuversicht.

1274 **trösten (sich)** 1. ermuntern, ermutigen, aufmuntern, aufheitern, aufhellen, Mut zusprechen, Trost spenden, zureden, aufrichten, beruhigen, begütigen, den Schmerz lindern, beschwichtigen, sänftigen, mäßigen, stillen, helfen, Tränen trocknen, Balsam auf die Wunde träufeln, zu bedenken geben, besänftigen, 2. sich trösten, sich zufriedengeben, Ruhe finden, wiederaufleben, wieder hoffen, Mut schöpfen, verschmerzen, verwinden, überwinden, darüber hinwegkommen, sich abfinden, sich ergeben, sich dreinschicken, sich beruhigen, sich fassen, zu sich kommen, Vernunft annehmen, Abstand gewinnen, still werden, abstumpfen, fertig werden mit.

1275 **tröstlich** 1. lindernd, besänftigend, mildernd, heilsam, labend, dämpfend, stillend, balsamisch, lind, beruhigend, schützend, beschützend, behütend, befriedigend, erleichternd, befreiend, erlösend, ermutigend, ermunternd, erquickend, erquicklich, belebend, stärkend, entspannend, erholsam, 2. liebevoll, liebreich, schonungsvoll, hilfsbereit, teilnahmsvoll, anteilnehmend, trostreich, trostvoll, verständnisvoll, trostbringend, ermutigend, ermunternd, aufrichtend, hilfreich, helfend, erwärmend, 3. schmerzstillend, betäubend, einschläfernd, narkotisierend, narkotisch, schmerzlindernd, 4. berauschend, alkoholisierend, alkoholhaltig, trunken machend.

1276 **trotz** 1. obwohl, obgleich, obschon, wenngleich, wiewohl, wenn auch, ungeachtet, unbeschadet, 2. trotzdem, dennoch, immerhin, doch, gleichwohl, trotz allem, dessenungeachtet.

1277 **trotzen** 1. widersprechen, zurückweisen, Einspruch erheben, das Gegenteil behaupten, replizieren, aufbegehren, dawiderreden, Widerworte geben, nein sagen, aufmucken, murren, Widerstand leisten, dagegen sein, sich widersetzen, widerstreben, sich entgegenstellen, sich spreizen, sich sperren, sich sträuben, sich stemmen gegen, wider den Stachel löcken, sich weigern, sich verweigern, sich verwahren gegen, sich aufbäumen, Widerpart bieten, zurückschlagen, sich nichts sagen lassen, entgegentreten, entgegenhandeln, zuwiderhandeln, Trotz bieten, die Stirn bieten, die Zähne zeigen, die Spitze bieten, Paroli bieten, 2. sich auflehnen, rebellieren, aufmucken, aufschreien, Front machen, opponieren, Kontra geben, protestieren, revoltieren, sich empören, sich nichts gefallen lassen, aufstehen, sich erheben, revoltieren, meutern, sabotieren, putschen, randalieren, sich zusammenrotten, auf die Barrikaden gehen, revolutionieren, Rechte ertrotzen, gegen den Strom schwimmen, Widerstand entgegensetzen, auf die Straße gehen, demonstrieren, vor die Öffentlichkeit treten, 3. sich festlegen, sich verbeißen, sich verbohren, sich versteifen, nicht lockerlassen, sich auf die Hinterbeine stellen, ertrotzen, sich kaprizieren, beharren auf, nicht ablassen, nicht nachgeben, mit dem Kopf durch die Wand gehen, seinen Kopf durchsetzen, auftrumpfen, 4. mucken, murren, maulen, muffeln, bocken, trutzen, muckschen, schmollen, die Lippen aufwerfen, einen Schmollmund machen, ein Gesicht machen.

trotzig 1. ungehorsam, widersetzlich, 1278
eigensinnig, unfolgsam, starrsinnig, halsstarrig, unbotmäßig, starrköpfig, querköpfig, hartköpfig, widerspenstig, renitent, bockig, bockbeinig, widerborstig, verbockt, schmollend, mucksch, 2. aufrührerisch, revolutionär, aufständisch, rebellisch, oppositionell, obstinat, hetzerisch, umstürzlerisch, subversiv, zerstörerisch, unzufrieden, neuerungssüchtig, aufsässig, gehässig, 3. unbändig, unbezähmbar, unlenksam, unfüg-

sam, ungebärdig, trotzköpfig, störrisch, hartnäckig, dickköpfig, kratzbürstig, hartmäulig, hart im Nehmen.

1279 **Tugend** 1. Eigenschaft, Qualität, Zug, Attribut, Seite, 2. Moralität, Sittlichkeit, sittliches Bewußtsein, ethisches Bewußtsein, sittliche Haltung, Moral, Pflichttreue, Rechtlichkeit, Rechtschaffenheit, Redlichkeit, Lauterkeit, Wille zum Guten, Tugendhaftigkeit, Sittenreinheit, Unsträflichkeit, reiner Wandel, 3. Unschuld, Sittsamkeit, Unberührtheit, Unverdorbenheit, Reinheit, Jungfräulichkeit.

1280 **Typ** 1. bestimmtes Gepräge, charakteristische Prägung, auffallende Art, Eigenart, Schlag, Rasse, Gattung, Gestalt, Wesensart, Charakter, 2. Modell, Bauart, Entwurf, Grundform, Machart, Schnitt, 3. Urbild, Archetyp, Urform, Muster, 4. persönl. Geschmack, Fall, Wunschbild.

1281 **üben** wiederholen, memorieren, pauken, sich einprägen, auswendig lernen, sich auf den Hosenboden setzen; proben, durchproben, probieren, einstudieren, einüben, ausbilden, vorbereiten, schulen, trainieren, bewegen, tummeln, trimmen, Übungen machen, sich vervollkommnen, fit halten, fit machen, tauglich machen, dressieren, drillen, schleifen, exerzieren, abrichten, bimsen.

1282 **überall** 1. allerorten, allerwege, allerenden, allenthalben, allerwärts, nah und fern, weit und breit, im ganzen Land, kreuz und quer, an allen Enden, wo auch immer, auf der ganzen Welt, auf Schritt und Tritt, wo man hinguckt, bei hoch und niedrig, bei vornehm und gering, in Dorf und Stadt, wo man auch hinkommt, 2. rundum, ringsum, ringsumher, rundherum, rings, um ... herum, im Kreise, in der Runde, an allen Seiten.

1283 **Überblick** 1. Übersicht, Umschau, Rundschau; Querschnitt, Zusammenfassung, Auszug, Extrakt, Konzentrat, Abriß, Inhaltsangabe, 2. Rückblick, Rückschau, Erinnerung, Reminiszenz, Schlußwort, Ausklang, Rekapitulation, Gedenken, 3. Einsicht, Urteil, hohe Warte, Beherrschung, Verständnis, Horizont, Vorschau.

Überbringer 1. Bote, Dienstmann, Gepäckträger, Träger, Lastträger, Sherpa, Kuli, Laufbursche, Austräger, 2. Abgesandter, Emissär, Geschäftsträger, Kurier, Melder, Läufer, 3. Unglücksbote, Unheilbringer, Hiobsbote, Uriasbrief, 4. Inhaber, Einlöser, Eigner, Besitzer, 5. Postbote, Briefträger, Zusteller, Lieferant. 1284

übereinstimmen 1. gleich sein, sich decken, zusammenfallen, zusammengehen, zusammentreffen, auf denselben Tag fallen, zusammenpassen, zusammenstimmen, 2. einig sein, einiggehen, konform gehen, gleichliegen, gleicher Meinung sein, die Auffassung teilen, parallel laufen, dasselbe meinen, harmonieren, 3. ähneln, gleichen, gleichsehen, entsprechen, sich ähnlich sehen, aussehen wie, erinnern an, gemahnen an, nachschlagen, nachgeraten, arten nach, wie aus dem Gesicht geschnitten, wie ein Ei dem andern, genau wie, 4. gleichkommen, gleichwertig sein, nicht nachstehen, nichts nachgeben, heranreichen an jem., jem. nachkommen, jem. einholen, ebensogut sein. 1285

übereinstimmend 1. gleichgerichtet, gleichlaufend, parallel, nebeneinander, Seite an Seite, in gleicher Richtung, 2. konform, korrespondierend, entsprechend, stimmig, gleichgeordnet, 3. gleich, einer wie der andere, einhellig, einmütig, unterschiedslos, austauschbar, auswechselbar, zum Verwechseln, nicht zu unterscheiden, kongruent, deckungsgleich, symmetrisch, spiegelgleich. 1286

Übereinstimmung Gleichheit, Identität, Kongruenz, Deckungsgleichheit, Spiegelgleichheit, Symmetrie, Einheit, Analogie, Entsprechung, Stimmigkeit, Korrespondenz, Gleichklang, Einklang, Gleichtakt, Gleichmaß, Harmonie, Gleichartigkeit, Gleichwertigkeit, Parität, Auswechselbarkeit, Austauschbarkeit, Eben- 1287 bürtigkeit, Artverwandtschaft, Gleichrangigkeit, Gleichberechtigung, Gleichstellung, Vollwertigkeit.

1288 **übergeben** 1. verabfolgen, aushändigen, geben, abgeben, abliefern, zustellen, überreichen, ausliefern, ausfolgen, zugänglich machen, überantworten, überbringen, übermitteln, überweisen, zuweisen, zusprechen, 2. überliefern, weiterreichen, weiterleiten, weitergeben, überkommen, übermachen, vererben, vermachen, hinterlassen, überschreiben, überlassen, vermieten, verpachten; zedieren, abtreten, zurücklassen, nachlassen, sein Testament machen, zum Erben einsetzen, verfügen über, 3. übertragen, transferieren, umwechseln; anvertrauen, betrauen, einsetzen, belehnen, verpflichten.

1289 **überhandnehmen** 1. grassieren, um sich greifen, sich ausbreiten, sich häufen, zuviel werden, überwuchern, sich drängen, überfremden, ins Kraut schießen; wuchern, zu üppig werden, aus der Saat schießen; wimmeln von, schwärmen, hageln, prasseln, 2. überquellen, überfließen, überschäumen, überlaufen, überborden, über die Ufer treten, überfluten, überströmen, ausufern, voll Wasser laufen, hereinbrechen über, überschwemmen, unter Wasser setzen, alles wegschwemmen, alles mitreißen, ertränken, ersäufen, 3. triefen, quatschen, schwimmen, tropfen, völlig durchtränkt sein.

1290 **Übermaß** 1. Zuviel, Überfülle, Unmenge, Unmaß, Überhang, Überschuß, Überproduktion, Überangebot, Überfluß, Unerschöpflichkeit; Wucherung, Übersteigerung, Überhitzung, Reizüberflutung, Überwucherung; Riesenwuchs, Gigantismus; Übervölkerung, Ausuferung, 2. Zügellosigkeit, Zuchtlosigkeit, Maßlosigkeit, Haltlosigkeit, Hemmungslosigkeit, Ungehemmtheit, Übertreibung, Unmäßigkeit, Ausschweifung, Unersättlichkeit, Exzeß, Ausschreitung, Orgie, 3. Extravaganz, Verstiegenheit, Überspanntheit, Schwulst, Bombast, Pathos, Salbung, Überschwang, Überschwenglichkeit, Rankenwerk, Schnörkel, Geschnörkel, Schnörkelei, Zierwerk; Theatralik, Tuerei, Getue.

überraschen 1. verblüffen, in Erstaunen setzen, Freude bereiten, frappieren, bestürzen, konsternieren, die Sprache verschlagen, befremden, aus der Fassung bringen, verwirren, verdutzen, 2. ertappen, erwischen, abfassen, überrumpeln, 3. unerwartet kommen, ins Haus fallen, hereinplatzen, hereinschneien, vor der Tür stehen, unangemeldet erscheinen, auftauchen, dastehen, 4. auffallen, abstechen, sich unterscheiden, sich abheben, ins Auge fallen, Aufsehen erregen, aus der Reihe tanzen, Staub aufwirbeln, Schlagzeilen machen, aus dem Rahmen fallen, Extratour reiten, ausscheren, bemerkt werden, nicht übersehen werden, beachtet werden, sich einprägen, im Gedächtnis haften, die Blicke anziehen, Furore machen. 1291

übertreiben 1. überspannen, übersteigern, überspitzen, überbetonen, zuviel Gewicht beilegen, zu wichtig nehmen; überladen, überorganisieren, aufblähen, aufplustern, 2. überschätzen, idealisieren, vergolden, durch eine rosige Brille sehen, zu hoch veranschlagen, falsch einschätzen, verzerren, verkennen, 3. überhäufen, überschütten, des Guten zuviel tun, sich überschlagen, das Maß überschreiten, es zu weit treiben, zu weit gehen, 4. dramatisieren, aus einer Mücke einen Elefanten machen, aufbauschen, ausschmücken, dick auftragen, große Worte machen, Aufhebens machen; chargieren, dem Affen Zucker geben, überdeutlich machen, übertrieben darstellen, 5. angeben, aufschneiden, prahlen, den Mund vollnehmen, kannegießern, renommieren, bramarbasieren, schwadronieren, großtun, dicktun, sich aufblasen, sich aufplustern, sich aufblähen, sich ein Air geben, sich ein Ansehen geben, Sprüche machen, sich spreizen, sich aufspielen, sich wichtig machen, sich mausig machen, sich vordrängen, vorlaut auftreten, wichtig tun, sich brüsten, 1292 sich herausstreichen, sich rühmen, prascheln, Wind machen, große Töne reden, tönen, auf die Pauke hauen, sich überheben, Phrasen dreschen, schwafeln, leeres Stroh dreschen, für die Galerie sprechen, aus dem Fenster reden, Worte machen, salbadern, salbungsvoll werden, 6. aufdonnern, aufputzen, überladen, behängen, auftakeln.

1293 **übertrieben** 1. übermäßig, unmäßig, zuviel, maßlos, ausschweifend, unersättlich, nimmersatt, verschwenderisch, extravagant, luxuriös, üppig, aufgebläht, allzuviel, unverhältnismäßig, über Gebühr, unnötig, uferlos, übermenschlich, 2. überbetont, überspitzt, übersteigert, überspannt, exaltiert, verstiegen, outriert, übermenschlich, überhitzt, überhöht, 3. aufgedonnert, aufgeputzt, auffallend, geschmacklos, überladen, aufgetakelt, stutzerhaft, geckenhaft, dandyhaft, gigerlhaft, 4. krankhaft, krampfig, verbissen, gewaltsam, angestrengt, 5. überschwenglich, pathetisch, rhetorisch, deklamatorisch, komödiantisch, hochtönend, bombastisch, geschraubt, gewollt, über kandidelt, superlativisch, theatralisch, melodramatisch, affektiert, 6. überschätzt, verkannt, verklärt, überhöht.

1294 **überwiegend** vorwiegend, vorherrschend, hervorstechend, überragend, größer, höher, besser, mehr, hauptsächlich, vornehmlich, in erster Linie, größtenteils, besonders, mehr als die Hälfte, vor allem, in der Mehrzahl, in größerem Maße.

1295 **überzeugen (sich)** 1. bekehren, bereden, bewegen, bestimmen, überreden, gewinnen für, Glauben finden, aufklären, erhellen, einsichtig machen, erleuchten, überführen, umstimmen, herumkriegen, gewinnen, vermögen, breitschlagen, erweichen, weich machen, werben, einnehmen für, missionieren, Mission treiben, zum Glauben führen, 2. sich vergewissern, prüfen, untersuchen, konstatieren, feststellen, sich versichern, nachsehen, 3. stichhalten, sich bewähren, keinen Zweifel zulassen, durchschlagen, sich durchsetzen, Erfolg haben.

übrig 1. verbleibend, übriggeblieben, restierend, verblieben, überzählig, zurückbleibend, restlich, unverkauft, unverkäuflich, Ladenhüter, unverwendet, unverwendbar, lästig, zuviel, überflüssig, überschüssig, 2. mehr als genug, sattsam, reichlich, üppig, vollauf, 3. übriglassen, übrighaben, stehenlassen, dalassen, zurücklassen. 1296

Übung 1. Schulung, Erfahrung, Gewohnheit, Vertrautheit, Geübtheit, Gewandtheit, Fingerfertigkeit, Geläufigkeit, Routine, Virtuosität, Bravour, Vollendung, Vollkommenheit, Meisterschaft, 2. Training, Drill, Schliff, Vervollkommnung, Perfektionierung, Ertüchtigung, Bodybuilding; Dressur, Zucht, Abrichtung; Wiederholung, Probe, Fingerübung, Denkübung, Denksport. 1297

Umfang Ausmaß, Dimension, Ausdehnung, Abmessung, Größe, Weite, Format, Nummer, Kaliber, Volumen, Stärke, Seitenzahl; Taille, Mitte. 1298

umgeben 1. umziehen, einfassen, rahmen, säumen, rändern, umranden, umspannen, bekränzen, 2. umranken, umrahmen, umwinden, einrahmen, Rahmen bilden, bewachsen, ranken, sich hochranken, hochklettern, 3. die Umgebung bilden, umliegen, nahliegen; umringen, umdrängen, Hofstaat (Kreis, Gefolge) bilden, 4. einzäunen, einfrieden, einfriedigen, umgrenzen, eingrenzen, einhegen, abstecken, umreißen, begrenzen, abgrenzen, umzäunen, umziehen, abzäunen, absperren, 5. umgeben, umwittert, ausstrahlend, anziehend, 6. umkreisen, einkreisen, umzingeln, einschließen. 1299

umgehen 1. übergehen, übersehen, außer acht lassen, nicht beachten, sich drücken, meiden, vermeiden, ausweichen, nicht dranwollen, sich entziehen, aus dem Wege gehen, sich verleugnen lassen, 2. mit Menschen umgehen, gesellig leben, gastfrei sein, ein Haus führen, Geselligkeit pflegen, Gäste bei sich sehen, ein- 1300 laden, Gesellschaften geben, verkehren, treffen, zusammenkommen, sich sehen, Umgang pflegen, begegnen, in Verbindung stehen, Beziehungen unterhalten, 3. spuken, geistern, gespenstern, nicht mit rechten Dingen zugehen, nicht geheuer sein, rumoren, erscheinen, 4. umlaufen, kursieren, in Umlauf sein, im Kurs sein; in aller Munde, Tagesgespräch sein, die Runde machen.

1301 **Umkehr** 1. Rückkehr, Heimkehr, Wiederkehr, Rückweg, Rückkunft, Heimkunft, Heimweg, Weg nach Hause, Nachhauseweg, Weg zurück, Kehrtwendung, 2. Rückkehr, Comeback, Wiederauftreten, Wiederaufnahme, 3. Wandlung, Wendung, Sinnesänderung, Bekehrung, Schuldgeständnis, Besinnung, Eingeständnis, Wille zur Besserung, Einkehr, Läuterung, Reinigung; Buße, Umdenken; Bußgang, Bittgang, Gang nach Canossa, Unterwerfung, Wallfahrt, Pilgerfahrt, Prozession; Genugtuung, Sühne, Sühneleistung, Ersatzleistung, Ersatzdienst, Bußgeld, Wiedergutmachung.

1302 **umsonst** 1. gratis, franko, unberechnet, unentgeltlich, kostenlos; unverdient, ohne eigenes Verdienst, geschenkt, gebührenfrei, zollfrei, steuerfrei, um Gotteslohn, unbezahlt, ehrenhalber, ehrenamtlich, freiwillig, 2. vergeblich, vergebens, erfolglos, fruchtlos, mißglückt, mißlungen, danebengegangen, ergebnislos, resultatlos, illusorisch, eingebildet, trügerisch, verfehlt, ungenutzt, verschwendet, nutzlos, unnütz, unwirksam, wirkungslos, unverrichteterdinge, verlorene Liebesmüh, Faß der Danaiden, Leerlauf, Nutzlosigkeit, Vergeblichkeit, Erfolglosigkeit, Fruchtlosigkeit, Sinnlosigkeit, Wirkungslosigkeit, Faß ohne Boden, Schlag ins Wasser, Sisyphusarbeit, Pyrrhussieg, Kampf gegen Windmühlenflügel, 3. sich erübrigen, unnötig werden, überflüssig sein, überflüssig werden, flachfallen, verpuffen, im Sande verlaufen, ausgehen wie das Hornberger Schießen.

1303 **unangenehm** 1. mißlich, peinlich, schwierig, ärgerlich, fatal, dumm, betrüblich, ungelegen, verdrießlich, lästig, beschwerlich, beschämend, blamabel, bloßstellend; leidig, unbequem, unbehaglich, ungemütlich, unwohnlich, 2. unausstehlich, unleidlich, unerträglich, unzumutbar, untragbar, unmöglich, unerfreulich, unerquicklich, unerwünscht, unlieb, unliebsam, unwillkommen, 3. unsympathisch, zuwider, widrig, odiös, mißliebig, antipathisch, verhaßt, widerwärtig, abstoßend, mißfällig, ein Dorn im Auge, Stein des Anstoßes, Pfahl im Fleisch, unliebsam, 'unbeliebt, ungenießbar.

unanständig 1. unsittlich, ungesittet, 1304 untugendhaft, tugendlos, schamlos, unkeusch, unzüchtig, sittenlos, zweifelhaft, unmoralisch, bedenkenlos; unschicklich, liederlich, lose, locker, zügellos, lasterhaft, verderbt, verdorben, verworfen, entartet, verkommen, abgeglitten, viehisch, 2. zweideutig, eindeutig, massiv, obszön, schlüpfrig, unflätig, zotig, haarig, stark, gewagt, tolldreist, pornographisch, lasziv, „frei", pikant, anstößig, unschicklich, unpassend, verwerflich, ungehörig, unverschämt, pöbelhaft, schmutzig, dreckig, unfein, gemein, gewöhnlich, ordinär, vulgär, frivol, leichtfertig, 3. unfair, unritterlich, ungalant, unsportlich, unredlich, unreell, unsauber, zweifelhaft, unsolide, unlauter, betrügerisch, unehrlich, gewissenlos, verwerflich, mißraten, illoyal, indiskret, schwatzhaft, unzuverlässig, nicht verschwiegen, kann den Mund nicht halten, taktlos, unfein, unwürdig, beschämend, 4. zoten, schweinigeln, schlechte Witze erzählen, unanständige Reden führen.

unaufmerksam 1. zerstreut, abgelenkt, 1305 nicht bei der Sache, abwesend, geistesabwesend, entrückt, verträumt, träumerisch, in den Bohnen, in den Wolken, unkonzentriert, verdöst, gedankenverloren, vertieft, versunken, verspielt, dösig, schläfrig, verschlafen, im Tran sein, unbeteiligt, uninteressiert, nachlässig, konfus, vergeßlich, fahrig, zerfahren, schusselig, kopflos, 2. nachdenklich, gedankenvoll, vertieft, in Gedanken, grüblerisch, 3. gedankenlos, unüberlegt, unbesonnen, unvorsichtig, unbedacht, unachtsam, achtlos, gleichgültig, blind, unaufgeschlossen, rücksichtslos, teilnahmslos, sorglos, unbekümmert.

1306 **unbedeutend** 1. belanglos, untergeordnet, unwichtig, nachgeordnet, zweitrangig, untergeben, unmaßgeblich, gering, nichtig, minder, geringfügig, minimal, kaum sichtbar, nebensächlich, beiläufig, unbeträchtlich, unerheblich, nicht der Rede wert, abseitig, fernliegend, nicht entscheidend, nicht ausschlaggebend, irrelevant, klein, gleichgültig, unwesentlich, wesenlos, gegenstandslos, minderwertig, wertlos, 2. nichtssagend, bedeutungslos, ausdruckslos, farblos, fade, unbeschrieben, leer, Schall und Rauch, nichtig, unbedarft, 3. unscheinbar, unansehnlich, kärglich, leibarm, dürftig, mickrig, 4. niveaulos, niedrigstehend, tiefstehend, unterentwickelt, rückständig, primitiv.

1307 **unbedingt** 1. bedingungslos, unabdingbar, auf jeden Fall, auf alle Fälle, unter allen Umständen, auf Biegen oder Brechen, schlechterdings, durchaus, schlechthin, ohne weiteres, wie auch immer, unausweichlich, notwendigerweise, unumgänglich, zwangsläufig, unfehlbar, selbstverständlich, absolut, uneingeschränkt, vollkommen, voraussetzungslos, unabhängig von, unweigerlich, fraglos, um jeden Preis, vorbehaltlos, unaufhaltsam, unbesehen, unumschränkt, komme was da wolle, 2. ausgemacht, eingefleischt, ausgesprochen, unbekehrbar.

1308 **unbekannt** 1. namenlos, anonym, unbenannt, ohne Namen, ungenannt, ruhmlos, ungerühmt, unentdeckt, unerkannt, übersehen, unbeachtet, verkannt, unverstanden, vernachlässigt, verachtet, sang- und klanglos, unpopulär, unberühmt, ungedruckt, unveröffentlicht, übergangen, ein Niemand, ein Nobody, eine Null, ein Anonymus, 2. fremd, nie gesehen, nie gehört, nie begegnet.

Unbürgerlichkeit Bohème, Halbwelt, Demimonde, Bohèmewirtschaft, unordentliche Lebensführung, Zigeunermilieu, Abenteuerlichkeit, ungesicherte Existenz, Zwielichtigkeit. 1309

Undank Undankbarkeit, Mangel an Erkenntlichkeit, Erwiderung des Guten mit Bösem, Eselstritte, Nackenschläge, schlechte Vergeltung, der Welt Lohn, schnöder Dank. 1310

undankbar (sein) 1. nicht dankbar, ungerecht, ohne Dankbarkeit, unerkenntlich, schnöde, sich nicht verpflichtet fühlen, schlecht vergelten, übel lohnen, Gutes mit Bösem vergelten, ohne weiteres hinnehmen, 2. unbedankt, danklos, unerwidert, dankvergessen, 3. unerfreulich, mühevoll, nicht lohnend, zahlt sich nicht aus. 1311

uneben 1. hügelig, gebirgig, wellig, bergig, höckrig, bucklig, felsig, zerrissen, 2. holperig, steinig; grobkörnig, narbig, borkig, schorfig, grindig, gerieft, gefurcht, gerillt, gekerbt, rissig, schrundig, zackig, gezackt, gezähnt, 3. knollig, klumpig, bollig, knorrig, voller Knorren, 4. unegal, ungleich lang, zipfelig, 5. Unebenheit, Rauheit, schlechte Straße, Schlaglöcher, Buckel, Höcker. 1312

Unempfindlichkeit 1. Gefühllosigkeit, Stumpfheit, Sturheit, dickes Fell, Unempfänglichkeit, Unaufgeschlossenheit, Herzlosigkeit, Seelenlosigkeit, Taubheit, 2. Gleichgültigkeit, Unbeweglichkeit, Neutralität, Passivität, Interesselosigkeit, Uninteressiertheit, Teilnahmslosigkeit, Ungerührtheit, Kühle, Kälte, Phlegma, Indolenz, Indifferenz, Dickfelligkeit, Kaltschnäuzigkeit, Leidenschaftslosigkeit, Unerschütterlichkeit, Stumpfheit, Unansprechbarkeit, Hartherzigkeit, Wurstigkeit, Desinteresse, Mangel an Einfühlung, Lieblosigkeit, 3. Betäubung, Narkose, Rausch, Schlaf, Ohnmacht, Bewußtlosigkeit, 4. Nüchternheit, Laxheit, Lauheit, Laschheit, Lethargie, Apathie, Gefühlsmangel, Gefühlskälte, Frigidität, Froschblut, Frostigkeit, Unpersönlichkeit, Gefühls- 1313 armut, Seelenblindheit, Selbstverborgenheit, Unbewußtheit, Dumpfheit, Primitivität, Tiefstand, 5. Starrheit, Starre, Steifheit, Erstarrung, Unbeweglichkeit, Bewegungsunfähigkeit, Trance, Entrückung, Hypnose, Ohnmacht.

1314 **unendlich** 1. unbegrenzt, unermeßlich, unzählbar, zahllos, unerschöpflich, unerschöpft, grenzenlos, schrankenlos, unbeschränkt, ohne Grenze, 2. endlos, unaufhörlich, ewig, immer, beständig, nicht endend, bis ins Unendliche, und so fort, bis ins Aschgraue, nicht enden wollend, auf immer, bis in alle Ewigkeit, zeitlos, unabsehbar.

1315 **unentbehrlich** 1. nötig, notwendig, lebenswichtig, unerläßlich, unumgänglich, entscheidend, ausschlaggebend, erforderlich, unabdingbar, unbedingt, vonnöten, 2. unersetzlich, einzigartig, einzig in seiner Art; unabkömmlich, nicht frei, dienstlich verhindert.

1316 **unentschieden** 1. unentschlossen, unschlüssig, bedenklich, von Zweifeln geplagt, hin- und hergerissen, zweifelnd, schwankend, inkonsequent, wankend, zaudernd, unausgesprochen, nicht eindeutig, unsicher, unklar, im Zweifel, achselzuckend, mit gemischten Gefühlen, am Scheideweg, ausweichend, hinhaltend, zögernd, verschleppend, dilatorisch, zuwartend, nicht klar, weder noch, in der Mitte, halb und halb, heute so — morgen so, zwiespältig, zwitterhaft, variabel, veränderlich, 2. entschlußlos, apathisch, indolent, inaktiv, passiv, leidend, duldend, ergeben, 3. ungewiß, unerwiesen, bestreitbar, antastbar, fraglich, widerlegbar, umstritten, strittig, problematisch, fließend, nicht fest, gleitend, unbestimmt, ohne Übergang, offen, nicht festgelegt, schwankend, 4. unentschieden sein, dahinstehen, offen sein, ausstehen, noch zu entscheiden sein.

1317 **unfrei** 1. willenlos, getrieben, gezwungen, zwanghaft, hörig, lasterhaft, Lastern unterworfen, abhängig, unselbständig, süchtig, verfallen, 2. unfreiwillig, pflichtgemäß, pflichtschuldig, notgedrungen, zwangsweise, im Schlepptau, gezwungenermaßen, gewaltsam, widerwillig, widerstrebend, botmäßig, unterworfen, untertan, tributpflichtig, zinspflichtig, ersatzpflichtig, haftbar, haftpflichtig, verantwortlich, verpflichtet, schadenpflichtig, gebührenpflichtig; besiegt, unterlegen, entmachtet, gefesselt, geknebelt, in Banden, gebunden, angebunden, behindert, verhindert, gehandikapt, gehemmt, belastet, beladen, geknechtet, versklavt, sklavisch, an der Leine, unter der Fuchtel, im Schlepptau, auf jem. angewiesen, von jem. abhängig, in jem. Schuld, 3. fest, untrennbar, verhaftet, unbeweglich, unveränderlich, festgenagelt, 4. angestellt, untergeordnet, dienend, dienstbar, 5. verheiratet, verehelicht, nicht mehr frei, nicht mehr zu haben, verlobt, versprochen, in festen Händen, gebunden.

unfruchtbar 1. unergiebig, unersprieß- 1318
lich, brachliegend, ungenutzt, öde, karg, dürr, trocken, brach, unrentabel, nutzlos, nicht lohnend, kümmerlich, dürftig, ohne Ertrag, bringt nichts, ertragsunfähig, 2. unschöpferisch, unproduktiv, ohne Einfälle, einfallslos, phantasielos, ideenlos, ohne Phantasie, unoriginell, aus zweiter Hand, nachschaffend, nachgestaltend, nachschöpferisch, reproduktiv, ausführend, epigonenhaft; zeugungsunfähig, impotent, steril, kinderlos, ohne Nachkommen.

ungefähr 1. fast, beinahe, nahezu, an- 1319
nähernd, schätzungsweise, nach Augenmaß, nach Blickschätzung, abgerundet, bald, gegen, zirka, rund, etwa, sagen wir, vielleicht, eventuell, möglicherweise, stark, gut, beiläufig, bei kleinem, gar, schier, um ein Haar, um Haaresbreite, um Fadensbreite, 2. etwa, zum Beispiel, zum Exempel, beispielsweise, um ein Beispiel zu nennen, dem Sinne nach, singemäß, nicht wörtlich, 3. ungenau, allgemein, verschwommen, dehnbar, schwammig, elastisch, farblos, unausgesprochen, nicht bezeich-

nend, abgeschliffen, verwetzt, verbraucht, verwischt.

1320 **ungenügend** 1. mangelhaft, unbefriedigend, unvollständig, unzulänglich, lückenhaft, unzureichend, ungesichert, knapp, kaum ausreichend, ein Tropfen auf einen heißen Stein, notdürftig, unvollkommen, nicht zufriedenstellend, leistungsschwach, nicht voll leistungsfähig, ungeeignet, unbrauchbar, insuffizient, dürftig, spärlich, 2. unfähig, unvermögend, außerstande, untüchtig, beschränkt, begrenzt, 3. kurzsichtig, schwachsichtig, weitsichtig, übersichtig, verminderte Sehschärfe, farbenblind, schwache Augen, schlechte Augen; schwerhörig, schwachhörig, harthörig, gehörlos, taub.

1321 **ungerecht** parteiisch, voreingenommen, stiefmütterlich, einseitig, befangen, unobjektiv, unsachlich, unbillig, undankbar, unglimpflich, mit zweierlei Maß.

1322 **Unglück** 1. Unheil, Verhängnis, Verderb, Unsegen, Schickung, Unstern, Geißel, Kreuz, Plage, Prüfung, Last, Bürde, Ungemach, Unbill, Widerwärtigkeit, Mißgeschick, Verhängnis, Fatum, Fatalität, Debakel, Hiobsbotschaft, Schrecknis, Schreckensbotschaft, Schreckensnachricht, Schrecksekunde, Schicksalsschlag, harter Schlag, Fluch; Krankheit, Siechtum, Elend, Übel, Seuche, Landplage, Verderben, Vernichtung, Untergang; Pech, unglückliche Fügung, Mißgriff, Malheur, 2. Trauer, Traurigkeit, Wehmut, Betrübtheit, Betrübnis, Kummer, Trübsal, Schwermut, Tiefsinn, Verdüsterung, Düsterkeit, Freudlosigkeit; Kümmernisse, Enttäuschungen, Liebeskummer, Herzeleid, Herzweh, Schmerz, Verzweiflung, Leidensweg, Dornenpfad, Drama, Tragödie, Trauerspiel, Tragik, 3. Unfall, Katastrophe, Unglücksfall, Karambolage, Kollision, Zusammenstoß, Zusammenprall, Auffahrunfall, Schiffbruch, Seenot, Havarie, Zusammenstoß, Zugunglück, Entgleisung, Absturz, Bruchlandung, Desaster, 4. Naturereignis, Naturkatastrophe, Erdbeben, Bergrutsch, Vulkanausbruch, Wassersnot, Überschwemmung, Hochwasser, Überflutung, Hochflut, Springflut, Landunter, Sintflut.

unglücklich 1. traurig, leidend, leidtragend, leidvoll, betrübt, schmerzerfüllt, trostlos, untröstlich, hoffnungslos, schmerzbewegt, wehmütig, fassungslos, geschlagen, desolat, verzweifelt, gebrochen, verzagt, elend, melancholisch, schwermütig, schwerblütig, tiefsinnig, hintersinnig, elegisch, überdrüssig, lustlos, freudlos, bedrückt, bekümmert, geknickt, enttäuscht, heimgesucht, getroffen, mutlos, entmutigt, gebeugt, niedergebeugt, kummervoll, gramgebeugt, geschlagen, zerrissen, zerquält, gramerfüllt, vergrämt, verhärmt, sorgenvoll, versorgt, 2. weinend, schluchzend, tränenüberströmt, in Tränen, mit Tränen in den Augen, mit nassen (feuchten) Augen, tränenden Auges, händeringend, mit Leichenbittermiene, 3. bedauernswert, bedauerlich, bejammernswert, bemitleidenswert, beklagenswert, mitleiderregend, kläglich, erbärmlich, erbarmungswürdig, unglückselig, unselig, leidvoll, freudeleer, freudearm, umschattet, unfroh, schmerzlich, hart, betrüblich, erschütternd, arg, qualvoll, 4. verhängnisvoll, fatal, schicksalhaft, tragisch, katastrophal, 5. entmutigend, enttäuschend, schade, jammerschade, niederdrückend, niederschmetternd, hoffnungslos, niederziehend, aussichtslos, ausweglos, schwarz, dunkel, düster, verschlossen, 6. betrogen, getäuscht, hintergangen, hereingelegt; gehörnt, sitzengelassen, im Stich gelassen. 1323

ungünstig 1. ungelegen, lästig, störend, hinderlich, hemmend, widrig, entgegen, unzeitig, zur Unzeit, im falschen Augenblick, unbequem, verquer, 2. unpassend, unratsam, unangebracht, ungeeignet, undienlich, unzweckmäßig, ungeschickt, unbrauchbar, unverwendbar, unpraktisch, unvorteilhaft, 3. nachteilig, abträglich, untunlich, verlustreich, 1324 mißlich; schädlich, ungesund, gesundheitswidrig, unbekömmlich, unverdaulich, unzuträglich, stopfend, ungenießbar, gesundheitsschädlich, giftig, gefährlich, schädigend; unrationell, unwirtschaftlich, verschwenderisch, unrentabel, verlustbringend, unsparsam, zu jem. Schaden, zu jem. Ungunsten, nachteilig.

1325 **unhöflich** 1. unfreundlich, unaufmerksam, ungefällig, unliebenswürdig, unverbindlich, kurz angebunden, mürrisch, muffig, schroff, unparlamentarisch, despektierlich, barsch, brummig, brüsk, unzart, rücksichtslos, 2. flegelhaft, derb, ungezogen, frech, klobig, grob, unerzogen, lümmelhaft, unmanierlich, ungehobelt, ungeschliffen, unziemlich, rüde, krude, bärbeißig, wortkarg, unverschämt, patzig, ruppig, respektlos, respektwidrig, unflätig, pöbelhaft, 3. unpassend, ungehörig, formlos, unmöglich, taktlos, ungemäß, ungebührlich, unangebracht, unangemessen, unschicklich, verfehlt, deplaciert, fehl am Platz, ungalant, unritterlich, kein Gentleman.

1326 **Unkenntnis** 1. Unwissenheit, Ignoranz, Mangel an Wissen, Unbelehrtheit, Analphabetentum, Verständnislosigkeit, Nichtbegreifen, Unverständnis, Mangel an Erfahrung, Unvertrautheit, Unerfahrenheit, Ungeübtheit, Ungeschultheit, Mangel an Schulung, Unbelesenheit, böhmische Dörfer, spanische Dörfer, 2. Unbildung, Unverstand, Ungeist, Ungeistigkeit, Ignorantentum, Borniertheit, Banausenhaftigkeit, Unkultur, Geschmacklosigkeit, Geschmacksverwirrung, Ungeschmack, Sprachverstoß, Ballhornisierung, Barbarei, 3. Unaufgeklärtheit, Aberglaube, Unverstand, Unvernunft, Vernunftlosigkeit, Aberwitz, Wahnwitz.

1327 **Unlust** 1. Unbehagen, Mißbehagen, Mißstimmung, Lustlosigkeit, Bedrücktheit, Beklommenheit, Beklemmung, Niedergeschlagenheit, schlechte Laune, Verdrießlichkeit, Entmutigung, Verzagtheit, Hoffnungslosigkeit, Lebensüberdruß, Unzufriedenheit, Ungenüge, Ungenügsamkeit, Abneigung, Widerwille, Überdruß, Mißvergnügen, Trübsinn, Melancholie, Mutlosigkeit, Gedrücktheit, Freudlosigkeit, Mißmut, Verdrossenheit, Düsterkeit, Weltschmerz, Kater, Katzenjammer, Brummschädel, Nachwehen, 2. Depression, Tief, Verstimmung, Defaitismus, Miesmacherei, Schwarzseherei, Pessimismus, Lebensverneinung, Nihilismus, Grämlichkeit, Ratlosigkeit.

unmittelbar 1. direkt, aus erster Hand, 1328
aus erster Quelle, aus sicherer Quelle, auf direktem Wege, direkt vom Erzeuger, ohne Zwischenhandel, 2. geradeaus, der Nase nach, ohne Umweg, in Luftlinie, umweglos, geradlinig, stracks, schnurstracks, linear, querfeldein, quer durch; durchgehend, ohne Unterbrechung, ohne Aufenthalt, ohne Zwischenstation, ununterbrochen, ohne Verzögerung, 3. ohne weiteres, ohne Zögern, ohne Zaudern, spornstreichs, 4. bar, in barer Münze, aus eigener Tasche, 5. mündlich, mit Worten, mit eigenen Worten, mit dürren Worten, verbal; schriftlich, handgeschrieben, mit eigener Hand, handschriftlich, brieflich, 6. live, direkt übertragen, unmittelbar gesendet.

unmöglich 1. undenkbar, unausführ- 1329
bar, undurchführbar, unerreichbar, aussichtslos, hoffnungslos, ausgeschlossen, undiskutabel, unerfüllbar, nicht durchführbar, nicht machbar, nicht praktikabel, unrealisierbar, nicht zu machen, wie verhext, geht nicht, will nicht, nicht daran zu denken, kommt nicht in Frage, unter keinen Umständen, nie und nimmer, bestimmt nicht, keinesfalls, zu keiner Zeit, weder jetzt noch später, am Nimmerleinstag; unannehmbar, untragbar, nicht zu ändern, unüberwindlich, unübersteigbar, ausweglos, 2. vom Benehmen: unziemlich, unschicklich, ungebührlich, unfein, aus dem Rahmen fallend, unverantwortlich, nicht zu verantworten, 3. Unmöglichkeit, Undenkbarkeit, Unüberwindlichkeit, Unübersteigbarkeit, Unlösbarkeit,

Hoffnungslosigkeit, Ausweglosigkeit.

1330 **unnatürlich** 1. naturwidrig, widernatürlich, gegen die Natur, entartet, nicht der Natur entsprechend; denaturiert, verfälscht, vergällt, ungenießbar gemacht, 2. künstlich, synthetisch, aus der Retorte, auf chemischem Wege, aufgebaut, chemisch, 3. krankhaft, pathologisch, unorganisch, widersinnig, vernunftwidrig, regelwidrig, absurd, 4. abnorm, unnormal, anomal, abwegig, abweichend, abartig, abseitig, anders, auffällig, pervers, widernatürlich empfindend; krankhaft veranlagt, sadistisch, masochistisch; unmännlich, weibisch, feminin; vermännlicht, unweiblich, unfraulich, 5. manieriert, gespreizt, verkrampft, geziert, gestelzt, geschraubt, preziös, gemacht, gewunden, gestellt, affektiert, stilisiert; hochtrabend, schwülstig, geschwollen, gewunden, gesucht, gekünstelt, floskelhaft, phrasenhaft, 6. Unnatur, Unding, Widersinn, Widerspruch, Abweichung, Unnatürlichkeit, Perversion, Perversität, Absurdität; Abnormität, Widernatürlichkeit, Anomalie, Fetischismus.

1331 **unnötig** 1. entbehrlich, überflüssig, überzählig, abkömmlich, ersetzbar, ersetzlich, 2. unwirksam, wirkungslos, nutzlos, unnütz, umsonst, hinfällig, nicht mehr nötig, wertlos, nichts wert, zwecklos, sinnlos, unfruchtbar, aussichtslos, fruchtlos, brotlos, müßig, für die Katz, erfolglos, unsinnig, erübrigt sich, 3. unbenutzt, unbeansprucht, leerstehend, ohne Verwendung, 4. Unnötiges tun, Eulen nach Athen tragen, Wasser in den Rhein schütten, offene Türen einrennen

1332 **unordentlich** 1. ungeordnet, durcheinander, verwirrt, verworren, verheddert, verwurstelt, das Unterste zuoberst, chaotisch, unaufgeräumt, nichts zu finden, wüst, liederlich; unorganisiert, unmethodisch, regellos, unsystematisch, systemlos, ungeregelt, schusselig, wie es kommt, ziellos, unübersichtlich, planlos, ungeplant, 2. nachlässig, schlampig, schlunzig, ungepflegt, vernachlässigt, liederlich, abgerissen, hudelig, lotterig, faltig, zerknittert, zerknautscht, krumpelig, zerknüllt, derangiert, zerzaust, ungekämmt, strubbelig, schludrig, im Negligé, unangezogen, 3. turbulent, tumultuarisch, drunter und drüber, wirbelig, 4. schusseln, herumwirtschaften, brasseln, herumwuseln, 5. Schlamper, Schlampe, Schlunze, unordentliche Person, Schussel.

Unordnung 1. Chaos, Labyrinth, Irrgarten, Wirrsal, Wirrwarr, Gewirr, Wirrnis, Tohuwabohu, Charivari, Hexensabatt, Konfusion, Tumult, Getümmel, Hin und Her, Auf und Ab, Zickzackkurs, Planlosigkeit, Systemlosigkeit, Ziellosigkeit, 2. Durcheinander, Schlamperei, Kuddelmuddel, Schlamassel, Lotterwirtschaft, Saustall, Gehudel, 3. Nachlässigkeit, Vernachlässigung, Liederlichkeit, Lotterleben, Lasterleben, 4. Verwirrung, Verfilzung, Verwicklung, Verworrenheit, Hexenkessel, Bilderflut, Rattenkönig, Rattenschwanz, Wust. 1333

Unrecht 1. Schuld, Verschulden, Fehler, Verstoß, Unterlassung, Versäumnis, Unterlassungssünde, Fehltritt, Entgleisung, Verfehlung, Pflichtverletzung, Übertretung, Ungerechtigkeit, Ungehorsam, Ausschreitung, Übergriff, Eigenmächtigkeit, Unbilligkeit, Ungehörigkeit, Kavaliersdelikt, schuldhaftes Verhalten, 2. Vergehen, Sünde, Frevel, Versündigung, 3. Verbrechen, böse Tat, Delikt, ungesetzliche Handlung, Rechtsbruch, Unrechtmäßigkeit, Rechtswidrigkeit, Rechtsverletzung, Rechtsverdrehung, Gesetzwidrigkeit, Ungesetzlichkeit, Illegalität, Gesetzesübertretung, Gesetzlosigkeit; strafbare Handlung, Einbruch, Diebstahl, Ladendiebstahl, Kaufhausdiebstahl; Missetat, Übeltat, Freveltat, Gewalttat, Schandtat, Straftat, Gewaltverbrechen, Schwerverbrechen, Gaunerei, Schurkerei, 1334

Bubenstück, Lumperei, Gemeinheit, Schurkenstreich, Untat, Kindesmißhandlung, Kindesmord, Bluttat, Überfall, Raub, Raubmord, Mord, Kapitalverbrechen, Blutvergießen; Entführung, Kindesentführung, Kidnapping, Menschenraub, Flugzeugentführung, Hijacking, 4. Mißstand, Übelstand, Fehler, Ungerechtigkeit, Unbilligkeit, Auswuchs, Unsitte, Benachteiligung, Unrechtmäßigkeit, unerträgliche Zustände, 5. Kriminalität, Straffälligkeit, Verbrechertum, Verbrecherwelt, Verbrechermilieu, Unterwelt, Gangstertum, Mafia.

1335 **unreif** 1. unausgereift, noch nicht reif, sauer, halbreif, unausgegoren, unvergoren, verfrüht, 2. grün, nicht trocken hinter den Ohren, halbgar, unfertig, halbschürig, kindhaft, kindisch, bubenhaft, infantil, halbwüchsig, minderjährig, unausgewachsen, unfertig, unentwickelt, unerweckt, spätentwickelt, zurückgeblieben, unterentwickelt, unerwachsen, behindert.

1336 **unruhig** 1. rastlos, ruhelos, schlaflos, ohne Schlaf, an Schlaflosigkeit leidend, ungeduldig, nervös, zappelig, friedlos, quecksilbrig, kein Sitzfleisch, wuselig, geschäftig, hektisch, fieberhaft, unrastig, immer auf dem Sprung, immer in Eile, eilig, nomadenhaft, wanderlustig, unstet, zigeunerhaft, umgetrieben; dynamisch, faustisch, 2. flackernd, flackrig, zuckend, hin und her springend, schwankend, 3. unruhig sein, nervös sein, auf Nadeln sitzen, keine Ruhe haben, auf Kohlen sitzen, vibrieren, beben, zappeln, wuseln, kein Sitzfleisch haben.

1337 **unschuldig** 1. schuldlos, nicht schuldig, ohne Schuld, schuldfrei, unverschuldet, ohne eigenes Verschulden, unangreifbar, untadelig, tadellos, makellos, frei von Schuld, nicht beteiligt, 2. straflos, straffrei, freigesprochen, unbestraft, ungeahndet, ungerächt, ungesühnt.

1338 **unsicher** 1. ungewiß, schutzlos, unbewacht, ungeschützt, ungeborgen, unversorgt, unbehütet, preisgegeben, ausgesetzt, gefährdet, bedroht, exponiert; abenteuerlich, unbürgerlich, von der Hand in den Mund, ohne festes Einkommen, ohne Rückhalt, ohne Familie, 2. unbewiesen, unverbürgt, unbestätigt, nicht belegt, nicht historisch, legendär, sagenhaft, mythisch, 3. unsicher auf den Beinen, schwankend, wankend, torkelnd, wackelig, taumelnd, taumelig, mit Schlagseite, ohne Wegsteuer, 4. gehemmt, verkrampft, unfrei, verklemmt, scheu, schüchtern, ohne Selbstbewußtsein, 5. unsicher sein, die Wahl haben, zweifeln, schwanken, schwimmen, nicht wissen, im dunkeln tappen, ins Schwimmen geraten, die Übersicht verlieren; schwindelig werden, keinen Halt finden, haltlos sein, schwarz vor den Augen werden; sich nicht auskennen, den Weg nicht wissen, 6. keine Manieren haben, unerfahren sein, sich nicht zu benehmen wissen, kein Benehmen haben, keine Formen haben, sich daneben benehmen.

untätig (sein) 1. müßig, träge, arbeitsscheu, bequem, faul, schläfrig, unlustig, bummelig, saumselig, trödelig, denkfaul, gedankenträge, schlafmützig, 2. tatenlos, inaktiv, unbeschäftigt, untätig, beschäftigungslos, passiv, indolent, phlegmatisch, abwartend, zuwartend, 3. die Zeit totschlagen, Zeit vergeuden, die Hände in den Schoß legen, auf der Bärenhaut liegen, auf dem Lotterbett liegen, auf dem Faulbett liegen, Gott einen guten Mann sein lassen, faulenzen, bummeln, feiern, sich die Zeit vertreiben, gammeln, die Zeit vertrödeln, keinen Finger rühren, sich herumdrücken, herumsitzen, herumstehen, nichts tun. 1339

Untätigkeit 1. Müßiggang, Nichtstun, Lotterleben, Zeitvergeudung, Zeitverschwendung, Drohnendasein, Tagedieberei, Drückebergerei, Bummelei, Trödelei, 2. Faulheit, Trägheit, Bequemlichkeit, Arbeitsscheu, 3. Passivität, Tatenlosigkeit, Phlegma, Indolenz, Unbeweglichkeit, Lethargie. 1340

unten 1. in der Tiefe, drunten, am 1341

Grunde, zutiefst, zu unterst, unten drunter, am Boden, auf der Erde, auf dem Fußboden; in der Erde, unter der Erde, im Boden, unterirdisch, im Schoß der Erde, tief unten, ganz unten, 2. abwärts, hinunter, nieder, zu Tal, bergab, talwärts, herunter, herab, hinunter, hinab, niederwärts, 3. unterhalb, unter, weiter unten, tiefer gelegen, talab, stromab, 4. ebenerdig, zu ebener Erde, im Erdgeschoß, parterre; im Souterrain, im Keller.

1342 **Unterbrechung** 1. Einschnitt, Zäsur, Absatz, Hiatus, Lücke, Pause, Halbzeit, Denkpause, Ruhepause; Station, Zwischenlandung, 2. Episode, Zwischenspiel, Intermezzo, Intervall, Zwischenzeit, Interim, Interimszustand, Provisorium, 3. Zwischenfrage, Zwischenruf, Zwischenbemerkung, Einwurf, Störung, Zwischenfall, Hindernis.

1343 **unterdrücken** 1. klein halten, niederhalten, untenhalten, am Boden halten, nicht aufkommen lassen, kurzhalten; lähmen, schwächen, entkräften, beherrschen, lahmlegen, paralysieren, knechten, knuten, versklaven, den Fuß auf den Nacken setzen, unter das Joch beugen, unterjochen, zähmen, 2. ersticken, auslöschen, dämpfen; wegschieben, verdrängen, zurückdrängen, beiseite schieben, zurückschieben, abdrängen, aus dem Weg schaffen, nicht wahrhaben wollen, wegsehen, aus dem Bewußtsein verdrängen, verbeißen, nicht merken lassen, verbergen, die Zähne zusammenbeißen, sich beherrschen, sich zusammennehmen, 3. bevormunden, gängeln, bestimmen, das Heft aus der Hand nehmen, vorgreifen, präjudizieren, entmündigen, entrechten, unter Kuratel stellen, unter Vormundschaft stellen, 4. die Schau stehlen, an die Wand spielen, nicht zum Zuge kommen lassen.

1344 **Unterhalt** 1. Lebensunterhalt, Auskommen, Auslangen, Genüge, Versorgung, Versorgtsein, Ernährung, Erhaltung, das tägliche Brot, das Lebensnotwendige, Nahrung und Kleidung, genug zum Leben; Haushaltungskosten, Lebenshaltungskosten, Aufwendungen, 2. Alimente, Unterhaltszahlungen, Unterhaltsbeitrag.

unterhalten (sich) 1. erhalten, ernähren, 1345
versorgen, Lebensunterhalt bestreiten, für das tägliche Brot arbeiten; instandhalten, in Gang halten, aufrechterhalten, pflegen, gut behandeln; Alimente zahlen, zum Unterhalt beitragen, 2. Gesellschaft leisten, die Zeit vertreiben, zerstreuen, ergötzen, amüsieren, belustigen, ablenken, erheitern, aufmuntern, auf andere Gedanken bringen, Besuch machen, nicht alleinlassen, 3. sich unterhalten, Gespräche führen, sich unterreden, sich besprechen, erzählen, diskutieren, konversieren, Konversation machen, plaudern, schwatzen, klönen, ratschen, palavern, parlieren, 4. sich vergnügen, Spaß haben, Spaß machen, scherzen, spaßen, Unsinn reden, witzeln, blödeln, kalbern, Dummheiten machen, ulken, zum Lachen bringen, 5. tanzen, das Tanzbein schwingen, sich im Tanze drehen, ein Tänzchen machen, sich drehen, kreisen, wirbeln, im Kreise drehen, hüpfen, hopsen, schwofen, walzen, steppen, tänzeln, eine Sohle aufs Parkett legen.

Unterhaltung 1. Gespräch, Dialog, 1346
Plauderei, Gedankenaustausch, Geplauder, Konversation, Meinungsaustausch, Zwiesprache, Dialog, Diskussion, Besprechung, Aussprache; Schwatz, Schwätzchen, Plausch, 2. Amüsement, Vergnügen, Pläsier, Freude, Spiele, Kurzweil, Zeitvertreib, Lustbarkeit, Spaß, Zerstreuung, Abwechslung, Ablenkung, Ausspannung, Erholung, Belustigung, Erheiterung, Jubel, Fidelität, Gaudi, Betrieb, Gelächter, Geselligkeit, Klimbim, 3. Spaß, Witz, Scherz, Drolerie, Drolligkeit, Jux, Faxen, Fez, Ulk, Schnurrpfeiferei, 4. Witze, Anekdote, witzige Bemerkung, Witzwort, Aperçu, Bonmot, Wortspiel, Gag, Kalauer, Kindermund.

unternehmen 1. anfangen, beginnen, 1347
angreifen, anpacken, anfassen, in die Hand nehmen, drangehen, sich

dranmachen, aufziehen, organisieren, managen, gründen, ins Werk setzen, aufbauen, schaffen, tätigen, 2. handeln, Hand anlegen, aktiv werden, tun, sich einschalten, in Aktion treten, funktionieren, die Hand an den Pflug legen, an die Arbeit gehen, in Gang setzen, die Initiative ergreifen, in die Wege leiten, veranstalten, sich unterziehen, sich unterwinden, auf sich nehmen, übernehmen, vorgehen.

1348 **Unternehmen** 1. Tat, Werk, Leistung, Organisation, Gründung, Institution, Unternehmung, Handlung, Aktion, Operation, Transaktion, 2. Coup, Großtat, Handstreich, Heldentat, Husarenstück, Meisterstreich, Meisterstück, Bravourstück, Kunststück, 3. Wagnis, Unterfangen, Wagestück, Mutprobe, Abenteuer, Einsatz, Spiel, Versuch, Experiment, Risiko, 4. Lotterie, Lotteriespiel, Verlosung, Glücksspiel, Vabanque-Spiel, Hasardspiel, Spekulation, Wette, Tombola.

1349 **Unterschied** 1. Abweichung, Divergenz, Differenz, Abstand, Zwiespalt, Diskrepanz, Zwischenraum, Spurweite, Distanz, Gefälle, 2. Gegensatz, Gegensätzlichkeit, Polarität, Anderssein, Verschiedenheit, Unähnlichkeit, Ungleichheit, Widersprüchlichkeit, Unvereinbarkeit, Kontrast, Widerspruch, Kehrseite, Negativ, Extrem, Paradox, Gegenpol, Antipode, zwei Paar Stiefel, wie Tag und Nacht, steht auf einem anderen Blatt, 3. Gegenseite, Opposition, Gegenpartei, Konkurrenz, 4. Gegenteil, Umkehrung, Widerstreit; Widerspiel, Gegenstück, 5. Intervall, Tonstufe, Stufe, Tritt, Schritt, Spanne, Tonschritt.

1350 **unterwürfig** 1. devot, ergeben, demütig, fügsam, servil, subaltern, inferior, 2. domestikenhaft, byzantinistisch, schmeichlerisch, kriecherisch, sklavisch, knechtisch, liebedienerisch, ohne Rückgrat, gesinnungslos, ohne Stolz, parasitenhaft, schmarotzerhaft.

1351 **unverbesserlich** rückfällig, ungebessert, unrettbar, unzugänglich, reuelos, verstockt, verhärtet, hartgesotten, unbußfertig, störrisch, halsstarrig, unbekehrbar, unbelehrbar, verblendet, hoffnungsloser Fall, Hopfen und Malz verloren, unansprechbar.

unverständlich 1. unbegreiflich, unerfindlich, unerklärlich, unfaßlich, ungreifbar, unbestimmbar, unerklärbar, schwer zu verstehen, unlesbar, schwer zu entziffern, unleserlich, nicht eindeutig, mißverständlich, rätselhaft, schwierig, nicht zu begreifen, nicht zu fassen, unglaublich, unglaubhaft, nicht zu glauben, 2. undeutlich, unklar, nebelhaft, nebulos, schleierhaft, verhüllt, undurchsichtig, undurchdringlich, undefinierbar, unerforschlich, unfaßbar, unwägbar, verschwommen, diffus, verwaschen, schemenhaft, unbestimmbar, unartikuliert, wirr, verwirrt, dunkel, unaufgeklärt, schattenhaft, unscharf, unbestimmt, vage, ungenau, andeutungsweise, 3. sinnlos, sinnwidrig, töricht, verrückt, abwegig, unvernünftig, beziehungslos, ungereimt, widersinnig, unsinnig, toll, absurd, abstrus, hanebüchen, 4. übersinnlich, übernatürlich, überwirklich, metaphysisch, unergründlich, unerkennbar, unausforschlich, unnennbar, unaussprechlich, mysteriös, verborgen, geheim, geheimnisvoll, okkult, unberechenbar; himmlisch, überirdisch, jenseitig, göttlich, gottähnlich, gottgleich, transzendent, 5. unheimlich, unirdisch, verwunschen, geisterhaft, gespenstisch, spukhaft, dämonisch. 1352

Unvollkommenheit 1. Unzulänglichkeit, Minderwertigkeit, Unvollständigkeit, Mängel, Lücken, Fehler, Defekt, Ungenauigkeit, Lückenhaftigkeit, Schäden, Schadhaftigkeit, Unfähigkeit, Insuffizienz, mangelnde Leistungsfähigkeit, Unvermögen, Fehlbarkeit, Schwäche; Versagen, Impotenz, Zeugungsunfähigkeit, Mannesschwäche, Unfruchtbarkeit, Sterilität, Kinderlosigkeit, 2. Flickwerk, Halbheit, Stümperei, Pfusch, Pfuscharbeit, Hudelei, Schluderei, Pfuscherei, Stückwerk, Murks, 1353

Fehlkonstruktion, 3. Dilettantismus, Liebhaberei, Spielerei; Scheinwissen, Halbwissen, Halbbildung, Schulweisheit, Lexikonwissen, Buchgelehrsamkeit, 4. Oberflächlichkeit, Äußerlichkeit, Flüchtigkeit, Leichtfertigkeit, Seichtheit, Flachheit, Gehaltlosigkeit, Substanzlosigkeit, 5. unvollkommen sein, zu wünschen übrig lassen; schlecht sitzen, nicht passen, schlecht gearbeitet sein, hängen, lotteln, zu weit sein, spannen, zu eng sein.

1354 **unvollständig** 1. unvollendet, unbeendet, unfertig, nicht abgeschlossen, halbfertig, bruchstückhaft, torsohaft, rudimentär, fragmentarisch, abgebrochen, lückenhaft, schadhaft, beschädigt, 2. unvollkommen, fehlerhaft, fehlbar, nicht ohne Fehler; mangelhaft, unzulänglich, nur gebrochen, nicht fließend, ungenau, schülerhaft; nicht vollzählig, im Wert gemindert, entwertet, ergänzungsbedürftig; halbgebildet, laienhaft, stümperhaft, unfachmännisch, halbseiden, nichts Halbes und nichts Ganzes, nicht Fisch noch Fleisch, halbgar, ungar, nicht durchbacken, sitzengeblieben, klitschig.

1355 **unvorbereitet** 1. unausgerüstet, unausgestattet, unerfahren, unversehen, ungeübt, ungelernt, ohne Lehre, unausgebildet, als Autodidakt, autodidaktisch, durch Selbstunterricht, 2. unbedacht, unüberlegt, ungeplant, planlos, sorglos, unvorsichtig, gedankenlos, leichtsinnig, 3. ahnungslos, überrascht, unversehens, überraschend, jäh, unvermutet, aus heiterem Himmel, überstürzt, ohne Vorwissen, über Nacht, urplötzlich, wie angeflogen, plötzlich, Knall und Fall, ungeahnt, nichts ahnend, unvorhergesehen, unangemeldet, schlagartig, unverhofft, in flagranti, auf frischer Tat, hinterrücks, meuchlings, jählings, 4. auf Anhieb, aus dem Stegreif, frei, frisch drauflos, aus dem Handgelenk, improvisiert, aus dem Kopf, aus dem Gedächtnis, auswendig, prima vista, vom Blatt, freihändig, 5. blindlings, automatisch, unbedenklich, unbesonnen, ohne Nachdenken, auf gut Glück, von ungefähr, 6. keinen Schimmer, keinen Dunst haben, sich nicht versehen, nicht vermuten, nichts ahnen, von nichts wissen, überrascht werden.

unwissend 1. unkundig, ungeschult, ununterrichtet, ohne Schulunterricht, unbelehrt, unbelesen, analphabetisch, kann nicht lesen und schreiben, kann nicht bis drei zählen, weiß nichts, unerfahren, unbewandert, uneingeweiht, ahnungslos, unaufgeklärt, unberaten, überfragt, abergläubisch, unvernünftig, unverständig, vernunftlos, ohne Kenntnisse, unerleuchtet, ungelehrt, ohne Wissen, unbekannt mit, keine Ahnung, unvertraut mit, schimmerlos, desorientiert, falsch unterrichtet, keinen Dunst, Analphabet, Kaspar Hauser, unbeschriebenes Blatt, keinen Schimmer, 2. ungebildet, ungesittet, unkultiviert, ungeistig, unbelesen, unvertraut mit, unzivilisiert, barbarisch, roh, im Naturzustand, von keiner Kultur beleckt, plebejisch, ungehobelt, primitiv, geschmacklos, banausenhaft. 1356

unzufrieden 1. unbefriedigt, unausgefüllt, leer, mißvergnügt, mißmutig; vorwurfsvoll, strafend, mißbilligend, enttäuscht, geknickt, sauertöpfisch, verdrießlich, verdrossen, trübsinnig, griesgrämig, verbittert, beleidigt, gekränkt, übelnehmerisch, ressentimentgeladen, 2. unersättlich, habsüchtig, beutegierig, beutelüstern, scheelsüchtig, neidisch, ungenügsam, krittelig, mäkelig, hat an allem auszusetzen, ist gegen alles. 1357

unzuverlässig 1. treulos, untreu, ungetreu, abtrünnig, fahnenflüchtig, wortbrüchig, eidbrüchig, meineidig, doppelzüngig; unbeständig, wankelmütig, wechselnd, wetterwendisch, wandelbar, unstet, unberechenbar, launenhaft, launisch, flüchtig, grillenhaft, haltlos, flatterhaft, sanguinisch, hypochondrisch, kann nicht bei der Stange bleiben, heute so morgen so, unsicherer Kantonist, 2. unehrlich, ungenau, unkorrekt, unredlich, pflichtvergessen, unaufrichtig, 1358 verlogen, lügenhaft, lügnerisch, unlauter, nimmt es mit der Wahrheit nicht genau; diebisch, kleptoman, lichtscheu, 3. bestechlich, käuflich, verführbar, beeinflußbar, empfänglich, zugänglich, feil, korrupt, gesinnungslos, gewissenlos, opportunistisch, verräterisch, heimtückisch, hinterhältig, hängt den Mantel nach dem Wind, betrügerisch, ehrlos, unreell, unehrenhaft, unglaubwürdig, unlauter, unsauber.

1359 **Unzuverlässigkeit** 1. Untreue, Treulosigkeit, Treubruch, Ehebruch, Seitensprung, Wankelmütigkeit, Unbeständigkeit, Unstetigkeit, Wankelmut, Wandelbarkeit, Unberechenbarkeit, Unsicherheit, Flatterhaftigkeit, Strohfeuer, 2. Wortbruch, Eidbruch, Meineid, Verrat, Umfall, Wortbrüchigkeit, Doppelzüngigkeit, Hochverrat, Verleugnung, Preisgabe, Sabotage, Spionage, Landesverrat, Verräterei, Pflichtverletzung, Fahnenflucht, Desertion, Vertrauensbruch, Abfall, Abtrünnigkeit, Gesinnungswechsel, Gesinnungslosigkeit, Opportunismus, Charakterlosigkeit, Haltlosigkeit, 3. Unehrlichkeit, Unredlichkeit, Unaufrichtigkeit, Verlogenheit, Unwahrhaftigkeit, Unlauterkeit; Betrug, Betrügerei, Durchstecherei, Hinterziehung, Veruntreuung, Unterschlagung, Zechprellerei, Verdunklung, Verschleierung, Unkorrektheit, Ungenauigkeit, 4. Bestechlichkeit, Empfänglichkeit, Zugänglichkeit, Verführbarkeit, Willfährigkeit, Korruptheit, Korruption, 5. Unpünktlichkeit, Säumigkeit, Unverantwortlichkeit, Unverläßlichkeit, Pflichtvergessenheit, Saumseligkeit, Unehrenhaftigkeit, Ehrlosigkeit, Indiskretion, Mangel an Verschwiegenheit; Veränderlichkeit, Verstellungskunst, Mimikry, Verantwortungslosigkeit, Skrupellosigkeit, Gewissenlosigkeit, Unverantwortlichkeit, Mitläufertum.

1360 **unzweckmäßig** ungeeignet, untauglich, unpassend, unpraktisch, unverwendbar, zweckwidrig, unbequem, verfehlt, unangepaßt, undienlich, unangemessen, sinnlos, unhandlich, sperrig, platzraubend.

Urteil 1. Stellungnahme, Beurteilung, 1361
Einstellung, Meinung, Ansicht, Standpunkt, 2. Gutachten, Begutachtung, Expertise, Votum, Meinungsäußerung, Würdigung, Kritik, Diktum, Spruch, Note, Zensur, Prädikat, Wertung, Bewertung, Auswertung, Werturteil, Schätzung, Einschätzung, Diagnose, Befund, Feststellung, Stimme, 3. Urteilskraft, Urteilsvermögen, Urteilsfähigkeit, Überblick, kritisches Vermögen, Kritik, Scharfblick, Verstand, Erkenntnisvermögen, Unterscheidungsgabe, Klarsicht, 4. Entscheidung, Urteilsspruch, Verdikt, Rechtspruch, Wahrspruch, Richterspruch, Verhängung; Beweis, Beweisführung, Nachweis, Überführung, Klärung, Gerichtsentscheid, Schiedsspruch, Aburteil, Verurteilung, Aburteilung.

urteilen 1. beurteilen, bewerten, Stel- 1362
lung nehmen, begutachten, würdigen, werten, besprechen, rezensieren, kritisieren, zergliedern, zensieren, Note geben, analysieren, Urteil fällen, diagnostizieren, feststellen, bestimmen, 2. richten, erkennen auf, aburteilen, verdonnern, verknacken, verurteilen, den Stab brechen, entscheiden, befinden, Recht sprechen, zu Gericht sitzen, bemessen, 3. unterscheiden, auseinanderhalten, Unterschied machen, auseinanderkennen, Unterschied betonen, genau erkennen, sich auskennen, Bescheid wissen.

utopisch unerfüllbar, wirklichkeits- 1363
fern, idealistisch, erträumt, phantastisch, imaginär, märchenhaft, poetisch, unwirklich, mythisch, erdacht, unmöglich, unwahrscheinlich, vorgestellt; nach Unmöglichem strebend.

veraltet unmodern, altmodisch, aus 1364
der Mode, passé, überholt, überlebt, abgelebt, überaltert, altbacken, rückständig, zeitfremd, gestrig, vorgestrig, verstaubt, aus der Mottenkiste, anachronistisch, hinterwäldlerisch, kalter Kaffee, abgetan, abständig, nicht mehr gefragt, altfrän-

kisch, bärtig, altväterisch, zopfig, unzeitgemäß, altertümlich, antiquiert, verstaubt, vorsintflutlich, obsolet.

1365 **verändern (sich)** 1. ändern, abändern, umarbeiten, verwandeln, umwandeln, umändern, wenden, umdrehen; umformen, abwandeln, modifizieren, variieren, modulieren, Tonart wechseln, ummodeln, umschmelzen, verwandeln, umgestalten, anders machen, auf den Kopf stellen, das Unterste zuoberst kehren, umkrempeln, umstülpen, umbilden, umprogrammieren, umfunktionieren, einen anderen Zweck geben, einen anderen Sinn geben; vom Wetter: sich ändern, anders werden, umschlagen, sich wenden, sich bessern, sich verschlechtern; umsetzen, pikieren, verpflanzen; verlagern, einen anderen Standort geben; übertragen, transponieren; umwerten, neu werten, umdeuten, anders sehen, den Blickwinkel ändern; einschränken, relativieren, begrenzen, 2. umräumen, Möbel rücken (umsetzen, umstellen), verschieben, versetzen, anders stellen; Änderung bewirken, Wandel schaffen, keinen Stein auf dem anderen lassen, umorganisieren; umbesetzen, neu besetzen, Rolle jem. anderem übertragen, 3. sich verändern, neue Stellung annehmen, umsatteln, Beruf wechseln, umschulen, umsteigen, 4. konvertieren, die Konfession wechseln, zu einer anderen Konfession übertreten, 5. mutieren, die Erbmasse verändern; im Stimmbruch stehen, im Stimmwechsel sein; pervertieren, krankhaft verändern; 6. sich wandeln, anders werden, anderen Sinnes werden, umdenken, Buße tun, büßen, sein Leben ändern, sich ändern, umkehren, sich bekehren, besser werden, sich bessern, sich vervollkommnen, sich umstellen, sich läutern, umschalten, seine Meinung revidieren, sich anders besinnen, seine Gesinnung ändern, 7. anders aussehen, anders wirken, ein anderes Gesicht zeigen, wie neu aussehen.

1366 **Veränderung** 1. Änderung, Verwandlung, Abänderung, Umarbeit, Umformung, Umbildung, Umgestaltung, Modifikation, 2. Variante, Variation, Abwandlung, Modulation, Abweichung, Abstufung; Unregelmäßigkeit, Ausnahme, Einzelfall, Besonderheit, Sonderfall, Abart, Lesart, Spielart, Version, Nuance, Schattierung, 3. Wandel, Wandlung, Umwandlung, Wendung, Wende, Umschlag, Umschwung, Schwenkung, Umkehr, Umkehrung, Änderung; Schwankung, Fluktuation, Wechsel, Schwanken, Hin und Her, Auf und Ab, Umstellung, Übergang, Umbruch; 4. Konversion, Sinneswandel, Sinnesänderung, Erweckung, Bekehrung, Übertritt zu einer anderen Konfession, Umwertung, entscheidene Wende, Lebenswende, Umstellung, 5. Wechsel, Abwechslung, Umschichtigkeit, Gegenseitigkeit, Austausch, Umtausch, Tausch, Auswechslung; Ablösung, Umbesetzung, Revirement, Umschwung, 6. Wechselseitigkeit, regelmäßiger Wechsel, Turnus, Wechselbeziehung, Wechselwirkung, gegenseitige Beeinflussung.

veranlassen 1. verursachen, bewirken, zeitigen, herbeiführen, heraufbeschwören, auslösen, hervorbringen, heraufrufen, ins Bewußtsein rufen, hervorrufen, verschulden, anrichten, anstiften, erregen, erzeugen, ins Leben rufen, nach sich ziehen, mit sich bringen, zur Folge haben, 2. in Gang setzen, ankurbeln, anlassen, starten, einschalten, Knopf drücken, anwerfen; managen, in die Wege leiten, zustande bringen, anzetteln, einfädeln, bewegen, in Bewegung bringen, ins Werk setzen, bewerkstelligen, 3. bedingen, erfordern, voraussetzen, zugrunde liegen, dahinterstecken, Ursache sein. 1367

veranstalten 1. arrangieren, anordnen, einrichten, aufziehen, starten, vorbereiten, unternehmen, ausrichten, durchführen, verwirklichen, vollziehen, 2. feiern, Fest begehen, abhalten, bereiten, 3. inszenieren, organisieren, ins Werk setzen, in Szene setzen, auf die Beine stellen, über die 1368

Bühne gehen lassen, fertigbringen, bewerkstelligen.

1369 **Veranstaltung** 1. Unternehmen, Unternehmung, Organisierung, Vorbereitung, Anordnung, Arrangement, Planung, Arrangierung; Ausrichtung, Durchführung, Abhaltung, Abwicklung, Durchführung, Inszenierung, Bewerkstelligung, 2. Darbietung, Aufführung, Vorführung, Nummer, Auftreten, Auftritt, 3. festliche Veranstaltung, Fest, Festlichkeit, Festivität, große Gelegenheit, Festessen, Festmahl, Bankett, Galadiner, Ehrenmahl, Gasterei, Gelage, Liebesmahl, Umtrunk; Feier, Feierlichkeit, Kundgebung, 4. Festival, Festspiele, Festwochen.

1370 **verarbeiten** 1. aufnehmen, verdauen, verkraften, verschaffen, fertig werden mit, geistig bewältigen, wirken lassen, aufschließen, verdaulich machen, 2. durchdenken, sich aneignen, sich zu eigen machen, 3. bearbeiten, entwickeln, weiterverarbeiten, verwandeln, zubereiten, verfeinern, veredeln, verschönern, vervollkommnen, fertigmachen.

1371 **verbergen (sich)** 1. verheimlichen, tarnen, kaschieren, verhehlen, vorenthalten, vertuschen, vernebeln, verschleiern (Tatsachen), geheimhalten, verschweigen, für sich behalten, reinen Mund halten, mit Schweigen übergehen, totschweigen, verborgen halten; umhüllen, mit dem Mantel der Liebe bedecken, unerwähnt lassen, überspielen, hinweggehen über, nicht merken lassen, im unklaren lassen, unter den Teppich kehren, 2. maskieren, verkleiden, kostümieren, verlarven, vermummen, verhüllen, verschleiern, unkenntlich machen, Maske tragen, 3. bedecken, verdecken, verstecken, wegschließen, unter Verschluß halten, verschwinden lassen, versiegeln, verschließen, einschließen, unter Verschluß nehmen, wegstecken, einstecken, 4. bedecken, bekleiden, umkleiden, verdecken, verhängen, überdecken, behängen, bewerfen, zudecken, überlagern, überlappen, überkleben, bepflastern, beziehen, überziehen, bespannen, tapezieren, verschalen, verblenden, verputzen, verkleiden, übertünchen, mit Mörtel bewerfen, furnieren, täfeln, paneelieren, vertäfeln, mit Holz bekleiden, auskleiden, auslegen, Fußboden legen, Parkett legen; Wandschirm vorschieben, dem Blick entziehen, unsichtbar machen, verhüllen; vernebeln, einnebeln, in Wolken hüllen; überwachsen, überranken, bewachsen, zuwachsen, den Augen verbergen, die Sicht nehmen, 5. sich verbergen, sich verstecken, sich verborgen halten, untertauchen, in den Untergrund gehen, verschwinden (von der Bildfläche), spurlos (in der Versenkung) verschwinden, nicht aufzufinden sein, vergessen werden.

verbessern (sich) 1. bearbeiten, überarbeiten, verfeinern, verschönern, glätten, retuschieren, versilbern, vergolden, 2. entwickeln, entfalten, veredeln, kultivieren, heben, differenzieren, sublimieren, vergeistigen, verinnerlichen, vertiefen, bereichern, optimieren, steigern, erhöhen, besser machen, so gut wie möglich gestalten, 3. fördern, steigern, befördern, aufrücken lassen, im Rang erhöhen, besserstellen, Gehalt erhöhen, zulegen, mehr geben, aufbessern, begünstigen, favorisieren, unterstützen, protegieren, weiterhelfen, 4. versüßen, vergolden, verzukkern, angenehmer machen, heller, freundlicher, glücklicher gestalten, mundgerecht machen, zurechtlegen, präparieren, 5. anreichern, düngen, jauchen, kompostieren, meliorieren; erhöhen, höher schrauben, vergrößern, erweitern. 1372

Verbesserung 1. Korrektur, Retusche, Berichtigung, Richtigstellung, Klärung, Klarstellung, 2. Veredelung, Verfeinerung, Vervollkommnung, Entwicklung, Entfaltung, Kultivierung, Vergeistigung, Verinnerlichung, Vertiefung, Bereicherung, Verschönerung, 3. Anreicherung, Düngung, Bodenverbesserung, Melioration. 1373

verbinden (sich) 1. Verbindung knüpfen, Beziehung herstellen, sich anschließen, befreunden, anfreunden, 1374 zugesellen, einlassen, engagieren, attachieren, verbrüdern, gesellen, fraternisieren, zueinanderfinden, zusammenwachsen, Freunde werden, unzertrennlich werden, 2. vereinigen, vereinen, paaren, koppeln, knüpfen, schlingen, knoten, verkoppeln, zusammenkoppeln, verquicken, zusammenfügen, zusammenführen, in Verbindung bringen, zusammenlegen, verketten, verkitten, zusammensetzen, verknoten, verschlingen, aneinanderfügen, kombinieren, verzahnen, verzapfen, vernieten, verknüpfen, verfugen, zusammenschmelzen, zusammenschmieden, verschweißen, zusammenkleben, zusammenflechten, zusammenketten, zusammenwerfen, verweben, 3. zusammenarbeiten, zusammenwirken, ein Team bilden, sich zusammentun, zusammenschließen, sich einen, sich einigen, zusammenlegen, gemeinsam zahlen; fusionieren, verschmelzen, verflechten, verbünden, assoziieren, integrieren, unieren, kooperieren, konföderieren, liieren, paktieren, 4. angliedern, beitreten, eintreten, Mitglied werden, 5. verschwören, konspirieren, verwickeln, verstricken, Komplott schmieden, sich verbünden, 6. überspannen, überbrücken, Verbindung bilden, anknüpfen, verknüpfen, Verbindung herstellen, überleiten zu, 7. einrammen, einsenken, eindübeln, verschränken, 8. wiedervereinigen, erneut vereinigen, wiederanknüpfen, sich wieder annähern, 9. verloben, zur Ehe versprechen, abverloben, sich verloben, Verlöbnis eingehen, die Ehe versprechen, Eheversprechen geben, sich einander versprechen, heiraten wollen.

1375 **Verbindung** 1. Vereinigung, Zusammenschluß, Föderation, Interessenvertretung, Gewerkschaft, Verband, Bund, Bündnis, Beziehung, Verhältnis, Bindung, Kommunikation, Verschmelzung, Verbrüderung, Verflechtung, Vergesellschaftung, Konzentration, Zentralisierung, Zusammenziehung, Fusion, Fusionierung, Assoziierung, Verkettung, Verschlingung, Verkoppelung; Verbundenheit, Verflochtenheit, Zusammengehörigkeit, Gemeinschaftsbildung, Kollektivierung, 2. Dachorganisation, Dachgesellschaft, Rahmenverband, Spitzenverband, Hauptorganisation, Überbau, 3. Zusammenhang, das geistige Band, Zwischenglied, Zusammensetzung, Kombination, Synthese, Assoziation, Verknüpfung, Beziehung, Verhältnis, Relation, Junktim, Gedankenverbindung, Anknüpfungspunkt, Gedankenbrücke, Eselsbrücke, Bezug, Bezüglichkeit, Hinsicht, Betracht; Band, Nabelschnur, 4. Umgang, Verbindungen, Konnexionen, Bekanntschaft, Bekannte, Beziehungen, Gemeinschaft, Gemeinsamkeit, Bindungen, Berührungspunkte, Anschluß, Eintritt, Beitritt, 5. Verlöbnis, Verlobung, Verspruch, Eheversprechen, 6. Brücke, Steg, Hängebrücke, Bogenbrücke, Zugbrücke, Schiffbrücke, Aquädukt, Gangway; Überbrückung, Viadukt, Überführung, Unterführung, Übergang, Überweg, Zebrastreifen, Bahnübergang.

Verbot Untersagung, Einsprache, Intervention, Verwehrung, Verwahrung, Protest, Einspruch, Befehl, Verweigerung, Versagung, Widerspruch, Veto, Tabu, Sperre, Embargo, Machtspruch, Nein, Niemals! Unter keinen Umständen! 1376

verboten 1. untersagt, unerlaubt, verschlossen, verwehrt, gesetzwidrig, ungesetzlich, gegen die Vorschrift, unrechtmäßig, rechtswidrig, strafbar, strafwürdig, ordnungswidrig, verfassungswidrig, widerrechtlich, gegen das Gesetz, unbefugt, unstatthaft, sträflich, unrichtig, unrecht, unrechtlich, unberechtigt, ungerechtfertigt, unzulässig, unverantwortlich, unverzeihlich, verbrecherisch, frevlerisch; böse, sündhaft, sündig, blasphemisch, lästerlich, gotteslästerlich, frevelhaft, fluchwürdig, verpönt, nicht gern gesehen, nicht üblich; tabu, unantastbar, heilig, geheiligt, unbetretbar, 2. illegal, illegitim, unehelich, außerehelich, 1377 natürlich (natürlicher Sohn).

1378 **Verbrauch** 1. Konsum, Bedarf an Verbrauchsgütern, Verzehr, Essen und Trinken, Käufe, Importe, 2. Schwund, Verlust, Abgang, Verringerung, Verminderung, Einbuße, Verschleiß, Abnutzung, Abnahme.

1379 **verbrauchen (sich)** 1. brauchen, konsumieren, verzehren, essen, aufbrauchen, aufzehren, verleben, 2. aufwenden, ausgeben, bezahlen, sich verausgaben, alles hergeben, sich überanstrengen, das letzte aus sich herausholen, sich übernehmen, 3. abnutzen, verschleißen, abschaben, verschaben, abbrauchen, aufreiben, zerreiben, mitnehmen, abscheuern, abwetzen, verwetzen, strapazieren; erschöpfen, beeinträchtigen, herunterbringen, zehren (nagen) an, auslaugen, stumpf machen, abstumpfen; verwohnen, abnutzen, abwohnen; schleißen, reißen, dünnwerden, schädigen, zerstören, 4. nachlassen, sich vermindern, abbröckeln, kleiner werden, sich verringern, abbrechen, 5. verwischen, undeutlich machen, verwaschen, entfärben, ausbleichen, verschleifen.

1380 **Verbrecher** 1. Beschuldigter, Verdächtigter, Beklagter, Angeklagter, Festgenommener, Untersuchungsgefangener, 2. Rechtsbrecher, Gesetzesbrecher, Krimineller, Straftäter, Täter, Schuldiger, Arrestant, Häftling, Gefangener, Gefängnisinsasse, Strafgefangener, Sträfling, Delinquent, 3. Dieb, Langfinger, Einbrecher, Geldschrankknacker, Ladendieb, Kaufhausdieb; Räuber, Bankräuber, Straßenräuber, Wegelagerer, Raubmörder, Autobahnmörder; Attentäter, Heckenschütze, Mordbube, Meuchelmörder, Gedungener, Mietling, Kreatur, Werkzeug, Killer; Brandstifter, Feuerleger, Zündler; Rauschgifthändler, Drogenhändler, Dealer, Pusher; Triebtäter, Sexualverbrecher, Kindesmörder, Frauenmörder, Lustmörder, Sittlichkeitsverbrecher, Sittenstrolch; Kidnapper, Menschenräuber, Entführer, Luftpirat, Hijacker, Pirat; Ganove, Gangster, Mafioso, Bandit, Halunke, Gauner, Schwerverbrecher, Gewaltverbrecher, Unhold, Unmensch, Mörder, Kapitalverbrecher.

verbreiten ausströmen, aussenden, 1381
ausstrahlen, ausbreiten, verströmen; mitteilen, weitersagen, weiterleiten, bekanntgeben, wissen lassen, ausposaunen, veröffentlichen, unter die Leute bringen.

verbunden 1. befreundet, vereinigt, 1382
zusammengehörig, einig, vertraut, zugewandt, zugehörig, verbündet, vereint, alliiert, im Bündnis, verbrüdert, verschworen, solidarisch, liiert, 2. gekoppelt, gleichgeschaltet, geschaltet, gestöpselt, kommunizierend, korrespondierend, zusammengeschlossen, zusammengezogen, geeinigt, organisiert, 3. verflochten, verzahnt, verknüpft, verschmolzen, zusammengesetzt, zusammenhängend, ungetrennt, ungeteilt, untrennbar; im Bunde, im Komplott.

Verderb Verderbnis, Verderben, Ver- 1383
kommen, Zerfall, Zersetzung, Auflösung, Fäulnis, Verwesung, Säuerung, Gärung, Fermentierung, Schimmel, Schwamm, Moder, Rost, Korrosion, Oxydation; Gestank, Pesthauch, Pestilenz, schlechte Luft, Mief, verbrauchte Luft, Modergeruch.

verderben 1. verkommen, umkom- 1384
men, draufgehen, sauer werden, gären, in Gärung übergehen, schäumen, angehen, übergehen, sich zersetzen, faulen, verfaulen, verwesen, vermodern, modern, schimmeln, verschimmeln, Schimmel ansetzen; anbrennen, verkohlen; morsch werden, vermorschen, bröckeln, abbröckeln, zerbröckeln, mürbe werden, abblättern, abschilfern, sich schälen, sich ablösen, 2. brachliegen, stilliegen, veröden, verrotten, versauern, rosten, verrosten, einrosten, oxydieren, Patina bilden, patinieren, Grünspan ansetzen; darniederliegen, nutzlos sein, verfallen, zerfallen, 3. herunterkommen, entarten, absinken, degenerieren, absteigen, ausarten, abgleiten, absacken, abrutschen, sinken, auf die schiefe Ebene kommen, aus der Art schlagen, ver-

kommen, unter die Räder kommen, versacken, verbummeln, vor die Hunde gehen, an den Bettelstab kommen, auf den Hund kommen, verludern, verlumpen, versumpfen, verelenden, verlottern; verwahrlosen, vernachlässigt werden, verkümmern, seelisch veröden, verwildern, verrohen, unansprechbar werden, untergehen, scheitern, zugrundegehen; verbauern, versimpeln, verdummen, veröden, 4. vermasseln, vermurksen, verkorksen, verpatzen, versalzen, versauen, verpfuschen, verhunzen, ins Handwerk pfuschen; vergällen, ungenießbar machen, denaturieren.

1385 **verdienen** 1. erwerben, erarbeiten, einnehmen, gewinnen, bezahlt bekommen, Einnahmen haben, erhalten, kriegen, erlösen, einstreichen, beziehen, profitieren, herausbekommen, 2. wert sein, zukommen, zustehen, gebühren, gehören, Anspruch haben, beanspruchen können, Anrecht haben, erwarten dürfen.

1386 **Verdienst** 1. Einnahme, Einkommen, Einkünfte, Bezüge, Lohn, Entgelt, Entlohnung, Gehalt, Fixum, Pauschale, Pauschbetrag, einmalige Abgeltung, Abfindung, Vergütung, Gage, Bezahlung, Besoldung, Honorar, Sold, Stundenlohn, Löhnung, Salär, Heuer, 2. Erlös, Ertrag, Gewinn, Nutzen, Gewinnmöglichkeit, Verdienstspanne, Preisspanne, Schnitt, Marge, 3. Verdienste, Meriten, Anspruch auf Anerkennung, Anspruch auf Dank.

1387 **verdienstvoll** anerkennenswert, verdienstlich, verdient, ruhmreich, ruhmvoll, glorreich, mit Ruhm bedeckt, ehrenvoll, ehrend, schmeichelhaft, löblich, hoch anzurechnen, preiswürdig, rühmlich, lobenswert, beifallswürdig, achtbar, beachtlich, wohlverdient, verdientermaßen, dem Verdienst angemessen.

1388 **verehren** 1. achten, bewundern, anstaunen, respektieren, anerkennen, estimieren, schätzen, anbeten, aufsehen zu, aufschauen, aufblicken, emporsehen, hochblicken, hochschätzen, wertachten, werthalten, wertschätzen, hochhalten, heilighalten, eine hohe Meinung haben, hochachten, Achtung erweisen, Achtung zollen, voller Ehrfurcht sein, ehrfürchtig lieben, 2. vergöttern, anhimmeln, umschmeicheln, umwerben, umschwärmen, in den Himmel heben, verhimmeln, hofieren.

vereinbaren abmachen, beschließen, statuieren, ausmachen, abkommen, abstimmen, übereinkommen, verabreden, absprechen, besprechen, festlegen, festsetzen, festmachen, festschreiben, unterschreiben, schriftlich festlegen, besiegeln, verbleiben, fixieren, Vertrag schließen; sich verständigen, Kompromiß schließen, Zugeständnisse machen, aushandeln, sich abstimmen, sich vergleichen, entgegenkommen, sich einigen, einig werden, sich arrangieren, eine Lösung finden, auf einen Nenner bringen, ins reine kommen, sich zusammenraufen; abkarten, heimlich ausmachen; abschließen, handelseinig werden, beschließen, fixieren, abgrenzen, terminieren, befristen, begrenzen, limitieren, einschränken, abstecken, eingrenzen. 1389

Vereinbarung 1. Abkommen, Abmachung, Übereinkunft, Übereinkommen, Arrangement, Abrede, Absprache, Verabredung, Beschluß, Entscheidung, Entschließung, Entschluß, Fixierung, Festschreibung, Festsetzung, Festlegung, Unterschrift, Einigung, Klärung, Verständigung; Kompromiß, Zwischenlösung, Entgegenkommen, Vergleich, Zugeständnis, 2. Vertrag, Kontrakt, Abschluß, Konvention, Bündnis, Pakt, Bindung, Verpflichtung, Versprechen, Kauf, Bestellung. 1390

vereinfachen 1. klären, Verständnis erleichtern, sich genauer ausdrücken, gemeinverständlich ausdrücken, vereinfacht darstellen, popularisieren, präzisieren, glätten, ebnen; normen, eichen, vereinheitlichen, rationalisieren, zweckmäßig einrichten, mechanisieren, technisieren, standardisieren; nivellieren, keinen Unterschied machen, alles in einen Topf werfen, über einen Kamm scheren, vermas- 1391 sen, normalisieren, formalisieren, schematisieren, übereinbringen, schablonisieren, typisieren, uniformieren, gleichmachen, gleichschalten, angleichen, synchronisieren, aufeinander abstimmen, harmonisieren, synchron schalten, timen, 2. bagatellisieren, verkleinern, simplifizieren, unterbewerten, herabsetzen, schmälern, herunterspielen, beschönigen, einschränken, verniedlichen, entwerten, vergröbern, auf die leichte Schulter nehmen, 3. banalisieren, verharmlosen, verflachen, breittreten, entstellen, den Geist austreiben, schablonisieren, verwässern, 4. Vereinfachung, Vereinheitlichung, Zentralisierung, Nivellierung, Angleichung, Gleichmacherei; Normung, Eichung; Normalisierung, Typisierung, Präzisierung, Klärung, Festlegung; Mechanisierung, Schematisierung, Schablonisierung, Simplifizierung, Banalisierung, Verflachung.

1392 **verfolgen** 1. nachgehen, nachjagen, nachsetzen, nachspringen, nachstellen, nachlaufen, nachsprengen, zu fangen suchen, haschen nach, hetzen, jagen, treiben, bedrängen, beschleichen, anschleichen, sich lautlos nähern, nicht aus den Augen lassen, 2. folgen auf, fortsetzen, fortführen, fortfahren, weiterverfolgen, weiterspinnen, weiterführen, nicht ablassen, nicht abreißen lassen, beibehalten, nicht irremachen lassen.

1393 **verführen** 1. verlocken, verleiten, irreführen, zu Fall bringen, abbringen von, abwendig machen, den Kopf verdrehen, umgarnen, bezaubern, berücken, betören, bezirzen, zum Ziel kommen, auf Abwege führen, 2. Verführer, Don Juan, Casanova, Schürzenjäger, Frauenheld, Damenheld, Weiberheld, Schwerenöter, Mädchenjäger, Blaubart, Wüstling, Lüstling, Faun, Liederjan, Leichtfuß, Windbeutel, Windhund, Schmetterling, Libertin, Roué, Ehebrecher, Hausfreund; Strichjunge, Lustknabe, 3. Verführerin, Weibchen, Eva, Evastochter, Frauenzimmer, Weibsbild, Weibsstück; Kokette, Circe, Sirene, Kurtisane, Hetäre, Geliebte, Freundin, Mätresse, Vamp, Odaliske, Femme fatale, ausgehaltene Frau, 4. Prostituierte, Dirne, Straßenmädchen, käufliches Mädchen, Callgirl, Freudenmädchen, Strichmädchen, Hure, Metze, Schnepfe, Nutte, Kokotte, gefallenes Mädchen, Flittchen.

vergangen vorbei, gewesen, zu Ende, abgeschlossen, aus, vorüber, dahin, tot, passé, überholt, verflossen, einstig, vorig, einstmalig, früher, damalig, gestrig, ehemalig, verwichen, entschwunden, erloschen, versunken, vergessen, verweht, zurückliegend, lange her, verjährt, überwunden, verschmerzt; undenklich, geschichtlich, historisch, unwiederbringlich, vorangegangen, vorhergegangen, vorausgegangen, abgelebt, zu Ende, verpaßt, zu spät, verspätet. 1394

Vergangenheit 1. Urzeit, Vorzeit, Frühzeit, Altertum, Antike; Urgeschichte, Vorgeschichte, Frühgeschichte, Prähistorie, Geschichte, Historie, das Frühere, das Gewesene, das Verjährte, das Versunkene, 2. Vorleben, Lebenslauf, Wandel, Lebensführung, Führung, Führungszeugnis, Biographie, Lebensgeschichte. 1395

vergänglich 1. endlich, begrenzt, irdisch, flüchtig, weltlich, diesseitig, säkular, profan, unheilig; entschwindend, wandelbar, zeitlich, zeitgebunden, an den Tag gebunden, fleischlich, leiblich, ohne Bestand, auf tönernen Füßen, kurzlebig, hinfällig, staubgeboren, sterblich, erdgebunden, erdgeboren, todgeweiht, 2. flüchtig, unbeständig, schwindend, verdunstend, luftig, verriechend, sich auflösend, zerfallend, löslich. 1396

Vergänglichkeit 1. Endlichkeit, Flüchtigkeit, Hinfälligkeit, Unbeständigkeit, Wandelbarkeit, Zeitlichkeit, Erdenleben, Diesseitigkeit, Weltlichkeit, Staub, Asche, Kurzlebigkeit, Sterblichkeit, das irdische Leben, das Tränental, das Jammertal, das Diesseits, 2. Schaum, Gischt, Traum, Schnee, Seifenblase, Schall und Rauch, Staub und Asche, Verdunstung, Auflösung, Schmelze, 1397

Verflüssigung, Zerfall, Vergehen, Verflüchtigung.

1398 **vergehen (sich)** 1. entschwinden, verschwinden, enteilen, verlaufen, verrinnen, dahingehen, dahineilen, verfliegen, verrauschen, entweichen, zu Ende gehen, verstreichen, vorübergehen, vorbeigehen, hinschwinden, ablaufen, aufhören, sich verflüchtigen, verwehen; versickern, verfließen, abfließen, im Boden verschwinden, sich verlieren, aufgesogen werden, 2. verkommen, verwittern, sich zersetzen, zerfallen, verfallen, einstürzen, in Trümmer fallen, zusammenstürzen, zusammenkrachen, zusammenbrechen, einfallen, einkrachen, auseinanderfallen, zerbröckeln, abbröckeln, 3. verlöschen, verlodern, erlöschen, erkalten, verglimmen, verglühen; nachlassen, abklingen; verklingen, verschwimmen, undeutlich werden, zerflattern, ersterben; verpuffen, verrauschen, verschäumen, 4. verdunsten, verfliegen, verdampfen, gasförmig werden, sich verflüchtigen, sich auflösen, schwinden, verriechen, verduften, schal werden, 5. verbrennen, abbrennen, niederbrennen, in Flammen aufgehen, in Rauch aufgehen, zu Asche werden, verkohlen, Opfer der Flammen werden, 6. veralten, abkommen, unmodern werden, aus der Mode kommen, überaltern, sich überleben, 7. verfallen, ungültig werden, verjähren, den Wert verlieren, außer Kurs geraten, 8. sich vergehen, gegen Gesetze verstoßen, mit dem Gesetz in Konflikt kommen, sich etw. zuschulden kommen lassen, Böses verüben, etw. Unrechtes tun, Befugnisse überschreiten, sich strafbar machen, straffällig werden, Verbrechen begehen, sein Unwesen treiben, etw. anrichten; sich verfehlen, sündigen, Sünden begehen, etw. verbrechen, Unrecht tun, Gebote übertreten, sich versündigen, schuldig werden, sich schuldig machen, vom rechten Wege abkommen, Fehler machen, 9. ungehorsam sein, nicht gehorchen, nicht hören, zuwiderhandeln, seine Pflicht verletzen, sein Wort brechen.

vergelten 1. rächen, ahnden, abrechnen mit, heimzahlen, entgelten lassen, fühlen lassen, wettmachen, quittieren, Quittung erteilen, sich Genugtuung verschaffen, büßen lassen, zur Rechenschaft ziehen, zur Verantwortung ziehen, zum Gegenangriff übergehen, den Spieß umdrehen, die Antwort nicht schuldig bleiben, 2. strafen, bestrafen, abstrafen, züchtigen, heimleuchten, eintränken, zu fühlen geben, die Folgen tragen lassen, es einem besorgen, schlagen, prügeln, 3. belohnen, lohnen, danken, erwidern, sich revanchieren, anerkennen, zurückgeben, sich erkenntlich zeigen; gutmachen, bezahlen, ehren, auszeichnen, entschädigen, vergüten, anerkennen, anrechnen, zugute halten, zurückerstatten, ausgleichen, rückvergüten. 1399

Vergeltung 1. Rache, Revanche, Abrechnung, Ahndung, Nemesis, Heimzahlung, Ausgleich, Reaktion, Gegenstoß, Gegenschlag, Vergeltungsschlag, Rachefeldzug, Blutrache, Sippenhaft; Retourkutsche, wie du mir — so ich dir, Wurst wider Wurst, 2. Strafe, Strafarbeit, Nachsitzen, Bestrafung, Strafaktion, Strafmaßnahmen, Sanktionen, Repressalien, Züchtigung, Denkzettel, Lehre, 3. Geißel, Zuchtrute, Rute, Klopfer, Peitsche, Gerte, Stock, Bakel, Fuchtel, Knute, Knüppel, Prügel, Keule, Pritsche, Klopfpeitsche. 1400

vergessen 1. sich nicht mehr erinnern, nicht mehr wissen, sich nicht entsinnen, verschwitzen, verbummeln, verschlafen, verschlampen, entfallen sein, nicht gedacht haben an, aus dem Gedächtnis verloren haben, nicht behalten haben, 2. vergessen werden, in Vergessenheit geraten sein, Vergangenheit geworden sein, 3. liegenlassen, stehenlassen, sitzenlassen, wartenlassen, versetzen, Verabredung nicht einhalten, Versprechen nicht erfüllen, 4. sich vergessen, aufbrausen, zornig werden, den Kopf verlieren, sich nicht mehr kennen, heftig werden, in die Luft (an die Decke) gehen, explodieren, hoch- 1401 gehen, unparlamentarisch werden, nicht wissen was man tut, sich unüberlegt verhalten, handgreiflich werden.

1402 **Vergleich** 1. Gegenüberstellung, Konfrontation, Gegeneinanderhalten, Kontrastierung, 2. Gleichnis, Metapher, Symbol, Bild, Analogie, 3. Ausgleich, Versöhnung, Kompromiß, Verständigung, Übereinkunft.

1403 **vergleichen (sich)** 1. nebeneinanderhalten, nebeneinanderstellen, kollationieren, abstimmen, dagegenhalten, gegenüberstellen, konfrontieren, kontrastieren, aneinander messen, prüfen, abwägen, Parallelen ziehen, auf eine Stufe stellen, Eigenschaften bewerten, Vergleiche ziehen, denselben Maßstab anlegen, gegeneinander abwägen; gleichwertig finden, für ebenbürtig halten, 2. sich mit jem. vergleichen, sich gleichsetzen, sich identifizieren mit jem., sich an jem. Stelle versetzen, sich in jem. hineinversetzen; sich gütlich einigen, einen Ausgleich finden, Streit vermeiden, Vergleich finden.

1404 **vergraben (sich)** 1. eingraben, begraben, einbuddeln, einscharren, zudecken, zuschütten, verbergen, verscharren, in der Erde verbergen, verstecken, in die Erde senken, verborgen halten, 2. sich vergraben, nichts hören und sehen, für niemand zu sprechen sein, sich abschließen, sich versenken, sich abkapseln, sich absondern.

1405 **Verhalten** 1. Benehmen, Wandel, Gebaren, Gebarung, Aufführung, Führung, Lebenswandel, Lebensweise, Auftreten, Gehabe, Habitus, Betragen, Art, Lebensführung, Lebensstil, 2. Kinderstube, Manieren, Formen, Umgangsformen, Lebensart, Gewandtheit, Schliff, Pli, guter Ton, 3. Haltung, Attitüde, Allüren, Pose, Air, Stellung, Positur, Gebärden, 4. Tun, Einstellung, Umgang (mit Menschen), Menschenbehandlung, Handeln, Vorgehen, Tun und Lassen, Reaktionen.

1406 **verhalten (sich)** 1. benehmen, betragen, geben, gebärden, gebaren, gehaben, führen, aufführen, anstellen, auftreten, reagieren, verfahren, handeln, vorgehen, tun, antworten, sich einstellen, 2. sich verhalten (m. etw.), stehen, bestellt sein, Bewandtnis haben.

verheiraten (sich) 1. heiraten, die Ehe schließen, die Ehe eingehen, ehelichen, freien, heimführen, hochzeiten, Hochzeit machen, sich eine Frau (einen Mann) nehmen, zur Frau (zum Manne) nehmen, ernste Absichten haben, heiraten wollen, das Aufgebot bestellen, sich verehelichen, sich verbinden, sich vermählen, den Bund fürs Leben schließen, den gemeinsamen Lebensweg antreten, sich trauen lassen, die Ringe wechseln; eine Familie gründen; einheiraten, eine Partie machen, 2. trauen, verbinden, kopulieren, zusammengeben, einsegnen, 3. an den Mann bringen, unter die Haube bringen, versorgen, vermählen, verheiraten, ausstatten, verkuppeln, kuppeln, eine Heirat zustandebringen. 1407

Verkauf 1. Abgabe, Ausgabe, Auslieferung, Handel, Umsatz, Veräußerung, Vertrieb, Absatz, 2. Ausverkauf, Schlußverkauf, Räumungsverkauf, Totalausverkauf, Sonderangebote, Gelegenheiten, Verkauf zu herabgesetzten Preisen, spottbillig, halb geschenkt, 3. Versteigerung, Gant, Vergantung, Auktion. 1408

verkaufen 1. absetzen, abgeben, veräußern, handeln mit, umsetzen, feilhalten, anbieten, anbringen, Umsatz machen, abstoßen, liefern, vertreiben, an den Mann bringen, überlassen, Handel treiben, zu Geld machen, feilbieten, auf den Markt bringen; versteigern, verganten, auktionieren, zur Auktion bringen, unter den Hammer bringen, unter den Hammer kommen, 2. verkitschen, verkloppen, verschachern, versilbern, verscherbeln, verhökern; hausieren, handeln, von Haus zu Haus gehen, an der Tür verkaufen, andrehen, aufreden, loswerden, 3. ausverkaufen, räumen, verramschen, verschleudern, losschlagen, abstoßen, ablassen, die Lager räumen, Raum 1409 schaffen, 4. abgehen, gehen, weggehen, gefragt sein, sich verkaufen, sich einführen, einschlagen, seinen Weg machen, gefallen, Abnehmer finden, sein Publikum finden, sich absetzen lassen, Käufer finden, reißenden Absatz finden.

1410 **Verlangen** 1. Wollen, Wünschen, Streben, Trachten, Drängen, Begehren, Begierde, Begehrlichkeit, Neigung, Trieb, Sucht, Hang, Lust, Leidenschaft, Gelüste, Gier, Anreiz, Kitzel; Appetit, Eßlust, Hunger, Heißhunger, Bärenhunger, Kohldampf; Gefräßigkeit, Freßbegierde, Freßgier, Freßsucht, Unersättlichkeit; Durst, trockene Kehle, Brand; Sinnlichkeit, Fleischeslust, Sexualität, Geschlechtlichkeit, Erotik, Lüsternheit, Lüste, Sexualtrieb; Naschhaftigkeit, Genäschigkeit, süße Zunge, 2. Wunsch, Begehr, Belieben, Bestreben, Bestrebung, Bitte, Anliegen, Anspruch, Ansinnen, Forderung, Ansuchen, Ersuchen, Zumutung; Traum, Sehnen, Sehnsucht, Wunschtraum, Ziel der Wünsche, Heimweh, Fernweh, 3. Bewerbung, Anfrage, Frage, Antrag, Bitte, Gesuch, Stellengesuch, Offerte, Bittschrift, Denkschrift, Memorandum, Eingabe, Einsendung, Petition, Gnadengesuch; Anruf, Appell, Fürbitte, Verwendung für jem., Beschwörung; Bettelei, Schnorrerei, Bettelhaftigkeit, Bettelwesen.

1411 **verlegen** 1. scheu, zaghaft, zage, schüchtern, befangen, gehemmt, ängstlich, unsicher, ohne Selbstbewußtsein, unfrei, geniert, genant, genierlich, geschämig, steif, gezwungen, behindert, verkrampft, verklemmt, hilflos, ratlos, 2. verwirrt, verschämt, betreten, schuldbewußt, verschüchtert, eingeschüchtert, beschämt, kleinlaut, blamiert, klein, peinlich berührt, schamrot.

1412 **Verlegenheit** 1. Ratlosigkeit, Unschlüssigkeit, Bedrängnis, Zwiespalt, Unentschiedenheit, Unentschlossenheit, Notlage, Zahlungsschwierigkeit, Geldverlegenheit, Schwierigkeit, Problematik, wunder Punkt, schwache Stelle, Klemme, Zwickmühle, Sackgasse, Dilemma, Konflikt, Zwangslage, Bredouille, Klippe, Engpaß, Gefahrenpunkt, Komplikation, harte Nuß, Problem, Tinte, Debakel, Patsche, Desaster, Schlamassel, Pech, Pechsträhne, 2. Schüchternheit, Scheu, Angst, Ängstlichkeit, Zaghaftigkeit, Befangenheit, Unsicherheit, Minderwertigkeitsgefühl, Gefühl der Unterlegenheit, Hemmungen, Schuldbewußtsein, Lampenfieber, Bammel, Nervosität, Verschämtheit, Scham, Genierlichkeit, Unfreiheit, 3. Beschämung, Blamage, Betretenheit, Verwirrung, roter Kopf; Gehemmtheit, Hemmung, Unbeholfenheit, Ungeschicklichkeit, Hilflosigkeit, Eckigkeit, Steifheit, Ungewandtheit, Ungeschick, zwei linke Hände, Tolpatschigkeit, Schwerfälligkeit, 4. Verkrampfung, Verkrampftheit, Sperre, Verdrängung, Komplex, Krampf.

verleumden bezichtigen, beschuldigen, anschwärzen, verdächtigen, unterstellen, unterschieben, denunzieren, zeihen, verunglimpfen, verschimpfieren, anhängen, nachsagen, andichten, diffamieren, diskreditieren, schlechtmachen, verlästern, schmähen, die Ehre abschneiden, böswillig behaupten, hinterrücks angreifen, am Zeuge flicken, den Ohrenbläser machen, verschreien, verunehren, lästern, mit Schmutz bewerfen, unmöglich machen, diskriminieren, verteufeln, verketzern, herziehen über, in den Schmutz ziehen, kein gutes Haar lassen, begeifern, schmälen, herabsetzen, in Verruf bringen, einen Strick drehen, lästern. 1413

verliebt angetan, zugetan, gewogen, ins Herz geschlossen, entzückt, begeistert, hingerissen, besessen, vernarrt, verschossen, leidenschaftlich ergriffen, entflammt, entbrannt, vergafft, verknallt, betört, verhext, verzaubert, bezirzt, außer sich. 1414

verlieren 1. einbüßen, abhandenkommen, verlustig gehen, nicht mehr finden, verkramen, verlegen, verschlampen, verlorengehen, wegkommen, fortkommen, hopsgehen, flötengehen, los sein, verloren haben, 1415 verschwunden sein, verschüttgehen, drumkommen, loswerden, 2. verscherzen, verwirken, das Nachsehen haben, Schaden leiden, zubuttern, einwiegen, Verlust erleiden, zulegen, draufzahlen, zuzahlen, verspielen, beim Spiel verlieren, zusetzen, ins Hintertreffen kommen, Einbuße erleiden, Haare lassen, in den Mond gucken, in den Schornstein schreiben, hereinfallen, aufsitzen, die Zeche bezahlen, verloren geben; an Ansehen verlieren, in Mißkredit geraten, in schlechten Ruf kommen.

1416 **vermitteln** 1. ein Wort einlegen, fürbitten, sich verwenden, sich ins Mittel legen, fürsprechen, intervenieren, befürworten, sich einschalten, parlamentieren, 2. dolmetschen, übersetzen, interpretieren, übertragen; dechiffrieren, entziffern, entschlüsseln, dekodieren; chiffrieren, kodieren, verschlüsseln, in Geheimschrift übertragen, 3. ansagen, moderieren, Sendung begleiten; Verbindung herstellen, schalten, verbinden, Kontakt herstellen, 4. umspulen, überspielen.

1417 **Vermittlung** 1. Mitwirkung, Mithilfe, Beistand, Fürbitte, Fürsprache, Befürwortung, Intervention, Einsatz, Einschaltung, Hilfe, Nachweis, Vermittlungsstelle, Agentur, 2. Übersetzung, Übertragung, Interpretation, Erklärung, Erläuterung, 3. Anmeldung, Vorzimmer, Sekretariat, Verbindungsstelle, Telephonzentrale.

1418 **vermuten** 1. glauben, meinen, denken, annehmen, als gegeben betrachten, für selbstverständlich halten, den Fall setzen, dafürhalten, dünken, bedünken, schwätzen, so vorkommen, wähnen, für möglich halten, erwarten, die Meinung hegen, Vermutungen anstellen; zuschreiben, beilegen, andichten; auffassen, voraussetzen, hoffen, 2. ahnen, mutmaßen, nicht sicher sein, voraussehen, kommen sehen, vorausahnen, schwanen, vorschweben, erahnen, Verdacht anwehen, anmuten, Verdacht schöpfen, verdächtigen, unterstellen.

1419 **vernünftig** 1. verständig, einsichtig, einsichtsvoll, verständnisvoll, Vernunftgründen zugänglich, überlegt, umsichtig, besonnen, gesetzt, ruhig, 2. hell, klug, aufgeklärt, vorurteilslos, aufgeschlossen, gescheit, klarsichtig, vernunftbegabt, nicht auf den Kopf gefallen, 3. logisch, denkrichtig, rational, verstandesgemäß, begrifflich, klar, einleuchtend, schlüssig, folgerichtig, konsequent, vernunftgemäß, vernunftgerecht, hat Hand und Fuß, darüber läßt sich sprechen, 4. verstandesmäßig, intellektuell, geistig, mental, gedanklich, wissend, bewußt, reflektiert, selbstkritisch, mit Bewußtsein, mit klarem Verstand, wach, mit Selbsterkenntnis, ohne Selbsttäuschung, klar, kühl, sachlich, realistisch, nüchtern, Verstandesmensch, Rationalist, real, realdenkend, wirklichkeitsnah, lebensnah, lebensklug, urteilsfähig, urteilssicher, 5. vernünftig (real) denken, realistisch einschätzen, den Dingen ins Gesicht sehen, sich nichts vormachen, Vernunftgründen zugänglich sein.

veröffentlichen verlegen, herausgeben, 1420
herausbringen, drucken, drucken lassen, in Druck geben, auflegen, publizieren, edieren, erscheinen lassen, abdrucken, verbreiten, vertreiben, in Umlauf setzen, auf den Markt bringen, unter die Leute bringen.

Veröffentlichung 1. Publikation, Neu- 1421
erscheinung, Erscheinung, Novität, Druckwerk, 2. Herausgabe, Edition, Erscheinen, Druck, Abdruck, Auflage.

verrichten 1. tun, handeln, verfahren, 1422
machen, vollführen, vorgehen, anpacken, bewerkstelligen, ins Werk setzen, bewältigen, durchführen, ausführen, erledigen, verwirklichen, wahrmachen, in die Tat umsetzen, übernehmen, auf sich nehmen, schaffen, erreichen, meistern, fertig bekommen, klarkommen, fertigbringen, hinter sich bringen, erringen, lösen, ans Ziel kommen, sich entledigen, vollbringen, vollenden, vollziehen, erfüllen, 2. ausüben, bekleiden, versehen, besorgen, sich befassen, wirken, treiben, betreiben, umtreiben, innehaben, tätigen, lei-

sten, praktizieren, 3. verfertigen, anfertigen, herstellen, produzieren, arbeiten, werken; spinnen, weben, wirken, flechten, zimmern, schreinern, tischlern; schmieden, schweißen; handarbeiten, stricken, häkeln, sticken, knüpfen, flechten; nähen, sticheln, heften, reihen, steppen; schneidern, als Schneider(in) arbeiten, Kleider anfertigen, nach Maß arbeiten.

1423 **verrückt** 1. närrisch, durchgedreht, übergeschnappt, toll, weich, nicht ganz beisammen, wunderlich, spinnig, geschuckt, eine Schraube los, nicht richtig im Oberstübchen, gestört, nicht recht gescheit, nicht bei Sinnen, verdreht, überdreht, neben der Spur, nicht alle Tassen im Schrank, meschugge, 2. exaltiert, aus dem Häuschen, kopflos, überspannt, überkandidelt, 3. geisteskrank, geistesgestort, geistesschwach, schwachsinnig, wahnsinnig, umnachtet, debil, irrsinnig, idiotisch, verblödet, tobsüchtig, verwirrt, blöde, irr, pathologisch, psychopathisch, 4. absurd, wahnwitzig, hirnverbrannt, töricht, manisch, unzurechnungsfähig, unverantwortlich, besessen, aberwitzig, 5. spinnen, faseln, Unsinn reden, irrereden, unvernünftige Reden führen, spintisieren, Grillen fangen; verrückt werden, den Verstand verlieren, überschnappen, durchdrehen, ausflippen, verblöden.

1424 **Versagen** 1. Versäumnis, Unterlassung, Vergessen, Versehen, Unachtsamkeit, Vernachlässigung, Saumseligkeit, Fahrlässigkeit, Pflichtvergessenheit, 2. Panne, Lücke, Fehler, Mangel, Ausfall, Unfähigkeit, Untüchtigkeit, Unzulänglichkeit, Enttäuschung, 3. Zusammenbruch, Nervenzusammenbruch, Nervenkrise, Kollaps, Schock, Anfall, Ohnmacht.

1425 **versagen (sich)** 1. abschlagen, ablehnen, nein sagen, ausschlagen, nicht erlauben, nicht gestatten, verneinen, negieren, abwinken, verweigern, wegnehmen, verwehren, nicht anerkennen, vorenthalten, entziehen, aberkennen, absprechen, abstreiten, streitig machen, 2. verbieten, untersagen, abstellen, einen Riegel vorschieben, Einhalt gebieten, ein Machtwort sprechen, unterbinden, nicht erlauben, sperren, Vorschriften machen, Druck ausüben, 3. aussetzen, stocken, erlahmen, aushaken, nicht mehr gehen, nicht mehr tun, wegbleiben, stillstehen; nichts mehr hergeben, eintrocknen, versiegen; nicht mehr können, die Nerven verlieren, zurückfallen, abgehängt werden, zurückbleiben, nicht weiterkönnen, erlahmen, schlappmachen, ausscheiden, ausflippen, sich entziehen, sich ausschließen, aussteigen, nicht mehr mitmachen, sich absondern, 4. durchfallen, sitzenbleiben, zurückbleiben, nicht mitkommen, sich nicht entwickeln, den Anschluß verpassen, das Klassenziel nicht erreichen, eine Klasse wiederholen, nicht bestehen, ubertroffen werden, nicht versetzt werden, nachlassen, zurückgehen, zurückfallen, schlechter werden, sich nicht bewähren, enttäuschen, keine Gnade finden, nicht genug leisten, den Ansprüchen nicht genügen, den Wünschen nicht gerecht werden, den Erwartungen nicht entsprechen, vermissen lassen, unterliegen, nicht gut abschneiden, mißglücken, fehlschlagen, schiefgehen, danebengehen, 5. sich entziehen, absagen, ausladen, rückgängig machen, wegbleiben, sich entschuldigen, bedauern, zurücktreten, aufsagen, sich distanzieren, sich zurückziehen, sich drücken, sich dünne machen, 6. abstillen, entwöhnen, absetzen, abgewöhnen, verwehren.

Versager Niete, Flasche, Nichtsnutz, 1426
Tunichtgut, Früchtchen, Schlemihl, Schlawiner, Flasche, taube Nuß, Blindgänger, Faulpelz, Faulenzer, Nichtstuer, Müßiggänger, Bummelant, Gammler, Herumtreiber, Schlafmütze, Langschläfer, Nachtmütze, Nachtwächter, Drückeberger, Drohne, Faultier, Eckensteher, Nichtskönner, Tagedieb, Taugenichts, schwarzes Schaf.

versäumen 1. verpassen, lassen, unter- 1427
lassen, nichts tun, verbummeln, ver-

trödeln, verstreichen lassen, verschlampen, verschleppen, verzögern, in Verzug geraten, verabsäumen, 2. sich verschlafen, zu spät kommen, sich verspäten; nicht erreichen, sich verfehlen, sich verpassen, aneinander vorbeigehen; vorübergehen lassen, nicht dabei sein, 3. schwänzen, neben die Schule gehen, bummeln, verbummeln, 4. vernachlässigen, verlottern, verschlampen, verkommen lassen, Pflicht versäumen, Pflicht mißachten, auf sich beruhen lassen, auf die lange Bank schieben, hintansetzen, hintanstellen, hängen lassen, sich nicht kümmern, verzögern.

1428 **verschieden** 1. abweichend, anders, andersartig, von anderer Art; verändert, verwandelt, umgebaut, umgewandelt, nicht mehr dasselbe, nicht wiederzuerkennen, völlig verändert; wie umgewandelt, ein anderer Mensch, ein neuer Mensch; unegal, ungleich, unähnlich, unterschiedlich, verschiedenartig, uneinheitlich, veränderlich, heute so morgen so, wandlungsfähig, immer neu, immer anders, wandelbar, ungleichmäßig, wechselnd, 2. gegensätzlich, entgegengesetzt, sich widersprechend, voller Widersprüche, widersprüchlich, widerspruchsvoll, gegenteilig, konträr, zweierlei, wie Tag und Nacht, aus dem Rahmen fallend, regelwidrig, unvereinbar, unüberbrückbar, unversöhnlich, polar, extrem, diametral, völlig anders, gegenläufig; unebenbürtig, ungleichwertig, unangemessen, unpassend, 3. abwechslungsreich, bunt, ereignisreich, mannigfaltig, mannigfach, bilderreich, gemischt, vermischt, vielgestaltig, vielfältig; vielstimmig, mehrstimmig, polyphon; vielförmig, zusammengewürfelt, verschiedenerlei, allerhand, allerlei; wechselvoll, wechselhaft, unbeständig, unzuverlässig, wandelbar, beweglich, schillernd, variabel, teilsteils.

1429 **Verschluß** 1. Deckel, Stöpsel, Stopfen, Pfropfen, Korken, Zapfen, Pflock, Plombe, Klappe, Platte, Kapsel, Schraubdeckel, Wasserhahn, Wasserkran, Spund, 2. Riegel, Schloß, Haken, Heftel, Knopf, Knebel, Schlinge, Öse, Knopfloch, Knoten, Reißverschluß, Band, Verschlußband, Banderole, Verschlußmarke, Verschlußstreifen, Siegel, Plombe.

versichern (sich) 1. behaupten, beteuern, bekräftigen, bestehen auf, betonen, die Hand ins Feuer legen, beharren, dabei bleiben, 2. versprechen, zusichern, zusagen, geloben, sein Wort geben, verheißen, sich verpflichten, sich verbürgen, sich stark machen, sich anheischig machen, auf seinen Eid nehmen, einen Eid ablegen, beschwören, Schwur leisten, zu überzeugen versuchen, schwören, zuschwören, beeiden, garantieren, sein Wort geben, seine Ehre verpfänden, verbriefen, bescheinigen, verbürgen, beglaubigen, erhärten, bekräftigen, 3. Versicherung abschließen, sich schützen, sich decken, vorsorgen, an die Zukunft denken. 1430

Versicherung 1. Behauptung, Beteuerung, Versprechen, Zusicherung, Gelöbnis, Schwur, Eid, Votum, Gelübde, Treueid, Treueschwur, Fahneneid, Manneswort, Wort, Ehrenwort, Verheißung, Versprechung, 2. Sicherung, Deckung, Versorgung, Vorsorge, Vorbedacht, Schutz, Rückversicherung, Rückendeckung. 1431

versorgen (sich) 1. sich eindecken, mit allem versehen, aufstapeln, einkellern, einlegen, horten, einlagern, speichern, aufspeichern, sammeln, vorsorgen, die Speisekammer füllen, an alles denken, 2. pflegen, betreuen, umsorgen, hüten, behüten, beschützen, schützen, warten, in Obhut nehmen, in Pflege nehmen, hegen, aufpassen, sich kümmern, sich bekümmern, sich annehmen, bedacht sein auf, besorgt sein um, sorgen für, bemuttern, bevatern, begönnern, 3. ernähren, verpflegen, verproviantieren, mit Lebensmitteln versorgen, mit Proviant (Mundvorrat) versehen, verköstigen; unterhalten, aufkommen für, beköstigen, zu essen geben; nähren und kleiden, für den Lebensunterhalt aufkommen, adoptieren, an Kindes Statt anneh- 1432 men, 4. beschicken, bestellen, beliefern, anliefern.

1433 **Verstand** 1. Urteilskraft, Denkvermögen, Denkfähigkeit, Begriffsvermögen, Unterscheidungsvermögen, Urteilsvermögen, Urteilsfähigkeit, Intellekt, Erkenntnisvermögen, Erkenntniskraft, Denkkraft, Geisteskraft, Logik, Klarheit, 2. Intelligenz, Lernfähigkeit, Gelehrigkeit, Fassungsvermögen, heller Kopf, Auffassungsgabe, Gewecktheit, Klugheit, Scharfsinn, Scharfblick, Scharfsichtigkeit, Beobachtungsgabe, Geist, Geistesgaben, Grips, Urteil, Witz, Kopf, Köpfchen, Grütze, Gescheitheit, Kombinationsgabe, Weitblick, Mutterwitz, 3. Vernunft, Einsicht, Zurechnungsfähigkeit, Vollsinnigkeit, klarer Verstand, geistige Reife, Verständnis, Begreifen, Verstehen, Einsicht, Verständigkeit, Klarsicht, gesunder Menschenverstand, gesunder Sinn, Nüchternheit, Realismus, Wirklichkeitssinn, Sachlichkeit, Wirklichkeitsnähe, Realistik, 4. Selbsterkenntnis, Selbstkritik, Selbstverständnis, Vernünftigkeit, Bewußtsein, Bewußtheit, Logik, Einsicht, Ratio, Sachlichkeit, Klarheit.

1434 **verständlich** 1. entschuldbar, verzeihlich, begreiflich, nachfühlbar, zu rechtfertigen, zu verstehen, einzusehen; glaubhaft, glaubwürdig, einleuchtend, einsichtig, wahrscheinlich, vorstellbar, denkbar, möglich, allem Anschein nach, augenscheinlich, 2. populär, volkstümlich, eingängig, leicht faßlich, faßbar, lernbar, erlernbar, gemeinverständlich, leicht, einfach, unkompliziert, auf der Hand liegend, erklärlich, naheliegend, plausibel, evident, überzeugend, mit Händen zu greifen, 3. verständlicherweise, aus guten Gründen, begreiflicherweise, selbstverständlich, das versteht sich.

1435 **Verständnis** 1. Einfühlung, Durchdringung, Erfassung, Einfühlungsgabe, Mitgefühl, Verstehen, Begreifen, Feingefühl, Antenne, Fingerspitzengefühl, Zartgefühl, Witterung; Kennerschaft, Sachverständnis, Sachverstand, 2. Großzügigkeit, Weitherzigkeit, Einsehen, Sinn, Einsicht, Überblick, Urteil, Einblick, Horizont, 3. Verstehen, Einverständnis, Einvernehmen, Einigkeit, Harmonie, Auskommen, Übereinstimmung, Konsens.

verstehen (sich) 1. begreifen, fassen, 1436
lernen, zur Kenntnis nehmen, sich zu eigen machen, einleuchten, kapieren, durchdringen, eindringen, sich klarwerden, klug werden aus, erfassen, ergründen, bekappen, mitkommen, folgen können, leicht lernen, Einblick gewinnen, durchfinden, dämmern, aufgehen, funken, eingehen; dahinterkommen, herausfinden, herausbekommen, zusammenreimen, übersehen, verarbeiten, verdauen, finden, durchschauen, ins Bewußtsein dringen, erkennen, klarsehen, er hat es gefressen, der Groschen ist gefallen, intus haben, den Dreh heraushaben, 2. nachfühlen, nachempfinden, mitfühlen, sich einfühlen, gerecht werden, sich hineindenken, sich in jem. versetzen, 3. sich verstehen auf, sich auskennen, kennen, beherrschen, übersehen, überschauen, durchblicken, schalten, die Zusammenhänge sehen, mitreden können, auf dem laufenden sein, informiert sein, sachverständig sein, im Bild sein, beschlagen, bewandert sein, wissen wie der Hase läuft, Bescheid wissen, den Weg wissen, sich zurechtfinden, zurechtkommen, 4. einsehen, beherzigen, sich zu Herzen nehmen, eine Lehre ziehen, sich zuziehen, sich gesagt sein lassen, Vernunft annehmen, zur Einsicht (Räson) kommen, 5. sich verstehen, übereinstimmen, harmonieren, zusammenklingen, zusammenstimmen, mitschwingen, zusammenpassen, sich vertragen; sympathisieren, gut stehen, sich schätzen, wissen woran man ist, einander ergänzen, zu nehmen wissen, behandeln können, einig leben, einträchtig leben.

Versuch 1. Probe, Experiment, Test, 1437
Analyse, Wagnis, Machtprobe, Zerreißprobe, Belastungsprobe, Kraftprobe, Unternehmen, Anlauf, 2.

Kostprobe, Happen, Bissen.

1438 **versuchen** 1. probieren, ausprobieren, durchprobieren, prüfen, Versuch machen, erproben, 2. experimentieren, forschen, Versuche anstellen, riskieren, wagen, einen Weg suchen, manövrieren, laborieren, sein Heil versuchen, einen Ausweg suchen, tasten, unternehmen, sondieren, testen, analysieren, tüfteln, austüfteln, ausklügeln, ausknobeln, ausklamüsern, 3. verlocken, locken, ködern, in Versuchung führen, reizen, auf die Probe stellen, anfechten, verführen, zu verleiten suchen.

1439 **verteilen (sich)** 1. ausgeben, austeilen, zuteilen, bemessen, zumessen, anweisen, zuweisen, verabfolgen, bewilligen, zusprechen, zubilligen, verabreichen, verschreiben, überschreiben, aufteilen, umlegen, 2. ausschütten, auslosen, das Los entscheiden lassen, durch Los bestimmen, verlosen, auswerfen, zugestehen, zuerkennen, zusprechen, zuerteilen, 3. streuen, säen, ausschleudern, ausstreuen, aussäen, auswerfen, verstreuen, herumstreuen, 4. sich zerstreuen, sich ausbreiten, auseinandergehen, auseinanderlaufen, sich verlaufen, auseinanderstieben, sich zerschlagen, sich verstreuen, sich vereinzeln, 5. Verteilung, Austeilung, Abgabe, Zuweisung, Zuteilung; Ziehung, Gewinnverteilung, Auslosung, Ausschüttung, Ausspielung, Verlosung.

1440 **vertiefen (sich)** 1. eindrücken, eindellen, tiefer graben, höhlen, aushöhlen, ausheben, ausschachten, ausbaggern, wühlen, buddeln, schaufeln; umgraben, ackern, furchen, pflügen, umpflügen, umbrechen, schoren, unter den Pflug nehmen, schanzen, graben; bohren, schürfen, unterminieren, untertunneln, Stollen graben, durch die Erde führen, unterhöhlen, untergraben, unterwühlen, aufgraben, anbohren, ausbohren, aufwühlen, 2. gravieren, eingraben, einritzen, einschneiden, rillen, riefen, zerfurchen, ritzen, stechen, ziehen, ätzen, 3. sich versenken, nachdenken, brüten, grübeln, sinnen, alles um sich vergessen, versinken, sich konzentrieren, sich hineinknien, 4. tiefer auffassen, intensivieren, verinnerlichen, 5. sich einbuchten, einschneiden, zurückweichen, eine Bucht bilden, 6. sich senken, einsacken, einsinken, einfallen, versinken, sich durchbiegen, durchhängen.

Vertiefung 1. Eindruck, Delle, Mulde, Grube, Trichter, Krater, Kuhle, Loch; Falte, Spalte, Einschnitt, Graben, Senkung, Senke, Tal, Furche, Rinne; Höhle, Höhlung, Grotte; Schacht, Stollen, unterirdischer Gang, Tunnel, Untertunnelung, Mine, Unterminierung, Untergrabung; Abgrund, Schlucht, Klamm, Kluse, Klause, Talenge, Engpaß, Schlund, Kluft, Tiefe, 2. Einbuchtung, Einschnitt, Bucht, Bai, Fjord, Golf, Meerbusen, 3. Bergwerk, Zeche, Grube, 4. Buddelei, Erdaushub, Baugrube, Ausschachtung, 5. Kratzer, Riß, Wunde; Kerbe, Scharte, Rille, Rinne, Riefe, Fuge, Nut, Nute, Einkerbung, Sprung. 1441

vertrauen 1. zu jem. Vertrauen haben, sich auf jem. verlassen, jem. für zuverlässig halten, an jem. glauben, Zutrauen hegen, auf jem. bauen, schwören, zählen, jem. Glauben, Vertrauen schenken, mit jem. rechnen, sich auf jem. stützen, sich in jem. Hut geben, sich in jem. Schutz stellen, sich jem. anheimgeben, sich jem. anvertrauen, 2. jem. etwas anvertrauen, in Verwahr geben, in Obhut geben, zu treuen Händen übergeben, 3. jem. ernstnehmen, jem. trauen, (aufs Wort) glauben, jem. Wort für bare Münze nehmen, nicht zweifeln, jem. ohne Mißtrauen begegnen, nicht anzweifeln, nur Gutes erwarten. 1442

Vertrauen Zutrauen, Zuversicht, Glauben, Gläubigkeit, Hoffnung, Arglosigkeit, Optimismus, Hoffnungsfreude, Hoffnungsseligkeit, Sicherheit, Gefühl der Geborgenheit, Gewißheit. 1443

vertrauensvoll 1. vertrauend, voll Vertrauen, gläubig, aufgeschlossen, zuversichtlich, getrost, zutraulich, zutunlich, arglos, sorglos, ohne Arg, 1444 ohne Falsch; vertrauensselig, gutgläubig, harmlos, treuherzig, offen, naiv, weltfremd, unbedarft, 2. vertraulich, verschwiegen, geheim, diskret, intim, unter uns, unter vier Augen, unter dem Siegel der Verschwiegenheit; unauffällig, taktvoll, inoffiziell, insgeheim, heimlich, in aller Stille, intern, ohne Aufsehen, unbeobachtet, den Blicken verborgen, im stillen, im verborgenen, unterderhand, hintenherum, unterm Ladentisch, 3. verborgen, unsichtbar, unbemerkt, unerkannt, unerkennbar, unkenntlich, verhüllt, verhohlen, verstohlen, verschleiert, verkappt, dem Auge entzogen, im Schutze der Dunkelheit, bei Nacht und Nebel, heimlich, verdeckt, versteckt, maskiert, verkleidet, kostümiert, verlarvt, unter einer Maske, vermummt, nicht zu erkennen, 4. abgekartet, heimlich ausgemacht, heimlich vereinbart, abgesprochen, im Einvernehmen, im Einverständnis, auf Treu und Glauben, in gutem Glauben, 5. inkognito, unter fremden Namen, unerkannt, inoffiziell, nicht öffentlich.

1445 **vertraut** 1. wohlbekannt, intim, befreundet, familiär, heimisch, warm, freundschaftlich, innig verbunden, nahestehend, vertraulich, persönlich, liiert, 2. geläufig, eingeweiht, aufgeklärt, bekannt, gewohnt, altgewohnt, wie daheim, wie zu Hause.

1446 **vertreiben** 1. verscheuchen, wegscheuchen, scheuchen, forttreiben, verjagen, wegjagen, wegtreiben, wegstoßen, verstoßen, ausweisen, in die Flucht schlagen, 2. relegieren, schassen, entfernen, kündigen, verweisen, von der Schule weisen, 3. vergrämen, verärgern, verdrängen, hinausekeln, verekeln, vergraulen, vermiesen.

1447 **Vertreibung** Ausweisung, Evakuierung, Verbannung, Austreibung, Zerstreuung, Diaspora, Ausbürgerung, Verschickung, Entfernung, Acht, Ächtung, Bann, Bannfluch, Bannspruch, Bannstrahl, Exkommunikation, Ausstoßung, Verschleppung, Deportation, Exil, Exilierung, Aussetzung, Verfemung, Verstoßung, Verweisung, Umsiedlung, Aussiedlung, Verschickung, Entwurzelung, Verpflanzung, Expatriierung, Abtransport.

vertreten 1. ersetzen, aushelfen, beispringen, einspringen, in die Bresche springen, einstehen, stellvertretend arbeiten, kommissarisch übernehmen, Lücke ausfüllen, an die Stelle treten, nachrücken, austauschen, auswechseln, vorstellen, repräsentieren, auftreten für, erscheinen für, stehen für, verkörpern, doubeln, 2. verfechten, fürsprechen, sich einsetzen für, sich verwenden für, eintreten für, verteidigen, jem. Rechte wahren, rechtfertigen; jem. Geschäfte führen, reisen für, reisen mit, Vertretung übernehmen. 1448

Vertreter 1. Reisender, Verkäufer, Hausierer, Agent, Kommissionär, Makler, Handelsvertreter, 2. Verteidiger, Fürsprecher, Sachwalter, Treuhänder, Vormund; Unterhändler, Parlamentär, Vermittler, Bevollmächtigter, Prokurist, Statthalter, Verweser, Interessenvertreter, Lobbyist, Syndikus, Manager, Verwalter, 3. Delegierter, Abgeordneter, Deputierter, Volksvertreter, Parlamentarier, Senator, Ratsherr, Gemeinderat, Kirchengemeinderat, Presbyter; Beauftragter, Repräsentant, Funktionär, Diplomat, Geschäftsträger, Gesandter, Botschafter, Unterhändler, Parlamentär, Nuntius, 4. Mittler, Vermittler, Verbindungsmann, Mittelsmann, Mittelsperson, Kontaktmann, Kontaktperson, Vertrauensmann, Strohmann; Medium, Bindeglied, Mittelglied, Träger okkulter Fähigkeiten; Dolmetscher, Übersetzer, Dragoman, 5. Sprecher, Wortführer, Redner; Vortragender, Vortragskünstler, Diseur, Diseuse, Conférencier, Rezitator, Sprechkünstler, Vortragskünstler; 6. Deuter, Interpret, Kommentator; Ansager, Moderator, Discjockey, Diskussionsleiter, 7. Stellvertreter, Ersatzmann, Double, Stuntman, Libero, 8. Sündenbock, Prügelknabe, Prellbock, Puffer, 1449

Lückenbüßer.

1450 **Vertretung** 1. Abordnung, Delegation, Deputation; Gesandtschaft, Botschaft, Auslandsvertretung, Handelsvertretung, Außenstelle, Geschäftsstelle, 2. Wahrnehmung der Interessen, Repräsentation, 3. Ersatz, Aushilfe, Stellvertretung.

1451 **verunreinigen** beschmutzen, verschmutzen, besudeln, verdrecken, eindrecken, verschmieren, beflecken, verflecken, verschütten, Flecken machen, bespritzen, bekleckern, kleckern, sudeln, besabbern, anschmieren, verschwitzen, durchschwitzen, schmutzig machen, dreckig machen, anschmutzen, trüben; bekritzeln, beschreiben, beschmieren; verkleben, beschlabbern, verkleistern; stauben, schmutzen, Staub entwickeln, Schmutz annehmen, einstauben, die Umwelt verschmutzen.

1452 **verurteilen** 1. aburteilen, das Urteil sprechen, den Stab brechen, verknacken, Strafe zudiktieren, schuldig sprechen, die Schuld geben, die Schuld beimessen, für schuldig erklären, eine Strafe verhängen, mit einer Strafe belegen; überführen, 2. ablehnen, verwerfen, Unrecht geben, abrücken von, sich aufhalten über, kritisieren, beanstanden, verantwortlich machen, zur Last legen, in die Schuhe schieben, beschimpfen, verdammen, verfluchen, bloßstellen, anprangern, brandmarken.

1453 **vervielfältigen (sich)** 1. abschreiben, abtippen, durchschlagen, abziehen, ins reine schreiben, kopieren, hektographieren, durchpausen, nachzeichnen, abzeichnen, reproduzieren, drucken, abdrucken, nachdrucken, photokopieren, ablichten; überspielen, 2. vermehren, fortpflanzen, ausbreiten, ausdehnen, bevölkern, vervielfachen, multiplizieren, erweitern, entwickeln, 3. auflaufen, sich mehren, sich erhöhen, anwachsen, sich summieren, sich ansammeln, sich anhäufen, sich potenzieren, sich steigern, sich verdoppeln, verdreifachen, wuchern, zunehmen, anschwellen, sich läppern, sich häufen, sich anstauen, sich auftürmen, eins zum anderen kommen, sich zusammenläppern.

Vervielfältigung Vervielfachung, Multiplikation, Abdruck, Abschrift, Kopie, Durchschlag, Zweitschrift, Wiedergabe, Zweitdruck, Nachdruck, Pause, Hektographie, Reproduktion, Photokopie, Ablichtung, Überspielung, Druck, Abguß, Abzug, Fahne, Bürstenabzug, Fahnenabzug, Probedruck. 1454

verwandt 1. anverwandt, blutsverwandt, stammverwandt, angehörig, versippt, verschwistert, verschwägert, gleicher Abstammung, zur selben Familie gehörig, zugehörig, 2. ähnlich, artverwandt, geistesverwandt, wahlverwandt, gleichartig, gleichgestimmt, ebenbürtig, von gleichem Rang, aus demselben Stall. 1455

Verwandtschaft 1. Familie, Haus, Geschlecht, Schlag, Sippe, Anverwandte, Angehörige, Verwandte, Sippschaft, Clan, 2. Ahnen, Vorfahren, Voreltern, Altvordern, 3. Ähnlichkeit, Gleichartigkeit, Wahlverwandtschaft, Gleichwertigkeit, 4. Anklang, Erinnerung. 1456

verwirklichen (sich) 1. in die Tat umsetzen, bewältigen, wahr machen, fertig / zustande bringen, ausführen, erfüllen, vollbringen, tun, bewerkstelligen, schaffen, realisieren, hinkriegen, schmeißen, Modus finden, leisten, Möglichkeit finden, zu seinem Wort stehen, 2. sich bewahrheiten, Wahrheit werden, eintreffen, zutreffen, Wirklichkeit werden; sich selbst verwirklichen, werden wozu man geschaffen ist, reifen, man selbst werden, ein Selbst werden. 1457

verwirren (sich) 1. derangieren, in Unordnung bringen, verknäueln, verheddern, durcheinanderwerfen, verwühlen, zerwühlen, zerraufen, verwickeln, verwirren, verfilzen, verhuddeln, verwursteln, zerzausen, verstricken, Verwirrung stiften, das Unterste zu oberst kehren, durcheinanderbringen, 2. in Verlegenheit bringen, beirren, kopfscheu machen, verstören, aufregen, aus der Ruhe bringen, beunruhigen, aus dem Text 1458 bringen, unsicher machen, verunsichern, irremachen, irritieren, aus der Fassung bringen, 3. in Verlegenheit geraten, stottern, stocken, stammeln, sich versprechen, sich verfangen, sich verstricken, ins Netz geraten, in die Falle geraten, verwirrt sein, wirr sein, der Kopf schwirren, nicht wissen, wo einem der Kopf steht, nicht aus noch ein wissen, nicht weiter wissen, sich verhaspeln, sich in Widersprüche verwickeln, durcheinander geraten, die Fassung verlieren.

1459 **verwöhnen** 1. verziehen, nicht vernünftig genug behandeln, zu nachgiebig sein, jeden Wunsch erfüllen, keine Ansprüche stellen, verderben, verbilden, verkorksen, verweichlichen, verpimpeln, verpäppeln, in Watte packen, vor jedem Luftzug schützen, verzärteln, verhätscheln, ins Kraut schießen lassen, nachleiern, nachgeben, auf Händen tragen, anbeten, vergöttern, vergotten, vergötzen, verhimmeln, Kult treiben mit, Fetischismus treiben mit, 2. reich beschenken, überschütten mit, überschwemmen mit, überreichlich versehen, üppig beliefern.

1460 **Verzeichnis** 1. Aufstellung, Zusammenstellung, Liste, Tabelle, Übersicht, Inhaltsverzeichnis, Inhaltsangabe, Register, Index, Repertoire, Aufstellung, Auflistung, Aufzählung, Überblick; Matrikel; Wortweiser, 2. Plan, Tafel, Brett, schwarzes Brett, Aushang, Anschlag, Wegweiser, Nachweis, Anordnung, 3. Kartei, Katalog, Kartothek, Zettelkasten, Buchhaltung, Buchführung, Bücher, 4. Inventar, Sachverzeichnis, Bestandsverzeichnis, Inventur, Lageraufnahme, Bestandsaufnahme, Aufzählung, Registrierung, 5. Tastatur, Klaviatur, Manual, Register, Griffbrett, Tastenbrett.

1461 **verzögern** 1. aufschieben, verschleppen, retardieren, hinausschieben, vertagen, verschieben, verlegen, zurückstellen, hinziehen, verschlampen, auf die lange Bank schieben, säumen, zögern, zaudern, hinauszögern, auf Eis legen, hinausschieben, verlangsamen, verbummeln, vertrödeln, 2. hinhalten, aufhalten, hemmen, hintanhalten, anstehen lassen, vertrösten, Hoffnungen machen, 3. sich verspäten, zu spät kommen, nachklappen, aufgehalten werden, nachhinken, nachzotteln, verziehen, unpünktlich sein, die Zeit überschreiten, bummeln, trödeln, säumen, trendeln, hinterherkommen, im Rückstand sein, in Verzug sein, sich hinziehen, kein Ende finden, zurückbleiben.

Verzögerung 1. Rückstand, Ausstand, 1462
Verzug, Verspätung, Zeitverlust, Aufschub, Frist, Atempause, 2. Saumseligkeit, Aufenthalt, Verschleppung, Verlangsamung, Bummelei, Trödelei, Vertagung, Verschiebung, Vertröstung, 3. Galgenfrist, Bedenkzeit, Gnadenfrist, Bewährungsfrist, Strafaufschub, Probezeit, Prüfungszeit, Wartezeit, Karenzzeit, Schonzeit, Schonfrist, Übergangszeit, 4. Nachzügler, Verspäteter, Unpünktlicher; Spätzünder, Spätentwickler, Begriffsstutziger, Fußkranker.

verzweifeln 1. verzagen, den Mut ver- 1463
lieren, mutlos werden, keinen Ausweg sehen, schwarz sehen, die Hoffnung aufgeben, die Hoffnung fahrenlassen, die Flinte ins Korn werfen, die Fassung verlieren, hoffnungslos sein, nicht mehr weiter wissen, den Mut sinken lassen, aufgeben, sich hilflos fühlen, ratlos dastehen, seine Hoffnungen begraben, 2. sich festfahren, auf Grund fahren, nicht vor noch hinter können, in eine Sackgasse geraten, nicht aus noch ein wissen, sich verrennen, die Hände ringen.

viel 1. allerhand, eine Menge, reich- 1464
lich, üppig, vollauf, erheblich, eine Masse, massenhaft, überreichlich, übergenug, massig, eimerweise, haufenweise, übersät mit, fuderweise, uferlos, unerschöpflich, wie Sand am Meer, beträchtlich, erheblich, zuhauf, erklecklich, zu Hunderten, zu Tausenden, es prasselt nur so, es regnet, es hagelt, scheffelweise, schockweise, dutzendweise, zu Dut-

zenden, allerhand, klotzig, knüppeldick, zahllos, in Hülle und Fülle, mehr als genug; en gros, im großen, in großen Mengen, in großem Umfang, serienweise, in Serie, serienmäßig, in Serienanfertigung, reihenweise, 2. vieles, manches, einiges, vielerlei, mancherlei, alles mögliche, verschiedenes, allerlei, mehrerlei, sonstiges, anderes, alles mögliche, mehreres, nicht wenig, etliches, dies und das, 3. bei weitem, um ein Erhebliches, um ein Erkleckliches, weit, weitgehend, 4. kein Pappenstiel, keine Kleinigkeit, eine Unmenge, eine Stange.

1465 **viele** manche, einige, einzelne, der eine und der andere, mehrere, etliche, etwelche, dieser und jener, verschiedene, nicht wenige, eine beachtliche Anzahl, ziemlich viele, zahlreiche, ungezählte, unzählige, zahllose, unzählbare, scharenweise, diverse, gewisse, welche; zu Dutzenden, in großer Zahl, in hellen Scharen; Hunderte, Tausende, Mengen, Massen, wie Sand am Meer.

1466 **Vielfalt** 1. Vielgestaltigkeit, Reichtum, Buntheit, Abwechslung, Wechsel, Farbigkeit, Lebendigkeit, Formenreichtum, Mannigfaltigkeit, Vielförmigkeit, Reichhaltigkeit, Vielheit, Buntheit, Vielerlei, Vielfältigkeit, Allerlei, Auswahl, Fülle, Menge, Masse, 2. Gemisch, Durcheinander, Sinfonie, Palette, Vielerlei, Stufenleiter, Variationsbreite, Kaleidoskop.

1467 **voll** 1. gefüllt, zum Überlaufen, randvoll, ein gerütteltes Maß, gerüttelt voll, ausgefüllt, vollgepfropft, geht nichts mehr hinein, 2. gedrängt, gestopft, besetzt, belegt, dicht besetzt, komplett, ausverkauft, überfüllt, übervoll, voll bis auf den letzten Platz, gesteckt voll, gerappelt voll, zum Platzen, zum Bersten, wimmeln von, platzen vor, überlaufen, 3. bevölkert, volkreich, dichtbesiedelt, dichtbevölkert, übervölkert, überbelegt, menschenwimmelnd, wimmelnd, wuselnd, verkehrsreich, belebt, übersät, gespickt, dichtbesteckt; rund, kreisförmig, ringförmig, scheibenförmig, eirund, gerundet, geschlossen, kugelrund, 4. warm, tönend, klingend, tragend, wohllautend, tief, dunkel, sonor, klangvoll, 5. walzenförmig, zylindrisch, trommelförmig.

vollenden abschließen, beschließen, 1468
fertigmachen, runden, abrunden, unter Dach bringen, beenden, erledigen, verrichten, zu Ende bringen, vollführen, aus der Hand legen, ans Ziel kommen, das Werk krönen, es schaffen, bewältigen, leisten, erfüllen, austragen, bewerkstelligen, erreichen, sich entledigen, ausführen, vollbringen, zu Ende führen, zum Abschluß bringen, unter Dach und Fach bringen, letzte Hand anlegen, letzten Schliff geben, den richtigen Pfiff geben, Glanzlichter aufsetzen.

vollkommen 1. vollständig, vollendet, 1469
fertig, untadelig, untadelhaft, unfehlbar, unangreifbar, druckreif, ausgereift, fehlerlos, fehlerfrei, fleckenlos, regelrecht, lupenrein, makellos, einwandfrei, rund, geschlossen, perfekt, komplett, aus einem Guß, nahtlos, astrein, ganz, tadellos, vollwertig, beispielhaft, beispiellos, vorbildlich, ideal, mustergültig, mit allen Vorzügen, das Beste, 2. perfekt, sicher, geläufig, gewandt, ohne Stocken, fließend, flüssig, ausgebildet, abgeschlossen, routiniert, geübt, virtuos, unübertrefflich, erstklassig, musterhaft, meisterhaft, bravourös, meisterlich, formvollendet, auf der Höhe, 3. umfassend, allseitig, total, umspannend, universal, enzyklopädisch, erschöpfend, global, weltumspannend, mondial.

Vollzug, Vollstreckung, Vollziehung, 1470
Vollführung, Eintreibung, Einzug, Inkasso, Pfändung, Zugriff.

Voraussetzung 1. Annahme, Meinung, 1471
Vermutung, Dafürhalten, Mutmaßung, Bedünken, 2. Bedingung, Prämisse, Einschränkung, Klausel, Vorbehalt, Verpflichtung, Auflage, Vorbedingung, 3. Hypothese, Theorie, Fiktion, Vorgabe, These, Unterstellung.

vorbereiten (sich) 1. bereitlegen, be- 1472

reitstellen, bereithalten, zurechtlegen, zurechtmachen, zurechtstellen, ordnen, herrichten, richten, einrichten, rüsten, bereiten, bahnen, 2. präparieren, vorsorgen, vorarbeiten; sich einstellen auf, sich anschicken, Vorkehrungen treffen, Anstalten machen, zurichten, vorrichten, vorsehen, zurüsten, aufbereiten, ansetzen; einrichten, zusammenstellen, organisieren; vorfertigen, vorfabrizieren, Fertigteile herstellen, 3. wappnen, befähigen, instand setzen, ausbilden, ausrüsten, ertüchtigen, 4. programmieren, „füttern", eingeben, Programm aufstellen, formulieren, Aufgabe stellen, 5. anbahnen, vorfühlen, einfädeln, in die Wege leiten, den Weg bereiten, anspinnen, ankurbeln, entrieren, Faden schlagen, Fühlung nehmen, Verbindung knüpfen, Anlauf nehmen, vorbesprechen, Voraussetzung schaffen, 6. anmessen, Maß nehmen, zuschneiden, Anprobe vorbereiten, 7. anspannen, einspannen, anschirren, Zaum anlegen, zäumen, aufzäumen, satteln.

1473 **Vorderseite** 1. Vorderteil, Fassade, Schauseite, Vorderansicht, Straßenseite, Front, Stirnseite, Vordergiebel, Giebeldreieck; Butterseite, Sonnenseite, 2. Oberseite, Titelseite, Frontispiz.

1474 **vorerst** vorab, zunächst, fürs erste, vorderhand, momentan, augenblicklich, zur Zeit, gegenwärtig, vorläufig; jetzt, heute, für die nächste Zeit, einstweilen, bis auf weiteres, bis auf Widerruf.

1475 **vorhanden** 1. vorrätig, am Lager, käuflich, verkäuflich, veräußerlich, lieferbar, zu haben, vorliegend, auf Lager, zu Gebot, feil, erhältlich; bereit, bei der Hand, greifbar, parat, disponibel, auf Abruf verfügbar, zur Disposition, zuhanden, zur Verfügung; vorbereitet, vorgefertigt, vorfabriziert, präpariert, griffbereit, 2. existent, existierend, wirklich, seiend, dinghaft, faßbar, leibhaftig, real, konkret, körperlich, körperhaft, faktisch, da, befindlich, gelegen, zu finden, untergebracht, 3. geboren, zur Welt gekommen, neugeboren, geworfen, geschlüpft, ausgekrochen, ausgebrütet, 4. vorliegen, anfallen, sich finden, aufliegen, sich ergeben, vorhanden sein.

vorn 1. voran, an der Spitze, zuvorderst, führend, leitend, nicht zu schlagen, nicht zu überholen, in der Leitung, am Kopf, oben, obenan, an erster Stelle, am Steuer, am Ruder, als erster, zuerst, vornweg; als erstes, vor allem; vor Ort, an der Front, im Alltag, in der Praxis; obenauf, droben, über allem, 2. von vorn, frontal, en face, stirnseitig, 3. Spitze, Bug, Vordersteven, Vorderteil, Cockpit, Pilotenkanzel. 1476

vornehm 1. adlig, von Adel, aristokratisch, feudal, distinguiert, exklusiv, von Rang, von Stand, herrschaftlich, erlaucht, nobel, kultiviert, seigneural, weltmännisch, urban, gebildet, hoflich, fein, gelassen, weltläufig, mondän, 2. unauffällig, unaufdringlich, distanziert, zurückhaltend, 3. ritterlich, chevaleresk, großmütig, uneigennützig, 4. rassig, guter Stall, gute Familie. 1477

Vorschlag 1. Angebot, Anerbieten, Antrag, Rat, Propos, Offerte, Gebot, Empfehlung, Werbung, 2. Einladung, Aufforderung, Avancen, 3. Bitte, Anliegen, Zumutung, Antrag, Wunsch, Anfrage, Ansinnen, Ersuchen, Verlangen. 1478

vorschlagen 1. anbieten, anerbieten, antragen, darlegen, zu bedenken geben, anheimstellen, offerieren, empfehlen, werben, 2. einladen, auffordern, befürworten, raten, anempfehlen, hinweisen, zu erwägen geben, in die Waagschale werfen, geltend machen, zu bedenken geben, zur Diskussion stellen, 3. beantragen, einbringen, stellen, einreichen, unterbreiten, vorlegen, vortragen, petitionieren, Bittschrift einreichen, Eingabe machen, Gesuch einreichen, vorstellig werden, 4. anschneiden (Thema), aufgreifen, aufwerfen, vorbringen, zur Sprache bringen, aufrollen, aufs Tapet bringen, das Gespräch aufnehmen, die Unterhaltung in Gang bringen. 1479

1480 **vorsichtig** 1. behutsam, achtsam, sorglich, sorgfältig, schonungsvoll, rücksichtsvoll, sorgsam, gewissenhaft, bedachtsam, schonend, schonsam, wie auf Eiern, wie ein rohes Ei, 2. abwägend, diplomatisch, wohlüberlegt, wohlerwogen, bedacht, besonnen, vorausschauend, auf lange Sicht, geplant, 3. ängstlich, wachsam, auf der Hut, auf dem Quivive sein, sicherheitshalber, vorsichtshalber, um sicher zu gehen, mißtrauisch, argwöhnisch, eifersüchtig, unsicher, 4. vorbeugend, prophylaktisch, schützend, immunisierend, vorsorglich, präventiv, verhütend.

1481 **vorstellen (sich)** 1. präsentieren, vorführen, einführen, bekannt machen, seinen Namen nennen, den Weg ebnen, mitbringen, ins Schlepptau nehmen, zusammenbringen, in Verbindung bringen, eine Verbindung zustandebringen, in ein Haus einführen, jem. zuführen, jem. mitnehmen, unter seine Fittiche nehmen, Beziehungen knüpfen, Fäden spinnen, 2. einbilden, ausdenken, denken, ausmalen, sich eine Vorstellung machen, sich einen Begriff machen, 3. etwas darstellen, repräsentieren, hermachen, Figur machen, bedeuten, sein, ein Haus machen, glänzen, paradieren, Rolle spielen.

1482 **Vorstellung** 1. Theater, Bühne, Schaubühne, Bretter die die Welt bedeuten, Freilichtbühne, Amphitheater, Schmiere, Wanderbühne; Vorstellung, Aufführung, Darbietung, Spiel, Inszenierung, Einstudierung, 2. Theaterstück, Bühnenstück, Musiktheater, Oper, Oratorium; Schauspiel, Drama, Trauerspiel; Lustspiel, Komödie, Schwank, Posse, Klamotte, Einakter, Stegreifspiel, Happening, Operette, Singspiel, Musical; Hörspiel, Feature, Hörbild, Spot, Werbespot; leichte Muse, Kabarett, Varieté, Kleinkunstbühne, Bunte Bühne, Brettl, Tingeltangel, Revue, Show, Ausstattungsstück; Pantomime, Gebärdenspiel, stummes Spiel, Puppenspiel, Marionettentheater, Handpuppentheater; Zirkus, Zirkuszelt, Zirkuskuppe, Chapiteau, 3. Theaterkunst, Bühnenkunst, Schauspielkunst, Schauspielerei, 4. Unterhaltungsindustrie, Vergnügungsindustrie, Showbusiness, Schaugeschäft.

vortäuschen simulieren, markieren, mimen, posieren, spielen, schauspielern, Theater spielen; finten, schattenboxen, simulieren; hochstapeln, sich als etwas ausgeben, eine Doppelrolle spielen, einen Türken bauen, Versteck spielen, Umwege gehen, sich verstellen, sich stellen, so tun als ob, vorgeben, vorspiegeln, vorzaubern, sich den Anschein geben, blenden, vormachen, täuschen, anführen, irreführen, düpieren, hochstapeln, Sand in die Augen streuen, bluffen, übertölpeln, hereinlegen, einseifen, ein X für ein U vormachen, narren, vorgaukeln, aufs Glatteis führen, blauen Dunst vormachen, aus schwarz weiß machen, aus der Luft greifen, aus den Fingern saugen, auf die falsche Fährte locken, fingieren, in Sicherheit wiegen, Haken schlagen. 1483

Vorteil 1. Vorsprung, Vorgabe, Oberhand, Oberwasser, Überlegenheit, 2. Vergünstigung, Erleichterung, Entgegenkommen, Verbilligung, Preisermäßigung, Herabsetzung, Nachlaß, günstiges Angebot, Abzug, Abschlag, Preissenkung, Schleuderpreis, 3. Rabatt, Prozente, Zugabe, Freikarte; Freiplatz, Stipendium, Beihilfe; Futterkrippe, einträglicher Posten; Draufgabe, Dreingabe, Zuwaage, 4. Gratifikation, Dividende, Anteile, Tantiemen, Gewinnanteile. 1484

vorteilhaft 1. nützlich, nutzbringend, dienlich, einbringlich, einträglich, ertragreich, gewinnbringend, ersprießlich, ergiebig, gedeihlich, günstig, förderlich, empfehlenswert, lohnend, preiswert, wohlfeil, billig, angezeigt, dankbar, fruchtbar, rentabel, lukrativ, profitlich, 2. ansprechend, hübsch, gut aussehend. 1485

Vortrag Bericht, Rapport, Reportage, Predigt, Kanzelrede, Schriftauslegung, Verkündigung; Darbietung, Referat, Rede, Ansprache, Vorlesung, Kolleg, Lesung; Dichterle- 1486 sung, Rezitation.

1487 **vorübergehend** 1. manchmal, nicht immer, zeitweise, zeitweilig, ab und zu, gelegentlich, zuweilen, bisweilen, temporär, unregelmäßig, saisonbedingt, von Fall zu Fall, auf kurze Zeit, zu Zeiten, sporadisch, dann und wann, hin und wieder, mitunter, von Zeit zu Zeit, hier und da, vereinzelt, stoßweise, anfallweise, periodisch, unterbrochen, stellenweise, strichweise, nicht überall, regional verschieden, 2. probeweise, versuchsweise, provisorisch, interimistisch, kommissarisch, zur Vertretung, vertretungsweise, als Gast, auf Probe, behelfsweise, als Aushilfe, aushilfsweise, unter Vorbehalt, 3. vorläufig, zunächst, einstweilig, begrenzt, terminiert, auf Zeit, stundenweise, tageweise, halbtags, in Teilzeitbeschäftigung (Teilzeitarbeit), eine Zeitlang, nach Arbeitsstunden; episodisch, episodenhaft, temporär, nebenbei, nebenher, außer der Reihe, unregelmäßig, außer der Zeit.

1488 **Vorurteil** 1. vorgefaßte Meinung, Uneinsichtigkeit, Verblendung, Voreingenommenheit, Befangenheit, Scheuklappen, Unduldsamkeit, Starrsinn, Verbohrtheit, Verranntheit, Engstirnigkeit, Intoleranz, 2. Fanatismus, Dogmatismus, Kastengeist, Klassengeist, Cliquengeist, Korpsgeist, Zunftgeist, Gebundenheit, Standesdünkel.

1489 **vorwärts** 1. weiter, geradeaus, fürbaß, immerzu, unermüdlich, nicht rasten, fort, marsch, avanti, Los! Auf! Voran! stromauf, gegen den Strom, zu Berg, 2. aufwärts, empor, bergauf, hinauf, himmelan, wolkenwärts; Excelsior! Höher hinauf! Immer höher!

1490 **vorwerfen** Vorwürfe machen, die Schuld geben (zuschieben), anlasten, ankreiden, zur Last legen, belasten mit, aussagen gegen, anklagen, anschuldigen, beschuldigen, verdächtigen, unterstellen, unterschieben, tadeln, vorhalten, Vorhaltungen machen, zur Rechenschaft ziehen, verantwortlich machen, in die Schuhe schieben, zurechnen, zeihen, bezichtigen, Gardinenpredigt halten, predigen, aufmutzen, auftischen, vorrechnen, aufrechnen, aufs Brot schmieren.

vorzeitig 1. zu früh, verfrüht, früher 1491
als erwartet; im voraus, vorsorglich, auf lange Sicht, in weiser Voraussicht, vorher, 2. übereilt, überstürzt, unausgereift, vorschnell, voreilig, unzeitig, unausgetragen, unüberlegt; altklug, frühklug, frühreif, unkindlich, naseweis.

Vorzug 1. Vorrang, Vorrecht, Priori- 1492
tät, Primat, Vorrangstellung, Erstgeburtsrecht; Vorfahrt, Vorfahrtsrecht; Privileg, Vergünstigung, Bevorzugung, Bevorrechtung, Begünstigung, Ausnahme, Vorliebe, 2. Qualität, gute Eigenschaft, schöner Zug; Überlegenheit, Stärke, Vorteil, Plus.

wagen 1. riskieren, spielen, setzen, 1493
wetten, tippen, hasardieren, spekulieren, einsetzen, dranrücken, aufs Spiel setzen, in die Schanze schlagen, es darauf ankommen lassen, alles auf eine Karte setzen, alles auf seine Kappe nehmen, jedes Risiko eingehen, sein Glück versuchen, va banque spielen, ein Wagnis eingehen, 2. sich getrauen, sich trauen, den Mut haben, sich erlauben, sich ein Herz fassen, sich unterfangen, sich erkecken, sich vermessen, sich erfrechen, sich erdreisten, sich erkühnen, sich herausnehmen, sich nicht entblöden, sich anmaßen, die Stirn haben, sich einfallen lassen, sich beikommen lassen, sich unterstehen, die Grenze überschreiten, mit dem Feuer spielen, seiltanzen, es zum Äußersten kommen lassen, auf die Spitze treiben, eine Lippe riskieren, 3. sich aussetzen, sich exponieren, sich gefährden, Gefahr laufen, drauflosgehen, sich heranwagen, nicht ausweichen, sich stellen, sich einsetzen, trotzen, die Stirn bieten, ein heißes Eisen anfassen, sich in die Höhle des Löwen wagen.

Wahl 1. Auswahl, Auslese, Entschei- 1494
dung, Entschluß, 2. Belieben, Willkür, Gutbefinden, Gutdünken, Wunsch, Ermessen, Bedünken, 3.

Alternative, Entweder-Oder, 4. Abstimmung, Schiedsspruch, Willensäußerung, Meinungsäußerung, Wille, Kundgebung, Urteil, Option, Stimmabgabe, Gang zur Urne, Urnengang, Votum, 5. Ernennung, Erwählung, Bestimmung, Nominierung, Berufung, Aufstellung.

1495 **wählen** 1. aussuchen, seine Wahl treffen, sich entscheiden für, auswählen, heraussuchen, 2, nennen, ernennen, erküren, erkiesen, aufstellen, zur Wahl stellen, nominieren, auf die Wahlliste stellen, bestellen, 3. berufen, entsenden, senden, begnaden, auserwählen, 4. von seinem Stimmrecht Gebrauch machen, zur Wahl gehen, seine Stimme abgeben, stimmen, abstimmen, zur Urne gehen, optieren, votieren, sein Votum abgeben, 5. zusammenstellen, kombinieren, komponieren, anordnen, abstimmen auf.

1496 **wahr** 1. richtig, zutreffend, der Wahrheit entsprechend, ungelogen, wahrheitsgetreu, nicht zu bezweifeln, unanzweifelbar, wirklich wahr, tatsächlich, genau wie es war, nicht erfunden, etwas Wahres daran, ein Körnchen Wahrheit, kein Irrtum möglich, stimmt genau, 2. wahrhaftig, aufrichtig, glaubwürdig, verläßlich, zuverlässig, ehrlich, wahrheitsliebend.

1497 **während** dieweil, als, solange, indem, indes, gleichzeitig, unterdessen, inzwischen, einstweilen, zugleich, mittlerweile, indessen, währenddessen, zwischendurch, vorab, vorerst, zunächst, vorderhand, bis auf weiteres, binnen, innerhalb, zeit, im Laufe von, in der Zeit von, nicht später als, in der Zwischenzeit, zwischenzeitlich, interimistisch, zwischenhinein, im Verlauf.

1498 **Wahrheit** Wirklichkeit, Tatsache, Tatsächlichkeit, Gewißheit, Realität, Richtigkeit, Übereinstimmung mit den Tatsachen, richtiger Sachverhalt.

1499 **wahrnehmen** 1. hören, sehen, erblicken, bemerken, merken, fühlen, spüren, wittern, beobachten, gewahr werden, innewerden, gewahren, auffallen, vom Gesicht ablesen, erkennen, registrieren, herausfinden, 2. das Gras wachsen hören, die Flöhe husten hören, den Braten riechen, Wind bekommen, auf die Schliche kommen, Lunte riechen, läuten hören.

Wahrnehmung 1. Eindruck, Empfinden, Entdeckung, Beobachtung, 2. Sinnesempfindung, Wahrnehmungsvermögen; Geruch, Geruchsvermögen, Geruchssinn, Nase, Gefühl, Tastsinn, Fingerspitzengefühl, Fühligkeit, Hautgefühl, Gehör, Hörvermögen, Ohr, Sehvermögen, Sehschärfe, Sehkraft, Auge, Augenlicht, Gesicht, Licht des Auges, Geschmacksvermögen, Geschmackssinn, Geschmack, Zunge; die fünf Sinne, Sinnesorgane, Sensorium, Reaktionsvermögen, Bewußtsein. 1500

Wald 1. Hain, Forst, Holz, Gehölz, Tann, Waldung, Waldgebiet; Busch, Bäume, Baumbestand; Laubwald, Nadelwald, Mischwald; Schonung, Pflanzung, Pflanzgarten, Forstgarten, Baumschule; Rodung, Lichtung, Schneise, Blöße, Kahlschlag, 2. waldig, bewaldet, waldreich, baumbestanden, bebuscht, buschig, bewachsen, belaubt, dichtbelaubt. 1501

Walze 1. Rolle, Welle, Zylinder, Trommel, Säule, Tubus, Spule, Bolzen, 2. Platte, Wiederholung, Tour, Leier. 1502

wandern 1. Wanderung machen, Ausflug machen, marschieren, tippeln, zügig vorangehen, große Märsche machen, ziehen, klotzen, dötzen, Kilometer fressen; zu Fuß gehen, spazieren, spazierengehen, Spaziergang machen, herumstreifen, herumstreichen, ins Grüne gehen, in den Wald gehen, ins Freie gehen, hinausgehen, 2. unterwegs sein, reisen, auf Reisen sein, sich umtreiben, sich den Wind um die Nase wehen lassen, ausfliegen, auf Fahrt gehen, auf Wanderschaft gehen, die Welt durchwandern, eine Weltreise machen, die Welt bereisen, herumziehen, herumgondeln, abenteuern, auf Tour sein, auf der Walze sein, sich die Welt ansehen, ein Wanderleben führen, von 1503

Ort zu Ort ziehen, ein Reiseleben führen, viel herumkommen, umherziehen, sich herumtreiben, ohne festen Wohnsitz sein, ein Nomadenleben führen; abenteuern, zigeunern, vagabundieren, stromern, walzen, strolchen, trotten, traben, trampen, trecken, ruhelos sein, umgetrieben sein, strolchen, vagieren, sich treiben lassen, streunen, auf der Straße (Landstraße) leben, unruhig (gefährlich) leben, obdachlos sein, umherschwirren, herumkutschieren, 3. kutschieren, ausfahren, Spazierfahrt machen, 4. wallfahrten, wallen, Bittgang tun, pilgern, Pilgerfahrt unternehmen.

1504 **warm** 1. geheizt, durchwärmt, lau, lind, überschlagen, mild, mollig, behaglich wärmend, gemütlich, heimelig, angenehm warm, temperiert, 2. heiß, glühend, brennend, feurig, glutig, schwül, drückend, überhitzt, feuchtwarm, tropisch, dumpf, sommerlich, sonnig, südlich, mittäglich, siedend, kochend, flammend, wie in einem Backofen, nicht auszuhalten, unerträgliche Temperatur, 3. erhitzt, schwitzend, schweißtriefend, schweißgebadet, schweißig, verschwitzt.

1505 **wärmen (sich)** 1. heizen, erwärmen, erhitzen, einheizen, feuern, warmmachen, schüren, einkacheln, auflegen, stochen; temperieren, anwärmen, überschlagen, 2. anzünden, anfachen, anmachen, Feuer machen, anheizen, zum Brennen bringen, 3. sich erhitzen, brennen, heiß, warm werden, (sich) erwärmen, sich aufwärmen, die Temperatur erhöhen, glühen, gluten, sieden, kochen, 4. schwitzen, schmoren, dampfen, transpirieren, in Schweiß geraten, 5. warmhalten, isolieren, die Wärme dämmen, abdichten, nicht abkühlen lassen, Energie sparen; sich warm anziehen, sich winterlich kleiden.

1506 **warten** 1. erwarten, zuwarten, abwarten, harren, verharren, zögern, Geduld haben, sich gedulden, alles auf sich zukommen lassen, nichts forcieren, nichts erzwingen, geduldig sein, Zeit lassen, ausreifen lassen, Zeit verstreichen lassen, Gras wachsen lassen über, die Hoffnung nicht aufgeben, ausharren, 2. anstehen, sich anstellen, Schlange stehen, sich aufstellen, sich aufreihen, sich in einer Reihe aufstellen, antreten, den Weg säumen, 3. aufbleiben, nicht schlafen gehen, wachen.

Wärter Hüter, Beschützer, Betreuer, 1507
Heger, Wächter, Feldhüter, Flurschütz, Hauswart, Portier, Wart, Concierge, Hausmeister, Hausverwalter, Pförtner, Türhüter, Türsteher, Kastellan, Pedell, Schuldiener, Küster, Mesner, Kirchendiener, Glöckner, Kirchner, Schließer; Nachtportier, Nachtwächter, Wachmann, Wachtposten, Nachtwache; Leibwächter, Leibwache, Leibgarde; Bahnwärter, Schrankenwärter.

Wasser 1. Flüssigkeit, Naß, Regen, 1508
Niederschlag, Feuchte, Feuchtigkeit, Nässe, feuchtes Wetter, Nebelnässe, 2. Gewässer, Bach, Rinnsal, Wässerchen, Fluß, Strom, Wasserstraße, Wasserlauf, Wasserweg, Kanal, Wasserader, 3. Lache, Pfütze, Tümpel, Teich, See, Weiher, Stausee, Baggersee, Binnengewässer, Wasserstelle, Wasserloch, Tränke, Schwemme, Badeplatz für Tiere, Becken, Bassin, Schwimmbad; das Meer, die See, der Ozean, das große Wasser, der große Teich, die Weltmeere; Haff, Lagune, Priel, Meeresarm, Meerenge, Bucht, 4. Wasserfall, Gießbach, Wildbach, Wildwasser, Katarakt, Kaskade, Stromschnelle, Wirbel, Strudel, 5. die Gezeiten, Ebbe und Flut, Hochflut, Springflut, Sturmflut, Brandung, Brechen der Wellen, 6. Süßwasser, Trinkwasser, fließendes Wasser, Flußwasser; Meerwasser, Salzwasser, 7. baden, schwimmen, kraulen, tauchen, planschen, waten, spritzen, wassertreten, surfen, wellenreiten, Wasserschi fahren, Wassersport treiben.

wechseln 1. einwechseln, umwechseln, 1509
eintauschen, umtauschen; tauschen, zurückgeben, austauschen, vertauschen, einhandeln (gegen anderes); den Besitzer wechseln, in andere Hände übergehen; das Thema wech-

seln, von etw. anderem reden, 2. abwechseln, ablösen, alternieren, umbesetzen, sich abwechseln, etw. umschichtig tun, den Platz tauschen, an jem. Stelle treten; umstellen, auswechseln, ersetzen, erneuern; wechseln (Wetter), sich verändern, umschlagen.

1510 **wecken** 1. aufwecken, wachmachen, munter machen, wachrütteln, aufrütteln, aufschrecken, aufstören, aus dem Schlaf rütteln, an die Tür klopfen, anklopfen, pochen, hämmern, tappen, 2. um Hilfe rufen, die Notleine ziehen, SOS rufen, alarmieren, Alarm schlagen, Lärm machen.

1511 **weg** 1. fort, abwesend, nicht da, anderswo, anderweitig, anderwärts, auswärts, ausgezogen, abgemeldet, verzogen; verreist, auf Reisen, fern; nicht zu finden, entflohen, flüchtig, auf und davon, über alle Berge, von dannen, von hinnen, dahin, spurlos verschwunden, wie vom Erdboden verschluckt, unauffindbar, entflogen, geflohen, geflüchtet, entwichen, ausgebrochen, verschollen; abgängig, verloren, vermißt, auf Nimmerwiedersehen; abhanden, futsch, hin, dahin, entgangen; ausgegangen, fehlend, verkauft, ausverkauft, nicht zu haben, nicht zu beschaffen, nicht vorhanden, vergriffen, nicht mehr auf dem Markt; ausgebucht, kein Platz mehr frei; vergessen, verschwitzt, ausgelassen, weggelassen; ohne, mangels, aus Mangel, 2. nicht daheim, ausgegangen, fortgegangen, unerreichbar, 3. vertan, vergeudet, verspielt, verschwendet, verloren, zerronnen, durchgebracht, los.

1512 **Weg** 1. Pfad, Steg, Spur, Fährte, Steig, Feldweg, Waldweg, Holzweg, Trampelpfad, 2. Straße, Gasse, Allee, Promenade, Boulevard, Ringstraße, Prachtstraße, Damm, Einbahnstraße, Sackgasse, Nebenstraße, Seitenstraße; Hauptstraße, Geschäftsstraße, Verkehrsader; Bürgersteig, Trottoir, Gehweg, Fahrweg, Fahrbahn, Fahrstraße, Fahrdamm, 3. Landstraße, Chaussee, Heerstraße, Bundesstraße, Schnellstraße, Autobahn, Zubringerstraße, Zuleitung, Zufahrt, Ausfahrt, 4. Piste, Rennstrecke, Rennbahn, Aschenbahn; Startbahn, Landebahn, Rollfeld, 5. Strecke, Route, Reiseweg, Marschstrecke, Kurs, Lauf, 6. Seeweg, Landweg, Luftweg.

wegen 1. damit, darum, daß, um ... willen, zwecks, für, zugunsten, zum Vorteil, pro, weil, zufolge, zuliebe, aufgrund, halber, wonach, worauf, woraus, daher, bedingt durch, in Zusammenhang mit, deshalb, deswegen, infolge, infolgedessen, hinsichtlich, im Hinblick auf, in Anbetracht, folglich, somit, mithin, um zu, weswegen, weshalb, 2. warum? weswegen? aus welchem Grunde? wozu? wieso? 1513

weiblich fraulich, frauenhaft, weibhaft, feminin, weibchenhaft, mädchenhaft, jungfräulich. 1514

Weiblichkeit 1. Fraulichkeit, Frauentum, das Frauliche, Frauenart, Frauenwesen, Frauenwürde, weibliche Natur, das Weibliche; Jungfräulichkeit, Mädchenhaftigkeit; Mutterschaft, Muttertum, Mütterlichkeit, Mutterliebe, Muttersein, 2. die Frauen, das schöne Geschlecht, das schwache Geschlecht, das Ewig-Weibliche, Eva, die Stammutter. 1515

weich 1. elastisch, federnd, daunenweich, geschmeidig, schmiegsam, biegsam, nachgiebig, formbar, knetbar, schmierbar, streichfähig; anpassungsfähig, beeinflußbar, bestimmbar, weichherzig, empfindsam, empfindlich, mitfühlend, nah am Wasser gebaut, 2. zart, seidig, seiden, seidenweich, seidenglatt, samtweich, samtig, wollig, flauschig, flockig, flaumig, mollig, 3. wabbelig, schwabbelig, quabbelig, quallig, gallertartig, lappig, breiig, labberig, schlabberig, schwammig, quatschig, zerlaufen, zerflossen, gelöst, aufgelöst, zergangen, breitgelaufen, 4. überzart, verwöhnt, verzärtelt, verpimpelt, pimpelig, anfällig, lasch, schlaff, energielos, disziplinlos. 1516

weit 1. ausgedehnt, breit, geräumig, weitläufig, weiträumig, umfangreich, endlos, uferlos, grenzenlos, unbegrenzt, großräumig, unüberseh... 1517 bar, weltenweit, verzweigt, weitverzweigt, gegabelt, verästelt, weitgestreckt, langgestreckt, 2. umfassend, umfänglich, vielseitig, vielfältig, weitgespannt, weitgesteckt, dehnbar, elastisch, 3. fern, entfernt, weit weg, unerreichbar, am Ende der Welt, meilenweit, in weiter Ferne, außer Sehweite, 4. von weitem, von fern, von weither, aus der Ferne, aus großer Entfernung, 5. weitfallend, faltig, glockig, stoffreich.

1518 **Welt** 1. Erde, Erdball, Globus, Erdkreis, Erdkugel; Kontinente, Erdteile, Weltteile, Landmassen, Ozeane, 2. Weltall, Weltraum, Weltkreis, Kosmos, All, Universum, Schöpfung, Weltgebäude, Makrokosmos, Mikrokosmos, Raum, 3. die große Welt, die Gesellschaft, die Lebewelt, die internationale Gesellschaft, der Jet-Set.

1519 **Wende** Wendepunkt, Markstein, Meilenstein, Grenzstein, Krise, Umbruch, Umkehr, Höhepunkt, Tiefpunkt, Talsohle, Drehung, Umschwung, Wendung.

1520 **wenn** 1. falls, für den Fall, im Fall, angenommen, sooft, wann immer, unter Umständen, gegebenenfalls, ob, wie auch, so sehr auch, ob ... gleich, 2. dieweil, solange, während, wofern, vorausgesetzt, je nachdem, in der Annahme, sobald, sowie, ehe.

1521 **werben** 1. inserieren, anzeigen, annoncieren, anbieten, empfehlen, anpreisen, loben, herausstreichen, rühmen, preisen, zureden, propagieren, beeinflussen, bearbeiten, sich einsetzen, animieren, verlocken, einflüstern, überzeugen, gewinnen, einwirken, Reklamefeldzug starten, Werbemittel einsetzen, alle Minen springen lassen, die Werbetrommel rühren, alle Register ziehen, trommeln, auf die Pauke hauen, aufdrehen, agitieren, Propaganda machen, Tamtam machen, 2. freien, anhalten um, sich bewerben um, sich bemühen um, Heiratsantrag machen, buhlen, 3. dingen, heuern, anheuern, anwerben, in Dienst nehmen, chartern, mieten, pachten, 4. akquirieren, Anzeigen werben (beschaffen, heranholen, hereinholen), Kunden werben, Gebiet bereisen (abklopfen, abweiden, abgrasen, durcharbeiten, beackern, ablaufen), Kunden besuchen (bearbeiten).

Werber 1. Freier, Bewerber, Verehrer, 1522
Liebender, Heiratskandidat, Verführer, 2. Agent, Vertreter, Propagandist, Kundenwerber, Anzeigenwerber, Akquisiteur; Werbefachmann, Werbeberater, Werbetexter, Werbegraphiker, 3. Hetzer, Agitator, Aufwiegler, Aufrührer, Provokateur, Demagoge, Volksverführer, Wühler, Scharfmacher, Querulant, Stänkerer, Treiber, Trommler, Quertreiber, Unruhestifter, Störenfried, Demonstrant, Randalierer, Krawallmacher, Krakeeler, Schreier, Streitsucher, Kämpfer, Kampfhahn, 4. Ausrufer, Ausbieter, Versteigerer, Auktionator; Schreier, Marktschreier, fliegender Händler, Straßenhändler; Kundenfänger, 5. Herold, Bote, Vorläufer, Verkünder.

Werbung 1. Freite, Liebeserklärung, 1523
Antrag, Heiratsantrag, Bemühung, Brautschau, Brautwerbung, 2. Propaganda, Reklame, Werbetätigkeit, Werbekunst, Werbemittel, Werbekraft, Werbewirkung, 3. Bearbeitung, Beeinflussung, Einflüsterung, Mundpropaganda, Empfehlung, Anpreisung, Aufklärung, Anlockung, Verlockung, Versuchung, Verführung; Bedarfslenkung, Willenslenkung, Bedarfsweckung, Akquisition, Kundenwerbung, Kundenfang, Umwerbung, Verleitung, Verführungskunst, Bestechung, Lockung, Reiz; Kundendienst, Dienst am Kunden, Service, 4. Werbefeldzug, Propagandafeldzug, Werbekampagne, Einsatz der Werbemittel, Tamtam; Werbebrief, Prospekt, bebilderte Werbeschrift, Wurfsendung, Werbeslogan, Werbeschlagwort, Werbefunk, Werbefernsehen, Werbespot, Werbegag, Werbefilm; Werbetext, Werbegraphik, 5. Hetze, Aufreizung, Verleitung, Irreführung, Demagogie, Volksverführung, Quertreiberei, Wühlarbeit, Unterminierung, Untergrabung, Aufwiegelung,

Brunnenvergiftung, Agitation, Verleumdung, Seelenfängerei.

1524 **Wert** 1. Bedeutung, Geltung, Gewicht, Bedeutsamkeit, Wesentlichkeit, Wichtigkeit; Preis, Kaufpreis, Marktpreis, Handelswert, Geldwert; Nährwert, Kaloriengehalt, Nährstoffgehalt, Nahrhaftigkeit, 2. Gehalt, Qualität, Güte, Substanz, Echtheit, Unverfälschtheit, Vortrefflichkeit, Vorzüglichkeit, Kostbarkeit, Gediegenheit.

1525 **Wesen** 1. Lebewesen, Geschöpfe, Kreaturen, Wesenheiten, Individuen, Organismen, Mensch und Tier, Fauna, Tierwelt, Getier, Vieh, Wild, Tiere des Waldes, Raubtier, Bestie, wildes Tier, Großwild, Raubwild, Haustier, 2. Pferd, Gaul, Roß, Mähre, Klepper, Rosinante, Schindmähre, Ackergaul, Stute, Hengst, Wallach, Füllen, Fohlen, Schimmel, Rappe, Fuchs, Brauner, Isabelle, Schecke, Falbe, Vollblut, Halbblut, Kaltblut, Pony; Remonte (Militär), Jungpferd, Enter, einjähriges Fohlen, 3. Hund, Rüde, Köter, Kläffer, Jagdhund, Wachhund, Polizeihund, Rassehund, Mischling, Promenadenmischung; Hündin, Töle, 4. Kater, Kätzin, Katze, Kätzchen, Mieze, Pussi, 5. Geschöpf, Figur, Schachfigur, Wachsfigur, Puppe, Marionette, Drahtpuppe, Handpuppe, 6. Schmetterling, Falter, Sommervogel, 7. Kriechtier, Reptil, Viper, Natter, Schlange, Wurm, Regenwurm, 8. Schwarzwild, Wildschwein, Keiler, Bache, Frischlinge; Hausschwein, Eber, Sau, Mutterschwein, Ferkel; Rind, Stier, Bulle, Zuchtbulle, Zuchtstier, Ochse (verschnittener Stier); Kuhkalb, Kalbe, Färse, Kuh, melkende Kuh, Milchkuh; Stierkalb.

1526 **wichtig** 1. wesentlich, ernst, dringend, dringlich, akut, lebenswichtig, notwendig, unentbehrlich, unerläßlich, unumgänglich, triftig, entscheidend, drängend, ausschlaggebend, bestimmend, schwerwiegend, inhaltsschwer, vordringlich, weittragend, folgenschwer, einschneidend, gewichtig, integrierend, 2. beachtlich, bedeutend, weltbewegend, welterschütternd, belangvoll, relevant, respektabel, vorrangig, erstrangig, an erster Stelle, eine Lebensfrage, eine Hauptsache, bedeutsam, wertvoll, wesenhaft, beachtenswert, bemerkenswert, bedeutungsvoll, aktuell, akut, gegenwartsnah, brennend, groß, bewegend, epochal, denkwürdig, buchenswert, memorabel, 3. maßgebend, prominent, einflußreich, von Rang, von Distinktion, kompetent, tonangebend, zuständig, hochmögend, ausschlaggebend, im Vordergrund, wird großgeschrieben, Jahrhundertereignis, epochemachend.

Widerstand 1. Widerspruch, Einsprache, Einspruch, Einrede, Gegenrede, Widerrede, Nein, Bedenken, Ablehnung, Veto, Weigerung, Protest, Verwahrung, Aufschrei, Aber, Einwand, Richtigstellung, 2. Abwehr, Gegenwehr, Verteidigung, Kampf, 3. Trotz, Trutz, Auflehnung, Widerspenstigkeit, Widersetzlichkeit, Widerborstigkeit, Widerstreben, Affront; Ungehorsam, Unfolgsamkeit, Unfügsamkeit, Unlenksamkeit, Unbotmäßigkeit, Widerpart, Halsstarrigkeit, Eigensinn, Bockigkeit, Bock, Starrsinn, Hartnäckigkeit, Widerspruchsgeist, Aufsässigkeit, Obstruktion, Unzugänglichkeit, Verstocktheit, 4. Opposition, Streik, Meuterei, Rebellion, 5. Reibung, Hemmung, Gegenwirkung, Friktion, Gegenwind, Gegendruck, Gegenkraft, Verhinderung, Tücke des Geschicks, 6. Extratour, Subkultur, Gegenkultur, Untergrund, Unbürgerlichkeit, innere Emigration. 1527

widerstehen fest bleiben, stark bleiben, sich entgegenstellen, sich sperren, sich sträuben, sich spreizen, nicht wanken, nicht nachgeben, sich nicht verlocken lassen, der Versuchung nicht nachgeben, sich nicht zu Fall bringen lassen, sich zur Wehr setzen, Widerstand leisten, den Kampf aufnehmen, in die Arena steigen, sich verteidigen gegen, sich verwahren gegen. 1528

widerwillig 1. ungern, der Not gehorchend, widerstrebend, ableh- 1529 nend, unfreiwillig, unwillig, ärgerlich, zähneknirschend, unlustig, widerspenstig, 2. angewidert, abgestoßen, voller Ekel, angeekelt, entsetzt.

1530 **wie** 1. als ob, gleichsam, sozusagen, quasi, angenommen, gesetzt den Fall, gewissermaßen, nicht anders als, 2. auf welche Weise? in welcher Form? 3. beschaffen, geartet, veranlagt, geformt, gebaut, gewachsen, geprägt, gemacht, aufgebaut, organisiert, 4. gleichwie, vergleichbar, ähnlich, nicht viel anders, fast dasselbe.

1531 **wieder** von neuem, abermals, erneut, nochmals, noch einmal, da capo, wiederum, wieder einmal, wiederholt, immer wieder, neuerdings, aufs neue, neuerlich.

1532 **wiederholen (sich)** 1. sich einprägen, memorieren, auswendig lernen, sich eintrichtern, immer wieder durchlesen, nachlesen, auffrischen, repetieren, rekapitulieren, sich einpauken, wieder vornehmen, 2. noch einmal tun, wieder tun, rückfällig werden, zurückfallen, nicht lassen können, in denselben Fehler verfallen, nichts dazugelernt haben, 3. wiederaufnehmen, zurückkommen auf, neu inszenieren, neu einstudieren, in Serie spielen; nachdrucken, neu auflegen, 4. sich wiederholen, wiederkäuen, anöden.

1533 **Wiederholung** Repetition, Rekapitulation, Auffrischung, Erneuerung; Wiederaufnahme, Reprise, Neueinstudierung; Nachdruck, Neudruck, Neuauflage; Aufguß, Dakapo, Wiederkehr, Turnus; Rückfall, Wiederauftreten, Rezidiv.

1534 **wild** 1. ungezähmt, ungebändigt, unbändig, ungebärdig, unbezwinglich, ungezügelt, leidenschaftlich, unbeherrscht, heftig, wütend, zornig, unzähmbar; blutgierig, mordlustig, zügellos; rasend, tobend, brummend, knurrend, schnaubend, heulend, zähnefletschend, 2. unerschlossen, ungerodet, ungelichtet, wüst, unwegsam, weglos, pfadlos, unzugänglich, unbetretbar, unbewohnt, unbevölkert, unwirtlich, menschenleer, unkultiviert, unzivilisiert, 3. wildwachsend, wuchernd, Dschungel, Wildnis, 4. schäumend, kochend, siedend, wallend, quirlend, strudelnd, quellend, gurgelnd, reißend.

Wille 1. Absicht, Entschluß, Vorsatz, Bestreben, Vorhaben, Plan, Wollen, Verlangen, Wunsch, Entschlossenheit, Einwilligung, Ja, Zusage, Willensäußerung, Willenserklärung, 2. Willenskraft, Willensstärke, Ausdauer, Beharrlichkeit, Beständigkeit, Unnachgiebigkeit, Zähigkeit. 1535

willkommen gern gesehen, freudig begrüßt, erwünscht, angenehm, wohlgelitten, genehm, passend, recht, gelegen, erfreulich, gut angeschrieben, beliebt, endlich! 1536

willkürlich 1. eigenmächtig, nach Gutdünken, herrisch, rücksichtslos, selbstherrlich, despotisch, autoritär, diktatorisch, tyrannisch, gebieterisch, herrschsüchtig, eigenwillig, unbedenklich, befehlend, machthaberisch, totalitär, 2. eisern, unduldsam, kategorisch, streng, hart, barsch, unrecht. 1537

wirken 1. Wirkung erzielen (tun), Wirkung zeitigen, Aufsehen erregen, Eindruck machen, von sich reden machen, Erfolg bringen, ausstrahlen, fortzeugen, auslösen, die Menschen erreichen, „ankommen“, Interesse erwecken, Widerhall finden, günstig aufgenommen werden, wirksam werden, durchschlagen, stechen, verfangen; gute Figur machen, Staat machen, gefallen, auffallen, 2. nachwirken, nachbeben, nachzittern, Schule machen, Nachahmer finden, nicht vergessen werden, nicht verblassen, 3. sich auswirken, bewirken, erzeugen, heraufrufen, veranlassen, hervorrufen; zünden, einschlagen, beeindrucken. 1538

wirklich 1. real, existent, seiend, bestehend, gegeben, wesenhaft, greifbar, körperlich, dinghaft, körperhaft, stofflich, faßbar, konkret, materiell, substantiell, faktisch, handgreiflich, leibhaftig, in Fleisch und Blut, 2. effektiv, tatsächlich, in der Tat, bestimmt, absolut, unbestreitbar, sicher, gewiß, wahrlich, wahrhaft, regelrecht, veritabel, wahrhaf- 1539 tig, fürwahr, ungelogen, den Tatsachen entsprechend.

1540 **wirksam** 1. drastisch, durchgreifend, schlagkräftig, zugkräftig, anziehend, attraktiv, magnetisch, durchschlagend, radikal, nachhaltig, durchdringend, intensiv, stoßkräftig, erfolgreich, 2. nützlich, wirkungsvoll, werbekräftig, werbewirksam, werbend, effizient; reißerisch, atemberaubend, marktschreierisch, knallig, dick auftragend, laut, aufdringlich, großmäulig; effektvoll, dekorativ, schmückend, eindrucksvoll, ausdrucksstark, einprägsam, bezwingend, überzeugend, triumphal, siegreich, sieggekrönt, sieghaft, glänzend, glanzvoll, mitreißend, hinreißend, unwiderstehlich, zündend, tiefgehend, tiefgreifend, weittragend.

1541 **Wirkstoff** Vitamine, Hormone, Enzyme; Sekrete, Fermente, Triebmittel, Gärstoff, Sauerteig, Backpulver.

1542 **Wirkung** 1. Wirksamkeit, Wirken, Tun, Wirkkraft, Anziehungskraft, Magnetismus, Reiz, Ausstrahlung, Faszination, Fluidum, Anziehung, Abstoßung; Effizienz, Durchschlagskraft, Schlagkraft, Stoßkraft, Zugkraft, Effekt; Schwerkraft, Gravitation, Anziehungskraft, Schub, Schubkraft; Werbekraft, Werbewirkung, Wirkungsvermögen, Werbewirksamkeit, 2. Ergebnis, Ertrag, Erfolg, Niederschlag, Gewinn, Frucht, Spur, Ausfluß, Auswirkung, Folge, Eindruck, Einfluß, Nachwirkung, 3. Reflex, Reaktion, Echo, Widerhall, Rückwirkung, Widerschein, Abglanz, Spiegelung.

1543 **wirr** 1. verworren, durcheinander, unordentlich, ungeordnet, verheddert, verwirrt, verfilzt, vermengt, verknotet, verknäuelt, unentwirrt, drunter und drüber, kunterbunt, 2. desorientiert, konfus, verwirrt, fahrig, unkonzentriert, benommen, wie vor den Kopf geschlagen, panisch, kopflos, außer sich, aus dem Gleichgewicht, ratlos, neben der Spur, unklar, zerfahren, schusselig, kraus, wirbelig, verdreht, 3. schlaftrunken, duselig, schwindelig, betäubt, verstört, bestürzt, kopfscheu, 4. zusammenhängend, planlos, unüberschaubar, unübersichtlich, zusammenhanglos, aus dem Zusammenhang gerissen, unverbunden, richtungslos, unmethodisch, verwirrend.

Wissen 1. Kenntnis, Kunde, Einblick, 1544
Einsicht, Bewußtsein, Beschlagenheit, Belesenheit, Bildung, Erfahrung, Verständnis, Vertrautheit, Übersicht, Überblick, 2. Wissenschaft, Gelehrsamkeit, Gelehrtheit, Buchwissen, 3. Fachwissen, Branchenkenntnis, Sachkenntnis, Sachverstand, Know how, praktisches Wissen, technisches Können, 4. Gewißheit, Sicherheit, Überzeugung, Durchdrungensein.

wissen 1. Kenntnisse haben, über Wis- 1545
sen verfügen, gebildet sein, viel wissen, verstehen, studiert haben, belesen sein, kundig sein, erfahren sein, beschlagen, versiert sein, beherrschen, überschauen, überblicken, klarsehen, übersehen können, zu Hause sein, auf der Höhe sein, auf dem laufenden sein, intus haben, los haben, firm, fundiert sein, sachkundig, sattelfest sein, sich auskennen, Bescheid wissen, Kenntnis haben von, im Gedächtnis haben, im Bewußtsein haben, sich auskennen, unterrichtet sein, informiert sein, im Bilde sein, Einblick haben, nicht verborgen sein, sich bewußt sein, sicher sein, sichergehen, erfahren, gehört, gelesen haben, zu Ohren gekommen sein, sich herumgesprochen haben, 2. kennen, Bekanntschaft gemacht haben, vorgestellt sein, bekannt sein, getroffen haben, begegnet sein; befreundet, vertraut, verbunden, liiert sein.

wohlschmeckend delikat, deliziös, wür- 1546
zig, gewürzt, appetitlich, schmackhaft, gut zubereitet, gut gekocht, aromatisch, duftend, köstlich, pikant, kräftig, geschmackvoll, gehaltvoll, reizvoll, verlockend, einladend, süß, gezuckert, zuckrig, lieblich, fein, gut.

Wohlwollen 1. Güte, Liebenswürdig- 1547
keit, Freundlichkeit, Anteilnahme,

Hilfsbereitschaft, Aufmerksamkeit, Zuwendung, Herzlichkeit, Entgegenkommen, Aufgeschlossenheit, Nächstenliebe, Wärme, Warmherzigkeit, Innigkeit, Herzenswärme, Herzensgüte, 2. Gunst, Geneigtheit, Gewogenheit, freundliche Gesinnung, Freundwilligkeit, Huld, Gönnerschaft, Gunstbezeigung, Nachbarlichkeit.

1548 **Wohnung** 1. Quartier, Behausung, Unterkunft, Unterkommen, Unterschlupf, Bleibe, Logis, Dach über dem Kopf, Wohnstätte, die heimischen Penaten, die vier Wände, Zuflucht, Asyl, Tuskulum; Zimmer, Stube, Kammer, Mansarde, Dachstube, Gelaß, Gehäuse, Klause, Zimmerchen, Kämmerchen, Stübchen, 2. Etage, Stockwerk, Geschoß; Zimmerflucht, Suite, Appartement, Apartment, Einzimmerwohnung, Kleinwohnung, Garçonnière, Junggesellenwohnung, Mansardenwohnung, Dachwohnung, Dachgeschoß, Penthaus; Mietwohnung, Eigentumswohnung, möblierte Wohnung, 3. Sitz, Wohnsitz, Wohnort, Aufenthalt, Aufenthaltsort, Verbleib, Standort, Standquartier, Residenz, Heimat, Zuhause, 4. Erdgeschoß, Parterre, Souterrain, Untergeschoß, Kellergeschoß, unten, zu ebener Erde, 5. Wigwam, Zelt, Jurte, Iglu, Wohnwagen, Autoanhänger.

1549 **wölben (sich)** 1. schwellen, anschwellen, Geschwulst bilden, sich entzünden, sich röten, dick werden, schwären, eitern, sich verdicken, aufschwellen, hervortreten, sich abheben, sich heben, zunehmen, buckeln, wulsten, sich erhöhen, sich wellen, herauswachsen, sich runden, ausladen, aufblähen, aufquellen, auflaufen, blähen, auftreiben, beulen, Blasen werfen, Schwielen bilden, sich kuppeln, aufgehen, aufblasen, mit Luft füllen, aufschwemmen, 2. überhängen, überstehen, vorstehen, abstehen, vortreten, vorkragen, herausragen, überragen, vorstoßen, vorspringen, vorragen, hervorragen, herausstehen; übergreifen, überlappen.

Wölbung 1. Wulst, Buckel, Erhebung, Höcker, Erhöhung, Auswuchs, Beule, Knoten, Geschwulst, Gewächs, Blase, Warze, Schwellung, Verdickung, Reizung, Entzündung, Geschwür, Furunkel, Wucherung, Tumor, Myom, 2. Bogen, Arkaden, Bogengang, Laubengang, Pergola, 3. Rundung, Halbkugel, Kuppel, Rotunde, Rundbau, Gewölbe, Kuppelsaal. 1550

wollen 1. beabsichtigen, vorhaben, sich vornehmen, planen, im Sinn haben, beschließen, den Willen haben, willens sein, gewillt sein, zu tun gedenken, sich entschließen, bezwecken, anstreben, ausgehen auf, hinsteuern, abzielen, hinzielen, sich konzentrieren, es anlegen auf, sich in den Kopf setzen, 2. begehren, erstreben, beanspruchen, bestehen auf, beharren bei, streben nach, trachten nach, Lust haben zu, gern tun mögen, ersehnen. 1551

Wunde 1. Verletzung, Blessur, Verwundung, Stich, Schnitt, Riß, Biß, Schußverletzung, Einschuß, Kratzer, Hautabschürfung, Schramme, Ritz, Schmarre, Schmiß, Schrunde, Bluterguß, Blutung; Narbe, Kruste, Schorf, Grind, Ausschlag, 2. Schwiele, Striemen, Mal, Quetschung, Prellung, Zerrung, Verrenkung, Verstauchung, Bruch, Fraktur, Verbrennung, Brandwunde; Schädigung, Trauma, seelische Erschütterung, Schock. 1552

wundern (sich) 1. staunen, sich verwundern, erstaunen, erstaunt sein, überrascht, verblüfft, verwundert sein, sprachlos, baß erstaunt sein, seinen Augen nicht trauen, nicht fassen können, Kopf stehen, Mund und Nase aufsperren, starr sein, aus allen Wolken fallen, Stielaugen machen, aus dem Mustopf kommen, große Augen machen, keine Worte finden, die Hände über dem Kopf zusammenschlagen, baff sein, nicht für möglich halten, sonderbar finden, 2. verwundern, wundernehmen, in Erstaunen setzen, erstaunen, den Atem verschlagen, die Sprache verschlagen, überwältigen, betäuben, blen- 1553 den, aus der Fassung bringen, 3. starren, anstarren, bestaunen, anstaunen, gaffen, glotzen, stieren, 4. aufmerksam werden, stutzen, stutzig werden, verwirrt innehalten, wie angewurzelt stehenbleiben, scheuen, argwöhnisch werden, Verdacht fassen (schöpfen).

1554 **Würde** 1. Anstand, Haltung, Stolz, Selbstwertgefühl, Selbstachtung, Unantastbarkeit, Unnahbarkeit, Höhe, Erhabenheit, Hoheit, Vornehmheit, Distinktion, Grandezza, Majestät, Gemessenheit, Zurückhaltung, 2. hohes Amt, Ehre, Dignität, Rang, 3. Würdenträger, Träger hoher Ämter (hoher Auszeichnungen).

1555 **würdig** 1. würdevoll, hoheitsvoll, ehrfurchtgebietend, ehrwürdig, achtunggebietend, erhaben, unantastbar, unnahbar, 2. gravitätisch, gewichtig, getragen, gehalten, majestätisch, gemessen.

1556 **würzen** 1. pfeffern, salzen, schmackhaft machen, abschmecken, verbessern, süßen, zuckern, versüßen, parfümieren, beizen, einlegen, einmachen, 2. interessant machen, witzig, kurzweilig berichten (darstellen), unterhaltsam erzählen, ausschmücken, bereichern.

1557 **zäh** 1. beharrlich, ausdauernd, widerstandsfähig, hartnäckig, verbissen, stur, unnachgiebig, zielbewußt, eigensinnig, erbittert, insistierend, durchsetzig, nicht ablassend, nicht erlahmend, 2. dickflüssig, zähflüssig, seimig, sämig, gebunden, angedickt, breiig, kleistrig, seifig, talgig, teigig, speckig, sitzengeblieben, 3. klebrig, harzig, leimig, haftend, pappig, klebend, selbstklebend, gummiert, 4. ledern, sehnig, muskulös.

1558 **zählen** 1. rechnen, zusammenzählen, zusammenrechnen, Anzahl feststellen, durchzählen, abzählen, nachrechnen, an den Fingern abzählen; summieren, aufrechnen, ausrechnen; zuzählen, addieren, abziehen, subtrahieren, malnehmen, multiplizieren, teilen, dividieren, ins Quadrat erheben, potenzieren; abrechnen, berechnen, aufzählen; numerieren, paginieren, 2. umfassen, einschließen, mitzählen, dazurechnen, einrechnen, mitrechnen, einbegreifen, berücksichtigen, miterwägen, nicht vergessen, 3. dazuzählen, dazugehören, darunterfallen, betroffen sein.

Zahlung Bezahlung, Bereinigung, Begleichung, Tilgung, Ausgleich, Entrichtung, Honorierung, Entlohnung, Erstattung, Zurückgabe, Erledigung, Vergütung, Abzahlung, Rate, Abtragung, Abgeltung, Abfindung; Barzahlung, Auszahlung, Bezahlung durch Scheck, durch Überweisung. 1559

zart 1. feingesponnen, fein, feinfädig, weich, duftig, locker, leicht, ätherisch, dünn, blumenhaft, blütenhaft, durchsichtig, schleierdünn, spinnwebfein, zerbrechlich, heikel, durchscheinend, lichtdurchlässig, eierschalendünn, blütenzart, filigranzart; subtil, erlesen; glatt, weich, jung, samten, seidig, 2. sanft, leise, schonend, mild, sacht, behutsam, gelinde, schonungsvoll, liebreich, sanftmütig, rücksichtsvoll, liebevoll, sorglich, taktvoll. 1560

Zauber 1. Zauberei, Magie, Hexenwerk, Hexerei, Hokuspokus, Gaukelwerk, Gaukelei, Gaukelspiel, Taschenspielerei, Trick, Kniff, Täuschung, Blendwerk, Kunststück, 2. Reiz, Bezauberung, Betörung, Anziehung, Anziehungskraft, Unwiderstehlichkeit, Magnetismus, Attraktivität, Fluidum, Verlockung, Verführung, Verzauberung, Verleitung, Verblendung, Verhexung, Bann, Berückung, Charme, Sex-Appeal, 3. Amulett, Talisman, Fetisch, Maskottchen, Glückszeichen, Schutzmittel; Liebestrank, Zaubermittel, Zauberformel, Zauberspruch, Bannspruch, Abrakadabra, Hexeneinmaleins, 4. Wunder, Mysterium, Mirakel, unerklärliches Phänomen, Übersinnliches, Unbegreifliches; Kuriosum, Weltwunder, Fabeltier, Einhorn. 1561

Zeichen 1. Symbol, Sinnbild, Gleichnis, Metapher, Bild, Allegorie, Parabel, Fabel, Vergleich, Personifikation, Verkörperung, 2. Chiffre, Kürzel, Abkürzung, Pfeil; Omen, Mene- 1562 tekel, Wahrzeichen, Fanal, 3. Symptom, Kennzeichen, Beweis, Anzeichen, Erkennungszeichen, Statussymbol; Merkmal, Vorbote, Krankheitserscheinung, Krankheitszeichen, Vorzeichen; Hinweis, Indiz, Signal, Mal, Kainsmal, Stigma, 4. Fahne, Flagge, Wimpel, Standarte, Banner, Feldzeichen, Stander, Emblem, Hißfahne.

1563 **zeigen (sich)** 1. weisen, hinweisen, deuten, aufmerksam machen, Zeichen geben, signalisieren, Wink geben, gestikulieren, zuwinken, nicken, zunicken, kopfschütteln, Achseln zukken, blinzeln, winken, zwinkern, 2. präsentieren, vorstellen, vorführen, sehen lassen, demonstrieren, verständlich machen, erklären, Einblick geben, 3. erzeigen, erweisen, bezeigen, bekunden, spüren lassen, merken lassen, offenbaren, zu erkennen geben, fühlen lassen, Flagge zeigen, glaubhaft machen, einsichtig machen, 4. beweisen, nachweisen, belegen, Beweise bringen, den Nachweis erbringen, Beweismaterial beibringen, den Beweis antreten, verifizieren, beglaubigen, bestätigen, dokumentieren; überführen, auf den Kopf zusagen, auf frischer Tat ertappen, in flagranti erwischen, stellen, in die Enge treiben, ins Kreuzverhör nehmen, 5. aufzeigen, den Finger strecken (heben), die Hand heben, sich zum Wort melden, sich melden, ums Wort bitten, 6. sich zeigen, sich bieten, sichtbar werden, ins Auge springen, sich ergeben, sich finden, sich herausstellen, sich erweisen, sich bewahrheiten, klarwerden, zutage treten, sich abzeichnen, zu erkennen sein, sich als richtig erweisen, naheliegen, sich von selbst verstehen, zu erwarten sein.

1564 **Zeit** 1. Zeitraum, Zeitspanne, Zeitlang, Weile, Zeitabschnitt, Periode, Etappe, Phase, Durchgang; Epoche, Zeitalter, Lebenszeit, Laufzeit; Jahrgang, Generation, Menschenalter; Zeitpunkt, Augenblick, Moment, Minute, Sekunde, 2. Stundung, Aufschub, Sicht, Frist, Pause, Atempause, Unterbrechung der Zahlungen, Aussetzung der Zahlungen.

zergliedern 1. zerlegen, zerwirken, zerpflücken, zerteilen, analysieren, auseinandernehmen, atomisieren, zerstückeln, sezieren, Sektion vornehmen, obduzieren, Leichenöffnung vornehmen; aufteilen, ausschlachten, ausweiden, 2. zersetzen, zerrupfen, auflösen, zerfasern, zerreden, 3. detaillieren, aufgliedern, differenzieren, trennen, spezifizieren, spezialisieren, einzeln aufführen, aufschlüsseln, im einzelnen darlegen, 4. abmontieren, auseinandernehmen, abbauen, zerlegen. 1565

zerkleinern mahlen, klein machen, zermahlen, pulverisieren, zermalmen, zerquetschen, schroten, zerstoßen, zerstampfen, verschroten, zerrupfen, zerklopfen, zerschlagen, verquirlen, verrühren, schaumig rühren; zerknicken, brechen, raffeln, schaben, reiben, zerreiben, raspeln, schnitzeln, stoßen, drücken, durchdrücken, durchseihen, durchdrehen, passieren, durchs Sieb treiben, durch die Maschine treiben, durchschlagen, sieben, zerspalten, kleinschlagen, hacken, spalten, zerhacken, stampfen, zerdrücken, ausmahlen, zermahlen, zerzupfen, zerkrümeln, zerbröseln, kleinmachen, zerbröckeln, zerschneiden, klein schneiden. 1566

zerkleinert 1. pulverisiert, pulvrig, staubfein, pulverförmig, mehlig, zerrieben, gerieben, durch die Maschine getrieben, verquirlt, zerstoßen, gestoßen, gestampft, zermatscht, zerquetscht, geschrotet, 2. Pulver, Staub, Mehl, Puder, Krümel, Schrot, Sand, Talkum. 1567

zersetzend ätzend, scharf, zerstörerisch, destruktiv, umstürzlerisch, auflösend, demoralisierend, anarchistisch, untergrabend, ruinös, vernichtend. 1568

zerstören (sich) 1. verderben, ruinieren, zugrunderichten, herunterwirtschaften, zerrütten, untergraben, zunichtemachen, vereiteln, zuschanden machen, zerrütten, bankrott richten, an den Bettelstab bringen, erledigen, vernichten, 2. ausrotten, aufreiben, 1569 austilgen, vertilgen, beseitigen, auslöschen, ausmerzen, 3. kaputtmachen, kurz und klein schlagen, zerstückeln, zu Brennholz machen, zerbrechen, zerschmeißen, zerschmettern, zerteppern, zerschlagen, in Stücke brechen, zersplittern, zertrümmern, zusammenschlagen, entzweibrechen, fallenlassen; einschmeißen, einwerfen, Scherben machen; zuschandenfahren, ruinieren, zu Bruch fahren, Bruch machen, unbrauchbar machen, 4. kaputtgehen, aus der Hand fallen, zu Boden fallen, in Scherben gehen, zerbrechen, zersplittern, zerschellen, in Stücke brechen, zerspellen, aus dem Leim gehen, 5. verbrennen, den Flammen übergeben, in den Ofen stecken, Feuer legen, in Brand stecken, Haus anzünden, niederbrennen, abbrennen, in Asche legen, einäschern; zündeln, mit dem Feuer spielen, ansengen, in Brand setzen, anbrennen, versengen; zünden, fernzünden, auslösen, zur Explosion bringen, sprengen, zünden (vom Blitz), einschlagen, in Brand setzen, Schaden anrichten, 6. zerfetzen, zerfleddern, zerlesen, zerreißen, durchreißen, in Stücke reißen, in Fetzen reißen, zerrupfen, zerfasern, zusammenknäueln, 7. abbrechen, niederreißen, einreißen, abreißen, umreißen, abtragen, niederlegen, schleifen, in Trümmer legen, dem Erdboden gleichmachen, einebnen, 8. vernichten, vertilgen, verwüsten, verheeren; zerdrücken, zermalmen, zerstampfen, zerfleischen, zerhacken; zernagen, zerfressen, durchfressen, durchlöchern, 9. rammen, in Grund bohren, versenken, zum Sinken bringen, torpedieren, über den Haufen rennen, leck schlagen, 10. verbiegen, verbilden, verformen, krümmen, krumm biegen, überdrehen, überdehnen, verdrehen, 11. sich ruinieren, sich zugrunde richten, zugrunde gehen, bankrott gehen, Bankrott machen, Pleite machen, fallieren, ruiniert sein, liquidieren, die Zahlungen einstellen, zusammenbrechen, zusammenkrachen, Konkurs anmelden, in Konkurs gehen, vernichtet werden, zuschanden werden, untergehen, brotlos werden.

Zerstörung 1. Vernichtung, Verderben, Austilgung, Vertilgung, Kahlschlag, Ausrottung; Zertrümmerung, Einsturz, Abbruch, Demolierung, Verwüstung, Verbrennung, Verheerung; Untergang, Pleite, Zusammenbruch, Ruin, Bankrott; Sprengung, Zusammensturz, Brand, Naturkatastrophe, Kahlfraß, Überschwemmung, Erdbeben, Blitzschlag, 2. Zergliederung, Analyse, Sezierung, Sektion, Obduktion, Leichenöffnung, 3. Zerstückelung, Zerteilung, Zerfaserung, Auflösung, Zersetzung, Demoralisierung, Zerrüttung, 4. Anarchie, Gesetzlosigkeit, Nihilismus, Verneinung. 1570

Zeugnis 1. Attest, Diplom, Befähigungsnachweis, Beglaubigung, Bescheinigung, Dokument, Patent, Urkunde, Zertifikat, Meisterbrief, Beweis, Bürgschaft, 2. Aussage, Zeugenaussage, Aufschluß, Behauptung, Angabe, Geständnis, Versicherung, Eingeständnis, Eid, Schwur, Bekundung. 1571

ziehen 1. schleppen, schleifen, zerren, ins Schlepptau nehmen, sich vorspannen, hinter sich herziehen; an sich heranziehen, an sich ziehen, näher zu sich hinziehen, 2. dehnen, recken, strecken, spannen, anspannen, reißen; rupfen, zupfen, zausen, ziepen, 3. hochziehen, heraufziehen, herausziehen, heraushelfen, herausholen, aus dem Wasser ziehen, aus der Grube ziehen, 4. zücken, die Waffe ziehen, vom Leder ziehen, 5. lutschen, saugen, lecken, schlecken, schlutzern, trinken, schlucken, schlotzen, aussaugen, auslutschen, einsaugen, sich einverleiben. 1572

Ziel 1. Zweck, Absicht, Bestimmung, Endzweck, Zielsetzung, Sinn, 2. Ende, Endpunkt, Bestimmungsort, Reiseziel, Lebensziel, Schlußpunkt, Abschluß, 3. Wunsch, Herzenswunsch, Wunschziel, Traum, Ideal, Plan, Vorhaben, Vorsatz, 4. Zielpunkt, Zielscheibe, Schießscheibe, Pappkamerad, 5. Frist, Zahlungsfrist, fest- 1573 gesetzter Zeitpunkt.

1574 **zielen** 1. peilen, anvisieren, visieren, ins Auge fassen, auf das Ziel richten, aufs Korn nehmen, Druckpunkt nehmen, 2. steuern, ansteuern, lenken, lotsen, ziehen, trachten, zuhalten auf, anpeilen, zusteuern auf, anfliegen.

1575 **ziemlich** einigermaßen, ausreichend, befriedigend, erträglich, leidlich, passabel, annähernd, ganz, glimpflich, schlecht und recht, so eben, halbwegs, ungefähr, bis zu einem gewissen Grade, recht, nicht wenig.

1576 **zittern** 1. beben, schlottern, schlackern, bibbern, bebbern, zähneklappern, schauern, schaudern, erschauern, zusammenfahren, zucken, durchzukken, 2. erbeben, erzittern, vibrieren, erschüttert werden, sich unter den Füßen bewegen, hin und her schwanken, wackeln.

1577 **zubereiten** 1. bereiten, herstellen, machen, anrichten, auf den Tisch bringen, servieren, herrichten, garnieren, anmachen, zurüsten, dressieren, zäumen, spicken, panieren, bemehlen, bestäuben, bepudern, in Bröseln wenden, bestreichen, beschmieren, belegen (Brot), 2. aufsetzen, aufstellen, zusetzen, aufs Feuer stellen, kochen, garen, gar kochen, gar werden lassen, braten, backen, rösten, dünsten, schmoren, dämpfen, sieden, bräunen, überbacken, überkrusten, gratinieren, brutzeln, wellen, toasten, grillen, 3. brauen, aufgießen, anbrühen, aufschütten, übergießen, 4. schälen, abschälen, Haut abziehen, häuten, schuppen, pellen, palen, auspalen, auspellen, das Fell abziehen, abbalgen, entgräten, enthülsen, abblättern, abhäuten, ausbeinen, ausweiden, Eingeweide entfernen, 5. brühen, abkochen, abbrühen, überbrühen, blanchieren, 6. Zubereitung, Bereitung der Mahlzeiten, Kochen, Garen.

1578 **Zucht** 1. Selbstbeherrschung, Beherrschtheit, Charakterstärke, Disziplin, Straffheit, Ordnung, Willen, Wollen, Erziehung, Gehorsam, Sitte, Anstand, Halt, Haltung, Selbsterziehung, Selbstzucht, Selbstgestaltung, Selbstüberwindung, 2. Zügelung, Zähmung, Überwindung, Bezähmung, Domestizierung, Dressur, Abrichtung, Drill, 3. Züchtung, Kreuzung, Vermischung, Bastardierung, Aufzucht; Zuchtwahl, Herauszüchtung, Auslese.

züchten 1. veredeln, verbessern, kreu- 1579
zen, pfropfen, okulieren, aufpfropfen, aufsetzen, kultivieren; heranziehen, aus Samen ziehen, heben, vervollkommnen, 2. zähmen, bändigen, abrichten, dressieren, domestizieren, an den Menschen gewöhnen, an die Hand gewöhnen, gefügig machen, zureiten, drillen.

zufällig 1. durch Zufall, unabsichtlich, 1580
unwissentlich, ungewünscht, unbeabsichtigt, absichtslos, von selbst, unerwartet, unvorhergesehen, irgendwie, unmotiviert, schicksalhaft, blindlings, unbewußt, unvorsätzlich, unwillkürlich, ungewollt, reflexhaft, vegetativ, unfreiwillig, 2. wahllos, von ungefähr, beliebig, aufs Geratewohl, auf gut Glück.

zufriedenstellen 1. befriedigen, Ge- 1581
nüge tun, Wunsch erfüllen, Beifall erwecken, Freude machen, Anklang finden, dienen, nützen, keinen Wunsch offen lassen, den Anforderungen entsprechen, den Wünschen nachkommen, es recht machen, 2. gefallen, ausfüllen, erfüllen, sättigen, stillen, löschen, genügen.

Zukunft 1. das Kommende, die kom- 1582
mende Zeit, die bevorstehende Zeit, die nächste Zeit, die kommenden Jahre; das Nachher, die spätere Zeit, die Nachwelt, die Folgezeit, die Kommenden, die kommenden Generationen, die Nachkommen, die Enkel, 2. Bestand, Dauer, Weitergehen, dauernder Erfolg, bleibender Ruhm.

zunächst vorderhand, vorerst, fürs 1583
erste, erst einmal, vorab, bis auf weiteres; vorläufig, versuchsweise, befristet, einstweilen, vorübergehend, provisorisch.

zunehmend wachsend, ansteigend, 1584
steigend, im Steigen begriffen, im Zunehmen, sich rundend, mehr und mehr, sich füllend, sich mehrend, gesteigert, sich steigernd, immer mehr,

sich erhöhend, progressiv; auffrischend, stärker werdend, erhöht, potenziert, hochgesteigert, vervielfältigt, höher, mehr, besser, vermehrt, intensiviert, genauer, exakter, ergänzend, verbessert, verstärkt.

1585 **zürnen** 1. zornig sein, böse sein, sich bosen, sich giften, hochgehen, ernstlich böse sein, aufgebracht sein, ungemütlich werden, wüten, toben, sich vor Wut nicht kennen, außer sich geraten, die Zornader schwillt, 2. grollen, nachtragen, nachhalten, schmollen, trotzen, trutzen, tückschen, hadern, nicht vergessen können, anrechnen, ankreiden, zurechnen, verargen, verübeln, übelnehmen, eine Wut auf jem. haben, jem. auf dem Kieker haben, etw. übel vermerken, übel nehmen, anlasten, zur Last legen, verdenken, krumm nehmen, in den falschen Hals bekommen.

1586 **zurückhaltend** 1. still, verschlossen, schwierig, unzugänglich, schwer zu behandeln, schweigsam, reserviert, herb, verschwiegen, schamhaft, zuchtvoll, 2. vorsichtig, diskret, wortkarg, einsilbig, zugeknöpft, distanziert, 3. respektvoll, achtungsvoll, ehrerbietig, ehrfürchtig, pietätvoll, ehrfurchtsvoll, 4. taktvoll, unaufdringlich, unauffällig, dezent, vornehm, verhalten, abwartend, 5. menschenscheu, leutescheu, weltflüchtig, kontaktarm, kontaktschwach, kontaktlos, nicht ansprechbar, unzugänglich, zurückgezogen; undurchdringlich, undurchschaubar, undurchsichtig.

1587 **Zurückhaltung** 1. Abstand, Distanz, Respekt, Ehrfurcht, Scheu, Pietät, Ehrfürchtigkeit, Ehrerbietung, 2. Takt, Diskretion, Feinheit, Dezenz, Unaufdringlichkeit, Vornehmheit, Einfühlsamkeit, Zartgefühl, Verschwiegenheit, Wortkargheit, Mundfaulheit, Einsilbigkeit, Schweigsamkeit, Reserviertheit, Reserve, Verschlossenheit, Zugeknöpftheit, Verhaltenheit, Unzugänglichkeit, Unaufdringlichkeit, 3. Geheimnis, Heimlichkeit, Geheimhaltung, Verheimlichung, Verhüllung, Verschleierung; Geheimniskrämerei, Geheimnistuerei, 4. Weltflucht, Menschenscheu, Menschenfurcht, Zurückgezogenheit, Isolierung, Absonderung, Verborgenheit.

zusammen miteinander, zueinander, einer zum andern, vereinigt, verbunden, Arm in Arm, gemeinsam, vereint, Hand in Hand, Schulter an Schulter, Seite an Seite, selbander, zweisam, insgemein, mitsammen, gemeinschaftlich, beieinander, beisammen, ungetrennt, ungeteilt, untrennbar, eins, geschlossen, verbrüdert, unzertrennlich, unlösbar, kollektiv, gemeinnützig, für alle. 1588

Zustand Verfassung, Befinden, Befindlichkeit, Allgemeinbefinden, Gesundheitszustand, Konstitution, Körperbeschaffenheit, Gestimmtheit, Stimmung, Zuständlichkeit, Ergehen, Lebensgefühl, Einstellung zum Leben, Status, Lage, Stand, Umstand, Lebenslage, Vermögensstand. 1589

zuständig 1. maßgebend, maßgeblich, kompetent, bestimmend, ausschlaggebend, tonangebend, 2. normativ, richtunggebend, gültig, 3. sachkundig, sachverständig, befugt, berechtigt, verpflichtet, anerkannt, 4. eingesessen, beheimatet, ansässig, gemeldet, heimatberechtigt. 1590

Zuständigkeit 1. Kompetenz, Sachverstand, Sachverständigkeit, Fachkenntnis, Arbeitsgebiet, Sachgebiet, Maßgeblichkeit, Prestige, Renommee, 2. Berechtigung, Befugnis, Verpflichtung, Vollmacht, Ermächtigung, 3. Heimatrecht, Wohnrecht, Niederlassungsrecht, Zuzugsrecht, Ansässigkeit, fester Wohnsitz. 1591

zustimmen 1. zugeben, eingestehen, einräumen, zugestehen, zubilligen, gelten lassen, anerkennen, bestätigen, 2. bejahen, ja sagen, beipflichten, einwilligen, sein Jawort geben, unterschreiben, sich einsetzen, eintreten für, sich anschließen, einstimmen, beistimmen, gutheißen, in dieselbe Kerbe hauen, Partei ergreifen, recht geben, sich auf jem. Seite schlagen, sich bereit erklären, bereit sein, unterstützen, billigen, anneh- 1592 men, einverstanden sein, sekundieren, akzeptieren, darauf eingehen, zusagen, dafür sein, nichts dagegen haben, einer Meinung sein, 3. mitmachen, sich verstehen zu, sich einlassen auf, Feuer fangen, zugreifen, anbeißen, ja und amen sagen, begrüßen, bestärken, bekräftigen, anerkennen, ermutigen, beifällig aufnehmen, Weihrauch streuen, sich bekennen.

1593 **zustimmend** 1. beipflichtend, beifällig, einverstanden, positiv, optimistisch, bejahend, 2. meinetwegen, meinethalben, gut, nichts dagegen, wie du meinst, wie du willst, 3. um meinetwillen, mir zuliebe, für mich.

1594 **zuverlässig** 1. anständig, fair, loyal, sicher, immer derselbe, ehrlich, wahrhaftig, beständig, unveränderlich, gleichbleibend, unbeirrbar, unentwegt, aufrecht, mannhaft, prächtig, 2. treu, unerschütterlich, unwandelbar, standhaft, anhänglich, treue Seele, altgedient, bewährt, erprobt, fest, echt, wahr, unangefochten, unbestechlich, ehrenhaft, getreu, von echtem Schrot und Korn, unbeeinflußbar, treu ergeben, standfest, linientreu, kritiklos, unkritisch, unverbrüchlich, ergeben, felsenfest, ohne Wanken, charakterfest, charaktervoll, unzertrennlich, verschworen, Rocher de bronze, Ritter ohne Furcht und Tadel, 3. gewissenhaft, sorgsam, sorgfältig, pflichttreu, präzis, pünktlich, prompt; vertrauenswürdig, unverdächtig, glaubwürdig, glaubhaft, vertrauenerweckend, verläßlich, ehrlich, überzeugend, gründlich, genau, ordentlich, stetig, gleichmäßig, ausdauernd, beharrlich, beständig, konservativ, pflichtbewußt, 4. verbürgt, sicher, bezeugt, unbestreitbar, vertrauenswürdig, 5. zuverlässig sein, sein Wort halten, zu seinem Wort stehen, seine Pflicht tun, man kann sich auf ihn verlassen.

1595 **zweckmäßig** 1. brauchbar, geeignet, tauglich, verwendbar, passend, zweckentsprechend, zweckdienlich, sachdienlich, nützlich, zweckhaft, zweckvoll, praktisch, praktikabel, benutzbar, handlich, handgerecht, griffig, angepaßt, 2. rationell, planvoll, dienlich, wohldurchdacht, wohlüberlegt, sinnreich, sinnvoll, durchkonstruiert, ausgeklügelt, wirtschaftlich, ökonomisch, sparsam, materialsparend, zweckgerichtet, stromlinienförmig, schnittig, windschlüpfig, seetüchtig, 3. angezeigt, geraten, tunlich, ratsam, zu empfehlen, angebracht, empfehlenswert.

Zweifel 1. Bedenken, Bedenklichkeit, Skrupel, Unsicherheit, Zwiespalt, Zwiespältigkeit, Zerrissenheit, Ungewißheit, Unentschiedenheit, Unschlüssigkeit, Gegeneinander, Kampf, Zaudern, Zauderei, Zögern, Schwanken, Labilität, Achselzucken, Konflikt, innerer Widerstreit, Gewissenskonflikt, Glaubensfrage, 2. Verdacht, Argwohn, Ahnung, Vermutung, Mißtrauen, Befürchtung, Skepsis, Unterstellung, Mutmaßung, 3. Eifersucht, Qualen der Ungewißheit, Verdächtigung, 4. Fragwürdigkeit, Dilemma, schwierige Wahl, Alternative, Zweifelsfrage, Gewissensfrage, Entweder-Oder, Hin und Her, Tauziehen, Unklarheit, Dunkelziffer, Wenn und Aber, Pro und Contra, Für und Wider, Vor- und Nachteil, Scheideweg, Kreuzung. 1596

zweifelhaft 1. fraglich, ungewiß, unsicher, unbestimmt, anfechtbar, fragwürdig, dubios, ominös, faul, oberfaul, bedenklich, mehrdeutig, verdächtig, 2. doppelsinnig, doppeldeutig, vieldeutig, zweideutig, strittig, problematisch, rätselhaft, vielsagend, verdächtig, verfänglich, suspekt, prekär, heikel, brenzlig, mißlich, mulmig, undurchsichtig, undurchschaubar, dunkel, unklar, 3. unbürgerlich, abenteuerlich, bohèmehaft, halbseiden, obskur, dunkel, zwielichtig, „gemischt", unfein, nicht hasenrein, fadenscheinig, lichtscheu, 4. verrufen, übel beleumundet, anrüchig, anstößig, bescholten, verschrien, berüchtigt, auf der schwarzen Liste, unzuverlässig, nicht unverdächtig, von zweifelhaftem Ruf. 1597

1598 **zweifeln** bezweifeln, anzweifeln, in Zweifel ziehen, seine Bedenken hegen, in Frage stellen, wanken, schwanken, unsicher sein, wankend werden, unsicher werden, mit sich ringen, in Konflikt geraten, nicht genau wissen, irre werden, Verdacht schöpfen, verdächtigen, argwöhnen, Argwohn hegen, mißtrauen.

1599 **Zweig** 1. Nebenstelle, Niederlage, Niederlassung, Zweiggeschäft, Zweigstelle, Zweigniederlassung, Zweigfirma, Tochter, Tochterfirma, Tochterunternehmen, Tochtergesellschaft, Tochtergründung, Filiale, Depot, Lager, Handelsniederlassung, Faktorei; Ladenkette, 2. Branche, Abteilung, Fach, Gebiet, Stoffgebiet, Wissensgebiet, Sachgebiet, Fachgebiet, Teilgebiet; Sektion, Unterabteilung, Ressort; Station, Abteilung, Bereich, Sektor, Gruppe, Teil, Dezernat, Amt, Disziplin, Fakultät, Sparte, 3. Ast, Arm, Sproß, Nebenarm, Seitenarm, Seitenlinie, 4. Fach, Gefach, Schubfach, Schublade, Schieblade, Lade, Schoß, Brett, Bord.

1600 **zwiespältig** gespalten, zerspalten, mit sich uneins, innerlich zerrissen, hin und her gerissen, von Zweifeln geplagt, mit sich zerfallen, unentschlossen, ratlos, unentschieden, unschlüssig, schwankend, labil, unausgeglichen, disharmonisch, diskrepant.

1601 **zwingen** 1. nötigen, Druck ausüben, pressen zu, bestimmen, vorschreiben, aufzwingen, Gewalt anwenden, 2. erpressen, festnageln, festlegen, binden, beim Wort nehmen, drankriegen, erzwingen, unter Druck setzen, das Messer an die Kehle setzen, keinen Ausweg lassen, der Freiheit berauben, die Handlungsfreiheit nehmen, die Pistole auf die Brust setzen, an die Kandare nehmen, die Hände binden, 3. vergewaltigen, notzüchtigen, Gewalt antun, Zwang ausüben, terrorisieren, tyrannisieren, majorisieren, oktroyieren, diktieren, 4. prädestinieren, vorherbestimmen, vorausbestimmen, veranlagen, verhängen über, 5. fesseln, in Ketten legen, zusammenzwingen, zusammenschließen, aneinanderketten, aneinanderfesseln, anschmieden, anketten, zusammenschmieden.

zwingend 1. stichhaltig, beweiskräftig, 1602
durchschlagend, logisch, unwiderleglich, unabweislich, unwiderstehlich, wohlbegründet, unbezweifelbar, nicht daran zu rütteln, unausweichlich, überzeugend, suggestiv, eindringlich, hieb- und stichfest, triftig, schlagend, 2. bindend, verpflichtend, verantwortlich, haftbar, obligatorisch, verbindlich, abgemacht, besiegelt, vereinbart, beeidet, beschworen, 3. schicksalhaft, unabwendbar, unabdingbar, unabänderlich, unausbleiblich, vorbestimmt, vorherbestimmt, prädestiniert, schicksalsmäßig, schicksalsbedingt, anlagebedingt, unentrinnbar, unbezwinglich, unbezähmbar, zwanghaft, unwiderruflich, unvermeidlich, verfügt, beschlossen, zubestimmt.

Zwischenfall 1. Episode, Zwischen- 1603
spiel, Zwischenakt, Einlage, Abenteuer, Intermezzo, Auftritt, Szene, Situation, Wendung, Nebenhandlung, 2. Unannehmlichkeit, Hindernis, Vorfall, Störung, Unfall, Katastrophe, Peinlichkeit, Ärger, Widerwärtigkeit.

WÖRTERVERZEICHNIS

A

A–Z 564
aalen, sich 431
aalglatt 486
diplomatisch 1234
Aas 787
aasen 896
Aasgeier 230
ab und zu 1487
abändern 1365
abstellen 20
abarbeiten 120
sich abarbeiten 193
Abart 1366
abartig 1330
Abbau 122
Kündigung 124
Kürzung 362
abbauen 958
altern 922
kündigen 123
kürzen 811
abberufen 701
Abberufung 124
abbestellen 95
Abbestellung 94
abbiegen 21
Abbiegung 22
Abbild 243
Ebenbild 303
abbilden 1
Abbildung 243
abbinden 1265
Abbitte 412
abbitten 411
abblasen 385
abblättern 1384
abblenden 1108
abblitzen 1096
abblitzen lassen 23
abblocken 701
abblühen 1272
abbrechen 260
beendigen 385
zerstören 1569
pflücken 451
abbringen von 12
abbröckeln 1384
Abbruch 1570
Trennung 1266
Schaden 1085
Ende 1109
Abbruch tun 1086
abbuchen 120
abbürsten 1084
abbüßen 1229
abdachen, sich 5
Abdachung 4
abdanken 123
Abdankung 124
abdichten 448
abdrängen 1343
abdrehen 20
wenden 308
löschen 858
abdrosseln 20
Abdruck 1186
Vervielfältigung 1454
Veröffentlichung 1421
abdrücken, sich 354
abdrucken 1453
veröffentlichen 1420
abdunkeln 1108
abebben 922
Abend 319
Abendessen 870
abendfüllend 816
Abendland 471
abendländisch 471
abendlich 318
Abenteuer 615
Unternehmen 1348
Erlebnis 425
abenteuerlich 573
abenteuern 1503
Abenteurer 2
aber 3
Aber 1527
Aberglaube 319
Unwissenheit 1326
abergläubisch 1356
aberkennen 936
Aberkennung 421
abermals 1531
Aberwitz 1326
aberwitzig 1423
abfahren 394
Abfahrt 395
Abfahrtszeichen 1072
Abfall 4
vom Glauben 763
Preisgabe 1088
abfallen 5
im Stich lassen 1014
Korb bekommen 1096
abfallen lassen 23
abmagern 10
abfallend 1126
abfällig 24
abfangen 490
aufhalten 701
abfärben 922
abfassen 701
schreiben 1129
Abfassung 951
abfertigen 440
abweisen 23
Abfertigung 1262
Abweisung 25
abfinden 404
abfinden, sich 407
Abfindung 408
abflachen, sich 5

abflauen 922
abfließen 831
Abflug 395
Abfluß 972
Abfolge 521
abformen 1
Abfuhr 25
Abfuhr erteilen 23
abführen 860
  abliefern 1098
  verhaften 490
abführend 627
abfüllen 831
Abfüllung 831
Abgabe 109
  Verkauf 1408
  Verteilung 1439
Abgang 395
  Ausscheiden 124
  Ausscheidung 15
  Verlust 1085
abgängig 1511
Abgas 4
abgearbeitet 908
abgeben 567
  verkaufen 1409
  sich abgeben 209
abgeblasen 441
abgeblüht 34
abgebrannt 87
abgebraucht 34
abgebrochen 208
abgebrüht 1106
  stumpf 1223
  herzlos 747
Abgebrühtheit 616
abgedankt 34
abgedroschen 145
abgefeimt 1106
abgegriffen 208
  alt 34
  banal 145
abgehärtet 794
abgehen 394
  ausscheiden 123
  fehlen 496
  abgehen von 822
abgehetzt 908
abgekartet 1444
abgekartetes Spiel 866
abgeklärt 1055
Abgeklärtheit 425
abgelagert 1055
abgelebt 34
  vergangen 1394
abgelegen 357
abgelenkt 1305
abgelten 240
Abgeltung 408
abgemacht 441
abgemeldet 1511
  erledigt 441
abgeneigt 24
abgenutzt 34
  banal 145
Abgeordneter 1449
abgepackt 603
abgerichtet 585
abgerissen 87
abgerundet 1319
abgerüstet 700
Abgesandter 1449
Abgesang 1109
abgeschabt 34
abgeschieden 1258
  einsam 357
Abgeschiedenheit 358
abgeschlossen 357
  fertig 506
  erledigt 441
  zu 618
abgeschmackt 145
  kitschig 767
Abgeschmacktheit 146
abgesehen von 128
abgesondert 357
abgespannt 908
abgesprochen 1444
abgestanden 476
abgestimmt 676
abgestorben 1258
  alt 34
abgestumpft 1223
abgetakelt 695
abgetan 441
abgetrennt 357
  einzeln 367
abgewinnen 631
  Geschmack 574
abgewöhnen 1425
  sich abgewöhnen 404
Abgewöhnung 406
  Entzug 421
abgezehrt 376
  dünn 321
  krank 839
Abglanz 434
  Reflex 1542
abgleiten 922
  abweichen 21
Abgott 713
abgöttisch 684
abgraben, das Wasser 1086
abgrasen 469
  bereisen 1521
abgrenzen 1299
  vereinbaren 1389
Abgrenzung 1127
Abgrund 1441
abgründig 1254
  dunkel 318
abgucken 720
Abguß 1454
  Nachahmung 914
abhacken 811
abhaken 440
abhalftern 123
  ausspannen 164
abhalten 701
  veranstalten 1368
Abhaltung 1210
abhandeln 673
  behandeln 1129
abhanden 1511
abhanden kommen 1415
Abhandlung 951
Abhang 4
abhängen (Bild) 10
abhängen von 6
abhängig 1317
  schwach 700
abhängig machen, sich 6
Abhängigkeit 312
  Hörigkeit 575
abhärmen, sich 838
abhärten (sich) 1190
Abhärtung 1189
abhauen 515
  abschlagen 811
  weggehen 394
abheben 430
  anspielen 705
  Geld 215
  sich abheben 784
abhelfen 20
  helfen 688
abhetzen, sich 696
Abhilfe 395
Abhilfe schaffen 20

abhold 24
abholen 170
abholzen 452
abhorchen 195
untersuchen 174
abirren 738
Abirrung 22
Abitur 1021
abjagen 936
abkanzeln 1100
abkapseln, sich 14
abkarten 1389
abkaufen 755
Abkehr 1266
abkehren, sich 1014
Abklatsch 914
abklatschen 720
abklingen 922
abklopfen 174
bereisen 1521
abknappen 738
abknapsen 1170
Abkommen 1390
Abstammung 18
abkommen 1389
veralten 1398
vom Wege 738
abkommen von 822
abkömmlich 1331
Abkömmling 764
abkoppeln 1265
abkratzen 393
abkriegen 184
abkühlen 922
ernüchtern 416
abkühlen lassen 456
Abkühlung 1069
Ernüchterung 878
Abkunft 18
abkürzen 811
Abkürzung 22
abladen 831
Ablage 815
ablagern (sich) 948
reifen 771
Ablagerung 950
Ablaß 650
ablassen 822
verkaufen 1409
Ablauf 972
Prozedur 1019
Geschehen 615
ablaufen 7
verlaufen 166
ablegen 567
zu den Akten 440
Fehler 404
Ableger 764
ablehnen 23
hassen 678
verurteilen 1452
ablehnend 24
Ablehnung 25
ableiten 8
ableiten von 9
Ableitung 22
Öffnung 972
Schluß 1109
ablenken 1209
unterhalten 1345
Ablenkung 1346
Störung 1210
Ablenkungsmanöver 866
ableugnen 848
abliefern 1098
Ablieferung 1262
ablisten 229
ablösen (sich) 1509
entschädigen 407
Ablösung 1366
Entschädigung 408
abmachen 1389
abnehmen 10
ernten 451
Abmachung 1390
abmagern 10
Abmagerung 1069
Abmagerungskur 447
Abmarsch 395
abmarschieren 394
abmelden (sich) 95
Abmeldung 94
abmontieren 1565
abnabeln 1265
abnagen 469
Abnahme 1069
Kauf 754
abnehmbar 859
abnehmen 10
kaufen 755
nachlassen 922
abgewinnen 631
pflücken 451
abnehmend 10
Abnehmer 756
Abneigung 11
abnorm 93
Abnormität 1330
abnötigen 248
abnützen (sich) 1379
Abnützung 1378
Abonnement 108
Abonnent 806
abonnieren 221
halten 669
abordnen 161
entsenden 221
wählen 1495
Abordnung 1450
Abort 935
Abtreibung 395
abpassen 195
abplagen, sich 193
abprallen 495
abqualifizieren 418
abrackern, sich 193
abraten 12
abräumen 393
abreagieren 164
abrechnen 120
entlasten 401
vergelten 1399
Abrechnung 1045
Vergeltung 1400
Ausgleich 119
abreiben 393
Abreibung 1232
Abreise 395
abreisen 394
abreißen 393
sich lösen 860
enden 385
zerstören 1569
abrichten 1281
Abrichtung 1578
abriegeln 1108
blockieren 701
abringen (sich) 404
erbitten 248
abrollen 166
abrücken von 515
abrufen 701
abrunden 427
glätten 637
vollenden 1468
abrupt 810
abrüsten 205
Abrüstung 545
abrutschen 484

absacken 484
herunterkommen 922
verunglücken 1096
Absage 25
absagen 1425
absägen 1103
kündigen 123
Absatz 1408
Abschnitt 1240
abschaben 393
verwetzen 1379
abschaffen 211
Abschaffung 395
abschalten 20
ausruhen 1075
abschätzen 1091
abschätzig 24
Abschaum 4
Abscheu 11
abscheulich 371
häßlich 679
schlecht 1106
abschieben 140
Abschied 395
Abschied nehmen 394
Rücktritt erklären 123
abschießen 1259
erledigen 440
den Vogel 631
Abschlag 1484
auf A. kaufen 27
abschlagen (Preis) 922
fällen 1103
nein sagen 1425
kürzen 811
abschlägig 24
Abschlagzahlung 1029
abschleifen (sich) 633
glätten 637
abschleppen 393
abschließen 1108
enden 385
brechen 260
abschließend 387
Abschluß 1109
Vereinbarung 1390
abschmecken 791
abschneiden 1118
kürzen 811
blockieren 701
Abschnitt 1240
abschnüren 314
abschöpfen (den Rahm) 394
profitieren 631
abschrecken 701
kühlen 803
abschreckend 679
hart 677
abschreiben 720
vervielfältigen 1453
absagen 23
ausgleichen 120
aufgeben 95
Abschrift 303
abschüssig 1126
Abschüssigkeit 4
abschütteln 23
sich befreien 164
entfernen 393
abschwächen 205
untertreiben 692
Abschwächung 878
abschweifen 21
Abschweifung 22
abschwenken 17
abschwören 848
entsagen 404
absehbar 810
absehen 720
absehen von 822
weglassen 121
abseilen 948
Abseite 1070
abseitig 93
Abseitigkeit 335
abseits (stehen) 357
absetzen 1409
entlassen 123
sich absetzen 515
Absetzung 124
Absicht 1004
Zweck 1573
absichtlich 13
absichtslos 1580
absinken 484
herunterkommen 922
sich abdachen 5
absolut 1307
Absolution 650
Absolutismus 300
absonderlich 93
Absonderlichkeit 335
absondern (sich) 14
Absonderung 15
Einsamkeit 358
absorbieren 101
beanspruchen 151
abspalten 1265
Abspaltung 1266
Abspannung 445
absparen, sich 1170
abspeisen mit 23
abspenstig machen 16
absperren 1159
einzäunen 1299
zuschließen 1108
Absperrung 1127
abspielen, sich 166
abspinnen 922
absplittern 1265
brechen 260
Absprache 1390
absprechen 1389
aberkennen 1425
absprechend 24
abspringen 17
Absprung 1185
Anfang 39
abstammen 415
Abstammung 18
Abstand 395
Zurückhaltung 1587
Unterschied 1349
Abstand wahren 23
Abstand nehmen 822
abständig 34
veraltet 1364
abstatten 240
Besuch 223
Dank 280
abstauben 1084
stehlen 936
abstechen von 784
Abstecher 22
abstehen von 822
absteigen 19
nachlassen 922
besuchen 223
abstellen 20
Abstellraum 935
abstempeln 762
absterben 1199
nachlassen 922
abstieben 394
auffliegen 430
Abstieg 1301
Rückgang 1069
abstimmen 1495
vergleichen 1403

Abstimmung 1494
Vereinbarung 1390
abstinent 877
Abstinenz 876
abstoppen 20
messen 508
abstoßen 23
verkaufen 1409
ekeln 372
abstoßend 24
häßlich 679
ekelhaft 371
abstottern 27
abstrahieren 1108
abstrakt 718
Abstraktion 1109
Begriff 717
abstreichen 811
wegfliegen 430
abstreifen 393
abstreiten 848
Abstriche machen 811
abstrus 93
abstufen 979
Abstufung 980
abstumpfen 922
Absturz 483
abstürzen 484
abstützen 1159
absurd 1330
Absurdität 1330
Abt 765
abtakeln 123
abtasten 174
abtauen 860
Abtei 765
abteilen 1241
Abteilung 1599
abtippen 1453
Äbtissin 765
abtöten 1259
entsagen 404
abtragen 27
ausgleichen 120
glätten 637
abträglich 1324
Abtragung 119
Abtransport 1447
Versand 1262
abtransportieren 140
verschicken 1098
abtreiben 21
abtreiben (Frucht) 393
Abtreibung 395
abtrennen 1265
Abtrennung 1266
abtreten 567
ausscheiden 123
Abtretung 406
abtropfen (lassen) 1272
abtrünnig 1358
abtrünnig werden 1014
Abtrünniger 763
Deserteur 1136
Abtrünnigkeit 1359
abtun 95
erledigen 440
abtupfen 393
aburteilen 1452
Aburteilung 1361
abwägen 1091
überlegen 290
abwägend 1076
abwälzen 164
abwandeln 1365
abwandern 394
abspringen 17
Abwandlung 1366
abwarten 1506
schwanken 1142
abwartend 641
abwärts 1341
abwärts gehen 922
bergab gehen 19
abwaschen 1084
abwechseln 1509
abwechselnd 578
Abwechslung 1366
Unterhaltung 1346
Vielfalt 1466
abwechslungsreich 1428
Abweg 22
abwegig 1330
Abwehr 1137
Zurückhaltung 25
abwehren 701
verteidigen 1138
abweichen 21
irregehen 738
ablösen 10
abweichend 1428
Abweichung 22
Ausnahme 1366
abweiden 469
abweisen 23
abweisend 24
Abweisung 25
abwenden, sich 394
aufgeben 1014
Abwendung 1266
abwerfen 164
Kleider 142
Nutzen 958
abwerten 418
abwertend 24
Abwertung 1085
abwesend 1511
Abwesenheit 26
abwickeln 440
Abwicklung 442
abwimmeln 23
abwinken 23
abwirtschaften 922
abwischen 393
säubern 1084
abzahlen 27
ausgleichen 120
Abzahlung 119
Rate 1029
Abzeichen 761
abzeichnen 1
unterschreiben 219
sich abzeichnen 926
abziehen 349
subtrahieren 1558
kürzen 811
sich entfernen 394
die Hand abziehen 1014
abzielen auf 1551
anspielen 705
Abzug 109
Entfernung 395
Rabatt 1484
abzüglich 128
abzwacken 811
sparen 1170
abzweigen 21
teilen 1241
Abzweigung 22
abzwicken 811
Achillesferse 497
Achse 902
Achselzucken 1596
achselzuckend 1316
achtbar 70
Achtbarkeit 69
achten 1388
achten auf 195
ächten 140
achtlos 1305
Achtlosigkeit 837

achtsam 1168
Achtsamkeit 1167
Achtung 28
Ächtung 1447
achtunggebietend 724
ächzen 769
Acker 656
Ackerbau 467
ackern 464
sich mühen 193
Adel 505
Adel, der 233
adelig 1477
adeln 332
Aderlaß 1085
Adjutant 689
adoptieren 1432
Adresse 761
adressieren 762
adrett 1057
Adrettheit 980
Advokat 746
Affäre 483
Affe 1143
Stutzer 1226
Rausch 231
Affekt 454
affektiert 369
Affektiertheit 370
Affront 1527
Agent 1449
Spion 196
Agentur 1417
Aggression 48
aggressiv 684
feindselig 503
Aggressivität 685
Aggressor 502
agieren 673
spielen 1177
agil 617
Agitation 1523
Agitator 1522
agitieren 1521
ahnden 1399
Ahndung 1400
ähneln 1285
ahnen 1418
Ahnen 1456
ähnlich 640
Ähnlichkeit 1456
Ahnung 577
ahnungslos 1355
unwissend 1356
Ahnungsvermögen 380
ahnungsvoll 379
Air 1405
sich ein Air geben 1292
Akademie 1134
akademisch 808
akademisch gebildet 760
akklimatisieren (sich) 633
Akkord 675
akkurat 593
Akontozahlung 1029
akquirieren 215
Anzeigen werben 1521
Akquisiteur 1522
Akt 1236
Aktentasche 173
Aktion 1348
Aktionsradius 569
aktiv 1237
aktivieren 60
Aktivität 388
Aktualität 943
aktuell 581
wichtig 1526
modern 904
akut 1526
Akzent 917
akzentuieren 705
akzeptieren 1592
Alarm 1072
alarmieren 1073
albern 315
Albernheit 316
Album 1082
Alibi 220
Alimente 1344
Alkoholika 630
Alkoholiker 1270
Alkoven 935
All 1518
alle 29
leer 441
Allee 1512
Allegorie 284
Symbol 1562
allegorisch 244
allein 357
einzeln 367
Alleinherrschaft 300
Alleinherrscher 556
Alleinleben 329
alleinstehend 367
allenfalls 906
allerdings 30
Allergie 384
allergisch 383
allerlei 1464
alles 564
alles mögliche 1464
allgemein 563
im allgemeinen 31
Allgemeinheit 969
Allianz 590
allmächtig 868
allmählich 817
Alltag 32
alltäglich 145
Alltäglichkeit 818
Banalität 146
Allüren 1405
Almanach 1082
Almosen 974
Alpdruck 49
Last 823
Alpinist 1178
Alpinistik 238
als 1497
früher 551
alsbald 639
also 1513
als ob 642
alt 34
veraltet 1364
Altenheim 35
Altenteil 35
Alter 35
altern 922
Alternative 1494
Dilemma 1596
Alternativer 984
alternd 10
altersschwach 839
Altersversorgung 1063
Altertum 1395
altertümlich 1364
altgedient 1594
ausgedient 34
altklug 1491
altmodisch 1364
Altruismus 888
altruistisch 887
Altwaren 4
Amateur 301

Amazone 874
ambulant 237
Amme 46
Amnestie 650
amnestieren 411
amortisieren 240
Amortisierung 119
amputieren 174
Amt 82
Behörde 179
amtieren 83
amtlich 970
Amtsträger 46
Amulett 1561
amüsant 61
amüsieren 1345
Analyse 1570
analysieren 1565
Anarchie 1570
anarchisch 879
Anarchismus 300
Anarchist 763
anarchistisch 1568
anbahnen 1472
Anbahnung 39
Vorbereitung 880
Anbau 467
anbauen 464
erweitern 427
anbei 36
ergänzend 427
anbeißen 1592
anbelangen 226
anberaumen 161
anbeten 1388
lieben 852
verwöhnen 1459
Anbeter 542
Anbetracht, in 37
Anbetung 28
Liebe 851
anbetungswürdig 118
anbiedern, sich 926
anbieten (sich) 38
sich prostituieren 1014
anbinden 162
Streit anfangen 1217
Anblick 243
anblicken 65
anbrechen 40
öffnen 971
Tag 415
anbrennen 1384
anbringen 162
verkaufen 1409
sprechen 1183
Anbruch 39
im Anbruch 965
Andacht 499
andächtig 498
andauern 287
andauernd 721
Andenken 434
ändern (sich) 1365
andernfalls 92
anders 1428
anderswo 1511
Änderung 1366
anderweitig 1511
andeuten 705
Andeutung 704
eine Spur 775
andeutungsweise 901
ungenau 1354
Andrang 48
andrehen 73
betrügen 229
anecken 74
aneifern 446
Aneiferung 62
aneignen, sich 936
aneinandergeraten 1217
aneinanderketten 1601
Anekdote 284
Witz 1346
anekeln 372
anempfehlen 1038
Anerbieten 1478
Empfehlung 382
anerkannt 785
anerkennen 219
zustimmen 1592
danken 280
anerkennenswert 1387
Anerkennung 220
Dankbarkeit 279
Lob 856
Ermutigung 62
anfachen 1505
hetzen 696
anfahren 1100
liefern 1098
Anfall 112
Menge 1029
anfallen 512
angreifen 47
bitten 248
anfällig 383
Anfälligkeit 384
anfallweise 1487
Anfang 39
von Anfang an 639
anfangen 40
Anfänger 1135
anfänglich 41
Anfangsgründe 657
anfassen 206
helfen 688
zum Anfassen 828
anfechtbar 1597
anfechten 848
bekämpfen 751
verlocken 1438
sich nicht anfechten lassen 641
Anfechtung 1021
anfeinden 751
Anfeindung 188
anfertigen 1422
anfeuchten 510
anfeuern 60
anflehen 248
anfliegen 948
Krankheit 437
Anflug 926
Hauch 775
anfordern 221
Anforderung 108
Anspruch 66
Last 823
Anfrage 529
anfragen 530
anfreunden, sich 926
anfügen 427
anfühlen, sich 1095
berühren 206
anführen 554
betrügen 229
erwähnen 940
Angabe 1571
Anweisung 76
Prunk 1022
angängig 906
angeben 897
prunken 1292
anzeigen 769
Angeber 1143
Verräter 1136
angeberisch 369
Angebinde 561
angeblich 42

angeboren 933
Angebot 382
angebracht 1163
angebrannt 1106
angebunden 1317
angedeihen lassen 567
Angedenken 434
angedeutet 961
angehen 226
bitten 248
anfangen 40
angreifen 47
gedeihen 419
angehen gegen 701
angehend 227
zukünftig 1174
angehören 666
Angehörige 1456
angeknackst 208
schwach 1140
Angel (Tür) 162
angelegen sein lassen 167
Angelegenheit 483
angelegentlich 918
angeln 490
sich bemühen 1228
Angelpunkt 680
angemessen 414
billig 245
angebracht 1163
angenehm 43
gemütlich 592
anziehend 79
glatt 636
angenommen (falls) 485
akzeptiert 441
angepaßt 1595
kontaktfähig 620
angeregt 828
angeschlagen 208
schwach 1140
angesehen 44
angesessen 45
Angesicht 624
angesichts 37
angespannt 729
angestammt 45
angestellt 298
Angestellter 46
angestrengt 729
angetrunken 231
angewidert 1529
angewiesen auf 6
angewöhnen (sich) 633
Angewohnheit 634
angezeigt 959
angleichen 637
normen 1391
sich angleichen 633
angliedern (sich) 1374
anglimmen 261
angreifen 47
packen 987
Angreifer 502
angreiferisch 684
angrenzen 206
angrenzend 924
Angriff 48
Beleidigung 188
angriffslustig 684
Angst 49
angsterfüllt 51
Angsthase 501
ängstigen 103
ängstigen, sich 50
Ängstigung 311
ängstlich 51
anhaben 1261
schaden 1086
Anhalt 668
anhalten 669
mahnen 871
bitten 248
anhaltend 288
immer 721
Anhaltspunkt 1186
an Hand von 901
Anhang 428
Anhänger 53
anhängen 52
jem. etwas anhängen 1413
Anhänger 53
Anhängerschaft 53
anhängig 965
anhänglich 1594
Anhänglichkeit 851
Anhängsel 428
anhäufen 1081
sich anhäufen 1453
Anhäufung 1082
anheben 683
anfangen 40
anheften 162
anheimeln 574
anheimstellen 438
anheischig machen, sich 38
anheuern 1521
Anhieb, auf 1355
anhimmeln 852
Anhöhe 203
anhören 708
beachten 150
animalisch 1162
animieren 60
animos 503
Animosität 504
ankämpfen gegen 701
bekämpfen 751
Ankauf 754
ankaufen 755
Anker 668
ankern 948
Ankerplatz 668
anketten 246
Anklage 768
anklagen 769
Ankläger 746
anklammern 162
anklammern, sich 52
Anklang 323
Ähnlichkeit 1456
ankleiden (sich) 78
anklingen 433
anklingend 642
anklopfen 1510
fragen 530
anknüpfen 1472
fortsetzen 1392
Anknüpfungspunkt 1375
ankommen 54
wirken 1538
ankommen auf 55
ankoppeln 1374
ankränkeln 437
ankreiden 1490
ankündigen 897
sich ankündigen 926
Ankündigung 899
Ankunft 56
ankurbeln 1367
Ankurbelung 880
Anfang 39
anlächeln 1060

Anlage 981
als Anlage 36
Ergänzung 428
Charakteranlage 272
Investierung 359
Grünanlage 656
Betrieb 228
anlangen 54
berühren 206
Anlaß 1369
Grund 656
anlassen 1367
beschimpfen 1100
anläßlich 57
anlasten 120
beschuldigen 1490
Anlauf 39
Anlauf nehmen 409
anlaufen 40
landen 948
beschlagen 510
abblitzen 1096
anlegen 40
landen 948
ergänzen 427
nutzen 958
anlegen auf 1005
anlegen, sich mit jem. 1217
anlehnen, sich 1225
nachmachen 720
Anlehnung 914
anlehnungsbedürftig 700
Anleihe 281
Nachahmung 914
anleiten 834
Anleitung 76
anlernen 834
Anliegen 1410
anliegen 206
bitten 248
beiliegen 427
anliegend 36
nah 924
prall 636
Anlieger 915
anlügen 864
anmachen 162
Feuer 1505
zubereiten 1577
anmalen 492
sich anmalen 998
Anmarsch 926
im Anmarsch 924
anmaßen, sich 151
anmaßend 68
Anmaßung 370
Snobismus 895
anmelden (sich) 897
bevorstehen 926
Anmeldung 77
Vorzimmer 1417
anmerken 1183
Anmerkung 131
anmessen 1472
Anmut 58
anmuten 1095
anmutig 59
anmutlos 1010
annähern (sich) 926
annähernd 1319
Annäherung 926
Annahme 883
Empfang 377
Annalen 434
annehmbar 906
annehmen 936
vermuten 1418
den Fall setzen 781
Gewohnheit annehmen 633
Vernunft annehmen 1436
Annehmlichkeit 602
annektieren 936
Annexion 421
Annonce 77
annoncieren 38
annullieren 211
Annullierung 395
anöden 819
anomal 1330
Anomalie 1330
anonym 1308
Anonymus 944
Anonymität 944
anordnen 979
befehlen 161
organisieren 983
Anordnung 980
Befehl 160
anpacken 40
mit anpacken 688
berühren 206
anpassen (sich) 633
Anpassung 634
anpassungsfähig 373
gesellig 620
nicht anpassungsfähig 1191
Anpassungsfähigkeit 374
anpeilen 1574
anpfeifen 40
schimpfen 1100
anpflanzen 464
Anpflanzung 467
Schonung 656
anpöbeln 692
Anprall 1211
anprallen 74
anprangern 252
anpreisen 1251
loben 857
Anpreisung 1523
Lob 856
anprobieren 1020
anpumpen 254
Anrainer 915
anraten 1038
anrechnen 120
anlasten 1490
berücksichtigen 150
Anrecht 1046
Anrede 761
anreden 940
anregen 60
anregend 61
Anreger 556
Anregung 62
anreichern 1372
anreisen 926
Anreiz 62
Motiv 656
anreizen 1060
anrempeln 1060
Anrichte 356
anrichten 1577
etwas anrichten 1398
anrüchig 1597
anrücken 54
Anruf 1072
Telephon 899
anrufen 1073
appellieren 871
telephonieren 897
Anrufung 568
anrühren 206
Ansage 899

ansagen 897
diktieren 161
moderieren 1416
sich ansagen 897
Ansager 1449
ansammeln 1081
sich ansammeln 1453
Ansammlung 1082
Fülle 557
ansässig 45
Ansässige 233
Ansatz 39
Anlauf 48
Ansatzpunkt 657
anschaffen 755
Anschaffung 754
anschaulich 63
Anschaulichkeit 491
Anschauung 883
Nachdenken 916
Anschauungsvermögen 1001
Anschein 127
Anschein erwecken, den 1095
anscheinend 64
anschicken, sich 1472
anschirren 1472
Anschlag 48
Mitteilung 899
anschlagen 897
nähren 184
anschlägig 478
schlau 1105
anschleichen 1392
anschließen (sich) 1374
anschließend 1174
Anschluß 1375
Annäherung 926
anschmieden 162
fesseln 1601
anschmiegen, sich 633
zärtlich sein 852
anschmiegsam 853
elastisch 373
anschmieren 1451
betrügen 229
anschnallen (sich) 1159
anschnauzen 1100
Anschnauzer 1232
anschneiden 971
Frage anschneiden 1479
anschrauben 162
Anschrift 761
anschuldigen 769
Anschuldigung 768
Vorwurf 1232
anschwärzen 1413
anschwellen 1549
quellen 1031
zunehmen 1453
Anschwellung 1550
anschwemmen 926
Ansehen 589
Kredit 797
sich ein Ansehen geben 1292
ansehen 65
ansehnlich 653
stattlich 1194
anseilen (sich) 1159
ansetzen 40
festsetzen 161
zubereiten 1472
veranschlagen 1091
Ansicht 883
Abbildung 243
ansichtig werden 1153
Ansichtssache 883
ansiedeln, sich 948
Ansiedler 149
Ansiedlung 949
Ansinnen 1410
ansinnen 151
anspannen 1572
einspannen 1472
belasten 151
Anspannung 823
anspielen 705
sticheln 1180
Anspielung 704
anspinnen 40
anspitzen 1090
drängen 305
Ansporn 62
Grund 656
anspornen 60
Ansprache 1486
ohne Ansprache 357
ansprechbar 379
ansprechen 574
bitten 248
belästigen 1060
ansprechend 79
anspringen 40
angreifen 48
Anspruch 66
Anspruch erheben 151
anspruchslos 67
Anspruchslosigkeit 600
anspruchsvoll 68
anspülen 926
anstacheln 696
Anstalt 981
Anstalten machen 40
Anstand 69
Jagd 740
Anstände 1232
anständig 70
Anständigkeit 331
anstandshalber 414
anstandslos 71
anstarren 1553
belästigen 1060
anstauen, sich 1453
anstaunen 1388
anstechen 971
anstecken 437
Feuer 1505
befestigen 162
ansteckend 573
Ansteckung 796
anstehen 72
warten 1506
anstehend 965
ansteigen 1196
ansteigend 1126
Ansteigen 107
anstellen 73
sich anstellen 666
Schlange stehen 1506
etwas anstellen 496
anstellig 617
Anstelligkeit 616
Anstellung 82
Einführung 347
ansteuern 926
zielen 1574
Anstieg 107
anstiften 1367
Anstiftung 454
Anstoß 62
Stoß 1211
Anstoß erregen 74
Anstoß nehmen 152
anstoßen 74
mit jem. 663
anstößig 1304
Anstößigkeit 80
anstrahlen 189
lachen 813

anstreben 1212
anstreichen 492
  tadeln 1233
Anstreicher 492
anstrengen 151
  ermüden 444
  sich anstrengen 193
anstrengend 1147
Anstrengung 750
  Last 823
Anstrich 127
Ansturm 48
anstürmen 74
antasten 206
Anteil 1240
Anteil nehmen 1244
Anteilnahme 1243
Antenne 380
antik 34
Antipathie 11
antipathisch 1303
Antipode 1349
Antiquar 614
antiquarisch 34
antiquiert 1364
Antiquität 790
antiseptisch 1057
Antlitz 624
Antrag 1410
antragen 38
Antragsteller 75
antreiben 305
  ermuntern 446
  anschwemmen 926
antreten 778
  sich aufstellen 1506
  Beweis antreten 1563
Antrieb 62
Antritt 56
  Eintritt 347
antun, jem. etwas 1086
antun, sich etwas 1259
Antwort 463
antworten 462
anvertrauen 1442
  eröffnen 966
anvisieren 1005
Anwalt 746
  sich zum Anwalt
    machen 193
anwandeln 345
Anwandlung 1204
Anwärter 75
Anwartschaft 66
anweisen 834
  befehlen 161
Anweisung 833
  Befehl 160
anwendbar 906
anwenden 194
Anwendung 122
anwerben 1521
Anwesen 212
  Haus 681
anwesend 581
anwesend sein 1244
Anwesende 1246
Anwesenheit 580
anwidern 372
Anwohner 925
Anwurf 1232
Anzahl 885
anzahlen 96
Anzahlung 1029
Anzeichen 1562
Anzeige 77
  Rezension 799
  Klage 768
anzeigen 38
  rezensieren 217
  klagen 769
anzetteln 1367
anziehen (sich) 78
  steigen 1196
anziehend 79
Anziehung 1542
  Reiz 1561
Anziehungskraft 1542
Anziehungspunkt 869
Anzug 773
  im Anzug 924
anzüglich 1181
  persönlich 994
Anzüglichkeit 80
anzünden 1505
anzweifeln 1598
apart 214
Apartment 1548
Apathie 1313
apathisch 641
apodiktisch 1218
Apostel 715
Apostolat 108
Apparat 605
  Organisation 981
Apparatur 356
Appartement 1548
Appell 872
appellieren 871
Appetit 1410
Appetit haben 167
appetitanregend 89
appetitlich 81
  proper 941
applaudieren 857
Applaus 323
Approbation 439
approbieren 438
Aquädukt 1375
Äquivalent 408
Ära 1564
Arbeit 82
  Niederschrift 951
  Existenz 473
arbeiten 83
  schwer arbeiten 193
  an sich arbeiten 419
Arbeiter 46
Arbeitgeber 556
Arbeitnehmer 46
arbeitsam 514
Arbeitsamkeit 333
arbeitsfähig 627
Arbeitsfähigkeit 629
Arbeitsfeld 569
Arbeitsfreude 333
arbeitsfreudig 514
Arbeitsgemeinschaft
  661
Arbeitskraft 867
arbeitslos 84
Arbeitslust 333
Arbeitsraum 613
arbeitsscheu 1339
Arbeitsscheu 1340
arbeitsunfähig 839
Arbeitsunfähigkeit
  1085
Arbeitsweise 1231
Archetyp 1280
Architekt 465
Architektur 479
Archiv 815
arg 1154
  schlimm 1106
Arg 487
Ärger 85
ärgerlich 255
  unangenehm 1303
  empörend 104
ärgern, sich 86
  reizen 1060

Ärgernis 85
Arglist 487
arglistig 486
boshaft 256
arglos 1444
Arglosigkeit 344
Argument 656
argumentieren 411
Argwohn 1596
argwöhnen 1598
argwöhnisch 1480
Aristokratie 233
aristokratisch 1477
Arkaden 1550
arm 87
arm sein 392
Armee 752
Menge 885
Armer 87
ärmlich 87
armselig 376
Armut 954
Armutszeugnis 497
Aroma 88
aromatisch 89
arrangieren 1368
arrangieren, sich 1389
Arrangement 981
Zusammenstellung 137
Vergleich 1390
Arrest 575
arriviert 648
arrogant 68
Arroganz 370
Arsenal 815
Art 90
Charakter 272
Verhalten 1405
aus der Art schlagen 1384
arten nach 1285
artig 259
höflich 99
Artigkeit 91
Kompliment 662
Artikel 466
Aufsatz 951
artikuliert 294
ausdrucksfähig 804
Artist 475
artistisch 474
Arznei 900
Arzt 475
Asche 1064
in Asche legen 1569
aseptisch 1057
Askese 406
Asket 715
asketisch 405
asozial 1106
gesellschaftsfeindlich 1191
Aspekt 132
Blickwinkel 883
Asphalt 960
asphaltieren 637
Aspirant 75
assimilieren 101
sich assimilieren 633
Assimilation 634
Assistent 689
Assistenz 698
assortieren 979
assortiert 117
Assoziation 1375
Assoziierung 1375
assoziieren (sich) 1374
Ast 1599
Ästhet 807
Genießer 597
ästhetisch 804
ästhet. Empfinden 619
astrein 1469
Asyl 1137
Asylant 138
Asylrecht 1137
Atelier 613
Atem 861
in Atem halten 151
Atem anhalten 50
atemberaubend 1540
spannend 730
atemlos 908
Atemnot 391
Atheismus 763
Atheist 763
atheistisch 763
Äther 861
ätherisch 862
Athlet 1178
atmen 827
Atmosphäre 861
Umgebung 1035
atomisieren 1565
attachieren, sich 1374
Attacke 48
attackieren 47
belästigen 1060
Attentat 48
Attentäter 1380
Attest 220
attestieren 219
Attraktion 869
attraktiv 79
Attrappe 1239
Attribut 761
ätzen 354
ätzend 694
spöttisch 1181
auch 92
Audienz 377
Auditorium 1246
aufarbeiten 921
ausbessern 448
aufatmen 431
Aufbau 981
Entwicklung 420
aufbauen 983
erneuern 448
konstruieren 464
entwickeln 419
aufbauend 927
konstruktiv 1124
aufbäumen, sich 1277
aufbauschen 1292
aufbegehren 1277
aufbereiten 1472
Aufbereitung 880
aufbessern 1372
Aufbesserung 107
aufbewahren 96
Aufbewahrung 815
aufbieten 193
ankündigen 897
Aufbietung 359
aufblähen (sich) 1292
aufblasen 1549
aufblasen (sich) 1292
aufbleiben 1506
aufblenden 189
aufblicken 683
verehren 1388
aufblühen 431
sich entwickeln 419
aufbrauchen 1379
aufbrausen 86
aufbrausend 684
aufbrechen 394
öffnen 971
aufbringen 1385
ärgern 86
aufwiegeln 696

Aufbruch 395
aufbürden 185
aufdecken 966
aufdonnern, sich 1292
aufdrängen 1601
aufdrängen, sich 1209
aufdrehen 73
aufdringlich 824
reißerisch 1540
aufdröseln 1265
Aufdruck 761
Aufenthalt 1548
Verzögerung 1210
aufenthaltig 824
Aufenthaltsort 1548
auferlegen 185
zudiktieren 161
auferstehen 448
Auferstehung 449
auferwecken 1510
aufessen 469
auffahren 353
zürnen 86
auffahrend 684
Auffahrt 428
auffallen 1291
auffallend 93
auffällig 93
auffangen 490
abbiegen 205
auffassen 1436
meinen 290
Auffassung 883
Auffassungsgabe 1433
auffinden 512
Auffindung 559
aufflackern 111
brennen 261
auffliegen 1008
scheitern 1096
auffordern 248
Aufforderung 1478
auffressen 469
aufreiben 444
auffrischen 448
anschwellen 114
auffrischend 1584
windig 862
Auffrischung 449
aufführen 1177
sich verhalten 1406
erwähnen 940
Aufführung 1482
Verhalten 1405
auffüllen 637
ergänzen 427
nachfüllen 558
Aufgabe 94
Transport 1262
Aufgang 39
Treppenhaus 935
aufgeben 95
enden 385
schicken 1098
abspringen 1014
trennen 1265
aufgebläht 1293
aufgeblasen 369
dick 297
Aufgeblasenheit 370
Aufgebot 899
aufgebracht 255
Aufgebrachtheit 85
aufgebraucht 441
aufgedonnert 1293
aufgehen 971
verstehen 1436
sich erheben 430
aufgehen in 567
aufgeklärt 534
aufgekratzt 686
aufgelegt, gut 686
aufgelockert 836
frei 534
aufgelöst 1516
erregt 453
aufgeputzt 1293
aufgeräumt 978
heiter 686
Aufgeräumtheit 1204
aufgeregt 453
Aufgeregtheit 454
aufgeschlossen 379
mitteilsam 898
Aufgeschlossenheit 380
aufgeschmissen 700
aufgetaut 930
gelockert 534
aufgetrieben 297
aufgeweckt 728
aufgewühlt 453
aufgießen 1577
aufgliedern 1265
spezifizieren 1565
Aufgliederung 1266
aufgreifen 490
weiterspinnen 101
aufgrund 1513
Aufguß 470
Nachahmung 914
aufhalsen 185
aufhalten 701
stören 1209
verzögern 1461
aufhalten, sich 1461
wohnen 827
sich aufhalten über 1233
aufheben 96
beseitigen 211
auflesen 451
Aufhebens machen 1292
Aufhebung 395
aufheitern (sich) 1345
Wetter 771
aufhelfen 688
aufhellen 966
sich aufhellen 771
aufhetzen 696
aufholen 921
aufhorchen 102
aufhören 385
lassen 822
aufklaren 771
aufklären 435
offenbaren 966
Wetter 771
aufklärend 186
Aufklärer 752
Aufklärung 436
aufkommen 415
genesen 594
aufkommen für 240
versorgen 1432
Aufkommen 432
aufladen 185
Auflage 999
Veröffentlichung 1421
Auflage machen 161
auflauern 195
Auflauf 885
auflaufen 1453
aufleben 431
auflegen 1420
Hand auflegen 206
belasten 184
Make-up 998
auflehnen, sich 1277

Auflehnung 1067
aufleuchten 1095
auflisten 508
auflockern 860
auflösen (sich) 860
vergehen 1398
beseitigen 211
trennen 1265
raten 1038
Auflösung 1570
Trennung 1266
Resultat 426
aufmachen 971
befestigen 162
ausstatten 97
Aufmachung 98
Aufmarsch 56
aufmarschieren 55
aufmerken 102
aufmerksam 99
sorgsam 1168
aufmerksam machen 1563
Aufmerksamkeit 1167
Interesse 731
Artigkeit 662
Wohlwollen 1547
aufmucken 1277
aufmuntern 1345
trösten 1274
Aufmunterung 1273
Aufnahme 100
Empfang 377
aufnahmefähig 379
formbar 373
Aufnahmefähigkeit 374
Fassungsvermögen 1188
aufnehmen 101
Nahrung 469
es mit jem. 751
mitschreiben 508
aufnötigen 305
aufopfern 1014
aufopfern, sich 567
aufopferungsfähig 887
Aufopferungsfähigkeit 888
aufpäppeln 110
aufpassen 102
Aufpasser 196
aufpfropfen 1579
aufplustern, sich 1292
aufpolieren 448
aufprallen 74
federn 495
aufputschen 696
anregen 60
Aufputz 1025
aufputzen (sich) 1026
aufquellen 1031
aufraffen, sich 409
aufragen 1195
aufrauhen 1053
aufräumen 979
aufrechnen 120
vorwerfen 1490
aufrecht 604
aufrichtig 105
aufrechterhalten 176
Aufrechterhaltung 997
aufreden 159
aufregen 103
ärgern 86
begeistern 169
packen 987
aufregend 104
Aufregung 454
Spannung 1169
aufreiben (sich) 1379
aufreibend 1147
aufreißen 971
planen 1005
aufreizen 1060
aufreizend 104
Aufreizung 454
Betörung 1523
aufrichten (sich) 430
errichten 464
trösten 1274
aufrichtig 105
Aufrichtigkeit 968
Aufrichtung 467
Trost 1273
Aufriß 1004
aufrollen 308
zur Sprache bringen 1479
aufrücken 1196
Aufruf 1072
aufrufen 1073
appellieren 871
Aufruhr 1067
aufrühren 696
Aufrührer 752
Hetzer 1522
aufrührerisch 1278
aufrunden 427
aufrüsten 1189
Aufrüstung 880
aufrütteln 1510
bewegen 987
ermuntern 446
aufrüttelnd 104
aufsagen 1183
kündigen 123
aufsässig 1278
Aufsässigkeit 1527
Aufsatz 951
aufsaugen 101
aufscheuchen 305
aufschichten 1081
aufschieben 1461
Aufschlag 1197
Revers 1025
aufschlagen 683
Buch 971
fallen 484
Preise 1196
aufschließen 971
erschließen 452
Aufschluß 436
Aussage 1571
aufschlußreich 186
aufschnappen 708
aufschneiden 1292
Aufschneider 1143
Aufschrei 1527
Ruf 1072
aufschreiben 1129
aufschreien 821
sich empören 1277
Aufschrift 761
Aufschub 1462
aufschütten 637
zubereiten 1577
aufschwellen 1549
aufschwemmen 1549
aufschwingen, sich 1196
sich erheben 430
Aufschwung 107
Stimmung 454
aufsehen 683
bewundern 1388
Aufsehen 457
Aufsehen erregen 1291
imponieren 723
aufsehenerregend 458

aufsetzen 1081
  entwerfen 1005
  sich aufsetzen 430
  kochen 1577
Aufsicht 106
aufspalten 1565
  trennen 1265
aufsparen 1170
aufspeichern 1081
aufspielen, sich 1292
aufspringen 430
  sich öffnen 971
aufspüren 512
aufstacheln 696
Aufstand 1067
aufständisch 1278
Aufständischer 752
aufstapeln 1081
aufstehen 430
  revolutionieren 1277
aufsteigen 430
  besteigen 1196
  vorwärtskommen 1196
aufsteigend 1126
aufstellen 1198
  nennen 940
  kochen 1577
aufstellen, sich 1506
Aufstellung 1460
  Rechenschaft 1045
Aufstieg 107
aufstöbern 512
aufstocken 427
  vergrößern 114
aufstoßen 14
  Tür 971
  Stock 1211
aufstrebend 828
aufsuchen 223
  nachschlagen 1228
auftakeln,sich 1292
Auftakt 39
auftanken 558
auftauchen 54
  hochkommen 430
aufteilen 1241
Aufteilung 1266
auftischen 353
Auftrag 108
auftragen 353
  servieren 38
  befehlen 161
Auftraggeber 756
auftreiben 512
  wölben 1549
auftreten 1177
  durchsetzen 322
Auftreten 1504
Auftrieb 865
Auftritt 56
  Streit 1216
auftrumpfen 1277
auftun 971
  finden 512
auftürmen 1081
  sich auftürmen 1453
aufwachen 430
aufwachsen 419
aufwallen 1196
Aufwallung 577
Aufwand 109
aufwarten 353
  besuchen 223
  bedienen 38
aufwärts 1489
aufwärtsgehen 1196
Aufwartung 698
  Besuch 222
  seine Aufwartung machen 223
aufwecken 1510
aufweichen 860
aufweisen 1563
aufwenden 1379
aufwendig 724
Aufwendung 109
aufwerfen, Frage 1479
aufwerfen, die Lippen 1277
aufwerten 683
Aufwertung 1197
aufwickeln 308
aufwiegeln 696
Aufwiegelung 454
Aufwiegler 1522
aufwiegen 407
Aufwind 865
aufwinden 308
aufwirbeln 308
  Staub 1291
aufwühlen 987
  aufgraben 1440
aufwühlend 104
aufzählen 940
Aufzählung 1460
aufzehren 1379
aufzeichnen 1129
Aufzeichnung 951
aufzeigen 1563
  erklären 435
aufziehen 110
  spotten 1180
Aufzucht 468
Aufzug 56
  Kleidung 773
  Fahrstuhl 482
aufzwingen 1601
Augapfel 790
Auge 786
  Knospe 764
Auge behalten, im 195
Auge fassen, ins 1020
Augen, unter vier 1444
Augenblick 775
augenblicklich 639
  sofort 1119
Augendiener 1111
Augendienerei 856
augenfällig 770
Augengläser 455
Augenlicht 1500
Augenmaß, nach 1319
Augenmerk 731
Augenschein 772
augenscheinlich 64
Augenweide 602
Augenzeuge 1246
Auktion 1408
Auktionator 1522
auktionieren 1409
Aureole 849
aus 1394
  ausgegangen 1511
  erloschen 1258
ausarbeiten 153
Ausarbeitung 175
ausarten 922
ausatmen 1199
ausbaden 1229
ausbalancieren 120
ausbalanciert 676
Ausbau 420
ausbauen 419
ausbedingen 151
ausbessern 448
Ausbesserung 449
Ausbeute 957
ausbeuten 958
  mißbrauchen 896
Ausbeuter 556
Ausbeutung 122

ausbieten 38
ausbilden 834
Ausbilder 835
Ausbildung 833
ausblasen 858
ausbleiben 496
Ausblick 132
ausbluten 831
ausbooten 123
ausbrechen 111
fliehen 515
ausscheren 1014
in Gelächter 813
ausbreiten (sich) 114
Ausbreitung 115
Ausbruch 112
ausbrüten 464
etwas ausbrüten 437
ausbügeln 637
befrieden 205
Ausbund 713
ausbürgern 140
Ausbürgerung 1447
ausbürsten 1084
Ausdauer 507
ausdauern 176
ausdauernd 1557
ausdehnen (sich) 114
Ausdehnung 115
ausdenken 464
Ausdruck 116
Ausdrucksweise 1202
ausdrücken 129
auspressen 314
ausdrücklich 294
ausdrucksfähig 804
Ausdruckskraft 1542
ausdruckslos 494
Ausdruckslosigkeit 494
ausdrucksvoll 63
nachdrücklich 918
ausdünsten 14
Ausdünstung 15
auseinandergehen 1265
auseinandernehmen 1565
auseinanderreißen 1265
auseinandersetzen 435
auseinandersetzen, sich 217
streiten 1217
Auseinandersetzung 218
Streit 1216
auserlesen 1495
erstklassig 459
auserwählen 1495
auserwählt 117
Ausfahrt 481
Ausreise 395
ausfahren 1503
ausreisen 394
zustellen 1098
Ausfall 1085
Fehlen 26
ausfallen 496
ausfallend 532
ausfallend werden 692
ausfechten 176
ausfeilen 153
Ausfeilung 175
ausfertigen 440
Ausfertigung 442
ausfindig machen 512
ausfließen 831
ausflippen 1425
durchdrehen 1423
Ausflucht 863
Ausflüchte machen 139
Ausflug 481
Ausfluß 972
Absonderung 15
Wirkung 1542
ausforschen 526
finden 512
ausfragen 530
Ausfragung 529
Ausfuhr 672
ausführbar 906
ausführen 440
exportieren 673
ausführlich 593
Ausführlichkeit 1167
Ausführung 442
ausfüllen 440
füllen 558
befriedigen 1581
Ausgabe 109
Transport 1262
Ausgang 972
Ende 1109
Ausgangspunkt 657
ausgeben 1379
verteilen 1241
sich ausgeben 1379
sich ausgeben als 864
ausgebildet 1469
ausgeblutet 695
ausgebombt 208
ausgebrannt 208
erschöpft 908
ausgebucht 1511
ausgedehnt 1517
ausgedient 34
Ausgedienter 35
Ausgedinge 35
ausgedörrt 1271
ausgefallen 458
Ausgeflippter 984
ausgefüllt 1467
zufrieden 67
ausgegangen 1511
erloschen 1258
ausgeglichen 636
ruhig 1076
Ausgeglichenheit 1074
Harmonie 675
ausgehen 394
ausfallen 496
bummeln 1345
erlöschen 385
spazierengehen 1503
ausgeklügelt 1595
pedantisch 991
ausgekocht 1105
ausgelassen 686
fehlend 1511
Ausgelassenheit 540
ausgelastet 1237
ausgemacht 441
ausgemergelt 321
ausgenommen 128
ausgepicht 296
trocken 677
ausgepichte Kehle 1270
ausgeprägt 273
ausgerechnet 939
ausgereift 1055
ausgeschlafen 828
ausgeschlossen 1048
unmöglich 1329
ausgestalten 355
Ausgestaltung 134
ausgestanden 506
ausgestorben 1258
ausgestoßen 1048
boykottiert 441
Ausgestoßener 1048
ausgesucht 117

ausgewachsen 1055
ausgewählt 117
ausgewogen 603
harmonisch 676
Ausgewogenheit 675
ausgezeichnet 118
ausgezogen 251
verzogen 1511
ausgiebig 1054
ausgießen 831
Ausgleich 119
Rache 1400
Entschädigung 408
ausgleichen 120
beruhigen 205
glätten 637
ausgleiten 484
ausgliedern 123
ausgraben 683
Ausguck 132
Ausguß 972
aushaken 1425
aushalten 176
leiden 838
ernähren 429
sich aushalten lassen 185
aushandeln 1389
aushändigen 1288
Aushang 899
Aushängeschild 761
ausharren 176
warten 1506
aushäusig 837
ausheben 1440
fangen 490
einziehen 368
Aushebung 160
aushecken 290
aushelfen 1448
Aushilfe 1450
aushilfsweise 1487
ausholen 530
zurückgreifen 1472
ausholend 593
aushungern 701
auskennen, sich 1545
ausklammern 121
Ausklang 1109
auskleiden (sich) 142
füttern 560
ausklingen 385
ausklügeln 290
auskneifen 515
ausknobeln 1438
auskommen 601
Auskommen 600
auskömmlich 599
auskosten 596
auskundschaften 512
fragen 530
Auskunft 899
auslachen 1180
ausladen 831
sich wölben 1549
ausladend 297
Auslage 135
Unkosten 109
Ausland 539
auslassen 121
sich auslassen 129
Auslassung 131
Lücke 497
auslasten 151
Auslastung 823
Auslauf 1041
Ende 1109
auslaufen 831
enden 385
ausreisen 394
Auslaufer 1109
ausleeren 831
auslegen 38
erklären 435
leihen 254
Bodenbelag 560
Auslegung 284
Auslese 635
Auswahl 137
Zuchtwahl 1578
auslesen 14
ausliefern 1288
preisgeben 1014
Auslieferung 1262
Preisgabe 94
auslöschen 858
auslosen 512
Auslosung 1439
auslösen 164
verursachen 1367
Auslösung 535
Verursachung 454
ausloten 508
Auslotung 509
ausmachen 1389
löschen 858
finden 512
ausmalen 210
sich ausmalen 1481
Ausmarsch 395
ausmarschieren 394
Ausmaß 1298
ausmerzen 211
ausmessen 508
Ausmessung 509
ausmustern 211
Ausnahme 335
ausnahmslos 29
ausnahmsweise 1157
ausnehmen 121
mißbrauchen 896
ausnehmend 130
ausnüchtern 205
ausnutzen 896
nutzen 958
genießen 596
Ausnützung 122
auspacken 831
loslegen 1014
auspauken 176
auspendeln 385
auspfeifen 23
Auspfiff 25
Auspizien 967
ausplaudern 1014
ausplündern 896
ausposaunen 897
Ausprägung 523
auspressen 314
fragen 530
mißbrauchen 896
ausprobieren 1438
Auspuff 972
auspunkten 1103
Ausputz 1025
ausputzen 1026
säubern 1084
ausquartieren 140
ausquetschen 314
fragen 530
ausradieren 858
ausrangieren 211
ausräuchern 140
ausräumen 831
abschaffen 211
Ausräumung 831
ausrechnen 198
Ausrede 863
ausreden 12
ausreden lassen, nicht 1209
ausreichen 601

ausreichend 599
ausreifen 419
ausreifen lassen 1506
Ausreise 395
ausreisen 394
ausreißen 142
fliehen 515
Ausreißer 1136
ausrenken 1086
ausrichten 979
bestellen 221
ausroden 142
ausrotten 1569
töten 1259
Ausrottung 1570
Ausrufer 1522
ausruhen 1075
ausrüsten 133
Ausrüstung 134
Bewaffnung 880
ausrutschen 484
Aussaat 467
Aussage 1571
aussagen 897
ausschalten 123
Ausschaltung 124
Ausschank 565
Ausschau halten 1228
erwarten 460
ausscheiden 123
absondern 14
Ausscheiden 124
Ausscheidung 15
ausschenken 38
ausscheren 1014
ausschiffen 831
Ausschiffung 831
ausschlachten 1565
ausnützen 896
breittreten 114
ausschlafen 431
seinen Rausch 205
Ausschlag 1552
Ausschlag geben, den 409
ausschlagen 415
abschlagen 1425
ausschlaggebend 1526
ausschließen 123
ausschließen, sich 1425
ausschließlich 125
Ausschlupf 972
ausschlüpfen 419
Ausschluß 124
ausschmücken 1026
Ausschmückung 1025
ausschneiden 936
Ausschnitt 1240
ausschnüffeln 195
ausschöpfen 831
genießen 596
ausschreiben 38
Ausschreibung 779
ausschreiten 338
Ausschreitung 1290
Ausschuß 745
Abfall 4
ausschütteln 1149
ausschütten 831
verteilen 1241
das Herz 966
Ausschüttung 1439
ausschweifen 896
ausschweifend 879
Ausschweifung 1290
ausschwemmen 771
aussehen 1095
Aussehen 127
außen 307
aussenden 1095
entsenden 161
Aussendung 108
Außenhandel 672
Außenseite 960
Außenseiter 984
Außenstände 797
Außenstehende 641
außer 128
außer Atem 908
außer sich 453
außerdem 92
außerehelich 1377
Äußeres 127
Außenseite 960
außergewöhnlich 130
außerhalb 307
äußerlich 961
Äußerlichkeit 1353
äußern (sich) 129
außerordentlich 130
äußerst 1154
äußerstenfalls 1154
außerstande 1320
Äußerung 131
Bekundung 116
aussetzen 1075
tadeln 1233
im Stich lassen 1014
sich aussetzen 1493
Aussicht 132
Möglichkeit 461
aussichtslos 1323
aussichtsreich 664
glücklich 648
aussiedeln 140
Aussiedlung 1447
aussöhnen (sich) 205
Aussöhnung 545
aussondern 14
aussortieren 14
ausspannen 164
sich erholen 431
abspenstig machen 16
Ausspannung 432
aussperren 123
Aussperrung 124
ausspinnen 114
ausspionieren 195
Aussprache 218
Bekenntnis 967
Sprechweise 1182
aussprechen 129
sich aussprechen 164
aussprengen 897
Ausspruch 131
Ausstand 1067
ausstatten 133
Ausstattung 134
Mittel 900
ausstechen 1103
ausstehen 1316
leiden 838
fehlen 72
ausstehend 965
aussteigen 1425
Aussteiger 984
ausstellen 38
tadeln 1233
ausfertigen 440
Aussteller 614
Ausstellung 135
Kunstausstellung 1082
Tadel 1232
aussterben 385
Aussteuer 134
aussteuern 133
Ausstieg 972
ausstopfen 558
Ausstoß 466

ausstoßen 140
ausströmen 14
Worte ausstoßen 1183
Schrei ausstoßen 821
ausstrahlen 1095
Radio 897
wirken 1538
ausstrahlend 1299
Ausstrahlung 849
Radio 899
Wirkung 1542
ausstreichen 211
ausstreuen 1439
verbreiten 897
ausströmen 831
absondern 14
scheinen 1095
aussuchen 1495
Austausch 1366
austauschen 1509
austeilen 1241
Austeilung 1439
austilgen 211
zerstören 1569
Austilgung 1570
austoben, sich 896
austragen 1468
klatschen 897
bringen 1098
Austräger 1284
austreiben 140
Austreibung 1447
austreten 123
austricksen 229
austrinken 831
Austritt 124
austrocknen 1272
austüfteln 1438
ausüben 1422
Ausübung 82
ausufern 1289
Ausverkauf 1408
ausverkaufen 1409
ausverkauft 441
besetzt 1467
Auswahl 1494
Auslese 137
Musterung 1021
auswählen 1495
auswalzen 114
Auswanderer 138
auswandern 394
Auswanderung 395
auswärtig 538
auswärts 307
abwesend 1511
auswechselbar 1286
auswechseln 1509
Auswechslung 1366
Ausweg 455
Ausweg suchen 139
ausweglos 1323
Ausweglosigkeit 1329
ausweichen 139
vor Gefahr 429
ausweichend 1352
Ausweis 220
ausweisen (sich) 140
Ausweisung 1447
ausweiten 1214
Ausweitung 115
auswendig 1355
außen 307
auswerfen 1439
veranschlagen 1091
spucken 14
Köder 1060
auswerten 958
Auswertung 122
auswickeln 971
auswirken, sich 1538
Auswirkung 1542
auswischen 858
eins auswischen 1086
Auswuchs 1550
Mißstand 1334
Auswurf 15
Abschaum 4
auszahlen 240
sich auszahlen 958
Auszahlung 1559
auszeichnen (sich) 141
Auszeichnung 856
ausziehen (sich) 142
Auszug 395
Querschnitt 1033
Essenz 470
Teil 1240
auszugsweise 1247
autark 534
Autarkie 535
authentisch 1158
Auto 482
Autobahn 1512
Autogramm 220
autodidaktisch 1355
Autokrat 556
Automat 605
automatisieren 882
Automatisierung 1390
automatisch 881
autonom 534
Autonomie 535
Autor 465
Autorisation 439
autorisieren 438
autoritär 1218
despotisch 1537
Autorität 475
Macht 867
Autosalon 135
Avancen machen 1060
avancieren 1196
Avantgarde 845
Avantgardist 752
avantgardistisch 555
Aversion 11
Aversion haben 678
avisieren 897
Axiom 659
Axt im Haus 689

B

babbeln 1183
Baby 764
Babysitter 689
bacchantisch 598
Bach 1508
backen 1577
Backfisch 531
Bad 1058
  Badezimmer 935
baden 1084
baff 1191
baff sein 1553
Bagatelle 775
bagatellisieren 1391
Bagatellisierung 362
Bahn 1512
  Eisenbahn 482
  freie Bahn 534
bahnbrechen 554
bahnbrechend 555
Bahnbrecher 556
bahnen 143
Bahnhof 668
Bahnhof, großer 577
Bahnübergang 1375
Bakterien 796
Balance 119
balancieren 198
bald 144
balgen (sich) 1103
Balgerei 1102
Balken 668
Balkon 935
Ball 802
  Tanzerei 621
Ballast 823
Ballen 1029
ballen 308
ballen, die Faust 310
Ballon 482
Balsam 878
balsamisch 89
balzen 1060
banal 145
banalisieren 1391
Banalität 146
Banause 268
Band 1375
  Bindeband 1025
  Buch 265
  Musik 661
  das geistige Band 1375
Bandage 175
bandagieren 174
Bandaufnahme 951
Bande 661
Banderole 1429
  Steuerband 999
  Spruchband 436
bändigen 1579
Bandit 1380
bange 51
bange machen 310
bangen 50
bangend 51
Bangigkeit 49
Bank 356
  Geldinstitut 213
Bänkelsang 612
Bänkelsänger 283
Bankett 1369
Bankier 213
Banknoten 212
Bankrott 147
bankrott 441
Bankrott machen 1569
bankrott richten 1569
Bann 1561
  Verbannung 1447
bannen 241
  verbannen 140
Bar 565
bar 1328
  bloß 251
Baracke 681
Barbar 148
Barbarei 1107
barbarisch 264
bärbeißig 810
barbieren 1026
Bären aufbinden 864
barfuß 251
Bargeld 212
bargeldlos 901
Barke 482
barmherzig 1245
Barmherzigkeit 1243
barock 1002
Barriere 1127
Barrikade 1137
  auf die Barrikaden gehen 1277
barsch 810
Barschaft 212
Barschheit 533
Bart 786
Bart gehen, um den 1110
bärtig 1040
Basar 613
basieren 1075
Basis 657
baß 1154
Bassin 576
Bastard 893
  uneheliches Kind 764
Bastei 1137
basteln 83
Bastler 689
Bau 681
  Aufbau 467
  Wuchs 127

Bau, vom 474
Bau, im 1354
Bauart 1202
Bauch 557
bauchig 297
bauen 464
bauen auf 1442
Bauer 149
  Käfig 575
bäuerlich 293
Bauernfänger 230
Bauernhof 656
bauernschlau 1105
baufällig 801
Bauherr 756
Baukunst 479
Baumaterial 1206
baumbestanden 1501
Baumeister 465
baumeln 1144
baumelnd 859
bäumen, sich 1277
Baumschule 656
Bauplan 1004
Bausch 885
Bausch und Bogen, in 564
bauschen, sich 1549
bauschig 488
Bazillen 796
beabsichtigen 1005
beabsichtigt 13
beachten 150
beachtenswert 730
beachtlich 1526
Beachtung 28
  Interesse 731
Beamtenschaft 179
Beamter 46
beamtet 298
beängstigend 573
Beängstigung 311
beanspruchen 151
Beanspruchung 823
beanstanden 152
  tadeln 1233
Beanstandung 1232
beantragen 1479
beantworten 462
Beantwortung 463
bearbeiten 153
  beeinflussen 159
  werben 1521
Bearbeitung 175
  Werbung 1523
beatmen 448
beaufsichtigen 712
  bewachen 102
Beaufsichtigung 106
beauftragen 161
  bestellen 221
Beauftragter 1449
Beauftragung 108
bebauen 464
Bebauung 467
beben 1576
Beben 1211
bebend 51
bebildern 154
bebildert 493
Bebilderung 243
Becher 576
bechern 1269
Becken 576
Beckmesser 990
Beckmesserei 799
bedacht 1006
  sorglich 1168
Bedacht 1167
  mit Bedacht 1168
bedacht sein auf 1432
bedächtig 1076
Bedachtsamkeit 1167
bedanken, sich 280
Bedarf 920
  bei Bedarf 485
Bedarfsforschung 527
Bedarfslenkung 1523
bedauerlich 1323
bedauern 1244
  bereuen 202
Bedauern 1065
bedauernswert 1323
bedecken 1138
Bedeckung 1137
Bedenken 1596
Bedenken tragen 1142
bedenken, sich 1142
  nachdenken 290
  zu bedenken geben 871
bedenkenlos 1304
bedenklich 1597
  heikel 993
  gefährlich 573
Bedenkzeit 1462
bedeuten 155
  zu verstehen geben 705
bedeutend 1526
bedeutsam 1526
Bedeutung 156
  Geltung 589
bedeutungslos 1306
Bedeutungslosigkeit 775
bedeutungsvoll 1526
bedichten 332
bedienen 157
bedienen, sich 958
bedienstet 298
Bedienter 46
Bedienung 698
bedingen 151
bedingt 485
bedingt durch 1513
Bedingung 158
Bedingtheit 1061
bedingungslos 1307
bedrängen 305
Bedrängnis 954
  Druck 312
  Enge 391
bedrängt 700
Bedrängtheit 391
bedrohen 310
bedrohlich 573
Bedrohung 311
bedrucken 911
bedrücken 185
bedrückend 1147
Bedrücker 556
bedrückt 946
Bedrücktheit 1327
Bedrückung 312
bedürfen 258
Bedürfnis 1410
  Notwendigkeit 956
  Nachfrage 920
bedürfnislos 67
Bedürfnislosigkeit 600
bedürftig 87
Bedürftiger 87
Bedürftigkeit 954
beehren 223
beeiden 1430
beeilen (sich) 338
beeindrucken 1538
beeinflußbar 379
  nachgiebig 1516
beeinflussen 159
Beeinflussung 364

beeinträchtigen 1086
Beeinträchtigung 1085
beenden 385
Beendigung 1109
beengen 701
  schnüren 314
beengt 390
Beengtheit 391
beerben 422
beerdigen 180
Beerdigung 181
Beet 656
befähigen 443
befähigt 478
Befähigung 479
befahrbar 965
Befall 1085
befallen 437
befallen von 839
befangen 1411
Befangenheit 1412
befassen, sich 83
befehden 751
Befehl 160
befehlen 161
befehlend 1537
befehligen 554
Befehlshaber 556
befestigen 162
  verstärken 1189
Befestigung 1137
Befinden 1589
befinden 161
befinden, sich 163
  wohnen 827
befindlich 1475
beflaggen 1026
beflecken 1451
  entweihen 418
befleckt 1117
  entehrt 441
Befleckung 1088
befleißigen, sich 193
beflissen 334
Beflissenheit 333
beflügeln 60
beflügelt 886
befolgen 583
  einhalten 349
  beherzigen 522
befördern 1372
  transportieren 1098
Beförderung 107
  Transport 1262
befragen 530
Befragung 529
befreien (sich) 164
  entsagen 404
befreiend 1275
Befreier 689
befreit 534
Befreiung 535
Befremden 457
befremden 1553
befremdend 458
befremdet 1191
befreunden, sich 926
befreundet 924
befrieden 205
befriedigen 1581
befriedigend 648
befriedigt 67
  ruhig 1076
Befriedigung 600
Befriedung 119
befristen 1389
Befristung 1251
befruchten 464
Befruchtung 467
befugen 438
Befugnis 439
befugt 199
befühlen 206
Befund 175
befürchten 50
Befürchtung 49
befürworten 165
Befürwortung 1417
  Empfehlung 382
begabt 478
begabt sein 780
Begabung 479
begatten 464
Begattung 467
begaunern 229
begeben, sich 166
  entsagen 404
Begebenheit 615
begegnen 1263
  geschehen 166
Begegnung 1264
begehbar 965
begehen 582
  Sünden 1398
  veranstalten 1368
Begehr 1410
begehren 167
Begehren 1410
begehrenswert 79
begehrlich 168
begehrt 191
begeistern (sich) 169
  anregen 60
  bezaubern 241
begeisternd 61
begeistert 453
Begeisterung 454
begeisterungsfähig 379
Begeisterungsfähigkeit 380
Begierde 1410
begierig 168
begießen 510
  sich die Nase begießen 1269
Beginn 39
Beginnen 1236
beginnen 40
beglaubigen 219
  erlauben 438
beglaubigt 970
Beglaubigung 220
begleichen 240
Begleichung 119
begleiten 170
Begleiter 689
Begleiterscheinung 428
Begleitung 1137
beglücken 171
beglückend 648
beglückt 648
Beglückung 647
beglückwünschen 663
begnaden 1152
begnadet 117
begnadigen 411
Begnadigung 891
Begnadung 595
begnügen, sich 1170
begönnern 1432
begraben 180
  das Kriegsbeil 205
  Hoffnungen 1463
Begräbnis 181
begradigen 637
Begradigung 119
begreifen 1436
begreiflich 1434
begrenzen 701
  abgrenzen 1389
  umgrenzen 1299

begrenzt 390
bedingt 485
Begrenzung 1127
Begriff 172
im Begriff 201
begrifflich 718
Begriffsbestimmung 436
begriffsstutzig 315
Begriffsvermögen 1433
begründen 435
eröffnen 452
begründet 1158
Begründung 39
Argument 656
Erklärung 436
begrüßen 663
zustimmen 1592
Begrüßung 662
begunstigen 234
begünstigt 648
Begünstigung 1492
begutachten 1091
Begutachtung 1361
begütert 1054
begütigen 205
behaart 1040
behäbig 592
reich 1054
behaftet mit 839
behagen 574
Behagen 197
behaglich 592
behalten 669
sich erinnern 433
Behälter 173
Hülle 710
behandeln 174
bearbeiten 153
handeln von 673
Behandlung 175
Umgang 1405
Behang 710
behängen 1371
behängen, sich 1292
beharren 176
beharrlich 1557
konsequent 113
Beharrlichkeit 507
behauen 626
behaupten 1430
sich behaupten 176
Behauptung 883
behaust 177
Behausung 1548
beheben 20
beheimaten 101
beheimatet 177
beheimatet sein 415
Beheimatung 100
Behelf 455
behelfen, sich 1170
behelfsweise 1487
behelligen 1209
behend 1119
Behendigkeit 337
beherbergen 101
beherrschen 554
können 780
wissen 1545
verstehen 1436
sich beherrschen 178
unterdrücken 1343
beherrschend 555
beherrscht 1076
Beherrschung 1074
beherzigen 522
beherzigenswert 118
beherzt 1235
Beherztheit 912
behilflich 1245
behilflich sein 688
behindern 701
behindert 1317
zurückgeblieben 1335
nicht lernfähig 315
Behinderung 312
Störung 1210
Hindernis 702
Behörde 179
behördlich 970
behüten 1432
behutsam 1168
Behutsamkeit 1167
beibehalten 429
beibiegen 705
beibringen 834
beschaffen 215
Beichte 967
beichten 966
beide 304
beiderseits 578
beidrehen 308
beidseitig 304
beieinander 1588
Beifahrer 1246
Beifall 323
Beifall klatschen 857
beifällig 1593
beifolgend 36
beifügen 427
Beifügung 428
Beigabe 428
beigeben 567
klein beigeben 583
Beigeschmack 434
Beilage 428
Zuspeise 870
beiläufig 934
beilegen 427
schlichten 205
andichten 1418
Beileid 1243
Beileid aussprechen 1244
beiliegend 427
beimischen 892
Beimischung 893
beinahe 1319
Beiname 1179
Beine machen 305
Bein stellen 1086
beiordnen 567
beipacken 427
beipflichten 1592
beirren 1458
verführen 1393
beisammen 1588
Beisammensein 1264
Beisein, im 580
beiseite bringen 936
beiseite legen 385
sparen 1170
beisetzen 180
Beisetzung 181
Beispiel 182
zum Beispiel 1319
beispielhaft 118
Beispielhaftigkeit 1058
beispiellos 118
beispielsweise 1319
beispringen 688
beißen 1086
jucken 742
peinigen 992
essen 469
in den sauren Apfel 404
ins Gras 1199
beißend 694
quälend 1027
spöttisch 1181

Beistand 689
Hilfe 698
beistehen 688
Beisteuer 698
beisteuern 688
beistimmen 1592
Beistimmung 439
Beitrag 698
beitragen 688
Beiträger 689
beitreten 1374
Beitritt 1375
Beiwerk 775
Beize 429
beizeiten 550
pünktlich 1024
beizen 429
brennen 261
streichen 492
bejahen 1592
bejahend 1593
optimistisch 977
Bejahung 439
Ermutigung 220
bejahrt 34
bejubeln 857
bejubelt 44
bekämpfen 751
hindern 701
Bekämpfung 750
bekannt 183
vertraut 1445
Bekanntgabe 899
bekanntlich 1158
bekanntmachen 897
vorstellen 1481
Bekanntmachung 899
Bekanntschaft 1375
Bekanntschaft machen 926
bekehren 1295
sich bekehren 1365
Bekehrung 1366
bekennen (sich) 966
sich bekennen zu 1592
Bekenner 1062
Idealist 715
Bekenntnis 967
Glaubensbekenntnis 1062
beklagen (sich) 769
beklagenswert 1323
Beklagter 1380
bekleben 1371
bekleiden (sich) 78
verrichten 1422
beklemmend 1147
eng 390
Beklemmung 391
Angst 49
beklommen 390
ängstlich 51
Beklommenheit 391
Angst 49
bekommen 184
erhalten 429
nicht bekommen 184
bekömmlich 627
beköstigen 1432
Beköstigung 447
bekräftigen 1430
Bekräftigung 220
bekritzeln 1451
bekümmern 1086
sich bekümmern um 1432
bekümmert 1323
bekunden 129
bestätigen 219
Bekundung 116
Zeugnis 1571
beladen 185
belastet 1317
Belag 950
Brotbelag 870
belagern 701
Belagerung 702
Belang 156
Belange 483
belangen 769
belanglos 1306
Belanglosigkeit 775
belangvoll 1526
belastbar 794
Belastbarkeit 1188
belasten 185
anschuldigen 1490
belastend 1147
belastet 1317
belastet sein 1261
belästigen 1209
herausfordern 1060
Belästigung 1210
Belastung 823
Belastungsprobe 1437
belaubt 1501
belauern 1392
belaufen, sich 791
belauschen 195
beleben 133
anregen 60
beseelen 322
belebend 61
belebt 1467
lebhaft 828
Belebung 432
Erzeugung 467
Beleg 220
belegen 133
befruchten 464
beweisen 1563
Belegschaft 46
belegt (Stimme) 1040
besetzt 1467
belehnen 1288
Belehnung 439
belehren 834
belehrend 186
Belehrung 833
beleibt 297
Beleibtheit 557
beleidigen 692
beleidigend 187
beleidigt 255
erniedrigt 839
Beleidigung 188
beleihen 254
belesen 760
Belesenheit 1544
beleuchten 189
Beleuchtung 849
Auslegung 284
beleumundet, übel 1597
Belieben 1410
belieben 574
beliebig 190
zufällig 1580
beliebt 191
Beliebtheit 323
beliefern 1098
Belieferung 1262
bellen 192
belohnen 1399
Belohnung 408
belügen 864
belustigen 60
sich belustigen 541
spotten 1180
belustigend 686
Belustigung 540

bemächtigen, sich 936
Bemächtigung 421
bemalen 911
sich bemalen 1026
Bemalung 491
bemängeln 1233
Bemängelung 1232
bemannen 133
Bemannung 661
bemänteln 189
schwindeln 864
bemerkbar 1187
sich bemerkbar machen 778
bemerken 1499
sagen 129
bemerkenswert 1526
Bemerkung 131
Notiz 951
bemessen 198
zuteilen 1241
Bemessung 1029
bemitleiden 1244
bemitleidenswert 1323
bemittelt 1054
bemogeln 229
bemühen 151
sich bemühen 193
bemüht 334
Bemühung 750
bemüßigt fühlen, sich 910
bemuttern 1432
benachbart 924
benachrichtigen 897
Benachrichtigung 899
benachteiligen 1086
benachteiligt 208
Benachteiligung 1085
benehmen, sich 1406
Benehmen 1405
beneiden 937
beneidenswert 648
benennen 940
kennzeichnen 762
Benennung 761
benetzen 510
benetzt 930
Bengel 764
Rüpel 652
benommen 1543
benötigen 258
benützbar 1595
benutzen 194
genießen 596
nutzen 958
Benützung 122
beobachten 195
verfolgen 1392
Beobachter 196
Anwesender 1246
Beobachtung 1500
Aufsicht 106
Beobachtungsgabe 1433
beordern 221
bepacken 558
belasten 185
bepflanzen 464
Bepflanzung 467
bequem 592
salopp 524
es sich bequem machen 1075
bequemen, sich 438
Bequemlichkeit 197
beraten 1038
Berater 556
beratschlagen 217
Beratung 1037
Besprechung 218
berauben 936
beraubt 357
berauschen 241
sich berauschen 1269
berauschend 79
alkoholisch 1275
berauscht 231
begeistert 453
Berauschtheit 231
berechenbar 770
berechnen 198
berechnend 1156
berechnet 1006
Berechnung 1004
Selbstsucht 1155
Erwartung 461
berechtigen 438
berechtigt 199
Berechtigung 439
Anspruch 66
Zuständigkeit 1591
bereden 159
besprechen 217
Beredsamkeit 1182
beredt 200
Bereich 569
bereichern 1372
sich bereichern 958
gewinnen 631
Bereicherung 420
bereinigen 771
bezahlen 240
Bereinigung 1559
bereit 506
willens 201
bereiten 1577
bereithalten 1472
bereitlegen 1472
bereits 1120
Bereitschaft 396
bereitstehen 688
bereitstellen 1472
Bereitstellung 880
bereitwillig 201
Bereitwilligkeit 396
bereuen 202
Berg 203
nicht hinterm Berg halten 1014
bergab 1341
bergauf 1489
ansteigend 1126
Bergbesteigung 107
bergen 1138
enthalten 400
Berghang 4
Bergsteigen 238
Bergsteiger 1059
Bergwerk 1441
Bericht 951
Rechenschaft 1045
Erzählung 284
berichten 210
Berichterstatter 204
Berichterstattung 899
berichtigen 771
Berichtigung 1373
Berserker 148
bersten 1008
berüchtigt 1597
berückend 79
berücksichtigen 150
Berücksichtigung 1071
Beruf 82
berufen 1073
begnadet 117
beruflich 970
berufstätig 1237
Berufung 108
Begnadung 650
Einspruch 1527

beruhen auf 1075
beruhigen (sich) 205
einschläfern 360
beruhigend 1275
Beruhigung 119
Beruhigungsmittel 900
berühmt 183
Berühmtheit 1077
Star 635
Größe 475
berühren 206
Berührung 925
Berührungspunkt 1375
besäen 464
tüpfeln 911
besagen 155
besänftigen 205
Besänftigung 878
Besatz 1025
Besatzung 661
Eroberer 1160
beschädigen 207
beschädigt 208
Beschädigung 1085
beschaffen 215
geartet 1530
Beschaffenheit 90
Beschaffung 216
beschäftigen (sich) 209
arbeiten 83
beschäftigt 1237
Beschäftigung 82
Beschäftigungslage 907
beschäftigungslos 84
beschämen 992
beschämend 187
beschämt 1411
Beschämung 1412
beschatten 320
verfolgen 195
Beschau 1021
beschauen (sich) 65
Beschauer 196
beschaulich 1076
Beschaulichkeit 1074
Bescheid 899
Antwort 463
bescheiden (sich) 67
Bescheidenheit 600
bescheinigen 219
Bescheinigung 220
beschenken 567
Bescherung 561
Pech 1085
beschicken 1432
füllen 558
beschießen 47
Beschießung 511
beschildern 762
beschimpfen 1100
beleidigen 692
Beschimpfung 188
Beschlag 1025
mit Beschlag belegen 151
beschlagen 424
ausgebildet 760
angelaufen 930
anlaufen 510
Beschlagenheit 425
Beschlagnahme 421
beschlagnahmen 936
beschleichen 1392
beschleunigen 338
drängen 305
Beschleunigung 337
beschließen 1389
entscheiden (sich) 409
beschlossen 441
Beschluß 1390
Entscheidung 410
beschlußfähig 29
beschmutzen 1451
beschmutzt 1117
beschnüffeln 1068
beobachten 195
beschönigen 189
Beschönigung 863
beschränken 701
sich beschränken 1170
sich spezialisieren 246
beschränkt 315
Beschränktheit 316
Beschränkung 362
beschreiben 210
Beschreibung 284
Steckbrief 761
beschriften 762
erläutern 435
Beschriftung 761
Bildunterschrift 436
beschuldigen 769
vorwerfen 1490
Beschuldigung 768
Beschuß 511
beschützen 1138
beschützend 1275
Beschützer 689
Beschützertrieb 1167
beschwatzen 159
Beschwer 823
Beschwerde 768
beschweren 185
sich beschweren 769
beschwerlich 1147
Beschwerlichkeit 823
beschwichtigen 205
beschwingen 60
beschwingt 686
beschwipst 231
beschwören 248
zaubern 241
beschwörend 918
Beschwörung 1410
Zauber 1561
Bitte 1410
beseelen 322
anregen 60
Beseelung 467
beseitigen 211
Beseitigung 395
beseligen 171
beseligend 648
beseligt 648
Beseligung 647
besessen 1423
ekstatisch 453
fanatisch 684
verliebt 1414
Besessenheit 685
besetzen 631
besetzt 1467
Besetzung 421
besichtigen 65
Besichtigung 222
Prüfung 1021
besiedeln 452
Besiedlung 949
besiegen 631
schlagen 1103
besiegeln 1389
besiegelt 1158
besiegt 1317
erledigt 441
Besiegter 1048
besingen 332
besinnen, sich 290
sich anders besinnen 1014

besinnlich 1076
Besinnlichkeit 1074
Nachdenklichkeit 916
Besinnung 916
zur Besinnung bringen 871
besinnungslos 1258
Besitz 212
besitzen 666
besitzend 1054
die besitzende Klasse 233
Besitzer 213
Besitzgier 1172
besitzgierig 1171
besitzlos 87
Besitzlosigkeit 954
Besitztum 212
Besonderheit 335
besonders 214
besonnen 1076
Besonnenheit 1074
besorgen 215
Besorgnis 49
Sorge 1166
besorgt 51
fürsorglich 1168
besorgt sein um 1432
Besorgtheit 1166
Fürsorge 1167
Besorgung 216
bespannen 1371
bespitzeln 195
Bespitzelung 106
besprechen 217
beschwören 241
Besprechung 218
Rezension 799
bespritzen 510
besprühen 510
besser 1584
besser werden 922
bessern 448
sich bessern 1365
abklingen 594
Besserung 1197
Genesung 432
Wandlung 1301
Besserwisser 990
bestallen 73
Bestallung 82
Bestand 473
Vorrat 815
Dauer 285
beständig 288
treu 1594
immer 721
Beständigkeit 507
Bestandteil 1240
bestärken 446
Bestärkung 220
bestätigen 219
bestätigt 1158
Bestätigung 220
bestatten 180
Bestattung 181
bestäuben 464
Bestäubung 467
Beste, das 1469
zum besten halten 1180
bestechen 159
bestechend 79
bestechlich 1358
Bestechlichkeit 1359
Bestechung 364
Bestehen 473
Dauer 285
bestehen 287
leben 827
Examen 588
bestehen auf 176
bestehen aus 400
bestehend 1539
besteigen 1196
Besteigung 107
bestellen 221
Land 464
Besteller 756
Bestellung 108
Aussaat 467
besteuern 185
Besteuerung 999
Bestie 148
Tier 1525
bestimmbar 379
bestimmen 161
überzeugen 1295
bestimmend 1526
bestimmt 918
sicher 1158
Bestimmtheit 917
Bestimmung 160
Schicksal 1099
Bestimmungsort 1573
bestrafen 1399
Bestrafung 1400
Bestreben 1410
bestreben, sich 193
Bestrebung 1535
bestreiten 462
bezahlen 240
Bestseller 635
bestücken 1189
bestürmen 305
bitten 248
bestürzen 1553
bestürzt 1191
Bestürzung 457
Besuch 222
besuchen 223
Besucher 224
besucht 191
besudeln 1451
besudelt 1117
betätigen 194
sich betätigen 83
Betätigung 82
betäuben (sich) 360
betäubend 1275
laut 825
betäubt 1258
wirr 1543
Betäubung 457
Unempfindlichkeit 1313
Betäubungsmittel 900
beteiligen (sich) 1244
beteiligt 733
teilnehmend 1245
mitschuldig 1133
beteiligt sein 1244
Beteiligte 1246
Beteiligung 1240
Teilnahme 1243
beten 225
beteuern 1430
Beteuerung 1431
betiteln 940
betonen 705
betont 918
Betonung 917
Sprechweise 1182
betören 241
betört 1414
Betörung 1561
Betracht 1375
Betracht ziehen, in 290
betrachten (sich) 65
nachdenken 290
Betrachter 196

beträchtlich 1464
Betrachtung 916
Betrag 426
betragen 791
sich betragen 1406
Betragen 1405
betrauen 1288
betrauern 769
beträufeln 510
betreffen 226
betreffend 227
betreiben 1422
Betreiben 62
betretbar 965
betreten 54
gehen 582
verlegen 1411
betreuen 1432
Betreuer 689
Betreuung 997
Betrieb 228
außer Betrieb 618
betriebsam 334
lebhaft 828
Betriebsamkeit 333
Betriebsklima 1035
Betriebsleiter 556
betrifft 227
betrinken, sich 1269
betroffen 1191
Betroffener 974
Betroffenheit 457
betrogen 1323
betrogen werden 1096
Betrogener 974
betrüben 185
betrüblich 1027
betrübt 1323
Betrübtheit 1322
Betrug 1239
betrügen 229
täuschen 1483
lügen 864
Betrüger 230
betrügerisch 1358
betrunken 231
Betrunkenheit 231
Bett 815
Bettdecke 710
Bettel 4
Bettelei 1410
betteln 248
Bettelstab bringen, an den 1569
betten 1101
bettlägerig 839
Bettler 480
Bettnische 935
betucht 1054
betulich 817
Betulichkeit 197
beugen 314
sich beugen 232
gehorchen 583
das Recht b. 896
Beugung 809
Beule 1550
beunruhigen 103
beunruhigend 104
beunruhigt 453
Beunruhigung 454
beurkunden 219
beurlauben 164
beurlaubt 534
beurteilen 1362
Beurteilung 1361
Beute 426
beutegierig 1357
Beutel 173
beuteln 1211
Beutelschneider 230
bevölkern 133
besiedeln 452
bevölkert mit 1467
Bevölkerung 233
bevollmächtigen 438
Bevollmächtigter 1449
bevor 327
bevormunden 1343
Bevormundung 845
bevorrechtet 199
bevorschussen 240
bevorstehen 926
drohen 310
bevorstehend 924
bevorzugen 234
Bevorzugung 1492
bewachen 1138
hüten 712
bewachsen 1371
belaubt 1501
Bewachung 106
bewaffnen 1189
bewaffnet 478
Bewaffnung 880
bewahren 1138
erhalten 429
bewahrheiten, sich 1563
bewähren, sich 176
bewährt 118
treu 1594
Bewahrung 1137
Bewährung 507
Bewährungsfrist 1462
bewaldet 1501
bewältigen 1422
Bewältigung 426
bewandert 424
Bewandtnis 156
bewässern 510
bewässert 930
Bewässerung 510
bewegen (sich) 236
beeinflussen 159
ergreifen 987
bewegend 104
Beweggrund 656
beweglich 237
lebhaft 828
Beweglichkeit 1150
bewegt 453
Bewegung 238
Ergriffenheit 454
sich Bewegung machen 236
sich in Bewegung setzen 394
Bewegungsfreiheit 1041
bewegungslos 1076
Bewegungstrieb 1150
beweihräuchern 1110
beweinen 769
beweinenswert 1323
Beweis 220
Rechenschaft 1045
beweisen 1563
Beweisführung 656
beweiskräftig 1602
Beweismaterial 656
Bewenden 442
bewenden lassen 822
bewerben, sich 239
wettstreiten 751
Bewerber 75
Bewerbung 1410
bewerfen 1371
mit Schmutz bewerfen 1413
bewerkstelligen 1422
bewerten 1091
Bewertung 1361

bewiesen 1158
bewilligen 438
  zustimmen 1592
bewilligt 199
Bewilligung 439
bewillkommnen 663
bewirken 1367
bewirten 353
Bewirtung 447
bewirtschaften 153
bewohnbar 603
bewohnen 827
Bewohner 268
bewölken, sich 320
Bewölkung 319
bewundern 1388
bewundernswert 118
bewundert 191
Bewunderung 323
bewußt 1419
  absichtlich 13
  sich bewußt sein 1545
bewußtlos 1258
Bewußtlosigkeit 1313
Bewußtsein 586
  Bewußtheit 1433
bezahlbar 906
bezahlen 240
bezahlt 636
  sich bezahlt machen 958
Bezahlung 1559
  Einkommen 1386
  Entschädigung 408
bezähmbar 906
bezähmen, sich 178
Bezähmung 1578
bezaubern 241
bezaubernd 79
  phantastisch 1002
bezaubert 453
Bezauberung 1561
bezeichnen 762
  nennen 940
bezeichnend 273
Bezeichnung 116
  Erklärung 436
bezeigen 1563
  ausdrücken 129
Bezeigung 116
bezeugen 1563
  bekunden 129
  bestätigen 219
bezeugt 1158
Bezeugung 116
  Versicherung 1571
bezichtigen 769
Bezichtigung 768
beziehen 755
  einziehen 368
  halten 847
  sich beziehen 320
  sich beziehen auf 226
  überziehen 1371
Bezieher 806
Beziehung 1375
  Verhältnis 851
Beziehungen 1375
  aufnehmen 926
  haben 907
  unterhalten 351
beziehungslos 357
Beziehungslosigkeit 358
beziehungsreich 1163
beziehungsweise 92
beziffern 762
Bezifferung 761
Bezirk 569
Bezug 1375
  Abonnement 108
  Überzug 710
Bezug nehmen 705
bezüglich 227
Bezugsquelle 1030
bezwecken 1551
bezweifeln 1598
bezwingbar 906
bezwingen 631
  sich bezwingen 178
Bibliothek 265
bieder 1047
  brav 259
Biederkeit 69
Biedermann 268
biegen 314
  auf Biegen oder Brechen 1307
biegsam 373
Biegsamkeit 374
Biegung 809
bieten 567
  sich bieten 166
bigott 390
Bigotterie 391
Bilanz 1045
bilateral 304
Bild 243
  ins Bild setzen 435
  im Bilde sein 1436
bilden 626
  erziehen 834
  sich bilden 846
  entstehen 415
bildend 186
bilderreich 1428
bildhaft 63
Bildersammlung 1082
Bildhaftigkeit 491
Bildhauer 465
bildlich 244
Bildner 465
  Lehrer 835
Bildnis 243
Bildnismalerei 479
bildsam 373
Bildsamkeit 374
Bildstreifen 243
Bildung 805
  Wissen 1544
bildungsfähig 373
Bildungsfähigkeit 374
Bildungsgang 833
Bildungsprotz 1143
Bildungsstand 1036
Bildungsstätte 1134
Bildungstrieb 731
bildungswillig 733
Bildwerk 844
Billett 263
  Ausweis 220
billig 245
billigen 1592
billigerweise 1047
Billigkeit 1046
Billigung 439
Binde 175
Bindeglied 1449
Bindemittel 162
binden (sich) 246
  die Hände binden 701
bindend 1602
Bindung 1375
  Zwang 312
  Verbundenheit 544
binnen 1497
Binsenwahrheit 1003
Biographie 826
bis 1497
bis auf 361
  außer 128

bisexuell 304
bisher 551
Biß 1552
bißchen, ein 775
Bissen 775
bissig 1325
Bissigkeit 533
bisweilen 1487
bitte 247
Bitte 1410
bitten 248
bittend 918
bitter 694
  verbittert 503
Bitterkeit 504
Bittschrift 1410
Bittsteller 75
Biwak 815
biwakieren 1101
bizarr 1002
Bizeps 1188
Blabla 609
blähen 1549
blaken 1039
blamabel 1303
Blamage 1412
blamieren (sich) 252
blamiert 1411
blank 636
  ohne Geld 87
blanko 965
Blase 1550
  Gruppe 661
blasen 249
blasiert 68
Blasiertheit 370
Blasphemie 518
blasphemisch 1377
blaß 494
Blässe 494
Blatt 1222
  kein Blatt vor den Mund nehmen 1014
blättern 847
blau 231
blau machen 500
blauäugig 1105
Blaue, Fahrt ins 481
blauer Dunst 863
Blaulicht, mit 339
Blaustrumpf 1143
blaustrümpfig 68
Blech 316
blechen 240
blechern 317
Bleibe 1548
bleiben 948
  dauern 287
  sterben 1199
bleibend 288
bleich 494
bleichen 922
Bleichheit 494
Blende 710
blenden 1483
  betrügen 229
  bezaubern 241
blendend 690
  anziehend 79
Blender 230
Blendwerk 1239
blessieren 1086
Blick 132
  auf den ersten Blick 639
  dem Blick entziehen 1371
blicken 65
  sich blicken lassen 223
Blickfang 869
Blickfeld 289
  Ausblick 132
Blickwinkel 883
blind 250
  beschlagen 930
  vorgetäuscht 250
blind gegen 1191
Blindgänger 1426
Blindheit 497
blindlings 1355
blinken 1095
blinzeln 1563
Blitzableiter 1449
blitzen 1095
blitzend 690
Blitzschlag 1102
  Naturkatastrophe 1570
Block 590
  Menge 1029
Blockade 702
blockieren 701
  stören 1209
blöde 315
  verrückt 1423
Blödigkeit 316
Blödsinn 796
  Unfug 316
blöken 1257
bloß 251
Blöße 497
  Lichtung 1501
Blöße geben, sich eine 252
bloßgestellt 441
bloßlegen 966
bloßstellen (sich) 252
Bloßstellung 1088
Bluff 1239
bluffen 229
blühen 415
  sich entwickeln 419
blühend 744
Blume 932
Blume des Weins 88
Blume, durch die 901
blumenhaft 1560
blumig 89
Blut 826
  leichtes Blut 837
Blut schwitzen 50
Blut vergießen 751
blutarm 1140
Blutarmut 445
Blutbad 750
Blüte 932
Blütenlese 1082
bluten 831
bluten müssen 1229
Blütezeit 552
  Jugend 743
  Höhepunkt 635
blutgierig 264
blutig 1117
blutleer 1140
blutlos 1140
Blutlosigkeit 445
blutrünstig 264
Blutsauger 556
Blutsverwandte 681
Blutung 1552
Blutvergießen 1334
  Krieg 750
blutvoll 794
Bö 861

Bock 465
Fehler 497
Stuhl 356
den Bock zum Gärtner machen 738
einen Bock schießen 738
bocken 1277
bockig 1278
Bockshorn jagen, ins 310
Boden 656
am Boden 441
am Boden halten 1343
Bodenbelag 1250
bodenlos 1254
schlimm 104
Bodensatz 950
Rest 1064
bodenständig 933
Bogen 1550
Papier 710
Bogengang 1550
Bohème 1309
bohèmehaft 1597
Bohèmewirtschaft 1309
Bohèmien 2
Bohle 262
bohnern 637
bohren 1440
bitten 248
bohrend 1027
böllern 751
bollig 1312
plump 1010
Bollwerk 1137
Bolzen 162
Bombardement 511
bombardieren 47
mit Briefen bombardieren 1209
Bombast 1290
bombastisch 1293
Bombe 802
Bon 220
Bonhomme 268
Bonhomie 344
Bonität 212
Bonmot 1346
Bonus 119
Bonvivant 758
Bonze 556
Boom 907
Boot 482
Bord 1599
Rand 1035
über Bord werfen 95
Borg, auf 841
borgen 254
borkig 1312
Born 1030
borniert 315
eng 390
Borniertheit 316
Enge 391
Börse 173
Markt 875
Börsenmagnat 213
Börsenspekulant 614
Borste 477
borstig 1040
Borte 1025
bösartig 256
gefährlich 573
Bösartigkeit 487
Böschung 4
böse 255
schlecht 1106
böse werden 86
böses Blut machen 696
Böses tun 1398
Bösewicht 1380
boshaft 256
Bosheit 487
Boß 556
böswillig 503
Böswilligkeit 487
Bote 1284
Botenlohn 974
botmäßig 585
Botmäßigkeit 584
Botschaft 899
Botschafter 302
Bottich 576
Bourgeoisie 233
Boutique 613
Box 173
boxen 751
Boy 46
Boykott 124
boykottieren 123
boykottiert 441
brach 963
brachliegen 1384
Bramarbas 1143
bramarbasieren 1292
Branche 1599
Branchenkenntnis 1544
Brand 511
Begierde 1410
in Brand setzen 1569
branden 74
Brandmal 761
brandmarken 252
Brandrede 454
brandschatzen 936
Brandschatzung 421
Brandstifter 1380
Brandung 1220
braten 1577
den Braten riechen 1499
Brauch 257
brauchbar 959
fähig 617
zweckmäßig 1595
Brauchbarkeit 957
brauchen 258
benutzen 194
Brauchtum 257
brauen 1577
bräunen 492
brausen 249
duschen 1084
brausend 684
Braut 542
Bräutigam 542
brav 259
Bravheit 91
bravo! 118
Bravour 912
Meisterschaft 635
bravourös 1469
brechen (mit) 260
sich übergeben 14
eine Lanze brechen 1138
den Stab brechen 1362
Bredouille 1412
Brei auslöffeln, den 1229
breiig 1516
breit 1517
Breite 115
Ausführlichkeit 1167
breitmachen, sich 1209
breitschlagen 1295
breitspurig 68
breittreten 114
Bremse 702

bremsen 20
mäßigen 701
brennen 261
brennend 1504
wichtig 1526
quälend 1027
Brennmaterial 687
Brennpunkt 902
brenzlich 573
Bresche 972
Bresche springen, in die 688
Bresche schlagen, eine 164
bresthaft 839
Brett 262
Brevier 1082
Brief 263
brieflich 901
Briefwechsel 788
Brillant 790
brillant 118
Brille 455
brillieren 1023
Brimborium 1025
bringen 1098
an sich bringen 936
brisant 573
Brise 861
bröckeln 260
vergehen 1398
Brocken 885
brocken 260
brodeln 1257
Brodem 276
Brosamen 1064
milde Gabe 974
Brosche 1025
Broschüre 265
Brot, das tägliche 1344
Broterwerb 82
Existenz 473
Brotgeber 556
brotlos 84
unnütz 1331
Bruch 1552
Trennung 1266
Schaden 1085
in die Brüche gehen 1096
brüchig 909
Bruchstück 1240
Bruchteil 1240
Brücke 1375
Bruder 915
Bruderkrieg 1067
brüderlich 887
Bruderschaft 590
brühen 1577
brühwarm 639
brüllen 821
brummen 1257
schimpfen 1100
sitzen 1164
brummig 1325
Brunnen 1030
Brunnenvergiftung 1523
Brunst 1267
brünstig 1268
brüsk 1325
brüskieren 1060
Brüskierung 693
brüsten, sich 1292
Brüstung 1127
Brut 625
Kinder 764
brutal 264
Brutalität 1107
brüten 464
nachdenken 290
brutzeln 1257
kochen 1577
Bube 1136
Bubenstück 1334
Buch 265
Buchbesprechung 799
buchen 1129
buchenswert 1526
Bücherei 265
Bücherfreund 807
Buchgelehrsamkeit 1353
Buchhalterin 689
Buchschmuck 243
Büchse 173
Buchstabe 1129
buchstäblich 593
Bucht 1441
Buchung 951
Buckel 203
Verkrümmung 1085
bücken, sich 232
bucklig 801
Bude 1041
Budget 1004
büffeln 846
Bug 1476
bügeln 637
bugsieren 554
buhlen 1521
buhlerisch 1268
Bühne 1093
Speicher 935
Bühnenkunst 284
Bühnenstück 1482
Bukett 271
Duft 88
Bulletin 899
Bummel 481
Bummelei 1340
bummelig 1339
bummeln 1339
gehen 582
feiern 500
Bund 590
im Bunde 1382
Bündel 173
bündeln 246
bündig 810
Bündigkeit 917
Bündnis 590
Bunker 1137
bunt 493
anschaulich 63
abwechslungsreich 1428
Buntheit 491
Vielfalt 1466
Bürde 823
Burg 1137
Bürge 266
bürgen 267
Bürger 268
Bürgerkrieg 1067
bürgerlich 269
Bürgerlichkeit 980
Bürgertum 233
Bürgschaft 270
burlesk 686
Büro 613
Bürokraft 689
Bürokrat 46
Pedant 990
Bürokratie 179
Bürokratismus 980
bürokratisch 970
pedantisch 991
Bursche 743
bürsten 1084

Busch 271
auf den Busch klopfen 530
Büschel 271
buschig 1501
Büste 844
Buße 1301
Genugtuung 408
büßen 1229
umdenken 1365
bußfertig 1066
Bußfertigkeit 1065
Bußgang 1301
Butte 173
Bütte 576
Büttel 106
Byzantinismus 856

C

Cachenez 1025
Café 565
Callgirl 1393
Camp 815
campen 1101
Camping 815
Caritas 888
caritativ 887
Casanova 1393
Cäsarenwahn 370
Causeur 758
Champion 635
Chance 907
Chanson 612
Chansonnier 283
Chansonette 283
Chaos 1333
chaotisch 1332
Charakter 272
Charakterbildung 272
charakterfest 274
charakterisieren 762
Charakterisierung 761
Charakteristik 761
Charakteristikum 761
  Eigenschaft 335
charakteristisch 273
charakterlos 1140
Charakterlosigkeit 1359
Charakterstärke 507
charaktervoll 274
Charakterzug 335
Charge 1036
  Nebenrolle 284
chargieren 1292
Charisma 650
Charivari 1333
charmant 59
Charme 58
Charmeur 758
charmieren 1060
chartern 73
Chauffeur 556
Chaussee 1512
Chauvinismus 391
Chauvinist 715
chauvinistisch 390
Chef 556
chevaleresk 562
Chiffre 761
chiffrieren 1416
Chimäre 719
Chirurg 475
chloroformieren 360
Choleriker 652
cholerisch 684
Chor 661
Chronik 434
Chronist 204
chronisch 817
chronologisch 275
Cicerone 556
Circe 1393
City 902
Clan 661
  Familie 681
Claque 1111
Claqueur 1111
Clinch 312
Clique 661
Cliquengeist 1208
  Vorurteil 1488
Cliquenwirtschaft 866
Clou 635
Clown 929
Cockpit 1476
Cocktail 893
Computer 605
Conférencier 1449
Container 576
Couch 815
Countdown 1072
Coup 426
Courage 912
Crack 1178
Crew 661

D

da 581
weil 1513
vorhanden 1475
dabei 924
interessiert 733
dabeibleiben 176
dabeisein 1244
da capo 1531
Dach 681
Schutz 1137
unter Dach bringen 1138
aufs Dach steigen 1100
Dachboden 935
Dachorganisation 1375
dadurch 901
dafür 1513
dafür sein 1592
Dafürhalten 883
dagegen 503
aber 3
dagegenhalten 462
vergleichen 1403
dagegen sein 1277
daheim 177
Daheim 681
daher 33
dahin 1511
zerbrochen 208
dahingegangen 1258
dahingehen 1398
dahingestellt sein lassen 1142
dahinstehen 1316
dahinstellen 1142
dahinterkommen 1436
Dakapo 1533
Dame 531
damit 1513
Damm 1137
auf dem Damm 627
dämmern 320
hell werden 40
verstehen 1436
Dämmerung 319
Anfang 39
Damoklesschwert 311
Dämon 586
Genie 595
Dämonenfurcht 319
dämonisch 1352
dunkel 318
Dampf 276
Dampf machen 305
mit Dampf 1119
dampfen 277
dämpfen 637
beruhigen 205
hemmen 403
Dampfer 482
Dämpfer 878
einen Dämpfer aufsetzen 403
dämpfig 317
Dandy 1226
danebengehen 1096
danebenhauen 738
Dank 279
zu Dank 1047
dank 901
dankbar 278
Dankbarkeit 279
danken 280
dankenswert 959
dann 1174
darauf ankommen lassen, es 1493
darben 392
darbieten 38
Darbietung 1369
darbringen 567
darin 727
darlegen 435
Darlegung 436
Darlehn 281
darleihen 254
daniederliegen 838
brachliegen 1384
darstellen 282
beleuchten 189
beschreiben 210
spielen 1177
erklären 435
etw. darstellen 155
Darsteller 283
Darstellung 284
Darstellungsweise 1202
dartun 435
darum 1513
Dasein 473
dasein 827
vorhanden 1475
Daseinsberechtigung 1046
Daseinsfreude 975
daseinsfreudig 686
optimistisch 977
daseinshungrig 168
Daseinskampf 779
dasselbe 92
Daten 509
datieren 762
Datum 1251
Dauer 285
auf die Dauer 721
dauerhaft 286
Dauerhaftigkeit 507
dauern 287
dauernd 288
immer 721
davonkommen 429
davonlaufen 515

davontragen 936
den Sieg 631
dawiderreden 462
trotzen 1277
dazu 92
dazugehören 427
dazwischenfunken 1209
dazwischenreden 1209
dazwischentreten 1209
Dealer 1380
Debakel 1322
Debatte 218
debattieren 217
debil 1140
Debitor 1132
Debüt 39
debütieren 40
dechiffrieren 1416
Decke 710
Deckel 1429
decken 120
befruchten 464
schützen 1138
übereinstimmen 1285
Deckung 1137
Ausgleich 119
Deckung nehmen 1138
Dedikation 561
dedizieren 567
Defaitismus 1327
Defaitist 995
defaitistisch 996
Defekt 1085
defekt 208
defensiv 1076
Defensive 1137
defilieren 989
definieren 435
Definition 436
definitiv 386
Defizit 1085
Deflation 1069
deformieren 1086
deformiert 208
Deformierung 1085
Defraudant 230
deftig 293
Degeneration 1069
degenerieren 1384
degeneriert 695
degoutant 371
degradieren 692
degradiert 441
dehnbar 373
ungenau 1319
Dehnbarkeit 374
dehnen (sich) 1214
Dehnung 115
Deich 1137
deichseln 554
dekadent 695
überfeinert 383
Dekadenz 1069
Überfeinerung 384
deklamieren 1183
deklarieren 435
Dekor 911
Dekoration 1025
dekorieren 1026
auszeichnen 141
dekorativ 1540
Dekorum 1239
das Dekorum wahren 1095
Dekret 160
dekretieren 161
Delegation 1450
delegieren 161
Delegierter 1449
delektieren (sich) 596
delikat 1546
heikel 383
Delikatesse 793
Feinheit 380
Delikt 1334
Delinquent 1380
Delle 1441
Demagoge 1522
Demagogie 1523
demagogisch 1357
Demarkationslinie 1127
demaskieren 252
Dementi 772
dementieren 848
Demimonde 1309
Demission 124
demissionieren 123
demnach 33
demobilisieren 205
demokratisch 655
demolieren 207
Demonstrant 752
Randalierer 1522
Demonstration 1067
Vorführung 436
Ausdruck 116
demonstrativ 918
demonstrieren 1277
vorführen 435
demoralisieren 418
entmutigen 403
demoralisierend 1568
demoralisiert 695
Demoralisierung 1069
Demut 584
demütig 585
unterwürfig 1350
demütigen (sich) 692
demütigend 187
Demütigung 188
dengeln 1090
Denkarbeit 916
Denkart 289
denkbar 906
denken 290
Denken 916
Denker 291
Denkergebnis 1109
Denkfähigkeit 1433
denkfaul 1339
Denkkraft 1433
Denkmal 434
Denkpause 1342
Denkrede 434
Denkschrift 1410
Denkspruch 292
Denkvermögen 1433
Denkweise 289
denkwürdig 1526
Denkwürdigkeit 434
Denkzeichen 434
Denkzettel 434
Strafe 1400
dennoch 1276
Dentist 475
Denunziant 1136
Denunziation 609
denunzieren 769
deplaciert 1325
deponieren 20
Deportation 1447
deportieren 140
Depot 815
Depression 1327
depressiv 946
deprimieren 403
deprimiert 946
derangiert 1332
derartig 1165
derb 293
Derbheit 533

dereinst 551
später 1174
dergestalt 1165
dergleichen 639
dermaßen 1165
derzeit 581
desavouieren 848
Deserteur 1136
desertieren 1014
desgleichen 92
deshalb 1513
Designer 465
desillusionieren 416
Desinfektion 1058
desinfizieren 1084
desinteressiert 641
desolat 1323
öde 963
desorientiert 1356
desperat 700
Despot 556
Haustyrann 300
despotisch 1537
Despotismus 300
Dessert 870
Dessin 911
destillieren 771
destruktiv 1568
Detail 366
Detailhandel 365
Detailhändler 614
detaillieren 1565
detailliert 593
Detektiv 196
Detonation 112
detonieren 111
Deut, keinen 945
deuteln 189
deuten 435
weisen 1563
Deuter 1449
Prophet 1018
deutlich 294
deutlich werden 47
Deutlichkeit 772
Grobheit 533
Deutung 284
Devise 292
devot 1350
Devotion 584
dezent 1586
Dezentralisation 1266
dezentralisieren 1265
Dezenz 1587
Dezernat 1599
dezidiert 918
dezimieren 811
diabolisch 256
Diagnose 175
diagnostizieren 174
diagonal 1126
flüchtig 961
Diakonie 888
Dialog 218
dialogisieren 217
Diamant 790
Diarium 434
Diät 447
Diäten 408
dicht 296
geformt 1011
dichtbelaubt 1501
dichtbesiedelt 1467
dichtbevölkert 1467
Dichte 507
dichten 1129
ausbessern 448
Dichter 465
dichterisch 1011
dichthalten 1145
Dichtkunst 1130
Dichtwerke 284
dick 297
dick werden 419
anschwellen 1549
Dicke 557
dickfellig 1223
Dickfelligkeit 1313
dickflüssig 1557
Dickicht 271
Dickkopf 652
didaktisch 186
Dieb 1380
diebisch 1358
sehr 1154
Diebstahl 1334
Diele 935
Brett 262
Gasthaus 565
dielen 1371
dienen 298
dienen als 298
Diener 46
Verbeugung 662
dienern 663
Dienerschaft 46
dienlich 959
Dienlichkeit 957
Dienst 299
dienstbar 959
Dienstbarkeit 299
dienstbereit 506
dienstfertig 398
Dienstleistung 299
dienstlich 970
Dienstmädchen 46
Dienstmann 1284
Dienststelle 613
dienstunfähig 839
Dienstunfähigkeit 1085
dienstwillig 398
Dienstwilligkeit 396
diesbezüglich 227
diesig 318
diesseitig 1396
Diesseitigkeit 1397
diesseits 697
diffamieren 1413
diffamierend 187
Diffamierung 609
Differenz 1349
Fehler 497
Streit 1216
differenzieren 1565
differenziert 804
Differenziertheit 505
differieren 784
diffus 318
undeutlich 1352
Dignität 1554
Diktat 160
Diktator 556
diktatorisch 1537
streng 1218
Diktatur 300
diktieren 161
Diktion 1202
Diktum 1361
dilatorisch 1316
Dilemma 798
Zweifel 1596
Verlegenheit 1412
Dilettant 301
dilettantisch 961
Dilettantismus 1353
dilettieren 1000
Dimension 876
Diner 870
Ding 579
dingen 73
dingfest machen 490
dinglich 1539

Dinglichkeit 1238
dionysisch 453
Diplom 220
Diplomat 302
Diplomatie 616
diplomatisch 617
diplomieren 141
direkt 1328
Direktion 845
Direktive 76
dirigieren 554
Dirne 1393
Dirnenwesen 1014
Discjockey 1449
Diseur 283
Diseuse 283
Disharmonie 1216
disharmonisch 1600
Diskont 957
diskreditieren 1413
diskrepant 1600
Diskrepanz 1349
  Zwist 1216
diskret 1444
  zurückhaltend 1586
Diskretion 1587
diskriminieren 1413
  bloßstellen 252
Diskriminierung 609
Diskussion 218
  zur Diskussion
    stellen 1479
diskutabel 906
diskutieren 217
Dispens 439
dispensieren 164
disponibel 1475
  frei 534
disponieren 161
disponiert 478
Disposition 160
  Anlage 938
  Charakter 272
  zur Disposition 1475
Disput 1216
disputieren 1217
Disqualifikation 124
disqualifizieren 123
disqualifiziert 441
dissonant 679
Dissonanz 1216
Distanz 395
  Zurückhaltung 1587
Distanz wahren 23
distanzieren, sich 1425
distanziert 1586
distinguiert 1477
Distinktion 1554
Distrikt 569
Disziplin 1578
  Zweig 1599
disziplinieren 834
  maßregeln 1233
diszipliniert 67
disziplinlos 879
Diva 635
Divergenz 1349
  Streit 1216
divergieren 784
dividieren 1558
Dividende 1484
Divinationsgabe 380
divinatorisch 379
Diwan 815
Dogma 833
dogmatisch 660
Dogmatismus 1488
Doktor 475
Doktrin 833
Doktrinär 990
doktrinär 660
Dokument 220
dokumentarisch 1158
Dokumentation 1082
dokumentieren 1563
Dolmetscher 1449
dolmetschen 1416
Dom 765
Domäne 656
  Ressort 569
Domestik 46
domestikenhaft 1350
domestizieren 1579
Domestizierung 1578
dominant 555
dominieren 554
Domizil 681
Dompteur 835
Don Juan 1393
Donner gerührt, vom
  1191
donnern 821
  schimpfen 1100
Donnerwetter 1232
Don Quichotte 715
Donquichotterie 714
Doppel 303
doppeldeutig 1597
Doppelgänger 303
Doppelkinn 557
Doppelsinn 303
doppelsinnig 1597
Doppelsinnigkeit 80
Doppelspiel 487
doppelt 304
doppelzüngig 486
  diplomatisch 1234
  verlogen 1358
Doppelzüngigkeit 487
Dorado 988
Dorf 949
Dorn 477
Dorn im Auge 1303
dornenlos 648
Dornenpfad 1322
dornig 1089
dörren 1272
Dose 173
dösen 1101
dosieren 1241
dösig 1305
Dosis 1029
Dotation 561
dotieren 240
doubeln 1448
Double 303
Douceur 974
Dozent 835
dozieren 1183
Draht 845
  auf Draht 828
Drahtzieher 735
  Initiator 556
drakonisch 1218
Drall 1150
drall 297
Drama 1482
  Unglück 1322
Dramatik 284
  Spannung 1169
dramatisch 104
dramatisieren 1129
  übertreiben 1292
Drang 1267
drangeben 404
drängen 305
  eilen 338
drängend 339
  wichtig 1526
Drangsal 954
drangsalieren 992
drankriegen 1601

drastisch 293
wirksam 1540
Draufgänger 752
draufgängerisch 1235
draufgehen 1199
verderben 1384
drauflos gehen 1493
draußen 307
drechseln 626
Dreck 1116
dreckig 1117
unanständig 1304
Dreh 866
drehen (sich) 308
sich drehen um 226
Drehung 309
Drehpunkt 902
Dreiblatt 661
Dreifaltigkeit 661
Dreiheit 661
Dreiklang 661
dreingeben 95
zugeben 922
dreinreden 1209
dreinschlagen 47
dreist 532
keck 759
Dreistigkeit 533
dreschen, Phrasen 1292
dressieren 1281
zubereiten 1577
Dressman 283
Dressur 1578
Drift 1220
driften 1144
Drill 1297
drillen 1281
drehen 308
dringen auf 305
dringend 339
dringlich 339
wichtig 1526
nachdrücklich 918
Dringlichkeit 337
drinnen 727
droben 706
Droge 900
Drogenhändler 1380
drohen 310
drohend 573
Drohne 1426
Drohnendasein 1340
dröhnen 821
dröhnend 825
Drohung 311
Herausforderung 693
drollig 686
Drolligkeit 1346
drosseln 20
mäßigen 701
Druck 312
im Druck 313
unter Druck setzen 310
Drückeberger 1426
drucken 1453
drücken (sich) 314
drückend 1147
Druckmittel 312
druckreif 1469
Druckschrift 265
drucksen 1205
Druckvorlage 951
Druckwerk 265
Dschungel 271
dübeln 162
dubios 1597
Dublette 303
ducken 692
sich ducken 232
Duckmäuser 230
Duell 750
duellieren, sich 751
Duett 303
Duft 88
duften 1068
duftend 89
duftig 1560
duftlos 476
dulden 838
erlauben 438
Dulder 974
duldsam 655
Duldsamkeit 891
dumm 315
Dummheit 316
Streich 1215
Dummkopf 929
dumpf 317
Dumpfheit 1313
Feuchtigkeit 317
Dung 15
düngen 1372
Dünkel 370
Dunkel 319
dunkel 318
dünkelhaft 369
Dunkelmann 1044
dunkeln 320
dünken 1095
sich dünken 341
dünn 321
sich dünn machen 515
dünnflüssig 930
Dunst 276
dunsten 277
dünsten 1577
dunstig 318
Dunstkreis 861
Dünung 238
düpieren 229
Duplikat 303
Duplizität 303
durch 901
fertig 506
unten durch 441
durch und durch 564
durcharbeiten 153
durchaus 1307
durchbilden 626
erziehen 834
Durchbildung 523
durchblättern 847
durchblicken lassen 705
durchbohren 971
anstarren 1060
durchbohrend 1089
durchboxen, sich 322
durchbrechen 1569
entzweigehen 260
durchdringen 322
durchbrennen 515
durchbringen (sich) 429
heilen 174
verschwenden 896
Durchbruch 426
durchdacht 1006
zweckmäßig 1595
durchdenken 290
durchdrehen 1423
durchdringen 322
verstehen 1436
durchdringend 1089
laut 825
Durchdringung 600
Verständnis 1435
durchdrücken 322
passieren 1566
durchdrungen 1158
vollgesogen 296

durcheinander 1332
wirr 1543
Durcheinander 1333
durcheinanderwerfen 1458
Durchfahrt 972
durchfallen 1425
durchforschen 526
Durchforschung 527
durchführbar 906
durchführen 1422
veranstalten 1368
Durchführung 442
durchfüttern 429
Durchgang 972
durchgängig 884
durchgeben 897
durchgebildet 1469
durchgedreht 908
durchgehen 515
lesen 847
durchgehen lassen 438
durchgehend 1328
durchgreifen 322
durchgreifend 1540
durchhalten 176
Durchhalten 285
durchhängen 1440
durchkämmen 1026
suchen 1228
durchkommen 429
bestehen 176
durchkonstruiert 674
zweckmäßig 1595
durchkreuzen 1209
durchlässig 859
schadhaft 208
durchlöchern 971
beschädigen 207
durchnässen 322
durchnehmen 834
durchpausen 1453
durchpeitschen 322
durchprobieren 1438
durchqueren 1032
Durchquerung 481
Durchreise, auf der 307
durchreisen 1032
Durchsage 899
durchsagen 897
durchschauen 1038
durchscheinend 321
durchschimmern 1095
Durchschlag 303
durchschlagen 1265
passieren 1566
kopieren 1453
wirken 1538
durchschlagen, sich 176
durchschlagend 1540
Durchschlagskraft 1542
durchschlängeln, sich 322
Durchschlupf 972
durchschlüpfen 989
durchschneiden 1265
Durchschnitt 1049
durchschnittlich 953
durchschwärmen 500
durchschweifen 1032
durchsehen 153
durchsetzen (sich) 322
durchsetzig 1557
Durchsicht 1021
durchsichtig 770
durchsichtig sein 1095
Durchsichtigkeit 772
durchsickern 322
auslaufen 831
durchsprechen 217
durchstechen 971
Durchstecherei 1239
durchstehen 176
Durchstoß 426
durchstoßen 971
durchstreichen 858
durchstreifen 1032
durchsuchen 1228
Durchsuchung 1021
durchtränken 322
durchtränkt 296
durchtreiben 1566
durchtrennen 1265
Durchtrennung 1266
durchtrieben 1105
Durchtriebenheit 616
durchweg 31
durchweichen 322
durchweicht 930
durchziehen 322
queren 1032
Durchzug 481
Luft 861
durchzwängen, sich 322
dürfen 780
dürftig 87
unscheinbar 1306
Dürftigkeit 954
dürr 321
Dürre 964
Durst 1410
dürsten 392
verlangen 167
durstig 168
entwässert 1271
durststillend 627
Dusche 1058
Ernüchterung 417
duschen 1084
Dusel 231
Glück 647
duselig 1543
düster 318
traurig 1323
Düsterkeit 319
Melancholie 1327
Dutzendmensch 268
Dutzendware 1049
dutzendweise 1464
Dynamik 1150
dynamisch 828

E

Ebbe 954
Ebbe und Flut 1508
eben 636
  kürzlich 812
Ebenbild 303
ebenbürtig 643
Ebenbürtigkeit 1287
Ebene 513
Ebene, schiefe 107
  auf die schiefe Ebene kommen 1384
ebenerdig 1341
ebenfalls 92
Ebenmaß 675
ebenmäßig 676
ebenso 1165
ebnen 143
  glätten 637
  den Weg 1481
Echo 323
  Zustimmung 439
echt 324
Echtheit 1524
  Qualität 1028
Ecke 325
  Gebiet 569
Eckensteher 1426
eckig 677
  steif 1010
  dürr 321
Eckstein 668
edel 326
Edelmann 758
Edelmut 888
edelmütig 326
Edelstein 790
Eden 988
Edikt 160
Effekt 1542
Effekten 212
Effekthascherei 370
effektiv 1539
effektvoll 1540
egal 639
egalisieren 637
Egoismus 1115
Egoist 1156
egoistisch 1156
Egotist 1156
Egozentrik 1155
egozentrisch 1156
ehe 327
Ehe 328
Ehebrecher 230
  Verführer 1393
Ehebruch 1359
ehedem 551
ehelos 367
Ehelosigkeit 329
Ehepartner 330
ehern 677
ehestens 1119
Eheversprechen 1375
Ehrabschneider 735
ehrbar 70
Ehrbarkeit 69
Ehrbegierde 1155
Ehre 331
ehren 332
Ehrenerklärung 772
  Satisfaktion 408
ehrenhaft 70
Ehrenhaftigkeit 69
ehrenhalber 1302
Ehrenhandel 750
Ehrenmal 434
Ehrenmann 758
  dunkler Ehrenmann 2
Ehrenrettung 772
ehrenrührig 187
Ehrensache 999
ehrenvoll 1387
Ehrenwort 1431
Ehrenzeichen 331
ehrerbietig 1586
Ehrerbietung 1587
Ehrfurcht 28
ehrfürchtig 1586
Ehrgefühl 331
Ehrgeiz 1155
ehrgeizig 1156
ehrlich 70
Ehrlichkeit 968
Ehrliebe 331
ehrliebend 70
ehrlos 1358
Ehrlosigkeit 1359
Ehrsucht 1155
Ehrung 331
ehrwürdig 724
  altgewohnt 288
  imponierend 724
eichen 1391
Eid 1431
Eidbruch 1359
eidbrüchig 1358
Eifer 333
Eiferer 715
eifern 1212
Eifersucht 1596
  Neid 487
eifersüchtig 1480
  falsch 486
Eifersüchtelei 384
eifrig 334
eigen 933
Eigenart 335
eigenartig 273
  apart 214
Eigenbrötler 984
eigenbrötlerisch 93
Eigenerzeugnis 1175
eigengesetzlich 1124

eigenhändig 994
Eigenheim 681
Eigenheit 335
Eigenleben 535
Eigenliebe 1155
Eigenlob 370
eigenmächtig 1537
Eigenmächtigkeit 300
Übergriff 1334
Eigennutz 1155
eigennützig 1156
eigens 125
Eigenschaft 335
Eigensinn 1527
eigensinnig 1278
eigenständig 985
eigentlich 336
Eigentum 212
Eigentum, geistiges 717
Eigentümer 213
eigentümlich 933
auffallend 93
Eigentümlichkeit 335
eigenwillig 1537
Eigenwilligkeit 300
eigenwüchsig 324
eignen 666
sich eignen 780
Eigner 213
Eignung 479
Eiland 367
Eile 337
eilen 338
eilends 339
eilfertig 339
Eilfertigkeit 337
eilig 339
ruhelos 1336
Eimer 576
im Eimer 441
einander 578
einarbeiten 633
lehren 834
einäschern 180
niederbrennen 1569
Einäscherung 181
einatmen 368
einbalsamieren 429
einbalsamiert 286
Einband 710
Einbau 428
einbauen 427
einbegreifen 400
einbehalten 349
einberufen 368
Einberufung 160
einbetten 427
einbeziehen 101
einbiegen 21
einbilden, sich 340
Einbildung 370
Illusion 719
Einbildungskraft 1001
einblasen 159
einbleuen 354
Einblick 425
einbrechen 342
Einbrecher 1380
einbringen 958
ernten 451
nachholen 921
vorschlagen 1479
einbringlich 959
Einbruch 1334
einbuchten 490
Einbuchtung 1441
einbürgern 101
sich einbürgern 633
Einbürgerung 100
Einbuße 1085
einbüßen 1415
eindämmen 701
Eindämmung 702
eindecken 1432
eindeutig 770
unanständig 1304
Eindeutigkeit 772
Zote 1116
eindicken 456
eindrängen, sich 342
eindringen 342
einsickern 322
verstehen 1436
eindringlich 918
Eindringlichkeit 917
Eindringling 1210
eindrücken 1440
öffnen 971
prägen 354
Eindruck 1500
Vertiefung 1441
Wirkung 1542
Eindruck machen 1538
eindrucksvoll 1540
eindübeln 162
eindünsten 429
einebnen 637
zerstören 1569
Einebnung 119
einen 1374
einengen 811
Einengung 391
einerlei 639
Einerlei 1051
einfach 343
Einfachheit 344
einfädeln 1472
Einfall 717
Angriff 48
einfallen 345
einfallslos 145
Einfallslosigkeit 146
einfallsreich 1124
Einfalt 344
einfältig 343
Einfaltspinsel 929
Einfamilienhaus 681
einfangen 490
einfassen 1299
Einfassung 1035
einfinden, sich 54
einfließen lassen 129
einflößen 560
Einfluß 364
Einflußsphäre 569
einflußreich 868
einflüstern 159
Einflüsterung 364
einförmig 640
langweilig 820
Einförmigkeit 1051
Langeweile 818
einfriedigen 1299
Einfriedung 1127
einfügen 427
einwerfen 129
sich einfügen 633
Einfügung 428
Gewöhnung 634
einfühlen, sich 1436
Einfühlung 1435
Einfühlungsgabe 1435
Einfuhr 672
einführen 346
vorstellen 1481
importieren 673
Einführung 347
Eingabe 1410
Eingabe machen 1479
Eingang 972
Posteingang 1012

eingeben 560
offenbaren 966
eingebildet 369
eingeboren 177
Eingebung 967
Einfall 717
eingefahren 785
eingefleischt 1307
eingehen 1272
sterben 1199
scheitern 1096
enger werden 922
eingehen auf 462
eingehend 593
eingeklemmt 390
eingemacht 286
Eingemachtes 429
eingemeinden 101
Eingemeindung 100
eingenommen 850
eingenommen sein, von sich 553
eingerostet 208
alt 34
eingeschnappt 255
eingesessen 45
Eingeständnis 967
eingestehen 966
Eingeweide 726
eingeweiht 760
Eingeweihter 835
eingewöhnen (sich) 633
Eingewöhnung 634
eingezogen (einsam) 357
Eingezogenheit 358
eingießen 558
eingipsen 174
eingliedern 101
Eingliederung 100
eingraben 1404
einprägen 354
eingreifen 348
Eingriff 364
Operation 175
Eingriff machen 174
Einhalt gebieten 701
einhalten 349
einhämmern 354
einhandeln 1509
einhändigen 567
Einhändigung 1262
einhegen 1299
einheimisch 45
Einheimische 233
einheimsen 451
gewinnen 631
Einheit 350
einheitlich 639
Einheitlichkeit 350
einhellig 351
Einhelligkeit 352
einholen 755
empfangen 378
erreichen 921
einhüllen 1138
einwickeln 987
einig (sein) 351
einigeln, sich 1138
einiggehen 1285
einige 1465
einigen 205
sich einigen 1389
Einigkeit 352
Einigung 1390
Einkauf 754
Besorgung 216
einkaufen 755
Einkehr 916
einkehren 223
einkellern 1432
einkerben 1118
Einkerbung 1441
Einklang 352
in Einklang bringen 205
einkleiden 133
verbrämen 189
Einkleidung 134
Verbrämung 284
Einkommen 1386
einkommen um 248
einkreisen 701
Einkreisung 702
Einkünfte 1386
einladen 353
vorschlagen 1479
einladend 81
Einladung 1478
Einlage 428
Investierung 359
Zwischenspiel 1603
einlagern 1432
Einlaß 972
einlassen 971
einfügen 427
sich einlassen auf 1592
einläßlich 593
Einläßlichkeit 1167
Einlauf 1012
Klistier 175
einlaufen 54
einleben, sich 633
einlegen 427
ein Wort 1416
einmachen 429
speichern 1432
einleiten 346
einleitend 41
Einleitung 347
einlenken 583
einleuchten 1436
einleuchtend 1434
einliegend 36
einlösen 240
Einlösung 119
einmachen 429
einmal 551
auf einmal 1009
es war einmal 551
einmalig 130
Einmaligkeit 335
einmieten, sich 368
einmischen, sich 342
Einmischung 1210
einmünden 1263
Einmündung 1264
einmütig 351
Einmütigkeit 352
Einnahme 1386
Eroberung 421
einnehmen 1385
erobern 631
halten 669
schlucken 936
einnehmend 79
einnisten, sich 342
Einöde 964
einordnen 979
einpacken 987
einpassen 427
einpauken 354
einpauken, sich 1532
einpeitschen 354
einpflanzen 464
einprägen (sich) 354
einprägsam 1540
einquartieren 101
sich einquartieren 368
einrahmen 1299

Einrahmung 1035
einrammen 1374
einrangieren 427
einrasten 1108
einräumen 355
zugeben 1592
erlauben 438
Einräumung 134
Beistimmung 439
einrechnen 1558
Einrede 463
einreden 159
einreiben 637
einreichen 1479
einreihen 427
ordnen 979
sich einreihen 633
einreisen 948
einreißen 1569
Gewohnheit werden 633
einrenken 205
einrennen, das Haus 1209
einrichten (sich) 355
sparen 1170
schienen 174
ermöglichen 443
Einrichtung 981
Ausstattung 134
Möbel 356
einrosten 1384
altern 922
eins 1588
einerlei 639
einsacken 631
sich senken 1440
einsagen 688
Einsager 689
einsam 357
Einsamkeit 358
Einsatz 750
Spitze 1025
Risiko 1348
einschalten 73
zwischenschieben 427
einwerfen 129
sich einschalten 1416
eingreifen 348
einschärfen 354
einschätzen 1091
Einschätzung 1361
einschenken 558
reinen Wein 966
einschichtig 367
Einschichtigkeit 358
Ehelosigkeit 329
einschieben 427
einschiffen, sich 394
Einschiffung 395
einschlafen 1101
enden 385
sterben 1199
einschläfern 360
einschläfernd 820
Einschlag 426
einschlagen 971
gefallen 574
sich verkaufen 1409
wirken 1538
treffen 1263
zünden 1569
einschlägig 414
einschleichen, sich 342
einschleppen 346
einschließen 96
umzingeln 701
gefangen halten 14
einbegreifen 400
einschließlich 361
einschmeicheln, sich 1110
ins Ohr gehen 354
einschmeichelnd 79
einschmuggeln 346
einschnappen 86
zufallen 1108
einschneiden 1118
einbuchten 1440
einschneidend 1187
Einschnitt 1342
Einbuchtung 1441
einschnüren 314
Einschnürung 391
einschränken 811
beschränken 701
sparen 1170
relativieren 1365
Einschränkung 362
Druck 312
einschreiten 348
Einschub 428
einschüchtern 310
imponieren 723
Einschüchterung 311
einsehen 1436
Einsehen 1435
Einsehen haben 438
einseitig 363
stur 1191
Einseitigkeit 391
einsenken 948
einrammen 1374
einsetzen 40
anstellen 73
verfechten 411
sich einsetzen 193
Einsetzung 347
Einsicht 1435
einsichtig 1419
einsickern 322
Einsiedelei 765
Einsiedler 765
Sonderling 984
einsiedlerisch 357
einsilbig 1146
Einsilbigkeit 1587
einspannen 1472
beanspruchen 151
einspännig 367
einspielen 407
einspielen, sich 633
einspinnen, sich 14
Einsprache 1527
einspringen 688
vertreten 1448
einspritzen 174
einst 551
einstampfen 211
einstecken 96
stehlen 936
einpacken 987
hinnehmen 838
abschicken 1098
verhaften 490
einstehen für 267
einsteigen 948
sich beteiligen 1244
einbrechen 342
einstellen 73
aufhören 385
sich einstellen 54
sich einstellen auf 633
geschehen 166
Einstellung 347
Gesinnung 289
Meinung 883
Schließung 94
einstimmen 1592
mitsingen 1161
einstimmig 351

einstudieren 1281
einstufen 979
Einstufung 980
Einsturz 1570
einstürzen 1398
eintauchen 948
einteilen 1241
sich einteilen 355
sparen 1170
Einteilung 980
eintönig 640
langweilig 820
Eintönigkeit 1051
Langeweile 818
Eintracht 352
einträchtig 351
einträchtig leben 1436
Eintrag 951
Nachteil 1085
eintragen 1129
nützen 958
einträglich 959
einträinken 1399
eintreffen 54
Eintreffen 56
eintreiben 368
eintreten 54
geschehen 166
Mitglied werden 1374
eintreten für 1592
eintrichtern 354
lernen 846
Eintritt 56
Beitritt 1375
eintrocknen 1272
eintrüben, sich 320
einüben 1281
einverleiben 469
erobern 631
einverstanden 351
einverstanden sein 1592
Einverständnis 352
Einwand 463
einwandern 948
Einwanderung 949
einwandfrei 1469
einwecken 429
einweichen 510
einweihen 1152
eröffnen 452
anvertrauen 966
Einweihung 347
einwenden 462
einwerfen 1569
Post einwerfen 1098
zwischenrufen 129
einwickeln 987
schmeicheln 1110
betrügen 229
einwiegen 360
Verlust erleiden 1415
einwilligen 1592
Einwilligung 439
einwirken 159
Einwirkung 364
Einwohner 268
Einwurf 463
Unterbrechung 1342
einwurzeln 948
einzäunen 1299
Einzelfall 1366
Einzelgänger 984
Einzelhandel 365
Einzelhändler 614
Einzelheit 366
einzeln 367
einzelne 775
einzelnstehend 367
Einzelstück 790
Einzelwesen 886
einziehen 368
Einziehung 421
Einberufung 160
einzig 125
außerordentlich 130
Einzigkeit 335
Einzug 56
Beschlagnahme 421
Einzugsgebiet 569
einzwängen 314
Eis 747
auf Eis legen 1461
Eisen schmieden, das 958
Eisenfresser 752
eisern 677
eiserne Ration 698
eisig 747
hart 677
Eisschrank 356
eitel 369
Eitelkeit 370
Eiter 15
eitern 14
Ekel 11
Monstrum 679
ekelhaft 371
ekeln (sich) 372
Eklat 457
Ekstase 454
Liebesglut 851
Ekstatiker 1062
Schwärmer 715
ekstatisch 453
Elan 1150
elastisch 373
weich 1516
ungenau 1319
Elastizität 374
elegant 804
Eleganz 619
elegisch 1323
elektrisieren 60
Element 375
elementar 933
elend 376
Elend 954
Eleve 1135
eliminieren 14
ausschalten 123
Elite 635
Elixier 470
eloquent 200
Eloquenz 1182
Eltern 681
Elternhaus 681
Elysium 988
Emanzipation 535
Frauenemanzipation 1067
emanzipatorisch 555
emanzipieren, sich 164
emanzipiert 534
Embargo 1376
Emblem 761
Sinnbild 1562
Embryo 764
embryonal 41
emeritiert 34
Emeritierung 124
Emigrant 138
Emigration 395
Fremde 539
emigrieren 394
eminent 130
Emotion 454
emotional 379
Emotionalität 577
Empfang 377
Geselligkeit 621
feierl. Empfang 331
empfangen 378

empfangen werden 907
empfänglich (sein) 379
Empfänglichkeit 380
Empfangsbescheinigung 220
empfehlen 381
empfehlenswert 118
nützlich 959
Empfehlung 382
empfinden 553
empfindlich 383
spürbar 1187
Empfindlichkeit 384
empfindsam 379
Empfindsamkeit 380
Empfindung 577
Emphase 917
emphatisch 918
empirisch 1158
empor 1489
empören, sich 1277
empörend 104
Empörer 752
emporkommen 1196
Emporkömmling 1143
emporsehen 1388
empört 255
Empörung 85
Revolution 1067
emsig 514
Emsigkeit 333
Ende 1109
Ende machen, ein 701
töten 1259
Ende finden, kein 114
enden 385
endgültig 386
Endkampf 1109
endlich 387
vergänglich 1396
Endlichkeit 1397
endlos 288
immerfort 721
Endspurt 337
Endstation 1109
Energie 388
energielos 1140
Energielosigkeit 445
energisch 389
energisch werden 322
eng 390
Engagement 347
Einsatz 750
Verpflichtung 999
engagieren 73
sich engagieren 246
engbrüstig 390
Enge 391
Engel, guter 689
engherzig 390
Engherzigkeit 391
Engpaß 391
Notlage 798
engstirnig 390
Engstirnigkeit 391
enorm 130
Ensemble 661
entarten 1384
entartet 695
Entartung 1069
entäußern, sich 404
entbehren 392
entbehren müssen 399
entbehrlich 1331
Entbehrung 954
entbieten 1073
entbinden 164
gebären 566
Entbindung 535
Geburt 570
entblättern 393
entblättert 251
entblöden (sich nicht) 1493
entblößen (sich) 142
entblößt 251
entbrannt 1414
entbrennen 111
Feuer fangen 261
sich verlieben 852
entbunden 534
entbürden 401
Entbürdung 402
entdecken 512
Entdecker 475
Entdeckung 559
entehren 418
entehrt 441
enteignen 936
Enteignung 421
enteilen 394
enterben 1086
Enterbter 974
entern 631
entfachen 1505
entfallen 496
vergessen 1401
entfalten 971
sich entfalten 419
Entfaltung 420
entfärben 922
Entfärbung 494
entfernen 393
sich entfernen 394
entfernt 1517
nicht entfernt 939
Entfernung 395
entfesseln 164
entflammen 1505
begeistern 169
entflechten 1265
entfliehen 515
entflohen 1511
entfremden 16
sich entfremden 394
Entfremdung 1266
entführen 936
Entführer 1380
Entführung 1447
entgegenarbeiten 701
entgegenbringen 1563
entgegengesetzt 1428
feindlich 503
entgegenhandeln 1277
entgegenkommen 397
verbilligen 922
Entgegenkommen 396
entgegenkommend 398
entgegennehmen 378
entgegensehen 460
entgegenstrecken 567
entgegentreten 701
trotzen 1277
entgegenwirken 701
entgegnen 462
Entgegnung 463
entgehen 399
sich entgehen lassen 404
entgeistert 1191
Entgelt 408
entgelten lassen 1399
entgiften 205
entgleisen 738
verunglücken 1096
Entgleisung 1322
Verstoß 497
enthalten 400
sich enthalten 404
enthaltsam 405
Enthaltsamkeit 406
enthaupten 1259

entheben 123
Enthebung 124
entheiligen 418
Entheiligung 1088
enthemmt 684
enthoben 534
enthüllen 966
weihen 452
ausziehen 142
Enthüllung 967
enthusiasmieren 169
Enthusiasmus 454
Enthusiast 714
enthusiastisch 453
entkleiden (sich) 142
absetzen 123
entkleidet 251
entkommen 399
fliehen 515
entkorken 971
entkräften 1141
widerlegen 462
entkräftet 1140
Entkräftung 445
entkrampfen 860
entladen 831
sich entladen 111
Entladung 112
entlang 924
entlarven 252
Entlarvung 967
entlassen 123
Entlassung 124
entlasten (sich) 401
verteidigen 411
entlastet 534
Entlastung 402
Ausgleich 119
entlaufen 515
entlaufen (fort) 1511
entledigen (sich) 164
entleeren (sich) 831
entleert 829
Entleerung 831
Minderung 1069
Reinigung 1058
entlegen 357
Entlegenheit 358
entlocken 530
entlohnen 240
Entlohnung 1559
entmachten 631
entmachtet 1317
entmannen 1141
entmenscht 264
entmilitarisieren 205
Entmilitarisierung 545
entmündigen 1343
Entmündigung 845
entmutigen 403
entmutigend 1323
entmutigt 946
Entmutigung 1327
entnehmen 936
folgern 1108
entnervt 695
entpflichten 164
entpressen 314
entpuppen, sich 252
entraten 392
enträtseln 860
raten 1038
entrechten 1343
entrechtet 1048
entreißen 936
entrinnen 515
entrollen 971
entrückt 1305
hingerissen 453
Entrückung 1313
Rausch 454
entrümpeln 392
Entrümpelung 395
entrüsten 1060
sich entrüsten 86
entrüstet 255
Entrüstung 85
entsagen 404
entsagend 405
Entsagung 406
Entsatz 698
entschädigen 407
Entschädigung 408
entschärfen 205
entscheiden (sich) 409
sich entscheiden für 688
entscheidend 1526
Entscheidung 410
entschieden 441
entschlossen 389
ernst 450
Entschiedenheit 388
entschlacken 1084
Entschlackung 1058
entschleiern 966
Entschleierung 967
entschließen, sich 409
entschlossen 389
Entschlossenheit 388
Entschluß 410
Entschlußkraft 388
entschlußlos 1140
Entschlußlosigkeit 445
entschuldbar 1434
entschuldigen 411
Entschuldigung 412
entschwinden 1398
entschwunden 1394
entseelt 1258
Entseelung 1255
entsenden 221
Entsendung 108
Entsetzen 49
entsetzen (sich) 50
absetzen 123
entsetzlich 1128
entsetzt 51
starr 1191
entseuchen 1084
entsichern 860
entsichert 573
entsiegeln 860
entsinnen, sich 433
entsittlichen 418
entspannen, sich 431
sich dehnen 1214
beruhigen 205
entspannend 1275
entspannt 1076
Entspannung 119
entspinnen, sich 40
entsprechen 413
entsprechend 414
entspringen 415
entstammen 415
Entstehen, im 41
entstehen 415
Entstehung 39
entstellen 1086
lügen 864
Entstellung 1085
Lüge 863
entsühnen 411
Entsühnung 650
enttäuschen 416
enttäuschend 1323
enttäuscht 946
Enttäuschung 417
entthronen 123
Entthronung 124
entvölkern 140

entwachsen 419
entwaffnen 205
Entwaffnung 545
entwaffnet 700
entwässern 1272
entweichen 515
sich leeren 831
entweihen 418
Entweihung 1088
entwenden 936
entwerfen 1005
Entwerfer 465
entwerten 418
ungültig erklären 95
entwertet 1106
Entwertung 1069
entwickeln (sich) 419
entfalten 1372
Entwicklung 420
in der Entwicklung 41
Entwicklungsgeschichte 420
Entwicklungshilfe 698
Entwicklungsjahre 420
Entwicklungsmöglichkeit 1041
Entwicklungsstufe 420
entwirren 771
entwöhnen 1425
sich entwöhnen 404
Entwöhnung 421
entwölken 771
entwürdigen 692
entwürdigend 187
Entwürdigung 1088
Beschimpfung 188
Entwurf 1004
entwurzeln 142
austreiben 140
entwurzelt 357
Entwurzelung 1447
entzaubern 416
entziehen 936
sich entziehen 1425
Entziehung 421
entziffern 771
entzücken 169
beglücken 171
Entzücken 540
entzückend 79
entzückt 453
Entzückung 454
entzünden 169
sich entzünden 261
entzündet 297
entzündlich 573
Entzündung 1550
entzweien 1265
sich entzweien 1217
Entzweiung 1216
enzyklopädisch 1469
Enzym 1541
Epidemie 796
epidemisch 573
Epigone 913
epigonenhaft 1318
Epik 284
Epikureer 597
Epilog 1109
episch 593
Episode 1603
episodenhaft 1487
Epistel 263
Epoche 1564
epochemachend 1526
Epos 284
equipieren 133
Equipierung 134
Erachten 883
erachten 290
erarbeiten 631
Erbanlage 272
erbarmen 287
sich erbarmen 688
Erbarmen 1243
Gnade 650
erbärmlich 376
erbarmungslos 677
Erbarmungslosigkeit 1107
erbarmungsvoll 887
erbarmungswürdig 376
erbauen 464
erheben 683
Erbauer 465
erbaulich 498
Erbauung 499
Trost 1189
Erbe 422
erbeben 1576
erschrecken 50
erben 422
erbeuten 631
Erbgut 272
erbieten, sich 38
Erbin, reiche 1054
erbittern 103
sich erbittern 86
erbittert 255
Erbitterung 85
erbleichen 50
erblich 933
erblichen 1258
erbost 255
erbötig 201
erbrechen 971
übergeben 14
erbringen 958
Beweis erbringen 1563
Erbschaft 422
Erbschleicher 230
Erdball 1518
Erdbeben 1211
Erdboden 656
Erde 1518
Boden 1206
Erdenbürger 886
erdenken 464
Erdenleben 1397
Erdenlos 1099
Erdentage 473
Erdenwallen 826
erdgeboren 1396
erdgebunden 1396
weltlich 961
Erdgeschoß 1548
im Erdgeschoß 1341
erdhaft 933
erdichten 464
lügen 864
Erdichtung 863
erdig 1117
Erdkugel 1518
erdolchen 1259
erdreisten, sich 1493
erdrosseln 1259
erdrücken 1086
erdrückend 1104
erdulden 838
ereifern, sich 86
ereignen, sich 166
Ereignis 615
ereignislos 820
Ereignislosigkeit 818
ereignisreich 1428
ereilen 490
Eremit 765
ererbt 563
angeboren 45
erfahren 423
erfahren (bewandert) 424

Erfahrung 425
erfahrungsgemäß 1158
erfassen 490
verstehen 1436
Erfassung 1082
erfinden 464
Erfinder 465
erfinderisch 1124
Erfindung 1125
Lüge 863
Erfindungsgabe 1001
erflehen 248
Erfolg 426
Erfolg haben 588
weiterkommen 1196
erfolgen 166
erfolglos 1302
Erfolglosigkeit 1302
erfolgreich 648
wirksam 1540
erfolgssicher 1158
Erfolgsmensch 649
erfolgversprechend 664
erforderlich 955
erfordern 1367
Erfordernis 956
erforschen 526
erforschlich 906
Erforschung 529
erfragen 530
erfreuen (sich) 541
erfreulich 648
erfrieren 1199
erfrischen, sich 448
erfrischend 43
erfrischt 942
Erfrischung 432
erfüllen 133
befriedigen 1581
ausgleichen 120
erfüllend 648
erfüllt 648
Erfüllung 119
Glück 647
erfunden 486
ergänzen, sich 427
ergänzend 427
nachträglich 1173
Ergänzung 428
ergattern 631
ergaunern 229
ergeben 791
treu 1594
gehorsam 585
klaglos 572
sich ergeben 583
sich zeigen 1563
geschehen 166
Ergebenheit 28
Ergebnis 426
Wirkung 1542
Folgerung 1109
ergebnislos 1302
Ergebung 584
Resignation 571
ergehen 163
sich ergehen 236
über sich ergehen lassen 838
Ergehen 1589
ergiebig 1054
ergießen, sich 831
Ergießung 967
erglänzen 1095
erglühen 1095
erröten 1087
ergötzen (sich) 541
Ergötzen 540
ergötzlich 43
heiter 686
ergrauen 922
ergreifen 936
erregen 987
ergreifend 104
ergriffen 453
andächtig 498
Ergriffenheit 454
Andacht 499
ergrimmen 86
ergrübeln 464
ergründen 512
Erguß 112
Beichte 967
erhaben 653
Erhabenheit 654
Erhalt 377
erhalten (sich) 429
bekommen 184
bewahren 1138
Erhalter 330
erhältlich 1475
Erhaltung 997
erhärten 1430
erhaschen 631
erheben 683
fragen 530
begeistern 169
sich erheben 430
sich empören 1277
erhebend 498
erheblich 1464
groß 653
Erhebung 203
Wölbung 1550
Erkundung 529
Erhebungen anstellen 530
erheitern 541
erheiternd 686
erheitert 686
Erheiterung 540
erhellen 189
aufhellen 771
erhellend 186
erhitzen (sich) 1505
erhitzt 1504
erhoben 498
Erhobenheit 454
erhöhen 1372
Preise 683
aufstocken 114
erhöht 1584
Erhöhung 203
Aufstieg 107
Beschleunigung 337
erholen, sich 431
erholsam 1275
Erholung 432
Erholungsheim 795
erhören 438
Erhörung 439
erinnern (sich) 433
mahnen 871
erinnernd an 640
Erinnerung 434
Mahnung 872
erkalten 922
erkälten, sich 437
Erkältung 796
Erkaltung 1069
erkämpfen 631
erkaufen 631
erkennbar 770
erkennen 1499
gutschreiben 120
feststellen 508
erkenntlich 278
erkenntlich zeigen, sich 280
Erkenntlichkeit 279
Erkenntnis 425

Erkenntnisvermögen 1433
Erkennungszeichen 761
Erker 935
erklären 435
Erklärung 436
erklärlich 1434
erklingen 1257
erkranken 437
erkrankt 839
Erkrankung 796
erkühnen, sich 1493
erkunden 530
erkundigen (sich) 530
Erkundigung 529
erlahmen 922
erlangen 631
Erlaß 160
erlassen 161
begnadigen 411
erlauben (sich) 438
Erlaubnis 439
erlaubt 199
erlaucht 706
erlauschen 708
erläutern 435
Erläuterung 436
erleben 423
Erlebnis 425
erledigen 440
bezahlen 240
erledigt 441
Erledigung 442
erleichtern (sich) 401
erleichtert 534
Erleichterung 402
Befreiung 535
erlesen (fein) 117
Erlesenheit 505
erleuchten 189
aufklären 435
offenbaren 966
erleuchtet 424
Erleuchtung 967
Einfall 717
erliegen 1096
erlogen 486
Erlös 1394
erloschen 1258
vergangen 1386
erlöschen 385
erlösen 164
einnehmen 1385
erlöst 534
Erlösung 535
ermächtigen 438
Ermächtigung 439
ermahnen 871
ermangeln 392
Ermangelung, in 1511
ermannen, sich 409
ermäßigen 922
ermäßigt 10
Ermäßigung 1484
ermatten 444
ermattet 908
Ermattung 445
ermessen 1091
meinen 290
Ermessen 883
ermitteln 512
Ermittlung 529
ermöglichen 443
ermorden 1259
Ermordeter 787
ermüden 444
ermüdend 1147
ermüdet 908
Ermüdung 445
ermuntern 446
ermunternd 1275
Ermunterung 220
ernähren (sich) 429
versorgen 1432
essen 469
ernähren lassen, sich 185
Ernährer 330
Ernährung 447
ernennen 1495
anstellen 73
Ernennung 1494
Anstellung 347
erneuern (sich) 448
Erneuerung 449
erniedrigen (sich) 692
erniedrigend 187
erniedrigt 839
Erniedrigung 1088
ernst 450
im Ernst 450
Ernst 1219
Ernstfall 311
ernstlich 1187
nachdrücklich 918
ernst nehmen 150
Ernte 957
ernten 451
ernüchtern 205
enttäuschen 416
Ernüchterung 878
Eroberer 1160
erobern 631
Eroberung 421
Erfolg 426
eröffnen 452
offenbaren 966
mitteilen 897
Eröffnung 39
Offenbarung 967
erörtern 217
Erörterung 218
Erotik 851
erotisch 1162
erpicht 334
erpressen 1601
drohen 310
Erpresser 230
Erpressung 311
erproben 1020
erprobt 563
erquicken 431
erquicklich 43
Erquickung 432
erraffen 631
erraten 860
errechnen 198
erregbar 684
Erregbarkeit 685
erregen 1060
sich erregen 86
Aufsehen 1291
erregend 104
Erreger 1541
erregt 453
Erregung 454
erreichbar 906
nah 924
erreichen 631
das Ziel 588
errichten 464
erringen 631
erröten 1087
Errungenschaft 426
Ersatz 455
Entschädigung 408
Ersatzdienst 1301
Ersatzmann 1449
ersatzpflichtig 1317
erschaffen 464
Erschaffung 467

erscheinen 54
geistern 1300
scheinen 1095
herauskommen 778
Erscheinen 56
Erscheinung 127
Geist 586
Oberfläche 960
erschießen 1259
erschlaffen 444
Erschlaffung 445
erschlagen 1259
erschlagen (starr) 1191
erschließen 452
sich erschließen 971
Erschließung 949
erschlossen 965
erschöpfen 444
erschöpfend 1147
vollkommen 1469
erschöpft 908
aufgebraucht 441
Erschöpfung 445
erschrecken 50
ängstigen 310
aufregen 103
erschrocken 1191
erschüttern 1211
ruhren 987
erschütternd 104
erschüttert 453
Erschütterung 454
seelische 1552
Beben 1211
erschweren 701
erschwerend 1147
Erschwerung 702
erschwinglich 245
ersehen 1108
ersehnen 167
ersetzen 407
ersetzlich 1331
ersinnen 464
Ersparnis 362
Besitz 212
ersprießlich 959
erspüren 553
erst 387
erstarken 1189
sich erholen 431
erstarren 456
frieren 546
erstarrt 1191
kalt 747
Erstarrung 1313
Kälte 747
erstatten 240
entschädigen 407
Erstattung 1559
Entschädigung 408
erstaunen 1553
Erstaunen 457
erstaunlich 458
erstaunt 1191
Erstdruck 984
ersteigen 1196
ersteigern 755
erstellen 464
ersterben 1398
ersticken 1199
eindämmen 701
erstklassig 459
erstmalig 41
erstreben 1212
erstrebenswert 959
erstrecken, sich 163
erstürmen 631
ersuchen 248
Ersuchen 1410
ertappen 1291
in flagranti 1563
erteilen, Auftrag 221
Ertrag 1386
Ertrag bringen 958
ertragen 1261
erträglich 889
ertragreich 959
ertränken 1259
erträumen 340
ertrinken 1199
ertrotzen 1277
erübrigen 1170
sich erübrigen 1302
Eruption 112
erwachen 430
anbrechen 40
Erwachen 39
erwachsen 1055
erwägen 290
planen 1005
erwägenswert 906
Erwägung 916
erwählen 1495
erwählt 117
Erwählung 650
erwähnen 940
erwähnenswert 730
erwärmen 1505
sich erwärmen 169
interessieren 732
erwarten 460
zuwarten 1506
Erwartung 461
erwartungsvoll 733
erwecken 464
Erweckung 1366
Erneuerung 449
erwehren, sich 1138
erweichen 1295
Erweis 220
erweisen (sich) 1563
erweitern 114
Erweiterung 115
Erwerb 754
Arbeit 82
erwerben 755
erlangen 631
erwerbsfähig 627
Erwerbsfähigkeit 629
erwerbslos 84
erwerbstätig 1237
Erwerbung 754
erwidern 462
Erwiderung 463
erwiesen 1158
erwirken 631
erwischen 1291
fangen 490
erwünscht 43
erzählen 210
erzählenswert 730
Erzähler 204
Erzählung 284
erzen 677
erzeugen 464
verursachen 1367
Erzeuger 465
Fabrikant 614
Erzeugnis 466
Erzeugung 467
erziehbar 373
erziehen 834
aufziehen 110
Erzieher 835
erzieherisch 186
Erziehung 468
erzielen 322
erzittern 50
beben 1576
erzürnen 1060
sich erzürnen 86
erzwingen 322

Eselsbrücke 698
Eselstritt 1310
Eskapade 1215
Esprit 586
Essay 951
eßbar 506
essen 469
Essen 447
 Mahlzeit 870
Essenz 470
Eßkultur 602
Eßwaren 447
Establishment, das 233
etablieren, sich 948
 eröffnen 452
Etablierung 39
Etablissement 565
Etage 1548
Etagenhaus 681
Etappe 1564
etappenweise 817
Etat 1004
Ethik 632
ethisch 706
Ethos 289
Etikett 761
Etikette 257
etikettieren 761
Etui 173
etwa 1319
etwas 775
Eulenspiegel 1097
Eulenspiegelei 1215
Eva 1515
evakuieren 140
Evakuierung 1447
Evangelium 899
Eventualität 907
eventuell 906
evident 770
Evidenz 772
Evolution 420
ewig 288
 immer 721
Ewigkeit 285
 Jenseits 988
exakt 593
Exaktheit 1167
exaltiert 453
Exaltiertheit 454
Examen 1021
examinieren 1020
exekutieren 1259
Exekution 1260
Exekutive 867
Exempel 182
Exempel statuieren 310
Exemplar 472
exemplarisch 118
 nachdrücklich 918
exerzieren 1281
Exil 124
exilieren 140
existent 1475
Existenz 473
 dunkle Existenz 2
Existenzberechtigung 1046
Existenzkampf 779
Existenzminimum 956
existieren 827
exklusiv 1477
Exklusivität 505
exkommunizieren 140
Exkommunikation 1447
Exkrement 15
Exkurs 22
Exkursion 481
Exodus 395
exotisch 538
Expansion 115
expansiv 684
expatriieren 140
Expatriierung 1447
expedieren 1098
Expedition 481
 Verschickung 1262
Experiment 1437
experimentell 1158
experimentieren 1438
Experte 475
explodieren 1008
Explosion 112
explosiv 573
Explosivstoff 388
exponieren, sich 1493
exponiert 573
Export 672
exportieren 673
exquisit 792
 edel 326
extra 214
 außerdem 92
Extrakt 470
Extraktion 395
extravagant 1293
Extravaganz 1290
extrem 1034
Extrem 1349
Extremist 752
exzellent 792
exzentrisch 93
Exzentrizität 335
Exzeß 1290
exzessiv 879

F

Fabel 579
  Erzählung 284
Fabelei 863
fabelhaft 1002
fabeln 210
  lügen 864
Fabeltier 1561
Fabrik 228
Fabrikant 614
Fabrikation 467
fabrikatorisch 881
Fabrikmarke 761
fabrizieren 464
fabulieren 210
  lügen 864
Fach 1599
  vom Fach 424
Facharbeiter 475
Facharzt 475
fächeln 803
Fachgebiet 1599
fachlich 474
Fachmann 475
fachmännisch 474
fachsimpeln 819
fackeln, nicht lange 490
fad 476
  langweilig 820
Faden 477
  um Fadensbreite 1319
  den Faden verlieren 21
  der rote Faden 680
fadenscheinig 34
  zweifelhaft 1597
Fadheit 964
  Langeweile 818
fähig 478
Fähigkeit 479
fahl 494
fahnden 1228
Fahndung 529
Fahne 1562
  Fahnenabzug 1454
  die Fahne verlassen 1014
  mit fliegenden Fahnen 453
Fahnenflucht 1359
Fahnenflüchtiger 1136
Fähre 482
fahren 166
  lenken 554
fahrende Leute 480
Fahrer 556
Fahrgast 1059
fahrig 1305
fahrlässig 837
Fahrlässigkeit 837
Fahrrad 482
Fahrt 481
  Schwung 1150
Fahrt, in 453
Fährte 1186
Fahrzeug 482
Faible 938
fair 1594
Fairneß 69
Faksimile 914
faksimilieren 720
Faktor 1238
Faktorei 1599
Faktotum 46
  Helfer 689
Faktum 1238
Faktur 66
Fakultät 1599
falb 494
falben 922
Fall 483
  zu Fall bringen 631
Falle 866
  Bett 815
Falle gehen, in die 738
fallen 484
  sich senken 5
  nachlassen 922
  sündigen 496
  herabfallen 5
  aus der Hand 1569
fallen lassen 1569
  aufgeben 95
  im Stich lassen 1014
fällen 1103
fällig 965
falls 485
Fallstrick 866
fallweise 1487
falsch 486
  mißtönig 679
Falsch 487
fälschen 720
  verdünnen 892
Fälscher 230
Falschgeld 914
Falschheit 487
fälschlich 739
Falschmünzerei 914
falschspielen 229
Falschspieler 230
Fälschung 914
Falte 488
falten 489
faltenlos 636
  hauteng 776
Falter 1525
faltig 488
  runzlig 34
  zerknittert 1332
Falz 488
falzen 489
Fama 609

familiär 1445
Familie 681
Verwandtschaft 1456
gute Familie 1477
Familie gründen 1407
famos 118
brauchbar 478
Famulus 689
Fan 53
Fanal 1562
Fanatiker 715
fanatisch 1191
bigott 390
fanatisieren 696
Fanatismus 391
Fang 426
fangen 490
Farbe 491
Farbe bekennen 1014
farbecht 286
färben 492
Haare färben 998
farbenfreudig 493
Farbenpracht 491
Farbensinn 619
farbig 493
anschaulich 63
Farbige 539
Farbigkeit 491
farblos 494
Farblosigkeit 494
Farbton 491
Färbung 491
Farce 316
Fülle 557
Farm 656
Faselei 316
faseln 1423
Faser 477
faserig 859
fasern 860
Faß 576
Faß ohne Boden 1302
Fassade 1473
Täuschung 1239
fassen 490
verstehen 1436
sich fassen 1274
faßlich 1434
Fasson 523
fassonieren 626
Fassung 1074
Rahmen 1035
fassungslos 1323
erstaunt 1191
fast 1319
fasten 404
Fasten 447
faszinieren 241
faszinierend 684
interessant 730
fasziniert 733
fatal 1323
Fatalismus 1074
fatalistisch 1076
Fatalität 1322
Fata Morgana 1239
Fatum 1099
fauchen 249
schimpfen 1100
faul 1339
morsch 208
zweifelhaft 1597
faulen 1384
faulenzen 1339
Faulenzer 1426
Faulheit 1340
faulig 1106
Fauna 1525
faunisch 1268
Faust, auf eigene 534
faustdick 293
faustisch 1336
fäustlings 532
Faustpfand 270
Faustrecht 300
Faustregel 1049
favorisieren 234
Favorit 649
Faxen 316
Fazit 426
Fauxpas 497
Feature 1482
fechten 751
betteln 248
Fechter 1178
Feder 836
Mann der Feder 465
Federgewicht 836
Federkraft 374
federn 495
federnd 373
Fee 586
fegen 1084
eilen 338
Fehde 504
Fehdehandschuh 693
den Fehdehandschuh
werfen 1060
Fehl, ohne 326
fehl am Platz 1325
fehlbar 1354
Fehlbarkeit 1353
Fehlbetrag 1085
Fehlbitte 947
fehlen 496
sündigen 1398
Fehler 497
fehlerfrei 1469
fehlerhaft 1354
fehlgehen 738
fehlgreifen 738
Fehlgriff 497
Fehlkonstruktion 1353
Fehlleistung 497
Fehlschlag 947
fehlschlagen 1096
Fehlschluß 497
fehltreten 738
sündigen 496
Fehltritt 1334
Fehlurteil 497
Feier 1369
Feierabend 537
Feierabend machen 385
feierlich 498
Feierlichkeit 499
Festlichkeit 1369
feiern 500
Feiertag 537
feige 51
Feigheit 49
Feigling 501
feil 1475
bestechlich 1358
feilen 637
bearbeiten 153
feilschen 673
fein 1560
zerbrechlich 383
edel 326
dünn 321
kultiviert 804
fein machen 1026
Feinarbeit 1028
Feind 502
feind 503
Feindesliebe 888
feindlich 503
Feindschaft 504
feinfühlig 379
Feingefühl 380

feingliedrig 321
Feinheit 505
Feinkost 793
feinnervig 379
Feinschmecker 597
Feinschmeckerei 602
feinschmeckerisch 598
feist 297
feixen 813
Feld 656
Gebiet 569
das Feld räumen 394
Feldherr 556
Feldstecher 455
Feldzug 1348
Krieg 750
Fell 710
das Fell gerben 1103
dickes Fell 1313
Fels 203
Festigkeit 507
Gestein 932
felsenfest 1594
felsig 963
feminin 1514
weibisch 1330
Feminismus 1067
Feministin 752
Fenster 972
Ferien 537
Ferment 1541
Fermentierung 1383
fern 1517
fernbleiben 496
Fernblick 132
Ferne 395
ferner 92
Ferngespräch 899
fernhalten 701
sich fernhalten 496
fernerhin 1174
Fernrohr 455
Fernschreiber 899
Fernsehen 899
Fernsicht 132
Fernsprecher 899
fernstehend 538
fertig 506
müde 908
fertigbringen 588
fertigen 464
fertigmachen 440
fertig werden 588
fertigwerden mit 1274
Fertigkeit 479
Fertigung 467
fesch 517
Fessel 702
fesseln 246
interessieren 732
in Ketten legen 1601
fesselnd 730
Fesselung 702
Fest 1369
Festlichkeit 621
fest 677
beharrlich 113
dicht 296
festbinden 246
festbleiben 176
Festessen 1369
festfahren (sich) 74
verzweifeln 1463
festgefahren 700
stur 1191
festgegründet 1158
festhalten 246
aufschreiben 1129
protokollieren 508
behalten 669
festhalten an 176
festigen 1189
Festigkeit 507
Festigung 1190
Festival 1369
festkleben 1205
festlegen 1389
festlegen, sich 246
Festlegung 1390
festlich 498
Festlichkeit 621
festmachen 162
landen 948
vereinbaren 1389
Festmahl 1369
festnageln 246
Festnahme 575
festnehmen 490
festschreiben 1389
festsetzen 1389
veranlagen 198
Festsetzung 1390
festsitzen 1164
feststehen 1158
feststehend 1158
redensartlich 563
feststellen 508
Feststellung 509
Festtag 537
Festung 1137
Fetisch 1561
Fetischismus 1330
Kult 28
fett 297
fetten 637
fettig 636
Fettleibigkeit 557
Fettnäpfchen treten, ins 1086
Fetzen 1222
in Fetzen 208
in Fetzen reißen 1569
feucht 930
Feuchte 1508
feuchten 510
absondern 14
feuchtfröhlich 686
Feuchtigkeit 1508
feudal 1477
Feuer 511
Erregung 454
Eisen im Feuer 907
die Hand ins Feuer legen 1430
Öl ins Feuer gießen 696
Feuer fangen 169
Feuer legen 1569
Feuerbestattung 181
feuerfest 286
feuergefährlich 573
feuern 1505
schießen 821
feuersicher 286
Feuertaufe 39
Feuerung 687
Feuerwaffe 1137
Feuerzeichen 1562
Feuilleton 951
Feuilletonist 204
feurig 1504
begeisternd 684
Fiasko 947
Fibel 832
Nadel 1025
fidel 686
Fieber 796
Erregung 454
fieberhaft 453
fiebern 838
verlangen 167
fiebrig 453

Figaro 1026
Figur 127
Plastik 844
Geschöpf 1525
Figur machen, gute 1291
imponieren 723
figurieren 1177
figürlich 244
Fiktion 1239
fiktiv 1094
Filiale 1599
Film 243
Filou 1136
filtern 771
Filz 587
filzen 1170
durchsuchen 1228
filzig 1171
Filzokratie 866
Fimmel 335
Finale 1109
Finanzen 212
finanziell 613
Finanzier 213
finanzieren 254
Finanzierung 797
Findelkind 357
finden 512
meinen 638
Finderlohn 408
findig 1105
intelligent 728
findig sein 780
Findigkeit 616
Finesse 505
Kniff 866
Fingerabdruck 1186
fingerfertig 617
Fingerfertigkeit 616
Fingerspitzengefühl 380
Tastsinn 1500
Fingerzeig 704
fingieren 1483
vorgeben 781
fingiert 1094
blind 250
Finish 1109
letzter Schliff 635
finster 318
Finsternis 319
Finsterling 1044
Finte 863
fintenreich 1105
Firlefanz 316
Putz 1025
firm 424
Firma 613
Firmament 861
firmen 346
Firnis 960
firnissen 637
First 635
fischblütig 747
fischen 490
fischen nach 1228
fiskalisch 970
Fiskus 867
fit 794
fit halten 1281
Fitness 867
Fittich 1137
fix 828
fixieren 1389
anstarren 1060
Fixierung 1390
Fixum 1386
Fjord 1441
flach 636
banal 145
Fläche 513
flachfallen 1302
Flachheit 513
Oberflächlichkeit 1353
flächig 636
Flächigkeit 513
Flachland 513
flachsen 1180
flackern 261
flackernd 1336
Fladen 1222
Flagge 1562
Flagge zeigen 1563
flaggen 110
flagrant 770
flagranti, in 1355
in flagranti ertappen 1563
Flair 380
Flamme 511
Freundin 542
Flammen übergeben, den 1569
flammen 261
flammend 828
Flammenmeer 511
flanieren 582
Flanke 1240
flankieren 1138
Flaps 652
flapsig 315
Flasche 576
Niete 1426
flatterhaft 1358
leichtfertig 837
flattern 1144
flatternd 828
flau 476
übel 839
Flaum 786
flaumig 1516
flauschig 1516
Flausen 316
Flaute 1074
flechten 1422
Flecken 1116
Ort 949
Makel 497
flecken 448
gelingen 588
fleckenlos 1057
vollkommen 1469
fleckig 1117
Flegel 652
Flegelei 533
flegelhaft 532
Flegeljahre 420
flegeln, sich 431
flehen 248
flehentlich 918
Fleisch 787
Fleisch und Blut 764
Fleischeslust 1410
fleischig 297
fleischlich 1396
sinnlich 1162
Fleischwerdung 284
Fleiß 333
mit Fleiß 13
fleißig 514
flexibel 373
flicken 448
am Zeuge flicken 1413
Flickwerk 455
Pfuscherei 1353
Fliege 1025
Bart 786
fliegen 1144
reisen 166

fliegend 828
Fliegengewicht 836
Flieger 556
fliehen 515
fließen 516
fließend 930
perfekt 1469
unentschieden 1316
Flimmer 849
flimmern 1095
flink 1119
Flinte 1137
Flinte ins Korn werfen, die 1463
Flirt 851
flirten 1060
Flittchen 1393
Flitter 1025
Flitterwochen 647
flitzen 338
Flocke 836
flocken 456
flockig 1516
Flor 635
im Flor 744
florieren 419
Floskel 1003
floskelhaft 563
Floß 482
flöten 1161
flott 517
flottmachen 448
Fluch 518
Unheil 1322
fluchen 519
Flucht 395
fluchtartig 1119
flüchten 515
flüchtig 923
entflohen 1511
oberflächlich 961
vergänglich 1396
Flüchtigkeit 1353
Vergänglichkeit 1397
Flüchtling 138
fluchwürdig 1377
Flug 481
Flugblatt 899
Flügel 1137
Gebäudeteil 1240
flügellahm 946
flügge 1055
flugs 1119
Flugzeug 482
Fluidum 1542
Fluktuation 1366
fluktuieren 1149
flunkern 864
Flur 935
Erde 656
Fluß 1508
Folge 521
im Fluß 965
flüssig 930
geläufig 1469
Flüssigkeit 630
flüstern 520
Flüstern 606
Flut 557
Gezeiten 1508
fluten 516
Föderation 590
Fohlen 1525
föhnig 317
Folge 521
Wirkung 1542
folgen 522
gehorchen 583
verstehen 1436
fortsetzen 1392
beerben 422
folgenlos 636
folgenschwer 1526
folgerichtig 770
Folgerichtigkeit 772
folgern 1108
Folgerung 1109
Folgezeit 1582
folglich 33
folgsam 585
Folgsamkeit 584
Foliant 265
Folie 703
Folter 1107
Folterknecht 148
foltern 992
Fond 703
Fonds 657
Fontäne 1030
foppen 1180
forcieren 305
forciert 684
Förderer 689
förderlich 959
fordern 151
fördern 683
weiterhelfen 1372
Forderung 1410
Herausforderung 693
moralisches Gebot 659
Förderung 698
Abbau 122
Form 523
Stil 1202
Verhalten 69
in Form 794
Form annehmen 415
Form geben 626
formal 970
Formalität 525
Format 651
Bedeutung 654
Formation 523
formbar 373
Formbarkeit 374
Formel 116
formelhaft 563
Formelkram 525
formell 970
Formen 1405
formen (sich) 626
werden 415
Formenreichtum 1466
Formgefühl 619
formieren 626
ausrichten 979
förmlich 970
Förmlichkeit 257
formlos 524
unhöflich 1325
Formsache 525
formschön 674
Formsinn 619
Formular 525
formulieren 129
Formulierung 116
formvollendet 1469
forsch 389
forschen 526
suchen 1228
forschend 733
Forscher 475
Forschergeist 731
Forschung 527
Forschungsstätte 613
Forst 1501
fort 1511
Fort 1137
fortab 1174
Fortbestand 285
fortbestehen 287

fortbewegen, sich 236
fortbilden 419
fortbleiben 496
fortdauern 287
fortfahren 1392
Fortfall 1085
fortfallen 496
fortführen 1392
Fortgang 285
fortgehen 394
fortgeschritten 424
fortgesetzt 721
fortissimo 825
fortjagen 123
fortkommen 588
verlorengehen 1415
Fortkommen 107
fortlassen 822
fortlaufend 721
fortleben 287
fortpflanzen 419
vervielfältigen 1453
Fortpflanzung 467
Fortpflanzungsfähigkeit 1016
fortschaffen 393
fortschicken 123
fortschreiten 1196
Fortschritt 528
Fortschrittler 976
fortschrittlich 904
Fortschrittsglaube 975
fortsetzen 1392
sich fortsetzen 419
Fortsetzung 521
fortstehlen, sich 515
Fortuna 647
fortwähren 287
fortwährend 288
immer 721
fortwerfen 393
fortwirken 287
fortwirkend 288
fortziehen 142
Forum 986
Markt 875
Foto 243
fotografieren 1
Foyer 935
Fracht 823
Frachter 482
Frage 529
Fragebogen 525
fragen 530
sich fragen 290
fragend 733
fragil 383
fraglich 1597
fraglos 1307
Fragment 1240
fragmentarisch 1354
fragwürdig 1597
Fragwürdigkeit 1596
Fraktion 661
Fraktur 1552
Fraktur reden 322
frank 534
frankieren 987
franko 1302
frappant 458
frappieren 1291
kühlen 803
fraternisieren 1374
Fraternität 590
Fratze 624
Zerrbild 1179
fratzenhaft 679
Frau 531
Frauenarzt 475
Frauen, die 1515
Frauenbewegung 1067
Frauenheld 1393
Frauenrechtlerin 752
Frauentum 1515
Frauenzimmer 1393
fraulich 1514
frech 532
Frechdachs 1097
Frechheit 533
frei 534
Freibeuter 1380
freibleibend 965
Freibrief 439
freidenkend 534
Freidenker 752
freidenkerisch 534
Freie, das 932
freien 1521
Freier 1522
Freigabe 439
freigeben 822
freigebig 655
Freigebigkeit 888
Freigeist 763
freigeistig 534
freihalten 96
einladen 353
freihändig 1235
Freiheit 535
Spielraum 1041
freiheitlich 655
Freiheitsberaubung 575
Freiheitsstrafe 575
Freikarte 1484
freilassen 822
freilegen 393
Freilegung 559
freilich 30
aber 3
frei machen (sich) 164
Freimut 968
freimütig 965
freisinnig 534
freisprechen 401
Freispruch 535
Freistatt 1137
freistehen 780
freistehend 367
beliebig 190
freistellen 438
beurlauben 164
Freite 1523
Freiwild 974
freiwillig 536
Freizeit 537
freizügig 534
Freizügigkeit 535
fremd 538
Fremde 539
fremdeln 1087
Fremdenführer 556
Fremdkörper 1210
Fremdling 539
fremdstämmig 538
frenetisch 453
frequentieren 223
frequentiert 191
Fressen 447
fressen 469
Fresser 597
Freude 540
freudig 611
heiter 686
Freudigkeit 540
freudlos 1323
Freudlosigkeit 1322
freuen, sich 541
Freund 542
freund 543
Freund und Feind 29
Freundeskreis 661

Freundin 542
  Geliebte 1393
freundlich 543
Freundlichkeit 396
  Kompliment 662
freundlos 357
Freundschaft 544
freundschaftlich 543
Frevel 1334
frevelhaft 1377
freveln 496
Freveltat 1334
Frevler 1380
Friede 545
  Ruhe 1074
Frieden stiften 205
friedfertig 1076
Friedfertigkeit 891
Friedhof 181
friedlich 1076
friedlos 1336
Friedlosigkeit 337
frieren 546
  erstarren 456
frierend 747
frigid 747
Frigidität 1313
frisch 547
  kalt 747
  nett 709
  lebendig 828
Frische 374
  Kühle 747
  Lebendigkeit 491
Friseur 1026
frisieren 998
  beschönigen 189
Frist 1564
fristen, sein Leben 392
fristlos 1119
Frisur 786
frivol 1304
  leichtfertig 837
Frivolität 80
froh 686
  zufrieden 67
fröhlich 686
Fröhlichkeit 540
frohlocken 541
Frohsinn 540
fromm 548
Fromme 1062
Frömmigkeit 1062
Frömmler 230
frömmlerisch 486
Fron 312
fronen 444
frönen 596
Front 1473
Front machen 1277
frontal 1476
Fronvogt 106
Froschblut 1313
froschblütig 747
Froschperspektive 391
Frost 747
frosten 429
frösteln 546
fröstelnd 747
frostig 747
Frostigkeit 1313
frottieren 1053
frotzeln 1180
Frucht 957
fruchtbar 549
  schöpferisch 1124
Fruchtbarkeit 1016
fruchtbringend 549
Früchtchen 1426
fruchten 958
fruchtlos 1302
frugal 343
früh 550
Frühe 39
früher 551
früher oder später 965
Frühjahr 552
frühreif 1491
Frühstück 870
frühstücken 469
Frühzeit 1395
frühzeitig 550
Frustration 417
frustrieren 416
füchsisch 1105
Fuchtel 1400
  unter der Fuchtel 1317
fuchteln 310
fuchtig 255
Fuder 1029
fuderweise 1464
Fug 1046
  mit Fug 623
Fuge 972
  Verbindungsstelle 162
fügen (sich) 166
  gehorchen 583
fügsam 585
Fügsamkeit 584
Fügung 1099
fühlbar 1187
fühlen (sich) 553
Fühler 646
  Gespür 380
  die Fühler ausstrecken 1228
Fühlung 925
Fühlungnahme 926
Fühlung nehmen 40
  näherkommen 926
Fuhre 1029
führen 554
Führer 556
Fuhrmann 556
Führung 845
  Benehmen 1405
  Vorleben 1395
führig 585
Fuhrwerk 482
fuhrwerken 83
Fülle 557
Füllen 1525
füllen (sich) 558
füllend 927
füllig 297
Fülligkeit 557
Füllsel 557
  Ergänzung 428
Füllung 557
fulminant 130
fummeln 83
Fund 559
Fundament 657
fundamental 660
fundamentieren 1159
Fundgrube 1030
fundieren 1159
fundiert 593
fündig werden 512
Fundus 657
fungieren 83
Funk 899
Funke 511
funkeln 1095
funken 897
  verstehen 1436
Funkspruch 899
Funktion 299
funktionieren 588
Funktionär 1449
für sich 367

für und für 721
Für und Wider 1596
Fürbitte 1417
  Gebet 568
fürbitten 1416
Furche 1441
furchen 1440
Furcht 49
furchtbar 1128
fürchten (sich) 50
  befürchten 460
  scheuen 515
fürchterlich 1128
furchtlos 1235
  sicher 1158
Furchtlosigkeit 912
furchtsam 51
Furchtsamkeit 49
fürder 1174
Furie 531
furios 255
fürliebnehmen 67
Furnier 710
furnieren 1371
Furor 85
Furore machen 1291
Fürsorge 997
Fürsorge, soziale 888
fürsorglich 1168
Fürsorglichkeit 1167
Fürsprache 1417
fürsprechen 1416
Fürsprecher 689
Fürst 556
fürstlich 724
Furt 972
Fusion 1375
fusionieren 1374
Fuß 646
  Sockel 567
  zu Fuß 307
  zu Fuß gehen 1503
  auf freien Fuß setzen 164
  auf großem Fuß 724
  auf eigenen Füßen 534
  stehenden Fußes 1119
Fuß fassen 633
Fußangel 866
fußen auf 55
Fußfall 662
fußfällig 918
Fußgänger 1246
  Naturfreund 1059
Fußspur 1186
Fußstapfen 1186
Fußtritt 1211
  Vergeltung 1400
futsch 1511
Futter 710
  Essen 447
  gut im Futter 297
Futteral 173
Futterkrippe 1484
futtern 469
füttern 560
Futterneid 487
Fütterung 710
  Ernährung 447

G

Gabe 561
Begabung 479
gabeln (sich) 21
Gabelung 1264
Gabenverteilung 561
gackern 1257
gaffen 1553
Gaffer 1246
Gag 1346
Gage 1386
gähnen 819
klaffen 971
Gala 1022
Galan 758
galant 562
Galanterie 662
Ritterlichkeit 396
Galanummer 635
Galeere 575
Galerie 1082
Galgenfrist 1462
Galgenhumor 1179
Galgenvogel 1380
Galle 85
gallertartig 1516
gallig 256
Galopp 337
galoppieren 338
gammeln 1339
Gammler 1426
Gang 238
Bande 661
gang und gäbe 563
Gang setzen, in 1367
gangbar 563
möglich 906
Gängelband 845
gängeln 1343
gängig 563
Gangster 1380
Gangstertum 1334
Gänsehaut bekommen 546
Gänsemarsch 1056
ganz 564
Ganze, das 564
ganzen, im 31
Ganzheit 350
ganzheitlich 564
gänzlich 564
gar 506
Garage 935
Garant 266
Garantie 270
garantieren 267
garantiert 1158
Garaus machen, den 1259
Garde 1137
Garderobe 773
Vorraum 935
Gardine 710
Gardinenpredigt 1232
gären 1092
verderben 1384
Garn 477
ins Garn gehen 1096
sein Garn spinnen 210
garnieren 1026
zubereiten 1577
Garnierung 1025
garstig 679
ekelhaft 371
Gärstoff 1541
Garten 656
Gärung 1383
Gasse 1512
Öffnung 972
Gassenjunge 652
Gassenhauer 612
Gast 224
Fremder 539
Gastarbeiter 539
Gasterei 621
gastfrei 620
Gastfreiheit 621
Gastfreund 224
Gastgeber 330
Gasthaus 565
gastieren 223
gastlich 620
Gastlichkeit 621
Gastronom 565
Gastronomie 602
Gastspiel 222
Gastspielreise 481
auf Gastspielreise 307
Gatte 330
Gatter 1127
Gattin 330
Gattung 90
Gaudi 1346
gaudieren 541
gaukeln 1144
Gaukelspiel 1239
Gaukler 480
Betrüger 230
Gaul 1525
Gaumen 619
Gauner 1136
Gaunerei 1334
geachtet 44
geächtet 441
geartet 1530
fähig 478
gebannt 733
Gebärde 238
gebärden (sich) 1406
Gebärdenspiel 116
gebären 566
gebaren (sich) 1406
Gebaren 1405

Gebärende 566
Gebäude 681
gebefreudig 655
uneigennützig 887
Gebein 787
Gebell 606
geben 567
vorhanden sein 827
sich geben 1406
sich hingeben 567
von sich geben 14
Geber 689
Gebet 568
ins Gebet nehmen 1100
gebeugt 801
Gebiet 569
gebieten 161
Gebieter 556
gebieterisch 1218
Gebilde 579
gebildet 804
kenntnisreich 760
gebilligt 441
Gebinde 271
Gebirge 203
gebirgig 1312
Gebiß 455
geblendet 250
Geblüt 681
geboren 1475
geboren zu 478
geboren werden 54
geborgen 1158
Geborgenheit 1137
Gebot 160
Angebot 1478
moralisches Gebot 659
geboten 959
Gebräu 630
Gebrauch 122
Anwendung 175
Brauch 257
gebrauchen 194
gebräuchlich 563
Gebrauchsanweisung 76
gebrauchsfertig 506
Gebrauchsgegenstand 605
Gebrauchsgüter 466
gebraucht 34
Gebrechen 796
gebrechen an 496
gebrechlich 1140
gebrochen 1323
unvollkommen 1354
Gebrüll 606
Gebrumm 606
Gebühr 109
über Gebühr 1293
gebühren 72
gebührend 414
gebührenfrei 1302
gebührenpflichtig 1317
gebunden 1317
sämig 1557
Gebundenheit 575
Geburt 570
gebürtig 177
Geburtsfehler 1085
Geburtshelfer 475
Geburtshilfe 698
Geburtsland 931
Gebüsch 271
Geck 1226
geckenhaft 1293
Gedächtnis 434
Gedächtnislücke 26
Gedächtnisstütze 698
gedämpft 842
Gedanke 916
Einfall 717
in Gedanken 1305
gedankenarm 315
Gedankenarmut 316
Gedankenaustausch 218
Gedankenfreiheit 535
Gedankenfülle 916
Gedankengang 916
Gedankengut 717
gedankenlos 1305
Gedankenlosigkeit 26
gedankenreich 728
Gedankenreichtum 916
gedankenverloren 1305
gedankenvoll 728
nachdenklich 1076
gedanklich 718
Gedeihen 420
gedeihen 419
gedeihlich 627
gedemütigt 839
Gedenken 434
gedenken 433
Gedicht 284
gediegen 1047
echt 324
lustig 686
Gediegenheit 1524
Gedränge 391
gedrängt 390
knapp 810
eilig 339
gedrückt 390
niedergeschlagen 946
Gedrücktheit 1327
gedrungen 794
Geduld 571
gedulden (sich) 1506
geduldig 572
Geduldsprobe 1021
gedunsen 297
geehrt 44
geeignet 478
geeinigt 1382
Gefahr 311
gefährden 310
sich gefährden 1493
gefährdet 573
anfällig 1140
Gefährdung 311
gefährlich 573
schädlich 1423
gefährlich werden 310
gefahrlos 1158
Gefährt 482
Gefährte 542
Gefälle 4
Unterschied 1349
Gefallen 299
Wohlgefallen 540
Entgegenkommen 396
gefallen 574
mögen 905
tot 1258
gefallen lassen (sich) 438
nichts gefallen lassen, sich 1277
gefällig 398
gefällig sein 397
Gefälligkeit 299
Entgegenkommen 396
gefälligst 247
Gefallsucht 370
gefallsüchtig 369
gefälscht 486

gefaltet 488
ordentlich 603
gefangen 575
Gefangener 1380
gefangenhalten 14
Gefangennahme 575
gefangennehmen 490
Gefangenschaft 575
Gefängnis 575
Gefängniswärter 106
Gefäß 576
gefaßt 1076
sich gefaßt machen auf 460
Gefaßtheit 1074
Gefecht 1216
Krieg 750
gefeiert 44
gefeit 1158
Gefilde 932
geflickt 942
Geflimmer 849
geflissentlich 13
geflügeltes Wort 1003
Geflüster 609
Gefolge 53
Gefolgschaft 53
Belegschaft 46
Gefolgsmann 53
geformt 326
dichterisch 1011
beschaffen 1530
gefragt 563
gefräßig 168
Gefräßigkeit 1410
gefrieren 546
Gefüge 981
Art 90
gefügig 585
gefügig machen 159
Gefügigkeit 584
Gefühl 577
gefühllos 1223
brutal 264
gleichgültig 641
Gefühllosigkeit 1313
gefühlsarm 747
Gefühlsarmut 1313
gefühlsbetont 379
Gefühlsbetontheit 577
gefühlskalt 747
Gefühlskälte 1313
gefühlsmäßig 727
gefühlsselig 379
Gefühlsseligkeit 384
gefühlswarm 853
gefühlvoll 379
gefüllt 1467
Gefunkel 849
gefurcht 1312
Gegebenheit 1238
gegen (etwa) 1319
gegen (feindlich) 503
Gegend 925
Gegendienst 408
Gegendruck 1527
gegeneinander 503
Gegengabe 408
Gegengewicht 119
gegenläufig 1428
Gegenleistung 408
Gegenpartei 1349
Gegenpol 1349
Gegenrede 463
Gegensatz 1349
gegensätzlich 1428
Gegensätzlichkeit 1349
Gegenschlag 1043
Rache 1400
Gegenseite 1349
gegenseitig 578
Gegenseitigkeit 1366
Gegenspieler 502
Gegenstand 579
gegenständlich 63
gegenstandslos 1306
abstrakt 718
Gegenstimme 463
Gegenstoß 1400
Reaktion 1043
Gegenströmung 1043
Gegenstück 303
Gegenteil 1349
im Gegenteil 939
gegenteilig 1428
gegenüber 924
in Anbetracht 37
entgegengesetzt 503
Gegenüber 915
gegenüberstehen 512
gegenüberstellen 1403
Gegenüberstellung 1402
Gegenwart 580
gegenwärtig 581
gegenwartsnah 581
modern 904
Gegenwehr 1527
Gegenwert 408
Gegenwind 1527
Gegenwirkung 1527
Reaktion 1043
gegenzeichnen 219
geglückt 665
Gegner 502
gegnerisch 503
Gegnerschaft 504
Gehabe 370
Gehaben 1405
gehaben (sich) 1406
Gehalt 1386
Wert 1524
Substanz 1227
Gehalt erhöhen 1372
gehaltlos 829
Gehaltlosigkeit 1353
Gehaltserhöhung 107
gehaltvoll 1054
gehandikapt 1317
geharnischt 918
gehässig 256
Gehässigkeit 487
gehäuft 973
Gehäuse 681
Kapsel 173
Zelle 765
Gehege 1127
geheim 1444
geheimhalten 1371
Geheimnis 529
Heimlichkeit 1587
Dunkel 319
geheimnisvoll 318
unverständlich 1352
Geheiß 160
gehemmt 1338
verlegen 1411
Gehemmtheit 1412
gehen 582
sich entfernen 394
ausscheiden 123
gehen, in sich 202
gehen, vor sich 166
gehenlassen 822
gehenlassen, sich 1384
gehenlassen, sich nicht 178
Gehetze 337
gehetzt 339
geheuer, nicht 1128
drohend 573
Geheul 768
gehfähig 237

gehfähig, nicht 839
Gehilfe 689
Gehirnwäsche 312
gehoben 498
hoch 706
Gehobenheit 1204
Gehölz 1501
Gehör 1500
Gehör finden 322
Gehör schenken 708
gehorchen 583
gehören 666
zustehen 72
sich gehören 413
gehörig 414
anständig 70
Gehorsam 584
gehorsam 585
Gehudel 1333
Geifer 15
Zorn 85
geifern 1100
Geige spielen, die erste 554
Geisel 266
Geißel 1400
Gottesgeißel 148
geißeln 1103
kritisieren 1233
Geist 586
Verstand 1433
böser Geist 502
guter Geist 689
geistbildend 186
Geisterfurcht 319
geisterhaft 1128
übersinnlich 1352
geistern 1300
Geisterseher 1018
Geisterseherei 319
geistesabwesend 1305
Geistesabwesenheit 26
Geistesarbeit 916
Geistesarbeiter 475
geistesarm 315
banal 145
Geistesarmut 316
Banalität 146
Geistesblitz 717
Geistesgaben 1433
Geistesgegenwart 1074
geistesgegenwärtig 1076
Geistesgut 717
Geistesgröße 595
Hoheit 654
Geisteshaltung 289
Geisteskraft 1433
geisteskrank 1423
Geisteskranker 929
Geisteskrankheit 796
Geistesmacht 595
geistesmächtig 1124
geistesschwach 1423
Geistesschwäche 316
geistesverwandt 1455
Geistesverwandtschaft 544
geistig 1419
kultiviert 804
geistige Arbeit 916
geistiges Eigentum 717
Geistigkeit 916
Kultur 805
geistlich 548
Geistlicher 765
Geistlichkeit 765
geistlos 145
Geistlosigkeit 146
geistreich 61
geisttötend 820
geistvoll 61
Geiz 1172
geizen 1170
Geizhals 587
geizig 1171
gejagt 339
Gejammer 768
gekerbt 1312
geklärt 770
Geklirr 606
Geknatter 606
geknechtet 1317
geknickt 208
betrübt 946
gekonnt 808
gekoppelt 1382
gekörnt 293
gekränkt 255
Gekränktheit 85
gekräuselt 488
lockig 801
gekreuzt 304
Gekritzel 1129
Gekröse 726
gekrümmt 801
gekünstelt 1330
gekürzt 810
Gelächter 540
geladen 573
böse 255
Gelage 1369
gelähmt 839
Gelände 932
Geländer 1127
gelangen (ans Ziel) 54
Erfolg haben 588
gelangweilt 1083
blasiert 641
Gelaß 1041
gelassen 1076
Gelassenheit 1074
geläufig 1445
perfekt 1469
Geläufigkeit 616
gelaunt, gut 686
gelaunt, schlecht 946
geläutert 1057
klar 770
Geld 212
zu Geld kommen 419
Geld anlegen 958
Geldbeutel 173
Geldentwertung 1085
Geldgeber 213
Geldgier 1172
geldgierig 1171
Geldklemme 954
geldlich 613
Geldmagnat 213
Geldmangel 954
Geldmittel 212
Geldprotz 1143
Geldquelle 213
Geldschrank 753
Geldsorgen 954
Geldverhältnisse 212
Geldverlegenheit 1412
Geldverleiher 213
Geldwert 1524
geleckt, wie 978
gelegen 43
vorhanden 1475
gelegen kommen 574
Gelegenheit 907
Gelegenheit, bei dieser 934
Gelegenheit bieten 443
Gelegenheit nutzen 958
Gelegenheit suchen 443
Gelegenheitskauf 754
gelegentlich 1487
anläßlich 57

gelehrig 728
Gelehrigkeit 1433
gelehrsam 760
Gelehrsamkeit 1544
gelehrt 760
Gelehrtenwelt 527
Gelehrter 475
Geleise 1186
Geleit 1137
Geleit geben, das 170
geleiten 170
Geleitwort 347
Geleitzug 1137
Gelenk 162
gelenkig 617
  elastisch 373
Gelenkigkeit 616
  Elastizität 374
gelernt 424
Gelichter 625
gelichtet 776
Geliebte 542
  Verführerin 1393
Geliebter 542
gelieren 456
gelinde 890
gelingen 588
Gelingen 426
gellen 821
gellend 825
geloben 1430
Gelöbnis 1431
gelobt 191
gelockert 534
  lose 859
gelogen 486
gelöst 534
  zergangen 1516
gelten 155
gelten lassen 1592
geltend 970
geltend machen 1479
Geltung 589
Geltungsbedürfnis 1155
geltungsbedürftig 1156
Geltungsdrang 1155
Gelübde 1431
Gelump 625
  Abfall 4
gelungen 665
  lustig 686
Gelüst 1267
gelüsten 167
gelüstig 168
Gemach 1041
gemächlich 817
Gemächlichkeit 197
gemacht 648
  affektiert 1330
Gemahl 330
gemahnen 433
Gemälde 243
gemäß 414
  gleichwertig 643
Gemäß 576
gemäßigt 877
Gemecker 799
gemein 1304
  schlecht 1106
Gemeinde 590
  Anhänger 53
gemeingefährlich 573
Gemeinheit 1107
gemeinhin 31
Gemeinnutz 888
gemeinnützig 887
Gemeinplatz 1003
gemeinplätzig 145
gemeinsam 1588
Gemeinsamkeit 590
Gemeinschaft 590
  Freundschaft 544
gemeinschaftlich 1588
Gemeinschaftsarbeit 590
Gemeinschaftsbildung 1375
gemeinschaftsfähig 620
Gemeinschaftsgeist 544
gemeinschaftsunfähig 1191
Gemeinsinn 544
gemeinverständlich 1434
Gemeinwesen 590
Gemeinwohl 888
Gemenge 893
gemessen 1076
  würdig 1555
gemessen an 1061
Gemisch 893
gemischt 1428
  unfein 1597
Gemunkel 609
Gemurmel 606
gemustert 591
Gemüt 577
gemütlich 592
Gemütlichkeit 197
gemütsarm 747
Gemütsart 272
Gemütsbewegung 454
gemütskrank 839
Gemütskrankheit 796
Gemütsmensch 641
Gemütsruhe 1074
Gemütszustand 1204
gemütvoll 853
genau 593
genauer 1584
genaugenommen 593
Genauigkeit 1167
genauso 1165
genausoviel 639
genehm 43
genehmigen 438
  einen genehmigen 1269
Genehmigung 439
geneigt 201
geneigt sein 905
Geneigtheit 938
generalisieren 1108
Generation 1564
generell 31
generos 655
Generosität 888
genesen 594
  gebären 566
  geheilt 627
Genesung 432
genial 1124
Genialität 595
  Schöpferkraft 1016
Genick 646
Genie 595
genieren 1209
  sich genieren 1087
genierlich 1411
genießbar 506
  mäßig 877
genießen 596
Genießer 597
genießerisch 598
Genörgel 799
Genosse 748
Genossenschaft 590
genötigt sehen (sich) 910
Genre 90
Gentleman 758
genug 599

genug haben 601
leid sein 819
genug sein lassen, sich 67
Genüge 600
genügen 601
genügend 599
genügsam 67
Genugtuung 408
Befriedigung 600
Buße 1301
Genuß 602
genußfähig 598
Genüßling 597
genußreich 43
Genußsucht 1410
genußsüchtig 168
geordnet 603
geordnete Verhältnisse 980
gepaart 304
Gepäck 823
Gepäckstück 173
gepackt 603
ergriffen 453
Gepäckträger 1284
gepfeffert 1252
gepflegt 978
Gepflegtheit 980
Gepflogenheit 634
Geplänkel 1216
geplant 1006
Geplauder 609
Gepolter 606
Gepräge 90
Form 523
geprägt 1055
dichterisch 1011
beschaffen 1530
Geprassel 606
gepreßt 296
gepriesen 191
geputzt 941
gequetscht 296
verwundet 839
gerade 604
kürzlich 812
Gerade 854
geradeaus 1328
offen 105
geradebiegen 637
einrenken 205
geradeheraus 105
geradenwegs 1328
geraderücken 979
geradestehen für 267
geradezu 105
Geradheit 968
geradlinig 1328
Gerät 605
geraten 588
ratsam 959
geraten (gut) 665
Gerätschaften 605
geraume Weile 816
geräumig 1517
Geräusch 606
Geräuschkulisse 703
geräuschlos 842
geräuschvoll 825
gerben, das Fell 1103
gerecht 607
billig 245
in allen Sätteln gerecht 424
gerecht werden, jem. 607
Gerechtigkeit 608
Gerede 609
ins Gerede kommen 74
geregelt 603
gereichen, zur Ehre 332
gereift 1055
gereizt 255
gerötet 297
Gereiztheit 85
gerettet 1158
gereuen 202
Gericht 746
Essen 447
gerichtet 603
verurteilt 441
Gerichtsbarkeit 746
Gerichtsdiener 106
Gerichtsverfahren 610
Gerichtsvollzieher 106
Gerichtswesen 746
gerieben 1105
zerkleinert 1567
gerillt 1312
gering 774
geringfügig 774
Geringfügigkeit 775
geringschätzen 894
geringschätzig 24
Geringschätzung 895
gerinnen 456
Gerippe 668
gerissen 1105
Gerissenheit 616
gern 611
gern gekauft 191
gern gesehen 191
Gernegroß 1143
Gerte 1400
gertenschlank 321
Geruch 88
geruchlos 476
Geruchssinn 1500
Gerücht 609
gerüchtweise 64
geruhen 438
geruhsam 592
gerührt 453
Gerümpel 4
Gerüst 668
gerüstet 478
gesalzen 1252
gesammelt 729
aufmerksam 99
Gesamt, das 564
Gesamtheit 29
Gesandter 302
Gesang 612
Gesäß 1070
gesättigt 1083
voll 1467
konzentriert 729
geschädigt 208
Geschädigter 974
geschaffen zu 478
Geschäft 613
Handel 672
geschäftig 514
tätig 1237
rege 828
Geschäftigkeit 333
geschäftlich 613
Geschäftsfreund 756
Geschäftsführer 556
Geschäftsgeist 388
Geschäftsleben 672
Geschäftsmann 614
Geschäftsordnung 1004
Geschäftsstelle 613
Geschäftsträger 1449
geschäftstüchtig 389
Geschäftstüchtigkeit 388
geschaltet 1382

geschätzt 191
angesehen 44
geschehen 166
Geschehen 615
gescheit 728
gescheitert 441
Gescheitheit 1433
Geschenk 561
geschenkt 1302
Geschichte 1395
Erzählung 284
geschichtlich 1394
Geschichtsschreiber 204
Geschick 1099
Geschicklichkeit 616
geschickt 617
geschieden 367
Geschirr 605
geschlagen 1323
besiegt 441
Geschlecht 90
Familie 681
Sexus 1267
geschlechtlich 1268
Geschlechtlichkeit 1267
Geschlechtskraft 1016
geschlechtslos 494
Geschlechtstrieb 1267
geschliffen 1089
gewandt 617
glatt 636
Geschliffenheit 616
geschlossen 618
gemeinsam 1588
Geschlossenheit 350
Geschmack 619
Aroma 88
Geschmack finden an 633
geschmacklos 1293
fad 476
Geschmacklosigkeit 1326
Geschmacksrichtung 1202
Geschmackssinn 1500
geschmackvoll 804
Geschmeide 1025
geschmeidig 617
elastisch 373
anmutig 59
Geschmeiß 625
geschminkt 978
geschmissen 1191
erledigt 441
geschmolzen 930
geschmückt 941
geschniegelt 978
Geschnörkel 1290
geschnörkelt 801
geschockt 1191
Geschöpf 1525
Mensch 886
Geschoß 1548
Kugel 802
geschraubt 1330
Geschrei 606
geschult 478
geschützt 1158
geschwächt 695
Geschwätz 609
geschwätzig 200
Geschwätzigkeit 968
geschweift 801
geschwind 1119
Geschwindigkeit 337
Geschwindschritt, im 1119
geschwisterlich 887
geschwollen 297
übertrieben 1330
Geschwulst 1550
gesegnet 117
glücklich 648
Geselle 748
Gehilfe 689
gesellen, sich 1374
gesellig 620
Geselligkeit 621
Geselligkeit pflegen 1300
Gesellschaft 590
Fest 621
die oberen Zehntausend 233
die internationale Gesellschaft 1518
gesellschaftlich 970
gesellschaftsfeindlich 1191
Gesellung 590
Gesetz 622
Gesetzgeber, der 867
gesetzlich 623
gesetzlos 763
Gesetzlosigkeit 1570
Gesetzmäßigkeit 980
gesetzt 1076
reif 1055
Gesetztheit 1074
gesetzwidrig 1377
Gesicht 624
Sehvermögen 1500
Erscheinung 719
Anschein 1239
Offenbarung 967
Gesichtsausdruck 116
Gesichtsfeld 289
Gesichtskreis 289
gesichtslos 494
blind 250
Gesichtspunkt 883
Gesichtstäuschung 1239
Gesichtsverlust 1085
Gesichtswinkel 289
Gesichtszug 624
Gesinde 46
Gesindel 625
Gesinnung 289
gesinnungslos 1358
Gesinnungslosigkeit 1359
Gesinnungswechsel 1359
gesittet 70
Gesittung 805
gesondert 367
gesondert behandeln 14
gesonnen 478
gespalten 367
Gespann 303
gespannt 733
Gespanntheit 731
Gespenst 586
Gespensterfurcht 319
Gespenster sehen 50
Gespensterseher 1018
gespenstisch 1128
gespickt 1467
Gespinst 1206
Gespött 1179
Gespräch 218
gesprächig 200
Gesprächigkeit 968
Gesprächsstoff 579
gesprächsweise 994
gespreizt 369
Gespreiztheit 370
Gestade 1035
Gestalt 127
Form 523
Gestalt annehmen 415

gestalten 626
Gestalter 465
gestalterisch 1124
gestaltet 1011
gestaltlos 524
Gestaltung 523
Gestaltungstrieb 1016
geständig 965
Geständnis 967
Gestank 1383
gestatten (sich) 438
Geste 238
gestehen 966
gesteigert 1584
Gestell 262
Gestellungsbefehl 160
gestelzt 1330
Gestiebe 238
Gestikulation 116
gestikulieren 1563
gestimmt 478
Gestimmtheit 1204
Gestirn 849
Gestirne, die 1099
gestorben 1258
gestört 1423
Gesträuch 271
gestrandet 441
gestreift 591
gestrig 1364
gestutzt 810
Gesuch 1410
Gesuch einreichen 1479
gesucht 191
  künstlich 1330
  selten 1157
Gesudel 1116
gesund 627
  normal 953
gesund sein 628
gesunden 594
Gesundheit 629
Gesundheitspflege 997
gesundheitsschädlich 1324
Gesundheitszustand 1589
Gesundung 432
Getäfel 710
Getändel 851
getäuscht 1323
getaut 930
geteilt 367
  uneinheitlich 1428
getilgt 636
Getöse 606
getragen 34
  feierlich 498
Getränk 630
getränkt 296
getrauen, sich 1493
getrennt 367
getreu 1594
  entsprechend 414
Getreuer 53
  Freund 542
getrieben 1317
getroffen 665
  beleidigt 255
getrost 1158
Getue 370
Getümmel 228
getüpfelt 591
Getuschel 609
geübt 424
  vorbereitet 478
Geübtheit 616
Gewächs 932
  Geschwulst 1550
gewachsen sein 780
gewagt 573
  zweideutig 1304
gewählt 804
  edel 326
Gewähr 270
gewähren 438
gewahren 1499
gewährleisten 267
Gewährleistung 270
Gewahrsam, in 575
Gewährsmann 266
Gewährung 439
Gewalt 312
  Obrigkeit 179
  höhere Gewalt 956
Gewalt anwenden 1601
Gewalthaber 556
gewaltig 868
gewaltsam 1317
Gewaltsamkeit 685
Gewalttat 1334
gewalttätig 684
Gewand 773
gewandt 617
Gewandtheit 616
gewappnet 478
gewärtigen 460
Gewässer 1508
Gewebe 1206
geweckt 728
Gewecktheit 1433
Gewehr 1137
  ins Gewehr treten 663
Gewerbe 82
Gewerbetreibender 614
gewerblich 613
Gewerkschaft 590
gewesen 1394
Gewicht 823
  Bedeutung 156
  Macht 867
gewichtig 1526
  imponierend 724
  schwer 1147
  würdig 1555
Gewichtigkeit 156
Gewichtsabnahme 1069
gewichtslos 836
gewillt 201
Gewimmel 885
Gewinn 957
  Erlös 1386
  Zuwachs 420
Gewinnbeteiligung 957
gewinnbringend 959
gewinnen 631
  abbauen 958
gewinnen für 1295
gewinnend 79
Gewinner 1160
  Glückskind 649
Gewinnsucht 1172
gewinnsüchtig 1156
Gewinnung 122
Gewinnverteilung 1439
Gewirk 1206
Gewirr 1333
gewiß 1158
Gewissen 632
gewissenhaft 1594
Gewissenhaftigkeit 632
gewissenlos 837
  unzuverlässig 1358
Gewissenlosigkeit 1359
Gewissensbisse 1065
Gewissensfrage 1596
gewissermaßen 642
Gewißheit 1544
gewittrig 317
gewitzigt 424
  schlau 1105

gewogen 850
Gewogenheit 851
gewöhnen (sich) 633
Gewohnheit 634
Gewohnheit werden 633
gewohnheitsmäßig 563
mechanisch 881
Gewohnheitsrecht 257
gewöhnlich 563
ordinär 1304
meistens 31
gewohnt 1445
gewohnt sein 998
Gewöhnung 634
Gewölbe 1550
gewölbt 801
gewollt 1330
freiwillig 536
gewunden 1330
Gewürz 88
gewürzt 694
aromatisch 1546
gezackt 1312
gezähmt 585
Gezänk 1216
gezeichnet 441
Gezeiten 1508
gezerrt 839
gezielt 1163
geziemen 413
geziemend 414
geziert 1330
Geziertheit 370
gezügelt 67
zahm 585
gezwungen 1317
Gezwungenheit 370
Giebel 635
Gier 1410
gieren 167
gierig 168
gießen 510
regnen 1052
Gift und Galle 85
giften, sich 1585
giftig 1324
Giftmischer 735
Gigant 873
gigantisch 653
imponierend 724
Gigerl 1226
gigerlhaft 1293
gilben 922
welken 1272
Gilde 590
Gimpel 929
gimpelhaft 315
Gipfel 635
gipfeln 635
Gipfelstürmer 1178
Girlande 271
Giro, durch 901
Gischt 238
gischten 1257
Gitter 1127
hinter Gittern 575
Glanz 849
Glanzleistung 635
glänzen 1095
glänzend 690
großartig 724
wirkungsvoll 1540
blank 636
glanzlos 1223
Glas 576
gläsern 770
glasieren 637
Glasur 960
glatt 636
schlau 1234
Glatteis führen, aufs 229
glätten 637
glattweg 71
glattzüngig 1234
Glatze 786
glatzköpfig 251
Glaube 1062
Meinung 883
in gutem Glauben 1444
glauben 638
Glaubensbekenntnis 1062
Glaubenssatz 659
glaubhaft 1594
wahrscheinlich 1434
glaubhaft machen 1563
Glaubhaftigkeit 507
Wahrscheinlichkeit 127
gläubig 548
arglos 1444
Gläubiger 213
Glaubender 1062
Gläubigkeit 1062
glaubwürdig 1434
Glaubwürdigkeit 507
gleich 639
gleichaltrig 639
gleichartig 640
Gleichartigkeit 1287
gleichbedeutend 639
gleichberechtigt 643
Gleichberechtigung 1287
gleichbleiben 287
gleichbleibend 639
gleichen 1285
gleichfalls 92
gleichförmig 640
Gleichförmigkeit 1051
gleichgeschaltet 1382
gleichgesinnt 351
gleichgestimmt 351
harmonisch 676
Gleichgewicht 675
im Gleichgewicht 676
gleichgültig 641
gleichgültig lassen 641
Gleichgültigkeit 1313
Gleichheit 1287
Gleichklang 1287
Einigkeit 352
gleichkommen 1285
aufholen 921
gleichlaufend 1286
gleichlautend 639
gleichmachen 1391
Gleichmacherei 1051
gleichmacherisch 640
Gleichmaß 507
Regelmäßigkeit 1051
gleichmäßig 1050
ruhig 1076
Gleichmut 1074
gleichmütig 1076
Gleichnis 1402
gleichnishaft 244
gleichsam 642
gleichschalten 1391
Gleichschaltung 1051
gleichstellen (sich) 1403
Gleichstellung 1287
Gleichtakt 1051
Einigkeit 352
gleichtun 522
gleichviel 639
gleichwertig 643
Gleichwertigkeit 1287
gleichwohl 3
gleichzeitig 644

Gleichzeitigkeit 303
gleißen 1095
gleißend 690
gleiten 645
schweben 1444
gleitend 1316
Glied 646
gliedern 979
Gliederung 980
glimmen 261
glimpflich 1575
glitschig 636
glitzern 1095
glitzernd 690
global 1469
Globetrotter 1059
Globus 1518
Glocke 1072
an die große Glocke hängen 897
Glöckner 1507
glorifizieren 332
glorreich 724
Glosse 428
Glossenschreiber 204
glossieren 217
glotzen 65
staunen 1553
Glück 647
Glück haben 588
auf gut Glück 1355
Glück wünschen 663
Glucke 330
glücken 588
glücklich 648
anspruchslos 67
glücklicherweise 648
glücklich preisen 663
Glücksfall 426
glucksen 1257
Glücksgüter 212
Glückskind 649
Glücksritter 2
Glücksspiel 1348
Glückszeichen 1561
Glückwunsch 662
glühen 1095
brennen 261
glühend 1504
begeistert 453
Glut 511
Leidenschaft 454
Gnade 650
Gnadenbrot 974
Gnadenfrist 1462
gnädig 887
herablassend 691
Goldgrube 957
goldig 79
Golf 1441
Goliath 873
Gondel 482
Stuhl 356
gönnen 438
sich gönnen 596
Gönner 689
gönnerhaft 691
Gönnerhaftigkeit 650
Gör 764
gottbegnadet 117
gottergeben 548
Göttermahl 793
Gottesdienst 765
Gottesfurcht 1062
gottesfürchtig 548
Gottesgabe 650
gotteslästerlich 1377
Gotteslästerung 518
Gottesleugner 763
Gotteslohn, um 1302
Gottesurteil 220
Göttin 542
göttlich 1352
schön 1121
gottlos 763
Gottlosigkeit 763
Gottsucher 1062
Idealist 715
Gottvertrauen 1062
gottvoll 686
Götze 713
Götzendienst 763
Gourmand 597
Gourmet 597
goutieren 905
gefallen 574
Gouvernante 835
Krittler 800
Grab 181
Graben 1441
graben 1440
Grablegung 181
Grad 651
grade 604
Gradheit 968
gradlinig 1328
Gradmesser 876
gradsinnig 105
Gram 1112
gram 503
gramgebeugt 1323
grämen, sich 838
grämlich 946
Grämlichkeit 1327
Grammophon 605
Gran 775
Granate 802
grandios 724
Grandseigneur 758
grantig 255
Gras wachsen hören, das 1499
grasen 469
grassieren 1289
gräßlich 1128
Grat 203
Gratifikation 1484
grätig 255
gratis 1302
Gratulation 662
gratulieren 663
grau 494
alt 34
grauen 415
grauen, sich 50
Grauen 49
grauenhaft 1128
Graupeln 950
grausam 264
quälend 1027
Grausamkeit 1107
Grausen 49
grausig 1128
gravierend 1147
Gravitation 1542
gravitätisch 1555
Grazie 58
grazil 59
graziös 59
greifbar 1539
anschaulich 63
Greifbarkeit 1238
Anschaulichkeit 491
greifen 490
nehmen 936
um sich greifen 1289
Greifwerkzeug 670
Greis 35
greisenhaft 34
Greisenhaftigkeit 35
grell 493
laut 825

Gremium 745
Grenze 1127
Grenzen setzen 701
grenzen an 206
grenzenlos 1314
weit 1517
Greuel 1107
Scheusal 679
greulich 1128
Griesgram 995
griesgrämig 946
Griff 670
Gewinn 957
griffbereit 506
griffig 1595
Grille 1204
Grillen fangen 946
grillen 1577
schreien 1257
grillenhaft 1358
Grimasse 116
Grimm 85
grimmig 255
grindig 1312
grinsen 813
Grips 1433
grob 293
Grobheit 533
Grobian 652
grobkörnig 293
grobschlächtig 1010
grölen 1161
Groll 504
grollen 1585
gewittern 821
Grollen 606
grollend 503
groß 653
großartig 724
großdenkend 326
Größe 654
Grad 651
Könner 475
großen und ganzen, im 31
großenteils 884
Größenverhältnis 876
Größenwahn 370
größenwahnsinnig 369
großgeschrieben 918
Großhandel 672
Großhändler 614
großherzig 326
Großindustrieller 614
großjährig 1055
Großkapitalist 213
Großkaufmann 614
Großmannssucht 370
Großmaul 1143
großmäulig 1540
Großmut 888
großmütig 887
großspurig 369
Großstadt 949
Großtat 844
größtmöglich 1154
Großtuer 1143
großtuerisch 369
großtun 1292
großziehen 110
großzügig 655
Großzügigkeit 888
Duldsamkeit 891
Verständnis 1435
grotesk 93
komisch 686
Groteske 1179
Grotte 1441
Grube 1441
Hinterhalt 866
Grübelei 916
grübeln 290
Grübler 291
grüblerisch 1254
Gruft 181
grün 1335
nicht grün 24
Grund 656
auf Grund von 57
im Grunde 593
auf Grund fahren 1096
Grundbesitz 656
gründeln 1228
gründen 452
Gründer 465
Grundgedanke 470
Hauptsache 680
Grundlage 657
grundlegend 593
gründlich 593
Gründlichkeit 1167
grundlos 658
tief 1254
Grundrecht 1046
Grundriß 1004
Grundsatz 659
grundsätzlich 660
Grundstein 657
Grundstein legen 452
Grundstock 657
Grundstück 656
Gründung 39
Grüne, das 932
grünen 415
grünes Licht 1072
grünes Licht geben 822
Gruppe 661
gruppieren 979
Gruppierung 980
gruselig 1128
gruseln 50
Gruseln 49
Gruß 662
grüßen 663
gültig 970
im Umlauf 563
Gültigkeit 589
Gunst 650
Liebe 851
Wohlwollen 1547
Gunst der Verhältnisse 907
Glück 647
günstig 664
Günstling 1139
Glückskind 649
Günstlingswirtschaft 866
gurren 1257
Guß 950
aus einem Guß 564
gut 665
gut aufgehoben 1158
gut eingeführt 191
gut haben, es 665
Gut 212
Landbesitz 656
Gutachten 1361
Gutachter 475
Jury 745
gutartig 665
harmlos 890
Gutdünken 883
nach Gutdünken 190
Güte 1547
Gütezeichen 761
gut gelaunt 686
gutgesinnt 543
gutgläubig 1444
Gutgläubigkeit 344

Guthaben 212
gutheißen 1592
gutherzig 665
gütig 853
gütlich 1076
sich gütlich tun 596
gutmachen 407
gutmütig 665
Gutmütigkeit 396
gutsagen 267
gutschreiben 120
Gutschrift 119
gutsituiert 1054
Guttat 974
gutwillig 585
freiwillig 536
Gutwilligkeit 584
Gymnastik 779
Gynäkologe 475

H

- Haar 786
  - mit Haut und Haar 564
  - um ein Haar 1319
  - an einem Haar hängen 310
- Haar finden in 152
- Haare lassen 1415
- Haare auf den Zähnen haben 684
- Haare machen 998
- Haare schneiden 998
- Haare spalten 991
- Haaren herbeiziehen, an den 991
- haarig 1040
  - unanständig 1304
- haarlos 636
  - glatzköpfig 251
- haarscharf 593
- Haarschleife 1025
- Haarschnitt 786
- Haarspalter 990
- haarspalterisch 991
- haarsträubend 1128
- Haartracht 786
- Habe 212
- haben (sich) 666
- Habenichts 87
- Habgier 1172
- habgierig 1171
- habhaft 927
- habhaft werden 490
- habil 617
- Habit 773
- Habitus 1405
- Habsucht 1172
- habsüchtig 1171
- Habseligkeiten 212
- hacken 1566
- Hader 1216
- hadern 1217
- hadersüchtig 684
- Hafen 1137
- Haft 575
- haftbar 1317
- haften 1205
  - bürgen 267
- haftend 1557
- Häftling 1380
- haftpflichtig 1317
- Haftung 270
- Hag 932
- Hagel 950
- hageln 1289
- hager 321
- Hagestolz 873
- Hahn 1429
- Haken 162
- Haken schlagen 1483
- halb 667
- halb und halb 667
- Halbbildung 1353
- Halbdunkel 319
- halbfertig 1354
- halbgebildet 1354
- Halbheit 1353
- halbieren 1241
- halbiert 667
- Halbierung 1266
- Halbinsel 325
- halbpart 667
- halbschürig 1335
- halbseiden 1597
- Halbstarke 743
- halbtags 1487
- halbtot 908
- halbwegs 667
- Halbwelt 1309
- Halbwissen 1353
- halbwüchsig 744
- Halde 4
- Hälfte 902
  - zur Hälfte 667
- Hall 1256
- Halle 935
- hallen 1257
- Halluzination 719
- Halm 1201
- Hals 646
- Hals über Kopf 1009
- Halsabschneider 230
- halsbrecherisch 573
- halsstarrig 1278
- Halsstarrigkeit 1527
- Halstuch 1025
- Halt 668
- Halt gebieten 701
  - keinen Halt haben 1338
- haltbar 286
- haltbar machen 429
- Haltbarkeit 507
- halten 669
- Halter 670
- haltlos 1140
- Haltlosigkeit 1359
- haltmachen 669
- Haltung 1405
  - Festigkeit 507
  - Lage 814
- Haltung bewahren 178
- Halunke 1136
  - Verbrecher 1380
- hämisch 256
- hämmern 1103
- Hamsterkiste 815
- hamstern 1170

Hand 646
  an die Hand gehen 688
  aus zweiter Hand 1318
  gebraucht 34
  unterderhand 1444
  freie Hand lassen 438
  die Hände binden 701
  die Hände ringen 1463
  mit Händen zu greifen 770
  auf Händen tragen 1459
  Hand in Hand 1588
Hand und Fuß haben 1419
Handarbeit 671
handarbeiten 1422
Handbuch 832
Handel 672
Händel 1216
Handeln 1236
handeln 673
  unternehmen 1347
handelseinig 441
handelseinig werden 1389
Händelsucht 685
händelsüchtig 684
Handelsvertreter 1059
Handelszeichen 761
handfertig 617
Handfertigkeit 616
handfest 794
  derb 293
Handgeld 1029
handgemacht 674
handgemein 532
handgeschrieben 1328
handgreiflich 532
  beweiskräftig 1104
  anschaulich 63
handgreiflich werden 1103
Handgreiflichkeit 1102
  Anschaulichkeit 491
Handgriff 670
  Bewegung 238
Handhabe 900
handhaben 194
Handhabung 122
Handikap 312
Handlanger 689
Händler 614
handlich 1595
Handlung 1236
  Inhalt 579
  Geschäft 613
Handlungsweise 1236
Handreichung 698
Handschlag 662
  Bestätigung 220
Handschrift 984
  Schrift 1129
Handstreich 48
Handtuch werfen, das 95
Handumdrehen, im 1119
Handwerk 671
Handwerker 475
handwerklich 674
Handwerkszeug 900
hanebüchen 104
Hang 4
  Neigung 938
hängen 1144
  erhängen 1259
  stocken 1205
  schlecht sitzen 1553
hängen an 852
hängen lassen 1427
hängend 859
Hänselei 1179
hänseln 1180
Hanswurst 929
hantieren 83
Hantierung 82
hapern 496
Happening 1482
happig 1171
  teuer 1252
Happy End 1109
Häresie 763
Häretiker 763
härmen, sich 838
harmlos 343
  unschädlich 890
Harmlosigkeit 344
  Unschädlichkeit 891
Harmonie 675
harmonieren 1436
harmonisch 676
harmonisieren 205
Harnisch 1137
  in Harnisch bringen 86
harren 1506
hart 677
hart im Nehmen 1278
Härte 507
  Strenge 1219
Härtefall 954
härten 1190
hartgesotten 1351
hartherzig 677
Hartherzigkeit 1313
hartköpfig 1278
hartnäckig 1557
Hartnäckigkeit 507
hartschlägig 1278
Hasardeur 2
Hasardspiel 1348
haschen nach 1392
Häscher 106
Haß 504
hassen 678
haßerfüllt 503
häßlich 679
Hast 337
hasten 338
hastig 339
hätscheln 852
Hatz 740
Haube bringen, unter die 1407
Hauch 861
hauchdünn 321
hauchen 249
Haudegen 752
Haufen 885
häufen, sich 1453
häufig 973
Häufung 885
Haupt 786
  Führer 556
  zu Häupten 706
Hauptperson 635
Hauptquartier 845
Hauptrolle 284
Hauptsache 680
hauptsächlich 214
Haus 681
  zu Hause 177
  sein Haus bestellen 221
Haus und Hof 681
Hausangestellte 46
Hausarbeit 682
hausbacken 259

Häuschen, aus dem 255
Häuschen geraten, aus dem 541
Hausdame 46
Hausdrachen 300
hausen 896
wohnen 827
Hausfrau 330
Hausfrau sein 83
Hausgehilfin 46
hausgemacht 674
Hausgemeinschaft 590
Hausgenosse 915
Haushalt 682
Haushalt führen 215
haushalten 215
sparen 1170
Haushaltführung 682
Haushaltung 682
Hausherr 330
hausieren 1409
Hausierer 614
Hausknecht 46
häuslich 259
Häuslichkeit 681
Hausmarke 1175
Hausmeister 1507
Hausputz 1058
Hausrat 356
Hausse 907
Haussuchung 529
Haussuchung machen 1228
Haustyrann 300
Hauswirt 213
Hausherr 330
Hauswirtschaft 682
Haut 710
aus der Haut fahren 86
Havarie 1322
Hearing 218
Hebamme 475
Hebammenkunst 698
Hebel 670
den Hebel ansetzen 40
heben (sich) 683
einen heben 1269
Hebung 1197
Fortschritt 528
hecheln 827
Hecke 1127
Heckenschütze 1380
Heer 752
Hefe 1541
Bodensatz 4
Heft 265
Griff 670
das Heft in der Hand haben 554
Heftel 1429
heften 162
nähen 1422
heftig 684
heftig werden 86
Heftigkeit 685
Hegemonie 845
hegen 998
aufziehen 110
Heger 689
Hehl machen, kein 996
hehlen 229
Hehler 1246
Heide 763
Heidentum 763
heidnisch 538
heikel 993
kritisch 573
anspruchsvoll 68
Heil 1151
heil 564
gesund 627
Heiland 689
heilbar 890
heilen 174
genesen 594
heilend 627
heilig 548
heiligen 332
Heiligenschein 849
Heiliger 715
heilighalten 1388
Heiligkeit 1058
Heiligtum 765
Kostbarkeit 790
Heilkost 447
heilkräftig 627
Heilkundiger 475
Heilkunst 479
heillos 1106
Heilmittel 900
heilsam 627
Heilsbotschaft 899
Heilstätte 795
Heilung 432
Heilverfahren 175
Heim 681
Altenheim 35
heim 177
Heimat 931
heimatberechtigt 177
Heimatgefühl 1137
heimatlich 177
Heimatliebe 851
heimatliebend 253
heimatlos 357
Heimatlose 138
Heimatlosigkeit 358
Fremde 539
Heimatrecht 1591
Heimatvertriebene 138
heimbringen 170
heimelig 592
Heimgang 1255
heimgegangen 1258
heimgehen 308
sterben 1199
heimgesucht 1323
heimisch 1445
heimisch werden 633
Heimkehr 1301
heimkehren 308
heimleuchten 1399
heimlich 1444
Heimlichkeit 1587
Heimstätte 681
heimsuchen 992
Heimsuchung 1021
Heimtücke 487
Heimtücker 735
heimtückisch 256
heimwärts 1511
Heimweg 1301
Heimweh 1410
heimwehkrank 357
heimzahlen 1399
Heimzahlung 1400
Heirat 328
heiraten 1407
Heiratsantrag 1523
heiratsfähig 1055
Heiratsgut 134
Heiratsschwindler 230
heiser 1040
heiß 1504
heißblütig 684
Heißblütigkeit 685
heißen 940
bedeuten 155
befehlen 161
Heißsporn 752

heiter 686
Heiterkeit 540
Optimismus 975
heizen 1505
Heizkörper 687
Heizung 687
hektisch 453
Held 1160
Star 635
heldenhaft 1235
Heldenmut 912
Heldentat 1348
Heldentum 912
Heldin 635
helfen 688
sich zu helfen wissen 780
Helfer 689
Helfershelfer 1246
hell 690
hell werden 415
hellhörig 379
Helligkeit 849
hellsehen 1018
Hellseher 1018
Hellsicht 380
hellsichtig 379
hemdsärmelig 524
hemmen 701
hemmend 824
Hemmnis 702
Hemmschuh 702
Hemmung 702
Gehemmtheit 1412
hemmungslos 879
Hemmungslosigkeit 1290
Hengst 1525
Henkel 670
herab 1341
herabfallen 5
herabgesetzt 10
herabklettern 19
herablassen, den Vorhang 1108
herablassen, sich 438
herablassend 691
Herablassung 650
herabsetzen 692
Preis senken 922
Herabsetzung 188
herabsteigen 19
herabwürdigen (sich) 692
Herabwürdigung 1088
herankommen 926
heranreichen an 1285
nicht heranreichen an 1086
heranrufen 1073
heranschaffen 215
heranwachsen 419
heraufbeschwören 1367
heraufrufen 1367
heraufziehen 1572
sich nähern 926
herausbilden (sich) 415
herausbringen 1420
erraten 1038
herausfinden 1038
herausfordern 1060
herausfordernd 684
Herausforderung 693
Herausgabe 1421
Auslieferung 94
herausgeben 1420
ausliefern 1014
Herausgeber 465
herausholen 530
herauskommen 778
auftauchen 415
herauskristallisieren, sich 415
herausnehmen, sich etwas 1493
herausreden, sich 411
herausrücken 567
mit der Wahrheit 966
herausschlagen, etwas 631
herausstellen 705
sich herausstellen 1563
herausstreichen 857
sich herausstreichen 1292
herausziehen 142
herb 694
unzugänglich 1586
herbeieilen 926
herbeiführen 1367
herbeischaffen 215
herbeizitieren 1073
Herberge 565
Zuflucht 1137
herbergen 101
Herbheit 1219
herbsten 922
herbstlich 10
Herd 687
Mittelpunkt 902
Herde 885
Herdentrieb 719
hereinbrechen 166
Hereinfall 1085
hereinfallen 1096
hereinlegen 229
herfallen über 47
Hergang 521
Handlung 579
hergeben 567
hergebracht 785
gängig 563
hergelaufen 538
herhalten 1229
Herkommen 18
Brauch 257
herkömmlich 288
herkommen 415
Herkules 873
heroisch 1235
Heroismus 912
Herold 1522
Heros 1160
Star 635
Idol 713
Herr 758
Chef 556
herrenlos 700
herrichten 1472
herrisch 1218
herrlich 1121
Herrlichkeit 1123
Herrschaft 179
Leitung 845
herrschaftlich 1477
herrschen 554
herrschend 555
Herrscher 556
Herrschsucht 300
herrschsüchtig 1537
herstammen 415
herstellen 464
Hersteller 614
Herstellung 467
herumkommen, viel 1503
herumkriegen 1295
herumlungern 500
herumsprechen, sich 897
herumtreiben, sich 1503
faulenzen 500

herunterfallen 5
heruntergehen 922
absteigen 19
heruntergekommen 695
herunterholen 451
herunterkommen 1384
herunterlassen 1108
herunterputzen 1233
herunterreißen 393
tadeln 1233
heruntersetzen (sich) 692
herunterspielen 1391
hervorbrechen 415
hervorbringen 464
hervorheben 705
hervorragen 141
vorstehen 1549
hervorragend 118
hervorrufen 1367
erzeugen 464
Beifall klatschen 857
hervorsprudeln 415
schwatzen 1183
hervorstechen 141
hervorstechend 130
hervortreten 415
hervortun, sich 141
Herz 577
Mittelpunkt 902
Herz gewachsen, ans 850
Herz ausschütten 164
Herz fassen, sich ein 1493
Herz haben 1244
Herz legen, ans 871
Herz auf der Zunge tragen, das 898
herzbewegend 498
Herzblut 826
herzbrechend 1027
Herzeleid 1322
Herzen, von 611
herzen 852
Herzensbildung 805
Herzensbrecher 758
Herzensergießung 967
herzensgut 665
Herzensgüte 1547
herzensrein 1057
herzenswarm 853
Herzenswärme 1547
herzerfreuend 648
herzerhebend 498
herzhaft 794
nahrhaft 927
herzig 941
Herzklopfen 49
herzlich 853
dringend 918
Herzlichkeit 1547
herzlos 677
Herzlosigkeit 1313
Herzstück 902
herzzerreißend 1027
Hetäre 1393
Hetze 337
Aufwiegelung 1523
Verhetzung 454
hetzen 696
drängen 305
eilen 338
Hetzer 1522
hetzerisch 1278
Hetzjagd 740
Eile 337
Heuchelei 487
heucheln 864
schmeicheln 1110
Heuchler 230
heuchlerisch 486
Heuer 1386
heulen 769
heurig 581
heute 581
heutig 581
hexen 241
Hexenjagd 454
Hexenkessel 1333
Hexer 1018
Hexerei 1561
Hieb 1179
Hiebe 1102
hieb- und stichfest 1158
hier 697
Hierarchie 1036
hierauf 1174
hierdurch 901
Hieroglyphe 1129
hierzulande 697
hiesig 45
Hiesige 233
Hilfe 698
um Hilfe rufen 1073
Hilferuf 699
hilfreich 1245
hilfsbedürftig 700
Hilfsbedürftiger 87
Hilfsbedürftigkeit 954
hilfsbereit 887
Hilfsbereitschaft 888
Hilfsdienst 698
Hilfsfonds 657
Hilfskraft 689
Hilfsmittel 900
Hilfswerk 698
Himmel 861
Jenseits 988
himmelan 1489
himmelschreiend 104
Himmelskörper 849
Himmelsstrich 569
Himmelstürmer 715
himmlisch 1121
jenseitig 1352
hin 208
weg 1511
Hin und Her 228
hinab 1341
hinabklettern 19
hinauf 1489
hinausekeln 1446
hinauswerfen 123
vertreiben 140
hinausstoßen 123
hinauszögern 1461
Hinblick auf, im 37
hinderlich 824
hindern 701
Hindernis 702
Hemmung 1412
Schranke 1127
hindeuten 705
hineinknien, sich 209
hineinstecken, Geld 958
hinfällig 1140
unnötig 1331
leidend 839
Hinfälligkeit 796
Hingabe 974
hingeben (sich) 567
hingebend 887
hingegen 3
hingerissen 453
hinhalten 1461
hinhaltend 1316
hinken 801
hinlänglich 599
hinlegen 385
zu Bett bringen 1101
sich hinlegen 1101

hinnehmen 838
nachgeben 583
hinraffen 1259
hinreichen 601
geben 567
hinreichend 599
hinreißen 169
hinreißend 79
hinrichten 1259
Hinrichtung 1260
hinschwinden 1398
abmagern 10
hinsetzen, sich 948
hinsichtlich 37
hinstellen 20
hinsteuern auf 1551
hintanhalten 1461
hintanstellen 1427
hinten 387
hintenherum 1444
Hinterbliebener 422
hinterbringen 897
hintereinander 817
hinterfragen 526
Hintergedanke 703
hintergehen 229
Hintergrund 703
Herkunft 18
hintergründig 318
Hinterhalt 866
hinterhältig 486
Hinterhältigkeit 487
hinterher 1174
hinterherkommen 1461
hinterlassen 1288
Hinterlassenschaft 422
hinterlegen 20
Hinterlist 487
hinterlistig 486
hinterrücks 256
Hinterseite 1070
hintersinnig 1254
melancholisch 1323
Hintertreffen kommen, ins 1415
hintertreiben 701
Hintertür 972
Ausweg 455
Hinterwäldler 268
hinterwäldlerisch 1364
hinterziehen 229
Hinterziehung 1239
hinüber 1258
hinunter 1341
hinunterlassen 948
hinuntersteigen 19
Hinweis 704
hinweisen 705
hinziehen (sich) 1461
dauern 287
stocken 1205
hinzuziehen 530
Hiobsbote 1284
Hiobsbotschaft 1322
Hirngespinst 719
hissen 110
Historie 1395
Historiker 204
historisch 1394
sicher 1158
Hit 612
Hitze 511
hitzig 684
Hitzkopf 652
hitzköpfig 684
Hitzköpfigkeit 685
Hobby 1175
hobeln 637
Hoch 662
hoch 706
hochachtbar 1555
hochachten 1388
Hochdruck, mit 339
Hochdruckgebiet 312
hochfahrend 68
hochfliegend 716
Hochflut 1322
Hochgefühl 454
hochgehen 86
hochgemut 1207
hochgeschätzt 1252
hochgespannt 1293
hochgestellt 706
hochgestochen 1293
blasiert 68
hochgradig 1154
hochhalten 1388
hochherzig 326
hochkommen 430
Erfolg haben 1196
Hochkonjunktur 907
hochleben lassen 663
hochmögend 868
Hochmut 370
hochmütig 369
hochmütig sein 341
hochnäsig 68
hochrangig 706
hochprozentig 729
hochschätzen 1388
hochsinnig 326
Hochsitz 740
hochspielen 705
höchst 1154
Hochstapelei 863
hochstapeln 864
Hochstapler 230
hochstehend 706
höchstens 1154
Hochstimmung 454
Höchstleistung 635
Hochtour 107
hochtrabend 1330
Hochwasser 1322
hochwertig 1252
Hochzeit 328
hocken 232
Höcker 203
Verkrümmung 1085
höckrig 1312
Hoffart 370
hoffärtig 369
hoffen 460
hoffentlich 707
Hoffnung 461
Nachwuchs 422
hoffnungsfreudig 977
hoffnungslos 1323
unverbesserlich 1351
Hoffnungslosigkeit 1327
hoffnungsvoll 977
vielversprechend 664
hofieren 1110
höflich 543
Höflichkeit 396
Höhe 203
Größe 654
Würde 1554
Höhe, auf der 424
gesund 627
heiter 686
vollkommen 1469
Hoheit 1554
hoheitsvoll 1207
herablassend 691
Höhenflug 454
Höhepunkt 635
Krise 798
höher 1584
hohl 317

Höhle 1441
hohlwangig 376
Hohn 1179
höhnen 1180
Hohngelächter 1179
höhnisch 1181
Höcker 1550
  Berg 203
Hokuspokus 1561
hold 59
  zugetan 850
Holdseligkeit 58
holen 215
  berufen 1073
Hölle 319
Höllenpein 1112
höllisch 1027
holperig 1312
holpern 1205
holzen 1103
hölzern 1010
holzig 1271
Holzweg 1512
  Irrtum 497
Honorar 1386
Honoratioren 233
honorieren 240
honorig 70
hopsen 495
hörbar 825
horchen 708
Horde 661
hören 708
  gehorchen 583
hörig 1317
Höriger 1048
Hörigkeit 575
Horizont 289
  Überblick 805
  Rund 1035
horizontal 636
Hormon 1541
Hörspiel 1482
Horst 1137
horsten 827
Hort 1137
horten 1081
Hörvermögen 1500
Hörweite, in 924
Hostess 46
Hotel 565
hübsch 709
Hubschrauber 482
Hudelei 1353
hudelig 1332
hudeln 1000
Hügel 203
hügelig 1312
Huld 851
huldigen 332
Huldigung 331
  Applaus 323
huldvoll 691
Hülle 710
Hülse 173
human 889
  menschenwürdig 887
humanisieren 683
Humanität 888
Humor 425
  Witz 1346
  Heiterkeit 540
  Optimismus 975
Humorist 1097
humorlos 450
humorvoll 686
Hund 1525
Hüne 873
hünenhaft 653
Hunger 1410
Hungerkur 447
hungern 392
hungern nach 167
Hungersnot 954
hungrig 168
hupen 249
hüpfen 495
Hürde 1127
Hurerei 1014
Husarenstück 1348
huschen 645
husten 14
Hut 786
  Schutz 1137
  auf der Hut 1480
  in guter Hut 1158
  unter einen Hut
    bringen 205
  den Hut nehmen 123
hüten 712
Hüter 1507
Hütte 681
hutzelig 34
  trocken 1271
hybrid 304
Hybris 370
Hygiene 997
hygienisch 1057
Hymne 856
hymnisch 453
Hypnose 1313
hypnotisieren 159
Hypochonder 995
hypochondrisch 1358
Hypothek 281
Hypothese 1471
hypothetisch 1094
hysterisch 453

I

Ich 886
ichbezogen 1156
Ichbezogenheit 1155
Ichsucht 1155
ichsüchtig 1156
ideal 1469
Ideal 713
idealisieren 1292
Idealismus 714
Idealist 715
idealistisch 716
utopisch 1363
Idee 717
fixe Idee 796
ideell 718
Ideen haben 780
ideenreich 478
originell 985
identifizieren 508
sich identifizieren mit 1403
sich ausweisen 140
identisch 639
Identität 1287
Ideologe 715
Ideologie 719
ideologisch 718
Idiom 1182
Idiot 929
Idiotie 796
idiotisch 1423
Idol 713
Idyll 988
idyllisch 686
Igelstellung 1137
Ignorant 929
Ignoranz 316
ignorieren 1118
illegal 1377
illoyal 1304
illuminieren 189
kolorieren 492
illuminiert 690
Illusion 719
Illusionist 715
illusorisch 486
vergeblich 1302
Illustration 243
illustrieren 154
Illustrierte 899
Image 717
imaginär 1363
Imbiß 870
Imitation 914
imitieren 720
imitiert 486
immens 130
immer 721
immer wieder 1050
immergrün 288
immerhin 3
Immigration 949
immigrieren 948
Immobilien 212
immun 722
immunisieren 1138
Immunität 1137
Unangreifbarkeit 507
Imperialismus 300
impertinent 532
Impertinenz 533
Impetus 1150
impfen 1138
Impfung 1137
Imponderabilien 529
imponieren 723
imponierend 724
Import 672
importieren 673
impotent 1318
Impotenz 1353
imprägnieren 322
Imprägnierung 600
imprägniert 296
Impression 577
Improvisation 284
improvisieren 1177
improvisiert 1355
Impuls 1150
Einfall 717
Trieb 1267
impulsiv 536
lebhaft 828
imstande 478
imstande sein 780
inaktiv 641
Inanspruchnahme 823
Inbegriff 713
inbegriffen 361
Inbild 717
Inbrunst 917
inbrünstig 918
indanthren 286
indessen 3
während 1497
Index 1460
indifferent 641
indigniert 255
indirekt 901
indiskret 1304
Indiskretion 1359
Individualismus 535
Individualist 984
Individualität 886
Eigenart 335
individuell 725
Individuum 886
indolent 641
Indolenz 1313
Industrie 467
Industrieanlage 228
Industrieller 614
infam 256

Infamie 487
infantil 1335
Infektion 796
infektiös 573
inferior 774
infernalisch 256
Inferno 319
Ort der Qual 1112
Infiltration 600
infiltrieren 322
infizieren (sich) 437
infiziert 1106
Inflation 1197
infolge 1513
infolgedessen 1513
in flagranti 1355
Information 899
Erkundigung 529
informativ 186
informieren 897
sich informieren 530
informiert 760
informiert sein 1436
Ingredienz 1240
Ingrimm 85
ingrimmig 255
Inhaber 213
inhaftieren 490
Inhaftierung 575
inhalieren 368
Inhalt 726
Geschehen 579
Inhaltsangabe 1033
inhaltlos 829
inhaltschwer 1163
Inhaltsverzeichnis 1460
inhuman 264
initiativ 555
Initiative 388
Initiator 556
Injektion 175
injizieren 174
Inkarnation 284
inklusive 361
inkognito 1444
inkommodieren 1209
inkonsequent 1316
Inkonsequenz 445
inmitten 902
innehaben 666
innehalten 385
innen 727
Innenleben 577
Inneres 577
Eingeweide 726
innerhalb 727
während 1497
innerlich 727
Innerlichkeit 577
Innern, im tiefsten 727
Innerste, das 902
innewerden 1499
innewohnen 400
innewohnend 727
innig 853
Innigkeit 1547
Innung 590
inoffiziell 1444
Insasse 1059
Inschrift 436
Insel 367
Inselberg 203
Inserat 77
inserieren 38
insgesamt 564
Insignien 761
insistieren 305
Inspektion 1021
Inspiration 717
inspirieren 60
inspizieren 1020
Installation 356
installieren (sich) 355
instand 603
instand halten 998
Instandhaltung 997
instand setzen 448
inständig 918
Instanz 179
Instinkt 1267
instinktiv 933
Institut 356
Schule 1134
Forschungsstätte 613
Institution 228
instruieren 834
Instruktion 833
Anweisung 76
instruktiv 186
Instrument 605
insuffizient 1320
Insuffizienz 1353
Insurgent 752
inszenieren 1177
sich inszenieren 1023
veranstalten 1368
Inszenierung 1482
intakt 564
integer 70
integrieren 427
aufnehmen 101
Intellekt 1433
intellektuell 1419
Intellektueller 475
intelligent 728
Intelligenz 1433
Intensität 917
intensiv 729
intensivieren 683
Intensivierung 1197
Intention 1004
interessant 730
Interesse 731
interesselos 641
Interesselosigkeit 1313
Interessengemeinschaft 590
Interessenkampf 779
Interessent 1246
Interessenvertreter 1449
Interessenvertretung 590
interessieren (sich) 732
interessiert 733
selbstsüchtig 1156
teilnehmend 1245
Interim 1342
interimistisch 1497
Intermezzo 1342
intern 727
vertraulich 1444
Internat 1134
international 734
internieren 490
interniert 575
Interpret 1449
Interpretation 284
Erklärung 436
Übersetzung 1417
interpretieren 189
Intervall 1349
intervenieren 1416
sich einmischen 1209
Intervention 1417
Einmischung 1210
Veto 1376
Interview 529
interviewen 530
intim 1445
Intimität 851
Intimsphäre 681
intolerant 1191

Intoleranz 300
Voreingenommenheit 391
Intrigant 735
intrigant 256
Intriganz 487
Intrige 866
intrigieren 696
introvertiert 1076
Intuition 717
Einfühlung 577
intuitiv 379
invalid 34
leidend 839
Invalide 35
invalidiert 34
Invalidität 1085
Invasion 421
Inventar 737
Inventur 737
Inventur machen 1129
investieren 958
Investierung 359
Investitur 347
inwendig 727
inzwischen 1497
irdisch 1396
irgendwann 965
irgendwie 1580
Ironie 1179
ironisch 1181
ironisieren 1180
irr 1423
irreal 718
irreführen 1393
irreführend 486
Irreführung 1523
irregehen 738
irrelevant 1306
irremachen 1458
irren (sich) 738
Irrenhaus 795
irreparabel 208
irre werden 1598
Irrfahrt 497
Irrgarten 1333
Irrglaube 763
Irrgläubiger 763
Irrlehre 763
irrig 486
Irrsinn 796
irrsinnig 1423
Irrtum 497
Täuschung 1239
irrtümlich 486
Irrweg 497
isolieren (sich) 14
abdichten 1505
isoliert 357
Isolierung 358

J

Ja 439
ja 1158
Jacht 482
Jacke 773
Jagd 740
jagen 696
erjagen 490
eilen 338
ins Bockshorn 310
jagen nach 1392
Jäger 740
jäh 1355
steil 1126
jahraus, jahrein 721
Jahrbuch 434
Jahrestag 741
Jahreszeit 1080
Jahrgang 1564
jährlich 1050
Jahrmarkt 875
Rummelplatz 228
Jähzorn 685
jähzornig 684
Jammer 1112
jämmerlich 376
Jammerlappen 501
jammern 769
Jammertal 1397
jammervoll 1323
japsen 827
jäten 1084
Jauche 15
jauchen 1372
jauchzen 541
jaulen 192
Jawort 439
sein Jawort geben 1592
jedenfalls 1165
jeder 29
jenseitig 1352
jenseits 503
Jenseits 988
jetzt 581
jeweils 1050
Job 82
Jobber 614
Joch 312
jodeln 1161
johlen 821
jonglieren 120
Journal 899
Journalismus 899
Journalist 204
jovial 691
Jovialität 650
Juan, Don 1393
Jubel 540
Jubiläum 741
jubeln 541
jucken 742
Jugend 743
Jugend von heute, die 743
jugendlich 744
Jugendliche 743
jung 744
Jungborn 432
junge Generation, die 743
Junge 764
Jünger 1135
jüngferlich 1184
Jungfrau 531
jungfräulich 1057
unerforscht 744
jungfräulicher Boden 1067
Jungfräulichkeit 1058
Jungfernfahrt 39
Jungfernrede 39
Junggeselle 873
Junggesellin 531
Jüngling 743
jüngst 812
Junktim 1375
Jurist 746
juristisch 623
Jury 745
just 812
Justitiar 746
Justiz 746
Justizmord 497
Juwel 790
Jux 540
Schabernack 1179

K

Kabale 866
Kabarett 1482
Kabarettist 283
Kabbelei 1216
kabbeln, sich 1217
Kabel 845
Telegramm 899
kabeln 897
Kabinett 1041
Regierung 867
Kabinettstück 790
kacheln 560
Kadaver 787
Kadavergehorsam 575
Kadenz 612
Kadi 746
zum Kadi laufen 769
Kaffeehaus 565
Käfig 575
kahl 963
Kahlkopf 786
kahlköpfig 251
Kahlschlag 1570
Kahn 482
Kaiser 556
Kalamität 954
Kalender 434
Kaliber 651
Kalkül 1004
Kalkulation 1004
kalkulieren 198
Kaloriengehalt 1524
kalt 747
kalt bleiben (lassen) 641
kaltblütig 1076
Kaltblütigkeit 1074
Kälte 747
Herzlosigkeit 1313
kaltherzig 747
kaltmachen 1259
kaltschnäuzig 747
Kaltschnäuzigkeit 1313
kaltstellen 803
ausscheiden 123
Kamerad 748
Kameradschaft 544
kameradschaftlich 749
Kamin 687
Kamm 635
über einen Kamm scheren 1391
kämmen (sich) 998
Kammer 1041
Kampagne 1080
Feldzug 750
Kampf 750
gegen Windmühlenflügel 1302
Kampfansage 693
kämpfen 751
mit sich 290
Kämpfer 752
Hetzer 1522
kämpferisch 684
kampieren 1101
Kanal 1508
Fistel 972
Kandare 312
Kandare nehmen, an die 701
Kandelaber 849
Kandidat 75
kandidieren 1198
kandieren 429
Kanister 576
Kanne 576
Kannegießer 1143
kannegießern 1292
Kannibale 148
kannibalisch 264
Kanon 622
Kanone 1137
kanonisch 623
Kante 1035
kantig 677
Kantine 565
Kantonist, unsicherer 230
Kanu 482
Kanzlei 613
Kapazität 1188
Spezialist 475
Kapelle 765
Orchester 661
kapern 631
kapieren 1436
Kapital 212
Kapitalanlage 359
Kapitalist 213
Kapitalverbrechen 1334
Kapitän 556
Kapitel 1240
Kapitulation 947
kapitulieren 95
kappen 811
Kaprice 1204
Kapriole 1215
kaprizieren, sich 1277
kapriziös 214
Kapsel 173
kaputt 208
kaputtmachen 1569
kaputtgehen 1569
Kapuzinerpredigt 1232
Karaffe 576
Karambolage 1322
Karawane 1056
Kardinalpunkt 680
Karenzzeit 1462
karg 776
kargen 1170
Kargheit 954

kärglich 776
Karikatur 1179
karikieren 1180
karitativ 887
Karre 482
Karriere 107
Karriere machen 1196
Kartei 1460
Kartell 590
karten 1177
Kartenschlägerin 1018
Karton 173
Kartothek 1460
Kaschemme 565
kasernieren 979
Kasino 565
Kassandra 995
Kasse 753
bei Kasse 1054
Kassette 753
kassieren 368
ausscheiden 123
Kaste 661
kasteien (sich) 404
Kastell 1137
Kastellan 1507
Kasten 173
Kastengeist 1208
Vorurteil 1488
kastrieren 1141
Katalog 1460
katalogisieren 979
katapultieren 1149
katastrophal 1128
Katastrophe 1322
Kategorie 90
kategorisch 1537
Kater 1327
Kateridee 1204
Kathedrale 765
Katze 1525
die Katze aus dem Sack lassen 1014
kauderwelschen 1183
kauen 469
kauern 232
Kauf 754
kaufen 755
bestechen 159
Käufer 756
Käuferwünsche 920
käuflich 1475
bestechlich 1358
Kaufhaus 613
Kaufkraft 920
kaufkräftig 1054
Kaufladen 613
Kaufmann 614
kaum 757
kaum zu glauben 757
Kaution 270
Kaution stellen 267
Kauz 984
kauzig 1002
Kavalier 758
Kavaliersdelikt 1334
keck 759
Keckheit 533
Kehle 646
Kehre 809
kehren 1084
den Rücken 394
Kehricht 1116
Kehrseite 1070
kehrtmachen 308
wegtreten 394
Kehrtwendung 1301
keifen 1100
Keil 359
Keil treiben zwischen 1265
Keim 764
keimen 415
keimfrei 1057
keimfrei machen 429
keimhaft 41
Keimling 764
Keimzelle 39
keiner 952
keinerlei 945
keinesfalls 939
Kelch 576
Keller 935
Kellergeschoß 1548
Kellner(in) 46
kennen 1545
kennenlernen 926
Kenner 475
Genießer 597
kennerhaft 598
Kennerschaft 1435
Kenntnis 1544
ohne Kenntnisse 1356
kenntnisreich 760
Kennwort 761
Kennzeichen 761
kennzeichnen 762
kennzeichnend 273
Kennzeichnung 761
kentern 1096
Kerbe 1441
in dieselbe Kerbe hauen 1592
kerben 1118
Kerbholz 1131
auf dem Kerbholz haben 1133
Kerker 575
Kerkermeister 106
Kerl 873
Kern 902
Hauptsache 680
kernig 794
Kernpunkt 680
Kernspruch 292
Kerze 849
kerzengerade 604
Kerzenhalter 849
keß 759
Kessel 576
Kesselstein 950
Kette 702
ketten 246
Ketzer 763
Ketzerei 4
ketzerisch 763
keuchen 827
Keule 1400
keusch 1057
Keuschheit 1058
kichern 813
kicken 1211
kidnappen 936
Kidnapper 1380
Kidnapping 1334
kiebitzen 195
Kielwasser 1186
Kiepe 173
killen 1259
Killer 1380
Kind 764
das Kind beim Namen nennen 1014
Kindbett 570
Kindbetterin 566
Kinderarzt 475
Kindergärtnerin 835
kinderlos 1318
Kindermädchen 835
Kindersegen 764
Kinderstube 681
Manieren 1405

Kindheit 743
kindisch 1335
kindlich 744
Kinderspiel 836
Kino 243
Kiosk 613
Kippe, auf der 573
kippen 484
Kirche 765
Kirchendiener 1507
Kirchenlicht 475
Kirchhof 181
kirre machen 631
Kissen 815
Kiste 173
Kitsch 766
kitschig 767
Kitt 162
Kittchen 575
kitten 162
reparieren 448
kitzeln 992
jucken 742
klaffen 971
kläffen 192
Klage 768
klagen 769
klagend 946
kläglich 1323
arm 87
klaglos 1076
Klamm 1441
klamm 747
Klammer 162
klammern an, sich 246
Klamotte 1482
Klamotten 4
Klang 1256
Klangfarbe 1256
klanglos 317
klangvoll 1467
Klappe 1429
klappen 588
klapperig 1140
klappern 821
Klaps 1102
Fimmel 335
klar 770
klarblickend 728
klären 771
Klarheit 772
klarkommen 1422
verstehen 1436
klarmachen 435
eröffnen 966
klarsehen 1545
Klarsicht 1433
klarsichtig 728
klarstellen 771
Klärung 772
Läuterung 1058
Berichtigung 1373
klarwerden, sich 1436
klarwerden 1563
Klasse 90
Klassengeist 1208
Vorurteil 1488
Klassenkampf 1067
klassifizieren 979
klassisch 1121
alt 34
Klatsch 609
klatschen 897
Beifall klatschen 857
klatschsüchtig 256
Klatschbase 1143
Klaue 646
Handschrift 1129
klauen 936
Klause 765
Schlucht 1441
Klausel 158
Klausur 358
Klausurarbeit 1021
Klaviatur 1460
kleben 162
hocken 1205
eine kleben 1103
klebrig 1557
Klebstoff 162
kleckern 1451
Klecks 1116
klecksen 1451
pfuschen 1000
Kleeblatt 661
Kleid 773
kleiden (sich) 78
stehen 1195
Kleiderablage 356
kleidsam 664
Kleidung 773
klein 774
elend 376
Kleinarbeit 175
Kleinbahn 482
Kleinbürger 268
kleinbürgerlich 269
Kleinbürgerlichkeit 146
Kleinbürgertum 233
kleiner machen 811
kleiner setzen, sich 1170
kleingläubig 51
Kleingläubigkeit 49
Kleinheit 774
Kleinigkeit 775
Kleinigkeitskrämer 990
Kleinkram 775
kleinkriegen 631
Kleinkunst 1482
kleinlaut 1411
Kleinlebewesen 796
kleinlich 991
sparsam 1171
Kleinlichkeit 391
Sparsamkeit 1172
Kleinmut 49
kleinmütig 51
Kleinod 790
Kleinstadt 949
kleinstädtisch 390
Kleinverkauf 365
Klemme 1412
in der Klemme 313
klemmen 936
quetschen 1086
klettern 1196
Klient 806
Klientel 806
Klima 861
klimpern 1000
Klinge 1089
Klingel 1072
klingeln 1257
klingen 1257
Klinik 795
Klinke 670
Klippe 203
Gefahr 311
Klipper 482
klirren 1257
Klischee 914
Gemeinplatz 1003
klischiert 563
Klitterung 893
Kloben 1222
Grobian 652
klobig 1010
klopfen 1510
schlagen 1103
Klopffechter 652
Kloster 765

Klosterbruder 765
Klosterschwester 765
Klotz 1222
  Grobian 652
klotzig 1010
  viel 1464
Klub 590
Kluft 1441
  Abstand 395
  Anzug 773
klug 728
  klug werden aus 1436
Klugheit 1433
klugschwätzen 1183
Klugschwätzer 1143
  Pedant 990
Klumpen 885
klumpen 456
klumpig 1312
Klüngel 866
  Clique 661
klüngeln 229
Klunker 1025
knabbern 469
Knabe 764
knabenhaft 744
  überschlank 321
knacken 971
  brechen 260
  lösen 860
knackig 1184
Knacks 1085
Knall 606
Knall auf Fall 1009
Knalleffekt 635
knallen 821
knallig 493
  reißerisch 1440
knapp 776
  kaum 757
knapp sein 496
Knappheit 954
knapphalten 1170
knarren 821
knarrend 1040
knattern 821
Knäuel 885
  Unordnung 1333
Knauf 670
Knebel 1429
Knebelbart 786
knebeln 701
Knebelung 702
Knecht 46
knechten 1343
knechtisch 1350
Knechtschaft 312
  Hörigkeit 575
Knechtung 702
kneifen 314
  zwicken 992
Kneipe 565
kneipen 1269
knetbar 373
  weich 1516
kneten 892
  gestalten 626
Knick 488
knicken 260
Knicker 587
knickerig 1171
Knicks 662
Knickung 809
Knie 809
Kniefall 662
kniefällig 918
knien 232
  anbeten 225
Kniff 866
  Falz 488
Kniffelei 980
kniffen 489
knifflig 1148
knipsen 282
Knirps 764
  Zwerg 774
knirschen 1257
knistern 1257
knitterig 34
  zerknittert 1332
knittern 489
knobeln 1038
knochenlos 1140
knochig 321
knockout schlagen 1103
Knopf 670
  Verschluß 1429
knöpfen 162
knorrig 1312
knospen 415
knospenhaft 744
Knoten 1429
  Schwellung 1550
knoten 162
Knotenpunkt 1264
knottern 1100
Know how 1544
knüpfen 1374
Knüppel 1400
Knüppel zwischen die Beine werfen 701
knüppeldick 1464
knurren 192
  schimpfen 1100
knurrig 946
knuspern 469
knusprig 1184
  jung 941
Knute 1400
knuten 1343
Koalition 590
Kobold 586
Koch 46
kochen 1577
  schäumen 1092
  zürnen 86
Köcher 173
Kocher 687
kochfest 286
Kochkunst 602
Kochnische 935
Kochtopf 576
Köder 777
ködern 1438
  locken 1060
Kodex 265
  Verhaltensregel 1049
kodifizieren 979
Koexistenz 925
Koffer 710
Kohle 687
  auf Kohlen sitzen 1336
kohlen 864
Koje 935
  Verkaufsstand 613
Kokarde 761
kokett 369
Kokette 1393
Koketterie 370
kokettieren 1060
Kokotte 1393
Kolben 670
  Nase 786
  Gefäß 576
Kollaps 1424
kollationieren 1403
Kolleg 1486
  Schule 1134
Kollege 748
kollegial 749
Kollegialität 544

Kollegium 745
Kollektion 137
kollektiv 1588
Kollektiv 661
Kollektivierung 1375
Koller 85
Ausbruch 112
kollern 1257
schimpfen 1100
Kollision 1322
Kolonie 949
Kolonisation 421
Erschließung 949
kolonisieren 452
Kolonne 1056
Spalte 1240
kolorieren 492
Kolorit 491
Koloß 873
kolossal 653
imposant 724
Kolportage 609
kolportieren 897
Kolumne 1240
Kolumnist 204
Kombination 1375
Zusammenstellung 137
Kombinationsgabe 1433
kombinieren 1374
schließen 1108
zusammenstellen 1495
Komfort 197
komfortabel 592
Komik 540
Komiker 1097
komisch 686
Komitee 745
Kommandeur 556
kommandieren 161
befehligen 554
Kommando 160
kommen 778
kommend 924
Kommentar 436
Kommentator 1449
kommentieren 435
Kommilitone 748
Kommission 745
kommun 563
Kommunikation 1375
Mitteilung 899
kommunizierend 1382
Komödiant 283
komödiantisch 1293
Komödie 1482
Kompagnon 1242
kompakt 296
Komparse 1246
Kompaß 556
Kompendium 832
Kompensation 408
kompensieren 407
kompetent 1590
befugt 199
Kompetenz 1591
komplett 1469
komplex 1148
Komplex 981
Wahn 796
Hemmung 1412
Komplice 1246
Komplikation 1412
Kompliment 662
kompliziert 1148
Komplott 866
im Komplott 1382
Komponente 1240
komponieren 1129
Komponist 465
Komposition 844
Kompost 15
kompostieren 1372
komprimieren 811
komprimiert 810
Kompromiß 1390
Kompromiß schließen 1389
kompromißbereit 1076
kompromißlos 1034
kompromittieren 252
kompromittiert 441
Kompromittierung 1088
kondensieren 1601
haltbar machen 429
kondolieren 1244
Konfektion 506
Konferenz 218
Tagung 1264
konferieren 1263
Konfession 967
Religion 1062
Konfirmation 347
konfirmieren 346
konfiszieren 936
Konflikt 1412
Streit 1216
Zweifel 1596
konform 1286
Konformismus 634
Konfrontation 1402
konfrontieren 1403
konfus 1543
Konfusion 1333
kongenial 643
Konglomerat 893
Kongregation 590
Kongreß 1264
kongruent 1286
königlich 724
Konjunktur 907
Konjunkturritter 230
konkret 1539
Konkurrent 502
Konkurrenz 779
konkurrenzfähig 643
konkurrenzlos 130
konkurrieren 751
Konkurs 147
Konkurs anmelden 1569
Können 479
können 780
Könner 475
Konnexionen 1375
Konsens 439
Übereinstimmung 1435
konsequent 1419
streng 1218
beharrlich 113
Konsequenz 507
Folge 521
Strenge 1219
konservativ 855
Konserven 429
konservieren 998
einmachen 429
konserviert 286
konsolidieren 162
Konspiration 866
konspirieren 1374
konstant 288
konstatieren 508
Konstellation 814
konsterniert 1191
Konstitution 1589
konstruieren 781
Konstruktion 782
konstruktiv 1124
Konsultation 529
konsultieren 530

Konsum 1378
Konsument 756
Konsumgüter 466
konsumieren 1379
Kontakt 783
kontaktarm 1586
kontaktfähig 620
Kontaktfreude 621
Kontemplation 916
kontemplativ 1076
Kontingent 1029
kontingentieren 1241
kontinuierlich 288
Kontinuität 285
Kontrakt 1390
konträr 1428
Kontrast 1349
kontrastieren 784
dagegenhalten 1403
Kontrolle 1021
Kontrolleur 106
Beschauer 196
kontrollieren 1020
Kontroverse 218
Kontur 854
konturiert 294
Konvent 218
Kloster 765
Konventikel 1266
Konvention 257
Übereinkunft 1390
konventionell 785
Konversation 1346
konversieren 1345
Konversion 1366
konvertieren 1365
Konvoi 1137
konzedieren 438
Konzentrat 470
Konzentration 1375
Aufmerksamkeit 1167
Intensität 1188
konzentrieren 1601
anreichern 1189
konzentrieren (sich) 1081
konzentriert 99
hochprozentig 729
Konzept 1004
Konzern 590
konzertiert 676
Konzession 439
Konzil 1264
konziliant 398
konzipieren 1005
Konzipierung 1004
Kooperation 590
kooperieren 1374
koordinieren 979
Koordinierung 980
Kopf 786
Verstand 1433
aus dem Kopf 1355
seinen Kopf durchsetzen 1277
den Kopf hängen 946
den Kopf waschen 1100
von Kopf bis Fuß 564
vor den Kopf stoßen 692
nicht auf den Kopf gefallen 728
Kopfarbeit 916
Kopfarbeiter 475
Kopfbedeckung 786
Kopfhänger 995
kopfhängerisch 996
kopflos 1305
Kopflosigkeit 26
Unüberlegtheit 337
kopfscheu machen 1458
Kopfzerbrechen 916
Kopie 303
kopieren 1453
Koppel 661
Weide 932
koppeln 1374
Korb 173
einen Korb geben 23
einen Korb bekommen 1096
kordial 543
Kordon 1127
Korken 1429
körnig 293
Körper 787
Gegenstand 579
Körperfehler 796
körperhaft 1539
Körperhaftigkeit 1238
Körperkultur 779
körperlich 982
sinnlich 1162
lebendig 828
Körperlichkeit 1238
Physis 787
Körperpflege 997
Körperschaft 590
Körperteil 646
Körperübung 779
Korpsgeist 544
Vorurteil 1488
korpulent 297
Korpulenz 557
korrekt 593
Korrektheit 980
Korrektur 1373
Korrespondent 204
Korrespondenz 788
korrespondieren 789
entsprechen 413
korrespondierend 1382
entsprechend 1286
korrigieren 153
tadeln 1233
korrumpieren 159
korrupt 1358
Korruption 1359
Korsett 312
Koryphäe 475
kosen 852
Kosmetik 997
kosmetisch 627
kosmisch 734
Kosmonaut 475
Kosmopolit 752
kosmopolitisch 734
Kosmos 1518
Kost 447
kostbar 1252
Kostbarkeit 790
kosten 791
Kosten 1013
kostenlos 1302
Kostenvoranschlag 1004
köstlich 792
Köstlichkeit 793
Kostprobe 1437
kostspielig 1252
Kostüm 773
Maske 1239
kostümieren, sich 1371
Kostümierung 1239
Kotau 662
Kotau machen 1110
Krach 606
Streit 1216
krachen 260
krächzen 769

kraft 901
Kraft 867
bei Kräften 627
in Kraft treten 1538
Kraftausdruck 533
kräftig 794
nahrhaft 927
kräftigen (sich) 1189
kräftigend 927
gesund 627
Kräftigung 1190
Kräftigungsmittel 900
kraftlos 1140
Kraftlosigkeit 445
Kraftprobe 1437
Kraftstoff 388
kraftzehrend 1147
krähen 1257
Krakeel 606
Streit 1216
krakeelen 821
streiten 1217
Krakeeler 652
Kram 775
kramen 1228
Krämer 614
Krämerseele 587
Krampf 796
Verlegenheit 1412
krampfhaft 1293
krank 839
krank machen 444
krank geschrieben 839
krank sein 838
krank werden 437
kränkeln 838
kranken 838
kränken 692
kränkend 187
betrüblich 1027
Krankenhaus 795
Krankenschwester 689
Krankenwärter 689
Kranker 87
krankfeiern 500
krankhaft 839
unnatürlich 1330
Krankheit 796
Krankheitserreger 796
Krankheitszeichen 1562
kränklich 839
Kränkung 188
Kranz 271
Kränzchen 661
kränzen 141
kraß 293
Krater 1441
Kratzbürste 300
kratzbürstig 1278
kratzen 1053
Kratzer 1185
Wunde 1552
kraus 488
lockig 801
wirr 1543
Kraut schießen, ins 1289
Krauter 149
Sonderling 984
Krawall 606
Aufstand 1067
Krawatte 1025
kraxeln 1196
Kreation 1125
Kreatur 1525
Schurke 1136
Schmeichler 1111
kreatürlich 1162
Kredit 797
Kreditgeber 213
kreditieren 254
Kreditnehmer 1132
kregel 828
kreieren 626
Rolle kreieren 1177
Kreis 1035
Freundeskreis 661
kreisen 308
fliegen 1144
Kreislauf 309
kreißen 566
Krempe 1035
Krempel 4
krepieren 1008
sterben 1199
Kreszenz 1028
Krethi und Plethi 233
Kreuz 434
Leid 1322
kreuz und quer 1282
kreuzbrav 259
kreuzen 1579
queren 1032
kreuzen, sich 1263
Kreuzung 893
Straßenkreuzung 22
Züchtung 1578
Kreuzweg 22
Leidensweg 796
Zweifel 1596
kribbelig 453
kriechen 645
schmeicheln 1110
Kriecher 1111
Kriecherei 856
kriecherisch 1350
Krieg 750
kriegen 184
kämpfen 751
kriegerisch 684
Kriegsbeil begraben 205
Kriegserklärung 693
Kriegsfuß, auf 503
kriegsversehrt 208
Kriegsvorbereitung 880
Kriminalität 1334
Kriminalroman 284
kriminell 1106
Krimineller 1380
Krise 798
kriseln 310
krisenfest 1158
krisenhaft 573
Kriterium 761
Kritik 799
Urteil 1361
unter aller Kritik 1106
Kritiker 800
kritiklos 343
Kritiklosigkeit 344
kritisch 68
tadelnd 24
heikel 573
kritisieren 1233
Krone 635
Krone der Schöpfung 886
krönen 141
vollenden 1468
Krönung 331
Höhepunkt 635
Abschluß 1109
Kroppzeug 625
Krösus 213
kroß 1184
Krug 576
Gasthaus 565
Kruke 576
Krume 656
Krümel 1064
krümelig 909

krümeln 260
krumm 801
krummbeinig 801
krümmen (sich) 308
ausweichen 139
Krümmung 809
krumpelig 1332
Krüppel 974
Kruscht 4
Kruste 710
Kruzifix 434
Kübel 576
Küche 935
Kochkunst 602
Kugel 802
kugelfest 1158
kugelig 297
kugeln (sich) 308
lachen 813
kühl 747
Kühle 747
Gefühlskälte 1313
Kuhle 1441
kühlen 803
kühlend 627
Kühlschrank 356
kühn 1235
Kühnheit 912
Kujon 148
kujonieren 992
kulant 398
Kulanz 396
kulchen 1039
Kuli 1284
kulinarisch 598
Kulisse 1239
kullern 308
fließen 516
Kult 765
Verwöhnung 28
Kult treiben 1459
kultivieren 452
veredeln 683
züchten 1579
pflegen 998
vergeistigen 1372
kultiviert 804
Kultstätte 765
Kultur 805
Kultus 28
Kummer 1112
Kümmerer 758
kümmerlich 776
elend 376
kümmern 922
sich kümmern 1432
Kümmernis 1166
kummervoll 1323
Kunde 756
Kenntnis 1544
Nachricht 899
Kunde, fauler 1132
Kundendienst 299
Kundenfang 1523
kundgeben 897
Kundgebung 899
kundig 760
kennerhaft 598
kündigen 123
Kündigung 124
Kundschaft 806
Kundschafter 196
kundwerden 322
künftig 1174
Kunst 479
keine Kunst 836
kunstfertig 617
Kunstfertigkeit 616
Kunstfreund 807
Kunstgalerie 1082
Kunstgegenstand 844
kunstgerecht 808
Kunstgriff 866
Kunsthandwerk 671
Kunstkenner 807
Kunstkritiker 800
Künstler 465
Gestalter 595
Darsteller 283
künstlerisch 804
künstlich 1330
kunstliebend 804
kunstlos 933
kunstreich 1148
Kunstsammlung 1082
Kunststück 844
Trick 866
Zauber 1561
Kunstverständnis 619
kunstverständig 804
kunstvoll 1148
Kunstwerk 844
kunterbunt 493
kupieren 811
Kuppe 203
Gipfel 635
Kuppel 1550
kuppeln 1407
Kuppler 1136
Kur 175
kurant 563
kuranzen 1233
Kuratel stellen, unter 1343
Kuratorium 745
Kurbel 670
kurbeln 308
Kurier 1284
kurieren 174
kurios 93
Kuriosum 335
Kurpfuscher 301
Kurs 1013
Lehrgang 833
Seminar 1264
Richtung 1220
außer Kurs 1106
kursieren 1300
gültig sein 155
Kurtisane 1393
Kurve 809
kurven 308
kurvenreich 801
kurz 810
kurz angebunden 810
kurz halten 1343
kurzatmig 390
Kürze 810
in Kürze 144
kürzen 811
kurzerhand 810
Kurzgeschichte 284
kurzlebig 810
kürzlich 812
Kurzschlußhandlung 454
kurzsichtig 1320
Kürzung 811
Einschränkung 362
Kurzweil 1346
kurzweilig 686
kuschen 583
Kuß 851
Kußhand 662
küssen 852
Küste 1035
Küster 1507
Kutsche 482
Kutscher 556
kutschieren 166
lenken 554
Kutte 773

L

labberig 1516
Labe 1189
laben 1190
labend 927
labil 1600
Labilität 1596
Labor 613
laborieren 1438
Labsal 1189
Labyrinth 1333
Lache 1508
Lächeln 540
lächeln 813
Lachen 540
Lachen bringen, zum 541
lachen 813
sich ins Fäustchen lachen 1180
lächerlich 315
komisch 686
lächerlich machen 1180
sich lächerlich machen 252
Lächerlichkeit 335
Kleinigkeit 775
lachhaft 315
Lack 960
lackieren 637
Lackierer 492
Lade 1599
Laden 613
laden 558
vorladen 221
Ladenbesitzer 614
Ladendiener 689
Ladenhüter 4
Ladenkette 1599
Ladentisch 613
lädieren 207
lädiert 208
Ladung 388
Fracht 823
Ladykiller 758
Lage 814
Runde 1029
Schicht 1029
Lager 815
Lagerhaus 815
lagern (sich) 1101
einlagern 1081
Lagerstatt 815
Lagune 1508
lahm 839
lahmen 801
lähmen 1141
entmutigen 403
lahmlegen 1141
unterbinden 701
unterdrücken 1343
Lähmung 702
Gebrechen 796
Laie 301
laienhaft 961
Lakai 46
lakonisch 810
lallen 1183
lamentieren 769
Lamento 768
lammfromm 572
Lammsgeduld 571
Lampe 849
Lampenfieber 1412
Lampion 849
lancieren 346
Land 656
Nation 931
Land und Leute 233
Landarbeiter 149
Landbau 467
Landbesitz 656
Landebahn 1512
landen 926
Landenge 391
Landeskind 268
Landesteil 569
Landesverrat 1359
Landesverräter 1136
Landfahrer 480
Landflucht 395
landläufig 563
ländlich 293
Landmann 149
Landnahme 421
Landplage 1322
Störenfried 1210
Landschaft 569
Natur 932
Landsmann 915
Landstreicher 480
Landstrich 569
Landung 56
Landwirt 149
Landwirtschaft 467
Landzunge 325
lang 816
langatmig 593
langweilig 820
lange her 1394
Länge 115
in die Länge ziehen 114
langen 601
eine langen 1103
längen 1214
langfristig 816
langjährig 288
langlebig 286
Langlebigkeit 629
Haltbarkeit 285
länglich 816
Langmut 571
langmütig 572

längs 924
langsam (tun) 817
Langsamkeit 197
längst 1120
längstens 1154
Langweile 818
langweilen (sich) 819
Langweiler 990
langweilig 820
Langweiligkeit 494
langwierig 816
lapidar 810
Lappalie 775
Lappen 1222
Lumpen 4
durch die Lappen gehen 399
Läpperei 775
läppern, sich 1453
läppisch 315
Lapsus 497
Lärm 606
lärmen 821
lärmend 825
larmoyant 946
Larve 1239
lasch 641
weich 1516
Laschheit 1313
lassen 822
entsagen 404
lässig 923
formlos 524
gleichgültig 641
Lässigkeit 1074
Last 823
lasten 314
lastend 1147
Laster 497
Fahrzeug 482
Lästerei 609
lasterhaft 1304
lästerlich 1377
Lästermaul 800
lästern 519
verleumden 1413
Lästerung 518
lästig 824
lästig fallen 1209
Lastträger 1284
Lastwagen 482
lasziv 1304
latent 1076
Laterne 849
latschen 431
Latte 262
Lattenkiste 173
lau 877
gleichgültig 641
Laube 935
Laubengang 1550
Laudatio 856
Lauer 866
lauern 195
Lauf 521
Verlauf 615
Laufbahn 107
Laufbursche 1284
laufen 338
laufend 288
immer 721
Läufer 1284
Sportler 118
Laufpaß geben, den 123
Laufzettel 899
Lauheit 1313
Laune 1204
Laune, schlechte 1327
launig 686
launisch 1358
kapriziös 214
lauschen 708
lauschig 592
Laut 1256
laut 825
laut (entsprechend) 414
laut werden 322
läuten 1257
lauter 770
Lauterkeit 1058
läutern 771
sich läutern 1365
Läuterung 1058
Wandlung 1301
lautlos 1076
Lautlosigkeit 1074
Lautsprecher 899
Lautstärke 876
lauwarm 877
lavieren 198
lax 641
Laxheit 1313
Lazarett 795
Lebemann 758
leben 827
vegetieren 392
sich ernähren von 429
gut leben 665
Leben 826
Schwung 1150
ans Leben gehen 310
am Leben bleiben 429
lebendig 828
anschaulich 63
Lebendigkeit 1150
Anschaulichkeit 491
Lebensabend 35
Lebensanschauung 289
Lebensanspruch 66
Lebensart 1405
Lebensaufgabe 1004
Lebensbedingungen 826
lebensbejahend 836
Lebensbejahung 975
Lebensdauer 473
Lebensdrang 826
Lebenserfahrung 425
Lebenserinnerung 826
lebensfähig 794
Lebensform 826
lebensfremd 716
Lebensfreude 975
lebensfroh 977
Lebensführung 826
Lebensfülle 826
lebensgefährlich 573
Lebensgefährte 330
Lebensgefühl 826
Zustand 1589
Lebensgeister 826
Lebensgenuß 540
Lebenshaltung 826
lebenshungrig 168
Lebenskampf 779
lebensklug 1419
reif 1055
Lebensklugheit 425
Lebenskraft 826
lebenskräftig 794
Lebenskunst 425
Lebenskünstler 597
Lebenslage 814
lebenslänglich 816
Lebenslauf 826
Lebenslust 975
lebenslustig 837
Lebensmittel 447
Lebensmorgen 743

lebensmüde 946
Lebensmut 975
lebensnah 63
Lebensnähe 491
Lebensphilosophie 425
Lebensrecht 1046
Lebensregel 659
Lebensreise 826
Lebensstandard 826
Lebensstil 826
Lebenstrieb 826
lebenstüchtig 478
Lebensüberdruß 1327
Lebensunterhalt 473
lebensverneinend 996
Lebensverneinung 1327
Lebensversicherung 1063
Lebensvertrauen 975
lebensvoll 794
Lebenswandel 1405
Lebensweg 826
Lebensweise 826
Lebensweisheit 425
  Maxime 292
lebenswichtig 955
Lebenswille 66
Lebenswünsche 66
Lebenszeit 473
Lebensziel 1573
Lebewelt 1518
Lebewohl 395
lebhaft 828
Lebhaftigkeit 1150
leblos 1258
  mechanisch 881
  stumpf 1223
lechzen 167
leck 208
Leck 972
lecken 1572
  auslaufen 831
lecker 792
Leckerbissen 793
Leckerei 793
leckerhaft 168
Leckermaul 597
ledern 1557
  langweilig 820
ledig 367
  frei 534
lediglich 251
leer 829
leer ausgehen 830
Leere 944
leeren 831
Leergut 173
Leerlauf 1302
leerstehend 829
Leerung 831
legal 623
legalisieren 979
Legalität 980
Legat 422
  Gesandter 302
legen, sich 1101
legendär 1338
Legende 284
  Bildunterschrift 436
leger 524
legieren 892
Legierung 893
Legion 885
Legislative 867
legitim 623
Legitimation 220
legitimieren 438
  sich legitimieren 140
legitimiert 199
Legitimität 980
lehmig 1117
Lehne 668
  Abhang 4
Lehrauftrag 1072
Lehrbuch 832
Lehre 833
  Lehre ziehen 1436
  Lehre erteilen 435
  zur Lehre dienen 202
lehren 834
Lehrer 835
lehrhaft 186
Lehrjahre 833
Lehrling 1135
Lehrmeinung 833
lehrreich 186
Lehrsatz 833
Leib 787
  auf den Leib geschrieben 414
leibeigen 1048
Leibeigener 1048
Leibeigenschaft 575
Leibesübung 779
Leibesvisitation 529
Leibgericht 1175
leibhaftig 994
  greifbar 828
leiblich 982
  irdisch 1396
  sinnlich 1162
Leiblichkeit 1238
Leibspeise 1175
Leibwächter 1507
Leichenbegängnis 181
leichenblaß 494
Leichnam 787
leicht 836
leichtnehmen 837
leicht tun (sich) 780
leichtblütig 836
leichtfaßlich 1434
leichtfertig 837
Leichtfertigkeit 837
Leichtfuß 1393
  Verschwender 597
leichtfüßig 836
Leichtgewicht 836
leichtgläubig 343
Leichtgläubigkeit 344
leichtherzig 836
Leichtigkeit 836
leichtlebig 837
Leichtlebigkeit 836
Leichtsinn 837
leichtsinnig 837
Leid 1112
leid 1083
leid sein 819
leid werden 152
leid tun 1244
Leiden 796
  Unglück 1322
leiden 838
leidend 839
  unglücklich 1323
Leidender 87
  Opfer 974
Leidenschaft 454
  Liebesglut 851
leidenschaftlich 684
Leidenschaftlichkeit 685
leidenschaftslos 747
  sachlich 1078
Leidensgenosse 974
Leidensweg 1322
leider 840
leidig 1303
leidlich 877
leidtragend 1323

Leidwesen, zu meinem 840
leidvoll 1323
leiern 1161
leihen 254
leihweise 841
Leim 162
auf den Leim gehen 1096
leise 842
Leisetreter 230
leisten (sich) 843
Leistung 844
leistungsfähig 478
kräftig 794
Leistungsfähigkeit 867
Leistungssport 779
Leitartikler 204
Leitbild 713
leiten 554
erziehen 834
Leiter 107
Chef 556
Leitfaden 832
Leitgedanke 680
Tendenz 1248
Leitlinie 680
Leitplanke 1127
Leitstern 713
Führer 556
Leitung 845
Lektion 833
Lektion erteilen 435
Lektüre 265
lenkbar 237
gefügig 585
Lenkbarkeit 584
lenken 554
steuern 1200
Lenker 556
Lenkrad 845
Lenz 552
lenzen 415
lernbar 1434
Lernbegierde 731
lernbegierig 733
lernen 846
von jemand lernen 720
lernfähig 728
Lernfähigkeit 1433
Lesart 1366
lesbar 770
lesen 847
ernten 451
lesenswert 730
Leser 807
Abonnent 806
Leserschaft 806
Lesestoff 265
Lesung 1486
Lethargie 1340
lethargisch 1223
Lettern 1129
letzte, der 1109
letzthin 812
letztklassig 1106
letztlich 387
Leuchte 849
Berühmtheit 475
leuchten 1095
leuchtend 690
Leuchter 849
leugnen 848
Leumund 589
Leute, die 886
leutescheu 357
Leuteschinder 556
leutselig 691
Leutseligkeit 650
Lexikon 832
liberal 534
demokratisch 655
Liberaler 752
liberalisieren 966
Libero 1449
Licht 849
großes Licht 475
ans Licht bringen 966
Lichtbild 243
Lichtblick 461
lichtecht 286
lichten 811
sich lichten 922
Anker lichten 394
Lichter 786
lichtlos 318
Lichtlosigkeit 319
Lichtquelle 849
lichtscheu 1597
Lichtung 972
Wald 1501
lichtvoll 690
lieb 850
liebäugeln 1060
Liebe 851
liebedienern 1110
liebeglühend 684
liebeleer 747
Liebelei 851
lieben 852
begehren 167
liebend 853
liebenswert 665
liebenswürdig 543
Liebenswürdigkeit 396
Liebesbezeigung 851
Liebesbund 851
Liebesdienst 396
Liebeserklärung 1523
Liebesgabe 974
Liebesglut 851
Liebeskummer 1322
Liebesmüh, verlorene 1302
Liebestätigkeit 888
liebestoll 1268
Liebeswerk 698
Liebeswut 1267
liebevoll 853
liebgewinnen 852
liebgeworden 850
liebhaben 852
Liebhaber 542
Liebhaberei 1353
Hobby 1175
liebkosen 852
Liebkosung 851
lieblich 59
Liebling 649
Freund 542
lieblos 747
Lieblosigkeit 1313
liebreich 853
Liebreiz 58
liebreizend 59
Lied 612
Liederjan 1393
liederlich 1332
unanständig 1304
Liederlichkeit 1333
Unmoral 1107
Liedermacher 283
liedhaft 676
Lieferant 1284
lieferbar 1475
liefern 1098
Lieferung 1262
Quantum 1029
Folge 521
Liegemöbel 815

liegen 1101
  krank sein 838
  gelegen sein 163
liegen an 55
liegenbleiben 5
  ausschlafen 431
liegenlassen 1401
  links liegenlassen 1118
Lift 482
  Transportkiste 173
Liga 590
liieren, sich 1374
liiert 1382
Liliputaner 774
lind 890
lindern 174
lindernd 627
Linderung 878
linear 1328
Linie 854
  in erster Linie 214
linkisch 1010
links 855
Liquidation 147
  Rechnung 66
liquidieren 95
  quittieren 219
List 1239
Liste 1460
listig 1105
Listigkeit 616
literarisch 1011
Literat 465
Literatur 1130
  Schriftwerke 284
live 1328
Livree 773
Lizenz 1046
lizenzieren 438
Lob 856
Lobby 935
  Interessenvertretung 590
Lobbyist 1449
loben 857
  auszeichnen 141
lobend 664
lobenswert 1387
Lobhudelei 856
lobhudeln 1110
löblich 1387
lobpreisen 857
Loch 972
  Vertiefung 1441
lochen 971
löchern 971
  stören 1209
löchrig 208
Locken 786
locken 1060
lockend 81
locker 859
  leichtfertig 837
lockerlassen 822
  nicht lockerlassen 176
lockern (sich) 860
Lockerung 535
lockig 801
Lockvogel 777
lodern 261
lodernd 828
Loggia 935
logieren 827
Logik 1433
logisch 1419
Lohn 408
  Einnahme 1386
lohnen 1399
  bezahlen 240
  sich lohnen 958
löhnen 240
lohnend 959
lokal 485
  begrenzt 1247
Lokal 1041
  Restaurant 565
Lokalbahn 482
lokalisieren 701
  feststellen 508
Lorbeer 856
Los 1099
los 1489
  befreit 534
  verloren 1511
lösbar 906
löschen 858
  leeren 831
  beseitigen 211
Löschung 831
lose 859
losen 1177
lösen (sich) 860
  trennen 1265
  befreien 164
  herabfallen 5
lösend 627
losgeben 164
losgehen 394
Loskauf 408
  Befreiung 535
loskaufen (sich) 164
  entschädigen 407
loslegen 40
löslich 1396
loslösen, sich 1265
Loslösung 1266
  Befreiung 535
losmachen 164
losreißen, sich 1265
lossagen, sich 1265
losschlagen 1409
  angreifen 47
lossprechen 401
Lossprechung 535
Lösung 559
  Trennung 1266
Losung 761
  Kot 15
loswerden 164
Lot, im 978
loten 508
löten 162
  reparieren 448
lotrecht 604
Lotse 556
lotsen 554
Lotterie 1348
Lotterwirtschaft 1333
Lotung 509
Löwenanteil 885
loyal 1594
Loyalität 507
Lücke 972
  Fehler 497
  offene Stelle 920
Lückenbüßer 1449
lückenhaft 1354
Lückenhaftigkeit 1353
lückenlos 564
ludern 500
Luft 861
Luft holen 827
  Anlauf nehmen 409
  Luft schnappen 431
luftdicht 296
lüften 861
Luftgebilde 1239
luftig 862
Luftikus 758
Luftlinie 1328

Luftschicht 569
Luftschiff 482
Luftschloß 719
Luftspiegelung 1239
Lüftung 861
Luftwege 646
Lüge 863
lügen 864
Lügen strafen 462
Lügner 230
lügenhaft 1358
Luke 972
lukrativ 959
Lukull 597
lukullisch 598
Lümmel 652
lümmelhaft 532
lümmeln 431
Lump 1136
Lumpen 4
Lumperei 1384
lumpig 208
  geizig 1171
Lunte riechen 1499
Lupe 455
  unter die Lupe
    nehmen 526
Lust 865
Lust haben 905
Lustbarkeit 1346
Lüste 1410
Lüster 849
lüstern 1268
Lüsternheit 1267
lustig 686
Lustigkeit 540
Lüstling 1393
lustlos 946
Lustlosigkeit 1327
Lustspiel 1482
lutschen 1572
luxuriös 1293
  verfeinert 68
Luxus 109
Luzifer 502
lynchen 1259
Lynchjustiz 300
Lyrik 284
Lyriker 465
lyrisch 676
  gefühlvoll 379

M

Machart 523
machbar 906
Mache 866
machen 1422
  sich machen 631
Machenschaft 866
Macher 556
Machination 866
Macht 867
Macht ausüben 554
Machtbereich 569
Machtbesessenheit 1155
Machtbewußtsein 1208
Machtgefühl 1208
Machtgier 1155
Machthaber 556
machthaberisch 1537
mächtig 868
Mächtigkeit 867
machtlos 1140
  hilflos 700
Machtlosigkeit 445
Machtpolitik 300
Machtprobe 1437
Machtspruch 160
Machtstreben 300
machtvoll 868
Machtvollkommenheit 867
Machtwahn 1155
Machtwort 160
  ein Machtwort sprechen 409
Machwerk 766
Macke 497
  Tick 335
Mädchen 531
  Hausgehilfin 46
mädchenhaft 1057
Mädchenhaftigkeit 1515
  Reinheit 1058
Mädchenjäger 1393
madig 1106
madig machen 403
Magazin 815
  Zeitschrift 899
magazinieren 1081
Magd 46
Magen liegen, im 184
mager 321
Magerkeit 854
Magie 1561
Magier 1018
magisch 318
Magister 835
magisterhaft 186
Magistrat 179
Magnet 869
  Köder 777
magnetisch 79
Magnetismus 1542
  Zauber 1561
Mahd 1082
mähen 451
Mäher 149
Mahl 870
mahlen 1566
Mahlzeiten 870
mahnen 871
  warnen 310
Mähne 786
Mahner 1018
Mahnmal 434
Mahnung 872
mähren 1142
Majestät 1554
majestätisch 724
majorenn 1055
majorisieren 1601
makaber 318
Makel 497
Mäkelei 799
mäkelig 24
makellos 1469
Makellosigkeit 1058
mäkeln 1233
Make up 997
Makler 1449
Mäkler 800
Makrokosmos 1518
Makulatur 4
Mal 1562
  Denkmal 434
Malaise 954
maledeien 519
malen 282
  anstreichen 492
  sich malen 1026
  den Teufel an die Wand malen 310
Maler 465
  Anstreicher 492
Malerei 243
malerisch 686
Malice 1179
maliziös 1181
malnehmen 1558
malträtieren 992
Mammon 212
Mammonsdienst 1172
Mammonsknecht 587
Mamsell 46
Management 845
managen 983
  veranlassen 1367
Manager 1449
manche 1465
manches 1464
manchmal 1487
Mandant 806
Mandat 108
Manege 1043

Mangel 954
Fehler 497
mangelhaft 1354
mangeln 496
glätten 436
mangels 1511
Manie 796
Manier 90
Stil 1202
Pose 866
Manieren 1405
gute Manieren 91
manieriert 1330
Manieriertheit 866
manierlich 259
Manierlichkeit 91
manifest 770
Manifest 899
Manifestation 967
manifestieren 966
Manipulation 866
manipulieren 194
beeinflussen 159
manisch 1423
Manko 497
Mann 873
Ehepartner 330
Mann bringen, an den 1409
verheiraten 1407
Mann für Mann 29
Mann, wie ein 29
Manna 793
mannbar 1055
Mannequin 283
Mannesmut 912
Manneswort 1431
mannhaft 1235
Mannhaftigkeit 507
Mut 912
mannigfach 1428
männlich 873
Männlichkeit 912
Mannschaft 661
mannstoll 1268
Mannweib 874
Zwitter 893
Manöver 866
manövrieren 1438
berechnen 198
Mantel 773
Manual 1460
manuell 674
Manuskript 951
Original 984
Mappe 173
Märchen 284
Lüge 863
märchenhaft 1363
schön 1121
utopisch 1363
Märchenland 988
Marge 1386
Spielraum 1041
Marginalie 428
Marinade 429
marinieren 429
mariniert 286
Marionette 1525
Geschöpf 53
Mark 470
markant 273
Marke 761
Qualität 1028
markieren 762
so tun 1483
Markierung 761
markig 794
marklos 1140
Marklosigkeit 445
Markstein 1519
Markt 875
Marktanalyse 527
markten 673
Marktflecken 949
marktgängig 563
Marktschreier 1522
marktschreierisch 1540
laut 825
marmorn 677
starr 1191
marode 839
Marotte 1204
Marsch 481
den Marsch blasen 1100
marsch! 1489
marschieren 1503
fortschreiten 1196
Marter 1112
martern 992
schmerzen 1113
marternd 1027
martialisch 684
Märtyrer 974
Martyrium 1112
Leiden 796
Masche 866
Maschine 605
maschinell 881
Maschinerie 605
Maske 1239
die Maske fallen lassen 252
die Maske herunterreißen 252
maskenhaft 1191
Maskerade 1239
maskieren 1371
maskiert 1444
maskulin 873
Maskulinum 873
masochistisch 1330
Maß 876
Massaker 750
Masse 885
Materie 1206
die große Masse 233
massenhaft 1464
Massenmedien, die 899
Massenwahn 719
maßgebend 1590
maßhalten 178
massieren 1053
häufen 1081
massig 297
viel 1464
Massigkeit 557
mäßig 877
mäßigen 205
sich mäßigen 178
bremsen 701
Mäßigkeit 876
Mäßigung 878
massiv 324
rein 1057
dauerhaft 286
Massiv 203
maßlos 879
Maßlosigkeit 1290
Maßnahme 880
maßnehmen 1472
Maßregel 880
maßregeln 1233
Maßregelung 1232
Maßstab 876
maßstäblich 414
maßvoll 877
Mast 668
mästen 560
Mästung 447

Matador 635
Stierkämpfer 752
Material 1206
materialgerecht 674
Materialist 597
Materialismus 1172
materialistisch 1156
Materie 1206
materiell 1156
stofflich 1539
Matratze 815
Mätresse 1393
Matsch 1116
matschig 1117
matt 908
klanglos 317
glanzlos 1223
Matte 1250
mattherzig 641
Mattigkeit 445
„Mattscheibe“ 26
mattsetzen 631
Maturum 1021
Mätzchen 866
Mauer 1137
Mauerblümchen 944
Mauerkrone 635
mauern 464
verteidigen 1138
Maul 972
das Maul stopfen 1100
maulen 1277
maulfaul 1146
Maulheld 1143
Maulkorb 312
maunzen 769
mausern, sich 419
mausig machen, sich 1292
Mausoleum 181
maximal 1154
Maxime 292
Maximum 635
Mäzen 807
mechanisch 881
mechanisieren 882
vereinfachen 1391
Mechanisierung 1391
Mechanismus 605
meckern 1233
Meckerer 800
Medikament 900
medioker 877
Meditation 916
meditieren 290
Medium 1206
Träger okk. Fähigkeiten 1449
Medizin 479
Medikament 900
Mediziner 475
Meer 1508
Meeting 1264
Megäre 300
mehlig 1567
mehr 1584
mehrdeutig 1597
mehren 683
sich mehren 1453
mehrere 1465
mehrerlei 1464
mehrfach 973
Mehrheit 885
mehrstimmig 1428
Mehrung 1197
meiden 515
schneiden 1118
Meineid 863
meineidig 1358
meineidig werden 864
meinen 638
Meinigen, die 681
meinetwegen 1593
meinetwillen, um 1593
Meinung 883
die öffentliche Meinung 590
Meinungsaustausch 218
Meinungsforschung 527
Meinungsverschiedenheit 1216
meißeln 626
meistens 884
Meister 475
Lehrmeister 835
meisterhaft 1469
Meisterleistung 844
meistern 780
Meisterschaft 635
Meisterstreich 426
Meisterwerk 844
Melancholie 1327
melancholisch 1323
melden 897
anzeigen 769
melden, sich 1563
Melder 1284
Meldung 899
Anzeige 768
Rapport 1045
meliert 591
ergraut 34
Melodie 612
melodisch 676
melodramatisch 1293
Memento 872
Memoiren 434
Memorandum 1410
memorieren 846
Menagerie 135
Menetekel 872
Drohung 311
Menge 885
mengen 892
Mensch 886
Menschenalter 1564
Menschenfeind 502
menschenfeindlich 503
Menschenfreund 689
menschenfreundlich 887
gesellig 620
Menschenfreundlichkeit 888
Menschenfurcht 1587
Menschengeschlecht 886
Menschenkenner 302
Menschenkenntnis 425
Menschenkreis 661
menschenleer 1534
einsam 357
Menschenliebe 888
menschenliebend 887
Menschenlos 1099
Menschenmenge 885
Menschenrecht 1046
Menschenscheu 1587
menschenscheu 357
weltflüchtig 1586
Menschenschlag 90
Menschentum 805
Menschenverstand, gesunder 1433
Menschenwürde 1046
menschenwürdig 889
Menschheit, die 886
menschlich 889
Menschlichkeit 888
Humanität 805
Mensur 750
mental 1419
Mentalität 289

Mentor 556
merkantil 613
merkbar 1187
Merkblatt 436
Merkbuch 434
merken 1499
sich merken 433
merken lassen 129
Merkfähigkeit 434
merklich 1187
Merkmal 761
merkwürdig 93
Merkwürdigkeit 335
Merkzeichen 434
Mesner 1507
Messe 875
Gottesdienst 765
messen 508
sich mit jem. 751
messerscharf 593
Messung 1402
metallen 677
Metamorphose 1366
Metapher 1562
Metaphysik 319
metaphysisch 1352
Meteor 849
Methode 1231
methodisch 1006
Metier 82
meucheln 1259
meuchlings 256
Meute 661
Meuterei 1067
meutern 1277
mickrig 321
Mieder 312
Mief 1383
Miene 624
Mienenspiel 116
mies 946
miesepetrig 946
miesmachen 403
Miesmacherei 1327
Miesmacher 995
Miete 408
mieten 1159
chartern 73
Mieter 915
Miethaus 681
Mietling 53
Mikroben 796
Mikrofon 899
Mikroskop 455
mikroskopisch 774
milchig 318
Milchmädchenrechnung 719
Milchstraße 849
mild 890
Milde 891
mildern 205
lindern 174
Milderung 878
mildtätig 887
Mildtätigkeit 888
Milieu 1035
milieugeschädigt 839
militant 684
Militär 752
militärisch 1235
streng 1218
Militarisierung 880
militarisieren 1189
militaristisch 684
Mime 283
mimen 282
vortauschen 1483
Mimik 116
Mimikry 1359
mimisch 1146
Mimose 383
mimosenhaft 383
minder 10
Minderheit 775
minderjährig 1335
mindern 1086
Minderung 1069
minderwertig 1106
Minderwertigkeit 1107
Minderwertigkeitsgefühl 1412
mindestens 1154
Mindestmaß 956
Mine 802
Minne 851
Minnesänger 758
Minus 497
Minute 1564
minuziös 593
Mirakel 1561
mischen 892
Mischling 893
Mischung 893
miserabel 1106
elend 376
Misere 954
mißachten 894
Mißachtung 895
mißbeschaffen 801
häßlich 679
Mißbehagen 1327
Mißbildung 497
mißbilligen 1233
mißbilligend 24
Mißbilligung 1232
Mißbrauch 122
mißbrauchen 896
mißbräuchlich 486
mißdeuten 738
Mißdeutung 497
Mißerfolg 947
Mißernte 954
Missetat 1334
Missetäter 1380
Mißfallen 11
mißfallen 372
mißfällig 24
Mißgeburt 679
Mißgeschick 1322
mißgestaltet 801
häßlich 679
mißgestimmt 946
mißglücken 1096
mißglückt 1106
mißgönnen 937
Mißgriff 497
Mißgunst 487
mißgünstig 486
mißhandeln 992
Mißhandlung 1107
Mißhelligkeit 1216
Mission 108
missionieren 871
Mißklang 1216
Mißkredit 1085
Mißkredit, geraten in 1415
mißlich 1303
ungünstig 1324
Mißlichkeit 954
mißliebig 1303
mißlingen 1096
Mißlingen 1085
mißlungen 1302
verpatzt 1106
Mißmut 1327
mißmutig 946
Mißstand 1334
Notlage 954
Mißstimmung 1327
Mißton 1216

mißtönig 679
mißtrauen 1598
Mißtrauen 1596
mißtrauisch 1480
Mißvergnügen 85
mißvergnügt 1357
mißverständlich 1352
Mißverständnis 497
mißverstehen 738
Mist 15
Blödsinn 316
misten 1084
mit 361
Mitarbeit 1243
Hilfe 698
mitarbeiten 1244
helfen 688
Mitarbeiter 689
Mitarbeiterstab 204
mitbekommen 1436
erhalten 429
mitbestimmen 1244
Mitbestimmung 1243
mitbeteiligt 1245
Mitbewerber 502
mitbringen 567
vorstellen 1481
haben 666
Mitbringsel 561
Mitbewohner 915
Mitbürger 915
miteinander 1588
miterleben 1244
Mitfahrer 1246
mitfühlen 1244
mitfühlend 1245
mitgeben 567
Mitgefühl 1243
mitgehen 522
mitgenommen 208
elend 376
mitgerechnet 361
Mitgift 134
Mitgiftjäger 2
Mitglied 1246
Mitgliedschaft 1243
Mitglied werden 1374
mithin 33
mitkommen 522
begreifen 1436
nicht mitkommen 1425
mitlaufen 198
Mitläufer 1246
Mitleid 1243
Mitleid erregen 987
Mitleid fühlen 1244
mitleiden 1244
mitleiderregend 1323
Mitleidenschaft ziehen, in 1086
mitleidig 1245
mitleidlos 677
Mitleidlosigkeit 1107
mitmachen 1244
helfen 688
Mitmensch 915
mitmenschlich 887
Mitmenschlichkeit 888
mitnehmen 170
stehlen 936
strapazieren 1379
mitnichten 939
mitrechnen 1558
mitreißen 169
wegschwemmen 1289
mitreißend 1540
mitschicken 427
Mitschuldiger 1246
mitschwingen 1436
mitspielen, übel 992
Mitspieler 1246
mitstenographieren 1129
Mittag 902
Mittagessen 870
mittäglich 1504
Mittagstisch 447
Mitte 902
mitteilen 897
schenken 567
mitteilsam 898
Mitteilsamkeit 968
Mitteilung 899
Mittel 900
Geld 212
Mittel und Wege 900
mittelbar 901
Mittelding 893
Mittelklasse 233
mittellos 87
Mittellosigkeit 954
Mittelmaß 1049
mittelmäßig 877
Mittelpunkt 902
Hauptsache 680
mittels 901
Mittelstreifen 1127
Mittelweg 1049
mittendrin 902
Mittler 1449
mittlerweile 1497
mittrauern 1244
mittun 1244
mitunter 1487
mitwirken 1244
helfen 688
Mitwirkende 1246
Darsteller 283
Mitwirkung 698
Mitwisser 1246
Mixtum 893
Mixtur 893
Mob 625
Möbel 356
mobil 237
lebendig 828
Mobilien 212
mobilisieren 215
möblieren 355
Möblierung 356
Modalität 90
Mode 903
Modell 523
Kreation 1125
modellieren 626
modeln 626
Modenarr 1226
Modenärrin 929
Modenschau 135
Moder 1383
Moderator 1449
moderieren 1416
moderig 317
modern 904
modern (schimmeln) 1384
modernisieren 448
Modifikation 1366
modifizieren 1365
modisch 904
Modulation 1366
modulieren 1365
Modus 90
Modus finden 1457
Mogelei 1239
mogeln 229
mögen 905
dürfen 780
möglich 906
möglicherweise 906

Möglichkeit 907
möglichst 247
mokant 1181
mokieren, sich 1180
Molesten 85
mollig 1516
warm 1504
Moment 775
momentan 581
Monarch 556
Monatsschrift 899
Mönch 765
Mond gucken, in den 1415
mondän 1477
Mondgesicht 557
monieren 871
beanstanden 152
Monitor 605
Monitum 872
Monokel 455
Monolog 218
monoman 1156
Monomane 1156
Monopol 1046
monopolisieren 151
monoton 963
langweilig 820
Monotonie 964
Langweile 818
monströs 679
Monstrum 679
Montage 782
montieren 781
Montur 773
Monument 434
monumental 724
Moral 632
Nutzanwendung 1109
Tugend 1279
moralisch 70
moralisieren 871
Moralist 990
Sittenlehrer 835
Morast 1116
morbid 909
Mord 1334
morden 1259
Mörder 1380
mörderisch 264
sehr 1154
Mordgier 1107
Morgen 39
morgenfrisch 828
jung 744
Morgengabe 134
Morgengrauen 39
Morgenland 539
morsch 909
angeknaxt 208
morsen 897
Mörtel 162
Mosaik 893
Motiv 612
Stoff 579
Anlaß 656
motivieren 435
Motor 388
treibende Kraft 656
motorisieren 882
motorisiert 881
Motto 292
moussieren 1092
moussierend 61
Mucke 335
mucken 1277
Mucker 230
muckerisch 390
Muckertum 391
müde 908
überdrüssig 1083
Müdigkeit 445
Muffel 652
Verächter 995
muffig 317
unfreundlich 1325
Mühe 823
mühelos 836
mühen, sich 193
mühevoll 824
Mühewaltung 299
Mühsal 823
mühsam 824
mühselig 824
Mulde 1441
Müll 4
mulmig 573
multiplizieren 1558
Mumm 912
Mummenschanz 1239
Mumpitz 316
Mund 972
sich den Mund verbrennen 738
den Mund vollnehmen 1292
in der Leute Mund 441
Mündel 1139
mündelsicher 1158
munden 574
münden 385
einmünden 1263
mundfaul 1146
Mundfaulheit 1587
mundfertig 200
mundgerecht 506
mundgerecht machen 1372
mündig 1055
Mündigkeit 425
mündlich 1328
mundtot machen 1103
Mündung 1109
Mundvorrat 447
Munition 802
munter 828
heiter 686
Munterkeit 540
Münze 212
in kleiner Münze 817
mürbe 909
zermürbt 908
Murks 1353
murksen 1000
murmeln 520
gluckern 1257
murren 1277
mürrisch 946
Muse 689
leichte Muse 1482
Museum 1082
Musical 1482
Musik 479
musikalisch 804
Musiker 465
musisch 804
musizieren 1177
muskulös 794
Muß 956
Muße 537
müssen 910
müßig 1339
grundlos 658
Müßiggang 1340
müßiggehen 500
Muster 911
Vorbild 713
Beispiel 182
musterhaft 1469

mustern 911
betrachten 65
prüfen 1020
ansehen 65
Musterung 911
Auswahl 137
Tauglichkeitsprüfung 1021
Mut 912
mutieren 1365
mutig 1235
mutlos 51
niedergeschlagen 946
Mutlosigkeit 1327
mutmaßen 1418
mutmaßlich 64
Mutmaßung 883
Mutprobe 1348
Mutter 330
Mutter Natur 932
mütterlich 887
Mütterlichkeit 1515
Liebe 851
Mutterschaft 1515
Mutterschoß 1030
mutterseelenallein 357
Mutterwitz 1433
Mutwille 540
mutwillig 686
absichtlich 13
mysteriös 1352
Mysterium 529
Mystifikation 1239
Mystik 1062
Mystiker 1062
mystisch 318
Mythos 284

N

Nabel 902
Nabelschnur 1375
Nabob 213
nach und nach 817
nachahmen 720
nachahmenswert 118
Nachahmer 913
Nachahmung 914
nacharbeiten 921
Nachbar 915
nachbarlich 543
  benachbart 924
Nachbarschaft 925
nachbeben 1538
nachbeten 720
nachbilden 720
Nachbildung 914
nachblicken 195
nachdem 1174
nachdenken 290
  sich vertiefen 1440
Nachdenken 916
nachdenklich 728
  besinnlich 1076
nachdenklich machen 871
Nachdenklichkeit 916
  Ruhe 1074
Nachdruck 917
  Vervielfältigung 1454
nachdrucken 720
  vervielfältigen 1453
nachdrücklich 918
nachdunkeln 320
nacheifern 522
nacheinander 817
Nacheinander 521
nachempfinden 1436
Nachen 482
Nachfahren 764
Nachfolge 422
nachfolgen 522
  fortsetzen 1392
  beerben 422
nachfolgend 919
Nachfolger 422
  Anwärter 75
  Jünger 1135
  Anhänger 53
nachformen 1
nachforschen 526
Nachforschung 529
Nachfrage 920
  Interesse 731
nachfragen 530
nachfühlen 1436
nachfüllen 558
nachgeben 583
  erlauben 438
  nichts nachgeben 1285
nachgeboren 1173
nachgehen 522
  einer Sache nachgehen 526
  zu schaffen machen 209
nachgeordnet 1306
nachgeraten 1285
Nachgeschmack 434
nachgiebig 1516
Nachgiebigkeit 396
  Elastizität 374
nachgießen 427
nachgrübeln 290
Nachhall 323
nachhallen 1257
nachhalten 1585
nachhaltend 503
nachhaltig 1540
nachhängen 1205
  denken 290
nach Hause gehen 308
nachhelfen 688
  drängen 305
nachher 1174
Nachhilfe 698
nachhinken 1461
nachholen 921
nachjagen 1392
nachjammern 202
Nachklang 434
nachklingen 433
Nachkomme 764
Nachkommen, die 1582
nachkommen 522
  verstehen 1436
Nachkommenschaft 764
Nachkömmling 764
Nachlaß 422
  Rabatt 1484
Nachlassen 1069
nachlassen 922
  vererben 1288
  besser werden 594
nachlässig 923
  unordentlich 1332
  unbesorgt 837
  formlos 524
Nachlässigkeit 1333
  Leichtfertigkeit 837
  Formlosigkeit 533
nachlaufen 522
  schmeicheln 1110
nachlesen 1532
  überprüfen 1020
nachliefern 427
Nachlieferung 428
nachmachen 720
Nachmacherei 914
nachmalig 1174
nachmessen 1020
Nachmessung 1402

nachplappern 720
nachprüfen 1020
Nachprüfung 1021
Nachrede 609
 üble Nachrede 609
nachrechnen 1020
nachrennen 522
 verfolgen 1392
Nachricht 899
Nachricht geben 897
Nachricht, schlechte 1322
Nachrichtenübermittlung 899
nachrücken 522
 beerben 422
Nachruf 434
Nachruhm 434
nachrühmen 857
nachsagen 1413
 Gutes nachsagen 857
nachschaffend 1318
nachschicken 427
nachschlagen 1228
 nachgeraten 1285
Nachschlagewerk 832
nachschöpferisch 1318
nachschwätzen 720
nachsehen 1020
 beobachten 195
 entschuldigen 411
 das Nachsehen haben 1086
nachsenden 427
Nachsendung 428
nachsetzen 1392
Nachsicht 571
Nachsicht üben 411
nachsichtig 572
nachsinnen 290
Nachspeise 870
Nachspiel 521
nachspionieren 195
Nächste, der 915
nachstehen, jem. 1086
nachstehen, nicht 1285
nachsteigen 1060
nachstellen 1392
Nächstenliebe 1547
nächstens 144
nächstmöglich 339
nachstreben 522
Nacht 319
 Tag und Nacht 721
 über Nacht 1355
Nachteil 1085
nachteilig 1324
nachten 320
Nachtessen 870
 zu Nacht essen 469
nächtigen 223
nächtens 318
Nachtisch 870
nächtlich 318
nächtlicherweile 318
Nachtquartier 1137
Nachtrag 428
nachtragen 1585
nachtragend 503
nachtragend, nicht 572
nachträglich 1173
nachtrauern 769
Nachtruhe 432
nachts 318
Nachtschwärmer 758
Nachtseite 1070
nachtun 720
Nachtwache 1507
Nachtwächter 1507
 Niete 1426
nachtwandlerisch 736
nachwachsen 427
Nachwehen 521
Nachweis 220
nachweisen 1563
nachweislich 1158
Nachwelt 1582
nachwiegen 1020
nachwirken 1538
Nachwirkung 1542
Nachwort 428
Nachwuchs 422
nachzahlen 427
Nachzahlung 428
nachzählen 1020
nachzeichnen 1453
nachziehen 522
 nach sich ziehen 1367
 verstärken 683
nachzittern 1538
nachzotteln 1461
Nachzügler 1462
Nacken 646
 den Nacken steifen 446
 den Nacken steif halten 176
Nackenschlag 1310
nackt 251
nacktbeinig 251
Nacktheit 251
Nadel 162
 auf Nadeln sitzen 1336
Nadelgeld 561
Nadelstich 1179
Nagel 162
 den Nagel auf den Kopf treffen 1263
Nägel mit Köpfen machen 322
nageln 162
Nägeln brennen, auf den 338
nagelneu 942
Nagelprobe 220
nagen 469
 am Hungertuch 392
nagend 1027
nah 924
 lieb 850
nah und fern 1282
nahbringen 435
Nähe 925
nahegehen 987
nahelegen 705
naheliegend 1434
nähen 1422
Näherei 671
näherkommen (sich) 926
nähern (sich) 926
nahestehend 850
 nahe stehend 924
nahe treten, zu 74
nahezu 1319
Nährboden 657
nähren 560
 sich nähren 469
nährend 927
nahrhaft 927
Nährmutter 455
Nährstand 149
Nahrung 447
Nahrungsmittel 447
Nahrungssorgen 954
Nährwert 1524
nahtlos 564
 vollkommen 1469
naiv 343
Naivität 344
Naivling 929

Name 761
guter Name 331
Namen machen, sich einen 1196
namenlos 1308
unendlich 130
Namenlosigkeit 944
Namenserbe 764
namentlich 214
namhaft 183
nämlich 928
Napf 576
Narbe 1552
narbig 1040
Narkose 1313
Narkotikum 900
narkotisch 1275
narkotisieren 360
Narr 929
narren 1180
Narrenfreiheit 535
Narrenhaus 795
Narretei 316
Narrheit 1215
närrisch 1423
heiter 686
Narzißmus 370
narzißtisch 1156
Narzißt 1156
naschen 469
kosten 791
Näscherei 793
naschhaft 168
Naschhaftigkeit 1410
Naschkatze 597
Naschwerk 793
Nase 786
Geruchssinn 1500
Nase, feine 380
an der Nase herumführen 1180
die Nase hineinstecken 342
die Nase rümpfen 894
Nasenlänge 775
Nasenstüber 1102
naseweis 1491
neugierig 733
naslang, alle 973
naß 930
Naß 1508
nassauern 692
Nässe 1508
nässen 510
regnen 1052
absondern 14
näßlich 930
Nation 931
national 253
nationalisieren 101
Nationalisierung 100
Nationalist 715
nationalistisch 390
Nationalismus 391
Nationalität 931
Natur 932
Charakter 272
nach der Natur 933
Naturalien 447
naturalisieren 101
Naturalisierung 100
naturalistisch 933
Naturell 272
Naturereignis 1322
Naturfreund 1059
naturgemäß 933
Naturkatastrophe 1322
natürlich 933
sicherlich 1158
gern 611
Natürlichkeit 344
Naturnähe 344
naturrein 1057
Naturtrieb 1267
naturverbunden 933
Naturverbundenheit 344
naturwidrig 1330
Naturzustand 344
Nebel 276
nebelhaft 1352
nebelig 318
neben 924
Nebenabsicht 903
nebenan 924
Nebenausgabe 109
nebenbei 1487
beiläufig 934
Nebenbuhler 502
Nebenbuhlerschaft 779
nebeneinander 924
Nebeneinander 925
Nebenfluß 428
nebenher 1487
nebenliegend 924
Nebenmensch 915
Nebenräume 935
Nebenrolle 284
Nebensache 775
nebensächlich 1306
Nebenstelle 1599
Nebenverdienst 428
Nebenweg 22
Nebenwirkung 428
Nebenzweck 703
nebst 92
nebulos 1352
necken 1180
neckend 1181
Neckerei 1179
neckisch 315
kokett 369
Negation 25
Negativ 1349
negativ 24
negieren 23
nehmen 936
kaufen 755
ins Gebet nehmen 1100
in die Hand nehmen 1347
auf sich nehmen 404
Nehrung 325
Neid 487
neiden 937
Neider 587
neidisch 486
neidlos 655
Neidlosigkeit 888
Neige 1064
zur Neige gehen 385
bis zur Neige 564
neigen, sich 232
abfallen 5
neigen zu 905
Neigung 938
Gefälle 4
Liebe 851
Nein 25
Veto 1527
nein 939
Neinsager 995
Nekrolog 434
Nekropole 181
Nemesis 1400
nennen 940
das Kind beim Namen nennen 295
nennenswert, nicht 775
Nennung 761
Nepotismus 866

neppen 229
Nepperei 1239
Nerv 680
  auf die Nerven gehen 1060
  die Nerven verlieren 1425
nerven 1060
Nervenbündel 383
Nervenklinik 795
Nervenprobe 1021
Nervensäge 1210
nervenzermürbend 104
Nervenzusammenbruch 1424
nervig 794
nervös 1336
  feinnervig 383
  schwachnervig 1140
  ungeduldig 339
nervös machen 86
nervös sein 1336
Nervosität 49
  Reizbarkeit 384
  Ungeduld 337
Nesseln setzen, sich in die 1086
Nest 681
Nesthäkchen 764
Nestor 35
Nestwärme 1137
  Elternliebe 851
nett 941
Nettigkeit 396
  Kompliment 662
Netz 702
  ins Netz gehen 1096
Netzwerk 1206
neu 942
  von neuem 1531
Neubeginn 1067
neubelebt 942
Neubelebung 1067
Neubildung 943
Neudruck 1533
neuerdings 812
Neuerer 752
Neuerscheinung 943
Neuerung 1067
Neufassung 449
neugeboren 942
Neugeburt 1067
  Erholung 432
neugestalten 448
Neugestaltung 449
  Umwälzung 1067
Neugier 731
neugierig 733
Neuheit 943
Neuigkeit 899
Neuigkeitskrämer 1143
Neuland 1067
neulich 812
Neuling 1135
neumodisch 904
Neuordnung 1067
Neuorientierung 1067
Neuregelung 1067
Neureicher 1143
Neutöner 752
neutral 494
  unparteiisch 641
neutralisieren 205
Neutralität 1313
  Farblosigkeit 494
  Gleichgültigkeit 1313
Neutrum 494
Neuzeit 580
neuzeitlich 904
Nichtachtung 895
nichtig 1106
  nebensächlich 774
Nichtigkeit 775
nicht öffentlich 618
Nichts 944
nichts 945
nichtsahnend 1355
nichts dahinter 961
Nichtseßhafte 480
Nichtskönner 1426
Nichtsnutz 1426
nichtsnutzig 1106
Nichtsnutzigkeit 1107
nichtssagend 1306
Nichtstuer 1426
Nichtstun 1340
nichts tun 1427
  sich erholen 431
  faulenzen 1339
Nichtswisser 929
nichtswürdig 1106
Nichtswürdigkeit 1107
nicken 219
Nickerchen 432
nie 1329
niederbrennen 1569
niederdrücken 314
  entmutigen 403
niederdrückend 1323
niederfallen 484
Niedergang 1069
niedergebeugt 1323
niedergehen 948
niedergeschlagen 946
Niedergeschlagenheit 1327
niederhalten 314
  kleinhalten 1343
niederkämpfen 631
  entsagen 404
niederknien 484
  beten 225
niederkommen 566
Niederkunft 570
Niederlage 947
  Zweiggeschäft 1599
  Niederlage erleiden 1096
niederlassen, sich 948
Niederlassung 949
niederlegen (sich) 1101
  die Arbeit 123
  streiken 1209
  schriftlich 1129
  beenden 385
niedermachen 1259
niederreißen 1569
niederringen 631
niederschießen 1259
Niederschlag 950
  Wirkung 1542
niederschlagen 1103
  entmutigen 403
  ersticken 701
  besiegen 631
  sich niederschlagen 948
niederschlagsfrei 690
niederschmettern 403
niederschmetternd 1323
niederschreiben 1129
niederschreien 1103
Niederschrift 951
niederstrecken 1103
niederstürzen 484
Niedertracht 487
niederträchtig 256
Niederung 513
niederwerfen 631
Niederwerfung 421
niedlich 941

niedrig 774
elend 376
schlecht 1106
niedriger hängen 355
Niedrigkeit 1107
niedrigstehend 1306
Niemand 944
niemand 952
nieseln 1052
Nieselregen 950
Nießbrauch 122
nießbrauchen 596
Niete 1426
Nihilismus 1570
Nihilist 752
nihilistisch 996
Nimbus 1077
Heiligenschein 849
nimmermüde 514
Nimmersatt 597
nimmersatt 168
Nimmerwiedersehen, auf 1511
nippen 1269
versuchen 1438
Nippsachen 1025
nirgends 945
Nirwana 944
Jenseits 319
Nische 935
nisten 948
Niveau 1036
niveaulos 1306
Niveausenkung 1069
nivellieren 637
gleichmachen 1391
Nivellierung 119
Angleichung 1391
nobel 1477
freigebig 655
nobilitieren 332
Noblesse 505
noch 581
nochmals 1531
noch nicht 1174
Nomade 480
nomadenhaft 1336
nominieren 940
Nominierung 1494
Nonne 765
Non plus ultra 635
Nörgelei 799
nörgeln 1233
Nörgler 800
Norm 1049
Maß 876
normal 953
normalisieren 1391
Normalisierung 1390
normativ 1590
normen 508
vereinfachen 1391
Normung 1391
Norne 586
Not 954
in Not 87
Not leiden 392
not tun 496
Notabeln 233
Notanker 698
Notar 746
Notausgang 972
Notbehelf 455
Notbremse 699
Notdurft verrichten 14
notdürftig 1320
Note 899
notfalls 485
notgedrungen 955
Notgemeinschaft 590
Notgroschen 212
Hilfe 698
notieren 508
nötig 955
nötigen 305
nötig haben 258
Nötigung 312
Notiz 951
Merkzeichen 872
Notizbuch 434
Notizen machen 1129
Notlage 954
notleidend 87
Notleidender 87
Notleine ziehen 1510
Notlösung 455
Notlüge 412
notorisch 1158
Notruf 699
Notstand 954
Gefahr 311
notwendig 955
Notwendigkeit 956
Schicksal 1099
notwendigerweise 955
Notzeit 954
Notzucht 312
notzüchtigen 896
Novelle 284
Novize 1135
Novum 943
Nu, im 1119
Nuance 491
nuancieren 979
Nuancierung 491
nüchtern 1078
hungrig 168
Nüchternheit 1313
Null 944
null 945
null und nichtig 1106
Nullpunkt 1203
numerieren 762
Numerierung 761
Nummer 761
Größe 651
Darbietung 1369
Nummer, große 475
Nummer haben, eine 155
Nummer Sicher 575
auf Nummer Sicher gehen 102
nunmehr 581
nur 125
aber 3
nuscheln 1183
Nuß, harte 1412
Nuß, taube 1426
Nutzanwendung 1109
Nutzbarkeit 957
nutzbarmachen 194
nutzbringend 959
nütze 959
zu nichts nütze 1331
Nutzen 957
Vorteil 1484
nutzen 958
genießen 596
benutzen 194
nützen 958
nützlich 959
Nützlichkeit 957
nutzlos 1331
Nutzlosigkeit 1302
nutznießen 596
Nutznießer 649
Nutzung 122
Nutzungsrecht 122
Nymphe 586

O

Oase 668
ob, so tun als 1483
Obacht 1167
Obacht geben 102
Obdach 1137
obdachlos 307
obdachlos sein 1503
Obdachlose 480
oben 706
  von oben herab 691
  von oben bis unten 564
obenan 1476
obenanstellen 234
obenauf 706
  heiter 686
obendrein 92
obenhin 934
  flüchtig 923
Ober 46
Oberaufsicht 845
Oberfläche 960
oberflächlich 961
Oberflächlichkeit 1353
oberhalb 706
Oberhand haben, die 631
  führen 554
Oberhaupt 556
Oberherrschaft 845
Oberin 765
Oberschicht 233
Oberseite 1473
Oberstübchen 786
Oberwasser haben 631
obgleich 962
Obhut 1137
  Fürsorge 997
Objekt 579
objektiv 1078
objektivieren 1108
Objektivität 608
obliegen 910
Obliegenheit 82
  Pflicht 999
obligat 955
obligatorisch 623
Obligo 270
  ohne Obligo 965
Obmann 556
Obrigkeit 179
obskur 1597
Obskurant 1044
obsolet 1364
obstinat 1278
Obstruktion 1527
obszön 1304
Obszönität 1116
Obulus 974
obwaltend 555
Odaliske 1393
Öde 964
  Langeweile 818
öde 963
öden, sich 819
oder 92
  beliebig 190
Odeur 88
odiös 1303
Odium 497
Ödland 964
Ofen 687
offen 965
  frei 534
  mitteilsam 898
offenlassen 1142
offenbar 770
offenbaren 966
Offenbarung 967
Offenbarungseid 147
offenen Auges 99
  bewußt 13
offene Hand 655
offenes Haus 620
offenhalten 971
  reservieren 96
Offenheit 968
offenherzig 965
  mitteilsam 898
Offenherzigkeit 968
offenkundig 770
offenlegen 966
offensichtlich 770
offensiv 684
Offensive 48
offenstehen 971
öffentlich 970
Öffentlichkeit 969
Öffentliche Meinung, die 969
offerieren 38
Offerte 382
offiziell 970
offiziös 970
öffnen 971
  die Augen 966
Öffnung 972
oft 973
ohne 128
ohne weiteres 1328
ohnedem 92
ohnegleichen 130
Ohnmacht 445
ohnmächtig 1258
  machtlos 1140
ohnmächtig werden 444
Ohr 1500
  feines Ohr 380
  übers Ohr hauen 229
  zu Ohren kommen 708
  die Ohren spitzen 708

ohrenbetäubend 825
Ohrenbläser 735
Ohrfeige 1102
ohrfeigen 1103
Okkasion 907
okkult 318
unverständlich 1352
Okkupation 421
okkupieren 631
Ökonom 149
Ökonomie 1172
Landwirtschaft 467
ökonomisch 1171
Okzident 471
Öl ins Feuer gießen 696
Öl auf die Wogen gießen 205
ölen 637
ölig 636
salbungsvoll 498
Olims Zeiten, zu 551
Olymp 988
olympisch 498
Ombudsmann 745
Omen 1562
ominös 1597
Omnibus 482
Oper 1482
Operation 175
Unternehmen 1348
Operette 1482
operieren 174
handeln 673
Opernglas 455
Opfer 974
opferbereit 887
Opferbereitschaft 888
opfern 567
entsagen 404
Opponent 502
opponieren 1277
opportun 664
Opportunismus 1359
Opportunist 230
opportunistisch 1358
Opposition 1527
Gegenseite 1349
oppositionell 1278
optieren 1495
Option 1494
optimal 1154
Optimismus 975
Optimist 976
optimistisch 977
Optimum 635
opulent 1054
Opulenz 557
Opus 1125
Orakel 967
orakelhaft 1017
dunkel 318
orakeln 1018
Orchester 661
Orden 590
Ehrung 331
Ordenskleid 773
Ordensmann(frau) 765
Ordensregel 1049
ordentlich 978
Order 160
Order parieren 583
Order geben 161
ordern 221
ordinär 1304
Ordinarpreis 1013
ordnen 979
organisieren 983
klären 771
Ordnung 980
Norm 1049
in Ordnung 978
in Ordnung bringen 979
in Ordnung halten 998
zur Ordnung rufen 871
ordnungsgemäß 603
Ordnungsliebe 980
Ordnungsruf 1232
ordnungswidrig 1377
Organ 646
Zeitung 1421
Stimme 1256
Empfänglichkeit 380
Organisation 981
Unternehmen 1348
Organisator 556
organisatorisch 613
organisch 982
organisieren (sich) 983
durchdacht 603
organisiert 1382
Organismus 787
Gefüge 981
Orgie 602
Orient 539
orientieren (sich) 966
belehren 834
erkunden 530
sich orientieren an 522
Orientierung 899
Erkundung 529
Orientierungsvermögen 380
Original 984
original 324
Originalität 335
originell 985
originell sein 780
Orkan 861
Orkus 319
Ornament 911
Ornat 773
Ort 986
am dritten Ort 307
vor Ort 1476
orten 508
orthodox 548
engstirnig 390
örtlich 1247
Örtlichkeit 986
Ortschaft 949
ortsfest 45
ortsfremd 538
ortskundig 45
Ortssinn 380
ortsüblich 563
Ortsveränderung 395
Ortung 509
Öse 972
Befestigung 162
Osten 539
ostentativ 918
Oszillation 238
oszillieren 1149
Ouvertüre 347
Ovation 331
Ovationen bereiten 857
oxydieren 1384
Ozean 1508

P

Paar 303
ein paar 775
paaren (sich) 464
paarig 304
Paarung 467
paarweise 304
Pacht 408
pachten 1159
Pack 625
Packen 1029
Last 823
packen 987
packend 104
Packesel 974
Packmaterial 710
Packung 1029
Pädagoge 835
pädagogisch 186
paffen 1039
Page 46
paginieren 762
Paginierung 761
Paket 1029
Pakt 1390
paktieren 1389
Paladin 53
Palast 681
Palaver 218
Geschwätz 609
palavern 217
schwätzen 1183
Palme bringen, auf die 1060
Pamphlet 1232
pampig 532
Paneel 710
Panik 49
panisch 1543
Panne 1085
Mißerfolg 947
Panne haben 1096
Panoptikum 135
Panorama 132
panschen 892
Pantoffelheld 501
unter dem Pantoffel 1140
Pantomime 1482
pantomimisch 1146
Panzer 1137
panzern 1138
Papier 710
Papiere 220
Papierkrieg 525
Pappe 710
päppeln 560
Pappenstiel 775
für einen Pappenstiel 245
päpstlich 660
paradieren 1023
Paradies 988
paradiesisch 648
Paradox 1349
paradox 486
Paragraph 1240
die Paragraphen 622
Paragraphenreiter 990
parallel 1286
Parallele 303
paralysieren 1141
behindern 701
Parasit 1111
Paria 1048
parieren 583
abwehren 1138
Parität 1287
paritätisch 643
Park 656
parken 20
Parkett legen 1371
Parkplatz 935
Parlamentär 1449
Parlamentarier 1449
parlamentieren 217
Parodie 1179
parodieren 1180
Parole 761
Paroli bieten 1277
Partei 590
Partei ergreifen 1592
verteidigen 1138
Parteigänger 53
parteiisch 363
tendenziös 1249
Parterre 1548
parterre 1341
Partie 1029
gute Partie 1054
Heirat 328
Fahrt 481
eine Partie machen 1407
Rolle 284
partiell 1247
Partner 1242
Partnerschaft 590
Party 621
Parvenü 1143
Parzelle 1240
Grundstück 656
parzellieren 1241
Pascha 300
Paß 220
Durchgang 972
passabel 877
Passage 972
Überfahrt 481
Abschnitt 1240
Tonfolge 612
Passagier 1059
Passant 1059

passen 1164
auslassen 121
entsprechen 413
passend 414
günstig 664
passieren 989
geschehen 166
zerkleinern 1566
passieren lassen 397
Passierschein 220
Passion 454
Leiden 796
passioniert 684
passiv 641
Passiva 1131
Passivität 1313
Untätigkeit 1340
Pastell 243
pasteurisieren 429
Pate 266
Patent 220
patent 478
patentieren 1159
patentiert 1158
pathetisch 1293
pathologisch 839
Pathos 917
Patient 87
Patina 950
Patriarch 35
patriotisch 253
Patriotismus 851
Patron 689
Patronage 1137
Patronat 1137
Patrone 802
Patsche 1412
in der Patsche 313
patzen 1000
patzig 532
pauken 846
Pauker 835
pausbäckig 297
pauschal 564
Pauschale 1386
Pause 432
pausenlos 721
pausieren 1075
Pavillon 681
pazifistisch 1076
Pech 1412
Pech haben 1096
Pechvogel 974
Pedant 990
Pedanterie 980
pedantisch (sein) 991
Pedell 1507
Pein 1112
peinigen 992
peinigend 1027
Peinigung 1112
peinlich 993
peinlich berührt 1411
Peinlichkeit 1085
Peitsche 1400
peitschen 1103
pekuniär 613
Pelle 710
pellen 1577
Pelz 710
pelzig 1271
Pendant 303
Pendeln 238
pendeln 1149
fahren 236
penetrant 1089
penibel 978
Pension 565
Rente 1063
Ernährung 447
Pensionär 35
Pensionat 1134
pensionieren 123
pensioniert 34
Pensionierung 124
Pensum 1029
per 901
Penthaus 1548
perennierend 288
perfekt 1469
Perfektion 635
perfektionieren 683
Perfektionierung 428
perfide 486
perforieren 971
Periode 1564
periodisch 1050
peripher 961
Peripherie 1035
Randgebiet 925
Perle 713
Schmuck 790
Mädchen 46
perlen 1092
fließen 516
perlend 61
permanent 288
Permanenz 285
perplex 1191
Persiflage 1179
persiflieren 1180
Person 886
Frauenzimmer 531
in eigener Person 994
Persona grata 649
Personal 46
personifizieren 1177
Personifizierung 284
persönlich 994
beleidigend 187
persönlich werden 692
Persönlichkeit 886
Charakter 272
Perspektive 883
Zukunftsaussicht 132
Perücke 455
pervers 1330
Perversität 1330
pervertieren 1365
Pessimismus 1327
Pessimist 995
pessimistisch 996
Petition 1410
petitionieren 1479
petzen 769
kneifen 992
Pfad 1512
Pfadfinder 556
Wandervogel 1059
pfadlos 1534
Pfahl 668
Pfahl im Fleisch 1112
Pfand 270
pfänden 368
Pfandleiher 213
Pfändung 421
Pfanne 576
Pfarrer 765
pfeifen 1161
pfeifen auf 280
Pfeiler 668
Pferch 1127
pferchen 305
Pferd 1525
Pfiff 866
pfiffig 1105
Pfiffigkeit 616
Pfiffikus 302
Pflanze 932
pflanzen 464
Pflanzenwelt 932
Pflanzer 149

Pflanzung 656
Pflaster 175
Straßenpflaster 960
pflastern 637
bepflastern 1371
Pflege 997
Wartung 1344
pflegebedürftig 700
Pflegemutter 455
pflegen (sich) 998
Pflegeheim 35
Pflegekind 455
Pfleger(in) 689
Pflegevater 455
pfleglich 1168
Pflicht 999
pflichtbewußt 1594
Pflichtgefühl 632
pflichtgemäß 955
pflichtgetreu 1594
pflichtvergessen 1358
Pflichtvergessenheit 1359
Pflock 162
pflücken 451
pflügen 464
Pforte 972
Pförtner 1507
Pfosten 668
pfropfen 1579
Pfründe 1063
Pfuhl 1116
Sumpf 1230
Pfühl 815
pfuschen 1000
Pfuscher 301
Pfuscharbeit 1353
Pfütze 1508
Phänomen 654
phänomenal 130
Phantasie 1001
Phantasiegebilde 719
Vorstellung 1239
phantasielos 1318
phantasieren 1005
phantasievoll 1124
Phantast 715
Phantastik 719
phantastisch 1002
utopisch 1363
Phantom 586
Pharisäer 230
pharisäisch 486
Phase 1564
Philippika 1232
Philister 268
philisterhaft 269
Philosoph 291
philosophieren 290
philosophisch 728
Phlegma 1313
Phlegmatiker 641
phlegmatisch 641
phosphoreszieren 1095
Photo 243
photographieren 282
photokopieren 1453
Phrase 1003
Phrasen dreschen 1292
Phrasendrescher 1143
phrasenhaft 1330
phrasenlos 770
Physiognomie 624
Ausdruck 116
Physis 787
physisch 982
Picknick 481
piepsen 1161
piepsig 321
piesacken 992
Pietät 1587
pietätlos 763
pietätvoll 1586
pikant 694
prickelnd 61
verführerisch 79
Pikanterie 80
Pike auf, von der 593
pikiert 255
Pilger 1059
Pilgerfahrt 1301
pilgern 1503
Pille 900
bittere Pille 417
Verhütung 1137
Pilot 556
Pinsel 929
pinselig 991
pinseln 492
Pinzette 670
Pionier 752
Pirouette 309
Pirsch 740
pirschen 696
Piste 1035
Weg 1512
Pistole 1137
placken, sich 193
Plackerei 823
placieren 20
plädieren 411
Plädoyer 412
Plage 823
Quälgeist 1210
plagen 992
sich plagen 193
Plagiat 914
Plagiator 913
plagiieren 720
Plakat 77
Plakette 761
Plan 1004
plan 636
Plane 1137
planen 1005
Plänemacher 1143
Planer 556
Planet 849
planieren 637
Planke 1127
Brett 262
Plänkelei 1216
Flirt 851
plänkeln 1217
flirten 1060
planlos 1332
planmäßig 1006
Planmäßigkeit 980
planschen 1508
schwappen 236
Plantage 656
Planung 1004
planvoll 1006
plappern 1183
plärren 769
Pläsier 1346
pläsierlich 686
Plastik 844
plastisch 1007
anschaulich 63
Plastizität 374
Anschaulichkeit 491
Platitüde 146
Phrase 1003
platonisch 641
plätschern 1052
platt 636
verblüfft 1191
banal 145
plattdrücken 314

Platte 576
Glatze 786
alte Leier 1502
plätten 637
Plattform 1093
Grundlage 657
Milieu 1035
plattgedrückt 296
Plattheit 513
Banalität 146
Plattkopf 786
Platz 986
Markt 875
Auslauf 1041
Sportplatz 569
Platz machen 139
Platz schaffen 393
platzen 1008
sich zerschlagen 1096
Platzmangel 391
Plauderei 1346
Bericht 951
Plauderer 758
plauderhaft 200
plaudern 1345
Plaudertasche 1143
plausibel 1434
Playboy 1226
Plebejer 233
plebejisch 1356
Plebs 233
pleite 87
Pleite 147
Pleite machen 1569
plissieren 489
plombieren 1108
füllen 448
plötzlich 1009
unvorbereitet 1355
plump 1010
Plumpheit 557
Taktfehler 497
Plunder 4
plündern 936
Plus 1492
Plutokrat 213
Pöbel 233
Pöbelei 188
pöbelhaft 1304
pöbeln 692
pochen 1510
pochen auf 151
Podium 1093
Poesie 1130
poesielos 1078
Poet 465
poetisch 1011
Pogrom 454
Pointe 680
pointieren 705
pointiert 918
Pol 680
polar 747
entgegengesetzt 1428
Polarität 1349
Polemik 1216
polemisieren 1217
polemisch 24
polieren 637
poliert 636
Politik 616
Politiker 307
Politikum 615
politisch 1234
Politur 960
Polstermöbel 356
polstern 560
Polsterung 710
poltern 821
schimpfen 1100
pomadig 641
Pomp 1022
pompös 724
stattlich 1194
Popanz 679
populär 183
beliebt 191
verständlich 1434
Popularität 323
Pornographie 1116
pornographisch 1304
porös 859
Portal 972
Portier 1507
Portion 1029
Porträt 243
porträtieren 1
Pose 1405
posieren 1023
vortäuschen 1483
Position 82
positiv 977
günstig 664
Posse 1482
Possen 1179
einen Possen spielen 1180
zum Possen 13
possierlich 686
Post 1012
zur Post geben 1098
Posten 82
Wache 106
Quantum 1029
auf dem Posten 627
posthum 1173
postieren 1198
Postulat 659
postulieren 151
postwendend 639
potent 549
mächtig 868
Potentat 556
Potential 1016
Potenz 1016
potenzieren 1558
vervielfältigen 1453
potenziert 1584
Potpourri 893
Pracht 1022
Schönheit 1123
prächtig 724
prachtliebend 724
Prachtstück 790
prachtvoll 724
prägen 354
gestalten 626
Pragmatiker 1078
pragmatisch 1078
prägnant 810
anschaulich 63
Prägnanz 810
Prägung 523
prahlen 1292
Prahlerei 1022
prahlerisch 369
Prahlhans 1143
Praktik 866
praktikabel 906
Praktikant 1135
Praktiker 475
Praktikus 689
praktisch 1595
geschickt 617
praktizieren 174
ausführen 1422
prall 636
dick 297
Prämie 331
prämiieren 141
Prämisse 1471
prangen 1023

prangend 724
Präparat 466
präparieren (sich) 1472
haltbar machen 429
präpariert 1475
haltbar 286
präsent 581
geistesgegenwärtig 99
präsentieren 663
anbieten 38
zeigen 1563
präsentieren, sich 1481
Präsenz 580
Geistesgegenwart 1074
präsidieren 554
prasseln 1257
hageln 1289
prassen 469
Prasser 597
Prasserei 602
prätentiös 68
Praxis 613
präzis 593
präzisieren 1391
Präzisionsarbeit 1028
predigen 871
Prediger 765
Predigt 1486
Moralpredigt 872
Gardinenpredigt 1232
Preis 1013
Lob 856
Prämie 331
Preis, um jeden 1307
preisen 857
Preisermäßigung 1484
Preisgabe 1088
preisgeben (sich) 1014
preisgegeben 700
Preisgericht 745
preisgekrönt 118
preiskrönen 141
Preislage 1028
Preisrichter 745
Preissenkung 1484
Preisspanne 1386
Preissteigerung 1197
Preisträger 1160
Preistreiberei 1197
Preisverleihung 856
preiswert 245
preiswürdig 1387
prekär 1597
peinlich 993
Prellbock 1449
prellen 229
quetschen 1086
Prellung 1552
preschen 338
Presse 899
pressen 314
drängeln 305
pressieren 338
Prestige 589
Macht 867
Prestigeverlust 1069
preziös 1330
prickeln 261
prickelnd 61
Priester 765
prima 118
Primaballerina 635
Primadonna 635
primär 41
Primat 1492
primitiv 343
dumpf 317
tiefstehend 1306
unkultiviert 1356
Primitivität 344
Dumpfheit 1313
Prinzip 659
prinzipiell 660
Prinzipienreiter 990
Prior(in) 765
Prioritäten setzen 234
Prise 775
Pritsche 815
Narrenpritsche 1400
privat 994
privatisieren 123
Privatleben 681
Privileg 1046
privilegieren 438
privilegiert 199
pro 1513
Pro und Contra 1596
probat 118
Probe 1021
Versuch 1437
probeweise 1487
Probezeit 1462
probieren 1438
üben 1281
prüfen 1020
kosten 791
Problem 529
Problematik 529
problematisch 1015
Produkt 466
Produktion 467
Produktionsgemeinschaft 661
produktiv 1124
Produktivität 1016
Produzent 614
produzieren 464
sich produzieren 1177
profan 1396
profanieren 418
Professor 835
Profi 475
Sportler 1178
Profil 854
Eigenart 335
profilieren (sich) 705
profiliert 294
Profit 957
profitieren 631
profitlich 1171
profund 593
Prognose 967
Programm 1004
programmieren 1472
progressiv 904
zunehmend 1584
Projekt 1004
projektieren 1005
projizieren 1
Proklamation 899
proklamieren 897
Prokura erteilen 438
Prokurist 1449
Prolog 347
prominent 1526
Prominenz 233
prompt 1024
Propaganda 1523
propagieren 1521
Prophet 1018
Prophetenblick 380
prophetisch 1017
prophezeien 1018
Prophezeiung 967
prophylaktisch 1480
Prophylaktikum 1137
Prophylaxe 1137
Proportion 876
proportional 414
Prosa 284

prosaisch 1078
Prosaschriftsteller 465
Prospekt 1523
Kulisse 1239
prosperieren 419
Prosperität 907
prostituieren (sich) 1014
Prostituierte 1393
Prostitution 1014
Preisgabe 1088
protegieren 234
Protektion 1137
Protektor 689
Protest 1527
protestieren 1277
Prothese 455
Protokoll 951
Zeremoniell 257
protokollieren 508
Protz 1143
protzen 1023
protzig 724
Proviant 447
Provision 957
provisorisch 1487
Provisorium 1342
Provokateur 1522
Provokation 693
provokatorisch 684
provozieren 1060
Prozedur 1019
Prozente 1484
prozentual 1061
Prozeß 1019
prozessieren 769
Prozession 1301
prüde 1184
Prüderie 1219
prüfen 1020
Prüfstein 761
Prüfung 1021
Prügel 1102
Stock 1400
Prügelei 1102
Prügelknabe 1449
prügeln 1103
Prunk 1022
prunken 1023
prunkliebend 724
prunklos 343
Prunkstück 790
prunkvoll 724
Pseudonym 1239
Psyche 577
Psychiater 475
psychisch 727
Psychologe 475
Menschenkenner 302
Psychologie 425
psychologisch 727
Psychose 796
Pubertät 420
publik 183
Publikation 1421
Publikum 1246
publizieren 1420
Publizist 204
Publizistik 899
Publizität 969
Puder 1567
pudern (sich) 998
puffen 1211
Puffer 1449
Prellbock 1137
Puls 238
pulsieren 1149
Pulver 1567
Medikament 900
Munition 802
pulverförmig 1567
pulverisieren 1566
pulverisiert 1567
Pump 281
pumpen 254
Punkt 579
Tupfen 911
der springende Punkt 680
dunkler Punkt 1088
punktieren 762
pünktlich 1024
regelmäßig 1050
ordentlich 978
Pünktlichkeit 1167
Puppe 1525
Larve 764
pur 1057
Puritaner 715
puritanisch 1218
Purzelbaum 309
Purzelbaum schlagen 495
Putsch 1067
putschen 1277
Putschist 752
Putz 1025
Schmuck 790
putzen 1084
sich putzen 1026
Putzfrau 698
Putzsucht 370
putzsüchtig 369
Pygmäen 774

Q

Quacksalber 301
quacksalbern 1000
quaken 1257
Qual 1112
quälen 992
sich quälen 838
sich abrackern 193
quälend 1027
Quälerei 1107
Schmerz 1112
Quälgeist 1210
Qualifikation 479
qualifizieren, sich 843
qualifiziert 424
Qualität 1028
Eigenschaft 335
Qualitätsarbeit 1028
qualitätvoll 324
dauerhaft 286
Qualm 276
qualmen 277
rauchen 1039
qualvoll 1027
Quantität 885
Quantum 1029
Quarantäne 15
Quark 775
Quartier 1548
Viertel 925
Quartier geben 101
Quartier nehmen 223
quasi 1530
Quaste 1025
Quatsch 316
Torheit 1215
quatschen 1183
triefen 1289
quecksilbrig 828
Quelle 1030
aus erster Quelle 1328
quellen 1031
fließen 516
quellend 930
reichlich 1054
quengelig 946
quengeln 769
beanstanden 152
nörgeln 1233
Quengler 800
Quentchen 775
quer 1126
queren 1032
in die Quere kommen 1209
querfeldein 1126
Querkopf 652
querköpfig 1278
querschießen 1209
Querschnitt 1033
Querulant 800
Demagoge 1522
querulieren 1233
quetschen 314
drängeln 305
verletzen 1086
Quetschung 1552
quick 828
quietschen 1257
quinkelieren 1161
Quintessenz 680
Folgerung 1109
quitt 636
quittieren 219
vergelten 1399
Quittung 220
Quote 1029

R

Rabatt 1484
Rabatte 656
rabattieren 922
Rabauke 652
Rabe, weißer 335
Rabeneltern 455
rabiat 255
Rabulist 990
Rabulistik 980
rabulistisch 991
Rache 1400
Rachen 646
rächen (sich) 1399
Rachsucht 504
rachsüchtig 503
Racker 1097
Radau 606
radebrechen 1183
radeln 166
Rädelsführer 556
Räderwerk 605
radieren 211
radikal 1034
völlig 564
radikalisieren 696
Radikalität 685
Radio 899
raffeln 1566
raffen 683
an sich raffen 1081
Raffgier 1172
raffgierig 1171
Raffinement 505
raffinieren 771
raffiniert 1105
geklärt 1057
erlesen 326
Raffke 1143
ragen 1195
ragend 653
Rahm abschöpfen, den 631
Rahmen 1035
rahmen 1299
Rahmenerzählung 284
Rain 4
räkeln, sich 431
Rakete 802
rammen 1103
versenken 1569
Rampe 1035
ramponieren 207
ramponiert 208
Ramsch 4
ramschen 755
Rand 1035
randalieren 1277
Randalierer 1522
Randbemerkung 428
Rande, am 934
Rang 1036
von Rang 1477
Rangerhöhung 107
ranggleich 643
rangieren 236
Rang einnehmen 163
Rangordnung 1036
Ränke 866
Ränke spinnen 696
ranken 1299
Ränkeschmied 735
Ranküne 504
Ranzen 173
ranzig 1106
rapid 1119
Rappel 112
rappelig 1336
rappeln 821
Rappen, auf Schusters 307
Rapport 1045
rar 1157
Rarität 790
Raritätensammlung 135
rasant 1119
flach verlaufend 636
Rasanz 337
flache Kurve 513
rascheln 1257
Raschheit 337
rasen 338
toben 1100
stürmen 249
rasend 1119
wütend 684
Raserei 85
Schnelligkeit 337
rasieren 1026
Räson bringen, zur 871
räsonieren 1233
raspeln 1053
Rasse 90
Adel 505
rassig 326
Rast 432
rasten 669
ruhen 431
Rasthaus 565
rastlos 1336
eilig 339
tätig 1237
Rastlosigkeit 337
Raststätte 565
Rat 1037
Rate 1029
in Raten 817
raten 1038
mahnen 871
ratenweise 817
Ratenzahlung 1029
Ratgeber 556

ratifizieren 219
Ratifizierung 220
Ratio 1433
Ration 1029
rational 1419
rationalisieren 1391
Rationalist 1419
rationell 1595
  sparsam 1171
rationieren 1241
ratlos 700
Ratlosigkeit 1412
ratsam 959
Ratschluß 410
Rätsel 529
rätselhaft 318
rätseln 1038
rattern 821
Raub 1334
Raubbau 122
Raubbau treiben 896
rauben 936
Räuber 1380
räuberisch 264
Raubtier 1525
Rauch 276
rauchen 1039
räuchern 429
räudig 1040
Raufbold 652
raufen 1103
Rauferei 1102
rauh 1040
  grob 293
  streng 677
rauhbeinig 293
Rauheit 964
  Unebenheit 1312
Raum 1041
  Weltall 1518
räumen 979
  ausverkaufen 136
  ausziehen 142
Raumfahrzeug 482
Rauminhalt 651
Raumknappheit 391
Raumpflegerin 46
Räumung 395
raunen 520
  klatschen 897
raunzen 1100
Rausch 454
  Betrunkenheit 231
Rauschebart 786
rauschen 1257
  wehen 249
rauschend 684
Rauschgift 900
räuspern 14
Razzia 529
reagieren 1042
Reaktion 1043
Reaktionär 1044
reaktionär 1191
Reaktionsvermögen 1500
real 1539
Realismus 1433
  Anschaulichkeit 491
realisieren 1457
Realisierung 426
Realist 1078
realistisch 1419
Realität 1238
Rebell 752
rebellieren 1277
Rebellion 1067
rebellisch 1278
Rechenschaft 1045
Rechenschaft ablegen 411
  zur Rechenschaft ziehen 769
  vorwerfen 1490
rechnen 1558
  sparen 1170
rechnen mit 460
  vertrauen 1442
Rechnung 66
Recht 1046
  Anspruch 66
  Justiz 746
recht 1047
  angenehm 43
recht behalten 1263
rechte Hand 689
rechten 1217
rechtens 623
rechtfertigen 411
  sich rechtfertigen 401
Rechtfertigung 412
Rechthaber 990
  Streitmichel 300
rechthaberisch 684
rechthaberisch sein 991
Rechtlichkeit 331
rechtlos 1048
Rechtloser 1048
Rechtlosigkeit 312
rechtmäßig 1047
  gesetzlich 623
Rechtmäßigkeit 1046
rechts 855
Rechtsanwalt 746
Rechtsbrecher 1380
Rechtsbruch 1334
rechtschaffen 70
Rechtschaffenheit 331
Rechtsfrage 1019
Rechtsgefühl 380
Rechtsgelehrter 746
Rechtsgelehrsamkeit 746
Rechtsprechung 746
Rechtsspruch 1361
Rechtsstreit 1019
Rechtsverdrehung 1334
Rechtsvertreter 746
Rechtsweg beschreiten, den 769
Rechts wegen, von 623
rechtswidrig 1377
Rechtswidrigkeit 1334
rechtwinklig 604
rechtzeitig 1024
recken (sich) 1214
Redakteur 204
Redaktion 204
  Bearbeitung 175
Rede 1486
redegewandt 200
Redekunst 1182
reden 1183
Redensart 1003
redensartlich 563
  konventionell 785
  banal 145
Redeweise 1182
redigieren 153
redlich 70
Redlichkeit 69
Redner 1449
redselig 200
Redseligkeit 968
Reduktion 362
  Rückgang 1069
reduzieren 811
reduziert 695
  ermäßigt 10
reell 1047
Referat 1486
Referenz 382

referieren 897
reflektieren 290
widerspiegeln 1176
reflektieren auf 198
Reflex 1542
Reflexion 916
Reform 1067
reformatorisch 555
Reformer 556
reformieren 448
Regal 262
rege 828
Regel 1049
Grundsatz 659
regellos 1332
regelmäßig 1050
Regelmäßigkeit 1051
regeln 240
regelrecht 1469
wirklich 1539
Regelung 980
Bezahlung 119
regelwidrig 1428
Regen 950
regen, sich 236
arbeiten 83
regenarm 1271
Regeneration 449
regenerieren 427
Regent 556
Regie 845
regieren 554
Regierung 179
Regime 845
Diät 447
Regiment 845
Region 569
regional 1247
Register 1460
registrieren 1129
reglos 1076
Reglosigkeit 1074
regnen 1052
regnerisch 930
trüb 318
regsam 514
lebendig 828
Regsamkeit 333
regulär 1047
Regulation 119
regulieren 979
Regung 938
rehabilitieren 771
entschädigen 407
Rehabilitierung 772
Entschädigung 408
reiben 1053
zerkleinern 1566
Reibung 1527
Streit 1216
reibungslos 636
reich 1054
reich sein 666
reich werden 419
reichen 567
genügen 601
reichhaltig 1054
Reichhaltigkeit 1466
reichlich 1054
Reichtum 212
Fülle 1466
Reichweite 569
Reif 950
Enttäuschung 417
Ring 1035
reif 1055
Reife 425
reifen 419
ablagern 771
Reifeprüfung 1021
Reifezeit 420
reiflich 593
Reihe 1056
nach der Reihe 817
außer der Reihe 1487
Reihenfolge 521
reihenweise 1464
rein 1057
reinen Mund halten 1145
Reinertrag 957
Reinfall 1085
reinfallen 1096
Reinheit 1058
reinigen 1084
Reinigung 1058
Reinlichkeit 1058
Reinmachefrau 698
reinmachen 1084
reinwaschen 411
Reise 481
reisefertig 506
reiselustig 828
Reisen 238
reisen 1503
sich begeben 166
Reisender 1059
Reiseziel 1573
reißen 260
an sich reißen 151
sich reißen um 167
reißend 1534
Reißer 869
reißerisch 1540
reiten 166
Reiz 1542
Zauber 1561
reizbar 684
empfindlich 383
Reizbarkeit 384
reizen 1060
ärgern 86
interessieren 732
hetzen 696
reizend 79
reizlos 494
schal 476
Reizmittel 900
Reizung 1550
reizvoll 79
interessant 730
rekapitulieren 1108
wiederholen 1532
Rekapitulation 1283
Wiederholung 1533
rekeln, sich 431
Reklamation 1232
Reklame 1523
reklamieren 152
rekonstruieren 448
Rekonvaleszenz 432
Rekord 635
rekrutieren 368
Rektor 556
Relation 1375
relativ 1061
relegieren 1446
relevant 1526
Religion 1062
religiös 548
Religiöse 1062
Reling 1127
Reliquie 790
Relikt 1064
Remake 449
Reminiszenz 434
Renaissance 449
Rendezvous 1264
Rendite 957
Renegat 763
renitent 1278
Rennen 779

rennen 338
wettlaufen 751
renommieren 1292
renommiert 183
Renommist 1143
renovieren 448
renoviert 942
Renovierung 449
rentabel 959
Rente 1063
rentieren (sich) 942
Rentner 35
Reorganisation 1067
reorganisieren 448
reparabel 906
Reparationen 408
Reparatur 449
reparieren 448
Reportage 899
Reporter 204
Repräsentant 1449
Repräsentation 1450
Aufwand 109
repräsentativ 724
repräsentieren 1448
vorstellen 1481
Repressalien 1400
Reproduktion 1454
reproduktiv 1318
reproduzieren 1453
abbilden 1
Reputation 589
reputierlich 70
requirieren 936
Requisit 900
Reservat 1046
Reserve 212
Zurückhaltung 1587
Ersatz 698
reservieren 96
reserviert 1586
Reservoir 576
Residenz 1548
residieren 827
Resignation 571
resignieren 838
resigniert 572
resistent 794
Resistenz 1527
resolut 389
Resolutheit 388
Resolution 410
Resonanz 323
resorbieren 101
Respekt 28
Zurückhaltung 1587
respektabel 70
beachtlich 1526
respektieren 150
verehren 1388
respektlos 1325
Respektlosigkeit 533
respektvoll 1586
Ressentiment 504
ressentimentgeladen 1357
Ressort 1599
Rest 1064
Restant 1132
Ladenhüter 4
restant 1133
Restanten 1131
Restaurant 565
Restauration 565
Wiederaufbau 449
restaurieren 448
Restaurierung 449
restieren 1132
übrig sein 5
restlich 1296
restlos 564
Resultat 426
resultatlos 1302
resultieren 522
Resümee 1033
Ergebnis 426
resümieren 1108
retardieren 1461
Retorte 576
aus der Retorte 1330
retour 177
Retourkutsche 1400
retournieren 23
retten 164
erhalten 1138
sich retten 429
helfen 688
Retter 689
Rettung 698
rettungslos 700
Retusche 1373
retuschieren 1372
Reue 1065
reuelos 1351
reuen 202
reumütig 1066
reüssieren 588
Revanche 1400
sich revanchieren 1399
entschädigen 407
Reverenz 662
Revers 1025
Rückseite 1070
revidieren 1020
Revier 569
Revirement 1366
Revision 1021
Dementi 772
Revolte 1067
revoltieren 1277
Revolution 1067
Revolutionär 752
revolutionär 555
subversiv 1278
revolutionieren 1277
erneuern 448
Revolver 1137
Revue 899
Theater 1482
Rezensent 800
rezensieren 217
Rezension 799
rezent 694
Rezept 76
rezitieren 1183
Rhetorik 1182
rhetorisch 1293
rhetorische Frage 1239
Rhythmik 779
rhythmisch 1050
Rhythmus 1051
richten 1362
vorbereiten 1472
ordnen 979
Richter 746
richterlich 623
richtig 1047
günstig 664
richtig liegen 1263
richtiggehend 1154
genau 593
Richtigkeit 1049
richtigstellen 771
Richtigstellung 1373
Richtlinie 659
Richtung 1220
Tendenz 1248
Schule 833
richtungslos 1543
richtungweisend 555

riechen 1068
den Braten riechen 1499
Riecher 577
Riege 661
Riegel 1429
Riemen 670
Ruder 845
Riese 873
rieseln 516
rieselnd 930
riesig 653
Riff 203
rigoros 1218
Rille 1441
rillen 354
Rind 1525
Rinde 710
Ring 1035
Freundeskreis 661
Ringer 1178
ringförmig 1467
ringen 751
Ringen 750
ringend 1213
ringsum 1282
nahebei 924
Rinne 1441
Ablauf 972
rinnen 516
Rinnsal 1508
Rinnstein 972
Rippenstoß 872
Risiko 1348
Gefahr 311
risikofreudig 1235
riskant 573
riskieren 1493
Riß 1185
Wunde 1552
Loch 972
Plan 1004
rissig 1040
uneben 1312
Ritter 542
Helfer 689
Rittergut 656
ritterlich 562
Ritterlichkeit 396
Ritual 257
Gottesdienst 765
Ritus 257
Ritz 1552
Ritze 972
ritzen 1440
verletzen 1086
Rivale 502
rivalisieren 751
Rivalität 779
Robe 773
roboten 193
Roboter 46
Automat 605
robust 293
roden 452
Rodung 949
Lichtung 1501
roh 264
ungeformt 524
ungekocht 933
Roheit 1107
Rohling 148
Unhold 1380
Rohmaterial 1206
Rohr im Winde 230
Röhre 972
Rolle 1502
Part 284
eine Rolle spielen 1177
etwas vorstellen 1481
aus der Rolle fallen 738
rollen 308
schlingern 1142
Rollwand 710
Roman 284
Romancier 465
romanhaft 1002
Romantiker 715
romantisch 716
röntgen 174
rosig 547
günstig 664
Roß 1525
Rost 1383
rosten 1384
rösten 1577
rostfrei 286
rostig 208
Rotation 309
rotieren 308
rot sehen 86
rot werden 1087
Rotlicht 668
Rotte 661
Rotwelsch 1182
Route 1512
Routine 1297
Routinier 475
routiniert 1469
geschickt 617
Rowdy 652
Rubrik 1240
rubrizieren 979
ruchbar werden 322
ruchlos 1106
Ruchlosigkeit 1107
Ruck 1211
ruckartig 1009
Rückbildung 1069
Rückblick 1283
Erinnerung 434
rücken 1365
rucken 495
Rücken 1070
Rückendeckung 1431
Rückerstattung 408
rückfällig 1351
rückfällig werden 1532
Rückgang 1069
rückgängig machen 95
absagen 1425
Rückgrat 668
Haltung 507
rückgratlos 1140
Rückhalt 668
rückhaltlos 105
Rückhaltlosigkeit 968
Rückkehr 1301
Rücklage 212
Rücklagen machen 1170
rückläufig 10
Rückprall 1043
Rucksack 173
Rückschau 1283
Rückschritt 1069
Rückschrittler 1044
rückschrittlich 1191
Rückseite 1070
Rücksicht 1071
rücksichtslos 293
brutal 264
herrisch 1537
Rücksichtslosigkeit 1107
Herrschsucht 300
rücksichtsvoll 1168
höflich 99
Rücksprache 218

Rückstand 1462
Rest 1064
im Rückstand 1173
schuldig 1133
rückständig 1364
primitiv 1306
Rückständigkeit 35
Primitivität 344
Rückstoß 1043
Rücktritt 124
rückvergüten 1399
entschädigen 407
rückwärts 10
Rückweg 1301
ruckweise 817
rückwirken 1174
Rückwirkung 1043
Rückzahlung 408
Tilgung 119
Rückzug 395
rüde 293
Rudel 885
Ruder 845
ans R. kommen 631
aus dem R. laufen 21
rudern 166
Rudiment 1240
Ruf 1072
Ansehen 589
rufen 1073
Rufer 1018
Rüffel 1232
rüffeln 1233
Rufmord 609
Rüge 1232
rügen 1233
Ruhe 1074
Ruhe bewahren 1075
Ruhegehalt 1063
ruhelos 1336
Ruhelosigkeit 337
ruhen 1075
schlafen 1101
ruhend 1076
Ruhepunkt 668
Ruhestand 35
im Ruhestand 34
Ruhestand treten, in den 123
ruhestörend 825
lästig 824
Ruhestörung 1210
ruhig 1076
Ruhm 1077
rühmen 857
sich rühmen 1292
rühmlich 1387
ruhmlos 1308
ruhmredig 369
ruhmreich 1387
rühren 892
packen 987
rühren an 705
rühren, sich 236
rühren, die Trommel 1521
rührend 104
rührig 334
Rührigkeit 333
rührselig 767
Rührseligkeit 384
Rührung 454
Ruin 147
Bankrott 147
Ruine 1085
ruinieren (sich) 1569
erledigen 440
ruiniert 441
kaputt 208
ruinös 1568
Rummel 228
rumoren 821
Rumpelkammer 935
rumpeln 821
Rund 1035
rund 1467
ungefähr 1319
geschlossen 1469
Rundblick 132
Runde 1029
Kreis 1035
Gruppe 661
Rundfunk 899
rundheraus 105
rundherum 1282
rundlich 297
Rundschau 132
rundum 1282
rundumher 1282
Rundung 1550
Fülle 557
Kreis 1035
Rune 1129
Runzel 488
runzeln 489
runzlig 34
Rüpel 652
Rüpelei 533
rupfen 1572
ausrupfen 142
ruppig 1040
Rüste 1064
rüsten (sich) 1472
aufrüsten 1189
rüstig 794
gesund 627
rustikal 293
Rüstung 1137
Aufrüstung 880
Rüstzeug 900
Rute 1400
Schwanz 1109
rutschen 645
rütteln 1211
schweben 1144

S

Saal 1041
Saat 467
sabbern 14
besabbern 1451
Sabotage 1359
Saboteur 1136
sabotieren 1209
sachdienlich 1595
Sache 579
Angelegenheit 483
Sachen 212
Kleider 773
sachgemäß 1047
Sachkenner 475
sachkundig 424
Sachlage 814
sachlich 1078
Sachlichkeit 608
sacht 1560
milde 890
Sachtheit 1167
Sachverstand 1435
sachverständig 424
Sachverständiger 475
Sachwalter 1449
Sachwerte 212
Sack 173
Sackgasse 1412
Sadismus 1107
Sadist 148
sadistisch 1330
säen 1439
anbauen 464
Safari 481
Safe 753
Saft 630
saftig 1079
saftlos 476
kraftlos 1140
Sage 284
sagen 1183
sagenhaft 1338
phantastisch 1002
Saison 1080
saisonbedingt 1487
sakral 548
Sakrileg 1088
säkular 130
säkularisieren 418
Säkularisierung 421
Salär 1386
Salbaderei 499
salbadern 1292
Salbung 499
salbungsvoll 498
saldieren 120
Salon 1041
Galerie 1082
salonfähig 259
schicklich 70
Salonlöwe 758
salopp 524
Salto 1185
Salut 662
Salut schießen 663
salutieren 663
Salve 511
salzen 1556
salzig 694
salzlos 476
Sämann 149
Samariter 689
Samen 39
sämig 1557
Sammelbecken 902
sammeln (sich) 1081
Sammelstelle 902
Sammelsurium 893
Sammler 807
Sammlung 1082
Ausstellung 135
samt 92
samt und sonders 29
samtig 1516
Sanatorium 795
Sand 1567
im Sand verlaufen 1302
wie Sand am Meer 1464
sandig 1271
sanft 1560
mild 890
geduldig 572
Sänfte 482
Sanftmut 891
sang- und klanglos 1308
Sänger 283
Dichter 465
sanguinisch 1358
sanieren 688
sanitär 1057
Sanitäter 689
Sanktion 1400
sanktionieren 438
Sanktionierung 439
sardonisch 1181
Sarkasmus 1179
sarkastisch 1181
Satan 502
satanisch 256
Satellit 849
Anhänger 53
satiniert 636
Satire 1179
Satiriker 800
satirisch 1181
Satisfaktion 408
Satisfaktion geben 751
satt 1083
satt haben 819
satt werden 601

sattelfest 424
sattelfest sein 780
satteln 1472
Sattheit 600
Überdruß 818
sättigen (sich) 469
zufriedenstellen 1581
nähren 184
sättigend 927
Sättigung 600
sattsam 599
saturiert 1083
Satz 1056
Sprung 1185
Satzung 659
Satzvorlage 951
sauber 1057
reell 1047
Sauberkeit 1058
Pflege 997
säubern 1084
säubern von 393
Säuberung 1058
Räumung 395
sauer 694
sauer reagieren 255
säuerlich 255
herb 694
sauertöpfisch 946
saufen 1269
Säufer 1270
Sauferei 231
sauflustig 598
saugen 1572
aus den Fingern 1483
säugen 560
saugfähig 859
Säugling 764
Säule 668
Saum 1035
säumen 1299
zögern 1461
säumig 1173
Säumigkeit 1359
Saus und Braus, in 879
säuseln 249
sausen 249
eilen 338
sausen lassen 404
schaben 1053
Schabernack 1179
schäbig 208
elend 376
geizig 1171
Schablone 911
schablonenhaft 640
schablonisieren 1391
Schach bieten 47
Schacher 672
schachern 673
Schächer 1380
Schachfigur 1525
schachmatt 908
Schacht 1441
Schachtel 173
schachteln 987
Schachzug 866
schade 840
Schädel 786
schaden (sich) 1086
Schaden 1085
Schadenersatz 408
Schadenfreude 487
schadenfroh 486
schadenpflichtig 1317
schadhaft 208
schädigen 1086
Schädigung 1085
schädlich 1324
Schädling 1111
schadlos halten, sich 958
Schaf, schwarzes 1426
Schäfchen ins Trockene bringen, sein 958
schaffen 464
gestalten 626
arbeiten 83
verwirklichen 1457
vollenden 1468
zu schaffen machen 193
schaffend 1124
Schaffender 465
Schaffensfreude 1016
schaffensfreudig 1124
Schaffenskraft 1016
Schaft 1201
Griff 670
Schäker 1097
Schäkerei 851
schäkern 1060
Schal 1025
schal 476
banal 145
schal werden 1398
Schale 710
Gefäß 576
schälen 1577
Schalk 1097
schalkhaft 686
Schalkheit 540
Schall 1256
Schall und Rauch 1397
schallen 1257
schallend 825
schalten 83
betätigen 194
begreifen 1436
Scham 1058
Verlegenheit 1412
schämen, sich 1087
bereuen 202
schamhaft 1057
Schamhaftigkeit 1058
schamlos 1304
Schamlosigkeit 1107
schamrot 1411
Schande 1088
schänden 418
schändlich 1106
Schandtat 1334
Schändung 1088
Schanze 1137
schanzen 1440
schwer arbeiten 193
Schar 661
scharen, sich 1263
scharenweise 1465
scharf 1089
deutlich 294
pikant 694
rauh 1040
Scharfblick 1433
Schärfe 1089
Schroffheit 1219
schärfen 1090
scharfmachen 696
Scharfmacher 1522
scharfsichtig 728
Scharfsinn 1433
scharfsinnig 728
scharfzüngig 1181
Scharlatan 230
Scharlatanerie 1239
Scharmützel 1216
scharmutzieren 1060
Scharnier 162
scharren 1053
Scharte 1441
Scharte auswetzen 1229

schartig 1223
scharwenzeln 1110
schassen 1446
Schatten 319
Begleiter 53
Schattendasein 944
schattenhaft 1352
Schattenriß 854
Schattenseite 1070
Untugend 497
schattieren 492
Schattierung 491
schattig 318
Schatulle 753
Schatz 790
Liebster 542
Schätze 212
schätzen 1091
schätzenswert 118
ehrenvoll 1387
Schatzkästlein 815
Schätzung 1361
schätzungsweise 1319
Schau 135
Blickwinkel 883
Revue 1482
zur Schau stellen 1563
die Schau stehlen 1343
Schaubühne 1482
Schauder 49
schauderhaft 1128
schaudern 546
fürchten 50
schaudernd 747
schauen 1153
Schauer 950
Schauergeschichten 863
schauerlich 1128
schauern 1576
erschauern 50
frieren 546
schaufeln 1440
Schaufenster 135
schaukeln 1144
schwingen 1149
Schaulust 731
schaulustig 733
Schaulustige 1246
Schaum 238
Vergänglichkeit 1397
schäumen 1092
schäumend 1534
wütend 255
schaumig 836
Schaumschläger 1143
Schauplatz 1093
schaurig 1128
Schauseite 1473
Schauspiel 1022
Vorstellung 1482
Schauspieler 283
Schauspielerei 1482
Getue 1239
schauspielern 282
vortäuschen 1483
Schaustellung 116
Schaustück 790
scheckig 493
gemustert 591
scheel sehen 937
Scheelsucht 487
scheelsüchtig 486
Scheffel 1029
scheffeln 1081
Geld 631
scheffelweise 1464
Scheibe 1222
scheiden 394
trennen 1265
sichten 14
Scheiden 1266
Scheidewand 1127
Scheideweg, am 1316
Unschlüssigkeit 1596
Scheidung 1266
Schein 1239
Licht 849
Geld 212
Bescheinigung 220
den Schein wahren 1095
Scheinangriff 863
scheinbar 1094
scheinen 1095
scheinend 690
Scheingrund 863
scheinheilig 486
Scheinheiligkeit 487
Scheinwerfer 849
Scheit 1222
Scheitel 635
scheitern 1096
Bankrott machen 1569
Schelle 1072
schellen 1257
Schelm 1097
Schurke 1136
Schelmenstück 1215
Schelmerei 540
schelmisch 686
lose 859
Schelte 1232
schelten 1100
Schema 980
Aufriß 1004
schematisch 640
schematisieren 1391
Schemel 356
Schemen 586
schemenhaft 1352
Schenke 565
schenken 567
das Leben 566
Gehör 150
Glauben 1442
Freiheit 411
Schenkung 974
scheppern 821
Scherben 1085
in Scherben 208
scheren 1026
sich nicht scheren um 641
Schererei 85
Scherflein 974
Scherge 106
Scherz 1346
scherzen 1345
scherzhaft 1181
Scherzzeichnung 1179
scheu 1411
Scheu 1412
Achtung 28
ohne Scheu 534
scheuchen 696
scheuen, sich 515
scheuern 1084
reiben 1053
Scheuklappen 1488
Scheune 815
Scheusal 148
Monstrum 679
scheußlich 679
Scheußlichkeit 1107
Schicht 1036
Lage 1029
Ablagerung 950
die führende Schicht 233

schichten 1081
Schichtung 1221
schick 517
Schick 619
schicken 1098
sich schicken 413
sich einschränken 355
sich anpassen 633
entsagen 404
schicklich 70
Schicklichkeit 69
Schicksal 1099
seinem Schicksal überlassen 1014
schicksalhaft 1602
schicksallos 1057
Schicksalsschlag 1102
Unglück 1322
schieben 305
bewegen 236
klüngeln 229
Schieber 230
Schiebung 866
Schiedsgericht 745
Schiedsrichter 745
Schiedsspruch 1361
schief 801
abschüssig 1126
mißglückt 1106
schiefgehen 1096
schiefliegen 738
schielen nach 937
Schiene 1186
Verband 175
schienen 174
schier 324
schießen 821
sich schießen 751
jagen 1259
ins Kraut schießen 1289
Schiff 482
schiffbar 965
Schiffbruch 1322
Schiffbruch erleiden 1096
schiffen 166
Schikane 866
Ärger 85
schikanieren 992
schikanös 256
Schild 761
Schutz 1137
Schildbürgerstreich 1215
schildern 210
Schilderung 761
Erzählung 284
schillern 1095
schillernd 493
wechselnd 1428
irisierend 591
Schimäre 586
Trug 1239
Schimmel 1383
Pferd 1525
schimmelig 1106
schimmeln 1384
Schimmer 849
schimmerlos 1356
schimmern 1095
schimmernd 690
Schimpf 1088
Schimpf antun 896
schimpfen 1100
Schimpfe 1232
schimpflich 187
schinden 896
quälen 992
sich schinden 193
Schinder 556
Schinderei 823
Schindluder treiben 894
Schirm 1137
schirmen 1138
Schirmherr 689
Schirmherrschaft 1137
schlabberig 1516
schlabbern 14
Schlacht 750
schlachten 1259
Schlachtenbummler 1246
Schlachtfeld 1093
Schlacke 1116
Exkrement 15
schlackern 1576
Schlacks 873
Schlaf 432
schlafbedürftig 908
schlafen 1101
schlafenlegen 1101
schlaff 1140
Schlaffheit 445
schlaflos 1336
Schlaflosigkeit 454
Unruhe 49
Schlafmittel 900
Schlafmütze 1426
schlafmützig 1223
schläfrig 908
Schläfrigkeit 445
schlaftrunken 1543
Schlag 1102
harter Schlag 1322
Schlag ins Wasser 1085
schlagartig 1009
Schlagbaum 1127
Schläge 1102
schlagen (sich) 1103
besiegen 631
sich duellieren 751
tirilieren 1161
in den Wind 894
über die Stränge 896
schlagend 1104
Schlager 612
Attraktion 869
Schläger 652
schlagfertig 424
beredt 200
Schlagfertigkeit 586
Schlagkraft 1542
schlagkräftig 1104
stark 794
Schlagseite haben 1142
Schlagwort 292
Phrase 1003
Schlagzeile 761
Schlagzeilen machen 1291
Schlamassel 1333
Schlamm 1116
schlammig 1117
Schlampe 1332
schlampen 1000
Schlamperei 1333
schlampig 1332
nachlässig 923
Schlange 1525
Reihe 1056
Schlange stehen 1506
schlängeln, sich 308
gleiten 645
Schlangenlinie 809
schlank 321
schlankweg 71
schlapp 908
schwach 1140
schlappmachen 444
Schlappe 947

schlappen 431
Schlappheit 445
Schlaraffenland 988
schlau 1105
diplomatisch 1234
Schlauch 972
Mühe 823
Behälter 710
schlauchen 444
Schlauheit 616
Schlaukopf 302
schlecht 1106
übel 839
schadhaft 208
schlecht behandeln 894
schlecht und recht 877
schlechterdings 1307
schlecht gelaunt 946
schlechthin 1307
Schlechtigkeit 1107
Unrecht 1334
Bosheit 487
schlechtmachen 1413
bloßstellen 252
schlecht passen 1353
ungelegen kommen 1209
schlechtsitzend 1106
schlecken 1572
naschen 469
Schleckerei 793
schleckerig 168
schleichen 645
schleichend 817
leise 842
Schleicher 230
Schleichhändler 230
Schleier 1239
schleierhaft 1352
Schleife 1025
Kurve 809
schleifen 637
schärfen 1090
schleppen 1572
drillen 1281
schliddern 645
schleimig 636
schleißen 1379
schlemmen 596
Schlemmer 597
Schlemmerei 602
schlemmerhaft 598
schlendern 582
Schlendrian 257
schlenkern 1149
schleppen 1261
ziehen 1572
schleppend 817
Schlepper 482
Zuhälter 1136
Schlepptau, im 1317
schleudern 1149
Schleuderpreis 1484
Schleuderware 4
schleunigst 1119
Schliche 1239
auf die Schliche kommen 1038
schlicht 343
schlichten 205
Schlichtheit 344
Schlichtung 119
schliddern 645
Schlieren 1116
schließen 1108
aufgeben 95
enden 385
Schließfach 753
schließlich 387
Schließung 94
Schliff 91
letzter Schliff 428
Drill 1297
schlimm 1106
gefährlich 573
schlimmer werden 1090
Schlinge 809
Hinterhalt 866
in die Schlinge gehen 1096
Schlingel 1097
Kind 764
schlingen 1374
schnell essen 469
schlingern 1142
Schlips 1025
schlittern 645
Schlitz 972
Schlitzohr 1136
Schlauberger 302
schlitzohrig 1105
Schloß 1429
Gebäude 681
hinter Schloß und Riegel 575
Schlot 687
Grobian 652
schlotterig 859
schlottern 1576
hängen 1353
frieren 546
schlotternd 51
frierend 747
Schlucht 1441
schluchzen 769
schluchzend 1323
Schluck 775
Getränk 630
schlucken 1269
hinunterschlucken 469
dulden 838
Schlucker, armer 974
Schluderei 1353
schludern 1000
klatschen 897
schludrig 923
Schlund 1441
Rachen 646
schlüpfen 645
Schlupfloch 972
schlüpfrig 636
zweideutig 1304
Schlüpfrigkeit 80
Schlupfwinkel 1137
schlurfen 582
schlürfen 368
trinken 1269
Schluß 1109
Schluß! 668
Schluß machen 385
Schlüsse ziehen 1108
Schlüssel 559
Schlüsselkind 357
Schlüsselstellung 845
Schlußfolgerung 1109
schlüssig 770
zwingend 1104
Schlüssigkeit 772
Schmach 1088
Kränkung 188
schmachten 167
schmächtig 321
schmachvoll 1106
schmackhaft 1546
schmackhaft machen 159
Schmackhaftigkeit 88
schmähen 1413
schmählich 187
Schmähschrift 1232
Schmähung 609

schmal 321
beengt 390
schmälern 811
mindern 1086
Schmälerung 362
Schaden 1085
schmalzig 767
schmarotzen 692
Schmarotzer 1111
schmarotzerhaft 1350
Schmarren 766
schmatzen 469
Schmaus 602
schmausen 469
schmecken 574
versuchen 791
Schmeichelei 856
schmeichelhaft 1387
schmeicheln 1110
Schmeichler 1111
schmeichlerisch 486
schmeißen 1149
fertigbringen 1457
umwerfen 440
Schmelz 743
Oberfläche 960
Schmelze 1397
schmelzen 860
nachgeben 438
Schmerz 1112
schmerzbewegt 1323
schmerzempfindlich 383
schmerzen 1113
Schmerzensgeld 408
schmerzhaft 1027
schmerzlich 1027
traurig 1323
schmerzlos 1258
schmerzstillend 1275
schmettern 1439
singen 1161
schreien 821
Schmetterling 1525
Leichtfuß 1393
schmieden 1422
Pläne 1005
das Eisen 958
schmiegen, sich 852
schmiegsam 373
weich 1516
Schmiegsamkeit 374
schmieren 637
bestechen 159
schmierbar 1516
Schmiere 1482
Schmutz 1116
Schmiere stehen 102
schmierig 1117
ölig 636
Schminke 997
schminken, sich 998
schönfärben 189
Schmiß 1150
Wunde 1552
schmissig 828
Schmöker 265
schmökern 847
schmollen 1277
zürnen 1585
schmollend 255
Schmollis 662
schmoren 1577
schwitzen 1505
Schmuck 1025
Kostbarkeit 790
schmuck 1114
schmücken 1026
schmückend 1115
schmucklos 343
Schmuggel 1239
schmuggeln 346
Schmuggler 230
schmunzeln 813
Schmunzeln 540
schmunzelnd 686
Schmus 856
schmusen 852
schmeicheln 1110
Schmutz 1116
schmutzen 1451
Schmutzerei 1116
schmutzig 1117
geizig 1171
unanständig 1304
schmutzig machen 1451
Schnabel 972
schnäbeln 852
schnabulieren 469
Schnalle 1025
schnappen 755
fangen 490
Schnappschuß 243
schnarchen 1101
schnarren 1257
schnattern 1257
schwätzen 1183
schnauben 249
schimpfen 1100
schnaufen 827
Schnaufer 861
Schnauze 972
schnauzen 1100
Schnee 950
schneebedeckt 747
schneeig 690
schneeweiß 494
Schneid 912
Schneide 1089
auf Messers Schneide 573
schneiden 1118
operieren 174
schneidend 1089
spöttisch 1181
schneidern 1422
schneidig 1235
schneien 1052
ins Haus 1291
Schneise 972
Wald 1501
schnell 1119
eilig 339
schnellen 1149
schneller werden 305
eilen 338
schnellfertig 1119
Schnelligkeit 337
Schnellkraft 374
schnicken 1149
schniegeln 1026
Schnippchen schlagen, ein 1180
schnippen 1149
schnippisch 759
Schnipsel 1222
Schnitt 1552
Gewinn 1386
Schnitte 1222
Schnitter 149
schnittig 1595
elegant 326
Schnittpunkt 1264
Schnitzel 4
schnitzeln 1118
zerkleinern 1566
schnitzen 1118
Schnitzer 497
schnodderig 532
schnöde 747
Schnörkel 1290
schnorren 692
bitten 248

Schnorrer 1111
Schnüffelei 845
schnüffeln 1068
riechen 1068
Schnüffler 196
Schnulze 766
schnuppern 1068
Schnur 477
schnüren 314
packen 987
Schnurre 284
schnurren 1257
schnurrig 686
schnurstracks 1328
schnurz 639
Schober 815
Schock 49
Anfall 1424
Menge 1029
schockieren 74
schockiert 1191
schockweise 1464
schofel 376
geizig 1171
Scholle 656
schon 1120
schön 1121
schonen (sich) 1122
schonend 890
vorsichtig 1480
sorgsam 1168
schönfärben 864
Schönfärberei 863
Schöngeist 597
schöngeistig 804
Schönheit 1123
Schönheitsfehler 497
Schönheitspflege 997
Schönheitssinn 619
Schonkost 447
schönmachen, sich 1026
schöntun 1110
flirten 1060
Schonung 891
Rücksicht 1071
junger Wald 656
schonungslos 677
brutal 264
Schonungslosigkeit 1107
Schonzeit 1462
Schopf 786
Scheune 815
schöpfen 558
Verdacht 1418
Luft 827
Schöpfer 465
schöpferisch 1124
Schöpferkraft 1016
Schöpfung 1125
schoren 1440
Schorf 1552
schorfig 1312
Schornstein 687
Schornstein schreiben, in den 1415
Schoß 764
Fach 1599
Hände in den Schoß legen 1075
feiern 500
Mutterschoß 1030
Schoßkind 764
Schößling 764
schräg 1126
Schräge 4
Schramme 1552
schrammen 1053
Schrank 356
Schranke 1127
schrankenlos 879
Schranze 1111
Schraube 162
Schraube ohne Ende 823
schrauben 162
hochschrauben 308
höher schrauben 1372
Schrecken 49
schrecken 310
Schreckensherrschaft 300
Schreckgespenst 586
schreckhaft 51
schrecklich 1128
Schrecknis 1322
Schreckschuß 311
Schrei 1072
schreiben 1129
Schreiben 263
Schreiber 689
schreibfaul 923
Schreibweise 1202
schreien 821
grölen 1161
schreiend 825
Schreier 1522
schreiten 582
Schrift 1129
Broschüre 265
Schriftbild 1253
Schriftleiter 204
Schriftleitung 204
schriftlich 901
Schriftsteller 465
Schriftstück 951
Schrifttum 1130
Schriftwerke 284
Schriftwechsel 788
schrill 825
schrillen 1257
Schritt 1349
Schritt für Schritt 817
Schrittmacher 752
Führer 556
schrittweise 817
schroff 24
steil 1126
Schroffheit 533
schröpfen 936
Schrot 1567
schroten 1566
Schrott 4
Schrulle 335
schrullig 93
Schrulligkeit 335
schrumpfen 1272
schrumplig 34
Schrunde 1552
schrundig 1312
Schub 1211
Druck 312
Menge 1029
Schubfach 1599
Schubkraft 1542
Energie 388
Schublade 1599
Schubs 1211
schubsen 1211
schüchtern 1411
schüchtern sein 1087
Schüchternheit 1412
Schuft 1136
schuften 193
schuftig 1106
Schuftigkeit 1107
Schularbeiten 94
Schularbeiten machen 846
Schulbeispiel 182
Schulbuch 832

Schuld 1131
Unrecht 1334
schuldbeladen 1133
schuldbewußt 1066
verlegen 1411
Schuldbewußtsein 1065
Verlegenheit 1412
Schulden 1131
Schulden machen 254
schulden 1132
schuldenfrei 636
Schuldenmacher 1132
Schuldgefühl 1065
schuldhaft 1133
schuld sein 1133
Schuldiener 1507
schuldig 1133
schuldig bleiben 1132
keine Antwort 424
schuldig machen, sich 1133
Schuldigkeit 1131
schuldlos 1337
Schuldlosigkeit 1058
Schuldner 1132
Schuldschein 220
Schule 1134
Richtung 833
Schule machen 1538
schulen 834
Schüler 1135
schülerhaft 1354
Schulfall 182
Schulmappe 173
schulmäßig 808
Schulmeister 835
Pedant 990
schulmeisterlich 186
schulmeistern 1233
Schulter an Schulter 1588
Schulung 833
Schulweisheit 1353
Schund 4
Kitsch 766
schuppig 1040
schüren 1505
hetzen 696
schurigeln 1233
Schurke 1136
Schurkerei 1334
schurkig 1106
schürzen 683
Schürzenjäger 1393
Schuß 606
Kleinigkeit 775
Schüssel 576
Schussel 1332
schusselig 1305
schusseln 1332
Schußwaffe 1137
Schuster 301
schustern 1000
Schutt 4
schütteln 1149
sich schütteln 372
zur Besinnung bringen 871
schütten 558
regnen 1052
schütter 321
dünn 776
Schutz 1137
Sicherung 1431
in Schutz nehmen 411
schutzbedürftig 700
Schutzbefohlener 1139
Schütze 752
schützen (sich) 1138
schützend 1245
Schutzengel 689
Schutzgeist 689
Schützling 1139
schutzlos 700
rechtlos 1048
Schutzlosigkeit 954
Schutzmann 106
Schutzmarke 761
Schutzumschlag 710
schwach 1140
Schwäche 445
Neigung 938
Unzulänglichkeit 1353
schwächen 1141
schwächer 1140
schwachherzig 51
weich 1516
Schwachkopf 929
schwächlich 1140
Schwächling 501
schwachnervig 1140
schwachsichtig 1320
Schwachsinn 796
schwachsinnig 1423
Schwächung 1085
Schwaden 276
Schwadroneur 1143
schwadronieren 1292
Schwall 1220
Schwamm 1383
Schwamm drüber 441
schwammig 1516
schwanen 1418
Schwanengesang 1109
Schwang, im 563
modern 904
schwanger 549
schwanger sein 1261
schwanger werden 378
schwängern 464
durchdringen 322
Schwangerschaft 549
Schwängerung 467
Durchdringung 600
schwank 373
Schwank 1482
Streich 1215
Schwanken 1596
schwanken 1142
fluktuieren 1149
unsicher sein 1338
zweifeln 1598
schwankend 1338
unentschlossen 1600
Schwankung 1366
Schwanz 1109
schwänzeln 1149
schmeicheln 1110
schwänzen 1427
feiern 500
schwappen 236
schwären 1549
Schwarm 885
Ideal 713
schwärmen 1144
wimmeln 1289
sich begeistern 169
Schwärmer 715
schwärmerisch 716
Schwarte 710
Buch 265
schwarz 318
schwarz auf weiß 1158
Schwärze 319
ins Schwarze treffen 1263
Schwarzer Markt 1239
schwarzsehen 403
Schwarzseher 995
schwarzseherisch 996

Schwatz 1346
schwatzen 1183
unterhalten 1345
Schwätzer(in) 1143
schwatzhaft 200
indiskret 1304
Schwatzhaftigkeit 968
Schwebe, in der 965
schweben 1144
schwebend 965
fliegend 828
schweifen 582
Schweigegeld 408
Schweigen 1074
Schweigen brechen 966
schweigen 1145
schweigsam 1146
Schweigsamkeit 1587
Schwein 1525
Glück 647
Schweinerei 1116
schweinigeln 1304
Schweiß 15
schweißen 1422
verschweißen 162
schweißtreibend 627
schwelen 261
schwelgen 596
Schwelger 597
Schwelgerei 602
schwelgerisch 598
schwellen 1549
schwellend 297
Schwellung 1550
Schwemme 1508
Wirtshaus 565
schwemmen 771
anschwemmen 926
schwenken 1149
Schwenkung 12
Sinnesänderung 1366
schwer 1147
dicht 296
nahrhaft 927
echt 324
schwer arbeiten 193
Schwerarbeit 823
Schwerarbeiter 46
schwerbeschädigt 208
schwer beweglich 1010
schwerblütig 1323
Schwere 823
Schwerenöter 1393
schwerfallen 444
schwerfällig 1010
Schwerfälligkeit 1412
schwerhörig 1320
Schwerkraft 1542
Druck 312
schwerlich 757
Schwermut 1322
schwermütig 1323
schwernehmen 838
Schwerpunkt 680
schwertun 444
schwerwiegend 1526
Schwester 689
schwesterlich 887
schwiemeln 500
schwierig 1148
schwer zu behandeln 1586
Schwierigkeit 1412
schwimmen 1508
treiben 1144
unsicher sein 1338
naß sein 1289
Schwindel 445
Betrug 1239
schwindelig 1543
schwindelig werden 1338
schwindeln 864
betrügen 229
schwinden 922
vergehen 1398
schwindend 10
Schwindler 230
Schwinge 1137
schwingen 1149
Schwinger 1102
Schwingung 238
Schwung 1150
Schwips 231
schwirren 1144
eilen 338
schwitzen 1505
schwitzend 1504
schwojen 1149
schwören 1430
schwül 317
Schwulst 1003
schwülstig 1330
Schwund 1085
Nachlassen 1069
Schwung 1150
Energie 388
in Schwung 828
in Schwung bringen 60
schwunghaft 828
schwunglos 1140
schwungvoll 389
Schwur 1431
Zeugnis 1571
Sediment 950
See 1508
Seegang 238
seekrank 839
Seekrankheit 796
Seele 577
Seelenblindheit 1313
Seelenfängerei 1523
Seelenfriede 1074
seelengut 665
Seelenkunde 425
Seelenleben 577
seelenlos 881
stumpf 1223
Seelenlosigkeit 1313
Seelenruhe 1074
Seelenstärke 654
seelenverwandt 351
Seelenverwandtschaft 352
seelenvoll 379
seelisch 727
Seelsorger 765
Seemannsgarn 863
Seenot 1322
in S. geraten 1096
seetüchtig 1595
Segel streichen, die 95
segeln 166
Segen 1151
Gnade 650
segensreich 648
Segenswünsche 662
segnen 1152
das Zeitliche 1199
sehen 1153
sehenswert 214
Sehenswürdigkeit 335
Seher 1018
Augen 786
Sehergabe 380
seherisch 1017
Sehkraft 1500
sehnen, sich 167
sehnig 794
zäh 1557
sehnlich 918

Sehnsucht 1410
sehnsüchtig 918
verlangend 168
sehr 1154
Sehwinkel 883
seicht 774
banal 145
Seichtheit 146
seidig 1516
Seifenblase 1397
seifig 636
seihen 771
Seil 477
Seilbahn 482
Seilschaft 661
seiltanzen 198
riskieren 1493
Seim 470
seimig 1557
Sein 473
Leben 826
sein 827
sich befinden 163
seinerzeit 551
seit 1174
seitab 924
seitdem 1174
Seite 1240
Wesenszug 335
Seitenansicht 624
zur Seite stehen 688
Seite an Seite 1588
seitens 901
Seitensprung 1215
Ehebruch 1359
Seitenstraße 1512
Seitenstück 303
Seitenzahl 1298
seitlich 924
Sekret 15
Sekretär(in) 689
Schrank 356
Sekretariat 1417
Sekretion 15
Sekte 1266
Sektierer 763
sektiererisch 763
Sektion 1599
Sezierung 1570
Sektor 1599
Sekundant 689
sekundär 1140
Sekunde 775
sekundieren 1592
beistehen 688
selbst 994
Selbst 886
Selbstachtung 1208
selbständig 534
selbständig werden 164
Selbständigkeit 535
Selbstaufopferung 406
Selbstbedienungsladen 613
Selbstbeherrschung 1578
Selbstbekenntnis 967
Selbstbestimmung 535
Selbstbestimmungsrecht 1046
selbstbewußt 1207
Selbstbewußtsein 1208
selbstbezogen 1156
Selbstbiographie 826
Selbstentäußerung 888
Selbsterhaltungstrieb 826
Selbsterkenntnis 1433
Selbsterniedrigung 406
Selbsterziehung 1578
selbstgefällig 369
Selbstgefälligkeit 370
Selbstgefühl 1208
selbstgerecht 486
Selbstgerechtigkeit 487
Selbstgespräch 218
selbstherrlich 1537
eitel 369
Selbstherrlichkeit 370
Selbsthilfe 300
Selbstkritik 1433
selbstkritisch 1419
Selbstlob 370
selbstlos 887
Selbstlosigkeit 888
Selbstmord 1260
Selbstmord begehen 1259
selbstquälerisch 1254
selbstsicher 1207
Selbstsicherheit 1208
Selbstsucht 1155
selbstsüchtig 1156
selbsttätig 881
Selbsttäuschung 719
Selbstüberhebung 370
Selbstüberwindung 1578
selbstverantwortlich 534
selbstverborgen 317
Selbstverborgenheit 1313
Selbstvergötterung 1155
Selbstverleugnung 406
selbstverständlich 1307
natürlich 933
Selbstverständlichkeit 956
Natürlichkeit 535
Selbstverständnis 1433
Selbstvertrauen 1208
Selbstwertgefühl 1208
Selbstzucht 1578
selig 648
Seligkeit 647
Seligkeit, ewige 988
selten 1157
Seltenheit 790
Ausnahme 335
seltsam 93
Seltsamkeit 335
Seminar 1264
senden 1098
ausstrahlen 897
beauftragen 161
Sender 899
Sendung 1262
Aufgabe 108
Ausstrahlung 899
sengen 261
sengerig 573
senil 34
Senilität 35
Senior 35
senken 948
nachlassen 922
sich senken 1440
senkrecht 604
Senkrechtstarter 649
Senkung 4
Nachlaß 1484
Sensation 615
Erstaunen 457
sensationell 130
sensibel 379
Sensibilität 380
Sentenz 292
sentimental 379
kitschig 767
Sentimentalität 384
Kitsch 766
separat 367

Separatismus 1266
Separatist 763
separieren 1265
Serie 1056
seriell 881
Serienprodukte 466
Serienproduktion 467
seriös 450
Seriosität 69
Sermon 872
  Tadel 1232
Serpentine 809
Service 1065
  Dienstleistung 299
servieren 38
  bedienen 157
servil 1350
Servilität 584
Sessel 605
seßhaft 45
seßhaft werden 948
Seßhaftigkeit 1074
setzen (sich) 948
  wetten 1493
  sich in Bewegung
    setzen 394
  an die Luft setzen 23
Seuche 796
seufzen 769
Seufzer 768
Sex-Appeal 1561
Sexualität 1267
  Verlangen 1410
sexuell 1268
sexy 79
Sezession 1266
sezieren 1565
Sezierung 1570
sicher 1158
  weltgewandt 617
  weltklug 424
sichergehen 1545
Sicherheit 616
  Schutz 1137
  Gewißheit 1544
  Bürgschaft 270
  in Sicherheit 1158
  in Sicherheit bringen
    1138
sichern (sich) 1159
  bürgen 267
Sicherung 270
  Schutz 1137
  Versicherung 1431
Sicht 132
  Klarheit 772
  Frist 1564
  auf lange Sicht 1491
sichtbar 770
sichtbar machen 966
sichten 1265
  erspähen 1153
sichtig 690
sichtlich 770
Sichtung 1266
sickern 516
  einsickern 322
sieben 771
  passieren 1566
Siebensachen 775
siech 839
siechen 838
Siechtum 796
siedeln 948
sieden 1092
  sich erhitzen 1505
  sich ärgern 86
  zubereiten 1577
siedend 1504
  schäumend 1534
  zornig 255
Siedepunkt 635
Siedler 149
Siedlung 949
Sieg 426
Siegel 761
siegeln 762
  verschließen 1108
siegen 631
  schlagen 1103
Sieger 1160
siegesbewußt 1207
Siegespreis 426
Siegeszuversicht 912
siegreich 1540
Sielen, in den 514
sielen, sich 431
Siesta 432
Signal 1072
signalisieren 1563
  ankündigen 897
Signet 761
signieren 762
Signum 761
Silbenstecher 990
silbenstecherisch 991
Silberstreifen 461
silbrig 690
Silhouette 854
Silo 815
Simpel 929
simpel 343
simpelhaft 315
simplifizieren 1391
Simulant 1143
simulieren 1483
Sinekure 1063
singen 1161
  verraten 769
Singspiel 1482
singulär 130
sinken 484
  nachlassen 922
  untergehen 1096
Sinn 1453
  Bedeutung 156
  im Sinn haben 1551
Sinnbild 1562
sinnbildlich 244
Sinndeutung 284
Sinne 1500
  Triebe 1267
sinnen 290
Sinnen 916
Sinnenfreude 602
sinnenfreudig 1162
Sinnenrausch 1267
Sinnenreiz 602
Sinnesänderung 1301
Sinnesart 289
Sinnesempfindung
  1500
Sinnesorgane 1500
Sinnestäuschung 719
sinnfällig 770
Sinngebung 284
sinngemäß 1319
sinngleich 639
sinnig 1168
sinnlich 1162
  triebhaft 1268
Sinnlichkeit 1267
sinnlos 1352
  unnötig 1331
Sinnlosigkeit 1302
Sinnspruch 292
sinnverwandt 640
sinnvoll 1163
  zweckmäßig 1595
sinnwidrig 1352
sintemal 1513
Sippe 681

Sippschaft 681
Klüngel 661
Sirene 1072
Verführerin 1393
sirren 1257
Sit-in 1067
Sitte 257
gute Sitten 69
sittenlos 1304
Sittenlosigkeit 1107
sittenrein 70
Sittenreinheit 1058
sittenstreng 70
puritanisch 1218
Sittenstrenge 1058
Sittenverfall 1069
sittlich 70
Sittlichkeit 632
Anstand 69
sittsam 70
Sittsamkeit 1058
Situation 814
situiert, gut 1054
Sitz 1548
sitzen 1164
in der Wolle 666
sitzenbleiben 1425
sitzenlassen 1401
Sitzfleisch haben, kein 1336
Sitzmöbel 356
Sitzung 218
Skala 876
Skandal 1088
Lärm 606
Sensation 457
skandalös 1106
schlimm 104
Skelett 668
Skepsis 1596
Skeptiker 763
skeptisch 763
Skizze 1004
skizzenhaft 961
skizzieren 1005
Sklave 1048
Sklavenhalter 556
Sklavenseele 1111
Sklaverei 575
Unfreiheit 312
sklavisch 1350
unfrei 1317
Skrupel 1596
skrupelhaft 1254
skrupellos 837
Skrupellosigkeit 1359
Skulptur 844
skurril 1002
Slang 1182
Slogan 292
Werbeslogan 1523
Snob 1143
Snobismus 895
snobistisch 68
so 1165
so oder so 190
beliebig 190
sobald 1520
Sockel 657
sodann 1174
soeben 812
sofern 485
sofort 639
schnellstens 1119
Sog 861
Richtung 1220
sogar 92
solange 1497
Sold 1386
Soldat 752
soldatisch 1235
solid 324
bürgerlich 269
solidarisch 351
solidarisieren, sich 351
Solidarität 352
solitär 357
Soll 1131
sollen 910
Söller 935
solo 367
solvent 1054
somatisch 982
somit 33
Sommerfaden 477
sommerlich 1504
sonder 128
Sonderart 335
Sonderausbildung 362
sonderbar 93
Sonderbündelei 1266
Sonderfall 335
Sondergebiet 1175
sondergleichen 130
Sonderklasse 335
Spitze 635
sonderlich 93
Sonderling 984
sonderlingshaft 93
sondern 1265
Sonderrecht 1046
Sonderstellung 335
Sonderung 1266
sondieren 530
prüfen 1020
Sondierung 1021
Song 612
Sonne 849
sonnen, sich 431
Sonnenaufgang 39
Sonnenschein 849
Glück 647
Sonnenseite 647
Sonnenuntergang 319
sonnig 690
heiter 686
Sonntag 537
Sonntagskind 649
sonor 1467
sonst 92
früher 551
sonstiges 1464
ergänzend 427
Sophist 990
Sophistik 980
sophistisch 991
Sorge 1166
Fürsorge 997
sorgen 1432
sich sorgen 50
sorgenfrei 1054
glücklich 648
sorgenvoll 51
Sorgfalt 1167
sorgfältig 1168
genau 593
sorglos 836
nachlässig 1305
Sorglosigkeit 837
sorgsam 1168
Sorte 90
sortieren 979
sortiert 117
Sortiment 137
Soße 429
Sottise 1179
Souffleur 689
soufflieren 688
Souterrain 1548
Souvenir 434
Souverän 556

souverän 555
überlegen 424
Souveränität 425
sowieso 92
sozial 887
anpassungsfähig 620
Sozialreform 1067
Sozietät 590
Sozius 1242
sozusagen 642
spähen 195
ausschauen 1228
Späher 196
Spalier 668
Spalier stehen 170
Spalte 972
Rubrik 1240
Kluft 1441
spalten 1566
trennen 1265
Spaltpilz 796
Spaltung 1266
Span 1222
Spange 1025
Befestigung 162
Spanne 1564
spannen 1214
interessieren 732
zu eng sein 1353
knapp sein 496
spannend 730
Spannkraft 374
Spannung 1169
spannungsgeladen 573
sparen 1170
spärlich 776
Sparmaßnahme 362
Sparren 668
Tick 335
sparsam 1171
Sparsamkeit 1172
spartanisch 67
Sparte 1599
Spaß 540
Ulk 1346
Spaß verderben 403
spaßen 1345
spotten 1180
spaßig 686
Spaßvogel 1097
spät 1173
später 1174
zu spät 1394
verspätet 1173
Spätzünder 1462
spazierengehen 582
wandern 1503
Spaziergang 481
speckig 636
schmutzig 1117
spedieren 1098
Speichel 15
Speicher 935
Lager 815
speichern 1081
Speicherung 1082
speien 14
Speise 447
speisen 469
Speisung 447
Spektakel 606
spektakulär 130
Spekulant 614
Abenteurer 2
Spekulation 1348
Berechnung 1004
Grübelei 916
spekulativ 733
nachdenklich 1254
spekulieren 1493
nachdenken 290
berechnen 198
Spelunke 565
spendabel 655
Spende 974
spenden 567
Spender 689
spendieren 567
einladen 353
Sperre 1127
Hemmung 1412
sperren 1425
hindern 701
sich sperren 1277
Spesen 109
Spezialfall 335
Spezialgebiet 1175
spezialisieren, sich 246
Spezialisierung 362
Spezialist 475
Spezialität 1175
speziell 214
Spezies 90
Spezifikum 335
spezifisch 273
spezifizieren 1565
Spezifizierung 1266
Sphäre 861
Gebiet 569
Milieu 1035
spicken 558
abschreiben 720
zubereiten 1577
Spiegel 1025
Spiegelbild 303
Spiegelfechterei 1239
spiegeln (sich) 1176
spiegelnd 636
Spiegelung 1542
Spiel 1482
Rolle 284
Zeitvertreib 1346
Wagnis 1348
Sport 779
Getue 1239
aufs Spiel setzen 1493
Spielart 1366
Spielball 230
spielen 1177
sich abspielen 166
riskieren 1493
mit dem Gedanken spielen 1005
vortäuschen 1483
spielend 836
Spieler 2
Spielerei 1239
Kleinigkeit 775
Dilettantismus 1353
spielerisch 837
Spielraum 1041
Spielsachen 1025
Spielverderber 995
Spießbürger 268
Spießertum 146
Spießgeselle 1246
spießig 269
Spind 356
spinnen 1422
faseln 1423
Spinner 929
Utopist 715
spintisieren 290
faseln 1423
Spion 196
Spionage 1359
spionieren 195
Spirale 809
Spital 795
Altersheim 35

spitz 1089
anzüglich 1181
schrill 825
abweisend 24
Spitzbube 1380
spitzbübisch 686
Spitzbüberei 1239
Spitzbübischkeit 540
Spitze 635
Anzüglichkeit 1179
Leitung 845
Stickerei 1025
an der Spitze 706
vorn 1476
erstklassig 130
die Spitze bieten 1277
auf die Spitze treiben 1493
Spitzel 196
Verräter 1136
Spitzen der Gesellschaft 233
spitzen 1090
berechnen 198
sich spitzen auf 198
die Ohren spitzen 195
Spitzenleistung 635
spitzfindig 991
Spitzfindigkeit 980
Spitzname 1179
spitzzüngig 1181
Spleen 335
spleenig 93
spleißen 1265
Splitter 1222
splittern 260
Splitterrichter 990
spontan 536
Spontaneität 388
sporadisch 1487
spornstreichs 1328
Sport 779
Sport treiben 236
Sporteln 109
Sportler 1178
sportlich 1178
Sportplatz 569
Spot 1482
Spott 1179
spotten 1180
spöttisch 1181
Spötter 800
Sprache 1182
Sprachfehler 497
sprachgewandt 200
Sprachgewandtheit 1182
Sprachkraft 1202
sprachlos 1191
Sprachlosigkeit 457
Sprachschatz 1182
sprechen 1183
Sprecher 1449
Sprechstunde 218
Praxis 613
spreizen, sich 1277
angeben 1292
Sprengel 590
sprengen 971
anfeuchten 510
zerstören 1569
Sprengkörper 802
Sprengung 1570
sprenkeln 911
Spreu 1064
Sprichwort 292
sprichwörtlich 563
sprießen 415
Springbrunnen 1030
springen 495
aufspringen 971
brechen 260
springen lassen 567
sprinten 338
Spritze 175
Spritze geben 174
spritzen 510
eilen 338
spritzig 61
spröde 1184
Sprödigkeit 1219
Sproß 764
Sprosse 1349
sprossen 415
Sprößling 764
Spruch 292
Spruchband 436
Sprüche machen 1292
spruchreif 441
sprudeln 516
schäumen 1092
heraussprudeln 1183
sprudelnd 1534
lebhaft 828
sprühen 111
regnen 1052
besprühen 510
sprühend 61
Sprung 1185
Sprungbrett 907
sprunghaft 1009
spucken 14
Spuk 586
spuken 1300
spukhaft 1128
Spule 1502
spulen 308
spülen 1084
schwemmen 771
Spund 1429
junger Spund 743
Spundloch 972
Spur 1186
eine Spur 775
neben der Spur 1423
spürbar 1187
spüren 553
spuren 143
folgen 583
spurlos 564
spurlos verschwunden 1511
Spürsinn 577
Spurt 337
spurten 338
sputen, sich 338
Staat 931
Obrigkeit 867
Putz 1022
staatlich 970
Staatsangehörigkeit 931
Staatsbürger 233
Staatsdiener 46
Staatsgewalt 867
Staatskunst 616
Staatsoberhaupt 556
Staatsstreich 1067
Stab 668
Stütze 455
Gruppe 661
Stab führen, den 554
stabil 286
kräftig 794
stabilisieren 162
stützen 1225
Stabilität 507
Stachel 477
Anreiz 656
wider den St. löcken 1277

Stacheldraht 1127
hinter Stacheldraht 575
stachelig 1040
abweisend 24
stacheln 696
reizen 1060
Stadel 815
Stadion 569
Stadt 949
stadtbekannt 183
Städter 268
Stadtgespräch 609
Stadtrand 925
Stadtviertel 925
Staffage 1239
Staffel 107
Gruppe 661
staffeln 979
Staffelung 980
Stagnation 1203
stagnieren 1205
stählen 1189
stählern 677
kräftig 794
Stählung 1190
Stall 935
guter Stall 1477
Ställchen 1127
Stamm 1201
Familie 681
stammeln 1205
stammen von 415
Stammgast 224
Stammhalter 764
stämmig 794
Stammtisch 661
stampfen 582
zerkleinern 1566
schlingern 1142
Stand 1036
Lage 814
Verkaufsstand 613
im Stande 478
Standard 876
Standarte 1562
Standbild 844
Standesbewußtsein 1208
standfest 794
standhaft 1594
Standhaftigkeit 507
standhalten 176
überdauern 287
ständig 721
Standort 986
Standquartier 1548
Standpauke 1232
Standpunkt 883
Stange 668
die Stange halten 411
bei der Stange bleiben 176
stänkern 696
Stänkerer 1522
Stapel 1029
stapeln 1081
Star 635
den Star stechen 310
stark 794
dick 297
mächtig 868
Stärke 1188
Umfang 1298
stärken 637
sich stärken 1189
starkherzig 1235
Stärkung 1190
Stärkungsmittel 900
starr 1191
unelastisch 677
starren 1553
Starrheit 1313
Starrkopf 652
Starrsinn 1527
starrsinnig 1278
Start 39
Absprung 48
startbereit 506
starten 1367
anpfeifen 40
veranstalten 1368
Startschuß 1072
Station 668
Abteilung 1599
Station machen 669
stationär 288
statiös 1194
Statist 284
Statisterie 1246
statt 1192
Statt, Stätte 986
stattfinden 166
stattgeben 438
stattgehabt 1193
statthaft 199
Statthalter 1449
stattlich 1194
Stattlichkeit 654
Statue 844
statuieren 1389
Exempel statuieren 310
Statur 127
Status 1589
Statussymbol 1562
Statut 659
Staub 1116
Pulver 1567
Staub aufwirbeln 103
stauben 1451
abstauben 1084
staubig 1117
Staude 271
stauen 701
abbinden 1265
sich stauen 305
staunen 1553
Staunen 457
staunend 1191
stäupen 1103
Stauung 1203
stechen 1118
schmerzen 1113
jucken 742
stechend 1089
peinigend 1027
Steckbrief 761
stecken 163
befestigen 162
Wink geben 705
steckenbleiben 1205
Steckenpferd 1175
Steckling 769
Steg 1375
Pfad 1512
Stegreif, aus dem 1355
stehen 1195
stehen zu 351
harmonieren 1436
Rede stehen 462
stehenbleiben 669
nicht weiterkommen 1205
stehend 604
stehenden Fußes 639
stehlen 936
steif 1191
verlegen 1411
steifen 1190
sich steifen 456
stärken 637

steifhalten, die Ohren 176
Steifheit 1313
Gehemmtheit 1412
Steig 1512
steigen 1196
steigend 1584
schräg 1126
steigern 683
verbessern 1372
hineinsteigern 86
sich steigern 1196
sich vervielfachen 1453
ersteigern 755
Steigerung 1197
Steigung 107
steil 1126
Steile 4
Stein des Anstoßes 1303
steinern 677
steinig 963
Stelldichein 1264
Stelle 986
Beruf 82
zur Stelle 581
an Stelle von 1192
stellen 1198
sich stellen 1198
tun als ob 1483
gelieren 456
überführen 1563
Stellengesuch 1410
stellenlos 84
stellenweise 1487
Stellenwert 1036
Stellung 1036
Anstellung 82
Lage 814
Stellungnahme 883
Stellungswechsel 395
stellvertretend 1192
Stellvertreter 1449
Stelzfuß 455
stemmen 683
sich stemmen 1277
Stempel 761
Bestätigung 220
stempeln 762
arbeitslos sein 84
Stengel 1201
Stenogramm 951
stenographieren 811
mitstenographieren 508
Stenotypistin 689
Steppe 964
sterben 1199
sterblich 1396
Sterblicher 886
Sterblichkeit 1397
stereotyp 639
formelhaft 563
steril 1057
unfruchtbar 1318
sterilisieren 429
unfruchtbar machen 1141
sterilisiert 1057
eingeweckt 286
Stern 849
Star 635
stet, stetig 113
Stetigkeit 507
stets 721
Steuer 845
Abgabe 999
steuerfrei 1302
Steuermann 556
Steuermarke 999
steuern 1200
Steuerung 845
Stich 1552
Tick 335
im Stich lassen 1014
Stichelei 80
Spott 1179
Näherei 671
sticheln 1180
nähen 1422
stichhalten 1295
stichhaltig 1602
Stichprobe 1021
Stichtag 1251
Stichwort 761
sticken 1422
Stickerei 671
Verzierung 1025
stickig 317
stieben 338
sprühen 111
Stiefmutter 455
stiefmütterlich 1321
Stiege 107
Stiel 1201
Stier 1525
starker Mann 873
den Stier bei den Hörnern packen 47
stieren 1553
Stift 162
Lehrling 1135
Heim 35
Internat 1134
Kloster 765
stiften 567
stiftengehen 515
Stifter 689
Stiftung 561
Stigma 1562
Stil 1202
Stilgefühl 619
stilisieren 626
Stilisierung 523
Stilist 465
still 1076
schweigsam 1146
im stillen 1444
Stille 1074
Stilleben 243
stillegen 95
stillen 560
beruhigen 205
stillhalten 1075
stillos 524
Stillosigkeit 766
stillschweigend 1146
Stillstand 1203
stillstehen 385
stocken 1205
Stillung 878
stillvergnügt 67
stilvoll 804
Stimmabgabe 1494
Stimme 1256
Vollmacht 439
Meinung 883
stimmen 1495
passen 1164
zutreffen 1263
stimmig 676
Stimmigkeit 675
Stimmung 1204
stimmungslos 820
stimmungsvoll 498
Stimulans 900
stimulieren 60
stimulierend 61
stinken 1068
stinkend 371
Stipendium 1484

Stirn haben, die 1493
Stirn bieten, die 1277
Stirnseite 1473
stöbern 1228
säubern 1084
Stock 1400
Stütze 455
Grundlage 657
stocken 1205
stockend 817
Stockung 702
Unterbrechung 1203
Stockwerk 1548
Stoff 1206
Rauschgift 900
Stoffgebiet 579
stofflich 1539
stöhnen 769
Stoiker 641
stoisch 405
stumpf 1223
gelassen 1076
Stollen 1441
stolpern 484
stolz 1207
hochmütig 369
Stolz 1208
Hochmut 370
stolzieren 1023
stopfen 448
mästen 560
stopfend 1324
nährend 927
Stoppel 477
Haar 786
stoppelig 1040
stoppen 669
Stoppstelle 668
Stöpsel 1429
stöpseln 1108
verbinden 1374
stören 1209
störend 824
ungünstig 1324
Störenfried 1210
Hetzer 1522
störrisch 1278
Störung 1210
störungsfrei 636
Stoß 1211
Quantum 1029
stoßen 1211
drängeln 305
ausstoßen 140
Stoßkraft 1542
stoßkräftig 1540
stoßweise 1487
Stoßzeit 635
stottern 1205
abstottern 27
stracks 1328
Strafantrag 768
Strafanstalt 575
strafbar 1377
Strafe 1400
strafen 1399
strafend 1357
Straferlaß 650
straff 604
faltenlos 776
straffen 637
kürzen 811
sich straffen 409
Straffheit 374
Zucht 1578
Sträfling 1380
straflos 1337
Straftat 1334
Strahl 849
strahlen 1095
lachen 813
strahlend 690
heiter 543
Strahlung 849
stramm 1235
strammstehen 583
strampeln 236
Strand 1035
stranden 1096
Strandgut 4
Strang 477
Bündel 1029
an einem Strang ziehen 351
Strapaze 823
strapazieren 1379
überlasten 185
strapazierfähig 286
Strapazierfähigkeit 507
strapaziös 824
Straße 1512
Straßenbahn 482
Straßenjunge 652
Straßenmädchen 1393
Strategie 616
strategisch 617
sträuben, sich 1277
zu Berge stehen 1198
Strauch 271
straucheln 484
Strauß 271
Streit 1216
Streben 333
streben 1212
strebend 1213
Streber 1111
streberhaft 1156
strebsam 514
tätig 1237
Strebsamkeit 333
Strecke 395
Beute 426
Strecke bringen, zur 1259
strecken (sich) 1214
verdünnen 892
Streich 1215
Schlag 1102
Streich spielen 1180
streicheln 852
streichen 492
kürzen 811
stornieren 95
löschen 858
Brot 1577
die Segel 95
zusammenziehen 1601
streichfähig 1516
Streichung 395
Kürzung 811
Streife 529
Streifen 911
Film 243
streifen 206
mustern 911
erwähnen 705
Streifzug 481
Streik 1067
streiken 1209
Streit 1216
streitbar (sein) 684
streiten 1217
Streiter 752
Streitfrage 529
Streitgespräch 218
streitig machen 1425
Streitmacht 752
Streitmichel 652
Haustyrann 300
Streitsache 1019
Streitsucht 685

streitsüchtig 684
streng 1218
hart 677
Strenge 1219
Streß 823
streuen 1439
streunen 1503
Strich 854
auf den Strich gehen 1014
Strichmädchen 1393
strichweise 1247
Strick 477
Schlingel 1097
stricken 1422
Strickjacke 773
striegeln 1026
strikt 1218
strittig 965
zweifelhaft 1597
Stroh, leeres 820
Strohfeuer 1359
Strohmann 1449
strolchen 1503
Strom 1508
stromab 1341
stromauf 1489
strömen 516
regnen 1052
strömend 930
reichlich 1054
Stromer 480
stromern 1503
stromlinienförmig 1595
Stromschnelle 1508
Strömung 1220
strotzen 1023
strotzend 549
Strudel 1508
strudeln 308
rauschen 1257
Struktur 1221
struppig 1040
Stube 1041
Stubenhocker 984
Stubenmädchen 46
stubenrein 1057
Stück 1222
Teil 1240
Theaterstück 1482
Stück, starkes 533
unerhört 104
stücken 448
stückweise 817
Stückwerk 1353
Student 1135
Studie 243
studieren 846
durcharbeiten 847
untersuchen 526
Studio 613
Studium 833
Stufe 107
Grad 1036
Stufenleiter 107
stufenweise 817
Stuhl 356
stumm 1146
Stummel 1064
Stummheit 1074
Stümper 301
Stümperei 1353
stümperhaft 1354
oberflächlich 961
stümpern 1000
stumpf 1223
Stumpf 1064
Stumpfheit 1313
Stumpfsinn 316
Langeweile 818
stumpfsinnig 315
langweilig 820
stunden 1224
stundenlang 816
stündlich 721
bald 144
Stundung 1564
Stuntman 1449
Doppel 303
stupide 315
stur 1191
Sturheit 1313
Enge 391
Sturm 861
Aufregung 685
Andrang 48
stürmen 249
eilen 338
Sturmflut 1508
stürmisch 862
heftig 684
Sturz 483
stürzen 484
eilen 338
beseitigen 211
umwerfen 440
fällen 1103
entthronen 123
Stütze 668
Hausangestellte 46
stützen (sich) 1225
sichern 1159
stutzen 811
staunen 1553
Stutzer 1226
stutzerhaft 1293
stutzig 1191
subaltern 774
unterwürfig 1350
Subjekt 886
Kerl 1136
subjektiv 994
Subkultur 1527
sublim 326
sublimieren 1372
läutern 771
Subordination 584
subskribieren 221
Subskription 108
substantiell 1539
Substanz 1227
substanzlos 829
Substanzlosigkeit 1353
subtil 326
schwierig 1148
zart 1560
Subvention 698
Subversion 1067
subversiv 1278
Suche 529
suchen 1228
Sucher 715
Suchmeldung 761
Sucht 1267
süchtig 1317
Sudelei 1353
sudeln 1000
schmieren 1451
südlich 1504
suggerieren 159
Suggestion 364
suggestiv 1602
Sühne 1301
Sühneleistung 408
sühnen 1229
gutmachen 407
summarisch 810
Summe 426
summen 1257
singen 1161
summieren 1558
Sumpf 1230

sumpfen 1269
sumpfig 1117
Sünde 1334
Sündenbekenntnis 1065
Sündenbock 1449
Sündenfall 22
Sündenregister 1131
sündhaft 1377
sehr 1154
sündigen 1398
superklug 991
Superlativ 635
superlativisch 1293
Supermarkt 613
surren 1257
Surrogat 455
suspekt 1597
suspendieren 123
süß 1546
reizend 59
schmeichlerisch 486
Süße 88
Lieblichkeit 58
süßen 1556
Süßholz raspeln 1110
Süßigkeit 793
süßlich 486
kitschig 767
Süßlichkeit 766
süßsauer 694
Süßspeise 870
Sutane 773
Symbol 1562
symbolisch 244
symbolisieren 189
Symbolisierung 284
Symmetrie 1287
symmetrisch 1286
Sympathie 851
sympathisch 850
sympathisieren 1436
Symposion 1264
Symptom 1562
Kennzeichen 761
symptomatisch 273
synchron 644
synchronisieren 1391
Syndikat 590
Syndikus 1449
Synode 1264
Synonym 303
synonym 639
Synthese 1375
synthetisch 1330
System 1231
systematisch 1006
systemlos 1332
Szenario 1004
Szene 615
Streit 1216
Schauplatz 1093
Szenerie 1093

T

Tabelle 1460
Tablette 900
tabu 1377
Tabu 1376
Tadel 1232
tadellos 459
vollkommen 1469
tadeln 1233
tadelnd 24
tadelnswert 1106
Tadelsucht 799
tadelsüchtig 991
Tafel 1460
Tisch 356
Mahlzeit 870
Tafelfreuden 602
tafeln 469
täfeln 1371
Tafelrunde 661
Täfelung 710
Tag 849
Wochentag 32
eines Tages 965
bei Tag 690
von Tag zu Tag 817
tagaus, tagein 721
Tagebuch 434
Tagedieb 1426
Tagegeld 109
tagelang 816
Tagelöhner 689
tagen 1263
hell werden 40
Tagesanbruch 39
Tagesende 319
Tagesgespräch 615
Tageslicht 849
Tagesordnung 579
täglich 721
Tagung 1264
Taille 391
Takt 1051
Zeitmaß 876
Benehmen 1587
Taktfehler 497
taktfest 1158
taktieren 198
Taktik 616
Taktiker 302
taktisch 1234
geschickt 617
taktlos 1325
Taktlosigkeit 497
taktvoll 1586
Tal 1441
talab 1341
Talent 479
talentiert 478
talentlos 315
Talentprobe 844
talgig 1557
Talisman 1561
Talmi 914
Talsohle 1441
Tiefpunkt 798
talwärts 1341
Tamtam 1022
Werbung 1523
Tand 1025
Tändelei 851
tändeln 1060
Tank 576
tanken 558
Tantieme 957
Spesen 109
Anteil 1063
Tanz 621
tänzeln 582
tanzen 1345
Tanzerei 621
Tapet bringen, aufs 1479
Tapete 710
tapezieren 1371
tapfer 1235
Tapferkeit 912
tappen 582
tasten 1228
pochen 1510
täppisch 1010
Tarif 1013
tarnen (sich) 1371
Tarnung 1239
Tasche 173
aus eigener Tasche 1328
Taschengeld 561
Taschenspieler 1018
Taschenspielerei 1561
Tasse 576
Tastatur 1460
tasten 1228
Tastsinn 1500
Tat 1236
Tatbestand 1238
Lage 814
Fall 483
Tatendrang 333
tatenlos 1339
tatenlustig 389
munter 828
Täter 1380
Täterschaft 1131
tätig 1237
tätigen 1422
Tätigkeit 82
Tätigkeitsfeld 569
Tätigung 1236
Erledigung 442
Tatkraft 388
tatkräftig 389
tätlich 532
tätlich werden 1103

Tätlichkeit 1102
Tatsache 1238
Tatsachenbericht 899
tatsächlich 1539
tätscheln 852
Tatze 646
Tau 477
  Niederschlag 950
taub 1320
tauchen 948
tauen 860
taufen 346
  verdünnen 892
  benennen 940
taufrisch 744
taugen 780
Taugenichts 1426
tauglich 478
  praktisch 1595
  kräftig 794
Tauglichkeit 479
tauig 930
Taumel 454
taumelig 1338
taumeln 1142
Tausch 1366
tauschen 1509
täuschen 229
  sich täuschen 738
täuschend 1154
Täuschung 1239
  Lüge 863
  Finte 863
Tauziehen 1596
Taxe 482
  Preis 1013
taxieren 1091
Team 661
Technik 605
  Verfahren 90
technisch 881
teeren 448
Teich 1508
Teil 1240
  zum Teil 1247
teilbar 237
teilen (sich) 1241
  dividieren 1558
  verästeln 21
teilhaben 1244
Teilhaber 1242
Teilhaberschaft 359
teilhaftig 1245
Teilnahme 1243
teilnahmslos 641
Teilnahmslosigkeit 1313
teilnehmen (lassen) 1244
teilnehmend 1245
Teilnehmer 1246
teils 1247
Teilung 1266
Teilzahlung 1029
Teilzeitarbeit 1487
Teint 491
Telefon 899
telefonieren 897
Telegraf 899
telegrafieren 897
Telegramm 899
Temperament 272
  Leidenschaft 685
  Schwung 1150
temperamentlos 747
temperamentvoll 828
Temperatur 651
  Fieber 796
Temperatursturz 1069
temperieren 1505
temperiert 877
Tempo 876
  Eile 337
Tendenz 1248
  Strömung 1220
tendenziös 1249
tendieren 905
  streben 1212
Teppich 1250
Termin 1251
terminieren 1389
Terminus 116
Terrain 932
Terrasse 935
Territorium 569
Terror 300
terrorisieren 1601
Terrorismus 300
Terrorist 752
Terzett 661
Test 1021
  Experiment 1437
Testament 422
Testament machen 1288
testen 1020
teuer 1252
  lieb 850
Teuerung 1197
  Not 954
Teufel 502
teuflisch 256
Text 1253
  Unterschrift 436
Textilien 1206
Theater 1482
  Schauplatz 1093
  Getue 1239
Theater machen 1100
Theater spielen 1177
Theaterstück 1482
Theatralik 1290
theatralisch 1293
Theke 613
Thema 579
  Motiv 612
Theoretiker 990
theoretisch 660
  gedacht 1094
  ideell 718
  einseitig 363
Theorie 1471
  Lehre 833
  Meinung 883
Therapeut 475
Therapie 175
These 833
Tick 335
ticken 1257
tief 1254
Tief 1327
tiefblickend 729
Tiefdruckgebiet 312
Tiefe 1441
  in der Tiefe 1341
Tiefenwirkung 600
tiefgehend 1540
tiefgekühlt 286
tiefgreifend 1540
tiefgründig 1254
Tiefkühlkost 429
tiefkühlen 429
Tiefland 513
tiefliegend 1254
Tiefpunkt 798
tiefschürfend 1254
  gründlich 593
Tiefsinn 916
  Melancholie 1322
tiefsinnig 1254
  schwermütig 1323
Tiefstand 798
  Schlechtigkeit 1107
  Primitivität 1313

tiefstehend 1306
Tier 1525
Tierarzt 475
tierisch 1268
Tiermedizin 479
Tierpark 135
Tierwelt 1525
tilgen 858
Tilgung 119
  Beseitigung 395
Timbre 1256
Tinktur 470
Tinte 1256
Tinte, in der 313
Tip 704
tippelig 991
Tippelbruder 480
tippeln 1503
tippen 1129
  wetten 1493
Tirade 1003
Titan 873
  Übermensch 595
titanisch 724
Titel 761
Titelseite 1473
titulieren 940
Toast 662
toasten 1577
  zutrinken 663
toben 111
  schimpfen 1100
  wehen 249
  lärmen 821
Tobsucht 796
tobsüchtig 1423
Tod 1255
todbringend 573
Todfeind 502
todkrank 839
tödlich 573
Toilette 935
  Kleid 773
Toilettentisch 356
tolerant 655
Toleranz 891
tolerieren 438
toll 1423
  großartig 1002
tolldreist 1304
tollen 1345
Tollheit 540
  Streich 1215
  Dummheit 316
tollkühn 1235
Tollkühnheit 912
Tolpatsch 652
tolpatschig 1010
Tolpatschigkeit 1412
Tölpel 652
tölpelhaft 1010
Ton 1256
  guter Ton 1405
tonangebend 555
tönen 1257
  kolorieren 492
tönern 1396
Tonfall 1256
Tonfolge 612
tonlos 842
Tonne 576
Tonsur 786
Topf 576
Tor 972
  Narr 929
Torero 752
Torheit 316
  Unüberlegtheit 337
töricht 315
torkeln 1142
torkelnd 1338
Tornado 861
Tornister 173
Torschluß 1109
Torso 1240
Tort antun 692
Tortur 1112
tosen 1257
  blasen 249
  lärmen 821
tot 1258
total 564
totalitär 1537
Totalitarismus 300
Totalität 350
töten (sich) 1259
  beseitigen 211
Totenreich 319
Totenstadt 181
Toter 787
totschweigen 1118
Tötung 1260
Toupet 455
Tour 481
  Wiederholung 1502
Tourismus 238
Tourist 1059
Tournee 481
  auf Tournee 307
Trabant 53
Trabantenstadt 925
traben 582
  eilen 338
Tracht 773
  Last 823
trachten 1212
trächtig 549
Tradition 257
traditionell 288
  gängig 563
Tragbahre 482
tragbar 836
  beweglich 237
  möglich 906
Tragbalken 668
träge 1339
tragen 1261
  Frucht bringen 958
Träger 668
  Gepäckträger 1284
  Halter 670
tragfähig 794
Tragfähigkeit
  1188
Trägheit 1340
Tragik 1322
tragisch 1323
Tragkorb 173
Tragödie 1482
  Unglück 1322
Tragweite 156
Trainer 835
trainieren 1281
trainiert 617
Training 1297
Trajekt 482
Trakt 1240
Traktat 951
traktieren 353
  behandeln 174
trampeln 582
trampen 1503
Trance 1313
tranchieren 1241
Tranchieren 1266
Tränen 768
  in Tränen 1323
tränend 930
tränenselig 379
Tränenseligkeit 337
Trank 630
Tränke 1508

tränken 560
imprägnieren 322
Transaktion 1348
transferieren 1288
Transfusion 175
transparent 770
Transparenz 772
transpirieren 1505
transplantieren 174
Transplantation 175
transponieren 1365
Transport 1262
transportabel 237
transportieren 1098
transzendent 1352
Transzendenz 319
Trasse 1186
Tratsch 609
tratschen 897
trauen 1442
verheiraten 1407
sich trauen 1493
Trauer 1322
Trauerfall 1255
trauern 838
trauern über 769
Trauerspiel 1482
Unglück 1322
Traufe 972
träufeln 831
traulich 592
Traulichkeit 197
Traum 719
Wunsch 1410
Trauma 1552
Traumbild 719
träumen 1005
phantasieren 290
Träumer 715
Träumerei 719
träumerisch 1305
Traumgesicht 719
traumhaft 1002
Traumwelt 719
traurig 1323
betrüblich 1027
Traurigkeit 1322
Trauung 328
traversieren 1032
Travestie 1179
travestieren 1180
Treck 395
treffen (sich) 1263
Treffen 1264
treffend 593
Treffer 426
trefflich 118
Treffpunkt 1264
treffsicher 617
Treffsicherheit 616
Treiben 1236
Umtrieb 228
treiben 305
tun 1422
schwimmen 1144
sich treiben lassen
1142
treibende Kraft 388
Treiber 1522
Treibstoff 388
Trend 1220
Tendenz 1248
trendeln 1461
trennen (sich) 1265
Trennung 1266
Trennlinie 1127
Trennwand 1127
Trense 312
Treppe 107
Tresen 613
Tresor 753
treten 1211
mißhandeln 992
zu nahe 1060
mit Füßen 894
Tretmühle 818
treu 1594
treu sein 351
anhängen, jem. 52
Treubruch 1359
Treue 507
Treueid 1431
Treuhänder 1449
treuherzig 343
treulos 1358
Treulosigkeit 1359
Tribüne 1093
Tribut 109
Tribut zahlen 407
Trichter 1441
Trick 866
Trieb 1267
Verlangen 1410
Schößling 764
Triebfeder 656
triebhaft 1268
Triebkraft 388
Triebmittel 1541
Triebwerk 388
triefen 516
überquellen 1289
triefend 930
triezen 992
Trift 1220
Weide 932
triftig 1602
Trikotagen 1206
trillern 1161
trimmen 1026
Trinität 661
trinken 1269
Trinker 1270
trinkfest 598
Trinkgeld 974
Trinkspruch 662
Trio 661
Trip 481
Erregung 454
trippeln 582
Tritt 1211
Stufe 107
Podest 1093
Trittbrettfahrer 53
Triumph 426
triumphal 724
Triumphator 1160
triumphieren 631
triumphierend 1540
trivial 145
Trivialität 146
Trivialliteratur 766
trocken 1271
herb 694
langweilig 820
stubenrein 1057
komisch 686
Trockenheit 964
trockenlegen 1272
windeln 998
trocknen 1272
auf dem trocknen
700
Troddel 1025
Trödel 4
Trödelei 1340
trödeln 1461
Trödler 614
Trog 576
Trommel 1502
trommeln 1177
werben 1521
Trommler 1522

tropfen 516
Tropfen 775
ein guter Tropfen 793
tropfend 930
tropfenweise 817
Trophäe 426
tropisch 1504
Troß 53
Trosse 477
Trost 1273
trösten (sich) 1274
Tröster 689
tröstlich 1275
trostlos 1323
Trott 238
Trottel 929
trotten 1503
trotz 1276
Trotz 1527
Trotz bieten 1277
zum Trotz 13
trotzdem 1276
trotzen 1277
trotzig 1278
Trotzkopf 652
Troubadour 758
trüb 318
Trubel 228
trüben (sich) 1451
beeinträchtigen 1086
sich eintrüben 320
Trübsal 1322
trübselig 946
Trübsinn 1327
trübsinnig 946
Trübung 319
Beeinträchtigung 1085
trudeln 308
Trug 1239
Trugbild 719
trügen 229
trügerisch 486
Trugschluß 497
Truhe 356
Trümmer 1085
in Trümmern 208
in Trümmer legen 1569
Trumpf 426
Trunk 630
trunken 231
erregt 453
Trunkenheit 231
Ekstase 454
Trupp 661
Truppe 661
Soldaten 752
truppweise 817
Trust 590
trutzig 288
tschilpen 1161
Tube 173
Tubus 455
Tuch 710
Stoff 1206
Tuchfühlung 925
tüchtig 478
Tüchtigkeit 479
Tücke 487
Tücke des Geschicks 1527
tückisch 256
Tüftelei 980
tüftelig 991
tüfteln 1438
basteln 83
Tüftler 990
Bastler 689
Tugend 1279
Tugendbold 990
tugendhaft 70
Tülle 972
tummeln, sich 338
arbeiten 83
Tummelplatz 1041
Tümpel 1508
Tumult 228
tumultuarisch 684
tun 1422
Tun 1236
tun als ob 1483
angeben 1292
Tünche 710
Fassade 960
Tarnung 1239
tünchen 492
Tüncher 492
Tunichtgut 1426
tunlich 906
tunlichst 247
Tunnel 1441
tüpfeln 911
Tupfen 911
Tupfer 175
Tür 972
turbulent 684
Turbulenz 685
Türgriff 670
Türhüter 1507
türmen 515
aufstapeln 1081
turmhoch 653
turnen 236
Turnen 779
Turnier 779
Turnus 1366
Wiederkehr 1051
Reihenfolge 521
turteln 852
Tusch 662
tuscheln 520
klatschen 897
Tuskulum 1548
Tüte 710
tuten 249
Typ 1280
Type 1129
Sonderling 984
typisch 273
typisieren 1391
Typisierung 1391
Tyrann 556
Tyrannei 300
tyrannisch 1537
tyrannisieren 1601

U

Übel 1322
Krankheit 796
übel 1106
schlimm 573
ekelhaft 371
übelgesinnt 256
Übelkeit 796
Ekel 11
übellaunig 946
übelnehmen 1585
übelnehmerisch 1357
übelriechend 371
Übelstand 954
Übeltat 1334
Übeltäter 1380
üben 1281
über 706
durch 901
über haben 819
überall 1282
überaltern 922
veralten 1398
Überalterung 35
überaltert 1364
vergreist 34
Überangebot 1290
überanstrengen (sich) 444
mißbrauchen 896
Überanstrengung 445
Plackerei 823
Mißbrauch 122
überantworten 1288
preisgeben 1014
überarbeiten 444
bearbeiten 153
überarbeitet 908
Überarbeitung 445
Bearbeitung 175
überaus 1154
Überbau 1375
überbewerten 1292
überbieten 1103
überbleiben 357
Überbleibsel 1064
Überblick 1283
Aussicht 132
überblicken 1436
überbringen 1288
Überbringer 1284
überbrücken 1032
Überbrückung 1375
überdachen 1138
Überdauern 285
überdauern 287
überdenken 290
überdies 92
überdrehen 1569
Überdruß 818
Unlust 1327
überdrüssig 1083
überdrüssig sein 819
überdurchschnittlich 118
übereck 1126
Übereifer 337
übereifrig 339
übereignen 567
übereilen 338
übereilen, nichts 1075
übereilt 1491
Übereilung 454
übereinkommen 1389
Übereinkunft 1390
übereinstimmen 1285
harmonieren 1436
übereinstimmend 1286
Übereinstimmung 1287
Verständnis 1435
überfahren 1259
mißachten 894
Überfahrt 481
Überfall 48
überfallen 47
überfällig 1173
überfeinert 383
Überfeinerung 384
überfliegen 1032
lesen 847
überfließen 1289
überflügeln 1103
Überfluß 557
Luxus 109
überflüssig 1331
überflüssig sein 1302
zuviel sein 5
überfluten 1289
überfordern 896
sich überfordern 444
neppen 229
überfordert 908
Überforderung 122
Überteuerung 1197
Nepp 1239
überführen 1098
beweisen 1563
Überführung 1262
Beweis 1361
Brücke 1375
überfüllt 1467
Überfüllung 1290
überfüttern 560
Übergabe 1262
Kapitulation 947
Übergang 481
Veränderung 1366
Brücke 1375
übergangslos 1009
übergeben 1288
sich übergeben 14
kapitulieren 95
übergehen 894
mit Schweigen 1371
ineinander 114

übersehen 894
übergenau 991
übergenug 1054
übergeschnappt 1423
Übergewicht 557
übergießen 510
übergreifen 114
Übergriff 1334
überhandnehmen 1289
Überhang 1290
  Vorsprung 325
überhängen 1549
überhängend 1126
überhäufen 1292
überhaupt 31
  ganz 564
überheben 444
  sich überheben 341
überheblich 68
Überheblichkeit 370
  Anspruch 66
überholen 1103
  ausbessern 448
überholt 1364
überhören 894
  prüfen 1020
überirdisch 1002
  jenseitig 1352
überklug 991
überkommen 987
  erben 422
  überfallen 47
  überliefert 563
  angeboren 45
überladen 1293
  den Magen 469
überlagern 1371
überlappen 1549
überlassen 1288
  verkaufen 1409
überlasten 896
überlastet 908
Überlastung 445
überlaufen 1289
  abspringen 17
  verraten 1014
Überläufer 1136
überleben 287
  durchhalten 176
  sich überleben 1398
überlebend 1158
Überlebender 422
überlebt 1364
  alt 34
Überlebtheit 35
überlegen 290
  überragend 555
  weise 424
überlegen sein 554
Überlegenheit 1487
  Weisheit 425
überlegt 1168
  ausgereift 1055
  geplant 1006
Überlegung 916
  Sorgfalt 1167
  Plan 1004
überleiten zu 1374
überlenkt 908
Überlenkung 445
überliefern 1288
Überlieferung 257
überliefert 563
überlisten 229
Überlistung 1239
übermannen 631
  packen 987
Übermaß 1290
übermäßig 1293
Übermensch 595
übermenschlich 724
übermitteln 1288
  mitteilen 897
Übermittlung 1262
  Mitteilung 899
übermüdet 908
Übermüdung 445
Übermut 540
  Überhebung 370
übermütig 686
  überheblich 68
übernachten 223
übernächtig 376
Übernahme 377
übernatürlich 1352
Übernatürliche, das 319
übernehmen 755
  überfordern 896
  annehmen 378
  auf sich nehmen 1422
  sich übernehmen 444
überordnen 234
Überorganisation 1290
  Spitzenverband 1375
überorganisieren 1292
überorganisiert 1293
überparteilich 607
Überproduktion 1290
überprüfen 1020
überquer 1126
  lästig 824
überqueren 1032
Überquerung 481
überragen 1103
  dominieren 554
  vorstehen 1549
überragend 724
überraschen 1291
  wundern 1553
überraschend 458
  unvorbereitet 1355
überrascht 1191
überrascht sein 1553
Überraschung 457
  unangenehme 417
überreden 159
  überzeugen 1295
Überredung 364
Überredungskunst 867
überreichlich 1054
überreizt 453
überrumpeln 47
  überraschen 1291
Überrumpelung 421
überrunden 1103
übersät (mit) 1467
übersättigen 560
übersättigt 819
Übersättigung 818
überschatten 320
  bespitzeln 195
  in Schatten stellen 1103
überschätzen 1292
  sich überschätzen 341
überschätzt 1293
Überschätzung 497
überschäumen 1289
überschäumend 684
Überschlag 1004
überschlagen 198
  sich überschlagen 338
  fallen 484
überschlagen (warm) 877
überschnappen 1423
überschneiden, sich 1263
überschreiten 1032
  das Maß 1292
  Befugnisse 1398

Überschrift 761
Überschuß 957
überschüssig 1296
überschütten 510
überschütten mit 1459
Überschwang 1290
Begeisterung 454
Tränenseligkeit 384
überschwemmen 1289
überschwemmt 930
Überschwemmung 1322
überschwenglich 379
Überschwenglichkeit 384
übersehbar 770
übersehen 121
klarsehen 1436
schneiden 1118
unbeachtet 1308
übersetzen 1032
dolmetschen 1416
Übersetzung 1417
Übersicht 132
Querschnitt 1033
übersichtlich 770
Übersichtlichkeit 772
übersiedeln 142
Übersiedlung 395
übersinnlich 1352
Übersinnliche, das 319
überspannen 896
überspannt 1293
Überspanntheit 1290
überspielen 1416
nicht merken lassen 1371
überspitzen 1292
überspitzt 1293
überspringen 114
auslassen 121
übersprudelnd 828
überstaatlich 734
überstehen 176
vorspringen 1549
übersteigen 1196
übertreffen 1103
übersteigern 1292
übersteigert 1293
Übersteigerung 1290
überstimmen 1103
überstrahlen 1103
überströmen 1289
überströmend 379
Überstunden 428
überstürzen (sich) 338
nichts überstürzen 1075
überstürzt 339
vorzeitig 1491
Überstürzung 337
überteuern 229
Überteuerung 1197
übertölpeln 229
Übertölpelung 1239
übertönen 1103
übertragbar 237
ansteckend 573
übertragen 1288
übersetzen 1416
anstecken 437
transponieren 1365
Übertragung 1417
Ansteckung 796
Sendung 899
Blutübertragung 175
übertreffen 1103
sich selbst 141
übertreiben 1292
Übertreibung 1290
übertreten 1398
den Fuß 1086
konvertieren 1365
Übertretung 1334
übertrieben 1293
Übertritt 1366
übertünchen 492
verbergen 1371
übervölkert 1467
Übervölkerung 391
übervorsichtig 51
übervorteilen 229
Übervorteilung 1239
überwachen 195
überwachsen 1371
Überwachung 106
Kontrolle 1021
überwältigen 631
erschüttern 987
fangen 490
auspunkten 1103
verwundern 1553
überwältigend 724
erschütternd 104
überweisen 1288
Geld 240
Überweisung 76
durch Überweisung 901
überwerfen, sich 1217
sich trennen 1265
überwiegen 554
überwiegend 1294
überwinden 1274
entsagen 404
Überwinder 1160
überwindlich 906
Überwindung 421
Selbstüberwindung 1578
Entsagung 406
überwintern 287
verweilen 948
überwinternd 288
überwirklich 1352
überwuchern 1289
überwunden 1394
überzählig 1296
unnötig 1331
überzählig sein 5
vereinsamen 357
überzart 1516
überzeugen, sich 1295
überzeugend 1104
zwingend 1602
wirksam 1540
überzeugt 1158
fromm 548
Überzeugung 883
Religion 1062
Überzeugungskraft 867
überziehen 1371
anziehen 78
Konto 254
überzüchtet 383
Überzug 710
Oberfläche 960
üblich 563
Übliche, das 257
übrig 1296
übrigbleiben 5
vereinsamen 357
übrig haben 1296
übrigens 934
übriglassen 1296
Übung 616
Training 1297
Ufer 1035
uferlos 1517
Ukas 160
Ulk 1346
Spott 1179
ulkig 686

ultimativ 918
umarbeiten 1365
erneuern 448
umarmen 852
Umarmung 851
Umbau 449
umbauen 448
umbesetzen 1365
Umbesetzung 1366
umbilden 1365
umbrechen 1440
formieren 626
umbringen 1259
Umbruch 798
Umdenken 1301
umdenken 1365
Buße tun 1229
umdrehen 1365
zurückkehren 308
Umdrehung 309
Umfall 1359
umfallen 484
abfallen 1014
zusammenbrechen 444
Umfang 1298
umfänglich 1517
umfangreich 297
umfassen 852
enthalten 400
umfassend 1469
Umfassung 1127
umformen 1365
Umformung 1366
Umfrage 529
umfragen 530
umfunktionieren 1365
Umgang 621
Wandelgang 935
umgänglich 620
Umgangsformen 1405
Umgangssprache 1182
Umgangston 1256
umgarnen 1393
umgebaut 942
umgeben 1299
Umgebung 925
Umwelt 1035
umgehen (mit) 1300
umgehend 639
umgekehrt 939
umgestalten 1365
Umgestaltung 1366
umgetrieben 1336
umgewandelt 1428
Umhang 773
umhängen, etwas 78
umhauen 1103
umhegen 998
umhegt 1158
Umhegung 997
umherziehen 1503
umherziehend 307
umhin können, nicht 910
umhören 530
umhüllen 1138
einpacken 987
Umhüllung 710
Umkehr 1301
Wandlung 1366
umkehren 308
verändern (sich) 1365
Umkehrung 1349
umkippen 484
preisgeben 1014
umklammern 246
Umklammerung 312
umkleiden 1371
sich umkleiden 142
Umkleidung 710
umknicken 1103
den Fuß 1086
umkommen 1199
verderben 1384
verunglücken 1096
Umkreis 925
umkreisen 308
einkreisen 701
umkrempeln 1365
umladen 1098
Umlauf 309
Mitteilung 899
im Umlauf 563
in Umlauf setzen 897
umlaufen 1300
zirkulieren 308
umlegen 1439
töten 1259
umleiten 8
Umleitung 22
umliegend 924
umnachtet 1423
dunkel 318
Umnachtung 796
umpflügen 1440
umrahmen 1299
Umrahmung 1035
umranken 1299
umräumen 1365
umreißen 1005
abbrechen 1569
umrennen 1103
umringen 1299
bedrängen 305
Umriß 854
umrißhaft 961
vage 318
umrissen, fest 294
umsatteln 1365
Umsatz 1408
umschalten 1365
Umschau 132
umschichtig 578
Umschlag 710
Veränderung 1366
Umladung 1262
Wickel 175
umschlagen 847
fällen 1103
umladen 1098
sich ändern 1365
Umschlageplatz 875
umschließen 400
umschlingen 852
umschmeicheln 1110
umschmeißen 1103
erledigen 440
erschüttern 987
umschmelzen 1365
umschnüren 1299
verpacken 987
umschreiben 705
bearbeiten 153
Umschreibung 704
umschulen 1365
umschwärmen 1388
umschwärmt 191
Umschweife, ohne 1328
umschweifig 593
umschwenken 1014
Umschwung 1366
Krise 798
umsehen, sich 1228
besichtigen 65
umsetzen 464
verkaufen 1409
Umsicht 1167
umsichtig 1168
umsiedeln 142
ausweisen 140

umsinken 484
zum umsinken 908
umsonst 1302
umsorgen 1432
umspannen 400
Umstand 1238
Umstände 823
unter Umständen 485
in Umständen 549
unter allen Umständen 1307
umständlich 991
ausführlich 593
Umständlichkeit 980
Umstandskrämer 990
umstellen 1509
umzingeln 701
Umstellung 1366
umstimmen 1295
umstoßen 1103
widerrufen 848
umstritten 1015
Umsturz 1067
umstürzen 484
beseitigen 211
Umstürzler 752
umstürzlerisch 1278
Umtausch 1366
umtauschen 1509
umtreiben 83
verrichten 1422
beunruhigen 103
sich umtreiben 1503
Umtrieb 228
Umtrunk 1369
umtun, sich 1228
umwälzen 448
sich drehen 308
umwälzend 555
Umwälzung 1067
umwandeln 448
Umwandlung 1366
umwechseln 1509
Umweg 22
auf Umwegen 901
Umwelt 1035
umweltfreundlich 1171
umwenden 308
zurückgehen 308
umwerben 1388
schmeicheln 1110
flirten 1060
umwerfen 1103
ergreifen 987
erledigen 440
umwerfend 104
umwerten 1365
Umwertung 1366
umwickeln 987
umwittert 1299
umwohnend 924
Umzäunung 1127
umziehen (sich) 142
umzingeln 701
Umzingelung 702
Umzug 395
Festzug 1056
unabänderlich 1602
unabhängig 534
Unabhängigkeit 535
unabkömmlich 1315
Unabkömmlichkeit 956
unabsehbar 816
unabsichtlich 1580
absichtslos 887
unabweislich 1602
unabwendbar 1602
unachtsam 1305
Unachtsamkeit 837
unähnlich 1428
unanfechtbar 1158
unangebracht 1324
ungehörig 1325
unangefochten 548
unangenehm 1303
unangreifbar 1158
wehrhaft 288
vollkommen 1469
Unangreifbarkeit 507
unannehmbar 1329
Unannehmlichkeit 85
unanschaulich 494
unansehnlich 1306
unansprechbar 1351
unanständig 1304
Unanständigkeit 1107
Zote 1116
Anspielung 80
unantastbar 1555
unappetitlich 371
unaromatisch 476
Unart 533
unartig 532
unartikuliert 1352
primitiv 343
unausgesprochen 317
unästhetisch 679
unaufdringlich 1586
unauffällig 1586
vornehm 1477
angepaßt 620
unauffindbar 1511
unaufgefordert 536
unaufgeklärt 1356
Unaufgeklärtheit 1326
unaufgeschlossen 1223
Unaufgeschlossenheit 1313
unaufhaltsam 1307
stetig 113
unaufmerksam 1305
unhöflich 1325
Unaufmerksamkeit 26
Nachlässigkeit 837
unaufrichtig 486
Unaufrichtigkeit 487
unaufschiebbar 339
unausbleiblich 1602
unausführbar 1329
unausgefüllt 965
unzufrieden 1357
leer 829
unausgeglichen 965
zwiespältig 1600
unausgegoren 1491
unausgesetzt 721
unausgesprochen 1319
farblos 494
schweigend 1146
unauslöschlich 828
unausrottbar 288
unaussprechlich 1352
unausstehlich 1303
unausweichlich 955
unbändig 1534
heftig 684
Unbändigkeit 685
unbarmherzig 677
Unbarmherzigkeit 1107
unbeabsichtigt 1580
unbeachtet 1308
unbeansprucht 1331
unbeaufsichtigt 534
vernachlässigt 700
offen 965
unbedacht 837
unaufmerksam 1305
Unbedachtheit 454
unbedarft 343
Unbedarftheit 344
unbedenklich 1158
unbedeutend 1306

unbedingt 1307
unbeeinflußbar 1191
zuverlässig 1594
unbeeinflußt 1078
unbefangen 534
objektiv 1078
Unbefangenheit 535
unbefleckt 1057
unbefriedigend 1320
unbefugt 1377
unbegabt 315
unbegreiflich 1352
unbegrenzt 1314
völlig 564
unbegründet 658
unbehaart 636
glatzköpfig 251
Unbehagen 1327
unbehaglich 1303
ängstlich 51
unbehaust 307
hilflos 700
unbehelligt 534
unbeherrscht 879
Unbeherrschtheit 685
unbehindert 534
unbeholfen 1010
Unbeholfenheit 1412
unbehütet 1338
unbeirrbar 1158
Unbeirrbarkeit 507
unbeirrt 1158
unbekannt 1308
fremd 538
unbekehrbar 1307
unbekömmlich 1324
unbekümmert 836
nachlässig 1305
unbelastet 534
schuldenfrei 636
unbelebt 881
einsam 357
unbelehrbar 1191
Unbelehrbarkeit 391
unbeliebt 1303
sich unbeliebt machen 1086
unbemannt 829
unbemerkt 1444
unbemittelt 87
unbenommen 199
unbenutzt 1331
unbequem 1303
Unbequemlichkeit 823
unberaten 1356
hilflos 700
unberechenbar 1352
Unberechenbarkeit 1359
unberechnet 1302
unberechtigt 1377
unberücksichtigt lassen 894
unberühmt 1308
unberührbar 1048
unberührt 1057
Unberührtheit 1058
unbeschädigt 564
unbeschäftigt 84
untätig 1339
unbescheiden 532
anmaßend 68
Unbescheidenheit 533
Anmaßung 370
unbescholten 70
unbeschönigt 965
unbeschrankt 573
unbeschränkt 534
unbeschreiblich 130
unbeschrieben 829
unbeschriebenes Blatt 343
unbeschützt 700
unbeschwert 836
Unbeschwertheit 837
unbeseelt 881
unbesehen 1307
unbesetzt 829
unbesonnen 837
Unbesonnenheit 837
Kurzschlußhandlung 454
unbesorgt 837
unbeständig 1358
Unbeständigkeit 1359
unbestechlich 1594
Unbestechlichkeit 507
unbestimmbar 1352
unbestimmt 1597
dunkel 318
unentschieden 1316
unbestraft 1337
unbestreitbar 1158
unbestritten 1158
unbeteiligt 641
Unbeteiligte 641
unbetont 934
unbeträchtlich 1306
unbetretbar 1534
geschlossen 618
unbetreten 744
unbeugsam 1191
unbevölkert 1534
unbewacht 965
unbehütet 700
unbewaffnet 700
friedlich 1076
unbewältigt 965
unbewandert 1356
unbeweglich 1191
langweilig 820
Unbeweglichkeit 1340
unbewegt 1191
gleichgültig 641
Unbewegtheit 1313
Stille 1074
unbeweibt 367
unbewiesen 1338
unbewohnt 829
wild 1534
einsam 357
unbewölkt 770
unbewußt 317
Unbewußtheit 1313
unbezahlbar 1252
köstlich 686
unbezahlt 1302
unbezähmbar 1602
unbezweckt 1580
unbezwinglich 1235
zwanghaft 1602
Unbilden 85
Unbildung 1326
unbillig 1321
Unbilligkeit 1334
unbotmäßig 1278
Unbotmäßigkeit 1527
unbrauchbar 1106
ungenügend 1320
unbrennbar 286
unbürgerlich 1597
Unbürgerlichkeit 1309
unbußfertig 1351
unchristlich 677
Undank 1310
undankbar 1311
Undankbarkeit 1310
undefinierbar 1352
undenkbar 1329
Undenkbarkeit 1329
undenklich 1394
undeutlich 1352
undicht 208

undifferenziert 343
dumpf 317
Unding 1330
undiplomatisch 1010
undiskutabel 1329
undiszipliniert 879
unduldsam 1191
streng 1537
eng 390
Unduldsamkeit 391
Vorurteil 1488
undurchdringlich 296
unerforschlich 1352
geheimnisvoll 318
Undurchdringlichkeit 319
undurchführbar 1329
undurchlässig 296
undurchsichtig 296
dunkel 318
zugeknöpft 1586
zweifelhaft 1597
uneben 1312
nicht uneben 709
unebenbürtig 1428
Unebenheit 1312
unecht 486
unedel 1010
derb 293
unegal 1312
verschieden 1428
unehelich 1377
Unehre 1088
Unehre machen 418
unehrenhaft 1358
Unehrenhaftigkeit 1359
unehrlich 1358
Unehrlichkeit 1359
uneigennützig 887
Uneigennützigkeit 888
uneingerechnet 128
uneingeschränkt 534
völlig 564
uneingeweiht 1356
uneinheitlich 1428
uneinig 503
uneinig sein 1217
Uneinigkeit 1216
uneinnehmbar 288
Uneinnehmbarkeit 507
uneinsichtig 1191
Uneinsichtigkeit 1488
unelastisch 677
steif 1010
unelegant 1010
unempfänglich 1223
Unempfänglichkeit 1313
unempfindlich 1223
kräftig 286
Unempfindlichkeit 1313
unendlich 1314
dauernd 288
sehr 1154
Unendlichkeit 285
unentbehrlich 1315
nötig 955
wichtig 1526
Unentbehrlichkeit 956
unentdeckt 1308
unentgeltlich 1302
unentrinnbar 1602
unentschieden 1316
offen 965
unentschieden sein 1316
Unentschiedenheit 445
Farblosigkeit 494
unentwegt 721
unentwickelt 1335
niedrigstehend 1306
unentwirrbar 318
unentwirrt 1543
unerbittlich 677
Unerbittlichkeit 1107
unerfahren 1356
Unerfahrenheit 1326
unerfindlich 1352
unerforschlich 1352
Unerforschliche, das 319
unerforscht 744
unerfreulich 824
unerfüllbar 1329
utopisch 1363
unerfüllt 965
unergiebig 1318
unergründlich 1352
tief 1254
unerheblich 1306
unerhört 104
unerkannt 1308
heimlich 1444
unerkennbar 1352
unerklärlich 1352
unerläßlich 955
Unerläßlichkeit 956
unerlaubt 1377
unerledigt 965
Unerledigtes 1064
unermeßlich 1314
unermüdlich 514
Unermüdlichkeit 333
unerquicklich 1303
Unerquicklichkeit 85
unerreichbar 1329
fort 1511
unerreicht 130
unersättlich 168
unzufrieden 1357
Unersättlichkeit 1410
unerschöpflich 1054
endlos 1314
Unerschöpflichkeit 1290
unerschöpft 1314
unerschrocken 1235
Unerschrockenheit 912
unerschütterlich 1158
ruhig 1076
fest 288
treu 1594
Unerschütterlichkeit 507
Ruhe 1074
unerschüttert 1158
ungerührt 641
unerschwinglich 1252
unersetzlich 1252
unersprießlich 1318
unerträglich 1303
unerwartet 1009
unerweckt 1335
unerwidert 363
unerwünscht 1303
unerzogen 532
Unerzogenheit 533
unfähig 1320
schwach 1140
Unfähigkeit 1353
unfair 1304
Unfall 1322
Schaden 1085
verunglücken 1096
unfaßbar 1352
Unfaßbarkeit 319
unfehlbar 1469
Unfehlbarkeit 1058
unfein 293
unanständig 1304
unfertig 1354
unreif 1335
unflätig 1304

Unflätigkeit 80
unförmig 297
Unförmigkeit 557
unfrei 1317
Unfreiheit 575
 Zwang 312
unfreiwillig 955
 unwillkürlich 1518
unfreundlich 1325
 trüb 318
Unfreundlichkeit 533
Unfriede 504
 Streit 1216
Unfrieden stiften 696
unfriedlich 503
 friedlos 1336
unfruchtbar 1318
unfruchtbar machen 1141
Unfruchtbarkeit 1353
Unfug 316
ungalant 1325
ungastlich 357
Ungastlichkeit 358
ungeachtet (trotz) 1276
ungeahnt 1355
ungebärdig 1278
 wild 1534
Ungebärdigkeit 685
ungebeten 536
 lästig 824
ungebeugt 794
ungebildet 1356
ungebräuchlich 1157
ungebraucht 942
ungebrochen 794
ungebührlich 1325
Ungebührlichkeit 533
ungebunden 534
Ungebundenheit 535
Ungeduld 337
ungeduldig 339
 ärgerlich 255
 nervös 1336
ungeeignet 1324
 unzweckmäßig 1360
ungefähr 1319
 von ungefähr 1580
ungefährlich 1158
 harmlos 890
ungefällig 1325
ungeformt 524
ungefragt 536
ungegenständlich 718
ungehalten 255
Ungehaltenheit 85
ungeheißen 536
ungehemmt 534
 hemmungslos 879
Ungehemmtheit 1290
Ungeheuer 148
ungeheuer 1154
ungeheuerlich 1106
Ungeheuerlichkeit 1107
ungehindert 534
ungehobelt 1010
 unhöflich 1325
ungehörig 1325
 unschicklich 1304
Ungehörigkeit 1334
Ungehorsam 1527
ungehorsam 1278
ungehorsam sein 1398
Ungeist 1326
ungeistig 1356
ungeklärt 1015
ungekünstelt 933
ungeladen 536
 lästig 824
 sicher 1158
ungelegen 1324
ungelegen kommen 1209
Ungelegenheit 85
ungelehrig 315
ungelehrt 1356
ungelenkt 1010
ungelernt 1355
ungeliebt 357
 unangenehm 1303
ungelogen 1496
ungelöst 965
 verkrampft 1330
ungelüftet 317
Ungemach 1322
ungemäß 1325
ungemein 1154
ungemütlich 1303
ungemütlich werden 1585
Ungemütlichkeit 823
ungenannt 1308
ungenau 961
 flüchtig 923
 unzuverlässig 1358
 ungefähr 1319
Ungenauigkeit 1353
ungeniert 534
Ungeniertheit 535
ungenießbar 1106
 ekelhaft 371
 schädlich 1324
 unleidlich 1303
Ungenüge 1327
ungenügend 1320
ungenügsam 1357
Ungenügsamkeit 1327
ungenutzt 1302
 unfruchtbar 1318
ungeordnet 1332
 wirr 1543
ungepflegt 1332
ungerächt 1337
ungeraten 532
 mißlungen 1106
ungerechnet 128
ungerecht 1321
Ungerechtigkeit 1334
ungerechtfertigt 1377
ungereimt 1352
Ungereimtheit 316
ungern 1529
ungerührt 677
ungesagt 1146
ungesäumt 1119
ungeschehen machen 95
Ungeschicklichkeit 497
 Unbeholfenheit 1412
ungeschickt 1010
ungeschlacht 1010
ungeschlechtlich 494
ungeschliffen 1010
Ungeschmack 1326
 Kitsch 766
ungeschmälert 564
ungeschminkt 933
 klipp und klar 770
 offen 965
ungeschoren lassen 822
ungeschult 1355
ungesellig 357
Ungeselligkeit 358
ungesetzlich 1377
Ungesetzlichkeit 1334
ungesichert 700
 unbeschrankt 573
ungesittet 1356
ungestaltet 524
ungestört 636
Ungestüm 685
ungestüm 684
ungesühnt 1337

ungesund 1324
ungeteilt 564
ungetrennt 1588
  einig 1382
ungetreu 1358
ungetrübt 690
  glücklich 648
Ungetüm 679
ungeübt 1355
ungewandt 1010
Ungewandtheit 1412
ungewiß 1316
  unsicher 1338
  dunkel 1015
Ungewißheit 1596
Ungewitter 950
  Schimpfe 1232
ungewöhnlich 130
ungewohnt 942
ungewollt 1580
ungewünscht 1580
ungewürzt 476
ungezählte 1465
ungezähmt 879
  wild 1534
ungezogen 532
Ungezogenheit 533
ungezügelt 879
ungezwungen 933
  freiwillig 536
Ungezwungenheit 535
ungläubig 763
Ungläubiger 763
unglaublich 1352
  empörend 104
unglaubwürdig 1358
ungleich 1428
Ungleichheit 1349
ungleichmäßig 1428
ungleichwertig 1428
Unglimpf 1088
unglimpflich 1321
Unglück 1322
unglücklich 1323
unglücklich machen 185
Unglücksbote 1284
Unglücksfall 1322
Ungnade, in 441
  in Ungnade fallen 1086
ungnädig 24
ungraziös 1010
ungreifbar 318
  unerfindlich 1352
ungültig 1106
ungültig erklären 211
ungültig werden 1398
Ungunst 1085
  zu Ungunsten 1324
ungünstig 1324
ungut 256
unhaltbar 486
unhandlich 1360
unharmonisch 503
Unheil 1322
unheilbar 839
Unheilbringer 1284
unheildrohend 573
unheilig 1396
Unheilsprophet 995
Unheilstifter 735
unheilvoll 1106
unheimlich 1352
  schauerlich 1128
unhöflich 1325
Unhöflichkeit 533
Unhold 148
unhörbar 842
Uniform 773
uniform 640
uniformieren 1391
uniformiert 640
Uniformierung 1051
Unikum 790
uninteressant 820
uninteressiert 641
  unaufmerksam 1305
Union 590
universal 1469
  übernational 734
Universum 1518
unkameradschaftlich 1156
Unke 995
unken 403
unkenntlich 1444
Unkenntnis 1326
unkeusch 1304
unkindlich 1491
unklar 1352
  trüb 318
Unklarheit 319
unklug 315
Unklugheit 316
unkollegial 1156
unkompliziert 343
  verständlich 1434
Unkompliziertheit 344
unkontrolliert 965
  frei 534
  unbeherrscht 879
unkonventionell 534
unkonzentriert 1305
Unkonzentriertheit 26
unkörperlich 718
unkorrekt 923
  unehrlich 1358
Unkorrektheit 1359
Unkosten 109
Unkosten machen 185
unkritisch 343
unkultiviert 1356
  ungehobelt 1010
Unkultur 1326
unkündbar 1157
unkundig 1356
unkünstlerisch 524
  kitschig 767
unlauter 1358
Unlauterkeit 1359
unleidlich 255
  unangenehm 1303
unlenksam 1278
Unlenksamkeit 1527
unleserlich 1352
unleugbar 1158
unlieb 1303
unliebenswürdig 1325
Unliebenswürdigkeit 533
unliebsam 1303
Unliebsamkeit 85
unlogisch 486
unlösbar 318
Unlösbarkeit 1329
Unlust 1327
unlustig 946
unmanierlich 1325
unmännlich 1140
Unmaß 1290
Unmasse 885
unmaßgeblich 1306
unmäßig 879
Unmäßigkeit 1290
Unmenge 885
Unmensch 148
unmenschlich 264
Unmenschlichkeit 1107
unmerklich 757
unmethodisch 1543
unmißverständlich 770
unmittelbar 1328

unmodern 1364
unmodern werden 1398
unmöglich 1329
verfemt 441
utopisch 1363
unmöglich machen 1413
unmöglich machen, sich 252
Unmöglichkeit 1329
Unmoral 1107
unmoralisch 1304
unmotiviert 658
unmündig 1335
Unmut 85
unmutig 255
unnachgiebig 677
Unnachgiebigkeit 1219
unnachsichtig 677
Unnachsichtigkeit 1219
unnahbar 24
würdevoll 1555
Unnahbarkeit 1554
unnatürlich 1330
Unnatürlichkeit 1330
unnormal 1330
unnötig 1331
unordentlich 1332
Unordnung 1333
unorganisch 1330
unoriginell 1318
unpädagogisch 1316
unparlamentarisch 1325
unparteiisch 641
gerecht 607
sachlich 1078
unpassend 1324
ungehörig 1325
unpäßlich 839
unpäßlich sein 838
Unpäßlichkeit 796
unpersönlich 1078
konventionell 785
abweisend 24
unpopulär 1308
unpraktisch 1010
unzweckmäßig 1360
unproduktiv 1318
unpünktlich 1173
Unpünktlichkeit 1359
Unrast 337
unrastig 1336
Unrat 1116
unrationell 1324
unratsam 1324
Unrecht 1334
Unrecht tun 1398
unrecht 486
unrechtmäßig 1377
Unrechtmäßigkeit 1334
unredlich 1358
Unredlichkeit 1359
unregelmäßig 1487
Unregelmäßigkeit 1366
Verstoß 1334
unreif 1335
sauer 694
unrentabel 1324
unrettbar 441
krank 839
unrichtig 486
Unrichtigkeit 497
unritterlich 1325
Unritterlichkeit 533
Unruhe 49
Erregung 454
Eile 337
Unruhestifter 1522
Störenfried 1210
unruhig (sein) 1336
ängstlich 51
unrühmlich 376
namenlos 1308
unsachlich 1321
unsachlich werden 1100
unsagbar 1154
unsanft 677
unsauber 1117
unreell 1304
Unsauberkeit 1116
unschädlich 890
Unschädlichkeit 891
unscharf 1352
stumpf 1223
unschätzbar 1252
unscheinbar 1306
unschick 1010
unschicklich 1325
anstößig 1304
Unschicklichkeit 80
unschlüssig 1316
unschlüssig sein 1142
Unschlüssigkeit 1412
Zweifel 1596
unschön 679
unschöpferisch 1318
Unschuld 1279
Schuldlosigkeit 1058
unschuldig 1337
rein 1057
unschwer 836
Unsegen 1322
unselbständig 700
Unselbständigkeit 312
unselig 1323
unseriös 837
unsicher 1338
zweifelhaft 1597
bedingt 485
unsicher sein 1142
zweifeln 1598
Unsicherheit 1412
Zwiespalt 1596
unsichtbar 1444
unsichtig 318
Unsinn 1215
Unsinn reden 1423
Spaß machen 1345
unsinnig 486
Unsitte 1334
unsittlich 1304
Unsittlichkeit 1107
unsolide 837
unsozial 1156
unsterblich 288
Unsterblichkeit 285
Unstern 1322
unstet 1336
Unstetigkeit 337
unstillbar 168
unstimmig 503
Unstimmigkeit 1216
unsträflich 1057
honorig 70
unstreitig 1158
Unsumme 885
unsympathisch 1303
unsystematisch 1332
untadelig 1469
beispielhaft 118
unschuldig 1337
Untadeligkeit 1058
untalentiert 315
Untat 1334
untätig 1339
Untätigkeit 1340
untauglich 1360
unteilbar 564
unten 1341
untenhalten 314
unterdrücken 1343
unter 1341

unter uns 1444
Unterbau 657
unterbauen 1159
unterbewerten 692
verkennen 738
unterbewußt 317
Unterbewußtsein 577
unterbieten 922
unterbinden 1200
verhindern 701
unterbleiben 496
unterbrechen 1209
anhalten 669
Unterbrechung 1342
Störung 1210
ohne Unterbrechung 288
Halt 1203
unterbreiten 1479
anbieten 38
unterbringen 101
anstellen 73
Unterbringung 100
Versorgung 1167
Anstellung 82
unterderhand 1444
unterdessen 1497
unterdrücken 1343
Unterdrücker 556
Unterdrückung 421
untereinander 578
unterentwickelt 1335
rückständig 1306
unterernährt 1140
Unterernährung 1069
Unterfangen 1348
unterfangen 1159
unterfangen, sich 1493
Unterführung 1375
Untergang 1322
untergeben 1306
untergeben sein 6
Untergebener 46
untergehen 1096
Untergeschoß 1548
Untergewicht 1069
untergraben 696
Untergrabung 1441
Hetze 1523
Untergrund 657
Widerstand 1527
in den U. gehen 1371
Untergrundkämpfer 752
unterhalb 1341
Unterhalt 1344
unterhalten (sich) 1345
interessieren 732
ernähren 429
unterhaltend 61
interessant 730
Unterhalter 758
unterhaltsam 61
Unterhaltsamkeit 621
Unterhaltung 1346
unterhandeln 217
Unterhändler 1449
Unterhandlung 218
unterhöhlen 1440
unterjochen 1343
Unterjochung 421
unterkommen 948
vorkommen 166
unterkriegen 631
Unterkunft 1137
Wohnung 1548
ohne U. 307
Unterlage 657
Unterlagen 220
Unterlaß, ohne 721
unterlassen 1427
Unterlassung 1334
unterlegen 1140
füttern 560
stützen 1159
besiegt 1317
unterliegen 1096
untermauern 1159
untermengen 892
unterminieren 1440
hetzen 696
Unterminierung 1441
Hetze 1523
Unternehmen 1348
unternehmen 1347
Unternehmer 614
Unternehmungsgeist 388
unternehmungslustig 1237
unterordnen 73
unterordnen, sich 583
Unterordnung 584
unterprivilegiert 1048
unterreden, sich 217
Unterredung 218
Unterricht 833
unterrichten 834
orientieren 966
unterrichtet 760
erfahren 424
Unterrichtung 899
Gebrauchsanweisung 76
untersagen 1425
unterschätzen 894
verkennen 738
Unterschätzung 895
unterscheiden 1362
sich unterscheiden 784
Unterscheidungsvermögen 1433
unterschieben 1413
Unterschied 1349
unterschiedlich 1428
unterschiedslos 639
unterschlagen 229
Unterschlagung 1239
Unterschlupf 1137
unterschlüpfen 948
unterschreiben 219
bestätigen 1592
unterschreiten 1170
Unterschrift 220
Bildunterschrift 436
untersetzt 794
Unterstand 1137
unterstehen, sich 1493
unterstellen 1418
unterordnen 73
abstützen 1159
aufheben 96
sich unterstellen 1138
sich unterordnen 583
Unterstellung 1596
Hypothese 1471
Verlästerung 609
unterstreichen 705
Unterstreichung 917
unterstrichen 918
unterstützen 688
entlasten 401
abstützen 1159
beipflichten 1592
Unterstützung 698
Entlastung 402
untersuchen 174
prüfen 1020
erforschen 526

Untersuchung 527
Prüfung 1021
Ergründung 527
untertan 1317
rechtlos 1048
Untertänigkeit 584
untertauchen 948
verschwinden 1371
unterteilen 1241
Unterton 434
untertreiben 692
Untertreibung 362
untertunneln 1440
Untertunnelung 1441
unterwandern 342
Unterwanderung 364
unterwegs 307
unterwegs sein 1503
unterweisen 834
Unterweisung 833
Anweisung 76
Erziehung 468
Unterwelt 319
Verbrecherwelt 1334
unterwerfen 631
sich unterwerfen 583
kapitulieren 1096
Unterwerfung 421
Demut 584
Kapitulation 947
unterworfen 1317
unterwürfig 1350
Unterwürfigkeit 584
unterzeichnen 219
signieren 762
Unterzeichnung 220
unterziehen, sich 1347
Untiefe 774
Abgrund 1441
untragbar 1303
untrennbar 1317
vereint 1588
untreu 1358
untreu werden 1014
Untreue 1359
untröstlich 1323
untröstlich sein 838
untüchtig 1320
Untüchtigkeit 1424
Untugend 497
untugendhaft 1304
untunlich 1324
unüberbrückbar 1428
unüberhörbar 918
laut 825
unüberlegt 1305
töricht 315
Unüberlegtheit 454
unübersehbar 770
weit 1517
unübersichtlich 1543
unübersteigbar 1329
unübertrefflich 459
unübertroffen 459
unüberwindlich 1329
Unüberwindlichkeit 1329
unüblich 1157
unumgänglich 955
unumschränkt 1307
unumstößlich 1158
unumwunden 105
ununterbrochen 721
dauernd 288
ununterscheidbar 639
unveränderlich 288
Unveränderlichkeit 285
unverändert 639
unverantwortlich 1377
geistesgestört 1423
Unverantwortlichkeit 1359
Geisteskrankheit 796
unverbesserlich 1351
unverbildet 933
unverbindlich 965
unhöflich 1325
Unverbindlichkeit 533
unverblümt 965
Unverblümtheit 533
unverbrüchlich 1594
unverbunden 357
zusammenhanglos 1543
unverbürgt 1338
unverdächtig 1594
unverdaulich 1324
unverderblich 286
unverdorben 1057
Unverdorbenheit 1279
unverdrossen 514
Unverdrossenheit 333
unvereinbar 1428
Unvereinbarkeit 1349
unverfälscht 1057
natürlich 933
echt 324
unverfroren 532
Unverfrorenheit 533
unvergänglich 288
Unvergänglichkeit 285
unvergeßlich 288
lebendig 828
unvergleichbar 538
unvergleichlich 130
unverhältnismäßig 1293
unverheiratet 367
unverhofft 1355
unverhohlen 105
unverhüllt 770
unverkäuflich 1252
Ladenhüter 1296
unverkauft 1296
unverkennbar 770
unverkürzt 564
unverläßlich 1358
Unverläßlichkeit 1359
unverletzlich 1158
Unverletzlichkeit 507
unverletzt 564
unverlierbar 288
unvermeidlich 955
schicksalhaft 1602
unvermindert 564
unvermischt 1057
unvermittelt 1009
Unvermögen 1353
unvermögend 1320
arm 87
unvermutet 1355
Unvernunft 1326
Dummheit 316
unvernünftig 1356
dumm 315
unveröffentlicht 1308
unverrichteterdinge 1302
unverschämt 532
Unverschämtheit 533
unversehrt 564
Unversehrtheit 350
unversieglich 288
unversöhnlich 503
gegensätzlich 1428
hart 677
Unversöhnlichkeit 504
unversorgt 700
Unverstand 1326
unverstanden 318
verkannt 1308
unverständig 1356
dumm 315

unverständlich 1352
dunkel 318
Unverständlichkeit 319
unverträglich 684
schädlich 1324
unvertraut 538
unwissend 1356
unverwehrt 199
unverwelklich 288
unverwendbar 1106
unverwischbar 288
unverwundbar 1158
Unverwundbarkeit 507
unverwüstlich 286
Unverwüstlichkeit 507
unverzagt 1235
getrost 1158
Unverzagtheit 912
unverzeihlich 1377
unverzüglich 639
unvollkommen 1354
unvollkommen sein 1353
Unvollkommenheit 1353
Lücke 497
unvorbereitet 1355
unvoreingenommen 1078
unvorhergesehen 1355
unvornehm 1010
unvorsätzlich 1580
unvorsichtig 1355
Unvorsichtigkeit 837
unvorstellbar 1002
unvorteilhaft 1324
unschön 679
unwägbar 1352
Unwägbare, das 319
Unwägbarkeiten 529
unwahr 486
unwahrhaftig 486
Unwahrhaftigkeit 1359
Unwahrheit 863
unwahrscheinlich 757
utopisch 1363
phantastisch 1002
Unwahrscheinlichkeit 719
Erdichtung 863
unwandelbar 288
zuverlässig 1594
Unwandelbarkeit 285
Zuverlässigkeit 507
unwegsam 1534
unweiblich 1330
unweigerlich 1307
unweit 924
unwesentlich 1306
Unwetter 950
unwichtig 1306
Unwichtigkeit 775
unwiderleglich 1158
zwingend 1602
unwiderruflich 386
unwidersprechlich 1158
unwidersprochen 1158
unwiderstehlich 79
Unwiderstehlichkeit 1561
unwiederbringlich 1394
unwillig 1529
ärgerlich 255
Unwilligkeit 85
unwillkürlich 1580
unwirklich 718
phantastisch 1002
Unwirklichkeit 719
unwirksam 1302
unwirtlich 1534
Unwirtlichkeit 964
unwirtschaftlich 1324
unwissend 1356
Unwissenheit 1326
unwissentlich 1580
unwohl 839
Unwohlsein 796
unwohnlich 1303
unbewohnt 1534
unwürdig 1304
Unwürdigkeit 1107
Unzahl 885
unzählig 1465
unzart 1325
Unzartheit 533
unzärtlich 747
unzeitgemäß 1364
unzeitig 1324
unzerstörbar 288
Unzerstörbarkeit 285
unzertrennlich (sein) 351
unzivilisiert 1356
primitiv 1306
Unzucht 1107
unzüchtig 1304
unzufrieden 1357
Unzufriedenheit 1327
unzugänglich 1534
zurückhaltend 1586
geschlossen 618
verstockt 1351
Unzugänglichkeit 1587
Verstocktheit 1527
unzulänglich 1320
unvollkommen 1354
Unzulänglichkeit 1424
Unvollkommenheit 1353
unzulässig 1377
unzumutbar 1303
unzurechnungsfähig 1423
Unzurechnungsfähigkeit 796
unzusammenhängend 1543
unzuträglich 1324
Unzuträglichkeit 1216
unzuverlässig 1358
Unzuverlässigkeit 1359
unzweckmäßig 1360
unzweideutig 770
unzweifelhaft 1158
üppig 1054
genießerisch 598
füllig 1194
verschwenderisch 598
auf großem Fuß 724
üppig werden 1289
Üppigkeit 557
urban 1477
Urbanität 505
urbar machen 452
Urbild 717
Ureinwohner 233
Wilde 539
Urgrund 39
Urheber 465
Urheberrecht 1046
Urheberschaft 467
Uriasbrief 1284
Urkraft 932
Urkunde 220
urkundlich 1158
Urlaub 537
Urlauber 1059
Urquell 1030
Ursache 656
ursächlich 1513
Urschrift 984
Ursprung 1030

ursprünglich 933
originell 985
anfangs 41
einfach 343
Ursprünglichkeit 335
Einfachheit 344
Urständ feiern 448
Urstoff 375
Urteil 1361
urteilen 1362
urteilsfähig 68
vernünftig 1419
Urteilsfähigkeit 1361
Verstand 1433
urteilssicher 68
Urwald 271
urwüchsig 933
originell 985
Urwüchsigkeit 335
Urzeit 1395
Usance 257
Usurpator 556
usurpieren 631
Usus 634
Brauch 257
Utensilien 605
Utopie 719
utopisch 1363
uzen 1180
Uzerei 1179

Vabanquespiel 1348
va banque spielen 1493
Vagabund 480
vagabundieren 1503
vage 318
vakant 534
Vakanz 537
offene Stelle 920
Vakuum 944
Vamp 1393
variabel 1428
Variante 1366
Variation 1366
Variationsbreite 1466
variieren 1365
Vasall 53
Vase 576
Vater 330
Vaterhaus 681
Vaterland 931
vaterländisch 253
Vaterlandsliebe 851
vaterlandsliebend 253
Vaterlandsverräter 1136
väterlich 887
Väterlichkeit 851
Vaterstadt 931
Vegetation 932
vegetativ 317
vegetieren 392
vehement 389
Vehemenz 388
Ventil 972
Ventilation 861
Ventilator 861
verabreden (sich) 1389
Verabredung 1390
verabreichen 567
verabscheuen 678
verabscheuenswert 1106
verabschieden 123
sich verabschieden 394
verabschiedet 34
Verabschiedung 395
Entlassung 124
verachten 894
Verächter 995
Kritiker 800
verachtet 1308
unten durch 441
verächtlich 24
elend 376
verächtlich machen 252
Verächtlichkeit 1107
Verachtung 895
verallgemeinern 1108
Verallgemeinerung 1109
veralten 1398
veraltet 1364
Veranda 935
veränderlich 237
wechselnd 1428
unzuverlässig 1358
Veränderlichkeit 1150
Unzuverlässigkeit 1359
verändern (sich) 1365
wechseln 1509
verändert 1428
Veränderung 1366
veränderungssüchtig 904
verängstigen 310
verängstigt 51
verankern 948
verankert 1158
veranlagen 198
veranlagt 1530
fähig 478
Veranlagung 272
Fähigkeit 479
veranlassen 1367
Veranlassung 454
Anlaß 656
auf Veranlassung 901
veranschaulichen 435
veranschlagen 1091
berechnen 198
veranstalten 1368
Veranstalter 556
Veranstaltung 1369
verantworten 267
sich verantworten 411
verantwortlich 1317
leitend 555
verantwortlich machen 1490
verklagen 769
Verantwortlichkeit 999
Verantwortung 999
verantwortungsbewußt 1168
Verantwortungsgefühl 632
verantwortungslos 837
Verantwortungslosigkeit 1359
verarbeiten 1370
verarbeitet 908
verargen 1585
verärgern 86
verärgert 255
Verärgerung 85
verarmen 922
verarmt 695
Verarmung 954
verästeln, sich 21
verausgaben, sich 1379
verballhornen 418
Verband 590
Binde 900

verbannen 140
verbannt 1048
Verbannte 138
Verbannung 1447
verbarrikadieren 1108
sich v. 1138
verbauen 701
verbauern 1384
verbeißen 1343
sich verbeißen 1277
verbergen (sich) 1371
nicht merken lassen 1343
verbessern (sich) 1372
korrigieren 153
heben 683
verbessert 1584
Verbesserung 1373
Bearbeitung 175
Reform 1067
Aufstieg 1197
verbeugen, sich 663
Verbeugung 662
verbiegen 1569
verbiestert 503
verbieten 1425
verbilden 1569
verbildet 716
verbildlichen 435
verbilligen 922
verbilligt 245
Verbilligung 1484
verbinden (sich) 1374
Wunde 174
verbindend 351
verbindlich 398
gültig 970
Verbindlichkeit 1131
Nettigkeit 396
Verbindung 1375
Gemeinschaft 590
Verbindungsmann 1449
Verbindungsschnur 845
Verbindungsweg 972
verbissen 1557
stur 1191
Verbissenheit 685
verbittern 416
das Leben verbittern 86
verbittert 946
nachtragend 503
Verbitterung 504
verblasen 716
Verblasenheit 719
verblassen 922
verblaßt 494
Verbleib 1548
verbleiben 948
übrigbleiben 5
übereinkommen 1389
verbleibend 1296
während 288
verbleichen 922
verblenden 241
verschalen 1371
verblendet 1351
überheblich 369
uneinsichtig 1191
Verblendung 1488
Zauber 1561
verblichen 494
tot 1258
verblöden 1423
verblödet 1423
Verblödung 796
verblüffen 1291
verblüffend 458
auffallend 93
verblüfft 1191
Verblüffung 457
verblühen 1272
verblüht 34
verblümt 901
verbluten 1199
verbocken 738
verbockt 486
trotzig 1278
verbogen 801
verbohren, sich 1277
verbohrt 1191
dumm 315
Verbohrtheit 1488
verborgen 254
unsichtbar 1444
verborgenen, im 1444
Verborgenheit 1587
Abgelegenheit 358
Anonymität 944
Verbot 1376
verboten 1377
verbrämen 1026
beschönigen 189
verbrämt 901
Verbrämung 284
verbrannt 1106
Verbrauch 1378
verbrauchen (sich) 1379
Verbraucher 756
verbraucht 208
alt 34
reparaturbedürftig 695
banal 145
Verbrechen 1334
verbrechen 1398
Verbrecher 1380
verbrecherisch 1106
verbreiten 1381
veröffentlichen 1420
mitteilen 897
sich verbreiten 114
einführen 346
verbreitern 114
Verbreiterung 115
Verbreitung 899
verbrennen 1398
zerstören 1569
beisetzen 180
sich den Mund verbrennen 738
Verbrennung 181
verbriefen 1430
verbrieft 1158
verbringen 827
verbrüdern, sich 1374
verbrüdert 1588
Verbrüderung 1375
verbuchen 1129
verbummeln 1384
vergessen 1427
verzögern 1461
verbummelt 695
verbunden 1382
verbunden sein 852
zusammenhängen mit 55
verbünden, sich 1374
Verbundenheit 544
Intimität 851
Einigkeit 352
verbündet 1382
Verbündeter 748
verbürgen (sich) 1430
bürgen 267
verbürgt 1158
verbüßen 1164
sühnen 1229
Verdacht 1596
verdächtig 1597
verdächtigen 1413
Verdächtiger 1380

Verdächtigung 609
verdammen 519
verurteilen 1452
verdammenswert 1106
verdammt 441
Verdammung 518
verdampfen 1398
evaporieren 429
verdanken 280
verdattert 1191
verdauen 1370
verstehen 1436
aufnehmen 101
verdaulich 627
Verdauung 15
Verdeck 1137
verdecken 1371
verdeckt 1444
verdenken 1585
Verderb 1383
verderben 1384
vermiesen 403
es mit jem. verderben 1086
Verderben 1383
Unheil 1322
Zerstörung 1570
verderblich 573
Verderbnis 1383
verderbt 1304
Verderbtheit 1107
verdeutlichen 435
Verdeutlichung 436
verdichten 811
gestalten 626
verdichtet 810
dichterisch 1011
Verdichtung 810
Gestaltung 523
verdienen 1385
Verdienst 1386
Nutzen 957
verdienstlich 1387
Verdienstspanne 1386
verdienstvoll 1387
verdient 1387
verdientermaßen 1387
Verdikt 1361
verdingen, sich 246
verdonnern 1100
verurteilen 1362
verdoppeln 1453
verdorben 1106
verderbt 1304
Verdorbenheit 1107
verdorren 1272
vergehen 1398
verdorrt 1271
verdrängen 1343
verdrängt 965
Verdrängung 1412
verdrehen 864
den Kopf 1393
das Recht 229
verdreht 93
verrückt 1423
schief 801
wirr 1543
Verdrehtheit 335
Verdrehung 863
verdrießen 86
verdrießlich 946
Verdrießlichkeit 1327
Ärger 85
verdrossen 946
verdrossen sein 255
Verdrossenheit 1327
verdrücken, sich 394
Verdruß 85
verduften 1398
fliehen 515
verdummen 1384
verdunkeln 1108
trüben 403
sich verdunkeln 320
betrügen 229
Verdunkelung 319
Täuschung 1239
verdünnen 892
Verdünnung 893
verdunsten 1398
Verdunstung 1397
verdursten 1199
verdurstet 1258
verdorrt 1271
verdüstern, sich 320
Verdüsterung 319
verdutzt 1191
verebben 922
veredeln 1372
pfropfen 1579
weiterverarbeiten 1370
Veredelung 1373
letzter Schliff 635
verehren 1388
schenken 567
Verehrer 542
verehrt 44
Verehrung 28
Ehrung 331
verehrungswürdig 118
vereidigen 73
Verein 590
vereinbar 906
vereinbaren 1389
vereinbart 441
Vereinbarung 1390
Schlichtung 119
vereinen (sich) 1374
vereinfachen 1391
Vereinfachung 1391
vereinheitlichen 1391
Vereinheitlichung 1391
vereinigen (sich) 1374
Vereinigung 1375
Gemeinschaft 590
vereinsamen 357
vereinsamt 357
Vereinsamung 358
vereint 1588
vereinzeln 357
vereinzelt 367
einsam 357
Vereinzelte 775
Vereinzelung 358
vereisen 456
vereist 1191
Vereisung 1069
vereiteln 701
enttäuschen 416
Vereitelung 417
vereitern 1549
verekeln 1446
verelenden 1384
Verelendung 954
verengen, sich 922
Verengung 391
vererben 1288
vererbt 45
Vererbung 422
verewigen (sich) 287
verewigt 1258
Verfahren 1019
System 1231
Weise 90
verfahren 1422
falsch 486
sich verfahren 738
Verfall 1069

verfallen 1398
abmagern 10
altern 922
hörig werden 1096
verfallen (zerstört) 208
hörig 1317
entwertet 1106
verfälschen 892
Verfälschung 863
Gemisch 893
verfangen 1538
sich verfangen 1458
verfänglich 1597
verfärben, sich 922
erschrecken 50
verfassen 1129
Verfasser 465
Verfassung 1589
Gesetz 622
Stimmung 1204
verfassungsgemäß 623
verfassungswidrig 1377
verfaulen 1384
verfault 1106
verfechten 411
Verfechter 752
verfehlen, sich 1427
sündigen 1398
das Ziel 496
verfehlt 486
Verfehlung 1334
verfeinden (sich) 1217
verfeindet 503
verfeinern 1372
verfeinert 68
Verfeinerung 1373
Kultur 805
verfemen 140
verfemt 441
Verfemung 1447
verfertigen 464
verfestigen, sich 456
verfilzen 1458
verfilzt 1543
Verfilzung 1333
Filzokratie 866
verfinstern, sich 320
Verfinsterung 319
verflachen 1391
verflechten 1374
Verflechtung 1375
verfliegen 1398
verfließen 1398
verflochten 1382
verwickelt 1148
Verflochtenheit 1375
verflossen 1394
verfluchen 519
verflüchtigen, sich 1398
fliehen 515
Verfluchung 518
verflüssigen, sich 860
verflüssigt 930
verfolgen 1392
bedrängen 305
beschatten 195
Verfolger 106
Verfolgung 740
Hetze 454
Verfolgungswahn 796
verfrachten 1098
Verfrachtung 1262
verfremden 189
Verfremdung 284
verfressen 168
verfrüht 1491
Verfrühung 337
verfügbar 1475
verfügen (über) 161
vererben 1288
haben 666
Verfügung 160
Verfügungsrecht 122
verführbar 1140
Verführbarkeit 445
verführen 1393
beeinflussen 159
Verführer 1393
Verführerin 1393
verführerisch 79
Verführung 1561
Werbung 1523
Anfechtung 1021
vergällen 1384
die Freude 403
vergaloppieren, sich 338
vergangen 1394
Vergangenheit 1395
vergänglich 1396
Vergänglichkeit 1397
vergattern 73
vergeben 411
sich etwas vergeben 692
vergebens 1302
Vergebung 650
vergegenwärtigen 1481
Vergehen 1334
vergehen (sich) 1398
schmelzen 860
sterben 1199
vergehend 10
vergeistigen 1372
vergeistigt 804
Vergeistigung 1373
vergelten 1399
Vergeltung 1400
vergessen (sich) 1401
Vergessen 944
vergeßlich 1305
Vergeßlichkeit 26
vergeuden 896
vergeudet 1511
Vergeudung 109
vergewaltigen 896
Vergewaltigung 312
Schande 1088
vergewissern, sich 1295
vergießen 896
Blut vergießen 751
vergiften (sich) 437
töten 1259
Vergiftung 796
vergilben 922
vergittern 1108
Vergleich 1402
Ausgleich 119
vergleichbar 640
wie 1530
vergleichen (sich) 1403
Kompromiß schließen 1389
verglimmen 1398
Vergnügen 1346
vergnügen (sich) 1345
vergnüglich 686
Vergnüglichkeit 540
vergnügt 686
Vergnügung 1346
Vergnügungsindustrie 1482
Vergnügungsstätte 565
Vergnügungssucht 837
vergnügungssüchtig 837
vergolden 1372
idealisieren 1292
vergöttern 1388
verwöhnen 1459
Vergötterung 28

vergraben (sich) 1404
sich absondern 14
vergrämen 1446
kränken 992
vergrämt 255
unglücklich 1323
vergraulen 1446
vergreifen, sich 738
stehlen 936
vergreisen 922
vergreist 34
Vergreisung 35
vergriffen 1511
vergröbern 1391
vergrößern 1214
sich vergrößern 114
entwickeln 419
Vergrößerung 115
Entwicklung 420
Vergrößerungsglas 455
Vergünstigung 1484
Vorteil 1484
vergüten 407
vergelten 1399
bezahlen 240
Vergütung 408
verhaften 490
verhaftet 575
Verhaftung 575
Verhalten 1405
verhalten (scheu) 1586
sich verhalten 1406
Verhaltenheit 1587
Verhältnis 876
Liebesverhältnis 851
Verbindung 1375
Verhältnisse 814
Geldverhältnisse 212
verhältnismäßig 1061
Verhaltungsmaßregel 76
verhandeln 217
Verhandlung 218
Prozeß 1019
verhangen 318
verhängen 1601
verbergen 1371
Verhängnis 1099
Unglück 1322
verhängnisvoll 1323
Verhängung 1361
verharmlosen 1391
verharren 176
verhärten, sich 456
verhärtet 677
verhaßt 1303
Verhau 1127
verhauen 1103
sich verhauen 738
verheddern (sich) 1458
verheeren 1569
verheerend 1106
vernichtend 1128
verheert 208
Verheerung 1570
verheimlichen 1371
Verheimlichung 1587
verheiraten, sich 1407
verheiratet 1317
verheißen 1430
Verheißung 1431
verheißungsvoll 664
verheizen 567
verhelfen zu 215
verherrlichen 332
Verherrlichung 856
verhetzen 696
Verhetzung 454
verhexen 241
wie verhext 1329
verhindern 701
verhindert 1317
Verhinderung 702
verhohlen 901
unaufrichtig 1358
heimlich 1444
verhöhnen 1180
Verhöhnung 1179
Verhör 529
verhören 530
verhüllen 1371
verhüllt 1444
andeutungsweise 901
bildlich 244
Verhüllung 1587
verhungern 1199
verhungert 1140
tot 1258
verhunzen 1384
verhüten 1200
Verhütung 1137
verhutzeln 1272
verhutzelt 1271
verifizieren 1563
Verifizierung 220
verinnerlichen 1372
Verinnerlichung 1373
verirren, sich 738
Verirrung 22
verjagen 1446
ausweisen 140
ausbooten 123
verjähren 1398
verjährt 1106
vergangen 1394
verjüngen, sich 448
spitz zulaufen 922
verjüngend 627
Verjüngung 449
verkalken 456
altern 922
verkalkt 34
Verkalkung 35
verkannt 1308
verkannt werden 1096
verkappt 1444
mittelbar 901
verkatert 376
Verkauf 1408
Handel 672
verkaufen 1409
sich verkaufen 1014
fehlspekulieren 738
Verkäufer 689
Kaufmann 614
verkäuflich 1475
Verkaufspreis 1013
verkauft 1511
Verkehr 238
Geselligkeit 621
verkehren 1300
fahren 582
Verkehrsmittel 482
verkehrt 486
verkennen 738
mißachten 894
Verkennung 497
verketten 1374
Verkettung 1375
verketzern 1413
Verketzerung 454
verkitscht 767
verklagen 769
verklären 332
überschätzen 738
verklärt 648
tot 1258
Verklärung 856
Überschätzung 497
verklatschen 769
verklausuliert 901
verkleiden (sich) 1371
verkleidet 1444

Verkleidung 710
Maskerade 1239
verkleinern 811
sich v. 1170
vereinfachen 1391
Verkleinerung 362
verklemmt 1411
verklingen 1398
enden 385
verknappen 811
Verknappung 362
verkneifen, sich 404
verknöchern 456
verknöchert 677
verkalkt 34
verkommen 1384
verwittern 1398
verkommen (elend) 695
Verkommenheit 1107
verkoppeln 1374
verkorken 1108
verkorksen 1384
verkorkst 1106
verkörpern 1177
Verkörperung 284
verköstigen 1432
Verköstigung 447
verkrachen, sich 1217
verkracht 503
bankrott 441
verkraften 1370
verkramen 1415
verkrampfen, sich 456
verkrampft 1338
verlegen 1411
Verkrampfung 1412
verkriechen, sich 14
verkrümeln (sich) 394
verkrüppelt 801
Verkrüppelung 1085
verkümmern 1384
verkümmert 376
Verkümmerung 1069
verkünden 897
verkündigen 897
predigen 871
Verkündigung 899
Predigt 872
verkuppeln 1407
verkürzen 811
verkürzt 810
Verkürzung 362
verladen 1098
Verladung 1262
verlagern 1098
Verlagerung 395
verlangen 151
begehren 167
Verlangen 1410
Trieb 1267
verlangend 168
verlängern 1214
Zeit lassen 1224
Verlängerung 115
verlangsamen 1461
stoppen 20
verlangt 191
verlarven 1371
Verlarvung 1239
Verlaß 507
verlassen 1014
aufbrechen 394
sich verlassen auf 1442
sich trennen 1265
einsam 357
Verlassenheit 358
Verlassenschaft 422
verläßlich 1594
Verläßlichkeit 507
verlästern 1413
Verlästerung 609
Verlauf 1019
Fortgang 521
im Verlauf 1497
verlaufen 166
schmelzen 860
ablaufen 7
sich verlaufen 738
abspringen 17
auseinanderlaufen 1439
im Sande verlaufen 1302
verlautbaren 897
Verlautbarung 899
verlauten 322
verlauten lassen 1183
verleben 1379
verlebendigen 435
verlebt 695
verlegen 1415
vertagen 1461
veröffentlichen 1420
umleiten 8
den Weg 701
sich verlegen auf 246
schüchtern 1411
verlegen sein 1087
verlegen sein um 392
Verlegenheit 1412
in Verlegenheit 313
Verleger 465
Verlegung 395
verleiden 403
verleidet 1083
verleihen 254
Preis 141
Verleihung 439
verleiten 1393
Verleitung 1523
Verführung 1561
verlesen 14
sich verlesen 738
verletzen 1086
beleidigen 692
übertreten 894
schneiden 1118
Kummer machen 992
verletzend 187
verletzlich 383
Verletzlichkeit 384
verletzt 839
beleidigt 255
Verletzung 1552
Beleidigung 188
Übertretung 1334
verleugnen 848
sich selbst 404
übersehen 1118
verleumden 1413
Verleumder 735
verleumderisch 256
Verleumdung 609
verlieben, sich 852
verliebt 1414
Verliebtheit 851
verlieren 1415
zusetzen 1415
keine Zeit 338
Verlierer 1048
verloben (sich) 1374
Verlöbnis 1375
verlobt 1317
Verlobter 542
Verlobung 1375
verlocken 1393
verlockend 79
appetitlich 81
Verlockung 1021
Zauber 1561
Werbung 1523

verlogen 1358
Verlogenheit 1359
verloren 1511
erledigt 441
unverbesserlich 1351
verlorengehen 1415
verlöschen 1398
verlosen 1439
losen 1177
Verlosung 1348
verlottern 1384
verlottert 695
vernachlässigt 208
verludern 896
Verlust 1085
Verlust erleiden 1415
verlustreich 1324
vermachen 1288
Vermächtnis 422
Vermählung 328
vermaledeien 519
vermarkten 194
vermasseln 1384
vermassen 418
gleichmachen 1391
Vermassung 1069
vermehren 114
vervielfältigen 1453
sich vermehren 419
Vermehrung 1197
Wachstum 115
Fortpflanzung 467
vermeiden 1300
vermeintlich 1094
vermengt 1543
Vermengung 893
Verwechslung 497
Vermerk 951
vermerken 1129
übel vermerken 1585
vermessen 508
sich vermessen 1493
vermessen (eitel) 369
Vermessenheit 370
Vermessung 509
vermiesen 403
vermieten 1288
vermindern 811
sich vermindern 922
vermindert um 128
Verminderung 1069
Einschränkung 362
vermischen, sich 892
vermischt 1428
gekreuzt 304
Vermischtes 893
Vermischung 893
Kreuzung 1578
Erzeugung 467
vermissen 392
vermissen lassen 1425
vermißt 1511
vermitteln 1416
Vermittler 1449
Vermittlung 1417
vermodern 1384
vermodert 208
vermögen 780
Vermögen 212
Fähigkeit 479
vermögend 1054
fähig 478
vermummen (sich) 1371
vermurksen 1384
vermuten 1418
verdächtigen 1413
vermutlich 64
Vermutung 883
Verdacht 1596
vernachlässigen 1427
schlecht behandeln 894
vernachlässigt 1332
unbehütet 700
übersehen 1308
Vernachlässigung 1424
Unordnung 1333
vernagelt 618
dumm 315
vernarben 594
vernebeln 1371
sich eintrüben 320
vernehmen 708
befragen 530
dem Vernehmen nach 64
vernehmlich 825
Vernehmung 529
verneigen, sich 663
Verneigung 662
verneinen 23
versagen 1425
verneinend 24
nihilistisch 996
Verneinung 25
Nihilismus 1570
vernichten 1569
töten 1259
vernichtend 24
vernichtet 441
Vernichtung 1570
verniedlichen 1391
Vernunft 1433
vernunftbegabt 1419
intelligent 728
vernünftig 1419
Vernunftlosigkeit 1326
vernunftwidrig 1330
veröden 1272
brachliegen 1384
lahmlegen 701
verödet 963
einsam 963
Verödung 964
Vereinsamung 358
veröffentlichen 1420
Veröffentlichung 1421
verordnen 174
Verordnung 160
Rezept 76
verpachten 1288
verpacken 987
verpackt 603
Verpackung 710
verpassen 1427
schlagen 1103
verpaßt 1394
verpatzen 1384
verpatzt 1106
verpesten 1068
verpetzen 769
verpfänden 267
seine Ehre 1430
Verpfändung 270
verpflanzen 464
umsiedeln 140
Verpflanzung 1447
verpflegen 1432
Verpflegung 447
verpflichten 73
sich verpflichten 246
bürgen 267
verpflichtend 1602
verpflichtet 1317
sich verpflichtet fühlen 910
Verpflichtung 999
Schuld 1131
verpfuschen 1384
pfuschen 1000
verplappern, sich 738

verpönen 894
ächten 140
verpönt 441
verboten 1377
verprassen 896
verproviantieren 1432
verpuffen 1008
flachfallen 1302
vergehen 1398
verpumpen 254
verpusten 431
Verputz 710
verputzen 1371
verschwenden 896
verquer 1324
verquer kommen 1209
verquicken 1374
verquirlen 892
verrammeln 1108
verrannt 1191
Verranntheit 1488
Verrat 1359
verraten 1014
denunzieren 769
Verräter 1136
Verräterei 1359
verräterisch 770
heimtückisch 1358
verrauschen 1398
verrechnen 120
sich verrechnen 738
Verrechnung 119
verreisen 394
verreist 1511
verreißen 1233
zerreißen 1569
verrenken 1086
Verrenkung 1552
verrennen, sich 1463
verrichten 1422
Verrichtung 442
Arbeit 82
verriegeln 1108
verriegelt 618
verringern 811
schwächen 1141
Verringerung 1069
Kürzung 362
verrinnen 1398
ablaufen 7
Verriß 799
verrohen 418
Verrohung 1069
verrotten 1384
verrottet 208
verrucht 1106
Verruchtheit 1107
verrücken 1365
verrückt (werden) 1423
verrückt auf 168
Verrückter 929
Verrücktheit 796
Streich 1215
Torheit 316
Verruf bringen, in 1413
verrufen 1597
versacken 1096
verkommen 1384
versackt 695
Versagen 1424
Enttäuschung 417
versagen (sich) 1425
entsagen 404
Versager 1426
Versagung 25
versalzen 1384
versammeln 1073
sich versammeln 1263
Versammlung 1264
Versand 1262
versanden 1272
stocken 1205
versauern 1384
versäumen 1427
Versäumnis 1334
verschachern 1409
verschaffen (sich) 215
verschalen 1371
Verschalung 710
verschämt 1411
Verschämtheit 1412
verschandeln 207
verschandelt 208
verschanzen, sich 1138
verschärfen 1090
verscharren 1404
verschenken 567
verscherzen 1415
verscheuchen 1446
verschicken 1098
ausweisen 140
Verschickung 1447
Transport 1262
verschieben 1365
aufschieben 1461
veruntreuen 229
Verschiebung 395
verschieden 1428
tot 1258
verschiedene 1465
verschiedenes 1464
Verschiedenheit 1349
verschiedentlich 973
verschießen 922
verschiffen 1098
Verschiffung 1262
verschimmeln 1384
verschimmelt 1106
verschlafen (sich) 1427
verschlafen 1305
schläfrig 908
Verschlag 935
verschlagen (schlau) 1105
vereinsamt 367
verschlagen, den Atem 1553
Verschlagenheit 616
verschlampen 1427
verlegen 1414
verschlechtern 418
sich verschlechtern 1090
Verschlechterung 1069
verschleiern (sich) 1371
verschleiert 1444
indirekt 901
getrübt 318
Verschleierung 1239
Unredlichkeit 1359
Verschleiß 1378
verschleißen 1379
verschleppen 936
verzögern 1461
Verschleppung 1447
Verzögerung 1462
verschleudern 1409
verschwenden 896
verschließen 1108
sich verschließen 14
wegschließen 1371
verschlimmern, sich 1090
Verschlimmerung 1069
verschlingen 469
verknoten 1374
Verschlingung 1375
verschlissen 208
verschlossen 618
zurückhaltend 1586
verboten 1377
Verschlossenheit 1587
verschlucken 936

verschlungen 1148
Verschluß 1429
verschlüsseln 1416
verschmachten 1272
verschmachtet 1271
verschmähen 23
verschmäht 376
verschmelzen 1374
Verschmelzung 1375
verschmerzen 1274
verschmitzt 686
verschmolzen 1382
einig 351
verschmutzen 1451
Verschmutzung 1116
verschnaufen 431
verschneiden 1141
mischen 892
Verschnitt 893
verschnörkelt 801
verschnupfen 86
verschnupft 255
erkältet 839
verschnüren 987
verschollen 1511
verschonen 1122
verschönern 1372
putzen 1026
heben 683
Verschönerung 1373
Putz 1025
verschossen 494
verliebt 1414
verschreiben 174
vermachen 1288
sich verschreiben 738
sich widmen 567
verschrien 1597
verschroben 93
Verschrobenheit 335
verschrotten 123
zerkleinern 1566
verschrumpeln 1272
verschüchtern 310
verschüchtert 1411
verschulden 1367
Verschulden 1334
verschuldet 1133
Verschuldung 1131
verschüttgehen 1415
verschütten 896
verschwärmt 716
Verschwärmtheit 719
verschweigen 1371
verschweißen 1374
verschwenden 896
sich verschwenden 567
Verschwender 597
verschwenderisch 879
übertrieben 1293
unrationell 1324
genießerisch 598
großzügig 655
verschwendet 1511
umsonst 1302
Verschwendung 109
verschwiegen 1444
schweigsam 1146
zurückhaltend 1586
Verschwiegenheit 1587
verschwimmen 1398
verschwinden 1398
gehen 394
fliehen 515
untertauchen 1371
verschwitzen 1451
vergessen 1401
verschwommen 1352
verschwören (sich) 1374
verschworen 1382
Verschwörer 752
Verschwörung 866
verschwunden 1511
Versehen 497
versehen mit 133
versehen, sich 738
versehentlich 739
versehrt 839
invalid 208
versenken 948
in Grund bohren 1569
sich versenken 1440
Versenkung 916
versessen 1034
versessen sein 167
versetzen 254
verschieben 1365
entfernen 161
sich in jem. v. 1436
sitzenlassen 1401
mischen 892
Versetzung 395
verseuchen 437
verseucht 1106
Verseuchung 796
versichern (sich) 1430
sich überzeugen 1295
Versicherung 1431
versickern 1398
ablaufen 7
versieben 738
versiegeln 1108
versiegelt 618
versiegen 385
versiert 424
versilbern 1372
versinken 1096
versinnbildlichen 189
Version 1366
versklaven 1343
versklavt 1317
Versklavung 575
versnobt 68
versohlen 1103
versöhnen (sich) 205
versöhnlich 1076
Versöhnlichkeit 891
Versöhnung 545
versorgen (sich) 1432
Versorger 330
versorgt 599
Versorgung 1262
Fürsorge 997
verspäten, sich 1461
verspätet 1173
Verspäteter 1462
Verspätung 1462
versperren 1108
absperren 701
verspielen 1415
bei jem. v. 1086
verspielt 837
unaufmerksam 1305
versponnen 1076
verspotten 1180
Verspottung 1179
Versprechen 1431
versprechen 1430
sich versprechen 1458
sich etwas versprechen 460
versprengt 367
Versprengte 775
verspritzen 510
verstaatlichen 936
Verstaatlichung 421
Verstand 1433
verstandesmäßig 1419
Verstandesmensch 1419
verständig 1419

verständigen 897
sich verständigen 1389
Verständigkeit 1433
Verständigung 1390
verständlich 1434
Verständlichkeit 772
Verständnis 1435
Verstehen 1433
Einigkeit 352
verständnislos 1223
Verständnislosigkeit 1326
verständnisvoll 1419
nachsichtig 655
teilnehmend 1245
verstärken 1189
verstärkt 1584
Verstärkung 1197
verstaubt 1364
verstauchen 1086
Verstauchung 1552
verstauen 987
Versteck 1137
Versteck spielen 1483
verstecken (sich) 1371
versteckt 1444
Verstehen 1433
Intuition 577
verstehen (sich) 1436
sich verstehen auf 1436
zu verstehen geben 705
versteifen, sich 1277
versteigen, sich 738
sich überheben 341
versteigern 1409
Versteigerer 1522
Versteigerung 1408
versteinern 456
versteinert 1191
verstellbar 237
verstellen 1365
sich verstellen 1483
simulieren 864
Verstellung 1239
Verstellungskunst 1359
versteppen 1272
versteppt 963
Versteppung 964
versteuern 240
Versteuerung 999
verstiegen 1293
romantisch 716
Verstiegenheit 1290
verstimmen 86
verstimmt 946
Verstimmung 85
Streit 1216
Unlust 1327
verstockt 1351
Verstocktheit 1527
verstohlen 1444
verstopfen 1108
stopfen 1324
verstopft 618
Verstopfung 796
Stau 702
verstorben 1258
Verstorbener 787
verstören 1458
verstört 1543
Verstörtheit 49
Verstoß 497
Unrecht 1334
verstoßen 140
verstoßen gegen 1398
Verstoßung 1447
verstreichen (Zeit) 1398
schmieren 637
verstreichen lassen 1506
verstreuen (sich) 1439
verstreut 367
verstricken (sich) 1458
Verstrickung 575
verstümmeln 1086
beschädigen 207
verstümmelt 801
unvollständig 208
Verstümmelung 1085
verstummen 1145
Versuch 1437
versuchen 1438
kosten 791
Versucher 502
Versuchsanstalt 613
Versuchstier 974
versuchsweise 1487
Versuchung 1523
Probe 1021
in Vers. führen 1438
versumpfen 1205
verlottern 1384
versündigen, sich 1398
Versündigung 1334
versunken 1254
vertieft 1305
versüßen 1372
vertagen 1461
Vertagung 1462
vertan 1511
vertäuen 948
vertauschen 1509
verteidigen 1138
entlasten 411
sich verteidigen 1528
Verteidiger 746
Verteidigung 1137
Entlastung 412
verteilen (sich) 1439
Verteilung 1439
Unterteilung 1266
verteuern 683
teurer werden 1196
Verteuerung 1197
verteufeln 1413
vertiefen (sich) 1440
vertieft 1305
Vertiefung 1441
Vergeistigung 1373
vertikal 604
vertilgen 1569
essen 469
Vertilgung 1570
vertrackt 1148
Vertrag 1390
vertragen, sich 1436
vertraglich 970
verträglich 572
zuträglich 627
Verträglichkeit 891
Vertrauen 1443
vertrauen 1442
Vertrauensbruch 1359
Vertrauensmann 1449
vertrauensvoll 1444
vertrauenswürdig 1594
reell 1047
Vertrauenswürdigkeit 507
vertraulich 1444
Vertraulichkeit 544
Intimität 851
Dreistigkeit 533
verträumt 1305
Verträumtheit 26
vertraut 1445
vertraut machen 435
vertraut werden 926
Vertrauter 542

Vertrautheit 544
Verbundenheit 851
vertreiben 1446
verkaufen 1409
ausweisen 140
besiegen 1103
Vertreibung 1447
vertretbar 906
angemessen 414
vertreten 1448
Fuß vertreten 1086
Vertreter 1449
Anwalt 746
Vertretung 1450
Vertrieb 1408
Vertriebene 138
vertrocknen 1272
vertrödeln 1427
vertrösten 1461
vertrotteln 922
vertrottelt 1423
vertun 896
vertuschen 1371
verübeln 1585
verüben 1422
verunglimpfen 1413
Verunglimpfung 609
verunglücken 1096
verunglückt 208
Verunglückte 974
verunreinigen 1451
Verunreinigung 1116
verunsichern 1458
verunstalten 1086
verunstaltet 208
krumm 801
Verunstaltung 1085
veruntreuen 229
Veruntreuung 1359
verursachen 1367
verurteilen 1452
anprangern 252
verurteilt 441
Verurteilung 1361
Verve 1150
vervielfältigen 1453
vervielfältigt 1584
Vervielfältigung 1454
Zuwachs 1197
vervollkommnen 427
vervollkommnen, sich 419
üben 1281
Vervollkommnung 635
Vergeistigung 1373
vervollständigen 427
Vervollständigung 428
verwachsen mit 948
bodenständig 253
verkrüppelt 801
verwahren 96
sich verwahren gegen 462
verwahrlosen 1384
verwahrlost 695
Verwahrlosung 1069
Verwahrung 575
Protest 1527
Aufbewahrung 815
verwaist 357
verwalten 215
Verwalter 1449
Verwaltung 845
Behörde 179
verwandeln 1365
verwandelt 1428
umgebaut 942
Verwandlung 1366
verwandt 1455
Verwandtschaft 1456
Verwarnung 311
verwaschen 494
verwässern 892
entwerten 1391
verwechseln 738
Verwechslung 497
verwegen 1235
Verwegenheit 912
verwehen 1398
verwehren 1425
verwehrt 1377
verweht 1394
verweichlichen 1459
verweichlicht 1140
verweigern 1425
die Arbeit 1209
Verweigerung 1376
Entzug 421
Abweisung 25
verweilen 948
ruhen 1075
Verweis 1232
verweisen 1233
vertreiben 1446
hinweisen 705
Verweisung 1447
verwelken 1272
verweltlichen 418
Verweltlichung 421
verwendbar 959
geschickt 617
Verwendbarkeit 479
Nützlichkeit 957
verwenden 194
nutzen 958
sich verwenden 165
Verwendung 122
Verwendungsmöglichkeit 957
verwerfen 23
verwerflich 1106
unanständig 1304
verwerten 194
nutzen 958
Verwertung 122
verwesen 1384
Verweser 1449
Verwesung 1383
verwetzt 208
verwichen 1394
verwickeln (sich) 1458
verwickelt 1148
Verwicklung 1333
Gebundenheit 575
verwildern 1384
verwildert 963
verwinden 1274
verwinkelt 390
verwirken 1415
verwirklichen (sich) 1457
verwirren (sich) 1458
verwirrend 1543
schwierig 1148
berückend 79
verwirrt 1543
unordentlich 1332
Verwirrung 1333
verwischen 1379
verwischt 1319
verwittern 1398
verwittert 909
verwohnen 1379
verwöhnen 1459
verwöhnend 890
verwohnt 208
verwöhnt 532
wählerisch 68
überzart 1516
Verwöhnung 28
verworfen 376
Verworfenheit 1107

verworren 1543
Verworrenheit 1333
verwundbar 383
verwunden 1086
Leid zufügen 992
verwunderlich 458
verwundern (sich) 1553
verwundert 1191
Verwunderung 457
verwundet 839
beleidigt 255
Verwundung 1552
verwunschen 648
geisterhaft 1352
verwünschen 519
Verwünschung 518
verwurzeln 948
verwurzelt 253
verwüsten 1569
verwüstet 208
verkommen 695
Verwüstung 1570
verzagen 1463
verzagt 946
ängstlich 51
Verzagtheit 1327
Angst 49
verzählen (sich) 738
verzahnen 1374
verzahnt 1382
verzanken (sich) 1217
verzapfen 1374
schwätzen 129
verzaubern 241
Verzauberung 1561
Verzehr 1378
verzehren 1379
essen 469
sich verzehren 838
verzehrend 1027
verzeichnen 1129
verzerren 1180
Verzeichnis 1460
verzeihen 411
verzeihlich 1434
Verzeihung 650
Gnade 891
verzerren 1180
verzerrt 363
häßlich 679
Verzerrung 863
Karikatur 1179
verzetteln 979
sich verzetteln 1241
Verzicht 406
Opfer 974
verzichten 404
danken 280
verziehen 142
verwöhnen 1459
sich verziehen 394
sich verspäten 1461
verzieren 1026
verziert 941
Verzierung 1025
verzinsen 958
Verzinsung 957
Rente 1063
verzogen 532
ausgezogen 1511
verzögern 1461
Verzögerung 1462
verzollen 240
verzuckern 1372
kandieren 429
verzückt 453
Verzückung 454
Verzug 1462
im Verzug 1133
verzweifeln 1463
verzweifelt 1323
hilflos 700
Verzweiflung 1322
Verzweiflungstat 454
verzweigen, sich 21
verzweigt 1517
verzwickt 1148
Veteran 35
Veto 1527
Veto einlegen 1209
Vetternwirtschaft 866
Viadukt 1375
Vibration 238
vibrieren 1149
Vieh 1525
viehisch 1304
viel 1464
vieldeutig 1597
Vieldeutigkeit 319
viele 1465
vielerlei 1464
Vielerlei 893
vielfach 973
Vielfalt 1466
vielfältig 1428
vielfarbig 493
Vielfarbigkeit 491
vielförmig 1428
Vielförmigkeit 1466
Vielheit 1466
Menge 885
Auswahl 137
vielleicht 906
vielmehr 3
vielsagend 1163
rätselhaft 1597
vielseitig 617
Vielseitigkeit 616
vielstimmig 676
vielverlangt 191
gängig 563
vielversprechend 664
Vielzahl 885
vierschrötig 1010
vif 828
Villa 681
virtuos 1469
Virtuose 475
Virtuosität 1297
virulent 573
Virus 796
Visavis 915
Vision 719
Visionär 1062
Schwärmer 715
visionär 1017
Visitation 1021
Visite 222
visitieren 1020
Visum 220
vital 794
Vitalität 826
Vitamin 1541
Vogel 335
den Vogel abschießen 631
vogelfrei 700
Vogelscheuche 679
Vokabular 1182
Volant 488
Steuer 845
Volk 233
Nation 931
völkerverbindend 734
Völkerwanderung 395
volkreich 1467
Volksmenge 885
volkstümlich 1434
beliebt 191
Volksverführer 1522
Volksverführung 1523
Volksvertreter 1449

Volksvertretung 867
Volkszugehörigkeit 931
voll 1467
  betrunken 231
vollauf 1464
  genug 599
vollblütig 794
vollbringen 1457
vollen gehen, in die 896
  sich anstrengen 193
vollenden 1468
vollendet 1469
  fertig 506
vollends 564
Vollendung 1058
  Meisterschaft 635
  Schluß 1109
Völlerei 602
vollführen 1422
Vollführung 1470
vollgesogen 296
vollgültig 970
völlig 564
volljährig 1055
vollkommen 1469
  absolut 1307
  ganz 564
Vollkommenheit 1058
  Höhepunkt 635
vollmachen 558
  ergänzen 427
Vollmacht 439
Vollmacht erteilen 438
vollsaugen, sich 322
vollschlank 1194
vollsinnig 953
Vollsinnigkeit 1433
vollständig 1469
  ganz 564
Vollständigkeit 350
vollstopfen 558
  füttern 560
  sich vollstopfen 469
vollstrecken 440
Vollstreckung 1470
vollwertig 643
Vollwertigkeit 1287
vollzählig 29
vollziehen 440
  sich vollziehen 166
Vollziehung 1470
vollzogen 441
Vollzug 1470
Volontär 1135
volontieren 846
Volumen 651
  Umfang 1298
von seiten 901
vonstatten gehen 166
vorab 1474
  inzwischen 1497
vorahnen 1418
Vorahnung 577
vor allem 214
voran 1489
vorangehen 554
  zügig gehen 1303
vorankommen 1196
Voranschlag 1004
Voranschlag machen 198
voranstellen 234
vorantreiben 554
Vorarbeit 880
vorarbeiten 1472
voraus, im 1491
vorausberechnen 198
vorausgegangen 1394
vorausgehen 166
  führen 554
vorausgesetzt 485
vorhaben 554
Voraussage 967
voraussagen 1018
vorausschauend 728
  prophetisch 1017
  vorsichtig 1480
voraussehen 1418
  prophezeien 1018
voraussetzen 1418
  verlangen 151
  bedingen 1367
Voraussetzung 1471
Voraussetzung schaffen 1472
voraussetzungslos 1307
Voraussicht 1004
voraussichtlich 64
vorauszahlen 96
Vorauszahlung 1029
Vorbau 935
vorbauen 1138
vorbedacht 1168
Vorbedacht 1431
  Überlegung 1004
  mit Vorbedacht 1168
Vorbedingung 158
Vorbehalt 158
vorbehalten, sich 151
vorbehaltlich 485
vorbehaltlos 1307
vorbei 1394
vorbeigehen 1398
  passieren 989
vorbeiziehen 989
Vorbemerkung 347
vorbereiten (sich) 1472
vorbereitet 1475
  geschult 478
  überlegt 1055
Vorbereitung 880
  Grundlage 657
vorbesprechen 1472
Vorbesprechung 880
vorbeugen 1138
vorbeugend 1480
Vorbeugung 1137
Vorbild 556
  Ideal 713
  Beispiel 182
  zum Vorbild nehmen 522
vorbildlich 118
Vorbildlichkeit 1058
Vorbildung 657
Vorbote 1562
vorbringen 1479
vordem 551
vordergründig 961
vorderhand 1474
Vorderseite 1473
Vorderteil 1473
vordrängen, sich 322
vordringlich 1526
  eilig 339
Vordruck 525
voreilig 1491
Voreiligkeit 337
voreingenommen 390
  einseitig 363
Voreingenommenheit 1488
vorenthalten 1425
  verbergen 1371
vorerst 1474
vorfahren 223
Vorfahren 1456
Vorfahrt 1492
Vorfall 615
vorfallen 166
vorfertigen 1472
vorfinden 512

Vorfreude 461
vorfühlen 530
Fühlung nehmen 1472
vorführen 38
spielen 1177
zeigen 1563
Vorführung 1482
Einführung 347
Demonstration 436
Vorgabe 396
Vorgang 615
Prozeß 1019
Handlung 579
vorgaukeln 1483
vorgeben 781
täuschen 864
unterstellen 781
vorgeblich 1094
vorgefertigt 1475
Vorgefühl 577
vorgegeben 1094
Vorgehen 1236
Prozedur 1019
Verhinderung 702
vorgehen 166
vorangehen 554
verfahren 1406
angreifen 47
Vorrang haben 554
vorgehen gegen 348
Vorgeschmack 461
vorgeschrieben 623
Vorgesetzter 556
vorgestrig 1364
vorgetäuscht 250
vorgreifen 234
bevormunden 1343
Vorhaben 1004
vorhaben 1005
Vorhalle 935
vorhalten 1490
Vorhaltung 1232
vorhanden 1475
vorhanden sein 827
Vorhandensein 473
Vorhang 710
vorher 551
vorherbestimmen 1601
vorherbestimmt 1602
vorhergegangen 1394
Vorherrschaft 845
vorherrschen 554
vorherrschend 1294
Vorhersage 967
vorhersagen 1018
vorhersehen 1018
vorhin 812
Vorhut 845
Vorkämpfer 752
Vorkehrung 880
Vorkehrungen treffen 1472
vorknöpfen 871
vorkommen 166
scheinen 1095
sich vorkommen 553
Vorkommen 615
Existenz 473
Vorkommnis 615
vorladen 221
befehlen 161
Vorlage 911
Vorläufer 1522
vorläufig 1474
vorlaut 532
naseweis 759
Vorleben 1395
vorlegen 38
leihen 254
Vorleger 1250
Vorleistung 281
vorlesen 1183
Vorlesung 1486
Vorlesung halten 1183
Vorliebe 938
vorliebnehmen 355
vorliegen 1475
vorliegend 1475
vormachen 435
täuschen 1483
sich etwas vormachen 340
vormals 551
Vormarsch 48
vormerken 96
bestellen 221
Vormund 1449
Vormundschaft 845
Vormundschaft stellen, unter 1343
vorn 1476
erstklassig 459
vornehm 1477
zurückhaltend 1586
vornehmen, sich 1005
Vornehmheit 505
vornehmlich 214
Vornehmtuer 1143
vornherein, von 639
vorpreschen 47
Vorrang 1492
vorrangig 1526
Vorrat 815
vorrätig 1475
Vorratshaus 815
Vorratskammer 935
Vorratsregister 737
Vorraum 935
Vorrecht 1046
Vorrechte einräumen 234
Vorrede 347
vorreden 159
vorrichten 1472
Vorrichtung 605
vorrücken 47
vorschieben 236
fortschreiten 419
vorwärtskommen 1196
vorsagen 688
Vorsatz 1004
vorsätzlich 13
Vorschein kommen, zum 778
vorschieben 236
simulieren 864
einen Riegel 701
andere vorschieben 1122
vorschießen 254
Vorschlag 1478
vorschlagen 1479
benennen 940
vorschnell 1491
vorschreiben 161
Vorschrift 76
vorschriftsmäßig 623
Vorschub leisten 397
Vorschuß 281
vorschützen 864
vorschweben 340
vorsehen 1472
sich vorsehen 102
Vorsehung 1099
vorsetzen 234
bewirten 353
Vorsicht 1167
Angst 49
vorsichtig 1480
vorsichtshalber 1480

vorsintflutlich 1364
Vorsitz 845
Vorsitz führen 554
Vorsitzender 556
Vorsorge 1431
Vorbereitung 880
vorsorgen 1432
vorsorglich 1168
auf lange Sicht 1491
Vorspann 347
vorspiegeln 1483
sich vorspiegeln 340
Vorspiegelung 719
Vorspiel 347
vorsprechen 223
rezitieren 1183
vorspringen 1549
angreifen 47
vorspringend 297
Vorsprung 1484
Ecke 325
Vorstadt 925
Vorstand 845
vorstehen 554
vorragen 1549
vorstehend 297
Vorsteher 556
vorstellbar 906
vorstellen (sich) 1481
vorstellen, etwas 155
Vorstellung 1482
Idee 717
Meinung 883
Vorstellungsvermögen 1001
Vorstoß 48
Kante 1035
vorstoßen 554
vorragen 1549
vorstrecken 254
vortäuschen 1483
Vortäuschung 1239
Vorteil 1484
Nutzen 957
vorteilhaft 1485
günstig 664
Vortrag 1486
vortragen 1183
Vortragender 1449
vortrefflich 118
Vortrefflichkeit 1524
vortreiben 554
Vortrupp 845
vorüber 1394
vorübergehen 1398
vorübergehend 1487
vorüberziehen 989
Vorurteil 1488
voller Vorurteile 390
vorurteilslos 1078
vorverlegen 234
vorwalten 554
Vorwand 863
vorwärts 1489
vorwärtsbringen 683
vorwärtsdrängend 904
vorwärtskommen 1196
Erfolg haben 588
Vorwärtskommen 107
vorwärtsstreben 1212
vorwärtstreiben 305
heben 683
führen 554
vorweg 41
vorwegnehmen 234
vorweisen 1563
anbieten 38
vorwerfen 1490
vorwiegend 1294
Vorwissen, ohne 1355
Vorwitz 533
Neugierde 731
vorwitzig 759
neugierig 733
Vorwort 347
Vorwort schreiben 346
Vorwurf 1232
Vorwurf machen 1100
vorwurfsvoll 1357
vorzaubern 1483
Vorzeichen 1562
vorzeigen 38
Vorzeit 1395
vorzeiten 551
vorzeitig 1491
vorziehen 234
Vorzimmer 1417
Vorzimmerdame 689
Vorzug 1492
vorzüglich 118
vorzugsweise 214
Votum 1494
Gelübde 1431
Urteil 1361
vulgär 1304
vulkanisch 684

Waage halten, die 120
waagrecht 636
Waagschale werfen, in die 1479
wabern 261
wabernd 828
wach 828
Wache 106
wachen 102
  warten 1506
wachen über 1138
wachsam 1480
  achtsam 1168
Wachsamkeit 1167
wachsen 419
  bohnern 637
  anwachsen 114
  sich mehren 1453
wachsend 1584
wächsern 494
Wachstum 420
  Natur 932
  Kreszenz 1028
  Fortschritt 528
Wacht 106
Wächter 1507
  Hüter 689
Wachtturm 132
wachwerden 430
wackelig 801
  lose 859
  alt 34
  schwach 1140
  unsicher 1338
wackeln 1142
wacker 1235
Waffe 1137
  Mittel 900
waffenlos 700
Waffenstillstand 545
Wagemut 912
wagemutig 1235
wagen 1493
Wagen 482
wägen 1091
Wagenladung 1029
Waghals 752
waghalsig 1235
Waghalsigkeit 912
Wagnis 1348
Wahl 1494
  die Wahl haben 1338
  keine Wahl haben 910
wählen 1495
wählerisch 68
wahlfrei 190
wahllos 1580
  unkritisch 343
Wahllosigkeit 344
Wahlspruch 292
wahlverwandt 1455
Wahlverwandtschaft 544
wahlweise 190
Wählwort 761
Wahn 719
wähnen 340
Wahngebilde 719
Wahnvorstellung 796
Wahnsinn 796
  Tollheit 1215
wahnsinnig 1423
Wahnsinniger 929
Wahnwitz 1215
wahnwitzig 1423
wahr 1496
  zuverlässig 1594
wahren 1138
  den Anstand 178
  s. Vorteil 958
währen 287
während 1497
wahrhaben wollen, nicht 848
  verdrängen 1343
wahrhaft 1539
wahrhaftig 1496
Wahrhaftigkeit 968
Wahrheit 1498
  die Wahrheit sagen 966
wahrheitsgetreu 1496
Wahrheitsliebe 968
wahrheitsliebend 1496
wahrlich 1539
wahrmachen 1422
wahrnehmbar 1187
wahrnehmen 1499
  nutzen 958
Wahrnehmung 1500
Wahrnehmungsvermögen 1500
wahrsagen 1018
Wahrsager 1018
Wahrsagung 967
wahrscheinlich 64
Wahrscheinlichkeit 127
Wahrung 1137
Wahrzeichen 1562
Waise 357
Wald 1501
Wald und Feld 932
waldreich 1501
Wall 1137
  Hindernis 702
wallen 1503
  sprudeln 1092
wallend 828
wallfahren 1503
Wallfahrt 1301
Wallung 112
Walstatt 1093

walten 215
Walze 1502
auf der Walze 307
walzen 637
tanzen 1345
walzenförmig 1467
wälzen 308
Wälzer 265
Wand 1137
Wandbehang 710
Wandbekleidung 710
Wandbrett 262
Wandel 1366
Lebensführung 1405
wandelbar 1358
beweglich 237
schillernd 1428
Wandelbarkeit 1359
Beweglichkeit 1150
Wandelhalle 935
wandeln 582
verwandeln 1365
sich wandeln 1365
Wanderer 1059
Wanderjahre 833
wanderlustig 1336
wandern 1503
Wandern 238
Wanderschaft 481
auf Wanderschaft 307
Wanderung 481
Wandlung 1301
Veränderung 1366
wandlungsfähig 1428
beweglich 237
Wandlungsfähigkeit 374
Wandschirm 710
Wankelmut 1359
wankelmütig 1358
wanken 1142
torkeln 1338
ohne Wanken 1594
nicht wanken 176
wankend 1316
schwankend 1338
Wanne 576
Wappen 761
wappnen (sich) 1472
bewaffnen 1189
Ware 466
Warenhaus 613
Warenlager 815
Warenverkehr 672
Warenvertrieb 672
Warenzeichen 761
warm 1504
herzlich 853
Wärme 511
Herzlichkeit 1547
ohne Wärme 747
wärmen (sich) 1505
wärmend 1504
liebevoll 853
Wärmeverlust 1069
warmhalten 1505
sich jem. warmhalten 198
warmherzig 853
Warmherzigkeit 1547
warnen 310
Warner 1018
Warnung 311
Warnzeichen 311
Wart 1507
Warte 132
Gesichtspunkt 883
warten 1506
schwanken 1142
Wärter 1507
Helfer 689
Aufsicht 106
Wartezeit 1462
Wartturm 132
Wartung 997
warum 1513
Warum, das 656
Warze 1550
was! 939
Was, das 726
Waschbecken 576
Wäsche 1058
Weißzeug 356
waschecht 286
waschen (sich) 1084
den Kopf waschen 1100
„Waschlappen“ 501
Waschraum 935
Waschung 1058
Waschweib 1143
Wasser 1508
ins W. fallen 496
das Wasser abgraben 1086
unter Wasser 930
Wasserader 1508
wasserarm 1271
wasserdicht 296
Wasserfall 1508
Wasserhahn 1429
wässerig 476
dünnflüssig 321
Wasserkunst 1030
Wassermangel 964
wassern 948
wässern 510
verdünnen 892
verwässern 1391
wasserpaß 636
Wassersnot 1322
Wasserspiele 1030
Wassersport treiben 1508
Wasserweg 1508
Wasserzeichen 761
waten 1508
wattieren 560
Wattierung 710
weben 1422
Webwaren 1206
Wechsel 1366
Vielfalt 1466
wechseln 1509
sich verändern 1365
wechselnd 1428
unzuverlässig 1358
Wechselrede 218
wechselseitig 578
Wechselseitigkeit 1366
wechselweise 578
Wechselwirkung 1366
wecken 1510
Wecker 1072
wedeln 1149
weder, noch 1316
weg 1511
Weg 1512
Möglichkeit 900
im Weg stehen 1209
in die W. leiten 1472
auf halbem W. 667
den Weg wissen 1436
Wegbereiter 752
wegbleiben 496
sich versagen 1425
wegbringen 170
abliefern 1098
wegen 1513
wegengagieren 16
wegfahren 394
Wegfall 1085

wegfallen 496
wegfegen 393
absetzen 123
wegfliegen 430
Weggang 124
weggeben 567
weggehen 394
ausscheiden 123
Weggenosse 748
weghaben, etw. 780
wegholen 16
stehlen 936
wegjagen 1446
wegkommen 1415
gut wegkommen 631
weglassen 822
auslassen 121
weglaufen 515
weglegen 393
weglos 1534
wegmachen 393
Wegnahme 421
wegnehmen 936
entziehen 1425
wegräumen 979
abräumen 393
wegreisen 394
wegschaffen 393
wegscheren, sich 394
wegschicken 123
verschicken 1098
wegschieben, von sich 1343
wegschleichen 515
wegschleppen 936
wegschnappen 631
abjagen 16
wegschütten 831
wegsehen 1122
wegstecken 1371
wegstehlen, sich 515
wegstellen 393
wegtragen 936
austragen 1098
entfernen 393
wegtreten 394
wegtun 393
Weg weisen, den 554
wegweisend 555
Wegweiser 556
wegwerfen 393
sich wegwerfen 692
wegwerfend 24
wegwischen 858
säubern 1084
Wegzehrung 447
wegziehen 142
aufdecken 393
Wegzug 395
Weh 1112
Leid 1322
weh tun 1113
quälen 992
wehen 249
wehend 828
Wehklage 768
wehklagen 769
wehleidig 383
schwächlich 1140
Wehleidigkeit 384
Wehmut 1322
wehmütig 1323
Wehr 1137
wehren 1200
sich wehren 1138
wehrhaft 794
fest 288
Wehrhaftigkeit 912
Festigkeit 507
wehrlos 700
Wehrlosigkeit 384
Weib 531
Weiberfeind 873
Weiberheld 1393
weibisch 51
weiblich 1514
feminin 1330
Weiblichkeit 1515
Weibsbild 1393
weibstoll 1268
weich 1516
weich machen 860
herumkriegen 1295
weich werden 860
nachgeben 397
Weichbild 925
weichen 394
Weichheit 374
Zartheit 384
weichherzig 379
gutmütig 665
Weichherzigkeit 384
Gutmütigkeit 396
weichlich 1140
Weichling 501
weichmütig 1140
Weide 932
weiden 712
fressen 469
sich weiden an 541
weidlich 1154
Weidwerk 740
weigern, sich 1277
verweigern 1425
Weigerung 25
Widerstand 1527
Weihe 347
weihen 1152
einweihen 452
widmen 567
Weiher 1508
weihevoll 498
weil 1513
weiland 551
Weile 1564
weilen 827
Weiler 949
Wein einschenken, reinen 966
weinen 769
weinend 1323
weinerlich 946
weinselig 231
Weinseligkeit 231
Weinstube 565
weise 424
Weise 90
Melodie 612
weisen 1563
hinweisen 705
von sich weisen 23
Weiser 835
Weisheit 425
weismachen 229
weiß 494
rein 1057
weissagen 1018
Weissagung 967
weißwaschen 411
Weisung 160
weit 1517
bei weitem 1464
weit und breit 1282
zu weit gehen 1292
weitaus 884
Weitblick 1433
weitblickend 728
Weite 115
Maß 651
Abstand 395
das Weite suchen 515
weiten 1214

weiter 1489
weiterbilden (sich) 419
weiterbringen 683
weiterentwickeln (sich) 419
Weiterentwicklung 1197
weitererzählen 897
weiteres, ohne 71
kurzerhand 810
weiterführen 1392
weitergeben 1288
mitteilen 897
weitergehen 287
weiterhin 92
weiterkommen 1196
weiterleben 287
davonkommen 429
Weiterleben 285
weiterleiten 1288
mitteilen 897
Weiterleitung 1262
weitermachen 1392
Weiterung 521
weiterverarbeiten 1370
weitgereist 424
weitherzig 655
Weitherzigkeit 891
Verständnis 1435
weitläufig 1517
eingehend 593
weiträumig 1517
weitschauend 728
weitschweifig 593
weitschweifig werden 114
Weitschweifigkeit 115
weitsichtig 1320
weitschauend 728
weittragend 1540
weitverzweigt 1517
welk 34
verwelkt 1271
welken 1272
Welle 1502
Wasser 1220
Wellen legen 308
wellen 308
kochen 1577
Wellenbewegung 238
Wellenlinie 809
wellig 1312
lockig 801
Welt 1518
die geistige Welt 319
die andere Welt 988
Weltall 1518
Weltanschauung 289
weltbekannt 183
Weltbevölkerung, die 886
weltbewegend 1526
Weltbürger 752
Weltenbummler 1059
welterfahren 617
Welterfahrung 425
weltfern 357
Weltflucht 1587
weltflüchtig 1586
weltfremd 343
idealistisch 716
Weltfremdheit 344
Idealismus 714
weltfreudig 836
Weltgeltung 1077
weltgewandt 617
Weltgewandtheit 425
Weltkenntnis 425
Weltkind 597
Weltklugheit 425
weltklug 617
reif 1055
Weltlauf 615
weltläufig 1477
Weltläufigkeit 425
weltlich 1396
lebensbejahend 836
Weltlichkeit 1397
Weltmann 758
weltmännisch 1477
Weltmeer 1508
Weltreisender 1059
Weltruf 1077
Weltschmerz 1327
Weltstadt 949
Weltverbesserer 715
weltweit 734
Weltweite 425
Wende 1519
Kehre 809
wenden (sich) 308
umdrehen 1365
wandeln 1365
sich wenden an 248
Wendepunkt 1519
wendig 617
Wendigkeit 616
Wendung 309
Kurve 809
Wandlung 1301
Ausdruck 116
wenig 775
wenige 775
weniger 1140
abnehmend 10
Wenigkeit 775
wenigstens 1154
wenn 1520
Werbeberater 1522
Werbebrief 1523
Werbefeldzug 1523
Werbekraft 1523
werbekräftig 1540
Werbemittel 1523
werben 1521
hetzen 696
werbend 1540
Werber 1522
Werbeschlagwort 1523
Werbetätigkeit 1523
Werbewirkung 1523
Werbung 1523
Werbungskosten 109
Werdegang 420
Werden 420
im Werden 41
werden 415
sich entwickeln 419
Werder 367
werfen 1149
gebären 566
über Bord 95
die Flinte ins Korn 1463
Werk 1125
Arbeit 82
Fabrik 228
Leistung 844
Buch 265
werken 83
werkgerecht 674
Werkstatt 613
Werkstoff 1206
Werktag 32
werktags 884
werktätig 1237
Werktätiger 46
Werkzeug 605
Kreatur 53
Schurke 1136
Wert 1524
wert 850
wert sein, etw. 155

Wert legen auf 167
wertachten 1388
Wertarbeit 1028
wertbeständig 286
Wertbeständigkeit 507
 Dauer 285
werten 1091
Wertgegenstand 790
werthalten 1388
 lieben 852
wertlos 1106
Wertlosigkeit 775
Wertmesser 876
Wertpapiere 212
Wertsachen 212
wertschätzen 1388
Wertschätzung 28
Wertstück 790
Werturteil 1361
wertvoll 1252
 dauerhaft 286
Wertzuwachs 1197
Wesen 1525
 Hauptsache 680
 Art 90
 Wesensart 272
 Sein 473
 Essenz 470
wesenhaft 1539
 bedeutsam 1526
Wesenhaftigkeit 1238
Wesenheit 1525
 Geist 586
wesenlos 1306
wesenseigen 45
wesensfremd 538
Wesenszug 335
wesentlich 1526
 das Wesentliche 680
weshalb 1513
Westen 471
westlich 471
Wettbewerb 779
Wettbewerber 502
Wette 1348
Wetteifer 779
wetteifern 751
wetten 1493
Wetter 861
wetterbedingt 485
Wetterfahne 230
wetterfühlig 383
wettern 249
 schimpfen 1100
wetterwendisch 1358
wettgemacht 636
Wettkampf 779
wettkämpfen 751
Wettkämpfer 1178
Wettlauf 779
wettmachen 120
 entschädigen 407
wetzen 1090
Wichs 773
wichsen 637
Wicht 774
 Schurke 1136
wichtig 1526
wichtig nehmen 167
wichtig tun 1292
Wichtigkeit 1524
 Bedeutung 156
Wichtigtuer 1143
wichtigtuerisch 68
Wickelkind 764
wickeln 308
wider 503
widerborstig 1278
 abweisend 24
Widerborstigkeit 1527
widerfahren 166
Widerfahrnis 615
Widerhall 323
widerhallen 1176
widerlegen 462
Widerlegung 463
widerlich 371
widernatürlich 1330
Widernatürlichkeit 1330
Widerpart 502
Widerpart bieten 1277
widerraten 12
widerrechtlich 1377
Widerrede 1527
Widerruf 1373
widerrufen 95
 leugnen 848
widerruflich 965
Widersacher 502
Widerschein 1542
widersetzen, sich 1277
 sich verteidigen 1528
widersetzlich 1278
Widersetzlichkeit 1527
Widersinn 1330
widersinnig 1331
widerspenstig 1278
Widerspenstigkeit 1527
widersprechen 462
 trotzen 1277
Widerspruch 1527
 Abweichung 1330
 Unterschied 1349
widersprüchlich 486
Widersprüchlichkeit 1349
Widerspruchsgeist 1527
widerspruchslos 71
Widerstand 1527
widerstandsfähig 794
 haltbar 286
Widerstandsfähigkeit 1188
Widerstandskämpfer 752
widerstandslos 1140
Widerstandslosigkeit 445
widerstehen 1528
 ekeln 372
widerstreben 1277
Widerstreben 1527
widerstrebend 1529
Widerstreit 1596
wiederstreiten 462
widerwärtig 371
 unangenehm 1303
Widerwärtigkeit 85
 Ungemach 1322
Widerwille 11
widerwillig 1529
widmen (sich) 567
Widmung 561
widrig 1324
Widrigkeit 85
wie 1530
wieder 1531
Wiederaufbau 449
wiederaufbauen 448
Wiederaufnahme 449
wiederaufnehmen 1532
 nachholen 921
Wiederauftreten 1301
wiederbekommen 407
wiederbeleben (sich) 448
Wiederbelebung 449
wiederbringen 407
wiedereingliedern 407
Wiedereingliederung 408
wiedererkennen 433

Wiedergabe 243
  Darstellung 284
  Vervielfältigung 1454
wiedergeben 407
  darstellen 282
  erzählen 210
  abbilden 1
Wiedergeburt 449
wiedergutmachen 407
Wiedergutmachung 408
wiederhergestellt 627
  erneuert 942
wiederherstellen 448
Wiederherstellung 449
  Genesung 432
wiederholen (sich) 1532
  langweilen 819
wiederholt 973
Wiederholung 1533
  Duplizität 303
  Regelmäßigkeit 1051
  Nachahmung 914
wiederkäuen 1532
Wiederkäuer 990
Wiederkehr 1301
  Wiederholung 1051
wiederkehren 308
wiedersagen 897
wiedersehen 1263
Wiedersehen 1264
wiedervereinigen 1374
Wiege 1030
wiegen (sich) 508
  schwingen 1149
wiegend 859
Wiese 932
wild 1534
  heftig 684
  maßlos 879
  zornig 255
Wild 1525
Wilde 539
Wilderer 740
wildern 936
Wildfang 764
Wildheit 685
Wildnis 964
Wildpark 135
Wille 1535
  böser Wille 487
  guter Wille 359
  Letzter Wille 422
  mit Willen 13
willenlos 1317
  schwach 1140
Willensfreiheit 535
Willenskraft 1535
  Energie 388
Willenslenkung 364
  Werbung 1523
Willensschwäche 445
willensstark 389
willentlich 13
willfahren 583
  erlauben 438
  entgegenkommen 397
willfährig 201
  verführbar 1140
Willfährigkeit 584
  Verführbarkeit 1359
willig 201
Willigkeit 396
Willkomm 377
willkommen 1536
willkommen heißen 378
Willkür(herrschaft) 300
willkürlich 1537
wimmeln 1289
wimmelnd 1467
wimmern 769
Wimpel 1562
Wind 861
Windbeutel 1393
windelweich 1066
winden (sich) 308
  ausweichen 139
Windfahne 230
Windhund 1393
windig 862
  leichtfertig 837
windschlüpfrig 1595
windstill 1076
Windstille 1074
Windung 309
  Kurve 809
Wink 704
  Mahnung 872
Wink geben 705
Winkel 325
  Ort 949
  Gebiet 569
Winkelzug 866
winken 663
  mit dem Zaunpfahl
    705
winklig 390
winseln 769
  flehen 248
Winter 747
winterhart 288
winterlich 747
winzig 774
Winzigkeit 774
Wipfel 635
wippen 495
Wirbel 309
  Gestöber 238
  Strudel 1508
  Betrieb 228
wirbeln 308
  fliegen 1144
Wirbelsturm 861
wirken 1538
  arbeiten 83
wirklich 1539
Wirklichkeit 1238
wirklichkeitsfern 1363
wirklichkeitsfremd 716
Wirklichkeitsfremdheit
  719
wirklichkeitsnah 1419
  anschaulich 63
Wirklichkeitsnähe 491
Wirklichkeitssinn 1433
wirksam 1540
  heilend 627
Wirksamkeit 1542
Wirkstoff 1541
Wirkung 1542
Wirkungskreis 569
wirkungslos 1302
Wirkwaren 1206
wirr 1543
Wirren 1067
Wirrkopf 929
  Utopist 715
Wirrwarr 1333
Wirt 565
  Hauswirt 213
Wirtschaft 565
  Haushalt 682
  Handel 672
wirtschaften 215
Wirtschafterin 46
wirtschaftlich 613
  sparsam 1171
  rentabel 959
Wirtschaftlichkeit 1172
Wirtschaftsblüte 907
Wirtshaus 565
Wirtsleute 213
Wisch 1222

wischen 1084
wispern 520
Wißbegierde 731
wißberierig 733
Wissen 1544
wissen 1545
wissend 760
weise 424
Wissenschaft 1544
Forschung 527
Wissenschaftler 475
wissenschaftlich 474
systematisch 603
Wissensdurst 731
wissenswert 730
wissentlich 13
wittern 1499
Witterung 861
Instinkt 1267
Gefühl 577
Empfänglichkeit 380
Witz 1346
Verstand 1433
Geist 586
Gag 717
Witzbold 1097
witzeln 1180
witzig 61
witzlos 820
banal 145
Witzlosigkeit 146
Wochenbett 570
Wochenschrift 899
Wochenstube 570
Wochentag 32
wochentags 884
Wöchnerin 566
wofern 485
Woge 1220
wogegen 3
wogen 236
schwingen 1149
wogend 828
wohingegen 3
Wohl 629
wohl 627
wohlanständig 70
Wohlanständigkeit 980
wohlassortiert 1054
wohlauf 627
Wohlbefinden 629
wohlbefinden, sich 628
wohlbehalten 564
gesund 627
wohlbekannt 183
wohlbestallt 648
wohlbestellt 1054
Wohlergehen 629
wohlerhalten 978
wohlerwogen 1006
wohlerzogen 259
Wohlerzogenheit 91
Wohlfahrt 888
wohlfeil 245
Wohlgefallen 540
wohlgefällig 43
wohlgeformt 1121
Wohlgefühl 602
wohlgegliedert 676
geordnet 603
wohlgelitten 1536
beliebt 191
wohlgemut 686
wohlgenährt 297
gesund 627
Wohlgeruch 88
Wohlgeschmack 88
wohlgesinnt 543
Wohlgestalt 1123
wohlgetan 665
wohlgewachsen 1121
wohlgezielt 593
wohlhabend 1054
wohlig 592
Wohlklang 675
wohlklingend 676
wohlkonserviert 978
Wohlleben 109
wohlmeinend 543
wohlproportioniert 676
wohlriechend 89
wohlschmeckend 1546
Wohlsein 629
Behagen 197
Wohlstand 212
Wohltat 698
Spende 974
Wohltäter 689
wohltätig 887
Wohltätigkeit 888
wohltuend 627
angenehm 43
wohltun 567
lindern 803
nützen 184
wohlüberlegt 1480
durchdacht 1163
sorgsam 1168
zweckmäßig 1595
wohlunterrichtet 760
wohlverdient 1387
wohlversehen 1054
wohlverstanden 770
wohlvorbereitet 424
wohlweislich 13
Wohlwollen 1547
wohlwollen 905
wohlwollend 887
herablassend 691
wohnen 827
Wohngemeinschaft 590
wohnhaft 177
wohnlich 592
Wohnort 1548
Wohnraum 1041
Wohnrecht 1591
Wohnung 1548
Wohnwagen 1548
wölben, sich 1549
Wölbung 1550
Wolke 319
Wolkenkratzer 681
Wolkenkuckucks-
heim 719
wolkenlos 770
glücklich 648
wolkenwärts 1489
wolkig 318
wollen 1551
verlangen 167
beanspruchen 151
erstreben 1212
Wollen 1535
Verlangen 1410
wollig 1516
warm 1504
Wollust 1267
wollüstig 1268
womöglich 906
Wonne 602
wonnevoll 648
woraufhin 1513
Wort 1182
Versprechen 1431
Wort für Wort 593
wortarm 1146
Wortbruch 1359
wortbrüchig 1358
Wortbrüchigkeit 1359
Wortemacher 1143
Wortemacherei 1003
Wortführer 1449

Wortgefecht 218
wortgewandt 200
Wortgewandtheit 1182
wortkarg 1146
Wortkargheit 1587
Wortklauber 990
Wortklauberei 980
wortklauberisch 991
Wortlaut 1253
wörtlich 593
wortlos 1146
wortreich 200
Wortschatz 1182
Wortschwall 112
Wortspiel 1346
Wortwechsel 218
Streit 1216
wozu 1513
Wrack 1240
wringen 314
Wucher 1197
Wucherer 230
wuchern 229
überhandnehmen 1289
wuchernd 1534
Wucherung 1550
Wuchs 127
Wachstum 420
Wucht 1150
Gewicht 823
wuchtig 1147
schwungvoll 389
Wühlarbeit 1523
wühlen 1440
hetzen 696
suchen 1228
Wulst 1550
wulstig 297
wund 297
verwundet 839
Wunde 1552
Wunder 1561
wunderbar 458
schön 1121
Wunderdoktor 230
Wunderkind 595
wunderlich 1002
Wunderlichkeit 335
wundern (sich) 1553
wundersam 458
Wundertäter 689
Wunderwelt 988
Wunderwerk 844
wundreiben 1053
Wunsch 1410
Ziel 1573
Bitte 1478
Wunschbild 713
wünschen 167
wünschenswert 43
wunschgemäß 414
wunschlos 67
Wunschlosigkeit 600
Wunschtraum 1410
Idealbild 713
Würde 1554
Ehrgefühl 331
würdelos 376
Würdelosigkeit 1107
Würdenträger 1554
würdevoll 1555
würdig 1555
angemessen 414
würdigen 857
rezensieren 217
zu würdigen wissen 1091
Würdigung 1361
Rezension 799
Lob 856
Wurf 844
Junge 661
würfeln 1177
würgen 314
wurmen 992
wurmstichig 208
madig 1106
wursteln 1000
wurstig 1223
Wurstigkeit 1313
Würze 88
Wurzel 1030
Wurzel schlagen 948
wurzellos 357
Wurzellosigkeit 358
wurzeln 415
wurzeln in 9
einwurzeln 948
würzen 1556
würzig 694
aromatisch 89
würzlos 476
wuselig 1336
wuseln 1336
wüst 963
wild 1534
unordentlich 1332
Wust 1333
Wüste 964
Wüstenei 964
Wüstling 1393
Wut 85
Wutanfall 112
wüten 111
schimpfen 1100
wütend 255
heftig 684
Wüterich 148
Hitzkopf 652
Haustyrann 300
wutschnaubend 255

Xanthippe 300
X für ein U vormachen 229
x-mal 973

Z

Zacke 325
Zacken 635
zackig 1089
  schneidig 1235
zagen 50
  zögern 1142
zaghaft 51
  schüchtern 1411
Zaghaftigkeit 49
  Schüchternheit 1412
zäh 1557
zähflüssig 1557
Zähigkeit 507
Zahl 761
zahlbar 965
zählbar 1187
zahlen 240
zahlenmäßig 593
zählen 1558
zählen auf 1442
zahllose 1465
Zahlung 1559
  in Zahlung nehmen 120
Zählung 1082
Zahlungseinstellung 147
zahlungsfähig 1054
Zahlungsfähigkeit 212
Zahlungsfrist 1251
Zahlungsmittel 212
zahlungspflichtig 1133
Zahlungsschwierigkeit 1412
zahlungsunfähig 441
Zahlungsunfähigkeit 147
zahm 585
zähmbar 373
zähmen 1579
Zähmer 835
Zähmung 1578
Zahnarzt 475
Zähne 786
Zähne zeigen, die 1277
zähnefletschend 1534
Zähneklappern 49
zähneklappern 1576
zähneklappernd 51
Zähneknirschen 85
zähneknirschend 1529
Zahnradbahn 482
Zange 670
  in die Zange nehmen 1020
Zank 1216
  Feindseligkeit 504
Zankapfel 529

zanken (sich) 1217
schimpfen 1100
zänkisch 684
Zanksucht 685
Zankteufel 300
Zapfen 1429
Befestigung 162
zapfen 831
zappelig 1336
zappeln 236
zappeln lassen 992
zappenduster 441
zart 1560
zartbesaitet 383
Zärtelei 384
zartfühlend 379
Zartgefühl 380
Zartheit 891
zärtlich 853
Zärtlichkeit 851
Zäsur 1342
Zauber 1561
Liebreiz 58
fauler Zauber 1239
Zauberei 1561
Zauberer 1018
Zauberformel 1561
zauberhaft 1121
phantastisch 1002
Zauberin 586
zaubern 241
Zauberspruch 1561
zaudern 1142
Zaudern 1596
zaudernd 1316
Zaum 312
im Zaum halten 701
zäumen 1472
zubereiten 1577
Zaun 1127
Zaungast 1246
zausen 1572
zerzausen 1458
Zebrastreifen 668
Zeche 66
Verzehr 1378
Bergwerk 1441
Zeche bezahlen 1085
zechen 1269
Zecher 1270
Genießer 597
Zechgelage 231
Zechpreller 230
Zechprellerei 1239
zedieren 1288
Zedierung 406
Zehen, auf 842
Zehntausend, die oberen 233
zehren (an) 1379
quälen 992
zehrend 1027
Zehrgeld 447
Zeichen 1562
Zeichen geben 1563
hinweisen 705
Zeichensprache 116
zeichnen 282
unterschreiben 219
kennzeichnen 762
Zeichnung 243
Spende 974
zeigen 1563
anbieten 38
zeigen (sich) 1563
besuchen 223
angeben 1292
zeihen 769
Zeile 854
Brief 263
Zeilen, zwischen den 901
Zeit 1564
Freizeit 537
Frist 1564
in absehbarer Zeit 144
außer der Zeit 1487
zeit 1497
Zeit lassen 1506
sich Zeit lassen 1075
Zeitabschnitt 1564
Zeitalter 1564
zeitbedingt 485
Zeiteinteilung 1231
Zeiten, die 615
zeitfremd 1364
zeitgebunden 1396
Zeitgeist 805
zeitgemäß 904
Zeitgenosse 915
zeitgenössisch 644
modern 904
gegenwärtig 581
Zeitgeschmack 903
zeitig 1024
früh 550
zeitigen 1367
Zeitlang, eine 1487
Zeitlauf 615
Zeitläufte, die 615
zeitlebens 721
zeitlich 1396
Zeitliche segnen, das 1199
Zeitlichkeit 1397
zeitlos 286
Zeitlosigkeit 285
Zeitlupentempo 817
Zeitmaß 876
zeitnahe 904
Zeitnot 337
in Zeitnot 339
Zeitpunkt 1564
der richtige Z. 907
zeitraubend 824
Zeitraum 1564
Zeitschrift 899
Zeitsinn 380
Zeitspanne 1564
Zeitstil 805
Zeitung 899
Zeitungsanzeige 77
Zeitungsschreiber 204
Zeitvergeudung 1340
Zeitverlust 1462
Zeitvertreib 1346
zeitweilig 1487
zelebrieren 500
Zelebrität 475
Zelle 765
Zelot 715
zelotisch 684
Zelt 1137
zelten 1101
Zeltlager 815
zementieren 162
Zenit 635
zensieren 1362
Zensur 1361
Aufsicht 845
zentral 902
Zentrale 902
Leitung 845
zentralisieren 1081
zentralisiert 902
Zentralisierung 1375
Zentrum 902
Zeppelin 482
Zepter schwingen 554
Zerberus 106
zerbrechen 260

zerstören 1569
zerbrechen an 838
zerbrechlich 383
Zerbrechlichkeit 384
zerbrochen 208
zerbröckeln 1384
zerkleinern 1566
zerdrücken 1569
zerknittern 489
Zeremonie 499
Förmlichkeit 257
Zeremoniell 499
Brauch 257
zeremoniell 970
zerfahren 1305
Zerfahrenheit 26
Zerfall 1397
zerfallen 1398
sich trennen 1265
sich auflösen 860
beschädigt 208
zerfasern 1569
zergliedern 1565
zerfasert 208
zerfetzen 1569
zerfetzt 208
zerfleischen 1569
zerfließen 860
zerflossen 1516
zerfressen 1569
beschädigt 208
zerfurchen 1440
zergehen 860
zergliedern 1565
Zergliederung 1570
Analyse 1021
zerhacken 1569
zerhauen 1566
zerkleinern 1566
zerkleinert 1567
zerklopfen 1566
zerklüftet 963
zerknirscht 1066
Zerknirschung 1065
zerknittern 489
zerknittert 1332
niedergeschlagen 946
zerkratzen 207
zerkratzt 208
zerkrümeln 1566
zerlassen 860
zerlaufen 860
weich 1516
zerlegbar 237
zerlegen 1565
teilen 1241
Zerlegung 1266
zerlesen 208
zerlumpt 208
zermahlen 1566
zermalmen 1569
kauen 469
zermartern, sich 992
zermürben 444
entmutigen 403
zermürbt 908
Zermürbung 445
zernagen 1569
zerpflücken 1565
kritisieren 1233
zerplatzen 1008
scheitern 1096
zerplatzt 208
zerpulvern 1566
zerquält 1323
zerquetschen 1566
zerraufen 1458
Zerrbild 1179
zerreden 1565
zerreißen 1569
kritisieren 1233
Zerreißprobe 1437
zerren 1572
verrenken 1086
zerrinnen 860
zerrissen 208
zwiespältig 1600
unglücklich 1323
Zerrissenheit 1596
zerronnen 930
verloren 1511
Zerrung 1552
zerrütten 1569
zerrüttet 441
Zerrüttung 1570
zersägen 1241
zerschellen 1569
zerschlagen 1569
müde 908
sich zerschlagen 1096
zerschlissen 208
zerschmettern 1569
zerschmettert 208
niedergeschlagen 946
zerschneiden 1118
zerschrundet 963
zersetzen 1565
sich zersetzen 1384
untergraben 696
zerfallen 1398
zersetzend 1568
Zersetzung 1570
Verderb 1383
zerspalten 1566
zwiespältig 1600
zersplittern 1569
sich zersplittern 1241
zersplittert 208
Zersplitterung 1266
zerspringen 260
bersten 1308
zersprungen 208
zerstampfen 1569
zerkleinern 1566
zerstäuben 510
zerstören 1569
Zerstörer 148
zerstörerisch 1568
zerstört 208
Zerstörung 1570
Zerstörungswut 1107
zerstoßen 1566
zerkleinert 1567
beschädigt 208
zerstreuen (sich) 1439
unterhalten 1345
vertreiben 140
zerstreut 1305
Zerstreutheit 26
Verwirrung 1333
Zerstreuung 1346
Vertreibung 1447
zerstritten 503
zerstückeln 1569
teilen 1241
Zerstückelung 1266
Zerstörung 1570
zerteilen 1241
Zerteilung 1266
zerteppern 1569
Zertifikat 1571
zertrennen 1265
zertrümmern 1569
zertrümmert 208
Zertrümmerung 1570
zerwühlen 1458
Zerwürfnis 1216
zerzausen 1458
zerzaust 1332
Zession 406
Zetergeschrei 768
Lärm 606

zetern 1100
Zettel 1222
Zettelkasten 1460
Zeug 1206
Kram 4
Zeuge 266
zeugen 464
aussagen 897
Zeugenaussage 1571
Zeughaus 815
Zeugnis 1571
Bestätigung 220
Zeugung 467
zeugungsfähig 549
Zeugungsfähigkeit 1016
Zeugungstrieb 1267
zeugungsunfähig 1318
Zeugungsunfähigkeit 1353
Zickzackkurs 1333
ziehen 1572
ausziehen 142
anbauen 464
nach sich ziehen 1367
wandern 1503
Ziehung 1439
Ziehmutter 455
Ziehvater 455
Ziel 1573
Plan 1004
zielbewußt 389
zäh 1557
zielen 1574
zum Ziel setzen 1005
abzielen auf 705
ziellos 1332
Ziellosigkeit 1333
Zielscheibe 1573
zielsicher 389
zielstrebig 113
energisch 389
Zielstrebigkeit 507
ziemen, sich 413
ziemlich 1575
ziepen 1572
piepsen 1257
Zier 1025
Zierde 1025
zieren 1026
sich zieren 666
Ziererei 1219
zierlich 59
Zierlichkeit 58
Zierpuppe 929
Zierat 1025
Zierstück 790
Ziffer 761
ziffernmäßig 593
Zigarre (Tadel) 1232
Zigarre erteilen 1233
Zigeuner 480
zigeunerhaft 1336
Zigeunermilieu 1309
zigeunern 1503
Zimmer 1041
Zimmerflucht 1548
Zimmermädchen 46
zimmern 1422
zimperlich 1184
Zimperlichkeit 1219
Zinke 635
Zinne 635
Zins 408
Zinsen 957
zinsbringend 959
zinspflichtig 1317
Zinsschein 220
Zipfel 325
Stück 1222
zipfelig 1312
zirka 1319
Zirkel 1035
Gruppe 661
zirkeln 1170
Zirkular 899
Zirkulation 309
zirkulieren 308
Zirkus 1482
Betrieb 228
Zirkusvolk 480
zirpen 1161
zischeln 520
klatschen 897
Zischeln 609
zischen 1257
schimpfen 1100
auszischen 1233
Zischen 606
Mißbilligung 1232
zischend 1534
Zisterne 1030
Zitadelle 1137
Zitat 131
zitieren 940
beordern 1073
zitterig 51
schwach 1140
zittern 1576
zitternd 51
frierend 747
zivil 269
angemessen 245
Zivilcourage 912
Zivilisation 805
zivilisieren 683
zivilisiert 804
Zivilisierung 805
zockeln 582
Zofe 46
zögern 1142
Zögern 1596
zögernd 1316
langsam 817
Zögling 1135
Zölibat 329
Zoll 109
zollen 129
Dank zollen 280
Zone 569
Zoo 135
Zopf, alter 980
Zopf, falscher 455
Zorn 85
Zornausbruch 112
zornig 255
zornmütig 684
Zornnickel 652
Zote 80
zoten 1304
Zotte 972
Zotteln 786
zotteln 582
zottig 1040
zuarbeiten 688
Zubehör 428
Gerät 605
Schmuck 1025
Zuber 576
zubereiten 1577
Zubereitung 467
zubereitet 506
zubestimmt 1602
zubilligen 438
zubinden 987
zubringen 827
hinterbringen 897
abliefern 1098
Zubringer 1136
Straße 1512
Zubuße 698
zubuttern 1415
leer ausgehen 830

Zucht 1578
  Drill 1297
  Erziehung 468
  Lärm 606
züchten 1579
  lehren 834
züchtig 70
züchtigen 1103
  strafen 1399
Züchtigkeit 69
Züchtigung 1400
zuchtlos 879
Zuchtlosigkeit 1290
Zuchtrute 1400
Züchtung 1578
zuchtvoll 67
  mäßig 877
Zuchtwahl 1578
zuckeln 582
Zuckeltrab 817
zucken 1576
  erschrecken 50
zuckern 1556
Zuckerwerk 793
Zuckung 1211
zudecken 1138
  verbergen 1371
zudem 92
zudiktieren 161
  Strafe 1452
zudrehen 1108
zudringlich 824
Zudringlichkeit 533
zueignen 567
  sich zueignen 936
  erwerben 755
Zueignung 561
zueinanderfinden 926
zu Ende 1394
  tot 1258
zu Ende gehen 385
zuerkennen 438
zuerst 41
  vornweg 1476
Zufahrt 428
Zufall 1099
zufallen 1108
  zuteil werden 631
zufällig 1580
zufassen 688
  packen 987
zufliegen 184
  leichtfallen 780
zufließen 427
  zuteilwerden 184
Zuflucht 1137
Zufluß 428
zuflüstern 897
zufolge 1513
zufrieden 67
zufriedengeben, sich
  404
Zufriedenheit 600
zufriedenstellen 1581
zufriedenstellend 599
zufrieren 546
zufügen 427
  Schaden 1086
Zufuhr 428
zuführen (sich) 1098
  zuleiten 427
  vorstellen 1481
Zuführung 428
Zug 481
  Eisenbahn 482
  Luft 861
  Neigung 938
  Charakterzug 335
  Reihe 1056
  Sog 1220
Zugabe 1484
  Ergänzung 428
Zugang 428
  Eingang 972
  Zulaß 100
Zugang haben 907
zugänglich 379
  offenstehend 965
  gesellig 620
Zugänglichkeit 888
  Aufgeschlossenheit
    380
Züge (Gesicht) 624
zugeben 427
  einräumen 1592
  Rabatt 922
zugegen 581
zugehen lassen 1098
Zugehfrau 698
zugehören 666
zugehörig 1382
  einschließlich 361
Zugehörigkeit 544
zugeknöpft 24
  reserviert 1146
  zurückhaltend 1586
Zugeknöpftheit 1587
Zügel 312
zügellos 879
Zügellosigkeit 1290
zügeln 701
  sich zügeln 178
Zügelung 312
  Zucht 1578
Zugereiste 539
zugesellen 567
  sich zugesellen 170
zugespitzt 573
  spitzig 1089
  pointiert 918
zugestanden 199
Zugeständnis 439
  Kompromiß 1390
zugestehen 438
  zustimmen 1592
zugetan 853
Zugetanheit 851
zugewandt 1382
zugießen 427
zugig 862
zügig 1119
Zugkraft 1542
  Magnet 869
zugkräftig 1540
zugleich 644
Zugluft 861
Zugnummer 869
zugreifen 490
  kaufen 755
  essen 469
  helfen 688
  packen 987
Zugriff 421
zugrunde gehen 1096
  sterben 1199
zugrunde liegen 1367
zugrunde richten (sich)
  1569
  erledigen 440
zugunsten 1513
zugute halten 411
zugute kommen 958
Zugvögel 480
zuhalten 1108
zuhalten auf 1574
Zuhälter 1136
zuhanden 1475
zuhängen 1108
zuhauf 1464
zu Hause 177
Zuhause 681
zuhinterst 387

zuhören 102
lauschen 708
beobachten 195
Zuhörer 1246
zuinnerst 727
zujubeln 857
zukleben 1108
zukommen (auf) 926
entsprechen 413
zuteilwerden 631
zustehen 72
zukommen lassen 567
Zukost 870
Zukunft 1582
zukünftig 1174
zukunftsträchtig 664
Zukunftstraum 719
Zulage 428
zulangen 469
zulänglich 599
Zulaß 972
Aufnahme 100
zulassen 438
aufnehmen 101
zulässig 199
Zulassung 439
Zulauf 428
Erfolg 426
Zulauf haben 1196
zulaufen 427
anhängen 52
zulegen (sich) 755
Gehalt erhöhen 1372
draufzahlen 1415
zuleide tun 1086
zuleiten 1098
auffüllen 427
Zuleitung 1262
Zufluß 428
zuletzt 387
zumachen 1108
aufgeben 95
zumal 962
zumessen 1439
zumindest 1154
zumutbar 906
zumute 478
zumuten 151
Zumutung 1410
starkes Stück 104
zunächst 1583
nebenan 924
zu nahe treten 1060
Zunahme 1197
Entwicklung 420
zündeln 1569
zünden 1569
wirken 1538
anzünden 261
zündend 1540
Zunder 388
Zunder geben 1103
Zündstoff 388
Gefahr 311
Zündung 112
zunehmen 419
sich mehren 1453
zunehmend 1584
zuneigen, sich 926
Zuneigung 851
Zunft 590
Zunftgeist 1208
Vorurteil 1488
zunftgemäß 674
zünftig 674
Zunge 1500
feine Zunge 597
böse Zunge 735
Schwätzerin 1143
züngeln 261
Zungendrescher 1143
Zungendrescherei 968
zungenfertig 200
Zungenfertigkeit 1182
zunichte machen 1569
zunicken 1563
grüßen 663
zunutze machen, sich 958
zuoberst 706
zuordnen 979
Zuordnung 980
zupacken 987
helfen 688
festnehmen 490
zupackend 389
zupaß 664
genehm 43
zupaß kommen 574
zupfen 1572
zuraten 1038
zurechnen 1490
zurechnungsfähig 953
Zurechnungsfähigkeit 1433
zurecht 1024
zurechtfinden, sich 1436
zurechtgemacht 978
zurechtkommen 1436
pünktlich sein 1024
zurechtlegen 1472
sich etwas 290
zurechtmachen 1472
sich zurechtmachen 1026
zurechtsetzen 979
den Kopf 871
sich zurechtsetzen 1075
zurechtstellen 1472
zurechtstutzen 626
beschneiden 811
zurechtweisen 1233
Zurechtweisung 1232
Zureden 872
zureden 446
beruhigen 205
mahnen 871
beeinflussen 159
zureichen 567
genügen 601
zureichend 599
zurichten 1472
beschädigen 207
zürnen 1585
zürnend 255
zurück 1511
zurückbehalten 349
aufbewahren 96
zurückbleiben 1425
zurückblicken 308
sich erinnern 433
zurückbringen 407
zurückdenken 433
zurückdrängen 1343
zurückerhalten 407
zurückerstatten 407
Zurückerstattung 408
zurückfallen 1425
rückfällig werden 1532
zurückfinden 308
zurückfordern 848
zurückführen 308
zurückführen auf 9
folgern 1108
zurückgeben 407
umtauschen 1509
zurückgeblieben 1335
zurückgehen 922
nachlassen 1425

heimkehren 308
zurückgehen auf 522
zurückgezogen 357
reserviert 1586
Zurückgezogenheit 358
Reserviertheit 1587
zurückgreifen auf 921
zurückhalten 701
sich zurückhalten 178
zurückhaltend 1586
Zurückhaltung 1587
zurückkehren 308
zurückkommen auf 921
zurücklassen 1014
vererben 1288
abhängen 1103
zurücklegen 1170
reservieren 96
gehen 582
zurückliegend 1394
zurücknehmen 848
umtauschen 1509
zurückpfeifen 701
zurückprallen 495
erschrecken 50
zurückrufen 701
zurückschaudern 50
sich ekeln 372
zurückschauen 308
sich erinnern 433
zurückschlagen 1138
reagieren 1042
zurückschnellen 495
zurückschrauben 811
Ansprüche 404
zurückschrecken 50
abschrecken 701
zurückschreckend, vor nichts 677
tapfer 1235
zurücksehnen, sich 167
zurücksetzen 1086
rückwärtsfahren 308
Preise 922
zurückspringen 495
vor Gefahr 429
zurückstecken 404
zurückstehen 1085
entsagen 404
zurückstellen 1461
zurückstoßen 23
zurücktreiben 1103
zurücktreten 123
Vortritt lassen 139
zurückweichen 515
zurückweisen 23
zurückweisend 24
Zurückweisung 25
zurückwerfen 1103
spiegeln 1176
zurückzahlen 407
zurückziehen 95
sich zurückziehen 1014
fortgehen 394
zu Bett gehen 1101
Zuruf 1072
zurufen 1073
zurüsten 1472
zur Zeit 581
Zusage 439
zusagen 1592
versprechen 1430
gefallen 574
zusagend 43
zusammen 1588
Zusammenarbeit 590
zusammenarbeiten 1374
zusammenballen 308
sich zusammenballen 310
klumpen 456
Zusammenbau 782
zusammenbauen 781
zusammenbinden 987
zusammenbrauen 892
sich zusammenbrauen 310
aufziehen 110
zusammenbrechen 444
einstürzen 1398
Bankrott m. 1569
zusammenbringen 1081
ersparen 1170
in Verb. bringen 1481
Zusammenbruch 445
Nervenkrise 1424
Bankrott 147
zusammendrängen (sich) 305
zusammendrücken 314
zusammenfahren 50
zusammenfallen 1285
einstürzen 1398
schrumpfen 922
zusammenfassen 1081
verbinden 1374
resümieren 1108
zusammenfassend 387
Zusammenfassung 1283
Schlußwort 1109
zusammenfinden 926
zusammenfließen 1263
Zusammenfluß 1264
zusammenfügen 1374
montieren 781
zusammenführen 1374
zusammengedrängt 390
zusammengedrückt 296
zusammengefaßt 810
zusammengehören 351
übereinstimmen 413
zusammengehörig 1382
übereinstimmend 414
Zusammengehörigkeit 544
Zusammengehörigkeitsgefühl 544
zusammengepreßt 296
zusammengeschlossen 1382
zusammengesetzt 1382
komplex 1148
zusammengewürfelt 1428
zusammengezogen 1382
dicht 296
Zusammenhalt 590
zusammenhalten 351
sparen 1170
Zusammenhang 1375
Hintergrund 703
Konstellation 814
zusammenhängen mit 55
zusammenhängend 1382
ununterbrochen 288
zusammenhanglos 1543
zusammenhauen 1259
pfuschen 1000
zusammenketten 1374
zwingen 1601
Zusammenklang 675
zusammenklappen 444
zusammenkleben 1374
zusammenklingen 1436
zusammenkommen 1263
geschehen 166
zusammenkoppeln 1374

verheiraten 1407
zusammenkrachen 1398
Bankrott machen 1569
zusammenkratzen 1081
Zusammenkunft 1264
zusammenlaufen 1263
d. Wasser im Mund 167
zusammenläppern, sich 1453
zusammenleben 351
sich zusammenleben 926
Zusammenleben 590
zusammenlegbar 237
zusammenlegen 1374
falten 489
zusammenlesen 1081
ernten 451
zusammennehmen, sich 178
zusammenpacken 987
Schluß machen 385
zusammenpassen 1436
Zusammenprall 1211
Streit 1216
zusammenprallen 1263
streiten 1217
zusammenpressen 314
sich zusammenpressen 305
zusammenraffen 1081
zusammenreimen 1436
zusammenreißen, sich 178
zusammenrollen 308
zusammenrotten, sich 1277
zusammenrufen 1073
zusammensacken 444
zusammenscharren 1081
zusammenschießen 1259
zusammenschlagen 1103
zerstören 1569
töten 1259
d. Hände über d. Kopf 1553
zusammenschließen (sich) 1374
aneinanderketten 1601
Zusammenschluß 1375
zusammenschnüren 987
beengen 314
zusammenschrumpfen 1272
zusammenschweißen 1374
konstruieren 781
zusammensein 351
Zusammensein 1264
zusammensetzen 781
sich zusammensetzen 217
sich zusammensetzen aus 400
Zusammensetzung 1375
Mischung 893
Struktur 1221
Zusammenspiel 675
zusammenstauchen 1233
zusammenstehen 351
zusammenstellen 979
kombinieren 1495
Zusammenstellung 137
zusammenstimmen 1436
zusammenstoppeln 1000
Zusammenstoß 1211
Streit 1216
zusammenstoßen 1263
streiten 1217
Zusammensturz 1570
zusammenstürzen 1398
zusammentragen 1081
Zusammentreffen 1264
Gleichzeitigkeit 303
zusammentreffen 1263
übereinstimmen 1285
geschehen 166
zusammentreten 1263
Zusammentritt 1264
zusammentun, sich 1374
Zusammenwirken 675
zusammenwirken 166
zusammenarbeiten 1374
verkneten 892
zusammen wohnen 351
zusammenzählen 1558
zusammenziehen 1073
verengen 314
gemeins. Wohnung 351
heraufziehen 310
zusammenziehend 694
zusammenzucken 50
zusammenzwingen 1601
Zusatz 428
Beimischung 893
zusätzlich 92
zuschanden machen 1569
zuschanden werden 1569
zuschanzen 215
zuschauen 195
Zuschauer 1246
Beobachter 196
zuschicken 1098
zuschieben 215
hinreichen 567
zuschießen 688
Zuschlag 1197
Zusage 439
zuschlagen 1103
Tür 1108
zuschließen 1108
zuschneiden 1472
zugeschnitten auf 414
Zuschnitt 523
zuschnüren 987
abschnüren 314
zuschreiben 1418
Zuschrift 899
zuschulden kommen lassen, sich 1398
Zuschuß 698
zusehen 195
zusehends 1119
zusetzen 159
peinigen 992
einbüßen 1415
beimischen 892
zusichern 1430
Zusicherung 1431
zu sich kommen 431
Zuspeise 870
zuspielen 215
zuspitzen 1090
spitz zulaufen 922
sich zuspitzen 310
Zuspitzung 798
zusprechen 1439
essen 469

zureden 446
zuspringen 348
Zuspruch 1273
Zulauf 426
Zustand 1589
zustande bringen 588
zustande kommen 415
zuständig 1590
Zuständigkeit 1591
zustatten kommen 958
zustehen 72
zustehend 414
zustellen 1098
Zusteller 1284
Zustellung 1262
zusteuern (auf) 1574
beisteuern 688
zustimmen 1592
zustimmend 1593
Zustimmung 439
Beifall 323
zustoßen 166
stechen 1118
Zustrom 428
zuströmen 427
zulaufen 52
zustutzen 811
formen 626
zutage fördern 683
offenlegen 966
zutage treten 322
offenliegen 966
Zutat 1240
Beiwerk 775
zuteil werden 184
erhalten 429
zuteilen 1439
rationieren 1241
Zuteilung 1439
Ration 1029
zutiefst 727
zutragen 897
sich zutragen 166
Zuträger 1136
Zuträgerei 609
zuträglich 627
Zutrauen 1443
zutrauen 1442
zutraulich 1444
zutreffen 1263
zutreffend 1047
zutrinken 663
Zutritt 100
Einlaß 972
Zutun, ohne mein 536
zutunlich 853
vertraulich 543
Zutunlichkeit 851
zuverlässig 1594
reell 1047
seriös 450
Zuverlässigkeit 507
Zuversicht 1443
Optimismus 975
zuversichtlich 1158
zuviel 1293
Zuviel 1290
zuvor 41
ehemals 551
zuvorderst 41
an der Spitze 1476
zuvorkommen 397
hindern 701
zuvorkommend 398
Zuvorkommenheit 396
Zuwachs 1197
Nachwuchs 764
Entwicklung 420
zuwandern 948
Zuwanderung 949
zuwartend 572
unentschieden 1316
zuweilen 1487
zuweisen 1288
Zuweisung 1439
Ration 1029
zuwenden 567
sich zuwenden 308
Zuwendung 561
Aufmerksamkeit 1547
zuwerfen 1149
Tür 1108
Blick 65
zuwider 1303
zuwider sein 678
ekeln 372
zuwiderhandeln 1398
zuwiderlaufen 1209
zuwinken 663
Zeichen geben 1563
zuzählen 1558
zuzahlen 1415
zuziehen, jem. 530
schließen 1108
sich niederlassen 948
zuziehen, sich 437
Zuzug 949
zuzüglich 361
zwacken 992
knausern 1170
Zwang 312
Notwendigkeit 956
Zwang antun, sich 178
zwängen (sich) 314
zwanghaft 1317
zwanglos 534
Zwanglosigkeit 836
Zwangsarbeit 312
Zwangsjacke 312
Zwangslage 956
Krise 798
Zwangslage, in einer 313
zwangsläufig 955
Zwangsmaßnahme 312
Zwangsvorstellung 796
zwangsweise 955
zwar 962
Zweck 1573
zweckdienlich 1595
Zweckdienlichkeit 957
zweckgebunden 485
zwecklos 1331
zweckmäßig 1595
nützlich 959
Zweckmäßigkeit 957
zwecks 1513
Zweckverband 590
zweckwidrig 1360
zweideutig 1304
doppelsinnig 1597
Zweideutigkeit 80
Unklarheit 319
Doppelsinn 303
zweierlei 1428
zweifach 304
Zweifel 1596
Frage 529
zweifelhaft 1597
zweifellos 1158
zweifeln 1598
Zweifelsfall 529
Zweifelsfrage 529
zweifelsüchtig 763
Zweifler 763
Zweig 1599
zweigeteilt 667
Zweigniederlassung 1599
Zweigstelle 1599
Zweiheit 303

Zweikampf 750
zweimal 304
zweisam 1588
Zweisamkeit 851
zweispaltig 304
zweischneidig 304
gefährlich 573
zweiseitig 304
Zweitdruck 1454
zweiteilig 304
Zweiteilung 1266
Zweites Gesicht 380
zweitklassig 1140
zweitrangig 1140
Zweitschrift 303
zwerch 1126
zwerchfellerschütternd 686
Zwerg 774
zwergenhaft 774
Zwergenwuchs 774
Zwickel 359
zwicken 992
Zwicker 455
Zwickmühle 1412
Zwickmühle, in der 313
zwiebeln 992
zwiefältig 304
Zwiegesang 303
Zwiegespräch 218
Zwielicht 319
zwielichtig 318
zweifelhaft 1597
Zwielichtigkeit 1309
Zwiespalt 1596
Uneinigkeit 1216
zwiespältig 1600
Zwiesprache 218
Zwietracht 1216
Zwietracht säen 1265
zwieträchtig 503
Zwilling 303
Zwillingsgeschehen 303
zwingen 1601
bewältigen 1422
zwingend 1602
Zwinger 575
zwinkern 1563
zwirbeln 308
Zwirn 477
zwirnen 308
zwischen 667
Zwischenakt 1603
Zwischenbemerkung 1342
Zwischending 893
zwischendurch 1497
Zwischenfall 1603
Vorfall 615
Störung 1210
Zwischenfrage 1342
zwischenfunken 1209
Zwischenhändler 614
Zwischenlandung 1342
zwischenliegend 667
Zwischenlösung 1390
Zwischenmahlzeit 870
Zwischenraum 972
Abstand 1349
Zwischenruf 1342
zwischenrufen 1209
zwischenschalten, sich 348
zwischenschieben 427
Zwischenspiel 1603
zwischenstaatlich 734
Zwischenträger 735
Zwischenzeit 1342
zwischenzeitlich 1497
Zwistigkeit 1216
zwitschern 1161
Zwitter 893
Zwitterding 893
zwitterig 304
zyklisch 1050
Zyklus 1056
Zylinder 1502
Hut 773
zylindrisch 1467
Zyniker 800
zynisch 1181
Zynismus 1179

Deutsche Literatur

Herausgegeben von Horst Albert Glaser

Eine Sozialgeschichte
Von den Anfängen bis zur Gegenwart

1 **Aus der Mündlichkeit in die Schriftlichkeit –** Höfische und andere Literatur 750-1320 (6250)

2 **Spätmittelalter –** Reformation, Humanismus (in Vorbereitung)

3 **Zwischen Gegenreformation und Frühaufklärung:** Späthumanismus, Barock 1572-1740 (6252)

4 **Zwischen Absolutismus und Aufklärung:** Rationalismus – Empfindsamkeit – Sturm und Drang 1740-1786 (6253)

5 **Zwischen Revolution und Restauration:** Klassik – Romantik 1786-1815 (6254)

6 **Vormärz:** Biedermeier – Junges Deutschland – Demokraten 1815-1848 (6255)

7 **Vom Nachmärz zur Gründerzeit:** Realismus 1848-1880 (6256)

8 **Jahrhundertwende:** Vom Naturalismus zum Expressionismus Expressionismus 1880-1918 (6257)

9 **Weimarer Republik – Drittes Reich:** Avantgardismus, Parteilichkeit, Exil 1918-1945 (6258)

10 **Gegenwart** (in Vorbereitung)

handbuch
ro
ro
ro

C 2180/3

Jugendlexika

Einfache Antworten auf schwierige Fragen

rororo

C 862/9

Jugendlexikon **Erziehung**
von Dorothea Kraus/Jobst Kraus/Christel Scheilke/Christoph Th. Scheilke (6202)

Jugendlexikon **Gesellschaft**
von Dieter Claessens/Karin Claessens/Biruta Schaller (6195)

Jugendlexikon **Nationalsozialismus**
von Hilde Kammer/Elisabeth Bartsch (6288)

Jugendlexikon **Philosophie**
von Hanna Delf/Jutta Georg-Lauer/Christa Hackenesch/Mechthild Lemcke (6310)

Jugendlexikon **Politik**
von Hilde Kammer/Elisabeth Bartsch (6183)

Jugendlexikon **Psychologie**
von Wolfgang Schmidbauer (6198)

Jugendlexikon **Recht**
von Hans Joachim Tosberg/Susanne Tosberg (6201)

Jugendlexikon **Religion**
von Hartwig Weber (6305)

Jugendlexikon **Technik**
von Wolfgang Bünder/Peter Hänßler/Roland Lauterbach/Helmut Mikelskis (6315)

Jugendlexikon **Umwelt**
von Brunhilde Marquardt/Helmut Mikelskis (6301)

Jugendlexikon **Wirtschaft**
von Horst Günter (6189)

Geschichte griffbereit

Grundkurs und Nachschlagewerk für Studenten, Praktiker, Geschichtsinteressierte zum Verstehen und Behalten welthistorischer Prozesse.
Von Imanuel Geiss.

1 **Daten** der Weltgeschichte
Die chronologische Dimension der Geschichte
(6235)

2 **Personen** der Weltgeschichte
Die biographische Dimension der Geschichte
(6236)

3 **Schauplätze**
Die geographische Dimension der Weltgeschichte
(6237)

4 **Begriffe**
Die sachsystematische Dimension der Weltgeschichte
(6238)

5 **Staaten**
Die nationale Dimension der Weltgeschichte
(6239)

6 **Epochen** der Weltgeschichte
Die universale Dimension der Geschichte
(6240)

handbuch
ro
ro
ro

957/1

sach-comics

Atomkraft für Anfänger (7533)

Computer für Anfänger (7550)

Einstein für Anfänger (7534)

Elvis für Anfänger (7555)

Die Französische Revolution für Anfänger (7546)

Freud für Anfänger (7535)

Genetik für Anfänger (7548)

Marx für Anfänger (7531)

Psychatrie für Anfänger (7552)

Ricardo, Marx, Keynes & Co für Anfänger (7538)

Zen für Anfänger (7554)

Lernprogramme

Eine Auswahl

Kurt Werner Peukert
Sprachspiele für Kinder
Programm für Sprachförderung in Vorschule, Kindergarten, Grundschule und Elternhaus (6919)

Friedemann Schulz v. Thun
Miteinander reden
Störungen und Klärungen. Psychologie der zwischenmenschlichen Kommunikation (7489)

L. Schwäbisch/M. Siems
Anleitung zum sozialen Lernen für Paare, Gruppen und Erzieher
Kommunikations- und Verhaltenstraining (6846)

Martin Siems
Dein Körper weiß die Antwort
Focusing als Methode der Selbsterfahrung. Eine praktische Anleitung (7968)

F. Teegen/A. Grundmann/A. Röhrs
Sich ändern lernen
Anleitung zu Selbsterfahrung und Verhaltensmodifikation (6931)

Allan Watts
OM
Kreative Meditation (7882)

Brigitta Wistrand
Dies ist mein Leben
Persönliche Selbstentfaltung und beruflicher Erfolg (8337)

sachbuch
rororo

C 2177/3 a